D'accord! 2

Langue et culture du monde francophone

VISTA®
HIGHER LEARNING

Boston, Massachusetts

Cover photos, clockwise from top left: characters from the **D'ACCORD!** **Roman-photo** video program in Aix-en-Provence, France; maple sugar candies; a sign atop a Parisian taxi; a francophone teen; shadows of dromedaries in the Sahara Desert, Morocco.

Publisher: José A. Blanco

President: Janet Dracksdorf

Editorial Director: Amy Baron

Executive Editors: María Eugenia Corbo, Sharla Zwirek

Managing Editor for Technology: Paola Ríos Schaaf

Editors: Isabelle Alouane, Aliza Krefetz, Sofía Pellón

Production and Design Director: Marta Kimball

Design Manager: Susan Prentiss

Design and Production Team: María Eugenia Castaño, Oscar Díez, Mauricio Henao, Nick Ventullo

Student Text ISBN: 978-1-60576-362-0
Library of Congress Control Number: 2009935443

7 8 9 RW 14

D'accord! 2

Langue et culture du monde francophone

TABLE OF CONTENTS

TABLE OF CONTENTS

	contextes	roman-photo	culture

TABLE OF CONTENTS

		contextes	roman-photo	culture

structures	synthèse	savoir-faire

Le monde francophone

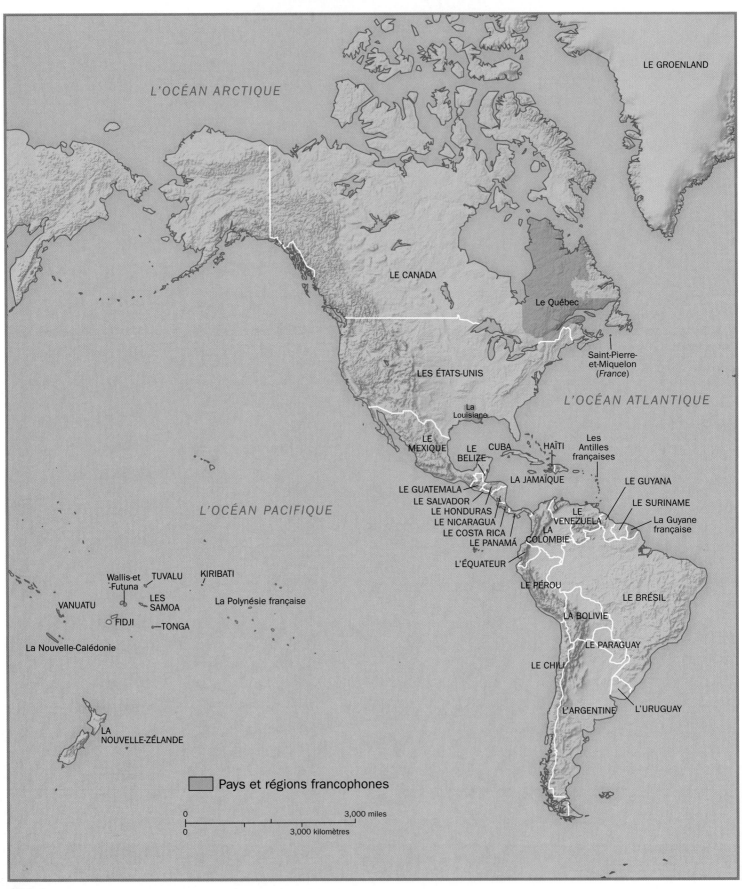

LE GROENLAND

L'OCÉAN ARCTIQUE

LE CANADA

Le Québec

Saint-Pierre-et-Miquelon (*France*)

LES ÉTATS-UNIS

L'OCÉAN ATLANTIQUE

La Louisiane

LE MEXIQUE

LE BELIZE

CUBA

HAÏTI

Les Antilles françaises

LE GUYANA

LA JAMAÏQUE

LE SURINAME

L'OCÉAN PACIFIQUE

LE GUATEMALA
LE SALVADOR
LE HONDURAS
LE NICARAGUA
LE COSTA RICA
LE PANAMÁ

LE VENEZUELA

LA COLOMBIE

La Guyane française

L'ÉQUATEUR

LE PÉROU

Wallis-et-Futuna

TUVALU

KIRIBATI

VANUATU

LES SAMOA

La Polynésie française

LE BRÉSIL

FIDJI

TONGA

LA BOLIVIE

La Nouvelle-Calédonie

LE PARAGUAY

LE CHILI

LA NOUVELLE-ZÉLANDE

L'ARGENTINE

L'URUGUAY

Pays et régions francophones

0   3,000 miles
0   3,000 kilomètres

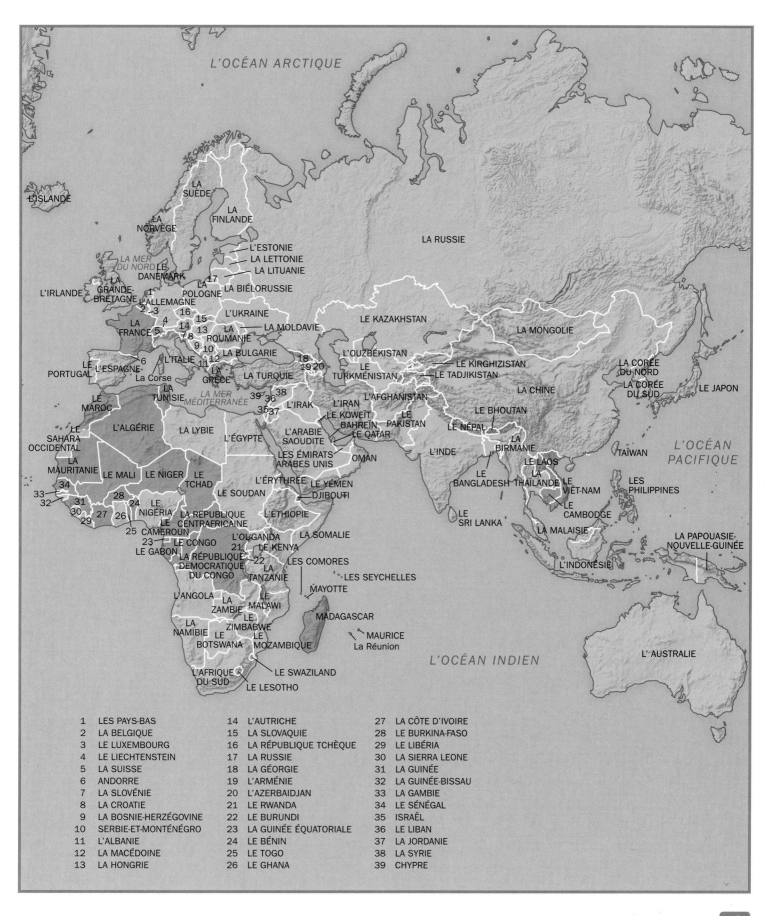

L'OCÉAN ARCTIQUE

L'ISLANDE

LA SUÈDE

LA NORVÈGE

LA FINLANDE

LA RUSSIE

LA MER DU NORD

L'ESTONIE
LA LETTONIE
LA LITUANIE

LE DANEMARK

L'IRLANDE

LA GRANDE-BRETAGNE

LA POLOGNE

LA BIÉLORUSSIE

L'ALLEMAGNE

L'UKRAINE

LE KAZAKHSTAN

LA MONGOLIE

LA FRANCE

LA ROUMANIE

LA MOLDAVIE

LA BULGARIE

LA CORÉE DU NORD

L'OUZBÉKISTAN

LE KIRGHIZISTAN

LE TADJIKISTAN

LA CHINE

LA CORÉE DU SUD

LE JAPON

PORTUGAL

L'ESPAGNE

L'ITALIE

La Corse

LA GRÈCE

LA TURQUIE

LE TURKMÉNISTAN

L'AFGHANISTAN

L'IRAN

L'IRAK

LA TUNISIE

LA MER MÉDITERRANÉE

LE MAROC

L'ALGÉRIE

LA LYBIE

L'ÉGYPTE

L'ARABIE SAOUDITE

LE KOWEÏT
BAHREÏN
LE QATAR

LE PAKISTAN

LE NÉPAL

LE BHOUTAN

TAÏWAN

L'OCÉAN PACIFIQUE

LE SAHARA OCCIDENTAL

LA MAURITANIE

LE MALI

LE NIGER

LE TCHAD

LES ÉMIRATS ARABES UNIS

OMAN

L'INDE

LA BIRMANIE

LE LAOS

LA THAÏLANDE

LE VIÊT-NAM

LES PHILIPPINES

L'ÉRYTHRÉE

LE YÉMEN

DJIBOUTI

LE BANGLADESH

LE CAMBODGE

LE NIGÉRIA

LE SOUDAN

LA RÉPUBLIQUE CENTRAFRICAINE

L'ÉTHIOPIE

LE SRI LANKA

LA MALAISIE

LA PAPOUASIE-NOUVELLE-GUINÉE

LE CAMEROUN

LE CONGO

LE GABON

LA RÉPUBLIQUE DÉMOCRATIQUE DU CONGO

L'OUGANDA

LE KENYA

LA SOMALIE

L'INDONÉSIE

LA TANZANIE

LES COMORES

LES SEYCHELLES

MAYOTTE

L'ANGOLA

LA ZAMBIE

LE MALAWI

MADAGASCAR

LA NAMIBIE

LE ZIMBABWE

LE BOTSWANA

LE MOZAMBIQUE

MAURICE
La Réunion

L'OCÉAN INDIEN

L'AUSTRALIE

L'AFRIQUE DU SUD

LE SWAZILAND

LE LESOTHO

1	LES PAYS-BAS	14	L'AUTRICHE	27	LA CÔTE D'IVOIRE
2	LA BELGIQUE	15	LA SLOVAQUIE	28	LE BURKINA-FASO
3	LE LUXEMBOURG	16	LA RÉPUBLIQUE TCHÈQUE	29	LE LIBÉRIA
4	LE LIECHTENSTEIN	17	LA RUSSIE	30	LA SIERRA LEONE
5	LA SUISSE	18	LA GÉORGIE	31	LA GUINÉE
6	ANDORRE	19	L'ARMÉNIE	32	LA GUINÉE-BISSAU
7	LA SLOVÉNIE	20	L'AZERBAIDJAN	33	LA GAMBIE
8	LA CROATIE	21	LE RWANDA	34	LE SÉNÉGAL
9	LA BOSNIE-HERZÉGOVINE	22	LE BURUNDI	35	ISRAËL
10	SERBIE-ET-MONTÉNÉGRO	23	LA GUINÉE ÉQUATORIALE	36	LE LIBAN
11	L'ALBANIE	24	LE BÉNIN	37	LA JORDANIE
12	LA MACÉDOINE	25	LE TOGO	38	LA SYRIE
13	LA HONGRIE	26	LE GHANA	39	CHYPRE

L'Amérique du Nord et du Sud

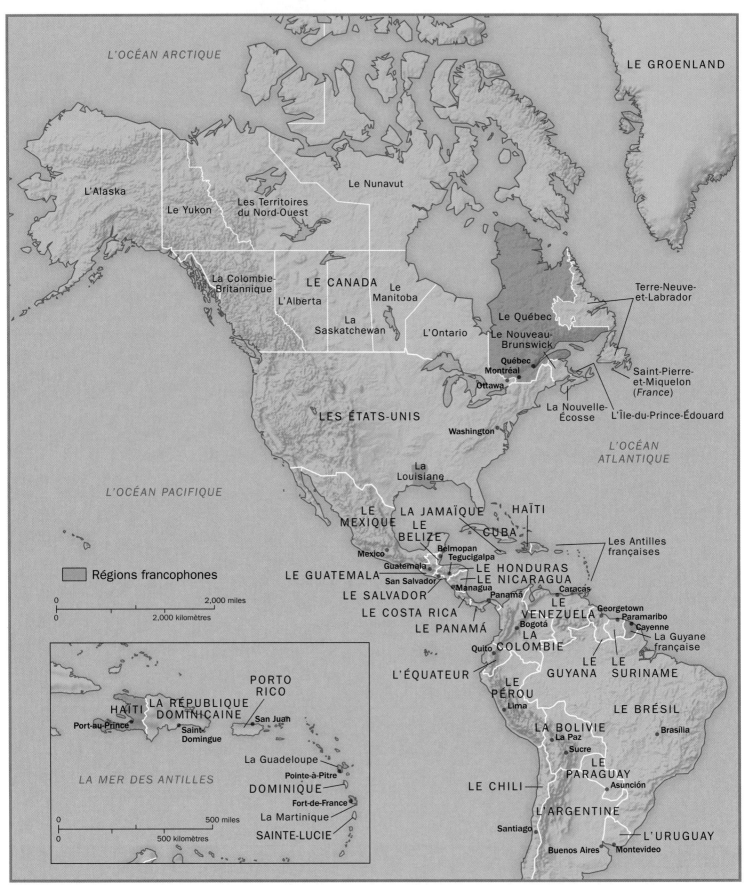

L'OCÉAN ARCTIQUE

LE GROENLAND

L'Alaska

Le Nunavut

Le Yukon

Les Territoires
du Nord-Ouest

La Colombie-
Britannique

LE CANADA

Le Manitoba

L'Alberta

La
Saskatchewan

L'Ontario

Le Québec

Terre-Neuve-
et-Labrador

Le Nouveau-
Brunswick

Québec

Montréal

Saint-Pierre-
et-Miquelon
(France)

Ottawa

La Nouvelle-
Écosse

L'Île-du-Prince-Édouard

LES ÉTATS-UNIS

Washington

L'OCÉAN
ATLANTIQUE

La
Louisiane

L'OCÉAN PACIFIQUE

LE
MEXIQUE

LA JAMAÏQUE

HAÏTI

LE
BELIZE

CUBA

Les Antilles
françaises

Mexico

Belmopan
Tegucigalpa

Guatemala

LE HONDURAS

LE GUATEMALA

San Salvador

LE NICARAGUA

Régions francophones

LE SALVADOR

Managua

LE COSTA RICA

Panamá

Caracas

LE
VENEZUELA

Georgetown

Paramaribo

0   2,000 miles

0   2,000 kilomètres

LE PANAMÁ

Bogotá

Cayenne

La Guyane
française

Quito

LA
COLOMBIE

LE
GUYANA

LE
SURINAME

L'ÉQUATEUR

LE
PÉROU

LE BRÉSIL

Lima

Brasília

LA BOLIVIE

PORTO
RICO

La Paz

Sucre

HAÏTI

LA RÉPUBLIQUE
DOMINICAINE

San Juan

LE
PARAGUAY

Port-au-Prince

Saint-
Domingue

LE CHILI

Asunción

La Guadeloupe

L'ARGENTINE

Pointe-à-Pitre

LA MER DES ANTILLES

DOMINIQUE

Santiago

L'URUGUAY

Fort-de-France

0   500 miles

La Martinique

Buenos Aires

Montevideo

0   500 kilomètres

SAINTE-LUCIE

La France

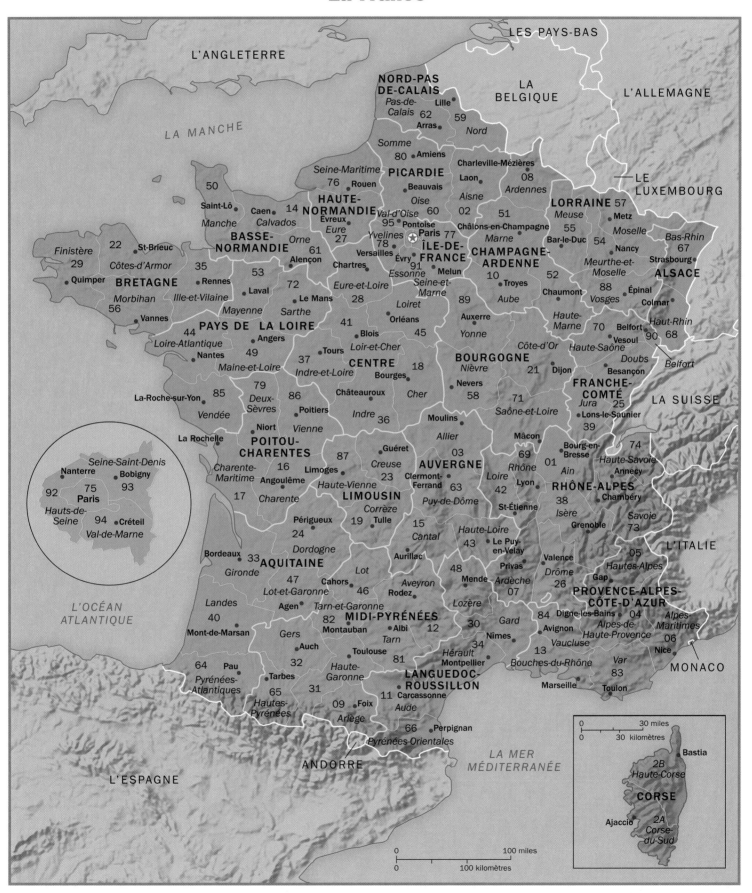

L'ANGLETERRE

LES PAYS-BAS

LA MANCHE

NORD-PAS DE-CALAIS
Pas-de-Calais
Lille
62
Arras
59
Nord

LA BELGIQUE

L'ALLEMAGNE

LE LUXEMBOURG

Somme
80
Amiens

Seine-Maritime
76
Rouen

PICARDIE

Charleville-Mézières
Laon
08
Ardennes

Beauvais
Oise
60

Aisne
02

Charville-Mézières

HAUTE-NORMANDIE
14
Saint-Lô
Caen
Calvados
Manche

Évreux
Eure
27

Val-d'Oise
95
Pontoise

Yvelines
78
Paris
77

ÎLE-DE-FRANCE

Châlons-en-Champagne
Marne
51

LORRAINE 57
Meuse
55
Bar-le-Duc
54

Metz
Moselle

Meurthe-et-Moselle

Nancy

Bas-Rhin
67
Strasbourg

BASSE-NORMANDIE
Orne
61
Alençon
Chartres

Versailles
Évry
91
Essonne
Melun
Seine-et-Marne
77

CHAMPAGNE-ARDENNE
10
Troyes
Aube
89

Chaumont

Haute-Marne
52

88
Vosges
Épinal

ALSACE

Colmar

Haut-Rhin
68

Finistère
29
22
St-Brieuc
Côtes-d'Armor
35

BRETAGNE
Quimper
Rennes
Morbihan
56
Vannes

53
Laval
72
Le Mans
Sarthe
Mayenne
28
Eure-et-Loire

Loiret
Orléans
45

Auxerre
Yonne

BOURGOGNE
Côte-d'Or
Nièvre
21
Dijon

Haute-Saône
70
Belfort
Vesoul
90 68
Belfort

Doubs
Besançon

FRANCHE-COMTÉ
Jura
25
Lons-le-Saunier
39

LA SUISSE

PAYS DE LA LOIRE
44
Loire-Atlantique
Nantes
49
Maine-et-Loire
Angers

41
Blois
Tours
37
Indre-et-Loire

CENTRE
18
Bourges
Cher

Loir-et-Cher

Nevers
58

Moulins

71
Saône-et-Loire

Mâcon

Bourg-en-Bresse
69
01
Ain

74
Haute-Savoie
Annecy

85
La-Roche-sur-Yon
79
Deux-Sèvres
Vendée
86
Poitiers

Châteauroux

Indre
36

Allier
03

AUVERGNE

Loire
42
Lyon
St-Étienne

Rhône

RHÔNE-ALPES
38
Isère

Chambéry

Savoie
73

Niort
La Rochelle

POITOU-CHARENTES
Charente-Maritime
16
17
Charente

87
Creuse
Guéret
23

Limoges
Haute-Vienne

LIMOUSIN
19
Corrèze
Tulle

Clermont-Ferrand
63
Puy-de-Dôme

15
Cantal

Haute-Loire
43
Le Puy-en-Velay

Grenoble

Valence
Drôme
26

L'ITALIE

05
Hautes-Alpes

Gap

Seine-Saint-Denis
Nanterre
Bobigny
92
75
Paris
93
Hauts-de-Seine
94
Créteil
Val-de-Marne

Angoulême

Périgueux
24
Dordogne

Bordeaux
33
AQUITAINE
Gironde

47
Lot-et-Garonne
Agen

Landes
40
Mont-de-Marsan

Cahors
Lot
46

82
Montauban
Tarn-et-Garonne

Aurillac

Rodez
Aveyron

Mende
Lozère
48

Privas
Ardèche
07

84
Digne-les-Bains
Alpes-de-Haute-Provence
04

Avignon
Vaucluse

Alpes-Maritimes
06
Nice

MONACO

L'OCÉAN ATLANTIQUE

64
Pau
Pyrénées-Atlantiques

32
Gers
Auch

Tarbes
65
Hautes-Pyrénées
31
Haute-Garonne

Albi
Tarn
12

Toulouse
81

Nîmes
30
Gard
34
Hérault
Montpellier

13
Bouches-du-Rhône

Var
83
Toulon

PROVENCE-ALPES-CÔTE-D'AZUR

Marseille

MIDI-PYRÉNÉES

09
Ariège
Foix

11
Carcassonne
Aude

LANGUEDOC-ROUSSILLON

66
Perpignan
Pyrénées-Orientales

ANDORRE

L'ESPAGNE

LA MER MÉDITERRANÉE

| 0 | 30 miles |
| 0 | 30 kilomètres |

Bastia
2B
Haute-Corse

CORSE

Ajaccio
2A
Corse-du-Sud

| 0 | 100 miles |
| 0 | 100 kilomètres |

L'Europe

0   500 miles
0   500 kilomètres

Pays francophones

LA MER DE BARENTS

LA MER DE NORVÈGE

L'ISLANDE
Reykjavik

LA SUÈDE

LA FINLANDE

LA NORVÈGE

Helsinki

LA RUSSIE

Oslo

Stockholm

Tallinn

L'ESTONIE

Moscou

Riga

LA LETTONIE

LA MER DU NORD

LE DANEMARK

Copenhague

LA MER BALTIQUE

LA LITUANIE

Vilnius

Minsk

LA RUSSIE

LA BIÉLORUSSIE

Dublin

L'IRLANDE

LA GRANDE BRETAGNE

LES PAYS-BAYS

Berlin

Varsovie

Kiev

Londres

La Haye

L'ALLEMAGNE

LA POLOGNE

L'UKRAINE

Bruxelles

LA BELGIQUE

L'OCÉAN ATLANTIQUE

Paris

Luxembourg

LE LUXEMBOURG

Prague

LA RÉPUBLIQUE TCHÈQUE

LA SLOVAQUIE

LA MOLDAVIE

LE LIECHTENSTEIN

Bratislava

Chisinau

Berne

Vienne

Budapest

L'AUTRICHE

LA SUISSE

LA HONGRIE

LA ROUMANIE

LA MER NOIRE

LA FRANCE

Ljubljana

Zagreb

Bucarest

LA SLOVÉNIE

Belgrade

LA CROATIE

LA BOSNIE-HERZÉGOVINE

SERBIE-ET-MONTÉNÉGRO

Monte Carlo

Sarajevo

LA BULGARIE

Andorre-la-Vieille

MONACO

L'ITALIE

Sofia

Skopje

LE PORTUGAL

ANDORRE

Rome

Tirana

LA MACÉDOINE

LA TURQUIE

Madrid

La Corse

L'ALBANIE

L'ESPAGNE

LA GRÈCE

Lisbonne

La Sardaigne

La Sicile

Athènes

Nicosie

CHYPRE

MALTE

La Valette

LA MER MÉDITERRANÉE

LE MAROC

LA TUNISIE

L'ALGÉRIE

LA LIBYE

L'ÉGYPTE

L'Afrique

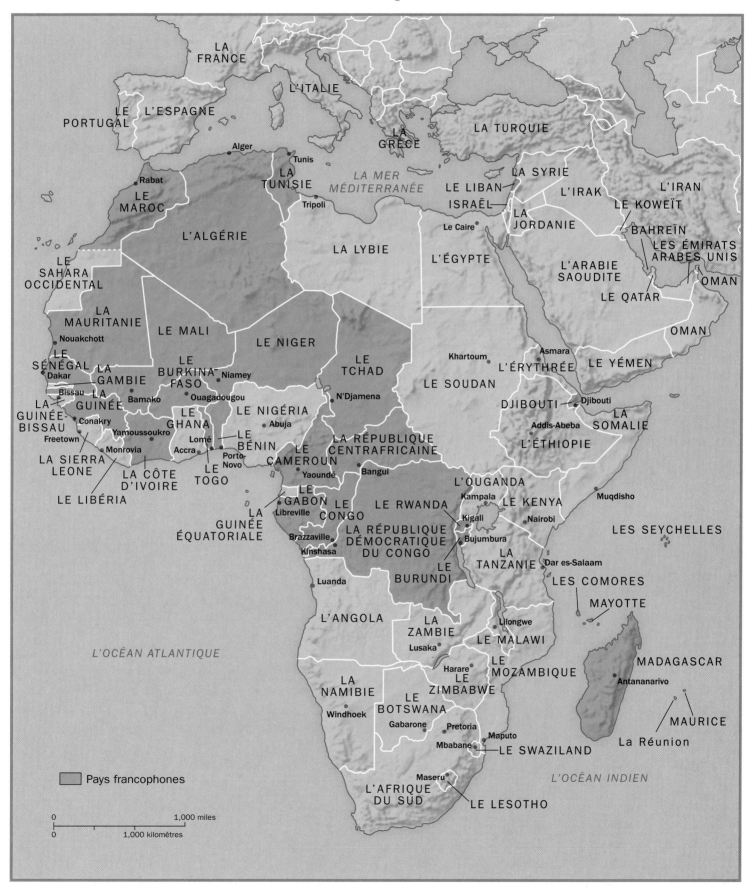

LA FRANCE

L'ITALIE

LE PORTUGAL L'ESPAGNE

LA GRÈCE

LA TURQUIE

Alger

Tunis

Rabat

LE MAROC

LA TUNISIE

LA MER MÉDITERRANÉE

LA SYRIE

LE LIBAN

ISRAËL

L'IRAK

L'IRAN

LE KOWEÏT

Tripoli

L'ALGÉRIE

LA LYBIE

Le Caire

L'ÉGYPTE

LA JORDANIE

BAHREÏN

LES ÉMIRATS ARABES UNIS

LE SAHARA OCCIDENTAL

L'ARABIE SAOUDITE

LE QATAR

OMAN

OMAN

LA MAURITANIE

Nouakchott

LE MALI

LE NIGER

Khartoum

Asmara

L'ÉRYTHRÉE

LE YÉMEN

LE SÉNÉGAL

Dakar

LA GAMBIE

LE BURKINA-FASO

Niamey

LE TCHAD

LE SOUDAN

Bissau

LA GUINÉE

Bamako

Ouagadougou

N'Djamena

DJIBOUTI

Djibouti

LA GUINÉE-BISSAU

Conakry

LE GHANA

LE NIGÉRIA

Abuja

Addis-Abeba

LA SOMALIE

Freetown

Yamoussoukro

Lomé

LE BÉNIN

LA RÉPUBLIQUE CENTRAFRICAINE

L'ÉTHIOPIE

LA SIERRA LEONE

Monrovia

Accra

Porto-Novo

LE CAMEROUN

Bangui

LA CÔTE D'IVOIRE

LE TOGO

Yaoundé

L'OUGANDA

LE KENYA

Muqdisho

LE LIBÉRIA

LE GABON

LE CONGO

LE RWANDA

Kampala

LES SEYCHELLES

LA GUINÉE ÉQUATORIALE

Libreville

Kigali

Nairobi

Brazzaville

LA RÉPUBLIQUE DÉMOCRATIQUE DU CONGO

Bujumbura

Kinshasa

LE BURUNDI

LA TANZANIE

Dar es-Salaam

Luanda

LES COMORES

MAYOTTE

L'ANGOLA

LA ZAMBIE

Lilongwe

LE MALAWI

Lusaka

MADAGASCAR

Harare

LE MOZAMBIQUE

Antananarivo

LA NAMIBIE

LE ZIMBABWE

LE BOTSWANA

MAURICE

Windhoek

Gabarone

Pretoria

Maputo

La Réunion

Mbabane

LE SWAZILAND

L'OCÉAN ATLANTIQUE

☐ Pays francophones

Maseru

L'AFRIQUE DU SUD

LE LESOTHO

L'OCÉAN INDIEN

0 — 1,000 miles
0 — 1,000 kilomètres

The French-speaking World

Do you know someone who speaks French? Chances are you do! French is the third most commonly spoken language in the U.S., after English and Spanish, and is the second most common language in some states. More than 1 million Americans speak French at home. It is the official language of more than twenty-five countries and an official language of the European Union and United Nations. Along with English, French is one of only two languages that is spoken on every continent of the world.

The French-speaking World

Speakers of French
(approx. 200 million worldwide)

- America and the Caribbean 7%
- Asia and Oceania 1%
- Europe 42%
- North Africa and the Middle-East 11%
- Sub-Saharan Africa and the Indian Ocean 39%

Source: Organisation internationale de la Francophonie

The Growth of French

Have you ever heard someone say that French is a Romance language? This doesn't mean it's romantic—although some say it is the language of love!—but that it is derived from Latin, the language of the Romans. Gaul, a country largely made up of what is now France and Belgium, was absorbed into the Roman Empire after the Romans invaded Gaul in 58 B.C. Most Gauls began speaking Latin. In the third century, Germanic tribes including the Franks invaded the Roman territories of Western Europe. Their language also influenced the Gauls. As the Roman empire collapsed in the fifth century, people in outlying regions and frontiers were cut off from Rome. The Latin spoken by each group was modified more and more over time. Eventually, the language that was spoken in Paris became the standard for modern-day French.

French in the United States

1500 ● 1600 ● 1700

1534
Jacques Cartier claims territories for France as he explores the St. Lawrence river, and the French establish fur trading posts.

1600s
French exploration continues in the Great Lakes and the Mississippi Valley. La Salle takes the colony of Louisiana for France in 1682.

1685–1755
The Huguenots (French Protestants) form communities in America. French Acadians leave Nova Scotia and settle in northern New England and Louisiana.

French in the United States

French came to North America in the 16th and 17th centuries when French explorers and fur traders traveled through what is now America's heartland. French-speaking communities grew rapidly when the French Acadians were forced out of their Canadian settlement in 1755 and settled in New England and Louisiana. Then, in 1803, France sold the Louisiana territory to the United States for 80 million francs, or about 15 million dollars. Overnight, thousands of French people became citizens of the United States, bringing with them their rich history, language, and traditions.

This heritage, combined with that of the other French populations that have immigrated to the United States over the years, as well as U.S. relations with France in World Wars I and II, has led to the remarkable growth of French around the country. After English and Spanish, it is the third most commonly spoken language in the nation. Louisiana, Maine, New Hampshire, and Vermont claim French as the second most commonly spoken language after English.

You've made a popular choice by choosing to take French in school; it is the second most commonly taught foreign language in classrooms throughout the country! Have you heard people speaking French in your community? Chances are that you've come across an advertisement, menu, or magazine that is in French. If you look around, you'll find that French can be found in some pretty common places. Depending on where you live, you may see French on grocery items such as juice cartons and cereal boxes. In some large cities, you can see French language television broadcasts on stations such as TV5Monde. When you listen to the radio or download music from the Internet, some of the most popular choices are French artists who perform in French. In fact, French music sales to the United States have more than doubled since 2004. French and English are the only two official languages of the Olympic Games. More than 20,000 words in the English language are of French origin. Learning French can create opportunities within your everyday life.

1800   1900   2000

1803
The United States purchases Louisiana, where Cajun French is widely spoken.

1980s
Nearly all high schools, colleges, and universities in the United States offer courses in French as a foreign language. It is the second most commonly studied language.

2009
French is the third most commonly spoken language in the U.S., with 1.6 million speakers.

Why Study French?

Connect with the World

Learning French can change how you view the world. While you learn French, you will also explore and learn about the origins, customs, art, music, and literature of people all around the world. When you travel to a French-speaking country, you'll be able to converse freely with the people you meet. And whether here in the U.S. or abroad, you'll find that speaking to people in their native language is the best way to bridge any culture gap.

Learn an International Language

There are many reasons for learning French, a language that has spread to many parts of the world and has along the way embraced words and sounds of languages as diverse as Latin, Arabic, German, and Celtic. The French language, standardized and preserved by the **Académie française** since 1634, is now among the most commonly spoken languages in the world. It is the second language of choice among people who study languages other than English in North America.

Understand the World Around You

Knowing French can also open doors to communities within the United States, and it can broaden your understanding of the nation's history and geography. The very names Delaware, Oregon, and Vermont are French in origin. Just knowing their meanings can give you some insight into, of all things, the history and landscapes for which the states are known. Oregon is derived from a word that means "hurricane," which tells you about the windiness of the Columbia River; and Vermont

City Name	Meaning in French
Bel Air, California	"good air"
Boise, Idaho	"wooded"
Des Moines, Iowa	"river of the monks"
Montclair, New Jersey	"clear mountain"

comes from a phrase meaning "green mountain," which is why its official nickname is The Green Mountain State. You've already been speaking French whenever you talk about these states!

Explore Your Future

How many of you are already planning your future careers? Employers in today's global economy look for workers who know different languages and understand other cultures. Your knowledge of French will make you a valuable candidate for careers abroad as well as in the United States. Doctors, nurses, social workers, hotel managers, journalists, businesspeople, pilots, flight attendants, and many other kinds of professionals need to know French or another foreign language to do their jobs well.

Expand Your Skills

Studying a foreign language can improve your ability to analyze and interpret information and help you succeed in many other subject areas. When you begin learning French, much of your studies will focus on reading, writing, grammar, listening, and speaking skills. You'll be amazed at how the skills involved with learning how a language works can help you succeed in other areas of study. Many people who study a foreign language claim that they gained a better understanding of English and the structures it uses. French can even help you understand the origins of many English words and expand your own vocabulary in English. Knowing French can also help you pick up other related languages, such as Portuguese, Spanish, and Italian. French can really open doors for learning many other skills in your school career.

How to Learn French

Start with the Basics !

As with anything you want to learn, start with the basics and remember that learning takes time!

Vocabulary Every new word you learn in French will expand your vocabulary and ability to communicate. The more words you know, the better you can express yourself. Focus on sounds and think about ways to remember words. Use your knowledge of English and other languages to figure out the meaning of and memorize words like **téléphone**, **l'orchestre**, and **mystérieux**.

Grammar Grammar helps you put your new vocabulary together. By learning the rules of grammar, you can use new words correctly and speak in complete sentences. As you learn verbs and tenses, you will be able to speak about the past, present, or future; express yourself with clarity; and be able to persuade others with your opinions. Pay attention to structures and use your knowledge of English grammar to make connections with French grammar.

Culture Culture provides you with a framework for what you may say or do. As you learn about the culture of French-speaking communities, you'll improve your knowledge of French. Think about a word like **cuisine** and how it relates to a type of food as well as the kitchen itself. Think about and explore customs observed at **le Réveillon de la Saint-Sylvestre** (New Year's Eve) or **le Carnaval** (or Mardi Gras, "fat Tuesday") and how they are similar to celebrations you are familiar with. Observe customs. Watch people greet each other or say good-bye. Listen for sayings that capture the spirit of what you want to communicate!

Listen, Speak, Read, and Write

Listening Listen for sounds and for words you can recognize. Listen for inflections and watch for key words that signal a question such as **comment** (how), **où** (where), or **qui** (who). Get used to the sound of French. Play French pop songs or watch French movies. Borrow books on CD from your local library, or try to attend a meeting with a French language group in your community. Download a podcast in French or watch a French newscast online. Don't worry if you don't understand every single word. If you focus on key words and phrases, you'll get the main idea. The more you listen, the more you'll understand!

Speaking Practice speaking French as often as you can. As you talk, work on your pronunciation, and read aloud texts so that words and sentences flow more easily. Don't worry if you don't sound like a native speaker, or if you make some mistakes. Time and practice will help you get there. Participate actively in French class. Try to speak French with classmates, especially native speakers (if you know any), as often as you can.

Reading Pick up a French-language newspaper or a magazine on your way to school, read the lyrics of a song as you listen to it, or read books you've already read in English translated into French. Use reading strategies that you know to understand the meaning of a text that looks unfamiliar. Look for cognates, or words that are related in English and French, to guess the meaning of some words. Read as often as you can, and remember to read for fun!

Writing It's easy to write in French if you put your mind to it. Memorize the basic rules of how letters and sounds are related, practice the use of diacritical marks, and soon you can probably become an expert speller in French! Write for fun—make up poems or songs, write e-mails or instant messages to friends, or start a journal or blog in French.

Tips for Learning French

- **Listen** to French radio shows, often available online. Write down words you can't recognize or don't know and look up the meaning.

- **Watch** French TV shows or movies. Read subtitles to help you grasp the content.

- **Read** French-language newspapers, magazines, Web sites, or blogs.

- **Listen** to French songs that you like—anything from a best-selling pop song by Superbus to an old French ballad by Édith Piaf. Sing along and concentrate on your pronunciation.

- **Seek** out French speakers. Look for neighborhoods, markets, or cultural centers where French might be spoken in your community. Greet people, ask for directions, or order from a menu at a French restaurant in French.

- **Pursue** language exchange opportunities in your school or community. Try to join language clubs or cultural societies, and explore opportunities for studying abroad or hosting a student from a French-speaking country in your home or school.

Practice, practice, practice!

Seize every opportunity you find to listen, speak, read, or write French. Think of it like a sport or learning a musical instrument—the more you practice, the more you will become comfortable with the language and how it works. You'll marvel at how quickly you can begin speaking French and how the world that it transports you to can change your life forever!

- **Connect** your learning to everyday experiences. Think about naming the ingredients of your favorite dish in French. Think about the origins of French place names in the U.S., like Baton Rouge and Fond du Lac, or of common English words and phrases like *café, en route, fiancé, matinée, papier mâché, petite,* and *souvenir.*

- **Use** mnemonics, or a memorizing device, to help you remember words. Make up a saying in English to remember the order of the days of the week in French (L, M, M, J, V, S, D).

- **Visualize** words. Try to associate words with images to help you remember meanings. For example, think of a **pâté** or **terrine** as you learn the names of different types of meats and vegetables. Imagine a national park and create mental pictures of the landscape as you learn names of animals, plants, and habitats.

- **Enjoy** yourself! Try to have as much fun as you can learning French. Take your knowledge beyond the classroom and find ways to make your learning experience your very own.

Common Names

Get started learning French by using a French name in class. You can choose from the lists on these pages, or you can find one yourself. How about learning the French equivalent of your name? The most popular French female names are Marie, Jeanne, Françoise, Monique, and Catherine. The most popular male names in French are Jean, Pierre, Michel, André, and Philippe. Is your name, or that of someone you know, in the French top five?

More Boys Names	More Girls Names
Thomas	Léa
Lucas	Manon
Théo	Chloé
Hugo	Emma
Maxime	Camille
Alexandre	Océane
Antoine	Marie
Enzo	Sarah
Quentin	Clara
Clément	Inès
Nicolas	Laura
Alexis	Julie
Romain	Mathilde
Louis	Lucie
Valentin	Anaïs
Léo	Pauline
Julien	Marine
Paul	Lisa
Baptiste	Eva
Tom	Justine
Nathan	Maéva
Arthur	Jade
Benjamin	Juliette
Florian	Charlotte
Mathis	Émilie

The top five names for boys:	The top five names for girls:
Jean	Marie
Michel	Jeanne
Pierre	Françoise
André	Monique
Philippe	Catherine

Useful French Expressions

The following expressions will be very useful in getting you started learning French. You can use them in class to check your understanding, and to ask and answer questions about the lessons. Learn these ahead of time to help you understand direction lines in French, as well as your teacher's instructions. Remember to practice your French as often as you can!

Expressions utiles	Useful expressions
Corrigez les phrases fausses.	Correct the false statements.
Créez/Formez des phrases...	Create/Form sentences...
D'après vous/Selon vous...	According to you...
Décrivez les images/ dessins...	Describe the images/ drawings...
Désolé(e), j'ai oublié.	I'm sorry, I forgot.
Déterminez si...	Decide whether...
Dites si vous êtes/Dis si tu es d'accord ou non.	Say if you agree or not.
Écrivez une lettre/une phrase.	Write a letter/a sentence.
Employez les verbes de la liste.	Use the verbs from the list.
En utilisant...	Using...
Est-ce que vous pouvez/ tu peux choisir un(e) ...	Can you please choose ...
autre partenaire/ quelqu'un d'autre?	another partner/ someone else?
Êtes vous prêt(e)?/ Es-tu prêt(e)?	Are you ready?
Excusez-moi, je suis en retard.	Excuse me for being late.
Faites correspondre...	Match...
Faites les accords nécessaires.	Make the necessary agreements.

Expressions utiles	Useful expressions
Allez à la page 2.	Go to page 2.
Alternez les rôles.	Switch roles.
À tour de rôle...	Take turns...
À voix haute	Aloud
À votre/ton avis	In your opinion
Après une deuxième écoute...	After a second listening...
Articulez.	Enunciate.; Pronounce carefully.
Au sujet de, À propos de	Regarding/about
Avec un(e) partenaire/ un(e) camarade de classe	With a partner/a classmate
Avez-vous/As-tu des questions?	Do you have any questions?
Avez-vous/As-tu fini/ terminé?	Are you done?/Have you finished?
Chassez l'intrus.	Choose the item that doesn't belong.
Choisissez le bon mot.	Choose the right word.
Circulez dans la classe.	Walk around the classroom.
Comment dit-on ____ en français?	How do you say ____ in French?
Comment écrit-on ____ en français?	How do you spell ____ in French?

Expressions utiles	*Useful expressions*
Félicitations!	*Congratulations!*
Indiquez le mot qui n'appartient pas.	*Indicate the word that doesn't belong.*
Indiquez qui a dit…	*Indicate who said…*
J'ai gagné!/Nous avons gagné!	*I won!/We won!*
Je n'ai pas/Nous n'avons pas encore fini.	*I/We have not finished yet.*
Je ne comprends pas.	*I don't understand.*
Je ne sais pas.	*I don't know.*
Je ne serai pas là demain.	*I won't be here tomorrow.*
Je peux continuer?	*May I continue?*
Jouez le rôle de…/ la scène…	*Play the role of…/ the scene…*
Lentement, s'il vous plaît.	*Slowly, please.*
Lisez…	*Read…*
Mettez dans l'ordre…	*Put in order…*
Ouvrez/Fermez votre livre.	*Open/Close your books.*
Par groupes de trois/ quatre…	*In groups of three/four…*
Partagez vos résultats…	*Share your results…*
Posez-vous les questions suivantes.	*Ask each other the following questions.*
Pour demain, faites…	*For tomorrow, do…*

Expressions utiles	*Useful expressions*
Pour demain, vous allez/ tu vas faire…	*For tomorrow you are going to do…*
Prononcez.	*Pronounce.*
Qu'est-ce que _____ veut dire?	*What does _____ mean?*
Que pensez-vous/ penses-tu de…	*What do you think about…*
Qui a gagné?	*Who won?*
…qui convient le mieux.	*…that best completes/is the most appropriate.*
Rejoignez un autre groupe.	*Get together with another group.*
Remplissez les espaces.	*Fill in the blanks.*
Répondez aux questions suivantes.	*Answer the following questions.*
Soyez prêt(e)s à…	*Be ready to…*
Venez/Viens au tableau.	*Come to the board.*
Vous comprenez?/ Tu comprends?	*Do you understand?*
Vous pouvez expliquer encore une fois, s'il vous plaît?	*Could you explain again, please?*
Vous pouvez répéter, s'il vous plaît?	*Could you repeat that, please?*
Vrai ou faux?	*True or false?*

THEMATIC VOCABULARY

Bonjour et au revoir

Bonjour. *Good morning.; Hello.*
Bonsoir. *Good evening.; Hello.*
Salut! *Hi!; Bye!*

À bientôt. *See you soon.*
À demain. *See you tomorrow.*
À plus tard. *See you later.*
Au revoir. *Good-bye.*
Bonne journée! *Have a good day!*

Ça va? *What's up?; How are things?*
Comment allez-vous? (*form.*)
   How are you?
Comment vas-tu? (*fam.*)
   How are you?
Comme ci, comme ça. *So-so.*
Je vais bien/mal. *I am doing well/badly.*

De rien. *You're welcome.*
Excusez-moi. (*form.*) *Excuse me.*
Excuse-moi. (*fam.*) *Excuse me.*
Merci beaucoup. *Thank you very much.*

Les présentations

Comment vous appelez-vous?
   (*form.*) *What is your name?*
Comment t'appelles-tu? (*fam.*)
   What is your name?
Je m'appelle… *My name is…*
Je vous/te présente… (*form./
   fam.*) *I would like to introduce
   (name) to you.*

L'école

assister à *to attend*
écouter *to listen (to)*
enseigner *to teach*
étudier *to study*
passer un examen *to take an exam*

l'art (*m.*) *art*
la biologie *biology*
le droit *law*
la gestion *business administration*
l'histoire (*f.*) *history*
l'informatique (*f.*) *computer science*
les langues (étrangères) (*f.*)
   (foreign) languages

les mathématiques (maths)(*f.*)
   mathematics

une bourse *scholarship, grant*
un cours *class, course*
un devoir *homework*
l'école (*f.*) *school*
une note *grade*

un(e) ami(e) *friend*
un(e) camarade de chambre
   roommate
un(e) camarade de classe
   classmate
un(e) étudiant(e) *student*
une fille *girl*
un garçon *boy*
un professeur *teacher, professor*

un bureau *desk; office*
une chaise *chair*
un ordinateur *computer*
une table *table*
un tableau *blackboard; painting*

un cahier *notebook*
une chose *thing*
un crayon *pencil*
une feuille (de papier) *sheet of paper*
un sac à dos *backpack*
un stylo *pen*

La famille

un beau-frère *brother-in-law*
un beau-père *father-in-law;
   stepfather*
une belle-mère *mother-in-law;
   stepmother*
une belle-soeur *sister-in-law*
un(e) cousin(e) *cousin*
un demi-frère *half-brother;
   stepbrother*
une demi-soeur *half-sister;
   stepsister*
les enfants (*m., f.*) *children*
un époux/une épouse *spouse*
une femme *wife; woman*
une fille *daughter; girl*
un fils *son*
un frère *brother*
une grand-mère *grandmother*
un grand-père *grandfather*
les grands-parents (*m.*)
   grandparents
un mari *husband*

une mère *mother*
un neveu *nephew*
une nièce *niece*
un oncle *uncle*
les parents (*m.*) *parents*
un père *father*
une petite-fille *granddaughter*
un petit-fils *grandson*
les petits-enfants (*m.*)
   grandchildren
une sœur *sister*
une tante *aunt*

Les personnes

antipathique *unpleasant*
beau/belle *beautiful; handsome*
bon(ne) *kind; good*
blond(e) *blond*
brun(e) *(hair) dark*
châtain *(hair) brown*
drôle *funny*
fort(e) *strong*
gentil(le) *nice*
grand(e) *big; tall*
gros(se) *fat*
jeune *young*
joli(e) *pretty*
laid(e) *ugly*
mauvais(e) *bad*
méchant(e) *mean*
modeste *modest, humble*
petit(e) *small, short (stature)*
roux/rousse *red-haired*
vieux/vieille *old*

Professions et occupations

un(e) architecte *architect*
un(e) artiste *artist*
un(e) athlète *athlete*
un(e) avocat(e) *lawyer*
un coiffeur/une coiffeuse
   hairdresser
un(e) dentiste *dentist*
**un homme/une femme
   d'affaires** *businessman/woman*
un ingénieur *engineer*
un(e) journaliste *journalist*
un médecin *doctor*
un(e) musicien(ne) *musician*

Dans la ville

un centre commercial *shopping center, mall*
un cinéma (ciné) *movie theater*
une église *church*
une épicerie *grocery store*
un grand magasin *department store*
un magasin *store*
un marché *market*
un musée *museum*
un parc *park*
une piscine *pool*
une place *square; place*
un restaurant *restaurant*
une banlieue *suburbs*
un centre-ville *city/town center, downtown*

À table

avoir faim *to be hungry*
avoir soif *to be thirsty*
manger quelque chose *to eat something*

une baguette *baguette (long, thin loaf of bread)*
le beurre *butter*
un croissant *croissant (flaky, crescent-shaped roll)*
un éclair *éclair (pastry filled with cream)*
des frites (f.) *French fries*
un fromage *cheese*
le jambon *ham*
un pain (de campagne) *(country-style) bread*
un sandwich *sandwich*
une soupe *soup*
une boisson (gazeuse) *(soft) (carbonated) drink/beverage*
un café *coffee*
une eau (minérale) *(mineral) water*
un jus (d'orange, de pomme, etc.) *(orange, apple, etc.) juice*
le lait *milk*
un thé (glacé) *(iced) tea*

Activités sportives et loisirs

acheter *to buy*
aller à la pêche *to go fishing*
chanter *to sing*
courir *to run*
danser *to dance*
dormir *to sleep*
jouer (à/de) *to play*
marcher *to walk (person); to work (thing)*
nager *to swim*
passer chez quelqu'un *to stop by someone's house*
patiner *to skate*
pratiquer *to play regularly, to practice*
skier *to ski*

le baseball *baseball*
le basket(-ball) *basketball*
les cartes (f.) *cards*
le cinéma *movies*
les échecs (m.) *chess*
le foot(ball) *soccer*
le football américain *football*
le golf *golf*
un jeu *game*
un joueur/une joueuse *player*
un match *game*
un passe-temps *pastime, hobby*
le sport *sport*
un stade *stadium*
le temps libre *free time*
le tennis *tennis*
le volley(-ball) *volleyball*

Les vêtements

aller avec *to go with*
porter *to wear*
vendre *to sell*

un blouson *jacket*
une ceinture *belt*
un chapeau *hat*
une chaussette *sock*
une chaussure *shoe*

une chemise (à manches courtes/longues) *shirt (short-/long-sleeved)*
un chemisier *blouse*
un costume *(man's) suit*
une cravate *tie*
un gant *glove*
un jean *jeans*
une jupe *skirt*
un maillot de bain *swimsuit, bathing suit*
un manteau *coat*
un pantalon *pants*
un pull *sweater*
une robe *dress*
un short *shorts*
un sous-vêtement *underwear*
un tee-shirt *T-shirt*

des soldes (m.) *sales*
un vendeur/une vendeuse *salesman/saleswoman*

bon marché *inexpensive*
cher/chère *expensive*
large *loose; big*
serré(e) *tight*

Les fêtes

faire la fête *to party*
faire une surprise (à quelqu'un) *to surprise (someone)*
fêter *to celebrate*
organiser une fête *to organize a party*

une bière *beer*
un biscuit *cookie*
le champagne *champagne*
un dessert *dessert*
un gâteau *cake*
la glace *ice cream*
le vin *wine*

un cadeau *gift*
une fête *party; celebration*
un hôte/une hôtesse *host(ess)*
un(e) invité(e) *guest*
un jour férié *holiday*

ROMAN-PHOTO VIDEO PROGRAM

Fully integrated with your textbook, the **Roman-photo** Video contains thirty dramatic episodes, one for each lesson of the text in Levels 1 & 2. The episodes present the adventures of four college students who are studying in the south of France at the **Université Aix-Marseille**. They live in apartments above and near **Le P'tit Bistrot**, a café owned by Valérie Forestier. The video tells their story and the story of Madame Forestier and her teenage son, Stéphane.

The **Roman-photo** section in each textbook lesson is actually an abbreviated version of the dramatic episode featured in the video. Therefore, each **Roman-photo** section can be done before you see the corresponding video episode, after it, or as a section that stands alone in its own right.

As you watch each video episode, you will first see a live segment in which the characters interact using vocabulary and grammar you are studying. As the video progresses, the live segments carefully combine new vocabulary and grammar with previously taught language. You will then see a **Reprise** segment that summarizes the key language functions and/or grammar points used in the dramatic episode.

THE CAST
Here are the main characters you will meet when you watch Roman-photo:

Of Senegalese heritage
Amina Mbaye

From Washington, D.C.
David Duchesne

From Paris
Sandrine Aubry

From Aix-en-Provence
Valérie Forestier

Of Algerian heritage
Rachid Kahlid

And, also from Aix-en-Provence
Stéphane Forestier

FLASH CULTURE VIDEO PROGRAM

For one lesson in each unit, a **Flash culture** segment allows you to experience the sights and sounds of France, the French-speaking world, and the daily life of French speakers. Each segment is from two-to-three minutes long and is correlated to your textbook in one **Culture** section in each unit.

Hosted by narrators Csilla and Benjamin, these segments of specially shot footage transport you to a variety of venues: schools, parks, public squares, cafés, stores, cinemas, outdoor markets, city streets, festivals, and more. They also incorporate mini-interviews with French speakers in various walks of life, for example, family members, friends, students, and people in different professions.

The footage was filmed taking special care to capture rich, vibrant images that will expand your cultural perspectives with information directly related to the content of your textbook. In addition, the narrations were carefully written to reflect the vocabulary and grammar covered in **D'ACCORD!**

ICONS AND *RESSOURCES* BOXES

Icons

These icons in **D'ACCORD!** alert you to the type of activity or section involved.

Icons legend		
🎧 Listening activity/section	Ⓢ	Additional content found on the Supersite: audio, video, and presentations
Activity also on the Supersite		Additional practice on the Supersite
Pair activity		Information Gap activity
Group activity		Feuilles d'activités
	♻	Recycling activity

- The Information Gap activities and those involving **Feuilles d'activités** (*activity sheets*) require handouts that your instructor will give you.

- The listening icon appears in **Contextes**, **Les sons et les lettres**, **À l'écoute**, and **Vocabulaire** sections.

- The video icon appears in **Roman-photo**, either one of the **Culture** sections, and **Le zapping**.

- The recycling icon tells you that to finish a specific activity you will need to use vocabulary and/or grammar learned in previous lessons.

Ressources Boxes

Ressources boxes let you know exactly which print and technology ancillaries you can use to reinforce and expand on every section of every lesson in your textbook. They even include page numbers when applicable.

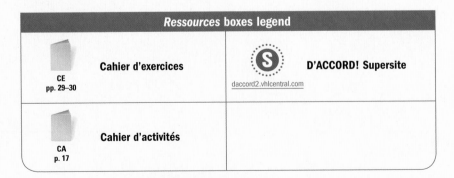

Ressources boxes legend		
CE pp. 29–30 — Cahier d'exercices	Ⓢ daccord2.vhlcentral.com	D'ACCORD! Supersite
CA p. 17 — Cahier d'activités		

Supersite

The **D'ACCORD!** Supersite provides a wealth of resources for both students and instructors. Icons indicate exactly which resources are available on the Supersite for each section of every lesson.

 Access to the **Supersite** comes with the purchase of a new student text.

LEARNING TOOLS AVAILABLE TO STUDENTS:

- **Practice**
  - directed practice from the textbook, including audio activities
  - additional practice for every textbook section
  - open-ended activities to explore and search the Internet

   Practice more at **daccord1.vhlcentral.com.**

- **Audio**
  - Record & Compare audio activities
  - All audio material related to the **D'ACCORD!** program (Vocabulary, Activities, Pronunciation Concepts)
  - Native-speaker recordings of the authentic literary readings in the **Lecture** sections of Units 3-7
  - Talking Picture vocabulary activities

- **Streaming Video**
  - **Roman-photo:** These dramatic video episodes follow a group of students living in Aix-en-Provence, France.
  - **Flash culture:** Appearing in one lesson per unit, specially shot footage expands on cultural topics presented in the book.
  - **Le Zapping:** Authentic francophone video clips, offered on the **D'ACCORD!** Supersite, provide you with an authentic window into French-language media.

- MP3 files for the complete **D'ACCORD!** Audio Program
  - textbook audio files
  - audio program files

- and more…
  - Interactive Maps
  - Flashcards with audio
  - integration with the **Cahier interactif**

ACKNOWLEDGMENTS

On behalf of its authors and editors, Vista Higher Learning expresses its sincere appreciation to the many college professors nationwide who reviewed materials from **D'ACCORD!**. Their input and suggestions were vitally helpful in forming and shaping the program in its final, published form.

We also extend a special thank you to the contributing writer whose hard work was central to bringing **D'ACCORD!** to fruition: Nora Portillo.

We are especially grateful to our National Language Consultant, Norah Jones, for her continued support and feedback regarding all aspects of the text.

In-depth reviewers

Dorothy E. Diehl
   Saint Mary's University of Minnesota

Lynne Wettig
   Park University, Kansas

Reviewers

Ellen Abrams
   New England Community College, MA

Norma Alvarez
   College of Southern Nevada

Eileen M. Angelini
   Canisius College, NY

Christine Armstrong
   Denison University, OH

Michael Armstrong
   Florida Atlantic University

Kathleen Attwood
   Owens Community College, OH

Marty Bandini
   Southwestern College, CA

Samira Belaoun
   Bunker Hill Community College, MA

Maria Benson
   Virginia Commonwealth University

Juan A. Bernabeu
   Laramie County Community College, WY

Marie Bertola
   West Valley College, CA

Kaye Bletso
   Jefferson Community College, KY

Julia Bordeaux
   Mansfield University, PA

Christine Boudin-Stoa
   Saint Mary's University of Minnesota

Cavella Bullard
   Wake Technical Community College, NC

Thomas Buresi
   Southern Polytechnic State University, GA

Allegra Clement-Bayard
   John Burroughs School, MO

Helene Coignet
   Canisius College, NY

Margaret Colvin
   Otterbein College, OH

Mary Beth Crane
   College of Southern Idaho

LaVerne Dalka
   Hanover College, IN

Nathalie Davaut
   Rowan Cabarrus Community College, NC

David de Posada
   Macon State College, GA

Linda Downing
   Diablo Valley College, CA

Beth Droppleman
   Columbia College, SC

Kamila Dudley
   University of Hawaii

Vicki Earnest
   Calhoun College, AL

Paula Egan-Wright
   Laramie County Community College, WY

Natasha Engering-Ward
   Justin-Siena High School, CA

Lisa C. Franks
   Cabrini College, PA

Kerwin Friebel
   Muskegon Community College, MI

Barbara I. Friedman
   Florida Atlantic University

Trisha Frye
  Salem Academy and College, NC

Maria Gardeta-Healey
  Mesa Community College, AZ

Sophie Gelaw
  University of the Virgin Islands

Virginie Gindoff
  Plymouth State University, NH

Martha Grant
  Falmouth High School, ME

Stella Greenbaum
  The Hun School of Princeton, NJ

Sue Grove
  Riverland Community College, MN

Luc Guglielmi
  Kennesaw State University, GA

Nathan Guss
  Clemson University, SC

Kwaku A. Gyasi
  University of Alabama in Huntsville

B. Sabastian Hobson
  Northern Virginia Community College

Jessica Hoy
  Illinois State University

Rejane Jehanno
  Pacific Union College, CA

Zhen Ji
  Our Lady of the Lake University, TX

E. Joe Johnson
  Clayton State University, GA

Nikki L. Kaltenbach
  Indiana University Northwest

Ann Kirkland
  Hanover College, IN

Ute S. Lahaie
  Gardner-Webb University, NC

Stanley F. Levine
  University of South Carolina Aiken

Leanne Lindelof
  San Jose State University, CA

Oksana Lutsyshyna
  University of South Florida

Olivia Marancy-Ferrer
  North Broward Preparatory School, FL

Jackie Mauldin
  Gainsville State College, GA

Kitzie McKinney
  Bentley College, MA

Mireille McNabb
  West Valley College, CA

Sylvie Merlier-Rowen
  Shoshana S. Cardin School, MD

Cedric Michel
  University of South Florida

Isabelle Miller
  Bellevue Community College, WA

Doug Mrazek
  Clark College, WA

Martine Motard-Noar
  McDaniel College, MD

Shonu Nangia
  Louisiana State University at Alexandria

Justin Niati
  Houghton College, NY

Eva Norling
  Bellevue Community College, WA

Leslie Norman
  Gonzaga University, WA

Marie-Noelle Olivier
  University of Nevada, Las Vegas

Scooter Pegram
  Indiana University Northwest

Christiane E. Reese
  Florida Atlantic University, FL

Anna K. Sandstrom
  University of New Hampshire

Amy Sawyer
  Clemson University, SC

Lisa F. Signori
  Erskine College, SC

Virginia Stamanis
  The Meadows School, NV

Janis Tansey
  Pine Crest School, FL

Maria-Elena Torales
  Imperial Valley College, CA

Michael Vermy
  Fullerton College, CA

Nirva Vernet
  Virginia Commonwealth University

Terri Woellner
  University of Denver, CO

Lisa Yigit
  North Broward Preparatory, FL

Samuel Zadi
  Wheaton College, IL

Elizabeth Zwanziger
  Wartburg College, IA

Reprise

The verbs *être* and *avoir*

- The verb **être** (to be) is an irregular verb; its conjugation (set of forms for different subjects) does not follow a pattern.

Je suis américain.

Cette année, nous avons le bac.

Present tense of *être*

je suis	I am	nous sommes	we are
tu es	you are	vous êtes	you are
il/elle est	he/she/it is	ils/elles sont	they are

- The verb **avoir** (to have) is also an irregular verb.

Present tense of *avoir*

j'ai	I have	nous avons	we have
tu as	you have	vous avez	you have
il/elle a	he/she/it has	ils/elles ont	they have

- The verb **avoir** is used in certain idiomatic or set expressions where English generally uses *to be* or *to feel*.

Nicolas **a sommeil.**
Nicolas is sleepy.

Vous **avez froid**?
Are you cold?

Il **a envie de** se coucher.
He feels like going to bed.

Avez-vous **envie de** soupe?
Do you want some soup?

Expressions with *avoir*

avoir... ans	to be... years old	avoir froid	to be cold
		avoir honte (de)	to be ashamed (of)
avoir besoin (de)	to need	avoir l'air (de)	to seem/look (like)
avoir de la chance	to be lucky	avoir peur (de)	to be afraid (of)
		avoir raison	to be right
avoir chaud	to be hot	avoir sommeil	to be sleepy
avoir envie (de)	to feel like/to want	avoir tort	to be wrong

1 **Où sommes-nous?** Complete each sentence with the correct form of the verb **être**.

1. Édouard et Nathalie _____ à l'hôtel.
2. Jean-François _____ à l'école.
3. Ils _____ en vacances.
4. Julie et moi, nous _____ au match de foot.
5. Vous _____ en retard.
6. Tu _____ végétarien?
7. Je _____ de Bordeaux.
8. Il _____ deux heures et demie.
9. Daniel et Thomas _____ à l'hôpital.
10. Elle _____ chez elle.

2 **Correspondance** Sandra, your new French penpal, is presenting her family to you. Complete her e-mail with the correct forms of **avoir**.

«J'(1) _____ une grande famille avec quatre frères et sœurs. Nous (2) _____ aussi beaucoup d'oncles et de tantes. Ils sont mariés et (3) _____ des enfants. Ce sont tous mes cousins et cousines. Mon grand frère Pierrot (4) _____ déjà une petite fille, et elle est adorable. Dans les grandes familles, il y (5) _____ toujours un petit préféré... eh bien, chez nous, c'est elle! Voilà, comme ça, tu (6) _____ une idée de ma vie ici!»

3 **Expressions** Using the photos, complete each sentence using an expression with **avoir**.

✓ 1. Il a chaud

✓ 3. Nous avons froid

✓ 2. Elle a sommeil

✓ 4. J'ai de la chance

Practice more at **daccord2.vhlcentral.com**.

4 Opinions Victoire has opinions about everything. Complete her statements, following the model.

MODÈLE

restaurant / cher / bon
Le restaurant est cher, mais bon.

✓ 1. prof / désorganisé / brillant
✓ 2. voisines / vieux / charmant
✓ 3. maison / petit / joli
✓ 4. fiancés / inquiet / heureux
✓ 5. plage / grand / laid
6. matchs / long / génial

(handwritten)
1. Le prof est désorganisé, mais brillant
2. Les voisines est vieux et charmant
3. La maison est petit, mais joli

5 C'est à qui? Using possessive adjectives, identify the owner(s) of each object.

MODÈLE

mon copain
Ce sont ses cahiers.

toi et moi
1. _____

Léo et toi
3. _____

les vendeuses
2. _____

Josie
4. _____

6 Comparez With a partner, discuss the differences in each illustration. Use demonstrative adjectives.

MODÈLE

Élève 1: *Comment sont ces hommes?*
Élève 2: *Cet homme-ci est petit et cet homme-là est grand.*

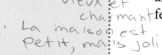

1. _____

3. _____

2. _____

4. _____

Adjectives

(handwritten at top right)
4. Les fiances est inquiet, mais heureux
5. La plage est grand, mais laid
6. Les matchs est long, mais génial

- In French, all nouns have a number (singular or plural) and gender (masculine or feminine). Most adjectives take different forms according to the gender and number of the nouns they precede.

- Most adjectives adopt the feminine form by adding a silent **-e** (no accent) to the end of the masculine form, unless one is already there. Adding a silent **-s** to the end of masculine and feminine forms gives you the plural forms of both.

MASCULINE SINGULAR	FEMININE SINGULAR
Henri est **élégant.**	Patricia est **élégante.**

MASCULINE PLURAL	FEMININE PLURAL
Henri et Jérôme sont **élégants.**	Patricia et Marie sont **élégantes.**

- French adjectives are usually placed after the noun they modify when they don't directly follow a form of **être.**

Ce sont des **étudiantes brillantes.**

Bernard est un homme **agréable et poli.**

- However, some adjectives, such as possessive and demonstrative adjectives, come before the noun.

C'est ta soeur? Ce sont tes parents?

Combien coûte cette montre?

Possessive and demonstrative adjectives

masculine singular	feminine singular	plural	
mon	ma	mes	*my*
ton	ta	tes	*your* (fam. and sing.)
son	sa	ses	*his, her, its*
notre	notre	nos	*our*
votre	votre	vos	*your* (form. or pl.)
leur	leur	leurs	*their*
ce	cette	ces	*this, these*
cet (before vowel sound)			*this*

trois **3**

STRUCTURES R.2

Present tense of regular and irregular verbs; spelling-change -er verbs

Regular verbs

- To create the present-tense forms of regular verbs, drop the infinitive ending (**-er**, **-ir**, **-re**) and add the corresponding endings for the different subject pronouns.

Demain, je **finis** mes cours à deux heures et demi.
Tomorrow I finish class at 2:30.

Et quand est-ce que tu **arrives** chez toi?
And when do you get home?

Regular verbs

	parler	finir	vendre
je	parle	finis	vends
tu	parles	finis	vends
il/elle	parle	finit	vend
nous	parlons	finissons	vendons
vous	parlez	finissez	vendez
ils/elles	parlent	finissent	vendent

Irregular verbs

- Like **être** and **avoir**, some other commonly used verbs are irregular.

Je ne comprends pas non plus.

Je ne bois pas de limonade.

Common irregular verbs

	aller	faire	prendre	boire
je	vais	fais	prends	bois
tu	vas	fais	prends	bois
il/elle	va	fait	prend	boit
nous	allons	faisons	prenons	buvons
vous	allez	faites	prenez	buvez
ils/elles	vont	font	prennent	boivent

MISE EN PRATIQUE

1 Des questions Your friend Antoine is asking you a lot of questions. Complete each of his questions with the correct form of the verb in parentheses.

1. On _____ (partager) ce sandwich?
2. Tu _____ (réfléchir) à quoi maintenant?
3. Maxime et toi, vous _____ (finir) votre match de tennis vers quelle heure?
4. Ce soir, nous _____ (retrouver) bien Elsa et Fifi à la bibliothèque, n'est-ce pas?
5. Est-ce que j' _____ (inviter) Édouard aussi?
6. Pourquoi est-ce qu'Elsa _____ (sourire) quand je la _____ (regarder)?
7. Les copains _____ (organiser) aussi une fête ce week-end?

2 Complétez Complete each sentence with the correct form of a verb from the list.

| attendre | entendre | répondre |
| descendre | perdre | vendre |

1. Chez moi, après huit heures du soir, nous ne _____ pas au téléphone.
2. Où sont mes lunettes? Aujourd'hui, je _____ tout!
3. Est-ce qu'ils _____ des billets de train ici?
4. Papi, tu n' _____ pas très bien quand on parle.
5. Delphine ne _____ jamais en ville sans son sac.
6. Monsieur, vous _____ le bus 114?

3 Le bon verbe Conjugate a verb from the list to complete each sentence.

| aller | boire | faire | prendre |

1. Nous adorons le sport. Nous _____ du jogging presque tous les matins.
2. Attention! Tu _____ trop vite!
3. Quand vous avez envie de sortir, vous _____ au cinéma?
4. Yvan _____ le train pour rentrer chez lui le soir.
5. Les enfants _____ des cours de tennis le dimanche.
6. Je _____ mes frites moi-même, à la maison!
7. Est-ce que cette ceinture _____ avec mon pantalon?
8. En été, nous ne _____ jamais assez.

 Practice more at **daccord2.vhlcentral.com.**

nous traduisons

4 **Parfait!** Using the illustrations as cues, write the correct form of the irregular **-ir** verb.

1. Je _____ bien!

4. Vous _____ super vite!

2. Il _____ des sandwichs délicieux!

5. Tu _____ enfin de l'hôpital!

3. Nos chocolats chauds _____ bon!

6. Nous _____ à l'heure!

5 **Finissez** Complete each sentence, choosing the most logical ending for each. Remember to conjugate each verb.

permettre de rentrer à 11h00.	détruire les forêts.
dire «bonjour» en espagnol?	réduire vos heures de travail.
rire de mes histoires.	ne pas construire d'avions.

achete / achète / ache

1. Ces ingénieurs _____

2. Cette semaine, au bureau, ils _____

3. Le feu (*fire*) _____

4. Reiko est charmante quand elle _____

5. Maman et moi, nous vous _____

6. Comment est-ce que vous _____

● Here are some irregular **-ir** verbs.

irregular *-ir* verbs					
sortir		**dormir**		**courir**	
sors	sortons	dors	dormons	cours	courons
sors	sortez	dors	dormez	cours	courez
sort	sortent	dort	dorment	court	courent

● In the present tense, the verbs **partir**, **sentir**, and **servir** follow the same irregular pattern as **sortir** and **dormir**.

Irregular *-re* verbs				
	conduire	**mettre**	**dire**	**rire**
je	conduis	mets	dis	ris
tu	conduis	mets	dis	ris
il/elle	conduit	met	dit	rit
nous	conduisons	mettons	disons	rions
vous	conduisez	mettez	dites	riez
ils/elles	conduisent	mettent	disent	rient

● The following verbs are conjugated like **conduire: construire, détruire, produire, réduire, traduire.**

● The following verbs are conjugated like **mettre: permettre, promettre.**

● The verb **sourire** is conjugated like **rire.**

rire = sourire (conjugation)

Spelling-change *-er* verbs

● Some **-er** verbs, though regular with respect to their verb endings, have spelling changes that occur in the verb stem (what remains after the **-er** is dropped).

Spelling-change *-er* verbs			
	acheter	**espérer**	**envoyer**
j'	achète	espère	envoie
tu	achètes	espères	envoies
il/elle	achète	espère	envoie
nous	achetons	espérons	envoyons
vous	achetez	espérez	envoyez
ils/elles	achètent	espèrent	envoient

● The following verbs are conjugated like **acheter: amener, emmener.**

● The following verbs are conjugated like **espérer: célébrer, considérer, posséder, préférer, protéger, répéter.**

● The following verbs are conjugated like **envoyer: employer, essayer, nettoyer, payer.**

6 Imaginez In pairs, describe what people are doing in each illustration. Use a spelling-change **-er** verb.

MODÈLE

Elles essaient de patiner.

1.

2.

3.

4.

7 Que font-ils? Look at each illustration and write two sentences about what the people are doing or thinking. Use two different verbs from the list.

1.

2.

3.

4.

attendre	choisir	entendre	oublier
passer	regarder	rendre visite	vendre

8 En général In pairs, take turns describing your habits. Use the word bank for ideas.

MODÈLE

Élève 1: *En général, je ne regarde jamais la télévision le dimanche soir.*

(ne pas) courir	jusqu'à midi
(ne pas) dormir	tous les week-ends
(ne pas) finir	le dimanche
(ne pas) obéir	en été
(ne pas) partir	tous les jours
(ne pas) réfléchir	rarement
(ne pas) réussir	jamais
(ne pas) sortir	parfois
	souvent
	une (deux, etc.) fois par jour/ semaine etc.

9 Et toi? In pairs, take turns asking each other what you do or have when you go to these places. Use only the verbs **prendre**, **boire**, or **faire** in your answers. Use your imagination when necessary.

MODÈLE

Élève 1: *Qu'est-ce que tu prends quand tu vas au café?*
Élève 2: *Moi, quand je vais au café, je prends du café au lait. Et toi?*
Élève 1: *Moi, je ne prends jamais de café. Je prends du thé.*

1. à la cantine (cafeteria)
2. chez mon/ma meilleur(e) ami(e)
3. au stade
4. au cinéma
5. à la mer avec ma famille
6. à la bibliothèque
7. en cours
8. au restaurant avec ma famille

10 **Qui fait quoi?** In pairs, say what these people are doing. Use only spelling changing **–er** verbs. Be creative.

MODÈLE

Il achète des croissants pour sa fiancée.

1.

3.

2.

4.

11 **Des situations** In pairs, take turns asking each other how you generally react when other people do or do not do the following things.

MODÈLE

ne jamais sourire
Élève 1: *Comment est-ce que tu réagis quand quelqu'un ne sourit jamais?*
Élève 2: *Je suis triste.*

1. rire très fort
2. conduire vite
3. mettre ses chaussures sur la table
4. ne pas dire «pardon»
5. détruire un livre de la bibliothèque
6. promettre trop de choses

12 **Enquête** Copy the chart below onto a piece of paper. In groups of three, interview your classmates to see how often, if at all, they do each activity. Then write their names in the appropriate boxes. Be prepared to share the results of your poll with the class.

MODÈLE

Élève 1: *Est-ce que tu achètes tes livres sur Internet?*
Élève 2 (Félix): *Oui, j'achète souvent mes livres sur Internet.*

	parfois	souvent	jamais
1. acheter des livres sur Internet		Félix	
2. écrire des e-mails à son/sa grand-père/mère			
3. partir en week-end avec sa famille			
4. faire ses devoirs devant la télé			
5. ne pas répondre aux questions de ses parents			
6. sortir avec des amis l'après-midi			

CULTURE À LA LOUPE

Les vacances scolaires

Que font les jeunes pendant leurs vacances scolaires? Ce matin, Tiffany s'est levée° tôt—le jour du départ est enfin arrivé. Elle vérifie tout avant de partir: son passeport, son billet d'avion, son dictionnaire anglais-français… Elle a bien tout! En effet°, cet été, Tiffany a décidé d'aller apprendre le français au Québec.

Comme Tiffany, beaucoup de jeunes lycéens profitent des vacances d'été pour apprendre quelque chose de nouveau. Certains apprennent un nouveau sport en s'inscrivant à° des stages° de voile° ou de moto°. D'autres préfèrent une activité culturelle ou artistique et vont à des stages de cirque° ou de danse. D'autres enfin vont dans un pays étranger pour suivre° des cours de langue. Les séjours linguistiques ou les programmes d'échanges internationaux ont beaucoup de succès chez° les lycéens. Non seulement les jeunes apprennent une langue mais ils découvrent° aussi la culture du pays et rencontrent d'autres jeunes de tous les coins° du monde.

L'Université Laval à Québec, par exemple, propose un programme idéal pour ceux° qui désirent apprendre le français. Le matin, il y a quatre heures de cours, des exposés° et des projections de films qui racontent° l'histoire de la ville de Québec. L'après-midi, il y a des activités sociales et culturelles. Certains vont faire une promenade dans le Vieux-Québec et vont voir° les fortifications, aller admirer la chute° Montmorency ou visiter des cabanes à sucre où on récolte° la sève des érables° comme le faisaient les premiers habitants de la région, les Autochtones°. Les plus aventureux° vont même observer les baleines° du fleuve Saint-Laurent.

Pour les jeunes qui choisissent de participer à ces stages, les vacances ne sont plus une longue période d'inactivité. Elles proposent, au contraire, la possibilité de rencontrer d'autres jeunes et d'apprendre quelque chose de nouveau tout en s'amusant.

s'est levée got up **En effet** Indeed **s'inscrivant à** signing up for **stages** camps **voile** sailing **moto** motorcycle **cirque** circus **suivre** take **chez** among **découvrent** discover **coins** corners **ceux** those **exposés** presentations **racontent** tell **voir** see **chute** waterfall **récolte** collects **sève des érables** sap from maple trees **Autochtones** Native Americans **aventureux** adventurous **baleines** whales

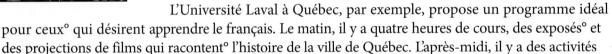

A C T I V I T É S

1 **Vrai ou faux?** Indicate whether each statement is **vrai** or **faux**. Correct the false statements.

1. Si on est sportif, on peut faire un stage de moto ou de voile pendant les vacances. Faux Vrai

2. Les séjours linguistiques sont d'abord pour les jeunes qui veulent apprendre une langue étrangère. Vrai

3. Les séjours linguistiques ne proposent que des cours de langue. Faux

4. Les participants aux séjours linguistiques viennent de tous les coins du monde. Vrai

5. Les participants au programme de l'Université Laval ont six heures de cours de français par jour. Faux

6. Québec est une ville fortifiée. Vrai

7. Dans les cabines téléphoniques, on récolte la sève des érables. Faux

8. Les Autochtones étaient les premiers habitants du Québec. Vrai

9. Les camps de vacances sont idéaux pour les jeunes qui aiment l'inactivité. Frai

10. Parfois, on observe des baleines dans le fleuve Saint-Laurent. Vrai

LE FRANÇAIS QUOTIDIEN

Des sports atypiques

l'alpinisme (*m.*)	*mountain climbing*
le deltaplane	*hang gliding*
l'escrime (*f.*)	*fencing*
le kitesurf	*kite surfing*
le parachutisme	*parachuting*
le parkour	*free running*
la plongée sous-marine	*scuba diving*
le rugby	*rugby*
le tir à l'arc	*archery*

LE MONDE FRANCOPHONE

Des stages pour tous

Voici quelques stages qui proposent des activités originales pour les jeunes les plus aventureux.

En France Stage d'aéronautique où, pendant le vol, le jeune est copilote, navigateur ou radio

En France Stage des sports de l'extrême pour les plus aventureux: spéléologie° dans le Vercors, Parc des volcans en Auvergne, rafting et escalade° en Haute-Savoie, etc.

En Guadeloupe Stage de kitesurf avec des moniteurs° brevetés°

Au Québec Camp de vacances scientifiques avec cours de science qui fait participer les jeunes à des recherches° expérimentales

À Tahiti Stage de surf où les cours sont donnés par des moniteurs qui ont le BEES (Brevet d'État d'Éducateur Sportif)

spéléologie *spelunking* **escalade** *climbing* **moniteurs** *instructors*
brevetés *licensed* **recherches** *research*

PORTRAIT

colonies = camps

Le lac Saint-Jean

Aussi grand qu°'une mer intérieure, le lac Saint-Jean est un lieu de vacances très apprécié des Québécois et des touristes qui aiment le sport, la nature et la culture. Été comme hiver, il y a beaucoup de choses à faire. En été, les gens se baignent° ou se promènent le long de ses plages. Les sportifs font le tour du lac à vélo, vont à la pêche ou font du kayak; les plus courageux peuvent même faire du rafting à proximité du lac. Ceux qui aiment les animaux observent des loups° et des ours° dans leur habitat naturel. Ceux qui préfèrent l'histoire visitent des villages historiques qui recréent la vie des gens au début du siècle ou vont voir un moulin à eau°, construit en 1889, qui fonctionne toujours! En hiver, d'autres pratiquent la pêche blanche ou pêche sur glace, font des promenades en raquettes° ou des

courses de traîneaux à chiens°, et visitent même des villages de glace! Le lac Saint-Jean, source d'amusement pour petits et grands n'importe quand!

Aussi grand que *As large as*
se baignent *swim*
loups *wolves* **ours** *bears*
moulin à eau *watermill*
raquettes *snowshoes*
traîneaux à chiens *dog sleds*

---

2 **Compréhension** Complete each sentence.

1. Il y a des camps de _Québécois_ dans tout le monde francophone.
2. Il faut aller en ____été____ pour faire un stage de rafting et d'escalade.
3. Pendant les stages _en France_, on apprend à voler.
4. Il y a des _volcans_ en Auvergne.
5. Le lac Saint-Jean est au _Québec_.

3 **Les vacances** Do you go to summer camp? Where? What are your favorite activities? Why? If you do not go to camp, how do you pass your time in the summer? Write a paragraph in French.

 Practice more at **daccord2.vhlcentral.com.**

A C T I V I T É S

The *passé composé* and the *imparfait*

Passé composé with *avoir*

- For most verbs, the **passé composé** is formed with a present-tense form of **avoir** (the auxiliary verb) followed by the past participle of the verb expressing the action.

- The past participle of a regular verb is formed by replacing the infinitive ending with **é**, **i**, or **u**, depending on the infinitive ending.

infinitive			past participle		
fêt**er**	chois**ir**	ren**dre**	fêt**é**	chois**i**	rend**u**

The *passé composé*

j'ai parlé	I spoke/have spoken	nous avons parlé	we spoke/have spoken
tu as parlé	you spoke/have spoken	vous avez parlé	you spoke/have spoken
il/elle a parlé	he/she/it spoke/has spoken	ils/elles ont parlé	they spoke/have spoken

Some irregular past participles

apprendre	appris	être	été
avoir	eu	faire	fait
boire	bu	pleuvoir	plu
comprendre	compris	prendre	pris
courir	couru	surprendre	surpris
falloir	fallu		

Passé composé with *être*

- Some verbs, however, use **être** in the **passé composé**. To form the **passé composé** of these verbs, use a present-tense form of **être** and the past participle of the verb that expresses the action.

Tu es parti pour Paris?

Mes parents sont arrivés des États-Unis.

1 Au passé Complete each sentence by writing the correct forms of the appropriate verb in parentheses. Use the **passé composé**.

1. Hier soir, tu _____ ton ami et vous _____ pendant des heures. (bavarder / appeler)
2. Lundi dernier, Monsieur et Madame Guillon _____ une écharpe à l'hôtel et la réception _____ chez eux. (oublier / téléphoner)
3. Aujourd'hui, j'_____ mes amis et nous _____ au café d'à côté. (déjeuner / inviter)
4. Mathis _____ Sabine, mais il _____ avec sa cousine Lætitia pendant deux ans. (ne jamais rencontrer / travailler)

2 Un vrai désastre! Léna had a very bad evening yesterday. Complete her description with the verbs in parentheses and the **passé composé**.

1. Il _____ (falloir) attendre pour avoir une table.
2. Nous _____ (boire) du très mauvais café.
3. Je _____ (ne pas comprendre) la conversation.
4. Régis _____ (être) désagréable avec le serveur.
5. Ensuite, on _____ (prendre) le mauvais train pour rentrer.

3 Fait accompli Say what these people did. Use the verbs from the list and the **passé composé**.

MODÈLE

tu

Tu es allée à la piscine.

aller	descendre
arriver	sortir
rentrer	

1. je

3. vous

2. Sophie

4. Margaud et moi

4 Quand j'étais petit Complete José's story with the imparfait of the logical verb.

«Il (1) _faisait_ (faire / pleuvoir) très chaud. Il (2) _ne avait_ (falloir / ne pas avoir) boire beaucoup d'eau. La journée, je (3) _divorcaas_ (sortir / divorcer) peu. Les gens (4) _essayait_ (descendre / essayer) de faire du sport le matin très tôt. En général, maman et toi , vous (5) _ne dormie_ (ne pas dormir / rire) bien. Heureusement le week-end, nous (6) _allions_ (choisir / aller) à la plage dans la voiture de papa. Toi et moi, nous (7) _restions_ (rester / détruire) dans l'eau fraîche pendant des heures et c'(8) _était_ (être / sentir) fantastique!»

5 Avant... Things have changed a lot between now and back then. Express this by finishing each sentence with a verb in the **imparfait**.

MODÈLE

Maintenant, j'ai un vélo. Avant, *je marchais.*

1. Monsieur Roques mange très peu. Avant, _____

2. Clément est bon aux échecs. Avant, _____.

3. Ces jours-ci, tu maigris lentement. Avant, _____

4. Auban et moi, nous promettons de rentrer tôt. Avant, _____.

5. Ils achètent parfois un livre. Avant, _____

6. Aujourd'hui, vous partez avec vos enfants. Avant, _____.

6 Quand... In pairs, describe what these people used to do and under what circumstances.

MODÈLE

Quand il était plus jeune, Rafik dormait dans un lit confortable.

Rafik

1. je

3. vous

2. ils

4. tu

 Practice more at **daccord2.vhlcentral.com**.

• The past participles of verbs conjugated with **être** agree with their subjects in number and gender.

Charles, tu **es allé** à Montréal?
Charles, did you go to Montreal?

Florence **est partie** en vacances.
Florence left on vacation.

Mes frères **sont rentrés**.
My brothers came home.

Elles **sont arrivées** hier soir.
They arrived last night.

Some verbs used with *être*				
aller	entrer	naître	rentrer	sortir
arriver	monter	partir	rester	tomber
descendre	mourir	passer	retourner	

• To ask questions using inversion in the **passé composé**, invert the subject pronoun and the conjugated form of **avoir/être**.

Avez-vous fêté votre anniversaire?   **Est-elle restée** chez elle?

• Place the adverbs **déjà**, **encore**, **bien**, **mal**, and **beaucoup** directly before the past participle.

Tu as **déjà** mangé?
Did you already eat?

Je ne suis pas **encore** allé.
I haven't gone yet.

L'imparfait

• The **imparfait** does not require an auxiliary verb. To form the **imparfait**, drop the **-ons** ending from the **nous** form of the present tense and replace it with these endings.

		parler (parlons)	finir (finissons)	vendre (vendons)	boire (buvons)
	je	parlais	finissais	vendais	buvais
	tu	parlais	finissais	vendais	buvais
	il/elle	parlait	finissait	vendait	buvait
	nous	parlions	finissions	vendions	buvions
	vous	parliez	finissiez	vendiez	buviez
	ils/elles	parlaient	finissaient	vendaient	buvaient

• The **imparfait** is used to express habitual or repetitive actions in the past. With the verb **être**, it is often used for description. In this tense, **être** is irregular.

The *imparfait* of *être*	
j'étais	nous étions
tu étais	vous étiez
il/elle était	ils/elles étaient

[handwritten notes in margins: permettre = permis, devoir = dû, suivre = suivi, dire = dit, couvrir = couvert, vouloir = voulu, conduire = conduit, croire = cru, tenir = tenu, savoir = su, lire = lu, paraître = paru, écrire = écrit, ouvert = ouvert, connaître = connu, recevoir = reçu, comprendre = compris]

7 **Déjà fait** Interview a partner, asking whether he/she has ever done the following things. Your partner should respond with additional information, as in the model.

MODÈLE

Élève 1: *Tu as déjà fait une surprise à tes parents?*
Élève 2: *Oui, j'ai préparé un dîner romantique.*

1. faire une surprise à ses parents
2. rencontrer une actrice ou un sportif célèbre
3. passer une nuit entière sans dormir
4. acheter un costume ou un tailleur
5. écouter un discours politique en entier
6. inviter un(e) ami(e) à manger avec sa famille

8 **Mes voisins** In pairs, take a minute to study the illustration. Then close your books and ask your partner questions about what these people did at the party. Use the **passé composé** and the verbs provided below.

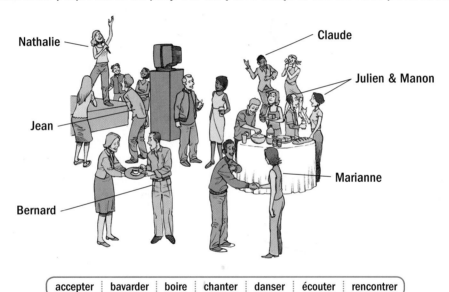

| accepter | bavarder | boire | chanter | danser | écouter | rencontrer |

9 **La semaine dernière** In pairs, take turns guessing what your partner did last week. Use only verbs that take **être** in the **passé composé**. Be prepared to share with the rest of the class what your partner did.

MODÈLE

Élève 1: *Tu es allé(e) à la piscine?*
Élève 2: *Non, je suis allé(e) courir.*

| aller | partir | rentrer | retourner |
| arriver | passer | rester | sortir |

10 **À la plage** In groups of three, describe what these people did this weekend. Then, compare your description to that of another group.

11 **La ville** In pairs, take a few seconds to look at this illustration. Then, close your books and describe what you saw, using the **imparfait**. Work together to write down as many details as you can remember.

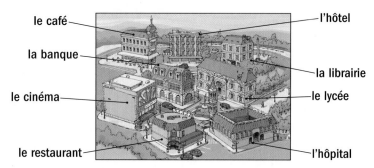

le café — l'hôtel

la banque — la librairie

le cinéma — le lycée

le restaurant — l'hôpital

12 **Vos vacances** In groups of three, interview your classmates to find out where and/or how they used to spend their vacation when they were younger. Then, share your results with the class.

13 **Pourquoi?** In pairs, say what these people did yesterday and why. Use the **passé composé** for the action and the **imparfait** for the explanation.

MODÈLE

Jeanne
Jeanne est allée chez le coiffeur parce qu'elle avait les cheveux trop longs.

Jeanne

1. Brigitte

3. M. Duprès

2. Hélène

4. Arnaud et Dominique

14 **Problèmes** In pairs, take turns saying that you used to have these problems in the past and what solution you found to them.

MODÈLE

Élève 1: *Avant, je grossissais en hiver.*
Élève 2: *Ah bon? Et qu'est-ce que tu as fait pour changer ça?*
Élève 1: *J'ai commencé à faire du sport.*

1. finir ses devoirs très tard le soir
2. ne pas avoir assez d'argent pour sortir
3. détester sa chambre
4. être désagréable le matin
5. ne pas lire assez
6. faire une dépression en hiver

Direct & indirect object pronouns; the *impératif*

Direct and indirect object pronouns

- Direct objects receive the action of a verb directly. Indirect objects express to whom or for whom an action is done. Indirect objects are frequently preceded by the preposition **à**.

DIRECT		INDIRECT
J'amène **mes parents**.	*but*	Je parle **à mes parents**.
I'm bringing my parents.		*I'm speaking to my parents.*

- You can use a direct object pronoun in the place of a direct object noun. The D.O.P directly precedes the verb that it is associated with.

Tu fais **les valises**?		Tu **les** fais?
Are you packing the suitcases?		*Are you packing them?*
Ils retrouvent **Luc** à la gare.		Ils **le** retrouvent à la gare.
They're meeting Luc at the station.		*They're meeting him at the station.*

Direct object pronouns

singular			plural		
me/m'	te/t'	le/la/l'	nous	vous	les

- When a direct object pronoun is used with the **passé composé**, the past participle must agree with it in both gender and number.

J'ai mis **la valise** dans la voiture ce matin.		Je **l'ai mise** dans la voiture ce matin.
I put the suitcase in the car this morning.		*I put it in the car this morning.*
J'ai attendu **les filles** à la gare.		Je **les** ai **attendues** à la gare.
I waited for the girls at the station.		*I waited for them at the station.*

- Indirect object pronouns replace indirect object nouns.

Claire parle à **sa mère**.		Claire **lui** parle.
Claire speaks to her mother.		*Claire speaks to her.*
J'envoie des cadeaux à **mes nièces**.		Je **leur** envoie des cadeaux.
I send gifts to my nieces.		*I send them gifts.*

Indirect object pronouns

singular			plural		
me/m'	te/t'	lui	nous	vous	leur

MISE EN PRATIQUE

1 **Choisissez** Choose the most logical direct object pronoun to complete the sentences.

1. Ces chaussures sont laides et peu pratiques. Je _____ déteste! (les/me).
2. Nous allons chez Alex ce soir. Il _____ a invités à dîner. (la/nous)
3. Toi, Léon, tu n'achètes jamais le journal. Tu _____ lis au café. (vous/le)
4. Vous laissez un gros pourboire? Je _____ trouve bien généreux aujourd'hui! (vous/la)
5. Mon oncle est follement amoureux de Jeanne. Il va _____ épouser en juin. (l'/vous)
6. Vous avez écouté mon histoire? Vous _____ avez bien compris? (m'/vous)

2 **Les bons pronoms** Rephrase each sentence, using a direct object pronoun. Follow the model.

MODÈLE

Dominique écoute ce CD.
Il l'écoute.

1. Benoît regarde ses DVD.
2. Ma mère admire cette robe.
3. Il mange son gâteau.
4. Ils achètent ces lunettes.

3 **Déjà fait** You are so hard-working that you have already done everything that your parents ask. Express this by using the cues, the **passé composé**, and a direct object pronoun. Pay attention to participle agreement.

MODÈLE

Tu vas lire ce livre? (la semaine dernière)
Je l'ai déjà lu la semaine dernière.

1. Tu vas emmener ta sœur à la piscine un de ces jours? (avant-hier)
2. Tu vas acheter les billets pour aller chez tes grands-parents? (ce matin)
3. Lolo et toi, vous allez prendre votre goûter maintenant? (à 4h00)
4. Tu vas apporter les glaces bientôt?
5. Tes copains et toi, vous allez faire les soldes pour trouver des shorts? (samedi)
6. Tu vas nous attendre un peu? (toute la matinée!)

 Practice more at **daccord2.vhlcentral.com**.

4 **Du shopping** Corinne and Célia are shopping. Complete each sentence with the correct indirect object pronoun.

1. Je _____ achète des baskets. (à mes cousins)
2. Je _____ prends une ceinture. (à toi, Célia)
3. Nous _____ achetons une jupe. (à Zoë)
4. Célia _____ prend des lunettes de soleil. (à ma mère et à moi)
5. Je _____ achète des gants. (à toi et Lucas)
6. Célia _____ achète un pantalon. (à moi)

5 **Beaucoup de questions** Your friend Nathan is asking you a lot of questions. Answer using an indirect object pronoun.

MODÈLE

Tu as déjà téléphoné à Delphine?
Non, **je ne lui ai pas encore téléphoné**.

1. Tu me donnes ton nouveau numéro de téléphone? Oui, _____
2. On va prêter nos B.D. à Tao et à Franck? Oui, _____
3. Céline te sourit souvent? Oui, _____
4. Tu as déjà parlé à sa copine? Non, _____
5. Tu as demandé aux copains de venir au match? Oui, _____
6. Est-ce que le prof va envoyer un e-mail avec tous les devoirs à Paul et moi? Oui, _____

6 **Assemblez** With a partner, combine elements from the three columns to compare your family and friends.

MODÈLE

Élève 1: Mon père me prête souvent sa voiture.
Élève 2: Mon père, lui, nous prête de l'argent.

A	B	C
je	acheter	argent
tu	apporter	biscuits
mon père	envoyer	cadeaux
ma mère	expliquer	devoirs
mon frère	faire	e-mails
ma sœur	montrer	problèmes
mon/ma	parler	vêtements
petit(e) ami(e)	payer	voiture
mes copains	prêter	

Vous m'avez apporté des cadeaux!

Je te prête ma jupe. D'accord?

- Here are some verbs that take indirect object pronouns.

Verbs used with indirect object pronouns			
demander à	to ask, to request	parler à	to speak to
donner à	to give to	poser une question à	to pose/ ask a question (to)
envoyer à	to send to	prêter à	to lend to
montrer à	to show to	téléphoner à	to phone, to call

The *impératif*

Ferme la porte! (tu)
Close the door!

Appelez votre mère. (vous)
Call your mother.

- The **impératif** is the form of a verb that is used to give commands or to offer directions, hints, and suggestions.

- Form the **tu** command of **-er** verbs by dropping the **-s** from the present tense form. Note that **aller** also follows this pattern.

- The **nous** and **vous** command forms of **-er** verbs are the same as the present tense forms. For **-ir** verbs, **-re** verbs, and most irregular verbs, all the command forms are identical to the present tense forms, without the subject pronoun.

- The **impératif** forms of **avoir** and **être** are irregular.

The *impératif* of *avoir* and *être*		
	avoir	**être**
(tu)	aie	sois
(nous)	ayons	soyons
(vous)	ayez	soyez

- An object pronoun can be added to the end of an affirmative command. Use a hyphen to separate them. Use **moi** and **toi** for the first- and second-person object pronouns.

Permettez-moi de vous aider.
Allow me to help you.

Achète le dictionnaire et **utilise-le**.
Buy the dictionary and use it.

7 **Complétez** Copy the chart onto a separate piece of paper, and then write in the appropriate forms of the **impératif**.

	tu	nous	vous
finir	finis	finissons	1. _____
danser	2. _____	dansons	dansez
répondre	réponds	3. _____	répondez
faire	fais	faisons	4. _____
être	sois	5. _____	soyez
avoir	6. _____	ayons	ayez

8 **C'est un ordre!** Tonight, you're babysitting your two younger brothers Paul and Raoul. Tell them what to do by using the **impératif**.

MODÈLE

ranger sa chambre (Paul)
Range ta chambre.

1. commencer ses devoirs (Paul et Raoul)
2. faire son lit (Raoul)
3. ne pas envoyer trop d'e-mails (Paul)
4. être sympa (nous)
5. boire son verre de lait (Paul)
6. lire une histoire ensemble (toi et moi)
7. essayer de dormir (Paul et Raoul)
8. ne pas faire trop de bruit (Paul et Raoul)

9 **S'il te plaît** Take charge! Using the drawings as cues, write a sentence with a verb in the **impératif** and an indirect object pronoun.

MODÈLE

montrer / à ton cousin / tes magasins préférés
Montre-lui tes magasins préférés.

1. expliquer / à moi et à la classe / ce problème de maths
3. demander / à ton frère / ranger sa chambre

2. donner / à ta mère / ton examen
4. apporter / aux clients / trois cafés et un chocolat

10 **Visitez-les!** In groups of three, write a small text of at least six sentences to go with this ad to attract tourists to these islands. Use verbs in the **impératif**. Then, share your ad with the class.

Je choisis la Guadeloupe pour mes vacances.
Je réussis à trouver un paradis pour mes enfants!
Les îles de Guadeloupe.
Les îles où tout finit par arriver!

LES ÎLES DE GUADELOUPE
Les îles de toutes les découvertes

Chez nous

Pour commencer

- Où sont David et Rachid?
  a. dans le salon b. dans la cuisine
  c. dans la chambre
- Qu'est-ce qu'il n'y a pas sur la photo?
  a. un canapé b. une table c. une télévision
- Que font David et Rachid?
  a. Ils étudient. b. Ils passent un bon moment.
  c. Ils regardent la télé.

Savoir-faire

Leçon PA

S Talking Picture
Audio: Activity

La maison

You will learn how to...
- describe your home
- talk about habitual past actions

Vocabulaire

déménager	to move out
emménager	to move in
louer	to rent
un appartement	apartment
une cave	cellar; basement
un couloir	hallway
une cuisine	kitchen
un escalier	staircase
un immeuble	building
un jardin	garden; yard
un logement	housing
un loyer	rent
une pièce	room
un quartier	area, neighborhood
une résidence universitaire	dorm
une salle à manger	dining room
un salon	formal living/sitting room
un studio	studio (apartment)
une armoire	armoire, wardrobe
une douche	shower
un lavabo	bathroom sink
un meuble	piece of furniture
un placard	closet, cupboard
un tiroir	drawer
un(e) propriétaire	owner

les toilettes (f.)/
les W.C. (m.)

la salle de bains

le balcon

le miroir

la lampe

la baignoire

le canapé

le tapis

le fauteuil

une fleur

le sous-sol

la salle de séjour

ressources

CE
pp. 1–2

CA
pp. 15–16, 105

S daccord2.vhlcentral.com

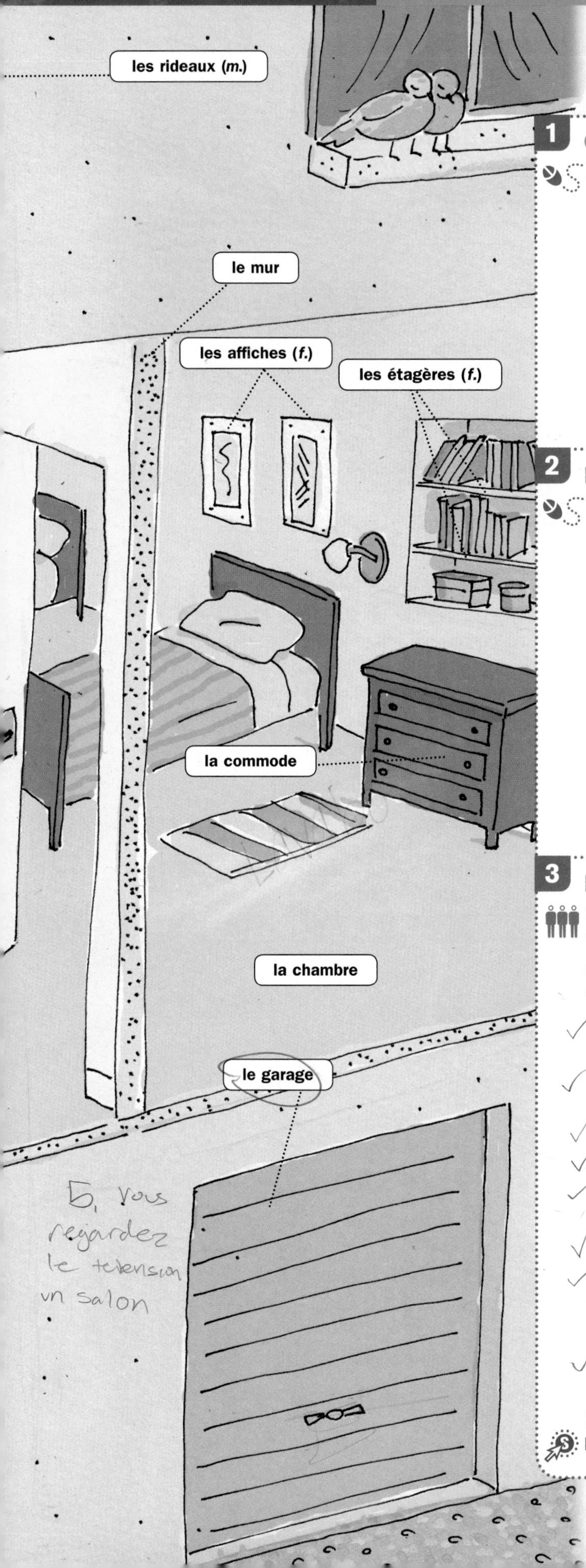

les rideaux (m.)

le mur

les affiches (f.)

les étagères (f.)

la commode

la chambre

le garage

un meuble = furniture (handwritten)

Mise en pratique

1 Chassez l'intrus Indiquez le mot ou l'expression qui ne va pas avec les autres (*that doesn't belong*).

1. un appartement, un quartier, un logement, un studio *(appartment, housing handwritten)*
2. une baignoire, une douche, un sous-sol, un lavabo
3. un salon, une salle à manger, une salle de séjour, un jardin
4. un meuble, un canapé, une armoire, une affiche
5. un placard, un balcon, un jardin, un garage
6. une chambre, une cuisine, un rideau, une pièce
7. un meuble, une commode, un couloir, un lit *(bed)*
8. un miroir, un tapis, une fenêtre, une affiche *(mirror, carpet, window, poster handwritten)*

2 Écoutez 🎧 Patrice cherche un appartement. Écoutez sa conversation téléphonique et dites si les affirmations sont **vraies** ou **fausses**.

	Vrai	Faux
1. Madame Dautry est la propriétaire de l'appartement.	☐	☐
2. L'appartement est au 24, rue Pasteur.	☐	☐
3. L'appartement est au cinquième étage.	☐	☐
4. L'appartement est dans un vieil immeuble.	☐	☐
5. L'appartement n'a pas de balcon, mais il a un garage.	☐	☐
6. Il y a une baignoire dans la salle de bains.	☐	☐
7. Les toilettes ne sont pas dans la salle de bains.	☐	☐
8. L'appartement est un studio.	☐	☐
9. Le loyer est de 490€.	☐	☐
10. Patrice va tout de suite emménager.	☐	☐

3 Définitions Lisez les définitions et trouvez les mots ou expressions de **CONTEXTES** qui correspondent. Ensuite, avec un(e) partenaire, donnez votre propre définition de cinq mots ou expressions. Rejoignez un autre groupe et lisez vos définitions. L'autre groupe doit deviner (*must guess*) de quoi vous parlez.

1. C'est ce que (*what*) vous payez chaque mois quand vous n'êtes pas propriétaire de votre appartement. *un loyer*
2. Vous passez par ici pour aller d'une pièce à une autre. *un couloir*
3. C'est le fait de (*act of*) partir de votre appartement. *déménager*
4. C'est là que vous mettez vos livres. *les étagères*
5. En général, il y en a quatre dans une pièce et ils séparent les pièces de votre appartement. *le mur*
6. C'est ce que vous utilisez pour lire le soir. *une lampe*
7. C'est là que vous mettez votre voiture. *le garage*
8. C'est ce que vous utilisez pour aller du premier au deuxième étage d'un immeuble. *un escalier/ascenseur*
9. Quand vous avez des invités, c'est la pièce dans laquelle (*in which*) vous dînez. *une salle à manger*
10. En général, il est sur le sol (*floor*) d'une pièce. *le tapis/sol*

(handwritten left margin: 5. Vous regardez le television un salon)

Practice more at **daccord2.vhlcentral.com**.

Communication

4 **Répondez** À tour de rôle avec un(e) partenaire, posez-vous ces questions et répondez-y (*them*).

1. Où est-ce que tu habites?
2. Quelle est la taille de ton appartement ou de ta maison? Combien de pièces y a-t-il?
3. Quand as-tu emménagé?
4. Est-ce que tu as un jardin? Un garage? *J'ai un jardin*
5. Combien de placards as-tu? Où sont-ils?
6. Quels meubles as-tu? Comment sont-ils?
7. Quels meubles est-ce que tu voudrais (*would like*) avoir dans ta chambre?
   (Répondez: **Je voudrais...**)
8. Qu'est-ce que tu n'aimes pas au sujet de ta chambre?

5 **Votre chambre** Écrivez une description de votre chambre. À tour de rôle, lisez votre description à votre partenaire. Il/Elle va vous demander d'autres détails et dessiner un plan. Ensuite, regardez le dessin (*drawing*) de votre partenaire et dites s'il correspond à votre chambre ou non. N'oubliez pas d'inclure (*include*) des prépositions pour indiquer où sont certains meubles et objets.

6 **Sept différences** Votre professeur va vous donner, à vous et à votre partenaire, deux feuilles d'activités différentes. Il y a sept différences entre les deux images. Comparez vos dessins et faites une liste de ces différences. Quel est le groupe le plus rapide (*the quickest*) de la classe? Attention! Ne regardez pas la feuille de votre partenaire.

> **MODÈLE**
>
> **Élève 1:** *Dans mon appartement, il y a un lit. Il y a une lampe à côté du lit.*
> **Élève 2:** *Dans mon appartement aussi, il y a un lit, mais il n'y a pas de lampe.*

7 **La décoration** Formez un groupe de trois. L'un de vous est un décorateur d'intérieur qui a rendez-vous avec deux clients qui veulent (*want*) redécorer leur maison. Les clients sont très difficiles. Imaginez votre conversation et jouez la scène devant la classe. Utilisez les mots de la liste.

un canapé	un fauteuil
une chambre	un meuble
une cuisine	un mur
un escalier	un placard
une étagère	un tapis

Les sons et les lettres

Audio: Concepts, Activities
Record & Compare

s and ss

You've already learned that an **s** at the end of a word is usually silent.

lavabo**s**	copain**s**	va**s**	placard**s**

An **s** at the beginning of a word, before a consonant, or after a pronounced consonant is pronounced like the *s* in the English word *set*.

soir	**s**alon	**s**tudio	ab**s**olument

A double **s** is pronounced like the *ss* in the English word *kiss*.

gro**ss**e	a**ss**ez	intére**ss**ant	rou**ss**e

An **s** at the end of a word is often pronounced when the following word begins with a vowel sound. An **s** in a liaison sounds like a *z*, like the s in the English word *rose*.

trè**s** élégant	troi**s** hommes

The other instance where the French **s** has a *z* sound is when there is a single **s** between two vowels within the same word. The **s** is pronounced like the s in the English word *music*.

mu**s**ée	amu**s**ant	oi**s**eau	be**s**oin

These words look alike, but have different meanings. Compare the pronunciations of each word pair.

poi**s**on	poi**ss**on	dé**s**ert	de**ss**ert

Prononcez Répétez les mots suivants à voix haute.

1. sac	4. chose	7. surprise	10. expressions
2. triste	5. bourse	8. assister	11. sénégalaise
3. suisse	6. passer	9. magasin	12. sérieusement

Articulez Répétez les phrases suivantes à voix haute.

1. Le spectacle est très amusant et la chanteuse est superbe.
2. Est-ce que vous habitez dans une résidence universitaire?
3. De temps en temps, Suzanne assiste à l'inauguration d'expositions au musée.
4. Heureusement, mes professeurs sont sympathiques, sociables et très sincères.

Les oiseaux de même plumage s'assemblent sur le même rivage. [2]

Dictons Répétez les dictons à voix haute.

Si jeunesse savait, si vieillesse pouvait. [1]

[2] Birds of a feather flock together.
[1] (lit. If youth but knew, if old age but could.)
[1] Youth is wasted on the young.

ressources

CA
p. 106

daccord2.vhlcentral.com

La visite surprise

Video: *Roman-photo*
Record & Compare

PERSONNAGES

David

Pascal

Rachid

Sandrine

En ville, Pascal fait tomber (drops) ses fleurs.

PASCAL Aïe!

RACHID Tenez. *(Il aide Pascal.)*

PASCAL Oh, merci.

RACHID Aïe!

PASCAL Oh pardon, je suis vraiment désolé!

RACHID Ce n'est rien.

PASCAL Bonne journée!

Chez Sandrine...

RACHID Eh, salut, David! Dis donc, ce n'est pas un logement d'étudiants ici! C'est grand chez toi! Tu ne déménages pas, finalement?

DAVID Heureusement, Sandrine a décidé de rester.

SANDRINE Oui, je suis bien dans cet appartement. Seulement, les loyers sont très chers au centre-ville.

RACHID Oui, malheureusement! Tu as combien de pièces?

SANDRINE Il y a trois pièces: le salon, la salle à manger, ma chambre. Bien sûr, il y a une cuisine et j'ai aussi une grande salle de bains. Je te fais visiter?

SANDRINE Et voici ma chambre.

RACHID Elle est belle!

SANDRINE Oui... j'aime le vert.

RACHID Dis, c'est vrai, Sandrine, ta salle de bains est vraiment grande.

DAVID Oui! Et elle a un beau miroir au-dessus du lavabo et une baignoire!

RACHID Chez nous, on a seulement une douche.

SANDRINE Moi, je préfère les douches, en fait.

Le téléphone sonne (rings).

RACHID Comparé à cet appartement, le nôtre, c'est une cave! Pas de décorations, juste des affiches, un canapé, des étagères et mon bureau.

DAVID C'est vrai. On n'a même pas de rideaux.

A C T I V I T É S

1 **Vrai ou faux?** Indiquez si ces affirmations sont **vraies** ou **fausses**. Corrigez les phrases fausses.

1. C'est la première fois que Rachid visite l'appartement.

2. Sandrine ne déménage pas.

3. Les loyers au centre-ville ne sont pas chers.

4. Sandrine invite ses amis chez elle.

5. Rachid préfère son appartement à l'appartement de Sandrine.

6. Chez les garçons, il y a une baignoire et des rideaux.

7. Quand Pascal arrive, Sandrine est contente *(pleased)*.

8. Pascal doit *(must)* travailler ce week-end.

 Practice more at **daccord2.vhlcentral.com**.

Pascal arrive à Aix-en-Provence.

SANDRINE Voici la salle à manger.
RACHID Ça, c'est une pièce très importante pour nous, les invités.

SANDRINE Et puis, la cuisine.
RACHID Une pièce très importante pour Sandrine...
DAVID Évidemment!

SANDRINE Mais Pascal... je pensais que tu avais du travail... Quoi? Tu es ici, maintenant? C'est une blague!
PASCAL Mais ma chérie, j'ai pris le train pour te faire une surprise...

SANDRINE Une surprise! Nous deux, c'est fini! D'abord, tu me dis que les vacances avec moi, c'est impossible et ensuite tu arrives à Aix sans me téléphoner!
PASCAL Bon, si c'est comme ça, reste où tu es. Ne descends pas. Moi, je m'en vais. Voilà tes fleurs. Tu parles d'une surprise!

Expressions utiles

Talking about your home

- **Tu ne déménages pas, finalement?**
  You are not moving, after all?

- **Heureusement, Sandrine a décidé de rester.**
  Thankfully/Happily, Sandrine has decided to stay.

- **Seulement, les loyers sont très chers au centre-ville.**
  However, rents are very expensive downtown.

- **Je te fais visiter?**
  Shall I give you a tour?

- **Ta salle de bains est vraiment grande.**
  Your bathroom is really big.

- **Elle a un beau miroir au-dessus du lavabo.**
  It has a nice mirror above the sink.

- **Chez nous, on a seulement une douche.**
  At our place, we only have a shower.

Additional vocabulary

- **Aïe!**
  Ouch!

- **Tenez.**
  Here.

- **Je pensais que tu avais du travail.**
  I thought you had work to do.

- **Mais ma chérie, j'ai pris le train pour te faire une surprise.**
  But sweetie, I took the train to surprise you.

- **sans**
  without

- **Moi, je m'en vais.**
  I am leaving/getting out of here.

---

2 **Quel appartement?** Indiquez si ces objets sont dans l'appartement de Sandrine (S) ou dans l'appartement de David et Rachid (D & R).

1. baignoire
2. douche
3. rideaux
4. canapé
5. trois pièces
6. étagères
7. miroir
8. affiches

3 **Conversez** Sandrine décide que son loyer est vraiment trop cher. Elle cherche un appartement à partager avec Amina. Avec deux partenaires, écrivez leur conversation avec un agent immobilier (*real estate agent*). Elles décrivent l'endroit idéal, le prix et les meubles qu'elles préfèrent. L'agent décrit plusieurs possibilités.

ressources

CA
pp. 57–58

S
daccord2.vhlcentral.com

A C T I V I T É S

CULTURE À LA LOUPE

Le logement en France

Les trois quarts des gens habitent en ville et un Français sur cinq habite la région parisienne. Quinze pour cent de la population habitent en banlieue dans des HLM (habitations à loyer modéré°), des appartements réservés aux familles qui n'ont pas beaucoup d'argent. Plus de la moitié des Français habitent une maison individuelle et l'autre partie habite un appartement. Cinquante pour cent des Français sont propriétaires, dont° dix pour cent ont une résidence secondaire.

Le type et la taille° des logements varient. Dans les grandes villes, beaucoup d'anciens hôtels particuliers° ont été transformés en appartements. En banlieue, on trouve de grands ensembles°, des groupes d'immeubles assez° modernes qui bénéficient de certains équipements collectifs°. En général, dans les petites villes et les villages, les gens habitent de petites maisons qui sont souvent assez anciennes.

Le style et l'architecture varient d'une région à l'autre. La région parisienne a de nombreux pavillons (maisons avec de petits jardins). Dans le nord°, on habite souvent des maisons en briques° avec des toits en ardoise°. En Alsace-Lorraine, il y a de vieilles maisons à colombages° avec des parties de mur en bois°. Les maisons traditionnelles de l'ouest° ont des toits de chaume°. Dans le sud°, il y a des villas de style méditerranéen avec des toits en tuiles° rouges et des mas° provençaux (vieilles maisons en pierres°).

Coup de main

Here are some terms commonly used in statistics.

un quart = *one quarter*

un tiers = *one third*

la moitié = *half*

la plupart de = *most of*

un sur cinq = *one in five*

Évolution de la taille des logements en France

TAILLE	1999	2005
1 pièce	6,5%	6,0%
2 pièces	12,0%	11,5%
3 pièces	22,0%	20,5%
4 pièces et plus	58,5%	61,0%
SOURCE: INSEE		

habitations à loyer modéré *low-cost government housing* **dont** *of which* **taille** *size* **anciens hôtels particuliers** *former private mansions* **grands ensembles** *high-rise buildings* **assez** *rather* **bénéficient de certains équipements collectifs** *benefit from certain shared facilities* **nord** *north* **briques** *bricks* **toits en ardoise** *slate roofs* **maisons à colombages** *half-timbered houses* **bois** *wood* **ouest** *west* **chaume** *thatch* **sud** *south* **tuiles** *tiles* **mas** *farmhouses* **pierres** *stones*

A C T I V I T É S

1 **Vrai ou faux?** Indiquez si les phrases sont **vraies** ou **fausses**. Corrigez les phrases fausses.

1. Il n'y a pas beaucoup de Français qui habitent la région parisienne.
2. Les familles sans beaucoup d'argent habitent souvent dans des HLM.
3. La moitié des Français ont une résidence secondaire.
4. On a transformé beaucoup d'anciens hôtels particuliers en appartements.
5. Les grands ensembles sont des maisons en pierres.

6. Les maisons françaises ont des styles d'architecture différents d'une région à l'autre.
7. En général, les maisons dans les villages sont assez vieilles.
8. Dans le sud de la France, il y a beaucoup de pavillons.
9. Dans le nord de la France, il y a beaucoup de vieilles maisons à colombages.
10. En France, en 1999, presque (*almost*) un quart des maisons et des appartements avaient (*had*) seulement trois pièces.

S Practice more at **daccord2.vhlcentral.com**.

LE FRANÇAIS QUOTIDIEN

Location d'un logement

agence (f.) de location	*rental agency*
bail (m.)	*lease*
caution (f.)	*security deposit*
charges (f.)	*basic utilities*
chauffage (m.)	*heating*
électricité (f.)	*electricity*
locataire (m./f.)	*tenant*
petites annonces (f.)	*(rental) ads*

LE MONDE FRANCOPHONE

L'architecture

Voici quelques exemples d'habitations traditionnelles.

En Afrique centrale et de l'Ouest des maisons construites sur pilotis°, avec un grenier à riz°

En Afrique du Nord des maisons en pisé (de la terre° rouge mélangée° à de la paille°) construites autour d'un patio central et avec, souvent, une terrasse sur le toit°

Aux Antilles des maisons en bois de toutes les couleurs avec des toits en métal

En Polynésie française des bungalows, construits sur pilotis ou sur le sol, souvent en bambou avec des toits en paille ou en feuilles de cocotier°

Au Viêt-nam des maisons sur pilotis construites sur des lacs, des rivières ou simplement au-dessus du sol°

pilotis *stilts* **grenier à riz** *rice loft* **terre** *clay* **mélangée** *mixed* **paille** *straw* **toit** *roof* **feuilles de cocotier** *coconut palm leaves* **au-dessus du sol** *off the ground*

PORTRAIT

Le château Frontenac

Le château Frontenac est un hôtel de luxe et un des plus beaux° sites touristiques de la ville de Québec. Construit entre la fin° du XIXᵉ siècle et le début° du XXᵉ siècle sur le Cap Diamant, dans le quartier du Vieux-Québec, le château offre une vue° spectaculaire sur la ville. Aujourd'hui, avec ses 618 chambres sur 18 étages, ses restaurants gastronomiques, sa piscine et son centre sportif, le château Frontenac est classé parmi° les 500 meilleurs° hôtels du monde.

un des plus beaux *one of the most beautiful* **fin** *end* **début** *beginning* **vue** *view* **classé parmi** *ranked among* **meilleurs** *best*

SUR INTERNET

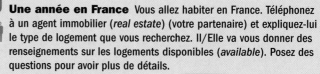

Qu'est-ce qu'une pendaison de crémaillère? D'où vient cette expression?

Go to daccord2.vhlcentral.com to find more information related to this **CULTURE** section. Then watch the corresponding **Flash culture**.

---

2 **Répondez** Répondez aux questions, d'après les informations données dans les textes.

1. Qu'est-ce que le château Frontenac?
2. De quel siècle date le château Frontenac?
3. Dans quel quartier de la ville de Québec le trouve-t-on?
4. Où trouve-t-on des maisons sur pilotis?
5. Quelles sont les caractéristiques des maisons d'Afrique du Nord?

3 **Une année en France** Vous allez habiter en France. Téléphonez à un agent immobilier (*real estate*) (votre partenaire) et expliquez-lui le type de logement que vous recherchez. Il/Elle va vous donner des renseignements sur les logements disponibles (*available*). Posez des questions pour avoir plus de détails.

ressources

CA pp. 89–90

daccord2.vhlcentral.com

A C T I V I T É S

STRUCTURES

PA.1 The *passé composé* vs. the *imparfait* (Part 1)

Point de départ Although the **passé composé** and the **imparfait** are both past tenses, they have very distinct uses and are not interchangeable. The choice between these two tenses depends on the context and on the point of view of the speaker.

The *passé composé*

Uses of the *passé composé*	
To express specific actions that started and ended in the past and are viewed by the speaker as completed	**J'ai nettoyé** la salle de bains deux fois. *I cleaned the bathroom twice.* Nous **avons acheté** un tapis. *We bought a rug.* L'enfant **est né** à la maison. *The child was born at home.* Il **a plu** hier. *It rained yesterday.*
To tell about events that happened at a specific point in time or within a specific length of time in the past	Je **suis allé** à la pêche avec papa il y a deux ans. *I went fishing with dad two years ago.* Elle **a étudié** à Paris pendant six mois. *She studied in Paris for six months.*
To express the beginning or end of a past action	Le film **a commencé** à huit heures. *The movie began at 8 o'clock.* Ils **ont fini** les devoirs samedi matin. *They finished the homework Saturday morning.*
To narrate a series of past actions or events	Ce matin, j'**ai fait** du jogging, j'**ai nettoyé** la chambre et j'**ai rangé** la cuisine. *This morning, I jogged, I cleaned my bedroom, and I tidied up the kitchen.* Pour la fête d'anniversaire de papa, maman **a envoyé** les invitations, elle **a acheté** un cadeau et elle **a fait** les décorations. *For dad's birthday party, mom sent out the invitations, bought a gift, and did the decorations.*
To signal a change in physical or mental state	Il **est mort** dans un accident. *He died in an accident.* Tout à coup, elle **a eu** peur. *All of a sudden, she got frightened.*

MISE EN PRATIQUE

1 **Une surprise désagréable** Récemment, Benoît a fait un séjour à Strasbourg avec un collègue. Complétez son récit (*narration*) avec l'imparfait ou le passé composé.

Ce matin, il (1) _faisais_ (faire) chaud. J' (2) _étais_ (être) content de partir pour Strasbourg. Je (3) _partais_ (partir) pour la gare, où j' (4) _ai retrouvé_ (retrouver) Franck. Le train (5) _arrivais_ (arriver) à Strasbourg à midi. Nous (6) _avons commencé_ (commencer) notre promenade en ville. Nous (7) _avons_ (avoir) besoin d'un plan. J' (8) _____ (chercher) mon portefeuille (*wallet*), mais il (9) _était_ (être) toujours dans le train! Franck et moi, nous (10) _avons couru_ (courir) à la gare!

2 **Le week-end dernier** Qu'est-ce que Lucie a fait samedi dernier? Créez des phrases complètes au passé composé ou à l'imparfait pour décrire sa soirée.

MODÈLE finir / je / mes tâches ménagères / tôt
J'ai fini mes tâches ménagères tôt.

1. froid / faire / et / neiger
   Il neigeait et il faisait froid.
2. cinéma / mes amis / aller / je / avec / alors
   J'ai allée avec mes amis alors cinéma
3. film / sept heures / commencer
   Le film commençait en sept heures.
4. Audrey Tautou / film / dans / être
   Audrey tautou a été dans film
5. après / film / aller / café / mes amis et moi
   Mes amis et moi sus allés au café.
6. nous / prendre / éclairs / limonades / et / après
   Nous prenons éclairs et limonades le film
7. rentrer / je / chez / minuit / moi
   Je suis rentrée chez moi en minuit
8. fatigué / avoir / sommeil / je / être
   J'ai eu fatigué sommeil

3 **Vacances à la montagne** Hugo raconte ses vacances. Complétez ses phrases avec un des verbes de la liste au passé composé ou à l'imparfait.

aller	neiger	retourner
avoir	passer	skier
faire	rester	venir

restons

1. L'hiver dernier, nous _skiions_ les vacances à la montagne.
2. Quand nous sommes arrivés sur les pistes de ski, il _neigeait_ beaucoup et il _retournait_ un temps épouvantable.
3. Ce jour-là, nous _restons_ à l'hôtel tout l'après-midi.
4. Le jour suivant, nous _venions_ sur les pistes.
5. Nous _restés (avons)_ et papa _eu_ faire une randonnée.
6. Quand ils _eu_ mon âge, papa et oncle Hervé _allaient_ tous les hivers à la montagne.

Practice more at **daccord2.vhlcentral.com**.

partons

COMMUNICATION

4 Situations Avec un(e) partenaire, parlez de ces situations en utilisant (*by using*) le passé composé ou l'imparfait. Comparez vos réponses, puis présentez-les à la classe.

MODÈLE

Le premier jour de cours...
Élève 1: *Le premier jour de cours, j'étais tellement nerveux que j'ai oublié mes livres.*
Élève 2: *Moi, j'étais nerveux aussi, alors j'ai quitté la maison très tôt.*

1. Quand j'étais petit(e), ...
2. L'été dernier, ...
3. Hier soir, mon père/ma mère...
4. Hier, le professeur...
5. La semaine dernière, mon/ma copain/copine...
6. Ce matin, au lycée, ...
7. Quand j'étais au collège, ...
8. La dernière fois que j'étais en vacances, ...

5 Votre premier/première ami(e)
Posez ces questions à un(e) partenaire. Ajoutez (*Add*) d'autres questions si vous le voulez (*want*).

1. Qui a été ton/ta premier/première ami(e)?
2. Quel âge avais-tu quand tu as fait sa connaissance?
3. Comment était-il/elle?
4. Est-ce que tu as fait la connaissance de sa famille?
5. Combien de temps êtes-vous resté(e)s ami(e)s?
6. À quoi jouiez-vous ensemble?
7. Aviez-vous les mêmes (*same*) centres d'intérêt?
8. Avez-vous perdu contact?

6 Dialogue Sébastien, qui a seize ans, est sorti avec des amis hier soir. Quand il est rentré à trois heures du matin, sa mère était furieuse parce que ce n'était pas la première fois qu'il rentrait tard. Avec un(e) partenaire, préparez le dialogue entre Sébastien et sa mère.

MODÈLE

Élève 1: *Que faisais-tu à minuit?*
Élève 2: *Mes copains et moi, nous sommes allés manger une pizza...*

The *imparfait*

Uses of the *imparfait*

To describe an ongoing past action with no reference to its beginning or end	Vous **dormiez** sur le canapé. *You were sleeping on the couch.* Tu **attendais** dans le café? *You were waiting in the café?* Nous **regardions** la télé chez Fanny. *We were watching TV at Fanny's house.* Les enfants **lisaient** tranquillement. *The children were reading peacefully.*
To express habitual or repeated past actions and events	Nous **faisions** un tour en voiture le dimanche matin. *We used to go for a drive on Sunday mornings.* Elle **mettait** toujours la voiture dans le garage. *She always put the car in the garage.* Maman **travaillait** souvent dans le jardin. *Mom would often work in the garden.* Quand j'**étais** jeune, j'**aimais** faire du camping. *When I was young, I used to like to go camping.*
To describe mental, physical, and emotional states or conditions	Karine **était** très inquiète. *Karine was very worried.* Simon et Marion **étaient** fatigués et ils **avaient** sommeil. *Simon and Marion were tired and sleepy.* Mon ami **avait** faim et il **avait** envie de manger quelque chose. *My friend was hungry and felt like eating something.*

Essayez! Donnez les formes correctes des verbes.

passé composé	imparfait
1. commencer (il) _il a commencé_	1. jouer (nous) _nous jouions_
2. acheter (tu) _____	2. être (tu) _____
3. boire (nous) _____	3. prendre (elles) _____
4. apprendre (ils) _____	4. avoir (vous) _____
5. répondre (je) _____	5. conduire (il) _____

STRUCTURES

PA.2 The *passé composé* vs. the *imparfait* (Part 2)

Point de départ You have already seen some uses of the **passé composé** versus the **imparfait** while talking about things and events in the past. Here are some other contexts in which the choice of the tense you use is important.

- The **passé composé** and the **imparfait** are often used together to narrate a story or an incident. In such cases, the imparfait is usually used to set the scene or the background while the **passé composé** moves the story along.

Uses of the *passé composé* and the *imparfait*

passé composé	imparfait
It is used to talk about:	*It is used to describe:*
• main facts	• the framework of the story: *weather, date, time, background scenery*
• specific, completed events	• descriptions of people: *age, physical and personality traits, clothing, feelings, state of mind*
• actions that advance the plot	• background setting: *what was going on, what others were doing*

Il **était** minuit et le temps **était** orageux. J'**avais** peur parce que j'**étais** seule dans la maison. Soudain, quelqu'un **a frappé** à la porte. J'**ai regardé** par la fenêtre et j'**ai vu** un vieil homme habillé en noir...
It was midnight and it was stormy. I was afraid because I was alone at home. Suddenly, someone knocked on the door. I looked through the window and I saw an old man dressed in black...

Il **était** deux heures de l'après-midi et il **faisait** beau dehors. Les élèves **attendaient** impatiemment la sortie. C'**était** le dernier jour d'école! Finalement, le prof **est entré** dans la salle pour nous donner les résultats...
It was 2 o'clock and it was nice outside. The students were waiting impatiently for dismissal. It was the last day of school! Finally, the teacher came into the classroom to give us our results...

- When the **passé composé** and the **imparfait** occur in the same sentence, the action in the **passé composé** often interrupts the ongoing action in the **imparfait**.

ACTION IN PROGRESS	INTERRUPTING ACTION
Je **chantais**	quand mon ami **est arrivé**.
I was singing	*when my friend arrived.*
Céline et Maxime **dormaient**	quand le téléphone **a sonné**.
Céline and Maxime were sleeping	*when the phone rang.*

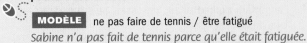

MISE EN PRATIQUE

1 **Pourquoi?** Expliquez pourquoi Sabine a fait ou n'a pas fait ces choses.

> **MODÈLE** ne pas faire de tennis / être fatigué
> *Sabine n'a pas fait de tennis parce qu'elle était fatiguée.*

1. aller au centre commercial / avoir des soldes
2. ne pas travailler / avoir sommeil
3. ne pas sortir / pleuvoir
4. mettre un pull / faire froid
5. manger une pizza / avoir faim
6. acheter une nouvelle robe / sortir avec des amis
7. vendre son fauteuil / déménager
8. ne pas bien dormir / être inquiet

2 **Qu'est-il arrivé quand...?** Dites ce qui (*what*) est arrivé quand ces personnes faisaient ces activités. Utilisez les mots donnés et d'autres mots.

> **MODÈLE**
> *Tu nageais quand ton oncle est arrivé.*

tu / oncle / arriver

1. Tristan / entendre / chien

3. vous / perdre / billet

2. nous / petite fille / tomber

4. Paul et Éric / téléphone / sonner

3 **Rien d'extraordinaire** Matthieu a passé une journée assez banale. Réécrivez ce paragraphe au passé.

Il est 6h30. Il pleut. Je prends mon petit-déjeuner, je mets mon imperméable et je quitte la maison. J'attends une demi-heure à l'arrêt de bus et finalement, je cours au restaurant où je travaille. J'arrive en retard. Le patron (*boss*) n'est pas content. Le soir, après mon travail, je rentre à la maison et je vais directement au lit.

Practice more at **daccord2.vhlcentral.com**.

COMMUNICATION

4 **La curiosité** Votre tante Louise veut tout savoir. Elle vous pose beaucoup de questions. Avec un(e) partenaire, répondez aux questions d'une manière logique et échangez les rôles.

> **MODÈLE** retourner au bureau
> **Élève 1:** Pourquoi est-ce que tu es retourné(e) au bureau?
> **Élève 2:** Je suis retourné(e) au bureau parce que j'avais beaucoup de travail.

1. aller à la bibliothèque
2. aller au magasin
3. sortir avec des amis
4. téléphoner à ton cousin
5. rentrer tard
6. aller au parc
7. inviter des gens
8. être triste

5 **Une entrevue** Avec un(e) partenaire, posez-vous ces questions à tour de rôle.

1. Où allais-tu souvent quand tu étais petit(e)?
2. Qu'est-ce que tu aimais lire?
3. Est-ce que tu as vécu dans un autre pays?
4. Comment étais-tu quand tu avais dix ans?
5. Qu'est-ce que ta sœur/ton frère faisait quand tu es rentré(e) hier?
6. Qu'est-ce que tu as fait hier soir?
7. Qu'est-ce que tu as pris au petit-déjeuner ce matin?
8. Qu'est-ce que tu as porté aujourd'hui?

6 **Scénario** Par groupes de trois, créez une histoire au passé. La première personne commence par une phrase. La deuxième personne doit (*must*) continuer l'histoire. La troisième personne reprend la suite d'une manière logique. Continuez l'histoire une personne à la fois jusqu'à ce que vous ayez (*until you have*) un petit scénario. Soyez créatif! Ensuite, présentez votre scénario à la classe.

- Depending on how you want to express the actions, either the **passé composé** or the **imparfait** can follow **quand**.

> Mes parents **sont arrivés** quand nous **répétions** dans le sous-sol.
> *My parents arrived when we were rehearsing in the basement.*

- Sometimes the use of the **passé composé** and the **imparfait** in the same sentence expresses a cause and effect.

> J'**avais** faim, alors j'**ai mangé** un sandwich.
> *I was hungry so I ate a sandwich.*

- Certain adverbs often indicate a particular past tense.

Expressions that signal a past tense

passé composé		imparfait	
soudain	*suddenly*	d'habitude	*usually*
tout d'un coup/ tout à coup	*all of a sudden*	parfois	*sometimes*
		souvent	*often*
une (deux, etc.) fois	*once (twice, etc.)*	toujours	*always*
un jour	*one day*	tous les jours	*every day*

- While talking about the past or narrating a tale, you might use the verb **vivre** (*to live*) which is irregular.

Present tense of *vivre*

je vis	nous vivons
tu vis	vous vivez
il/elle vit	ils/elles vivent

> Les enfants **vivent** avec leurs grands-parents.
> *The children live with their grandparents.*

- The past participle of **vivre** is **vécu**. The **imparfait** is formed like regular **–re** verbs by taking the **nous** form, dropping the **–ons**, and adding the endings.

> Rémi **a** toujours **vécu** à Nice.   Nous **vivions** avec mon oncle.
> *Rémi always lived in Nice.*   *We used to live with my uncle.*

Essayez! **Choisissez la forme correcte du verbe au passé.**

1. Lise (a étudié /(étudiait)) toujours avec ses amis.
2. Maman (a fait /faisait) du yoga hier.
3. Ma grand-mère (passait /a passé) par là tous les jours.
4. D'habitude, ils (arrivaient /sont arrivés) toujours en retard.
5. Tout à coup, le professeur (entrait /est entré) dans la classe.
6. Ce matin, Camille (a lavé /lavait) le chien.

SYNTHÈSE

Révision

1 **Mes affaires** Vous cherchez vos affaires (*belongings*). À tour de rôle, demandez de l'aide à votre partenaire. Où étaient-elles pour la dernière fois? Utilisez l'illustration pour les trouver.

MODÈLE

Élève 1: *Je cherche mes baskets. Où sont-elles?*

Élève 2: *Tu n'as pas cherché sur l'étagère? Elles étaient sur l'étagère.*

baskets	ordinateur
casquette	parapluie
journal	pull
livre	sac à dos

2 **Un bon témoin** Il y a eu un cambriolage (*burglary*) chez votre voisin M. Cachetout. Le détective vous interroge parce que vous avez vu deux personnes suspectes sortir de la maison du voisin. Avec un(e) partenaire, créez ce dialogue et jouez cette scène devant la classe. Utilisez ces éléments dans votre scène.

- une description physique des suspects
- leurs attitudes
- leurs vêtements
- ce que (*what*) vous faisiez quand vous avez vu les suspects

MODÈLE

Élève 1: *À quelle heure est-ce que vous avez vu les deux personnes sortir?*

Élève 2: *À dix heures. Elles sont sorties du garage.*

3 **Quel séjour!** Le magazine *Campagne décoration* a eu un concours et vous avez gagné le prix, une semaine de vacances dans une maison à la campagne. Vous venez de revenir de (*just came back from*) vos vacances et vous donnez une interview à propos de (*about*) votre séjour. Avec un(e) partenaire, posez-vous des questions sur la maison, le temps, les activités dans la région et votre opinion en général. Utilisez l'imparfait et le passé composé.

MODÈLE

Élève 1: *Combien de pièces y avait-il dans cette maison?*

Élève 2: *Il y avait six pièces dans la maison.*

4 **Avant et après** Voici la chambre d'Annette avant et après une visite de sa mère. Comment était sa chambre à l'origine? Avec un(e) partenaire, décrivez la pièce et cherchez les différences entre les deux illustrations.

MODÈLE

Avant, la lampe était à côté de l'ordinateur. Maintenant, elle est à côté du canapé.

5 **La maison de mon enfance** Décrivez l'appartement ou la maison de votre enfance à un(e) partenaire. Où se trouvait-il/elle? Comment les pièces étaient-elles orientées? Y avait-il une piscine, un sous-sol? Qui vivait avec vous dans cet appartement ou cette maison? Racontez (*Tell*) des anecdotes.

MODÈLE

Ma maison se trouvait au bord de la mer. C'était une maison à deux étages (floors). Au rez-de-chaussée, il y avait...

ressources

| CE pp. 3–6 | CA pp. 107–108 | (S) daccord2.vhlcentral.com |

S Video: TV Clip

Century 21 France

La société immobilière° Century 21 France commence ses opérations en 1987. Ses agences franchisées ont bientôt un grand succès, et Century 21 devient° une des principales sociétés immobilières de France. Cette société est connue° pour son marketing innovateur, qui diffuse à la télévision et sur Internet des publicités° d'un humour contemporain et parfois hors norme°. Century 21 France crée, par exemple, une campagne publicitaire pour montrer les risques de ne pas utiliser un agent immobilier quand on vend ou quand on achète une maison.

L'IMMOBILIER, C'EST PLUS SIMPLE AVEC UN AGENT IMMOBILIER

www.century21france.fr

—Alors, d'abord le salon...

—Des pièces, des pièces, des pièces...

Compréhension Répondez aux questions.

1. Quelles pièces le propriétaire de l'appartement montre-t-il au couple?
2. Comment est sa description de l'appartement?
3. Que ne mentionne-t-il pas du tout?

 Discussion Par groupes de trois, répondez aux questions et discutez.

1. Un agent immobilier est-il vraiment nécessaire pour vendre ou acheter une maison? Pourquoi?
2. Jouez les rôles d'un agent immobilier très compétent qui montre une maison à deux clients. Quelles pièces montrez-vous? Quels détails donnez-vous? Jouez la scène devant la classe.

société immobilière *real estate company* devient *becomes* connue *known* publicités *ads* hors norme *unconventional*

S Practice more at **daccord2.vhlcentral.com.**

Leçon PB

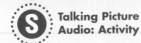

S Talking Picture
Audio: Activity

Les tâches ménagères

You will learn how to...
- talk about chores
- talk about appliances

Vocabulaire

débarrasser la table	to clear the table
enlever/faire la poussière	to dust
essuyer la vaisselle/ la table	to dry the dishes/ to wipe the table
faire la lessive	to do the laundry
faire le ménage	to do the housework/chores
laver	to wash
mettre la table	to set the table
passer l'aspirateur	to vacuum
ranger	to tidy up; to put away
salir	to soil, to make dirty
propre	clean
sale	dirty
un appareil électrique/ ménager	electrical/household appliance
une cafetière	coffeemaker
une cuisinière	stove
un grille-pain	toaster
un lave-linge	washing machine
un lave-vaisselle	dishwasher
un sèche-linge	clothes dryer
une tâche ménagère	household chore

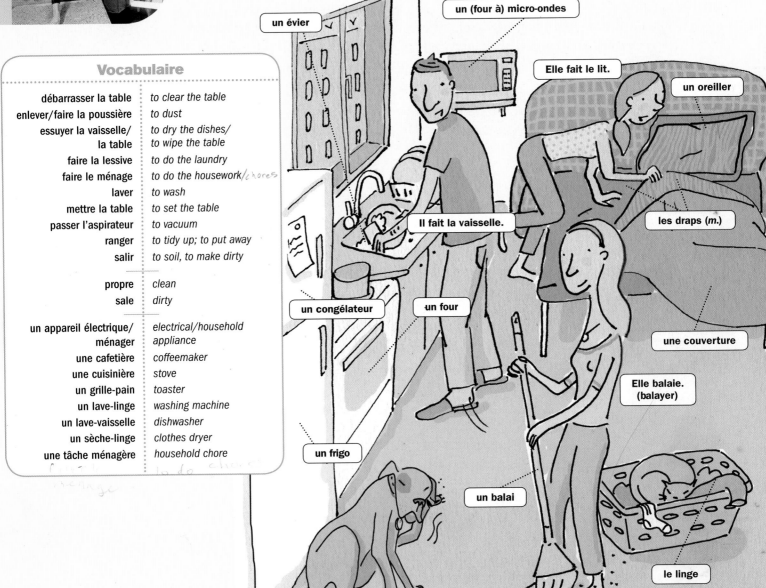

un évier

un (four à) micro-ondes

Elle fait le lit.

un oreiller

Il fait la vaisselle.

les draps (m.)

un congélateur

un four

une couverture

Elle balaie. (balayer)

un frigo

un balai

le linge

Mise en pratique

Il sort la poubelle.
(sortir)

un fer à repasser

Il repasse.
(repasser)

1 **On fait le ménage** Complétez les phrases avec le bon mot.

1. On balaie avec _un balai_.
2. On repasse le linge avec _____.
3. On fait la lessive avec _lave-linge_.
4. On lave la vaisselle avec _____.
5. On prépare le café avec _une cafetière_.
6. On sèche les vêtements avec _sèche-linge_.
7. On met la glace dans _un congélateur_.
8. Pour faire le lit, on doit arranger _de drap_, _d'oreiller_ et _de la couverture_.

2 **Écoutez** 🎧 Écoutez la conversation téléphonique (*phone call*) entre Édouard, un étudiant, et un conseiller à la radio (*radio psychologist*). Ensuite, indiquez les tâches ménagères que faisaient Édouard et Paul au début du semestre.

	Édouard	Paul
1. Il faisait la cuisine.	☑	☐
2. Il faisait les lits.	☐	☑
3. Il passait l'aspirateur.	☑	☐
4. Il sortait la poubelle.	☐	☐
5. Il balayait.	☐	☐
6. Il faisait la lessive.	☑	☐
7. Il faisait la vaisselle.	☐	☑
8. Il nettoyait le frigo.	☑	☐

3 **Les tâches ménagères** Avec un(e) partenaire, indiquez quelles tâches ménagères vous faites dans chaque pièce ou partie de votre logement. Il y a plus d'une réponse possible.

1. La chambre: _____
2. La cuisine: _____
3. La salle de bains: _____
4. La salle à manger: _____
5. La salle de séjour: _____
6. Le garage: _____

 Practice more at **daccord2.vhlcentral.com.**

CONTEXTES

Communication

4 **Qui fait quoi?** Votre professeur va vous donner une feuille d'activités. Dites si vous faites les tâches indiquées en écrivant (*by writing*) **Oui** ou **Non** dans la première colonne. Ensuite, posez des questions à vos camarades de classe; écrivez leur nom dans la deuxième colonne quand ils répondent **Oui**. Présentez vos réponses à la classe.

> **MODÈLE**
>
> mettre la table pour prendre le petit-déjeuner
> **Élève 1:** Est-ce que tu mets la table pour prendre le petit-déjeuner?
> **Élève 2:** Oui, je mets la table chaque matin./ Non, je ne prends pas de petit-déjeuner, donc je ne mets pas la table.

Activités	Moi	Mes camarades de classe
1. mettre la table pour prendre le petit-déjeuner		
2. passer l'aspirateur tous les jours		
3. salir ses vêtements quand on mange		
4. nettoyer les toilettes		
5. balayer la cuisine		
6. débarrasser la table après le dîner		
7. souvent enlever la poussière sur son ordinateur		
8. laver les vitres (*windows*)		

5 **Conversez** Interviewez un(e) camarade de classe.

1. Qui fait la vaisselle chez toi?
2. Qui fait la lessive chez toi?
3. Fais-tu ton lit tous les jours?
4. Quelles tâches ménagères as-tu faites le week-end dernier?
5. Repasses-tu tous tes vêtements?
6. Quelles tâches ménagères détestes-tu faire?
7. Quels appareils électriques as-tu chez toi?
8. Ranges-tu souvent ta chambre?

6 **Au pair** Vous partez dans un pays francophone pour vivre dans une famille pendant un an. Travaillez avec deux camarades de classe et préparez un dialogue dans lequel (*in which*) vous:

- parlez des tâches ménagères que vous détestez/aimez faire.
- posez des questions sur vos nouvelles responsabilités.
- parlez de vos passions et de vos habitudes.
- décidez si cette famille vous convient.

7 **Écrivez** L'appartement de Martine est un désastre: la cuisine est sale et le reste de l'appartement est encore pire (*worse*). Préparez un paragraphe où vous décrivez les problèmes que vous voyez (*see*) et que vous imaginez. Ensuite, écrivez la liste des tâches que Martine va faire pour tout nettoyer.

Les sons et les lettres

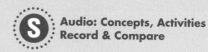

S Audio: Concepts, Activities
Record & Compare

Semi-vowels

French has three semi-vowels. Semi-vowels are sounds that are produced in much the same way as vowels, but also have many properties in common with consonants. Semi-vowels are also sometimes referred to as *glides* because they glide from or into the vowel they accompany.

| **Luc**i**en** | **chi**en | **so**if | **n**u**it** |

The semi-vowel that occurs in the word **bien** is very much like the *y* in the English word *yes*. It is usually spelled with an **i** or a **y** (pronounced *ee*), then glides into the following sound. This semi-vowel sound is also produced when **ll** follows an **i**.

| **nat**i**on** | **bala**y**er** | **bi**en | **bri**ll**ant** |

The semi-vowel that occurs in the word **soif** is like the *w* in the English words *was* and *we*. It usually begins with **o** or **ou**, then glides into the following vowel.

| **tr**o**is** | **fr**o**id** | o**ui** | o**ui**stiti |

The third semi-vowel sound occurs in the word **nuit**. It is spelled with the vowel **u**, as in the French word **tu**, then glides into the following sound.

| l**ui** | s**ui**s | cr**uel** | intellect**uel** |

Prononcez Répétez les mots suivants à voix haute.

1. oui
2. taille
3. suisse
4. fille
5. mois
6. cruel
7. minuit
8. jouer
9. cuisine
10. juillet
11. échouer
12. croissant

Articulez Répétez les phrases suivantes à voix haute.

1. Voici trois poissons noirs.
2. Louis et sa famille sont suisses.
3. Parfois, Grégoire fait de la cuisine chinoise.
4. Aujourd'hui, Matthieu et Damien vont travailler.
5. Françoise a besoin de faire ses devoirs d'histoire.
6. La fille de Monsieur Poirot va conduire pour la première fois.

Dictons Répétez les dictons à voix haute.

La nuit, tous les chats sont gris.[1]

Vouloir, c'est pouvoir.[2]

[1] All cats are gray in the dark. [2] Where there's a will, there's a way.

ROMAN-PHOTO

La vie sans Pascal

 Video: *Roman-photo*
Record & Compare

PERSONNAGES

Amina

Michèle

Sandrine

Stéphane

Valérie

Au P'tit Bistrot...

MICHÈLE Tout va bien, Amina?

AMINA Oui, ça va, merci. (*Au téléphone*) Allô?... Qu'est-ce qu'il y a, Sandrine?... Non, je ne le savais pas, mais franchement, ça ne me surprend pas... Écoute, j'arrive chez toi dans quinze minutes, d'accord? ... À tout à l'heure!

MICHÈLE Je débarrasse la table?

AMINA Oui, merci, et apporte-moi l'addition, s'il te plaît.

MICHÈLE Tout de suite.

VALÉRIE Tu as fait ton lit, ce matin?

STÉPHANE Oui, maman.

VALÉRIE Est-ce que tu as rangé ta chambre?

STÉPHANE Euh... oui, ce matin, pendant que tu faisais la lessive.

Chez Sandrine...

SANDRINE Salut, Amina! Merci d'être venue.

AMINA Mmmm. Qu'est-ce qui sent si bon?

SANDRINE Il y a des biscuits au chocolat dans le four.

AMINA Oh, est-ce que tu les préparais quand tu m'as téléphoné?

SANDRINE Tu as soif?

AMINA Un peu, oui.

SANDRINE Sers-toi, j'ai des jus de fruits au frigo.

Sandrine casse (breaks) une assiette.

SANDRINE Et zut!

AMINA Ça va, Sandrine?

SANDRINE Oui, oui... passe-moi le balai, s'il te plaît.

AMINA N'oublie pas de balayer sous la cuisinière.

SANDRINE Je sais! Excuse-moi, Amina. Comme je t'ai dit au téléphone, Pascal et moi, c'est fini.

ACTIVITÉS

1 Questions Répondez aux questions par des phrases complètes.

1. Avec qui Amina parle-t-elle au téléphone?

2. Comment va Sandrine aujourd'hui? Pourquoi?

3. Est-ce que Stéphane a fait toutes ses tâches ménagères?

4. Qu'est-ce que Sandrine préparait quand elle a téléphoné à Amina?

5. Amina a faim et a soif. À votre avis (*opinion*), que va-t-elle prendre?

6. Pourquoi Amina n'est-elle pas fâchée (*angry*) contre Sandrine?

7. Pourquoi Amina pense-t-elle que Sandrine aimerait (*would like*) un cyberhomme américain?

8. Sandrine pense qu'Amina devrait (*should*) rencontrer Cyberhomme, mais Amina pense que ce n'est pas une bonne idée. À votre avis, qui a raison?

Amina console Sandrine.

VALÉRIE Hmm... et la vaisselle? Tu as fait la vaisselle?

STÉPHANE Non, pas encore, mais...

MICHÈLE Il me faut l'addition pour Amina.

VALÉRIE Stéphane, tu dois faire la vaisselle avant de sortir.

STÉPHANE Bon, ça va, j'y vais!

VALÉRIE Ah, Michèle, il faut sortir les poubelles pour ce soir!

MICHÈLE Oui, comptez sur moi, Madame Forestier.

VALÉRIE Très bien! Moi, je rentre, il est l'heure de préparer le dîner.

SANDRINE Il était tellement pénible. Bref, je suis de mauvaise humeur aujourd'hui.

AMINA Ne t'en fais pas, je comprends.

SANDRINE Toi, tu as de la chance.

AMINA Pourquoi tu dis ça?

SANDRINE Tu as ton Cyberhomme. Tu vas le rencontrer un de ces jours?

AMINA Oh... Je ne sais pas si c'est une bonne idée.

SANDRINE Pourquoi pas?

AMINA Sandrine, il faut être prudent dans la vie, je ne le connais pas vraiment, tu sais.

SANDRINE Comme d'habitude, tu as raison. Mais finalement, un cyberhomme, c'est peut-être mieux qu'un petit ami. Ou alors, un petit ami artistique, charmant et beau garçon.

AMINA Et américain?

Expressions utiles

Talking about what you know

- **Je ne le savais pas, mais franchement, ça ne me surprend pas.**
  I didn't know that, but frankly, I'm not surprised.

- **Je sais!**
  I know!

- **Je ne sais pas si c'est une bonne idée.**
  I don't know if that's a good idea.

- **Je ne le connais pas vraiment, tu sais.**
  I don't really know him, you know.

Additional vocabulary

- **Comptez sur moi.**
  Count on me.

- **Ne t'en fais pas.**
  Don't worry about it.

- **J'y vais!**
  I'm going there!/I'm on my way!

- **pas encore**
  not yet

- **tu dois**
  you must

- **être de bonne/mauvaise humeur**
  to be in a good/bad mood

---

2 **Le ménage** Indiquez qui a fait ou va faire ces tâches ménagères: Amina (**A**), Michèle (**M**), Sandrine (**S**), Stéphane (**St**), Valérie (**V**) ou personne (*no one*) (**P**).

1. sortir la poubelle
2. balayer
3. passer l'aspirateur
4. faire la vaisselle
5. faire le lit
6. débarrasser la table
7. faire la lessive
8. ranger sa chambre

Practice more at **daccord2.vhlcentral.com.**

3 **Écrivez** Vous avez gagné un pari (*bet*) avec votre grande sœur et elle doit faire (*must do*) en conséquence toutes les tâches ménagères que vous lui indiquez pendant un mois. Écrivez une liste de dix tâches minimum. Pour chaque tâche, précisez la pièce du logement et combien de fois par semaine elle doit l'exécuter.

ressources

CA
pp. 59-60

daccord2.vhlcentral.com

A C T I V I T É S

CULTURE À LA LOUPE

L'intérieur des logements français

L'intérieur des maisons et des appartements français est assez° différent de celui des Américains. Quand on entre dans un immeuble ancien en France, on est dans un hall° où il y a des boîtes aux lettres°. Ensuite, il y a souvent une deuxième porte. Celle-ci conduit à° l'escalier. Il n'y a pas souvent d'ascenseur, mais s'il y en a un°, en général, il est très petit et il est au milieu de° l'escalier. Le hall de l'immeuble peut aussi avoir une porte qui donne sur une cour° ou un jardin, souvent derrière le bâtiment°.

À l'intérieur des logements, les pièces sont en général plus petites que° les pièces américaines, surtout les cuisines et les salles de bains. Dans la cuisine, on trouve tous les appareils ménagers nécessaires (cuisinière, four, four à micro-ondes, frigo), mais ils sont plus petits qu'aux États-Unis. Les lave-vaisselle sont assez rares dans les appartements et plus communs dans les maisons. On a souvent une seule° salle de bains et les toilettes sont en général dans une autre petite pièce séparée°. Les lave-linge sont aussi assez petits et on les trouve, en général, dans la cuisine ou dans la salle de bains. Dans les chambres, en France, il n'y a pas de grands placards et les vêtements sont rangés la plupart° du temps dans une armoire ou une commode. Les fenêtres s'ouvrent° sur l'intérieur, un peu comme des portes, et il est très rare d'avoir des moustiquaires°. Par contre°, il y a toujours des volets°.

Combien de logements ont ces appareils ménagers?

Réfrigérateur	96%
Lave-linge	95%
Cuisinière/Four	94%
Four à micro-ondes	72%
Congélateur	55%
Lave-vaisselle	45%
Sèche-linge	27%

SOURCE: GIFAM/Francoscopie

Coup de main

Demonstrative pronouns help to avoid repetition.

	S.	P.
M.	celui	ceux
F.	celle	celles

Ce lit est grand, mais le lit de Monique est petit.

Ce lit est grand, mais **celui** de Monique est petit.

assez *rather* **hall** *entryway* **boîtes aux lettres** *mailboxes* **conduit à** *leads to* **s'il y en a un** *if there is one* **au milieu de** *in the middle of* **cour** *courtyard* **bâtiment** *building* **plus petites que** *smaller than* **une seule** *only one* **séparée** *separate* **la plupart** *most* **s'ouvrent** *open* **moustiquaires** *screens* **Par contre** *On the other hand* **volets** *shutters*

A C T I V I T É S

1 **Complétez** Complétez chaque phrase logiquement.

1. Dans le hall d'un immeuble français, on trouve...
2. Au milieu de l'escalier, dans les vieux immeubles français, ...
3. Derrière les vieux immeubles, on trouve souvent...
4. Les cuisines et les salles de bains françaises sont...
5. Dans les appartements français, il est assez rare d'avoir...
6. Les logements français ont souvent une seule...
7. En France, les toilettes sont souvent...
8. Les Français rangent souvent leurs vêtements dans une armoire parce qu'ils...
9. On trouve souvent le lave-linge...
10. En général, les fenêtres dans les logements français...

LE FRANÇAIS QUOTIDIEN

Quelles conditions!

boxon (*m.*)	shambles
gourbis (*m.*)	pigsty
piaule (*f.*)	pad, room
souk (*m.*)	mess
impeccable	spic-and-span
ringard	cheesy, old-fashioned
crécher	to live
semer la pagaille	to make a mess

LE MONDE FRANCOPHONE

Résidences célèbres

Voici quelques résidences célèbres.

En France
l'hôtel Matignon la résidence du Premier ministre°

Au Maroc
le Palais royal de Rabat la résidence du roi°
et de sa famille

À la Martinique
la Pagerie la maison natale° de Joséphine de
Beauharnais (femme de Napoléon Bonaparte)

À Monaco
le Palais du Prince la résidence de la famille
princière° de Monaco (la famille Grimaldi)

Au Sénégal
le Palais présidentiel de Dakar la résidence du
président du Sénégal, dans un jardin tropical

Premier ministre *Prime Minister* **roi** *king* **la maison natale** *birthplace*
la famille princière *the prince and his family*

PORTRAIT

Le Vieux Carré

Le Quartier Français, ou Vieux Carré, est le centre historique de la Nouvelle-Orléans. Il est connu pour sa culture créole, sa vie nocturne°, sa musique et sa fameuse «joie de vivre». Beaucoup de visiteurs viennent° participer à ses fêtes, comme le carnaval de Mardi Gras ou le festival de jazz, en avril. Ils aiment aussi admirer ses nombreux bâtiments° classés monuments historiques, comme le Cabildo ou la cathédrale Saint-Louis, la plus vieille° cathédrale des États-Unis. On ne doit pas quitter le Vieux Carré sans avoir exploré les jardins et les patios cachés° de ses vieilles maisons de planteurs.

vie nocturne *night life* **viennent** *come* **bâtiments** *buildings*
la plus vieille *the oldest* **cachés** *hidden*

SUR INTERNET

Qu'est-ce qu'on peut voir (*see*) au musée des Arts décoratifs de Paris?

Go to daccord2.vhlcentral.com to find more information related to this **CULTURE** section.

2 **Complétez** Complétez les phrases.
1. Le Vieux Carré est _____.
2. Il est connu pour _____.
3. Dans le Vieux Carré, il faut explorer _____.
4. Les Grimaldi habitent _____.
5. L'hôtel Matignon est _____.
6. L'impératrice Joséphine est née _____.

Practice more at **daccord2.vhlcentral.com.**

3 **C'est le souk!** Votre oncle favori vient vous rendre visite et votre petit frère a semé la pagaille dans votre chambre. C'est le souk! Avec un(e) partenaire, inventez une conversation où vous lui donnez des ordres pour nettoyer avant l'arrivée de votre oncle. Jouez la scène devant la classe.

ressources

daccord2.vhlcentral.com

ACTIVITÉS

STRUCTURES

PB.1 The *passé composé* vs. the *imparfait* (Summary)

Point de départ You have learned the uses of the **passé composé** versus the **imparfait** to talk about things and events in the past. These tenses are distinct and are not used in the same way. Remember always to keep the context and the message you wish to convey in mind while deciding which tense to use.

Uses of the *passé composé*

To talk about events that happened at a specific moment or that took place for a precise duration in the past	Je **suis allé** au concert vendredi. *I went to the concert on Friday.*
To relate a sequence of events or tell about isolated actions that started and ended in the past and are completed from the speaker's viewpoint	Tu **as fait** le lit, tu **as sorti** la poubelle et tu **as mis** la table. *You made the bed, took out the trash, and set the table.*
To indicate a change in the mental, emotional or physical state of a person	Tout à coup, elle **a eu** soif. *Suddenly, she got thirsty.*
To narrate the facts in a story	Nous **avons passé** une journée fantastique à la plage. *We spent a fantastic day at the beach.*
To describe actions that move the plot forward in a narration	Soudain, Thomas **a trouvé** la réponse à leur question. *Suddenly, Thomas found the answer to their question.*

Uses of the *imparfait*

To talk about actions that lasted for an unspecified duration of time	Elle **dormait** tranquillement. *She was sleeping peacefully.*
To relate events that occurred habitually or repeatedly in the past or tell how things used to be	Nous **faisions** une promenade au parc tous les dimanches matins. *We used to walk in the park every Sunday morning.*
To describe an ongoing mental, emotional or physical state of a person	Elle **avait** toujours soif. *She was always thirsty.*
To describe the background scene and setting of a story	Il **faisait** beau et le ciel **était** bleu. *The weather was nice and the sky was blue.*
To describe people and things	**C'était** une photo d'une jolie fille. *It was a photograph of a pretty girl.*

MISE EN PRATIQUE

1 **À l'étranger!** Racontez (*Tell*) cette histoire au passé en choisissant (*by choosing*) l'imparfait ou le passé composé.

Lise (1) _____ (avoir) vraiment envie de travailler en France après l'université. Alors, un jour, elle (2) _____ (quitter) son petit village près de Bruxelles et elle (3) _____ (prendre) le train pour Paris. Elle (4) _____ (arriver) à Paris. Elle (5) _____ (trouver) une chambre dans un petit hôtel. Pendant six mois, elle (6) _____ (balayer) le couloir et (7) _____ (nettoyer) les chambres. Au bout de (*After*) six mois, elle (8) _____ (prendre) des cours au Cordon Bleu et maintenant, elle est chef dans un petit restaurant!

2 **Explique-moi!** Dites pourquoi vous et vos amis n'avez pas fait les choses que vous deviez faire. Faites des phrases complètes en disant ce que (*by saying what*) vous n'avez pas fait au passé composé et en donnant (*by giving*) la raison à l'imparfait.

> **MODÈLE** Élise / étudier / avoir sommeil
> *Élise n'a pas étudié parce qu'elle avait sommeil.*

1. Carla / faire une promenade / pleuvoir
2. Alexandre et Mia / ranger la chambre / regarder la télé
3. nous / répondre au prof / ne pas faire attention
4. Jade et Noémie / venir au café / nettoyer la maison
5. Léo / mettre un short / aller à un entretien (*interview*)

3 **Qu'est-ce qu'ils faisaient quand...?** Que faisaient ces personnes au moment de l'interruption?

> **MODÈLE**
> *Papa débarrassait la table quand mon frère est arrivé.*

débarrasser / arriver

1. sortir / dire

3. faire / partir

2. passer / tomber

4. laver / commencer

 : Practice more at **daccord2.vhlcentral.com.**

COMMUNICATION

4 Situations Avec un(e) partenaire, complétez ces phrases avec le passé composé ou l'imparfait. Comparez vos réponses, puis présentez-les à la classe.

1. Autrefois, ma famille...
2. Je faisais une promenade quand...
3. Mon/Ma meilleur(e) ami(e)... tous les jours.
4. D'habitude, au petit-déjeuner, je...
5. Une fois, mon copain et moi...
6. Hier, je rentrais du lycée quand...
7. Parfois, ma mère...
8. Hier, il faisait mauvais. Soudain, ...

5 À votre tour Demandez à un(e) partenaire de compléter ces phrases avec le passé composé ou l'imparfait. Ensuite, présentez ses phrases à la classe.

1. Mes profs au collège...
2. Quand je suis rentré(e) chez moi hier, ...
3. Le week-end dernier, ...
4. Quand j'ai fait la connaissance de mon/ma meilleur(e) ami(e), ...
5. La première fois que mon/ma meilleur(e) ami(e) et moi sommes sorti(e)s, ...
6. Quand j'avais dix ans, ...
7. Le jour où la tragédie du 11 septembre est arrivée, ...
8. Pendant les vacances d'été, ...
9. Quand M. Barack Obama est devenu président des États-Unis, ...
10. Hier soir, je regardais la télé quand...

6 Je me souviens! Racontez à votre partenaire un événement spécial de votre vie qui s'est déjà passé. Votre partenaire vous pose des questions pour avoir plus de détails sur cet événement. Vous pouvez (*can*) parler d'un anniversaire, d'une fête familiale, d'un mariage ou d'un concert.

MODÈLE

Élève 1: *Nous avons fait une grande fête d'anniversaire pour ma grand-mère l'année dernière.*
Élève 2: *Quel âge a-t-elle eu?*

- The **imparfait** and the **passé composé** are sometimes used in the same sentence where the former is used to say what was going on when something else happened. To say what happened that interrupted the ongoing activity, use the **passé composé**.

Je **travaillais** dans le jardin quand mon amie **a téléphoné**.
I was working in the garden when my friend called.

Ils **faisaient** de la planche à voile quand j'**ai pris** cette photo.
They were wind-surfing when I took this photo.

- A cause and effect relationship is sometimes expressed by using the **passé composé** and the **imparfait** in the same sentence.

Marie **avait** envie de faire du shopping, alors elle **est allée** au centre commercial.
Marie felt like shopping so she went to the mall.

Mon ami **a balayé** la maison parce qu'elle **était** sale.
My friend swept the house because it was dirty.

- The verb **avoir** has a different meaning when used in the **imparfait** versus the **passé composé**.

J'**avais** sommeil.
I was sleepy.

J'**ai eu** sommeil.
I got sleepy.

- Certain expressions like **soudain, tout à coup, autrefois, une fois, d'habitude, souvent, toujours**, etc. serve as clues to signal a particular past tense.

Autrefois, mes parents et moi **vivions** en Belgique.
In the past, my parents and I used to live in Belgium.

Un jour, j'**ai rencontré** Nathalie au cinéma.
One day, I met Nathalie at the movies.

D'habitude, j'**allais** au centre-ville avec mes amis.
Usually, I went downtown with my friends.

J'**ai fait** du cheval deux fois dans ma vie.
I have gone horseback riding two times in my life.

Essayez! Écrivez la forme correcte du verbe au passé.

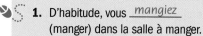

1. D'habitude, vous _mangiez_ (manger) dans la salle à manger.
2. Quand mes copines étaient petites, elles _____ (jouer) de la guitare.
3. Tout à coup, ma sœur _____ (arriver) à l'école.
4. Ce matin, Matthieu _____ (repasser) le linge.
5. Ils _____ (vivre) en France pendant un mois.
6. Les chats _____ (dormir) toujours sur le tapis.
7. Je/J' _____ (louer) un studio en ville pendant trois semaines.
8. Vous _____ (laver) toujours les rideaux?

STRUCTURES

PB.2 The verbs *savoir* and *connaître*

Point de départ The verbs **savoir** and **connaître** both mean *to know*. The verb you use will depend on the context.

Savoir

Savoir	
je	sais
tu	sais
il/elle	sait
nous	savons
vous	savez
ils/elles	savent

- Use the verb **savoir** to say you know factual information.

  Je **sais** tout sur lui.
  I know everything about him.

  Vous **savez** qui est venu hier?
  Do you know who came yesterday?

- While talking about facts, the verb **savoir** may often be followed by **que, qui, où, quand, comment,** or **pourquoi.**

  Nous **savons que** tu arrives mardi.
  We know that you are arriving on Tuesday.

  Ils **savent comment** aller à la gare.
  They know how to get to the train station.

  Je **sais où** je vais.
  I know where I am going.

  Tu **sais qui** a fait la lessive?
  Do you know who did the laundry?

- Use the verb **savoir** to say how to do something.

  Il **sait** jouer du piano.
  He knows how to play the piano.

  Savez-vous faire la cuisine?
  Do you know how to cook?

  Je **sais** jouer au tennis.
  I know how to play tennis.

  Ils **savent** parler espagnol.
  They know how to speak Spanish.

- The forms of **savoir** are regular in the **imparfait**. The past participle of **savoir** is **su**. When used in the **passé composé**, **savoir** implies *to find out* or *to discover*.

  Je **savais** qu'il allait venir.
  I knew he was coming.

  J'**ai su** qu'il allait venir.
  I found out (discovered) he was coming.

  Nous **savions** qu'il y avait une fête.
  We knew that there was a party.

  Nous **avons su** qu'il y avait une fête.
  We found out that there was a party.

MISE EN PRATIQUE

1 **Les passe-temps** Qu'est-ce que ces personnes savent faire?

MODÈLE

Patrick sait skier.

Patrick

1. **Halima**

3. **tu**

2. **vous**

4. **nous**

2 **Dialogues** Complétez les conversations avec le présent du verbe **savoir** ou **connaître**.

1. Marie _____ faire la cuisine?
   Oui, mais elle ne _____ pas beaucoup de recettes (*recipes*).

2. Vous _____ les parents de François?
   Non, je _____ seulement sa cousine.

3. Tes enfants _____ nager dans la mer.
   Et mon fils aîné _____ toutes les espèces de poissons.

4. Je _____ que le train arrive à trois heures.
   Est-ce que tu _____ à quelle heure il part?

3 **Assemblez** Assemblez les éléments des colonnes pour construire des phrases.

MODÈLE *Je sais parler une langue étrangère.*

A	B	C
Gérard Depardieu	(ne pas) connaître	des célébrités faire la cuisine
Oprah	(ne pas) savoir	jouer au basket
je		Julia Roberts
ton/ta camarade de classe		parler une langue étrangère

 Practice more at **daccord2.vhlcentral.com.**

COMMUNICATION

4 Enquête Votre professeur va vous donner une feuille d'activités. Circulez dans la classe pour trouver au moins une personne différente qui répond oui à chaque question.

Sujets	Noms
1. Sais-tu faire une mousse au chocolat?	Jacqueline
2. Connais-tu New York?	
3. Connais-tu le nom des sénateurs de cet état (state)?	
4. Connais-tu quelqu'un qui habite en Californie?	

5 Questions À tour de rôle, posez ces questions à un(e) partenaire. Ensuite, présentez ses réponses à la classe.

1. Quel bon restaurant connais-tu près d'ici? Est-ce que tu y (there) manges souvent? *Le restaurant c'est bon est*
2. Dans ta famille, qui sait chanter le mieux (best)? *Ruth Chris*
3. Connais-tu l'Europe? Quelles villes connais-tu? *Moi*
4. Reconnais-tu toutes les chansons (songs) que tu entends à la radio? *Oui, je reconnais toutes les chansons*
5. Tes parents savent-ils utiliser Internet? Le font-ils bien? *Non, mes parents sont ne intelligent pas*
6. Connais-tu un(e) acteur/actrice célèbre? Une autre personne célèbre?
7. Ton/Ta meilleur(e) (best) ami(e) sait-il/elle écouter quand tu lui racontes (tell) tes problèmes? *Oui*
8. Connais-tu la date d'anniversaire de tous les membres de ta famille et de tous tes amis? Donne des exemples.

6 Je sais le faire Michelle et Maryse étudient avec un(e) nouvel/nouvelle ami(e). Par groupes de trois, jouez les rôles. Chacun(e) (Each one) essaie de montrer toutes les choses qu'il/elle sait faire.

MODÈLE

Élève 1: Alors, tu sais faire la vaisselle?
Élève 2: Je sais faire la vaisselle, et je sais faire la cuisine aussi.
Élève 3: Moi, je sais faire la cuisine, mais il/elle ne sait pas passer l'aspirateur.

Connaître

Connaître	
je	connais
tu	connais
il/elle	connaît
nous	connaissons
vous	connaissez
ils/elles	connaissent

- Use the verb **connaître** to say that you *know, have a knowledge of,* or *are familiar with* people.

Mes parents ne **connaissent** pas mon prof de maths.
My parents don't know my math teacher.

Tu **connais** la fille qui vend l'appartement?
Do you know the girl who is selling the apartment?

- Use the verb **connaître** to say that you *know, have a knowledge of,* or *are familiar with* places or things.

Sébastien **connaît** ce quartier de Rome.
Sébastien knows (is familiar with) this neighborhood of Rome.

Je ne **connais** pas bien la cuisine marocaine.
I am not familiar with Moroccan cuisine.

- The forms of **connaître** are regular in the **imparfait**. The past participle of **connaître** is **connu**. When used in the **passé composé**, **connaître** implies *met (for the first time)*.

Luca **a connu** Élodie au lycée.
Luca met Élodie in high school.

Luca **connaissait** Élodie au lycée.
Luca knew Élodie in high school.

- **Reconnaître** means *to recognize*. It follows the same conjugation pattern as **connaître**.

Mes profs de collège me **reconnaissent** encore.
My middle school teachers still recognize me.

Nous avons **reconnu** vos enfants à la soirée.
We recognized your children at the party.

Essayez! Complétez les phrases avec les formes correctes des verbes **savoir** et **connaître**.

1. Je _connais_ de bons restaurants.
2. Ils ne _savent_ pas parler allemand.
3. Vous _savez_ faire du cheval?
4. Tu _connais_ une bonne coiffeuse?
5. Nous ne _connaissons_ pas Jacques.
6. Caroline _sait_ jouer aux échecs.
7. Vous ne _connaissez_ pas cet artiste?
8. Nous _savons_ faire le ménage.

SYNTHÈSE

Révision

1 **Un grand dîner** Émilie et son mari Vincent ont invité des amis à dîner ce soir. Qu'ont-ils fait cet après-midi pour préparer la soirée? Que vont-ils faire ce soir après le départ des invités? Conversez avec un(e) partenaire.

MODÈLE

Élève 1: *Cet après-midi, Émilie et Vincent ont mis la table.*

Élève 2: *Ce soir, ils vont faire la vaisselle.*

2 **Mes connaissances** Votre professeur va vous donner une feuille d'activités. Interviewez vos camarades. Pour chaque activité, trouvez un(e) camarade différent(e) qui réponde affirmativement.

Élève 1: *Connais-tu une personne qui aime faire le ménage?*

Élève 2: *Oui, autrefois, mon père aimait bien faire le ménage.*

Activités	Noms
1. ne pas souvent faire la vaisselle	
2. aimer faire le ménage	Farid
3. dormir avec une couverture en été	
4. faire son lit tous les jours	
5. rarement repasser ses vêtements	

3 **Qui faisait le ménage?** Par groupes de trois, interviewez vos camarades. Qui faisait le ménage à la maison quand ils étaient plus petits? Préparez des questions avec ces expressions et comparez vos réponses.

balayer	mettre et débarrasser la table
faire la lessive	passer l'aspirateur
faire le lit	ranger
faire la vaisselle	repasser le linge

4 **Soudain!** Tout était calme quand soudain... Avec un(e) partenaire, choisissez l'une des deux photos et écrivez un texte de dix phrases. Faites cinq phrases pour décrire la photo, et cinq autres pour raconter (*to tell*) un événement qui s'est passé soudainement (*that suddenly happened*). Employez des adverbes et soyez imaginatifs.

5 **J'ai appris…** Qu'avez-vous appris ou qui connaissez-vous depuis que (*since*) vous êtes au lycée? Avec un(e) partenaire, faites une liste de cinq choses et de cinq personnes. À chaque fois, utilisez un imparfait et un présent dans vos explications.

MODÈLE

Élève 1: *Avant, je ne savais pas comment dire bonjour en français, et puis j'ai commencé ce cours, et maintenant, je sais le dire.*

Élève 2: *Avant, je ne connaissais pas tous les pays francophones, et maintenant, je les connais.*

6 **Élise fait sa lessive** Votre professeur va vous donner, à vous et à votre partenaire, une feuille avec des dessins représentant (*representing*) Élise et sa journée d'hier. Décrivez sa journée. Attention! Ne regardez pas la feuille de votre partenaire.

MODÈLE

Élève 1: *Hier matin, Élise avait besoin de faire sa lessive.*

Élève 2: *Mais, elle…*

ressources		
CE pp. 9–12	CA pp. 2–3, 17–18, 111–112	daccord2.vhlcentral.com

À l'écoute

 S Audio: Activities

STRATÉGIE

Using visual cues

Visual cues like illustrations and headings provide useful clues about what you will hear.

To practice this strategy, you will listen to a passage related to the image. Jot down the clues the image gives you as you listen.

Préparation

Qu'est-ce qu'il y a sur les trois photos à droite? À votre avis, quel va être le sujet de la conversation entre M. Duchemin et Mme Lopez?

À vous d'écouter

Écoutez la conversation. M. Duchemin va proposer trois logements à Mme Lopez. Regardez les annonces et écrivez le numéro de référence de chaque possibilité qu'il propose.

1. Possibilité 1: _____
2. Possibilité 2: _____
3. Possibilité 3: _____

À LOUER

Appartement en ville, moderne, avec balcon
1.200 €
(**Réf. 520**)

5 pièces, jardin, proche parc Victor Hugo
950 €
(**Réf. 521**)

Maison meublée en banlieue, grande, tt confort, cuisine équipée
1.200 €
(**Réf. 522**)

Compréhension

Les détails Après une deuxième écoute, complétez le tableau (*chart*) avec les informations données dans la conversation.

	Où?	Maison ou appartement?	Meublé ou non?	Nombre de chambres?	Garage?	Jardin?
Logement 1						
Logement 2						
Logement 3						

Quel logement pour les Lopez? Lisez cette description de la famille Lopez. Décidez quel logement cette famille va probablement choisir et expliquez votre réponse.

M. Lopez travaille au centre-ville. Le soir, il rentre tard à la maison et il est souvent fatigué parce qu'il travaille beaucoup. Il n'a pas envie de passer son temps à travailler dans le jardin. Mme Lopez adore le cinéma et le théâtre. Elle n'aime pas beaucoup faire le ménage. Les Lopez ont une fille qui a seize ans. Elle adore retrouver ses copines pour faire du shopping en ville. Les Lopez ont beaucoup de beaux meubles modernes. Ils ont aussi une nouvelle voiture: une grosse BMW qui a coûté très cher!

S Interactive Map
Reading

Panorama

L'Alsace

La région en chiffres

▶ **Superficie:** *8.280 km²*

▶ **Population:** *1.829.000*
SOURCE: INSEE

▶ **Industries principales:** *viticulture, culture du houblon° et brassage° de la bière, exploitation forestière°, industrie automobile, tourisme*

▶ **Villes principales:** *Colmar, Mulhouse, Strasbourg*

Personnes célèbres

▶ **Gustave Doré,** *dessinateur° et peintre° (1832–1883)*

▶ **Auguste Bartholdi,** *sculpteur, statue de la Liberté à New York, (1834–1904)*

▶ **Albert Schweitzer,** *médecin, prix Nobel de la paix en 1952 (1875–1965)*

La Lorraine

La région en chiffres

▶ **Superficie:** *23.547 km²*

▶ **Population:** *2.343.000*

▶ **Industries principales:** *industrie automobile, agroalimentaire°, bois° pour le papier, chimie et pétrochimie, métallurgie, verre et cristal*

▶ **Villes principales:** *Épinal, Forbach, Metz, Nancy*

Personnes célèbres

▶ **Georges de La Tour,** *peintre (1593–1652)*

▶ **Bernard-Marie Koltès,** *dramaturge° (1948–1989)*

▶ **Patricia Kaas,** *chanteuse (1966–)*

houblon *hops* **brassage** *brewing* **exploitation forestière** *forestry* **dessinateur** *illustrator* **peintre** *painter* **agroalimentaire** *food processing* **bois** *wood* **dramaturge** *playwright* **traité** *treaty* **envahit** *invades* **à nouveau** *once again*

LA BELGIQUE
LE LUXEMBOURG

L'ALLEMAGNE

Thionville

Verdun
Metz
Forbach
Sarreguemines

LORRAINE

Bar-le-Duc
Nancy
Strasbourg

ALSACE

LA FRANCE

LES VOSGES

la Moselle

Épinal

Colmar

le Rhin

Mulhouse

LA SUISSE

le quartier de la Petite France à Strasbourg

la place Stanislas à Nancy

0   50 miles
0   50 kilomètres

dans les Vosges

Incroyable mais vrai!

Français depuis 1648, l'Alsace et le département de la Moselle en Lorraine deviennent allemands en 1871. Puis en 1919, le traité° de Versailles les rend à la France. Ensuite, en 1939, l'Allemagne envahit° la région qui redevient allemande entre 1940 et 1944. Depuis, l'Alsace et la Lorraine sont à nouveau° françaises.

PATISSERIE
CAKES
TEE-KAFFEE
CHOCOLAT

La gastronomie

La choucroute

La choucroute est typiquement alsacienne et son nom vient de l'allemand «sauerkraut». Du chou râpé° fermente dans un baril° avec du gros sel° et des baies de genièvre°. Puis, le chou est cuit° dans du vin blanc ou de la bière et mangé avec de la charcuterie° alsacienne et des pommes de terre°. La choucroute, qui se conserve longtemps° grâce à° la fermentation, est une nourriture appréciée° des marins° pendant leurs longs voyages.

L'histoire

Jeanne d'Arc

Jeanne d'Arc est née en 1412, en Lorraine, dans une famille de paysans°. En 1429, quand la France est en guerre avec l'Angleterre, Jeanne d'Arc décide de partir au combat pour libérer son pays. Elle prend la tête° d'une armée et libère la ville d'Orléans des Anglais. Cette victoire permet de sacrer° Charles VII roi de France. Plus tard, Jeanne d'Arc perd ses alliés° pour des raisons politiques. Vendue aux Anglais, elle est condamnée pour hérésie. Elle est exécutée à Rouen, en 1431. En 1920, l'Église catholique la canonise.

Les destinations

Strasbourg

Strasbourg, capitale de l'Alsace, est le siège° du Conseil de l'Europe depuis 1949 et du Parlement européen depuis 1979. Le Conseil de l'Europe est responsable de la promotion des valeurs démocratiques et des droits de l'homme°, de l'identité culturelle européenne et de la recherche de solutions° aux problèmes de société. Les membres du Parlement sont élus° dans chaque pays de l'Union européenne. Le Parlement contribue à l'élaboration de la législation européenne et à la gestion de l'Europe.

La société

Un mélange de cultures

L'Alsace a été enrichie° par de multiples courants° historiques et culturels grâce à sa position entre la France et l'Allemagne. La langue alsacienne vient d'un dialecte germanique et l'allemand est maintenant enseigné dans les écoles primaires. Quand la région est rendue à la France en 1919, les Alsaciens continuent de bénéficier des lois° sociales allemandes. Le mélange° des cultures est visible à Noël avec des traditions allemandes et françaises (le sapin de Noël, Saint Nicolas, les marchés).

Qu'est-ce que vous avez appris? Répondez aux questions par des phrases complètes.

1. En 1919, quel document rend l'Alsace et la Moselle à la France?
2. Combien de fois l'Alsace et la Moselle ont-elles changé de nationalité depuis 1871?
3. Quel est l'ingrédient principal de la choucroute?
4. De qui la choucroute est-elle particulièrement appréciée?
5. Pourquoi Strasbourg est-elle importante?

6. Quel est un des rôles du Conseil de l'Europe?
7. Contre qui Jeanne d'Arc a-t-elle défendu la France?
8. Comment est-elle morte?
9. Quelle langue étrangère enseigne-t-on aux petits Alsaciens?
10. À quel moment de l'année le mélange des cultures est-il particulièrement visible en Alsace?

Practice more at **daccord2.vhlcentral.com.**

ressources

CE pp. 13–14

daccord2.vhlcentral.com

SUR INTERNET

Go to **daccord2.vhlcentral.com** to find more cultural information related to this **PANORAMA**.

1. Quelle est la différence entre le Conseil européen et le Conseil de l'Europe?
2. Trouvez d'autres informations sur Jeanne d'Arc. Quel est son surnom?
3. Pourquoi l'Alsace et le département de la Moselle sont-ils devenus allemands en 1871?

chou râpé *grated cabbage* **baril** *cask* **gros sel** *coarse sea salt* **baies de genièvre** *juniper berries* **cuit** *cooked* **charcuterie** *cooked pork meats* **pommes de terre** *potatoes* **qui se conserve longtemps** *which keeps for a long time* **grâce à** *thanks to* **appréciée** *valued* **marins** *sailors* **paysans** *peasants* **prend la tête** *takes the lead* **sacrer** *crown* **alliés** *allies* **siège** *headquarters* **droits de l'homme** *human rights* **recherche de solutions** *finding solutions* **élus** *elected* **enrichie** *enriched* **courants** *trends, movements* **lois** *laws* **mélange** *mix*

Lecture  Reading

Avant la lecture

Guessing meaning from context

As you read in French, you will often see words you have not learned. You can guess what they mean by looking at surrounding words. Read this note and guess what **un deux-pièces** means.

> Johanne,
>
> Je cherchais un studio, mais j'ai trouvé un appartement plus grand: un deux-pièces près de mon travail! Le salon est grand et la chambre a deux placards. La cuisine a un frigo et une cuisinière, et la salle de bains a une baignoire. Et le loyer? Seulement 450 euros par mois!

If you guessed *a two-room apartment*, you are correct. You can conclude that someone is describing an apartment he or she will rent.

Examinez le texte

Regardez le texte et décrivez les photos. Quel va être le sujet de la lecture? Puis, trouvez ces mots et expressions dans le texte. Essayez de deviner leur sens (*to guess their meaning*).

ont été rajoutées	autour du	de haut
de nombreux bassins	légumes	roi

Expérience personnelle 👥

Avez-vous visité une résidence célèbre ou historique? Où? Quand? Comment était-ce? Un personnage historique a-t-il habité là? Qui? Parlez de cette visite à un(e) camarade.

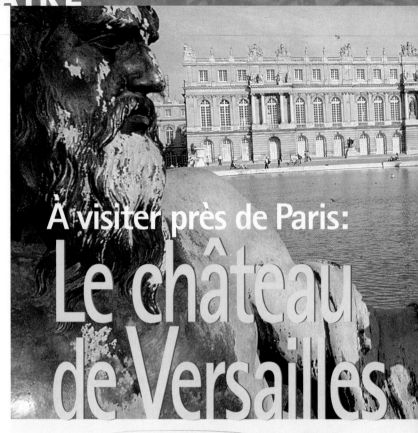

À visiter près de Paris: Le château de Versailles

La construction du célèbre° château de Versailles a commencé en 1623 sous le roi Louis XIII. Au départ, c'était un petit château où le roi logeait° quand il allait à la chasse°. Plus tard, en 1678, Louis XIV, aussi appelé le Roi-Soleil, a décidé de faire de Versailles sa résidence principale. Il a demandé à son architecte, Louis Le Vau, d'agrandir° le château, et à son premier peintre°, Charles Le Brun, de le décorer. Le Vau a fait construire, entre autres°, le Grand Appartement du Roi. La décoration de cet appartement de sept pièces était à la gloire du Roi-Soleil. La pièce la plus célèbre du château de Versailles est la galerie des Glaces°. C'est une immense pièce de 73 mètres de long, 10,50 mètres de large et 12,30 mètres de haut°. D'un côté, 17 fenêtres donnent° sur les jardins, et

de l'autre côté, il y a 17 arcades embellies de miroirs immenses. Au nord° de la galerie des Glaces, on trouve le salon de la Guerre°, et, au sud°, le salon de la Paix°. Quand on visite le château de Versailles, on peut également° voir de nombreuses autres pièces, ajoutées à différentes périodes, comme la chambre de la Reine°,

À l'intérieur du palais

Le château de Versailles et une fontaine

plusieurs cuisines et salles à manger d'hiver et d'été, des bibliothèques, divers salons et cabinets, et plus de 18.000 m²° de galeries qui racontent° l'histoire de France en images. L'opéra, une grande salle où plus de° 700 personnes assistaient souvent à divers spectacles et bals, a aussi été ajouté plus tard. C'est dans cette salle que le futur roi Louis XVI et Marie-Antoinette ont été mariés. Partout° dans le château, on peut admirer une collection unique de meubles (lits, tables, fauteuils et chaises, bureaux, etc.) et de magnifiques tissus° (tapis, rideaux et tapisseries°). Le château de Versailles a aussi une chapelle et d'autres bâtiments, comme le Grand et le Petit Trianon. Autour du château, il y a des serres° et de magnifiques jardins avec de nombreux bassins°, fontaines et statues. Dans l'Orangerie, on trouve plus de 1.000 arbres°, et de nombreux fruits et légumes sont toujours cultivés dans le Potager° du Roi. L'Arboretum de Chèvreloup était le terrain de chasse des rois et on y° trouve aujourd'hui des arbres du monde entier°.

célèbre *famous* **logeait** *stayed* **chasse** *hunting* **agrandir** *enlarge* **peintre** *painter* **entre autres** *among other things* **Glaces** *Mirrors* **haut** *high* **donnent** *open* **nord** *north* **Guerre** *War* **sud** *south* **Paix** *Peace* **également** *also* **Reine** *Queen* **m²** (mètres carrés) *square meters* **racontent** *tell* **plus de** *more than* **Partout** *Everywhere* **tissus** *fabrics* **tapisseries** *tapestries* **serres** *greenhouses* **bassins** *ponds* **arbres** *trees* **Potager** *vegetable garden* **y** *there* **entier** *entire*

Après la lecture

Vrai ou faux? Indiquez si les phrases sont **vraies** ou **fausses**. Corrigez les phrases fausses.

1. Louis XIII habitait à Versailles toute l'année.

2. Louis Le Vau est appelé le Roi-Soleil.

3. La galerie des Glaces est une grande pièce avec beaucoup de miroirs et de fenêtres.

4. Il y a deux salons près de la galerie des Glaces.

5. Aujourd'hui, au château de Versailles, il n'y a pas de meubles.

6. Le château de Versailles n'a pas de jardins parce qu'il a été construit en ville.

Répondez Répondez aux questions par des phrases complètes.

1. Comment était Versailles sous Louis XIII? Quand logeait-il là?

2. Qu'est-ce que Louis XIV a fait du château?

3. Qu'est-ce que Louis Le Vau a fait à Versailles?

4. Dans quelle salle Louis XVI et Marie-Antoinette ont-ils été mariés? Comment est cette salle?

5. Louis XVI est-il devenu roi avant ou après son mariage?

6. Le château de Versailles est-il composé d'un seul bâtiment? Expliquez.

Les personnages célèbres de Versailles
Par groupes de trois ou quatre, choisissez une des personnes mentionnées dans la lecture et faites des recherches (*research*) à son sujet. Préparez un rapport écrit (*written report*) à présenter à la classe. Vous pouvez (*may*) utiliser les ressources de votre bibliothèque ou Internet.

Écriture

Mastering the past tenses

In French, when you write about events that occurred in the past, you need to know when to use the **passé composé** and when to use the **imparfait**. A good understanding of the uses of each tense will make it much easier to determine which one to use as you write.

Look at the following summary of the uses of the **passé composé** and the **imparfait**. Write your own example sentence for each of the rules described.

Passé composé vs. imparfait

Passé composé

1. Actions viewed as completed

   _____

2. Beginning or end of past actions

   _____

3. Series of past actions

   _____

Imparfait

1. Ongoing past actions

   _____

2. Habitual past actions

   _____

3. Mental, physical, and emotional states and characteristics of the past

   _____

With a partner, compare your example sentences. Use the sentences as a guide to help you decide which tense to use as you are writing a story about something that happened in the past.

Thème

Écrire une histoire

Avant l'écriture

1. Quand vous étiez petit(e), vous habitiez dans la maison ou l'appartement de vos rêves (*of your dreams*).

   - Vous allez décrire cette maison ou cet appartement.

   - Vous allez écrire sur la ville où vous habitiez et sur votre quartier.

   - Vous allez décrire les différentes pièces, les meubles et les objets décoratifs.

   - Vous allez parler de votre pièce préférée et de ce que (*what*) vous aimiez faire dans cette pièce.

   Ensuite, imaginez qu'il y ait eu (*was*) un cambriolage (*burglary*) dans cette maison ou dans cet appartement. Vous allez alors décrire ce qui est arrivé (*what happened*).

Coup de main

Here are some terms that you may find useful in your narration.

le voleur	*thief*
cassé(e)	*broken*
j'ai vu	*I saw*
manquer	*to be missing*

2. Utilisez le diagramme pour vous aider à analyser les éléments de votre histoire. Écrivez les éléments qui se rapportent à (*that are related to*) l'imparfait dans la partie IMPARFAIT et ceux (*the ones*) qui se rapportent au passé composé dans les parties PASSÉ COMPOSÉ.

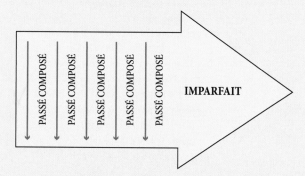

3. Après avoir complété le diagramme, échangez-le avec celui d'un(e) partenaire. Votre partenaire doit-il (*does he/she have to*) changer quelque chose? Expliquez pourquoi.

Écriture

Utilisez le diagramme pour écrire votre histoire. Écrivez trois paragraphes:

- le premier sur la présentation générale de la maison ou de l'appartement et de la ville où vous habitiez,

- le deuxième sur votre pièce préférée et la raison pour laquelle (*the reason why*) vous l'avez choisie,

- le troisième sur le cambriolage, sur ce qui s'est passé (*what happened*) et sur ce que vous avez fait (*what you did*).

> *Quand j'étais petit(e), j'habitais dans un château, en France. Le château était dans une petite ville près de Paris. Il y avait un grand jardin, avec beaucoup d'animaux. Il y avait douze pièces...*
>
> *Ma pièce préférée était la cuisine parce que j'aimais faire la cuisine et que j'aidais souvent ma mère...*
>
> *Un jour, mes parents et moi sommes rentrés de vacances...*

Après l'écriture

1. Échangez votre histoire avec celle (*the one*) d'un(e) partenaire. Répondez à ces questions pour commenter son travail.

- Votre partenaire a-t-il/elle correctement utilisé l'imparfait et le passé composé?

- A-t-il/elle écrit trois paragraphes qui correspondent aux descriptions de sa maison ou de son appartement et de la ville, de sa pièce préférée et du cambriolage?

- Quel(s) détail(s) ajouteriez-vous (*would you add*)? Lequel/Lesquels enlèveriez-vous (*Which one(s) would you delete*)? Quel(s) autre(s) commentaire(s) avez-vous pour votre partenaire?

2. Corrigez votre histoire d'après (*according to*) les commentaires de votre partenaire. Relisez votre travail pour éliminer ces problèmes:

- des fautes (*errors*) d'orthographe

- des fautes de ponctuation

- des fautes de conjugaison

- des fautes d'accord (*agreement*) des adjectifs

- un mauvais emploi (*use*) de la grammaire

Les parties d'une maison

un balcon	balcony
une cave	cellar; basement
une chambre	bedroom
un couloir	hallway
une cuisine	kitchen
un escalier	staircase
un garage	garage
un jardin	garden; yard
un mur	wall
une pièce	room
une salle à manger	dining room
une salle de bains	bathroom
une salle de séjour	living/family room
un salon	formal living/ sitting room
un sous-sol	basement
un studio	studio (apartment)
les toilettes (f.)/ les W.-C. (m.)	restrooms/toilet

Les appareils ménagers

un appareil électrique/ménager	electrical/household appliance
une cafetière	coffeemaker
un congélateur	freezer
une cuisinière	stove
un fer à repasser	iron
un four	oven
un (four à) micro-ondes	microwave oven
un frigo	refrigerator
un grille-pain	toaster
un lave-linge	washing machine
un lave-vaisselle	dishwasher
un sèche-linge	clothes dryer

Chez soi

un(e) propriétaire	owner
un appartement	apartment
un immeuble	building
un logement	housing
un loyer	rent
un quartier	area, neighborhood
une résidence universitaire	dorm
une affiche	poster
une armoire	armoire, wardrobe
une baignoire	bathtub
un balai	broom
un canapé	couch
une commode	dresser, chest of drawers
une couverture	blanket
une douche	shower
les draps (m.)	sheets
une étagère	shelf
un évier	kitchen sink
un fauteuil	armchair
une fleur	flower
une lampe	lamp
un lavabo	bathroom sink
un meuble	piece of furniture
un miroir	mirror
un oreiller	pillow
un placard	closet, cupboard
un rideau	drape, curtain
un tapis	rug
un tiroir	drawer
déménager	to move out
emménager	to move in
louer	to rent

Les tâches ménagères

une tâche ménagère	household chore
balayer	to sweep
débarrasser la table	to clear the table
enlever/faire la poussière	to dust
essuyer la vaisselle/ la table	to dry the dishes/ to wipe the table
faire la lessive	to do the laundry
faire le lit	to make the bed
faire le ménage	to do the housework
faire la vaisselle	to do the dishes
laver	to wash
mettre la table	to set the table
passer l'aspirateur	to vacuum
ranger	to tidy up; to put away
repasser (le linge)	to iron (the laundry)
salir	to soil, to make dirty
sortir la/les poubelle(s)	to take out the trash
propre	clean
sale	dirty

Verbes

connaître	to know, to be familiar with
reconnaître	to recognize
savoir	to know (facts), to know how to do something
vivre	to live

Expressions utiles	See pp. 23 and 37.
Expressions that signal a past tense	See p. 29.

La nourriture

Pour commencer
- Où est Sandrine? Dans un supermarché ou une poissonnerie?
- Quand va-t-elle manger ce qu'elle (*what she*) a dans la main? Le matin ou à midi?
- Comment va-t-elle le servir? Avec un steak, dans une salade ou dans une tarte?
- Est-ce qu'elle a déjà payé ou pas encore (*not yet*)?

Leçon 1A

S Talking Picture
Audio: Activity

You will learn how to...
- talk about food
- express needs, desires, and abilities

Quel appétit!

Vocabulaire

cuisiner	to cook
faire les courses (f.)	to go (grocery) shopping
une cantine	(school) cafeteria
un supermarché	supermarket
un aliment	food item
un déjeuner	lunch
un dîner	dinner
un goûter	afternoon snack
la nourriture	food, sustenance
un petit-déjeuner	breakfast
un repas	meal
des petits pois (m.)	peas
une salade	salad
le bœuf	beef
un escargot	escargot, snail
les fruits de mer (m.)	seafood
un pâté (de campagne)	pâté
le porc	pork
un poulet	chicken
une saucisse	sausage
un steak	steak
le thon	tuna
la viande	meat
le riz	rice
des pâtes (f.)	pasta
un yaourt	yogurt

les poires (f.)

les oranges (f.)

les fruits (m.)

les fraises (f.)

les pêches (f.)

les bananes (f.)

les pommes (f.)

les légumes (m.)

les pommes de terre (f.)

les oignons (m.)

les carottes (f.)

les poivrons rouges (m.)

les haricots verts (m.)

l'ail (m.)

les champignons (m.)

les tomates (f.)

ressources

CE
pp. 15–16

CA
pp. 4, 113

S
daccord2.vhlcentral.com

Mise en pratique

la confiture
de fraises

les tartes (f.)
aux fraises

le poivron
vert

la laitue

les œufs (m.)

1 Les invités Richard a invité quelques amis pour le week-end. Il se prépare à les accueillir (welcome). Complétez les phrases suivantes avec les mots ou les expressions qui conviennent le mieux (fit the best).

1. Au petit-déjeuner, Sébastien aime bien prendre un café et manger des croissants et _____. (une salade, des fruits de mer, un yaourt)
2. Pour un petit-déjeuner français, il faut aussi de _____. (la confiture, l'ail, l'oignon)
3. J'adore les fruits, alors je vais acheter _____. (des petits pois, un repas, des pêches)
4. Mélanie n'aime pas trop la viande, elle va préférer manger _____. (des fruits de mer, du pâté de campagne, des saucisses)
5. Je vais aussi préparer une salade pour Mélanie avec _____. (de la confiture, des tomates, du bœuf)
6. Jean-François est allergique au lait. Je ne vais donc pas lui servir de _____. (carottes, pommes de terre, yaourt)
7. Pour le dessert, je vais préparer une tarte aux fruits avec des _____. (poivrons, fraises, petits pois)
8. Il faut aller au supermarché pour acheter des _____ pour faire du jus pour le petit-déjeuner. (yaourts, pâtes, oranges)

2 Écoutez 🎧 Fatima et René se préparent à aller faire des courses. Ils décident de ce qu'ils vont acheter. Écoutez leur conversation. Ensuite, complétez les phrases.

Dans le frigo, il reste six (1) _____, quelques (2) _____, une petite (3) _____ et trois (4) _____. René va utiliser ce qu'il reste dans le frigo pour préparer (5) _____. Fatima va acheter des (6) _____ et des (7) _____. René va acheter des (8) _____: des (9) _____, des (10) _____ et quelques (11) _____. René va faire un bon petit repas avec des (12) _____.

3 Vos habitudes alimentaires Utilisez un élément de chaque colonne pour former des phrases au sujet de vos habitudes alimentaires. N'oubliez pas de faire les accords nécessaires.

A	B	C
au petit-déjeuner	acheter	des bananes
au déjeuner	adorer	des carottes
au goûter	aimer (bien)	des fruits
au dîner	ne pas tellement	des haricots verts
à la cantine	aimer	des légumes
à la maison	détester	des œufs
au restaurant	manger	du riz
au supermarché	prendre	de la viande

🔊 Practice more at **daccord2.vhlcentral.com**.

CONTEXTES

Communication

4 **Quel repas?** Regardez les dessins et pour chacun d'eux (*each one of them*), indiquez le repas qu'il représente et faites une liste de ce que (*what*) chaque personne mange. Ensuite, avec un(e) partenaire, décrivez une image à tour de rôle. Votre partenaire doit deviner (*must guess*) quel dessin vous décrivez.

1. _____

2. _____

3. _____

4. _____

5 **Sondage** Votre professeur va vous donner une feuille d'activités. Circulez dans la classe et utilisez les éléments du tableau pour former des questions afin de savoir (*in order to find out*) ce que vos camarades de classe mangent. Quels sont les trois aliments les plus (*the most*) souvent mentionnés?

MODÈLE

Élève 1: À quelle heure est-ce que tu prends ton petit-déjeuner? Que manges-tu?
Élève 2: Je prends mon petit-déjeuner à sept heures. Je mange du pain avec du beurre et de la confiture, et je bois un café au lait.

Questions	Noms	Réponses
1. Petit-déjeuner: Quand? Quoi?	1. _____	1. _____
2. Déjeuner: Où? Quand? Quoi?	2. _____	2. _____
3. Goûter: Quand? Quoi?	3. _____	3. _____
4. Dîner: Quand? Quoi?	4. _____	4. _____
5. Supermarché: Quoi? À quelle fréquence?	5. _____	5. _____
6. Cantine: Quoi? Quand? À quelle fréquence?	6. _____	6. _____

6 **La brochure** Avec un(e) partenaire, vous allez préparer une brochure pour les nouveaux élèves français qui viennent (*are coming*) étudier dans votre lycée. Une partie de la brochure est consacrée (*dedicated*) aux habitudes alimentaires. Faites une comparaison entre la France et les États-Unis. Ensuite, présentez votre brochure à la classe.

Coup de main

Here are some characteristics of traditional French eating habits.

Le petit-déjeuner is usually light, with bread, butter, and jam, or cereal and coffee or tea. Croissants are normally reserved for the weekend.

Le déjeuner is typically the main meal and may include a starter, a main dish (meat or fish with vegetables), cheese or yogurt, and dessert (often fruit). Lunch breaks may be a half hour to two hours (allowing people to eat at home).

Le goûter is a light afternoon snack such as cookies, French bread with chocolate, pastry, yogurt, or fruit.

Le dîner starts between 7:00 and 8:00 p.m. Foods served at lunch and dinner are similar. However, dinner is typically lighter than lunch and is usually eaten at home.

Les sons et les lettres

Audio: Concepts, Activities
Record & Compare

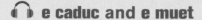

e caduc and e muet

In **D'ACCORD!** Level 1, you learned that the vowel **e** in very short words is pronounced similarly to the *a* in the English word *about*. This sound is called an **e caduc**. An **e caduc** can also occur in longer words and before words beginning with vowel sounds.

rechercher	devoirs	le haricot	le onze

An **e caduc** occurs in order to break up clusters of several consonants.

appartement	quelquefois	poivre vert	gouvernement

An **e caduc** is sometimes called **e muet** (*mute*). It is often dropped in spoken French.

Tu ne sais pas.	Je veux bien!	C'est un livre intéressant.

An unaccented **e** before a single consonant sound is often silent unless its omission makes the word difficult to pronounce.

semaine	petit	finalement

An unaccented e at the end of a word is usually silent and often marks a feminine noun or adjective.

fraise	salade	intelligente	jeune

Prononcez Répétez les mots suivants à voix haute.

1. vendredi
2. logement
3. exemple
4. devenir
5. tartelette
6. finalement
7. boucherie
8. petits pois
9. pomme de terre
10. malheureusement

Articulez Répétez les phrases suivantes à voix haute.

1. Tu ne vas pas prendre de casquette?
2. J'étudie le huitième chapitre maintenant.
3. Il va passer ses vacances en Angleterre.
4. Marc me parle souvent au téléphone.
5. Mercredi, je réserve dans une auberge.
6. Finalement, ce petit logement est bien.

Dictons Répétez les dictons à voix haute.

L'habit ne fait pas le moine.[1]

Le soleil luit pour tout le monde.[2]

[1] Clothes don't make the man. (lit. *The habit doesn't make the monk.*)
[2] The sun shines for everyone.

ressources

CA
p. 114

daccord2.vhlcentral.com

ROMAN-PHOTO

Au supermarché

 S Video: *Roman-photo*
Record & Compare

PERSONNAGES

PERSONNAGES

Amina

Caissière

David

Sandrine

Stéphane

Au supermarché...

AMINA Mais quelle heure est-il?
Sandrine devait être là à deux heures
et quart. On l'attend depuis quinze
minutes!

DAVID Elle va arriver!

AMINA Mais pourquoi est-elle
en retard?

DAVID Elle vient peut-être juste
de sortir de la fac.

En ville...

STÉPHANE Eh! Sandrine!

SANDRINE Salut, Stéphane, je suis
très pressée! David et Amina
m'attendent au supermarché depuis
vingt minutes.

STÉPHANE À quelle heure est-ce qu'on
doit venir ce soir, ma mère et moi?

SANDRINE À sept heures et demie.

STÉPHANE D'accord. Qu'est-ce qu'on
peut apporter?

SANDRINE Oh, rien, rien.

STÉPHANE Mais maman insiste.

SANDRINE Bon, une salade, si tu veux.

AMINA Alors, Sandrine. Qu'est-ce que
tu vas nous préparer?

SANDRINE Un repas très français.
Je pensais à des crêpes.

DAVID Génial, j'adore les crêpes!

SANDRINE Il nous faut des
champignons, du jambon et du
fromage. Et, bien sûr, des œufs, du
lait et du beurre.

SANDRINE Et puis non! Finalement, je
vous prépare un bœuf bourguignon.

AMINA Qu'est-ce qu'il nous faut alors?

SANDRINE Du bœuf, des carottes,
des oignons...

DAVID Mmm... Ça va être bon!

AMINA Mais le bœuf bourguignon,
c'est long à préparer, non?

SANDRINE Tu as raison. Vous ne voulez
pas plutôt un poulet à la crème et
aux champignons, accompagné d'un
gratin de pommes de terre?

AMINA ET DAVID Mmmm!

SANDRINE Alors, c'est décidé.

A C T I V I T É S

 Les ingrédients Répondez aux questions par des
phrases complètes.

1. Quels ingrédients faut-il pour préparer les crêpes
de Sandrine?

2. Quels ingrédients faut-il pour préparer le bœuf
bourguignon?

3. Quels ingrédients faut-il à Sandrine pour préparer
le poulet et le gratin?

4. Quelle va être la salade de Valérie, à votre avis?
Quels ingrédients va-t-elle mettre?

5. À votre avis, quel(s) dessert(s) Sandrine va-t-elle
préparer?

6. Après avoir lu/regardé le **ROMAN-PHOTO**, quel plat préférez-
vous? Pourquoi?

Amina, Sandrine et David font les courses.

STÉPHANE Mais quoi, comme salade?

SANDRINE Euh, une salade de tomates ou... peut-être une salade verte... Désolée, Stéphane, je suis vraiment pressée!

STÉPHANE Une salade avec du thon, peut-être? Maman fait une salade au thon délicieuse!

SANDRINE Comme tu veux, Stéphane!

SANDRINE Je suis en retard. Je suis vraiment désolée. Je ne voulais pas vous faire attendre, mais je viens de rencontrer Stéphane et avant ça, mon prof de français m'a retenue pendant vingt minutes!

DAVID Oh, ce n'est pas grave!

AMINA Bon, on fait les courses?

SANDRINE Voilà exactement ce qu'il me faut pour commencer! Deux beaux poulets!

AMINA Tu sais, Sandrine, le chant, c'est bien, mais tu peux devenir chef de cuisine si tu veux!

CAISSIÈRE Ça vous fait 51 euros et 25 centimes, s'il vous plaît.

AMINA C'est cher!

DAVID Ah non, Sandrine, tu ne paies rien du tout. C'est pour nous!

SANDRINE Mais, c'est mon dîner et vous êtes mes invités.

AMINA Pas question, Sandrine. C'est nous qui payons!

Expressions utiles

Meeting friends

- **Sandrine devait être là à deux heures et quart.**
  Sandrine should have been here at 2:15.

- **On l'attend depuis quinze minutes!**
  We've been waiting for her for fifteen minutes!

- **Elle vient peut-être juste de sortir de la fac.**
  Maybe she just left school.

- **Je suis très pressé(e)!**
  I'm in a big hurry!

- **À quelle heure est-ce qu'on doit venir ce soir?**
  At what time should we come tonight?

- **Je ne voulais pas vous faire attendre, mais je viens de rencontrer Stéphane.**
  I didn't want to make you wait, but I just ran into Stéphane.

- **Mon prof m'a retenu(e) pendant vingt minutes!**
  My professor kept me for twenty minutes!

Additional vocabulary

- **une caissière**
  cashier

- **Vous ne voulez pas plutôt un poulet à la crème accompagné d'un gratin de pommes de terre?**
  Wouldn't you prefer chicken with cream sauce accompanied by potatoes au gratin?

- **Voilà exactement ce qu'il me faut.**
  Here's exactly what I need.

- **Tu peux devenir chef de cuisine si tu veux!**
  You could become a chef if you want!

- **Comme tu veux.**
  As you like./It's up to you./Whatever you want.

- **C'est pour nous.**
  It's on us.

---

2 **Les événements** Mettez les événements dans l'ordre chronologique.

_____ a. Sandrine décide de ne pas préparer de bœuf bourguignon.

_____ b. Le prof de Sandrine parle avec elle après la classe.

_____ c. Amina dit que Sandrine peut devenir chef de cuisine.

_____ d. David et Amina paient.

_____ e. Stéphane demande à quelle heure il doit arriver.

_____ f. Sandrine essaie de payer.

3 **À vous!** Stéphane arrive chez lui et dit à sa mère qu'il faut préparer une salade pour le dîner de Sandrine. Avec un(e) partenaire, préparez une conversation entre Stéphane et sa mère. Parlez du dîner et décidez des ingrédients pour la salade. Présentez votre conversation à la classe.

 Practice more at **daccord2.vhlcentral.com.**

ressources

CA
pp. 61-62

daccord2.vhlcentral.com

ACTIVITÉS

CULTURE

S Video: *Flash culture*

CULTURE À LA LOUPE

Faire des courses

Les Français ont plusieurs possibilités pour faire leurs courses. On peut tout acheter dans les grandes surfaces: les hypermarchés et les supermarchés situés dans les banlieues et à l'extérieur des villes. En plus de l'alimentation, les hypermarchés vendent aussi des vêtements, des chaussures, du matériel audio et vidéo, etc. À l'entrée des hypermarchés, on trouve souvent un ou deux restaurants et quelques magasins. Dans les grandes villes, il y a aussi des supermarchés et des supérettes. Les supérettes sont des petits supermarchés. On trouve aussi des magasins discount qui offrent des produits° moins chers.

Bien souvent, aussi, les habitants d'une ville qui ne peuvent pas° facilement se déplacer° aiment faire leurs courses dans les petits commerces de quartier°. Par exemple, pour le fromage, on va à la crémerie° ou à la fromagerie; pour la viande, on va à la boucherie° ou à la charcuterie°; pour le poisson, à la poissonnerie. Dans les épiceries de quartier, on trouve aussi toutes sortes de produits, par exemple des fruits et des légumes, des produits frais°, des boîtes de conserve°, des produits surgelés°, etc. Les épiceries fines se spécialisent dans les produits de luxe et parfois, dans les plats préparés. La majorité des villes et des villages français ont aussi un marché en plein air° une ou deux fois par semaine. Dans certaines villes, on peut faire ses courses aux halles. Les halles sont comme un marché, mais elles sont dans un bâtiment et, en général, ouvertes tous les jours.

Les Français et l'alimentation
(Consommation par personne par an)

	1970	1990	2006
Bœuf (kg)	16	18	14
Fromage (kg)	14	17	19
Légumes (kg)	71	86	88
Œufs (kg)	12	14	14
Pain (kg)	81	62	54
Poissons, crustacés° (kg)	10	15	12
Volailles° (kg)	15	22	20
Yaourt (kg)	9	16	22

SOURCE: INSEE

produits *products* **ne peuvent pas** *can't* **se déplacer** *move* **commerces de quartier** *neighborhood stores* **crémerie** *cheese shop* **boucherie** *butcher shop* **frais** *fresh* **boîtes de conserve** *canned goods* **surgelés** *frozen* **en plein air** *outdoors* **crustacés** *shellfish* **Volailles** *Poultry*

Coup de main

Weights and measures
un kilogramme
2.2 pounds
une livre (½ kilogramme)
1.1 pound (17.6 ounces)
un litre
1.06 quarts (¼ gallon)

ACTIVITÉS

1 **Complétez** Complétez les phrases.

1. Dans les hypermarchés, on peut acheter _____.
2. En France, les supermarchés sont souvent dans _____.
3. _____ est un petit supermarché.
4. Les personnes qui ne peuvent pas se déplacer font leurs courses _____ de quartier.
5. Pour acheter du fromage, on peut aller _____.
6. Dans les épiceries de quartier, on peut acheter _____.

7. On peut acheter des plats préparés et des produits de luxe dans certaines _____.
8. Si on aime se promener en plein air, on peut aller faire ses courses _____.
9. _____ sont comme un marché, mais en intérieur.
10. La consommation de _____ a plus que doublé entre 1970 et 2006.

 Practice more at **daccord2.vhlcentral.com**.

La nourriture

bidoche (f.)	meat
casse-croûte (m.)	snack
frometon (m.)	cheese
poiscaille (f.)	fish
faire un gueuleton	to have a large meal
faire ripaille	to feast
se faire une bouffe	to have a dinner party with friends

La cuisine de la Nouvelle-Orléans

À la Nouvelle-Orléans, la cuisine combine les influences créoles des colons° français et les influences cajuns des immigrés acadiens du Canada. Voici quelques spécialités.

le beignet un morceau de pâte frit° et recouvert de sucre, servi à toute heure du jour et de la nuit avec un café à la chicorée° et au lait

le gumbo une soupe à l'okra et aux fruits de mer, souvent accompagnée de riz

le jambalaya un riz très pimenté° préparé avec du jambon, du poulet, des tomates et parfois des saucisses et des fruits de mer

le po-boy de *poor boy* (garçon pauvre), un sandwich au poisson, aux écrevisses°, aux huîtres° ou à la viande dans un morceau de baguette

colons colonists **morceau de pâte frit** fried piece of dough
chicorée chicory **pimenté** spicy **écrevisses** crawfish **huîtres** oysters

Les fromages français

Les Français sont très fiers de leurs fromages, et beaucoup de ces fromages sont connus dans le monde entier. La France produit près de 500 fromages dont° le type varie dans chaque région. Ils sont au lait de vache°, comme le Brie et le Camembert, au lait de chèvre°, comme le crottin de Chavignol, au lait de brebis°, comme le Roquefort, ou faits d'un mélange° de plusieurs laits. Ils sont aussi classés selon° leur fabrication: les fromages à pâte molle°, à pâte cuite° ou non cuite, à pâte persillée° et les fromages frais°. Plus de 95% des Français mangent du fromage et ils dépensent sept milliards° d'euros par an pour le fromage. On célèbre aussi la Journée nationale du fromage avec des débats, des conférences, des démonstrations de recettes° et des dégustations°.

dont of which **vache** cow **chèvre** goat **brebis** ewe **mélange** mix **selon** according to **pâte molle** soft **cuite** cooked **persillée** blue cheese **frais** fresh **milliards** billions **recettes** recipes **dégustations** tastings

Peut-on acheter des appareils ménagers dans un hypermarché?

Go to daccord2.vhlcentral.com to find more information related to this **CULTURE** section. Then watch the corresponding **Flash culture**.

2 **À table!** D'après les textes, répondez aux questions par des phrases complètes.

1. Combien de types de fromage sont produits en France?
2. Quels laits sont utilisés pour faire le fromage en France?
3. Quelles sont trois des catégories de fromages?
4. Comment célèbre-t-on la Journée nationale du fromage?
5. Que met-on dans le jambalaya?
6. Quand peut-on manger des beignets à la Nouvelle-Orléans?

3 **Le pique-nique** Vous et un(e) partenaire avez décidé de faire un pique-nique en plein air. Qu'allez-vous manger? Boire? Allez-vous apporter d'autres choses, comme des chaises ou une couverture? Parlez avec un autre groupe et échangez vos idées.

ressources

CA
pp. 91-92

daccord2.vhlcentral.com

ACTIVITÉS

1A.1 The verb *venir* and the *passé récent*

Point de départ In Level 1, you learned the verb **aller** and the **futur proche**. Now you will learn how to conjugate and use the irregular verb **venir** (*to come*) and the **passé récent**.

Venir

je viens	nous venons
tu viens	vous venez
il/elle vient	ils/elles viennent

Vous **venez** souvent ici?
Do you come here often?

Viens vers huit heures.
Come around 8 o'clock.

- **Venir** takes the auxiliary **être** in the **passé composé**. Its past participle is **venu**.

  Ils **sont venus** vendredi dernier.
  They came last Friday.

  Nadine **est venue** déjeuner.
  Nadine came to eat lunch.

  Nous **sommes venues** au lycée.
  We came to the high school.

  Es-tu **venu** trop tard?
  Did you come too late?

- **Venir** can also be used with **de** and an infinitive to say that something has just happened. This is called the **passé récent**.

  Je **viens de prendre** mon goûter dans ma chambre.
  I just had a snack in my room.

  Nous **venons de regarder** cette émission.
  We just watched that show.

- **Venir** can be used with an infinitive to say that someone has come to do something.

  Papa **est venu** me **chercher**.
  Dad came to pick me up.

  Elle **venait** nous **rendre** visite.
  She used to come visit us.

- The verbs **devenir** (*to become*) and **revenir** (*to come back*) are conjugated like **venir**. They, too, take **être** in the **passé composé**.

  Estelle et sa copine **sont devenues** médecins.
  Estelle and her friend became doctors.

  Il **est revenu** avec une tarte aux fraises.
  He came back with a strawberry tart.

- The verbs **tenir** (*to hold*), **maintenir** (*to maintain*), and **retenir** (*to keep, to retain, to remember*) are also conjugated like **venir**. However, they take **avoir** in the **passé composé**.

  Corinne **tient** le livre de cuisine.
  Corinne is holding the cookbook.

  On **a retenu** mon passeport à la douane.
  They kept my passport at customs.

MISE EN PRATIQUE

1 Mes tantes Tante Olga téléphone à tante Simone pour lui donner des nouvelles (*news*) de la famille. Complétez ses phrases au passé composé.

1. La semaine dernière, Georges _____ (revenir) de vacances.
2. Marc a déménagé, mais je _____ (ne pas retenir) sa nouvelle adresse.
3. J'ai rencontré Martine ce matin; elle _____ (devenir) très jolie.
4. Alfred va avoir 100 ans; c'est parce qu'il _____ (maintenir) une bonne hygiène de vie.
5. Hier midi, Charles et Antoinette _____ (venir) déjeuner à la maison.

2 Qu'est-ce qu'ils viennent de faire? Regardez les images et dites ce qu'ils (*what they*) viennent de faire.

MODÈLE
Julien vient de faire un tour à cheval.

Julien

1. M. et Mme Martin

3. nous

2. vous

4. je

3 Nos activités Avec un(e) partenaire, dites ce que (*what*) chaque personne vient de faire et ce qu'elle va faire maintenant.

MODÈLE
Je viens de manger. Maintenant, je vais faire la vaisselle.

A	B	C
je	manger	emménager
tu	faire la lessive	répondre
elle	recevoir une lettre	faire un séjour
nous	acheter une maison	faire la vaisselle
vous	partir en vacances	prendre le train
ils	faire ses valises	repasser le linge

Practice more at **daccord2.vhlcentral.com**.

COMMUNICATION

4 Préparation de la fête Marine a invité ses amis ce soir. Elle a demandé à un(e) ami(e) de l'aider. Ils sont tous/toutes les deux impatient(e)s et ont besoin de savoir si tout est prêt. Avec un(e) partenaire, jouez les rôles de Marine et de son ami(e). Alternez les rôles et utilisez **venir de**, **il y a**, **depuis** et **pendant**.

MODÈLE

Élève 1: *Étienne a téléphoné?*
Élève 2: *Oui, il a téléphoné il y a une heure.*

1. Ta mère a apporté les gâteaux?
2. Tu as mis les fleurs dans le vase?
3. Pierre et Stéphanie ont fini de faire les courses?
4. Tu as sorti les boissons depuis quand?
5. Il faut mettre les escargots au four pendant longtemps?
6. Les salades de fruits sont dans le frigo?
7. Tu as préparé les tartes aux poires?
8. Ton petit ami est déjà arrivé?

5 Qui vient? Marc a aussi invité quelques amis ce week-end. Sa mère lui demande qui vient. Avec un(e) partenaire, jouez les rôles de Marc et de sa mère et alternez-les. Utilisez le vocabulaire de la liste.

MODÈLE

Élève 1: *Est-ce que Patricia vient?*
Élève 2: *Non, elle ne vient pas.*
Élève 1: *Pourquoi?*

absolument	désolé(e)	nous
avec plaisir	impossible	Patricia
bien sûr	je regrette	Paul et Sophie
chez nos grands-parents	mariage de sa sœur	tu

6 Un(e) Américain(e) à Paris Vous êtes à Paris et vous venez de rencontrer un(e) Américain(e) de San Francisco (votre partenaire). Vous lui demandez de vous décrire sa vie à Paris, ses voyages, ce qui (*what*) l'intéresse, etc. Utilisez **depuis**, **il y a** et **pendant**. Ensuite, jouez la scène pour la classe.

MODÈLE

Élève 1: *Tu habites en France depuis longtemps?*
Élève 2: *Oui, j'habite à Paris depuis 2004.*

• A command form of **tenir** is often used when handing something to someone.

Tiens, une belle orange pour toi.	Votre sac est tombé! **Tenez**, Madame.
Here's a nice orange for you.	*Your bag fell! Here, ma'am.*

Depuis, pendant, il y a + [time]

• To say that something happened at a certain time *ago* in the past, use **il y a** + [*time ago*].

Il y a une heure, on était à la cantine.	Il a visité Ouagadougou **il y a deux ans**.
An hour ago, we were at the cafeteria.	*He visited Ouagadougou two years ago.*

• To say that something happened *for* a particular period of time that has ended, use **pendant** + [*time period*]. Often the verb will be in the **passé composé**.

Salim a fait la vaisselle **pendant deux heures**.	Les équipes ont joué au foot **pendant un mois**.
Salim washed dishes for two hours.	*The teams played soccer for one month.*

• To say that something has been going on *since* a particular time and continues into the present, use **depuis** + [*time period, date, or starting point*]. Unlike its English equivalent, the verb in the French construction is usually in the present tense.

Elle danse **depuis son arrivée** à la fête.	**Depuis quand** passez-vous l'été au Québec?
She has been dancing since she arrived at the party.	*Since when have you been spending summers in Quebec?*

Essayez!   Choisissez l'option correcte pour compléter chaque phrase.

1. Chloé, tu __c__ avec nous à la cantine?   **a.** viennent
2. Vous _____ d'où, Monsieur?   **b.** revenus
3. Les Aubailly _____ de dîner au café.   **c.** viens
4. Julia Child est _____ célèbre en 1961.   **d.** il y a
5. Qu'est-ce qu'ils _____ dans la main?   **e.** tiennent
6. Ils sont _____ du supermarché à midi.   **f.** depuis
7. On parlait facilement _____ dix ans.   **g.** devenue
8. On mange bien _____ l'arrivée de maman.   **h.** venez

STRUCTURES

1A.2 The verbs *devoir*, *vouloir*, *pouvoir*

Point de départ The verbs **devoir** (*to have to [must]; to owe*), **vouloir** (*to want*), and **pouvoir** (*to be able to [can]*) are all irregular. They all take **avoir** in the **passé composé**.

Devoir, vouloir, pouvoir

	devoir	vouloir	pouvoir
je	dois	veux	peux
tu	dois	veux	peux
il/elle	doit	veut	peut
nous	devons	voulons	pouvons
vous	devez	voulez	pouvez
ils/elles	doivent	veulent	peuvent
past participle	dû	voulu	pu

Je **dois** repasser.	**Veut**-elle des pâtes?	Vous **pouvez** entrer.
I have to iron.	*Does she want pasta?*	*You can come in.*

- **Devoir** can be used with an infinitive to mean *to have to* or *must*. With a direct object, **devoir** means *to owe*.

  On **doit** manger des légumes tous les jours.
  One must eat vegetables every day.

  Tu me **dois** cinq euros pour la salade.
  You owe me five euros for the salad.

- **Devoir** is often used in the **passé composé** with an infinitive to speculate on what must have happened.

  Ils **ont dû** payer le repas à l'avance.
  They had to pay for the meal in advance.

  Augustin **a dû** trop manger hier soir.
  Augustin must have eaten too much last night.

- In the **imparfait**, **devoir** can be used with an infinitive to express *supposed to*.

  Je **devais faire** mes devoirs.
  I was supposed to do my homework.

  Vous **deviez arriver** à huit heures.
  You were supposed to arrive at 8 o'clock.

- When **vouloir** is used with the infinitive **dire**, it is translated as *to mean*.

  Nous **voulons dire** exactement le contraire.
  We mean exactly the opposite.

  Biscuit? Ça **veut dire** *cookie* en français.
  Biscuit? That means cookie *in French.*

---

1 **Que doit-on faire?** Qu'est-ce que ces personnes doivent faire pour avoir ce qu'elles (*what they*) veulent?

MODÈLE André ___veut___ courir le marathon, alors il ___doit___ faire du jogging.

1. Je _____ grossir, alors je _____ manger des frites.
2. Il _____ être en forme, alors il _____ aller à la gym.
3. Vous _____ manger des spaghettis, alors vous _____ aller dans un resto italien.
4. Tu _____ manger chez toi, alors tu _____ faire la cuisine.
5. Elles ne _____ pas arriver en retard (*late*), alors elles _____ courir.
6. Nous _____ écouter de la musique, alors nous _____ acheter des CD.

2 **Qui peut faire quoi?** Ève prépare un grand repas. Dites ce que (*what*) chaque personne peut faire.

MODÈLE

Joseph / faire / courses
Joseph peut faire les courses.

1. Marc / acheter / boissons
2. Benoît et Anne / préparer / gâteaux
3. Jean et toi / décorer / salle à manger
4. Patrick et moi / essuyer / verres
5. je / prendre / photos
6. tu / mettre / table

3 **Mes enfants** M. Dion est au restaurant avec ses enfants. Le serveur/La serveuse lui demande ce qu'ils (*what they*) veulent prendre. Avec un(e) partenaire, posez les questions et répondez. Alternez les rôles.

MODÈLE Éric: ou

Élève 1: *Veut-il un jus d'orange ou un verre de lait?*
Élève 2: *Il veut un jus d'orange, s'il vous plaît.*

1. Michèle: 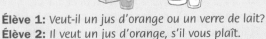 ou

2. Stéphanie et Éric: ou

3. Stéphanie: ou

4. Éric: ou

COMMUNICATION

4 **Que faire?** À tour de rôle avec un(e) partenaire, dites ce que (*what*) ces personnes peuvent, doivent ou veulent faire ou ne pas faire. Utilisez **pouvoir**, **devoir** et **vouloir** dans vos réponses.

MODÈLE

Élève 1: Il veut maigrir.
Élève 2: Il ne peut pas beaucoup manger.

1. *Il neveut pas bien acheter le diner*

4. *Il a voulu manger du gâteau*

2. *Elle*

5.

3. *Il a pu gradrater*

6. *Il n'a pas voulu étudier pour l'examen*

5 **Ce n'est pas de ma faute.** Préparez une liste de cinq choses qui vous sont arrivées (*happened to you*) par accident. Montrez la liste à un(e) partenaire, qui va deviner pourquoi. A-t-il/elle raison?

MODÈLE

Élève 1: J'ai perdu les clés de ma maison.
Élève 2: Tu as dû les laisser sur ton lit.

6 **Ce week-end** Invitez vos camarades de classe à faire des choses avec vous le week-end prochain. S'ils refusent votre invitation, ils doivent vous donner une excuse. Quelles réponses avez-vous reçues (*received*)?

MODÈLE

Élève 1: Tu veux jouer au tennis avec moi le week-end prochain?
Élève 2: Quel jour?
Élève 1: Samedi matin.
Élève 2: Je veux bien, mais je dois rendre visite à mes grands-parents.

Sandrine devait être là. Elle a dû parler à son prof.

J'ai pu vous retrouver au supermarché.

- **Bien vouloir** can be used to express willingness.

Tu veux prendre de la glace? *Do you want to have some ice cream?*	Oui, je **veux bien** prendre de la glace. *Yes, I'll gladly have some ice cream.*
Voulez-vous dîner avec nous demain soir? *Do you want to have dinner with us tomorrow evening?*	Nous **voulons bien** manger avec vous demain soir. *We'd love to eat with you tomorrow evening.*

- **Vouloir** is often used in the **passé composé** with an infinitive in negative sentences to express *refused to*.

J'ai essayé, mais il **n'a pas voulu** parler. *I tried, but he refused to talk.*	Elles **n'ont pas voulu** débarrasser la table. *They refused to clear the table.*

- **Pouvoir** can be used in the **passé composé** with an infinitive to express *managed to do something*.

Nous **avons pu** tout finir. *We managed to finish everything.*	Fathia **a pu** nous trouver. *Fathia managed to find us.*

Essayez! Complétez ces phrases avec les formes correctes du présent des verbes.

devoir

1. Tu _____dois_____ revenir à midi?
2. Elles _____ manger tout de suite.
3. Nous _____ encore vingt euros.
4. Je ne _____ pas assister au pique-nique.
5. Elle _____ nous téléphoner.

vouloir

6. _____-vous manger sur la terrasse?
7. Tu _____ quelque chose à boire?
8. Il _____ faire la cuisine.

9. Nous ne _____ pas prendre de dessert.
10. Ils _____ préparer un grand repas.

pouvoir

11. Je _____ passer l'aspirateur ce soir.
12. Il _____ acheter de l'ail au marché.
13. Elles _____ emménager demain.
14. Vous _____ maigrir de quelques kilos.
15. Nous _____ mettre la table.

SYNTHÈSE

Révision

1 **Au restaurant** Avec un(e) partenaire, dites ce que (*what*) ces personnes viennent de faire. Utilisez les verbes de la liste et d'autres verbes.

apporter	manger
arriver	parler
boire	prendre
demander	téléphoner

2 **Au supermarché** Un(e) enfant et son père ou sa mère sont au supermarché. L'enfant demande ces choses à manger, mais le père ou la mère ne veut pas les acheter et doit lui donner des raisons. Avec un(e) partenaire, préparez un dialogue, puis jouez-le pour la classe. Employez les verbes **devoir**, **vouloir** et **pouvoir** et le passé récent.

MODÈLE

Élève 1: *Maman, je veux de la confiture. Achète-moi cette confiture, s'il te plaît.*
Élève 2: *Tu ne dois pas manger ça. Tu viens de manger un dessert.*

du chocolat	une glace
des chips	du pâté
un coca	une saucisse
de la confiture	des yaourts aux fruits

3 **Le chef de cuisine** Vous et votre partenaire êtes deux chefs. Expliquez à votre partenaire comment préparer votre salade préférée. Donnez des conseils (*advice*) avec les verbes **devoir**, **vouloir** et **pouvoir** et employez le passé récent.

MODÈLE

Élève 1: *Combien de carottes doit-on utiliser?*
Élève 2: *On peut utiliser deux ou trois carottes.*

4 **Dans le frigo** Vous et vos partenaires aidez vos parents à nettoyer le frigo. Qu'allez-vous mettre à la poubelle? Par groupes de trois, regardez l'illustration et décidez. Ensuite, présentez vos décisions à la classe.

MODÈLE

Élève 1: *Depuis combien de temps a-t-on ce fromage dans le frigo?*
Élève 2: *Nous venons de l'acheter, nous pouvons le garder encore un peu.*

5 **Chez moi** Vous et votre partenaire voulez manger ensemble après les cours. Vous voulez manger chez vous ou chez votre partenaire. Que pouvez-vous préparer? Que voulez-vous manger ou boire?

MODÈLE

Élève 1: *Chez moi, j'ai du chocolat et du lait, et je peux te faire un chocolat chaud.*
Élève 2: *Non merci, je veux plutôt une boisson froide et j'ai des boissons gazeuses à la maison.*

6 **Une journée bien occupée** Votre professeur va vous donner, à vous et à votre partenaire, une feuille sur les activités d'Alexandra. Attention! Ne regardez pas la feuille de votre partenaire.

MODÈLE

Élève 1: *À quatre heures et demie, Alexandra a pu faire du jogging.*
Élève 2: *Après, à cinq heures, elle...*

ressources		
CE pp. 17–20	CA pp. 19–20, 115–116	**S** daccord2.vhlcentral.com

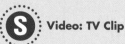

S Video: TV Clip

Le Zapping

Le far breton

En Bretagne, région du nord-ouest de la France, il existe plusieurs variétés de *fars*. Ils ont tous comme ingrédient principal une sorte de farine°, d'où vient leur nom. Les Bretons cuisinaient traditionnellement un far à l'occasion des fêtes religieuses. En Bretagne, il a toujours existé des fars salés° et sucrés°. Pourtant°, c'est une version sucrée avec des pruneaux° qui a traversé les limites régionales pour se populariser dans toute la France sous le nom de "far breton".

—Alors, je vais vous présenter la recette° du far breton.

—Donc, maintenant, je vais casser° les œufs pour les mélanger° ensuite à la farine.

Compréhension Répondez aux questions.

1. Quels sont les ingrédients du far breton?
2. Quel est le verbe de la liste que le chef de cuisine ne dit pas?

ajouter (*to add*), **casser**, **chauffer** (*to heat*), **couper** (*to cut*), **mélanger**, **verser** (*to pour*)

3. À quelle température et pendant combien de temps la pâte (*batter*) doit-elle rester au four?

Discussion Avec un(e) partenaire, posez-vous ces questions et discutez.

Quelle est votre recette préférée? Quels sont les ingrédients? Comment la prépare-t-on?

farine *flour* salés *savory* sucrés *sweet* Pourtant *However* pruneaux *prunes*
recette *recipe* casser *to crack* mélanger *to mix*

 Practice more at **daccord2.vhlcentral.com.**

Leçon 1B

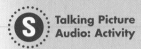

À table!

You will learn how to...

- describe and discuss food
- shop for food

Il goûte la soupe. (goûter)

Vocabulaire

être au régime	to be on a diet
une boîte (de conserve)	can
la crème	cream
la mayonnaise	mayonnaise
la moutarde	mustard
une tranche	slice
une entrée	appetizer, starter
un hors-d'œuvre	hors-d'oeuvre, appetizer
un plat (principal)	(main) dish
À table!	Let's eat!/Food is ready!
compris	included
une boucherie	butcher's shop
une boulangerie	bread shop, bakery
une charcuterie	delicatessen
un(e) commerçant(e)	shopkeeper
un kilo(gramme)	kilo(gram)
une pâtisserie	pastry shop, bakery; pastry
une poissonnerie	fish shop

l'assiette (f.)

la carte

Carte du jour

la serviette

la fourchette

le couteau

la nappe

ressources

CE
pp. 21–22

CA
pp. 21–22,
117

S
daccord2.vhlcentral.com

Mise en pratique

1 **Complétez** Complétez ces phrases avec le bon mot.

1. Pour manger de la soupe, on utilise...
   a. un couteau.
   b. une cuillère.
   c. une fourchette.

2. On sert la soupe dans...
   a. une assiette.
   b. une carafe.
   c. un bol.

3. Au restaurant, le serveur/ la serveuse doit... la nourriture.
   a. commander
   b. apporter
   c. goûter

4. On vend des baguettes à...
   a. la boulangerie.
   b. la charcuterie.
   c. la boucherie.

5. On met... dans le café.
   a. du beurre
   b. du poivre
   c. de la crème

6. On vend des gâteaux à...
   a. la boucherie.
   b. la pâtisserie.
   c. la poissonnerie.

7. Au restaurant, on commande d'abord...
   a. une entrée.
   b. un plat principal.
   c. une serviette.

8. On vend du jambon à...
   a. la charcuterie.
   b. la boucherie.
   c. la pâtisserie.

2 **Le repas** Mettez ces différentes étapes dans l'ordre chronologique.

a. _____ dire «À table!»
b. _____ servir le plat principal
c. _____ mettre les assiettes, les fourchettes, les cuillères et les couteaux sur la table
d. _____ servir l'entrée
e. _____ faire les courses
f. _____ organiser un menu
g. _____ goûter le dessert avec les invités
h. _____ faire la cuisine

3 **Écoutez** 🎧 Catherine est au régime. Elle parle de ses habitudes alimentaires. Écoutez et indiquez si les affirmations suivantes sont **vraies** ou **fausses**.

	Vrai	Faux
1. Catherine mange beaucoup de desserts.	☐	☐
2. Catherine fait les courses au supermarché.	☐	☐
3. Elle adore la viande.	☐	☐
4. Elle est au régime.	☐	☐
5. Catherine achète des fruits et des légumes au marché.	☐	☐
6. Selon (*According to*) Catherine, le service chez les commerçants est désagréable.	☐	☐
7. Elle va souvent à la boucherie et à la poissonnerie.	☐	☐
8. Elle vient de devenir végétarienne.	☐	☐

Elle commande. (commander)

le menu

le sel

le poivre

l'huile d'olive (*f.*)

la carafe d'eau

le bol

la cuillère à soupe

la cuillère à café

🅢: Practice more at **daccord2.vhlcentral.com.**

CONTEXTES

Communication

4 **Conversez** Interviewez un(e) camarade de classe.

1. En général, qu'est-ce que tu commandes au restaurant comme entrée? Comme plat principal?
2. Qui fait les courses chez toi? Où? Quand?
3. Est-ce que tes parents préfèrent faire les courses au supermarché ou chez les commerçants? Pourquoi?
4. Es-tu au régime? Qu'est-ce que tu manges?
5. Quel est ton plat principal préféré?
6. Aimes-tu la moutarde? Avec quel(s) plat(s) l'utilises-tu?
7. Aimes-tu la mayonnaise? Avec quel(s) plat(s) l'utilises-tu?
8. Dans quel(s) plat(s) mets-tu de l'huile d'olive?

5 **Sept différences** Votre professeur va vous donner, à vous et à votre partenaire, deux feuilles d'activités différentes avec le dessin (*drawing*) d'un restaurant. Il y a sept différences entre les deux images. Sans regarder l'image de votre partenaire, comparez vos dessins et faites une liste de ces différences. Quel est le groupe le plus rapide de la classe?

MODÈLE

Élève 1: *Dans mon restaurant, le serveur apporte du beurre à la table.*
Élève 2: *Dans mon restaurant aussi, on apporte du beurre à la table,*
mais c'est une serveuse, pas un serveur.

6 **Au restaurant** Travaillez avec deux camarades de classe pour présenter ce dialogue.

- Une personne invite un(e) ami(e) à dîner au restaurant.
- Une personne est le serveur/la serveuse et décrit le menu.
- Vous parlez du menu et de vos préférences.
- Une personne est au régime et ne peut pas manger certains ingrédients.
- Vous commandez les plats.
- Vous parlez des plats que vous mangez.

7 **Écriture** Écrivez un paragraphe dans lequel vous:

- parlez de la dernière fois que vous avez aidé à préparer un dîner, un déjeuner ou un petit-déjeuner pour quelqu'un.
- décrivez les ingrédients que vous avez utilisés pour préparer le(s) plat(s).
- mentionnez les endroits où vous avez acheté les ingrédients et leurs quantités.
- décrivez comment vous avez mis la table.

Les sons et les lettres

Audio: Concepts, Activities Record & Compare

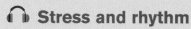 **Stress and rhythm**

In French, all syllables are pronounced with more or less equal stress, but the final syllable in a phrase is elongated slightly.

Je fais souvent du sport, mais aujourd'hui, j'ai envie de rester à la maison.

French sentences are divided into three basic kinds of rhythmic groups.

Noun phrase	*Verb phrase*	*Prepositional phrase*
Caroline et Dominique	**sont venues**	**chez moi.**

The final syllable of a rhythmic group may be slightly accentuated either by rising intonation (pitch) or elongation.

Caroline et Dominique sont venues chez moi.

In English, you can add emphasis by placing more stress on certain words. In French, you can emphasize the word by adding the corresponding pronoun or you can elongate the first consonant sound.

Je ne sais pas, moi.   **Quel idiot!**   **C'est fantastique!**

Prononcez Répétez les phrases suivantes à voix haute.

1. Ce n'est pas vrai, ça.
2. Bonjour, Mademoiselle.
3. Moi, je m'appelle Florence.
4. La clé de ma chambre, je l'ai perdue.
5. Je voudrais un grand café noir et un croissant, s'il vous plaît.
6. Nous allons tous au marché, mais Marie, elle va au centre commercial.

Articulez Répétez les phrases en mettant l'emphase (*by emphasizing*) sur les mots indiqués.

1. C'est *impossible*!
2. Le film était *super*!
3. Cette tarte est *délicieuse*!
4. Quelle idée *extraordinaire*!
5. Ma sœur parle *constamment*.

Dictons Répétez les dictons à voix haute.

Le chat parti, les souris dansent.[2]

Les chemins les plus courts ne sont pas toujours les meilleurs.[1]

[2] When the cat is away, the mice will play.

[1] The shortest paths aren't always the best.

ressources

CA
p. 118

daccord2.vhlcentral.com

ROMAN-PHOTO

Le dîner

Video: *Roman-photo*
Record & Compare

PERSONNAGES

Amina

David

Rachid

Sandrine

Stéphane

Valérie

Au centre-ville...

DAVID Qu'est-ce que tu as fait en ville?

RACHID Des courses à la boulangerie et chez le chocolatier.

DAVID Tu as acheté ces chocolats pour Sandrine?

RACHID Pourquoi? Tu es jaloux? Ne t'en fais pas! Elle nous a invités. Il est normal d'apporter quelque chose.

DAVID Je n'ai pas de cadeau pour elle. Qu'est-ce que je peux lui acheter? Je peux lui apporter des fleurs!

Chez le fleuriste...

DAVID Ces roses sont très jolies, non?

RACHID Tu es tombé amoureux?

DAVID Mais non! Pourquoi tu dis ça?

RACHID Des roses, c'est romantique.

DAVID Ah... Ces fleurs-ci sont jolies. C'est mieux?

RACHID Non, c'est pire! Les chrysanthèmes sont réservés aux funérailles.

DAVID Hmmm. Je ne savais pas que c'était aussi difficile de choisir un bouquet de fleurs!

RACHID Regarde! Celles-là sont parfaites!

DAVID Tu es sûr?

RACHID Sûr et certain, achète-les!

AMINA Sandrine, est-ce qu'on peut faire quelque chose pour t'aider?

SANDRINE Oui, euh, vous pouvez finir de mettre la table, si vous voulez.

VALÉRIE Je vais t'aider dans la cuisine.

AMINA Tiens, Stéphane. Voilà le sel et le poivre. Tu peux les mettre sur la table, s'il te plaît?

SANDRINE À table!

SANDRINE Je vous sers autre chose? Une deuxième tranche de tarte aux pommes peut-être?

VALÉRIE Merci.

AMINA Merci. Je suis au régime.

SANDRINE Et toi, David?

DAVID Oh! J'ai trop mangé. Je n'en peux plus!

STÉPHANE Moi, je veux bien...

SANDRINE Donne-moi ton assiette.

STÉPHANE Tiens, tu peux la lui passer, s'il te plaît?

VALÉRIE Quel repas fantastique, Sandrine. Tu as beaucoup de talent, tu sais.

RACHID Vous avez raison, Madame Forestier. Ton poulet aux champignons était superbe!

A C T I V I T É S

1 **Vrai ou faux?** Indiquez si ces affirmations sont **vraies** ou **fausses**. Corrigez les phrases fausses.

1. Rachid est allé chez le chocolatier.
2. Rachid et David sont arrivés en avance.
3. David n'a pas apporté de cadeau.
4. Sandrine aime les fleurs de David.
5. Personne (*Nobody*) n'aide Sandrine.

6. David n'a pas beaucoup mangé.
7. Stéphane n'est pas au régime.
8. Sandrine a fait une tarte aux pêches pour le dîner.
9. Les plats de Sandrine ne sont pas très bons.
10. Les invités ont passé une soirée très agréable.

 Practice more at **daccord2.vhlcentral.com**.

Sandrine a préparé un repas fantastique pour ses amis.

Chez Sandrine...

SANDRINE Bonsoir... Entrez! Oh!

DAVID Tiens. C'est pour toi.

SANDRINE Oh, David! Il ne fallait pas, c'est très gentil!

DAVID Je voulais t'apporter quelque chose.

SANDRINE Ce sont les plus belles fleurs que j'aie jamais reçues! Merci!

RACHID Bonsoir, Sandrine.

SANDRINE Oh, du chocolat! Merci beaucoup.

RACHID J'espère qu'on n'est pas trop en retard.

SANDRINE Pas du tout! Venez! On est dans la salle à manger.

STÉPHANE Oui, et tes desserts sont les meilleurs! C'est la tarte la plus délicieuse du monde!

SANDRINE Vous êtes adorables, merci. Moi, je trouve que cette tarte aux pommes est meilleure que la tarte aux pêches que j'ai faite il y a quelques semaines.

AMINA Tout ce que tu prépares est bon, Sandrine.

DAVID À Sandrine, le chef de cuisine le plus génial!

TOUS À Sandrine!

Expressions utiles

Making comparisons and judgments

- **Ces fleurs-ci sont jolies. C'est mieux?**
  These flowers are pretty. Is that better?

- **C'est pire! Les chrysanthèmes sont réservés aux funérailles.**
  It's worse! Chrysanthemums are reserved for funerals.

- **Je ne savais pas que c'était aussi difficile de choisir un bouquet de fleurs!**
  I didn't know it was so hard to choose a bouquet of flowers!

- **Ce sont les plus belles fleurs que j'aie jamais reçues!**
  These are the most beautiful flowers I have ever received!

- **C'est la tarte la plus délicieuse du monde!**
  This is the most delicious tart in the world!

- **Cette tarte aux pommes est meilleure que la tarte aux pêches.**
  This apple tart is better than the peach tart.

Additional vocabulary

- **Ah, tu es jaloux? Ne t'en fais pas!**
  Are you jealous? Don't be!/Don't make anything of it!

- **sûr(e) et certain(e)**
  totally sure/completely certain

- **Il ne fallait pas.**
  You shouldn't have./It wasn't necessary.

- **J'ai trop mangé. Je n'en peux plus!**
  I ate too much. I can't fit anymore!

- **Tu peux la lui passer?**
  Can you pass it to her?

---

2 **Questions** Répondez aux questions par des phrases complètes.

1. Qu'est-ce que Rachid a apporté à Sandrine?

2. Qu'a fait Amina pour aider?

3. Qui mange une deuxième tranche de tarte aux pommes?

4. Quel type de tarte Sandrine a-t-elle préparé il y a quelques semaines?

5. Pourquoi David n'a-t-il pas acheté les roses?

3 **Écrivez** David veut raconter le dîner de Sandrine à sa famille. Composez un e-mail. Quels ont été les préparatifs (*preparations*)? Qui a apporté quoi? Qui est venu? Qu'est-ce qu'on a mangé? Relisez le **ROMAN-PHOTO** de la Leçon 1A si nécessaire.

A C T I V I T É S

CULTURE

Les repas en France

En France, un grand repas traditionnel est composé de beaucoup de plats différents et il peut durer° plusieurs heures. Avant de passer à table, on sert des amuse-gueules° comme des biscuits salés°, des olives ou des cacahuètes°. Ensuite, on commence le repas par un hors-d'œuvre ou directement par une ou deux entrées chaudes ou froides, comme une soupe, de la charcuterie, etc. Puis, on passe au plat principal, qui est en général une viande ou un poisson servi avec des légumes. Après, on apporte la salade (qui peut aussi être servie en entrée), puis le fromage et enfin, on sert le dessert et le café. Le grand repas traditionnel est accompagné de vin, et dans les grandes occasions, de champagne pour le dessert. Bien sûr, les Français ne font pas ce genre de grand repas tous les jours. En général, on mange beaucoup plus simplement.

Au petit-déjeuner, on boit du café au lait, du thé ou du chocolat chaud. On mange des tartines° ou du pain grillé° avec du beurre et de la confiture, et des croissants le week-end.

Le déjeuner est traditionnellement le repas principal, mais aujourd'hui, les Français n'ont pas souvent le temps de rentrer à la maison. Pour cette raison, on mange de plus en plus° au travail ou au café. Après l'école, les enfants prennent parfois un goûter, par exemple du pain avec du chocolat. Et le soir, on dîne à la maison, en famille.

Les Français et les repas

- 10% des Français ne prennent pas de petit-déjeuner.
- 60% boivent du café le matin, 20% du thé, 15% du chocolat.
- 99% dînent chez eux en semaine.
- 35% dînent en famille, 30% en couple.
- 75% des dîners consistent en moins de° trois plats successifs.
- Le pain est présent dans plus de 60% des déjeuners et des dîners.

SOURCE: Domoscope Unilever, Francoscopie

durer *last* amuse-gueules *small appetizers* salés *salty* cacahuètes *peanuts* tartines *slices of bread* pain grillé *toast* de plus en plus *more and more* moins de *less than*

Coup de main

You can use these terms to specify how you would like your meat to be cooked.

bleu(e)	*very rare*
saignant(e)	*medium rare*
à point	*medium*
bien cuit(e)	*well-done*

ACTIVITÉS

1 **Vrai ou faux?** Indiquez si ces phrases sont **vraies** ou **fausses**. Corrigez les phrases fausses.

1. On mange les hors-d'œuvre avant les amuse-gueules.
2. Le poisson est un plat principal.
3. En France, on ne mange jamais la salade en entrée.
4. En général, on ne boit pas de vin pendant le repas.
5. On sert le fromage entre la salade et le dessert.
6. Les Français mangent souvent des œufs au petit-déjeuner.
7. Tous les Français mangent un grand repas traditionnel chaque soir.
8. Le déjeuner est traditionnellement le repas principal de la journée en France.
9. À midi, les Français mangent toujours à la maison.
10. Les enfants prennent parfois un goûter après l'école.

 Practice more at **daccord2.vhlcentral.com.**

LE FRANÇAIS QUOTIDIEN

Au menu

côtelette (f.)	chop
escalope (f.)	thin slice of meat or fish
faux-filet (m.)	sirloin steak
à la vapeur	steamed
farci(e)	stuffed
frit(e)	fried
garni(e)	garnished
rôti(e)	roasted

LE MONDE FRANCOPHONE

Si on est invité...

Voici quelques bonnes manières à observer quand on dîne chez des amis.

En Afrique du Nord
- Si quelqu'un vous invite à boire un thé à la menthe, ce n'est pas poli de refuser.
- En général, on enlève ses chaussures avant d'entrer dans une maison.
- On mange souvent avec les doigts°.

En France
- Il est poli d'apporter un petit cadeau pour les hôtes, par exemple des bonbons ou des fleurs.
- On dit parfois «Santé!°» ou «À votre santé°!» avant de boire et «Bon appétit!» avant de manger.
- On mange avec la fourchette dans la main gauche et le couteau dans la main droite et on garde toujours les deux mains sur la table.

doigts *fingers* **Santé!** *Cheers!* **santé** *health*

PORTRAIT

La couscousmania des Français

La cuisine du Maghreb est très populaire en France. Les restaurants orientaux sont nombreux et appréciés pour la qualité de leur nourriture et leur ambiance. Les merguez, des petites saucisses rouges pimentées°, sont vendues dans toutes les boucheries. Dans les grandes villes, des pâtisseries au miel° sont dégustées° au goûter. Le plat le plus célèbre reste le couscous, le quatrième plat préféré des Français, devant le steak frites! Aujourd'hui, des restaurants trois étoiles° le proposent en plat du jour et on le sert dans les cantines. Les Français consomment 75.000 tonnes de couscous par an, une vraie couscousmania!

pimentées *spicy* **miel** *honey* **dégustées** *savored* **étoiles** *stars*

SUR INTERNET

Les Français mangent-ils beaucoup de glace?

Go to **daccord2.vhlcentral.com** to find more information related to this **CULTURE** section.

---

2 **Répondez** Répondez aux questions d'après les textes.

1. Pourquoi les Français apprécient-ils les restaurants orientaux?
2. Où sert-on le couscous aujourd'hui?
3. Qu'est-ce qu'il est impoli de refuser en Afrique du Nord?
4. Quel cadeau peut-on apporter quand on dîne chez des Français?
5. Une fourchette et un couteau sont-ils nécessaires en Afrique du Nord?

3 **Que choisir?** Avez-vous déjà mangé dans un restaurant nord-africain? Quand? Où? Qu'avez-vous mangé? Du couscous? Si vous n'êtes jamais allé(e) dans un restaurant nord-africain, imaginez que des amis vous invitent à en essayer un. Qu'avez-vous envie de goûter? Pourquoi?

ressources

daccord2.vhlcentral.com

A C T I V I T É S

1B.1 Comparatives and superlatives of adjectives and adverbs

- Comparisons in French are formed by placing the words **plus** (*more*), **moins** (*less*), or **aussi** (*as*) before adjectives and adverbs, and the word **que** (*than, as*) after them.

ADJECTIVE

Simone est **plus âgée que** son mari.
Simone is older than her husband.

ADVERB

Elle parle **plus vite que** son mari.
She speaks more quickly than her husband.

ADJECTIVE

Guillaume est **moins sportif que** son père.
Guillaume is less athletic than his father.

ADVERB

Il m'écrit **moins souvent que** son père.
He writes me less often than his father.

ADJECTIVE

Nina est **aussi indépendante qu'**Anne.
Nina is as independent as Anne.

ADVERB

Elle joue au golf **aussi bien qu'**Anne.
She plays golf as well as Anne.

- Superlatives are formed by placing the appropriate definite article after the noun, when it is expressed, and before the comparative form. The preposition **de** often follows the superlative to express *in* or *of*.

NOUN · DEFINITE ARTICLE · COMPARATIVE

Les trains? Le TGV est **(le train) le plus rapide du** monde.
Trains? The TGV is the fastest (train) in the world.

- Some adjectives, like **beau**, **bon**, **grand**, and **nouveau**, precede the nouns they modify. Their superlative forms can also precede the nouns they modify, or they can follow them.

SUPERLATIVE · NOUN

C'est **la plus grande ville.**
It's the largest city.

NOUN · SUPERLATIVE

C'est **la ville la plus grande.**
It's the largest city.

BOÎTE À OUTILS
You learned many of the adjectives that precede the nouns they modify in **Level 1, Leçon 3A.**

MISE EN PRATIQUE

1 **Oui, mais...** Deux amis comparent deux restaurants. Complétez les phrases avec **bon**, **bien**, **meilleur** ou **mieux**.

1. J'ai bien mangé au Café du marché hier.
   Oui, mais nous avons _____ mangé Chez Charles.
2. Les sandwichs au Café du marché sont _____.
   Oui, mais les sandwichs de Chez Charles sont meilleurs.
3. Mes amis ont bien aimé le Café du marché.
   Oui, mais mes amis ont _____ mangé Chez Charles.
4. Au Café du marché, le chef prépare _____ le poulet.
   Oui, mais le chef de Chez Charles le prépare mieux.
5. Les salades au Café du marché sont bonnes.
   Oui, mais elles sont _____ Chez Charles.
6. Tout est bon au Café du marché!
   Tout est _____ Chez Charles!

2 **Un nouveau quartier** Vous venez d'emménager. Assemblez les éléments des trois colonnes pour poser des questions sur le quartier à un(e) voisin(e).

MODÈLE

Le jambon est-il moins cher au supermarché ou à la charcuterie?

A	B	C
acheter	aussi	boucherie
aller	meilleur(e)	boulangerie
desserts	mieux	pâtisserie
dîner	moins	quartier
faire les courses	pire	supermarché
pain	plus	voisins

3 **Aujourd'hui et autrefois** Avec un(e) partenaire, comparez la vie domestique d'aujourd'hui et d'autrefois. Utilisez les adjectifs de la liste à tour de rôle. Ensuite, présentez vos opinions à la classe.

MODÈLE

Aujourd'hui, les tâches ménagères sont moins difficiles.

compliqué	grand	naturel	rapide
curieux	indépendant	occupé	sophistiqué

1. les congélateurs
2. la nourriture
3. les femmes
4. les voyages
5. les voitures
6. les enfants

 Practice more at **daccord2.vhlcentral.com.**

COMMUNICATION

4   **Trouvez quelqu'un** Votre professeur va vous donner une feuille d'activités. Circulez dans la classe pour trouver des camarades différents qui correspondent aux phrases.

MODÈLE

Élève 1: *Quel âge as-tu?*
Élève 2: *J'ai seize ans.*
Élève 1: *Alors, tu es plus jeune que moi.*

Trouvez dans la classe quelqu'un qui...	*Noms*
1. ... est plus jeune que vous.	*Myriam*
2. ... habite plus loin du lycée que vous.	
3. ... prend l'avion aussi souvent que vous.	
4. ... fait moins de gym que vous.	

5   **Comparaisons** Avec un(e) partenaire, choisissez deux questions et comparez vos réponses. Utilisez des comparatifs et des superlatifs.

1. Quels jobs d'été as-tu eus?
2. Où as-tu habité?
3. Où es-tu allé(e) en vacances?
4. Qu'as-tu fait le week-end dernier?
5. Quels films as-tu vus (*seen*) récemment?

6   **Comparaisons** Par groupes de trois, comparez les sujets présentés. Utilisez des comparatifs et des superlatifs.

MODÈLE

Élève 1: *Les vacances à la mer sont plus amusantes que les vacances à la montagne.*
Élève 2: *Moi, je pense que les vacances à la montagne sont plus intéressantes.*
Élève 3: *D'accord, mais les vacances à l'étranger sont les plus amusantes.*

1.

2.

3.

4.

- Since adverbs are invariable, you always use **le** to form the superlative.

M. Duval est le prof qui parle **le plus vite**.
Mr. Duval is the teacher who speaks the fastest.

C'est Amandine qui écoute **le moins patiemment**.
Amandine listens the least patiently.

- Some adjectives and adverbs have irregular comparative and superlative forms.

Irregular comparatives and superlatives

Adjective	Comparative	Superlative
bon(ne)(s)	meilleur(e)(s)	le/la/les meilleur(e)(s)
mauvais(e)(s)	pire(s) *or* plus mauvais(e)(s)	le/la/les pire(s) *or* le/la/les plus mauvais(e)(s)

Adverb	Comparative	Superlative
bien	mieux	le mieux
mal	plus mal	le plus mal

En été, les pêches sont **meilleures** que les pommes.
In summer, the peaches are better than the apples.

Quand on est au régime, les frites sont **pires** que les pâtes.
When you're dieting, fries are worse than pasta.

Johnny Hallyday chante bien, mais Jacques Brel chante **mieux**.
Johnny Hallyday sings well, but Jacques Brel sings better.

Je ne fais pas bien le ménage, mais tu le fais **plus mal** que moi.
I don't do the housework well, but you do it worse than I.

Voilà **la meilleure** boulangerie de la ville.
There's the best bakery in town.

Dans la classe, c'est Clémentine qui écrit **le mieux**.
In the class, Clémentine is the one who writes the best.

Essayez!   **Complétez les phrases avec le comparatif ou le superlatif.**

Comparatifs

1. Les élèves sont <u>moins âgés que</u> (- âgés [*old*]) le professeur.
2. Les plages de la Martinique sont-elles _____ (+ bonnes) les plages de la Guadeloupe?
3. Évelyne parle _____ (= poliment) Luc.
4. Les chaussettes sont _____ (- chères) les baskets.

Superlatifs

5. Quelle librairie vend les livres <u>les plus intéressants</u> (+ intéressants)?
6. Le jean est _____ (- élégant) de tous mes pantalons.
7. Je joue aux cartes avec ma mère. C'est elle qui joue _____ (+ bien).
8. Les fraises de son jardin sont _____ (- bonnes).

STRUCTURES

1B.2 Double object pronouns

Point de départ In Level 1, you learned to use indirect and direct object pronouns. Now you will learn to use these pronouns together.

DIRECT OBJECT	INDIRECT OBJECT		DIRECT OBJECT PRONOUN	INDIRECT OBJECT PRONOUN

J'ai rendu **le menu** à **la serveuse**.
I returned the menu to the waitress.

▶ Je **le lui** ai rendu.
I returned it to her.

Tu peux la lui passer, s'il te plaît?

Une deuxième tranche? Je te la sers.

- Use this sequence when a sentence contains both a direct and an indirect object pronoun.

me		le				
te	*before*	la	*before*	lui	+	[*verb*]
nous		l'		leur		
vous		les				

Gérard m'envoie les messages de Christiane.
Il **me les** envoie tous les jours.
Gérard sends me Christiane's messages.
He sends them to me every day.

Je lui envoie aussi les messages de Laurent. Je **les lui** envoie tous les week-ends.
I send him Laurent's messages, too.
I send them to him every weekend.

Le chef nous prépare son meilleur plat.
Les serveurs **nous l'**apportent.
The chef prepares his best dish for us.
The waiters bring it to us.

Nous avons laissé le pourboire des serveurs sur la table. Nous **le leur** avons laissé quand nous sommes partis.
We left a tip for the waiters on the table.
We left it for them when we left.

---

1 Les livres Le père de Bertrand lui a acheté des livres. Refaites l'histoire avec deux pronoms pour chaque phrase.

1. Papa a acheté _ces livres à Bertrand._
2. Il a lu _les livres à ses petits frères._
3. Maintenant, ses frères veulent lire _les livres à leur père._
4. Bertrand donne _les livres à ses petits frères._
5. Les garçons montrent _les livres à leur père._
6. Leur père préfère donner _sa place à leur mère._
7. Les enfants lisent _les livres à leur mère._
8. «Maintenant, lisez _les livres à votre père_», dit-elle.

2 Comment? Un groupe d'amis parle de l'anniversaire de Christelle. Antoine n'entend pas très bien. Il répète tout ce que les gens disent. Utilisez des pronoms pour écrire ses questions.

MODÈLE

Je vais prêter mon pull noir à Christelle.
Tu veux le lui prêter?

1. Son père a acheté la petite voiture bleue à Christelle.
2. Nous envoyons les invitations aux amis.
3. Le prof a donné la meilleure note à Christelle le jour de son anniversaire.
4. Je vais prêter mon tailleur à Christelle vendredi soir.
5. Est-ce que vous voulez me lire l'invitation?
6. Nous n'avons pas envoyé l'invitation au professeur.
7. Gilbert et Arthur vont nous apporter le gâteau.
8. Sa mère va payer le repas à sa fille.

3 De quoi parle-t-on? Avec un(e) partenaire, imaginez les questions qui ont donné ces réponses. Ensuite, présentez vos questions à la classe.

MODÈLE

Il veut le lui vendre.
Il veut vendre son vélo à son camarade?

1. Marc va la lui donner.
2. Nous te l'avons envoyée hier.
3. Elle te les a achetés la semaine dernière.
4. Tu me les prêtes souvent.
5. Micheline ne va pas vous les prendre.
6. Tu ne nous les as pas prises.
7. Rendez-les-moi!
8. Ne le lui disons pas!

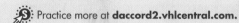 Practice more at **daccord2.vhlcentral.com.**

COMMUNICATION

4 Une entrevue Avec un(e) partenaire, répondez aux questions sur votre enfance. Utilisez deux pronoms dans vos réponses.

1. Est-ce que tes parents te montraient les films de Disney quand tu étais petit(e)?
2. Est-ce que tu vas montrer les films de Disney à tes enfants un jour?
3. Est-ce que quelqu'un te parlait français quand tu étais petit(e)?
4. Qui t'a acheté ton premier vélo?
5. Qui te faisait à dîner quand tu étais petit(e)?
6. Qui te préparait le petit-déjeuner le matin?

5 Qui vous aide? Avec un(e) partenaire, posez des questions avec les pronoms interrogatifs **qui** et **quand**. Vous pouvez choisir le présent, le passé composé ou l'imparfait. Répondez aux questions avec deux pronoms.

MODÈLE prêter sa voiture

Élève 1: *Qui te prête sa voiture?*
Élève 2: *Ma mère me la prête.*
Élève 1: *Quand est-ce qu'elle te la prête?*
Élève 2: *Elle me la prête le vendredi.*

faire la cuisine	nettoyer la chambre
faire le lit	acheter un cadeau
laver les vêtements	prêter ses livres

6 Les courses Avec un(e) partenaire, préparez deux dialogues basés sur deux des photos. À tour de rôle, jouez le/la client(e) et le/la marchand(e). Utilisez le vocabulaire et deux pronoms, si possible, dans les dialogues.

commander	être au régime	du poulet
des croissants	les fruits de mer	une saucisse
cuisiner	un plat	un steak
une entrée	du porc	une tarte

- In an infinitive construction, the double object pronouns come after the conjugated verb and precede the infinitive, just like single object pronouns.

> Mes notes de français? Je vais **vous les** prêter.
> *My French notes? I'm going to lend them to you.*

> Carole veut lire mon poème? Je vais **le lui** montrer.
> *Carole wants to read my poem? I'm going to show it to her.*

- In the **passé composé** the double object pronouns precede the auxiliary verb, just like single object pronouns. The past participle agrees with the preceding direct object.

> Rémi a-t-il acheté ces fleurs pour sa mère?
> *Did Rémi buy those flowers for his mother?*

> Oui, il **les lui** a **achetées**.
> *Yes, he bought them for her.*

> Vous m'avez donné la plus grande chambre?
> *Did you give me the biggest room?*

> Non, nous ne **vous l'**avons pas **donnée**.
> *No, we didn't give it to you.*

- In affirmative commands, the verb is followed by the direct object pronoun and then the indirect object pronoun, with hyphens in between. Remember to use **moi** and **toi** instead of **me** and **te**.

> Vous avez trois voitures? Montrez-**les-moi**.
> *You have three cars? Show them to me.*

> Tu connais la réponse à la question du prof? Dis-**la-nous**.
> *You know the answer to the teacher's question? Tell it to us.*

> Voici le livre. Donne-**le-leur**.
> *Here's the book. Give it to them.*

> Ce poème? Traduisons-**le-lui**.
> *This poem? Let's translate it for her.*

Essayez! Utilisez deux pronoms pour refaire ces phrases.

1. Le prof vous donne les résultats des examens. *Le prof vous les donne.*
2. Tes parents t'achètent le billet. _____
3. Qui t'a donné cette belle lampe bleue? _____
4. Il nous a réservé les chambres. _____
5. Pose-moi tes questions. _____
6. Explique-leur le problème de maths. _____
7. Peux-tu me montrer les photos? _____
8. Tu préfères lui prêter ton dictionnaire? _____

SYNTHÈSE

Révision

1 **Fais les courses pour moi** Vous n'avez pas le temps d'aller dans tous ces magasins. Choisissez un magasin. Puis, par groupes de quatre, trouvez des camarades qui vont dans d'autres magasins. À tour de rôle, demandez-leur de faire des courses pour vous. Utilisez des pronoms doubles dans vos réponses.

MODÈLE

Élève 1: J'ai besoin de deux filets de poissons. Tu peux me les prendre à la poissonnerie?
Élève 2: Pas de problème. Et moi, j'ai besoin de...

un camembert	six croissants
deux bouteilles de lait	une tarte aux pêches
deux filets de poissons	des tomates
douze œufs	une tranche de jambon
quatre côtes (chops) de porc	trois baguettes

2 **Je les leur commande** Vous êtes au restaurant. Avec un(e) partenaire, choisissez le meilleur plat pour chaque membre de votre famille. Employez des comparatifs, des superlatifs et des pronoms doubles dans vos réponses.

MODÈLE

Élève 1: Et le poulet?
Élève 2: Mon père mange du poulet plus souvent que ma mère. Je vais le lui commander.

Assiette de fruits de mer	Petits pois et carottes
Bœuf avec une sauce tomate	Pizza aux quatre fromages
Hamburger et frites	Sandwich au thon
Pêches à la crème	Tarte aux pommes

3 **Mes plats préférés** Par groupes de trois, interviewez vos camarades. Quels sont les plats qu'ils aiment le mieux? Quand les ont-ils mangés la dernière fois? Choisissez vos trois plats préférés, puis comparez-les avec les plats de vos camarades. Employez des comparatifs, des superlatifs et le passé récent.

4 **Le week-end dernier** Préparez deux listes par écrit, une pour les choses que vous avez pu faire le week-end dernier et une pour les choses que vous n'avez pas pu faire. Ensuite, avec un(e) partenaire, comparez vos listes et expliquez vos réponses. Employez les verbes **devoir**, **vouloir** et **pouvoir** au passé composé et, si possible, les pronoms doubles.

MODÈLE

Élève 1: J'ai voulu envoyer un e-mail à ma cousine.
Élève 2: Est-ce que tu as pu le lui envoyer?

Choses que j'ai pu faire

Choses que je n'ai pas pu faire

5 **C'est mieux** Par groupes de trois, donnez votre opinion sur ces sujets. Pour chaque sujet, comparez les deux options. Soyez prêts à présenter les résultats de vos discussions à la classe.

MODÈLE apporter des fleurs ou des chocolats à un dîner

Élève 1: C'est plus sympa d'apporter des fleurs à un dîner.
Élève 2: Oui, on peut les mettre sur la table. Elles sont plus jolies que des chocolats.
Élève 3: Peut-être, mais les chocolats, c'est un cadeau plus généreux.

- commencer ou finir un régime
- faire les courses ou faire la cuisine
- manger ou faire la cuisine

6 **Six différences** Votre professeur va vous donner, à vous et à votre partenaire, deux feuilles d'activités différentes. Comparez les deux familles pour trouver les six différences. Attention! Ne regardez pas la feuille de votre partenaire.

MODÈLE

Élève 1: Fatiha est aussi grande que Samira.
Élève 2: Non, Fatiha est moins grande que Samira.

ressources

CE pp. 23-26	CA pp. 5, 23-24, 119-120	**S** daccord2.vhlcentral.com

À l'écoute **Audio: Activities**

Jotting down notes as you listen

Jotting down notes while you listen to a conversation in French can help you keep track of the important points or details. It will help you to focus actively on comprehension rather than on remembering what you have heard.

🎧 To practice this strategy, you will listen to a paragraph. Jot down the main points you hear.

Préparation

Regardez la photo et décrivez la scène. Où sont ces hommes? Que font-ils? Qui sont-ils, à votre avis? Qu'y a-t-il dans la poêle (*frying pan*)? À votre avis, que préparent-ils?

📢 À vous d'écouter 🎧

Écoutez les instructions pour préparer une salade niçoise et notez les ingrédients nécessaires.

Pour la salade

_____   _____

_____   _____

_____   _____

_____   _____

Pour la vinaigrette (*dressing*)

_____   _____

_____   _____

_____

Compréhension

Le bon ordre Mettez ces instructions simplifiées dans le bon ordre, d'après la recette de la salade niçoise.

_____ a. Mélanger (*Mix*) le vinaigre, l'huile d'olive, la moutarde et l'ail pour faire la vinaigrette.

_____ b. Mettre le thon et les olives sur la salade.

_____ c. Couper (*Cut*) les œufs et les mettre dans la salade.

_____ d. Faire cuire (*Cook*) les pommes de terre, les haricots verts et les œufs.

_____ e. Mettre les morceaux de tomates et de poivron sur la salade.

_____ f. Laver (*Wash*) la salade et la mettre dans une grande assiette.

_____ g. Mettre les haricots verts et les pommes de terre sur la salade.

_____ h. Mettre la vinaigrette sur la salade et servir.

Votre recette préférée 🧍🧍🧍 Quel est votre plat ou dessert favori? Donnez la liste des ingrédients qu'il faut pour le préparer, puis expliquez à un groupe de camarades comment le préparer. Ne leur donnez pas le nom du plat. Ils vont prendre des notes et essayer de le deviner (*to guess*). Ensuite, changez de rôles.

Interactive Map Reading

Panorama

les vendanges° en Bourgogne

La Bourgogne

La région en chiffres

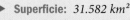

- **Superficie:** *31.582 km²*
- **Population:** *1.626.000*
  SOURCE: INSEE

  Industries principales: *industries automobile et pharmaceutique, tourisme, viticulture°*

- **Villes principales:** *Auxerre, Chalon-sur-Saône, Dijon, Mâcon, Nevers*

Personnes célèbres

- **Gustave Eiffel,** *ingénieur° (la tour Eiffel) (1832–1923)*

- **Colette,** *femme écrivain° (1873–1954)*

- **Claude Jade,** *actrice (1948–2006)*

La Franche-Comté

La région en chiffres

- **Superficie:** *16.202 km²*
- **Population:** *1.151.000*
- **Industries principales:** *agriculture, artisanat, industrie automobile, horlogerie°, tourisme*

- **Villes principales:** *Belfort, Besançon, Dole, Pontarlier, Vesoul*

Personnes célèbres

- **Louis (1864–1948) et Auguste (1862–1954) Lumière,** *inventeurs du cinématographe°*

- **Claire Motte,** *danseuse étoile° à l'Opéra de Paris (1937–1986)*

viticulture grape growing **ingénieur** engineer **écrivain** writer **horlogerie** watch and clock making **cinématographe** motion picture camera **danseuse étoile** principal dancer **servaient à** were used for **toux** cough **persil** parsley **lutter contre** fight against **vendanges** grape harvest

LA FRANCE

Sens

Auxerre

la Seine

Luxeuil-les-Bains

Vesoul

Belfort

Montbéliard

l'Yonne

la Saône

Dijon

Besançon

le Doubs

BOURGOGNE

FRANCHE-COMTÉ

Nevers

Beaune

Dole

le Doubs

Pontarlier

la Loire

Chalon-sur-Saône

Lons-le-Saunier

LA SUISSE

l'Ain

la Saône

Mâcon

un marché à Dijon

la ville d'Ornans

L'ITALIE

0   50 miles
0   50 kilomètres

Incroyable mais vrai!

Au Moyen Âge, les escargots servaient à° la fabrication de sirops contre la toux°. La recette bourguignonne (beurre, ail, persil°) est popularisée au 19ᵉ siècle. La France produit 500 à 800 tonnes d'escargots par an, mais en importe 5.000 tonnes. L'escargot aide à lutter contre° le mauvais cholestérol et les maladies cardio-vasculaires.

Escargots de Bourgogne

Les sports

Les sports d'hiver dans le Jura

On peut pratiquer de nombreux sports d'hiver dans les montagnes du Jura, en Franche-Comté: ski alpin, surf°, monoski, planche à voile sur neige. Mais le Jura est surtout le paradis du ski de fond°. Avec des centaines de kilomètres de pistes°, on y skie de décembre à avril, y compris° la nuit, sur des pistes éclairées°. La célèbre Transjurassienne est la 2e course° d'endurance du monde avec un parcours° de 76 km et un de 50 km. Il y a aussi la Transjeune, un parcours de 10 km pour les jeunes de moins de 20 ans.

Les destinations

Besançon: ancienne capitale de l'horlogerie

L'artisanat de l'horlogerie commence au 16e siècle avec l'installation de grandes horloges dans les monastères. Au 18e siècle, 400 horlogers suisses viennent s'installer° en Franche-Comté. Au 19e siècle, Montbéliard comptait 5.000 horlogers. En hiver, les paysans°-horlogers s'occupaient°, dans leurs fermes°, de la finition° et de la décoration des horloges. En 1862, une école d'horlogerie est créée° et en 1900, Besançon devient le berceau° de l'horlogerie française avec 8.000 horlogers qui produisent 600.000 montres par an.

L'architecture

Les toits de Bourgogne

Les toits° en tuiles vernissées° multicolores sont typiques de la Bourgogne. Inspirés de l'architecture flamande° et d'Europe centrale, ils forment des dessins géométriques. Le plus célèbre bâtiment° est l'Hôtel-Dieu° de Beaune, construit en 1443 pour accueillir° les pauvres et les victimes de la guerre° de Cent ans. Aujourd'hui, l'Hôtel-Dieu organise la plus célèbre vente aux enchères° de vins du monde.

Les gens

Louis Pasteur (1822–1895)

Louis Pasteur est né à Dole, en Franche-Comté. Il découvre° que les fermentations sont dues à des micro-organismes spécifiques. Dans ses recherches° sur les maladies° contagieuses, il montre la relation entre le microbe et l'apparition d'une maladie. Cette découverte° a des applications dans le monde hospitalier et industriel avec les méthodes de désinfection, de stérilisation et de pasteurisation. Le vaccin contre la rage° est aussi une de ses inventions. L'Institut Pasteur est créé à Paris en 1888. Aujourd'hui, il a des filiales° sur les cinq continents.

  Qu'est-ce que vous avez appris? Répondez aux questions par des phrases complètes.

1. Comment s'appellent les inventeurs du cinématographe?
2. À quoi servaient les escargots au Moyen Âge?
3. Avec quoi sont préparés les escargots de Bourgogne?
4. Quel est le sport le plus pratiqué dans le Jura?
5. Qu'est-ce que la Transjurassienne?
6. D'où viennent les horlogers au 18e siècle?
7. Quel style d'architecture a influencé les toits de Bourgogne?
8. Quel est le bâtiment avec le toit le plus célèbre en Bourgogne?
9. Comment les recherches de Pasteur ont-elles été utilisées par les hôpitaux et l'industrie?
10. Où trouve-t-on des Instituts Pasteur aujourd'hui?

Practice more at **daccord2.vhlcentral.com**.

ressources

CE pp. 27-28

daccord2.vhlcentral.com

SUR INTERNET

Go to **daccord2.vhlcentral.com** to find more cultural information related to this **PANORAMA**.

1. Quand ont lieu les vendanges en Bourgogne?
2. Cherchez trois recettes à base (*using*) d'escargots.
3. Trouvez des informations sur les vacances d'hiver dans le Jura: logement, prix, activités, etc.
4. Cherchez des informations sur Louis Pasteur. Quel effet ont eu ses découvertes sur des produits alimentaires d'usage courant (*everyday use*)?

surf *snowboarding* **ski de fond** *cross-country skiing*
pistes *trails* **y compris** *including* **éclairées** *lit*
course *race* **parcours** *course* **s'installer** *settle*
paysans *peasants* **s'occupaient** *took care*
fermes *farms* **finition** *finishing* **créée** *created*
berceau *cradle* **toits** *roofs* **tuiles vernissées** *glazed tiles*
flamande *Flemish* **bâtiment** *building*
Hôtel-Dieu *Hospital* **accueillir** *welcome* **guerre** *war*
vente aux enchères *auction* **découvre** *discovers*
recherches *research* **maladies** *illnesses*
découverte *discovery* **rage** *rabies* **filiales** *branches*

Lecture  Reading

Avant la lecture

Examinez le texte

Dans cette lecture, il y a deux textes différents. Regardez ces textes rapidement. Leur format est-il similaire ou différent? Quelles stratégies vont être utiles pour identifier le genre de ces textes, d'après vous? Comparez vos idées avec un(e) camarade.

Comparez les deux textes
Premier texte

Analysez le format du texte. Y a-t-il un titre? Des sous-titres? Plusieurs sections? Comment ce texte est-il organisé? Regardez rapidement le contenu (*content*) du texte. Quel genre de vocabulaire trouvez-vous dans ce texte? D'après vous, qu'est-ce que c'est?

Deuxième texte

Ce texte est-il organisé comme (*like*) le premier texte? Y a-t-il un titre, des sous-titres et plusieurs parties? Y a-t-il des informations similaires aux informations données dans le premier texte? Lesquelles? (*Which ones?*) Le vocabulaire est-il similaire au vocabulaire du premier texte? D'après vous, quel genre de texte est le deuxième texte? Les deux textes parlent-ils du même restaurant?

Chez Michel

12, rue° des Oliviers • 75006 Paris
Tél. 01.42.56.78.90
Ouvert° tous les soirs, de 19h00 à 23h30

Menu à 18 euros • Service compris

Entrée (au choix°)

Assiette de charcuterie
Escargots (1/2 douzaine°)
Salade de tomates au thon
Pâté de campagne
Soupe de légumes

Plat principal (au choix)

Poulet rôti° haricots verts
Steak au poivre pommes de terre
Thon à la moutarde (riz ou légumes au choix)
Bœuf aux carottes et aux champignons
Pâtes aux fruits de mer

Salade verte et plateau de fromages°

Dessert (au choix)

Tarte aux pommes
Tarte aux poires
Fruits de saison
Fraises à la crème Chantilly
Sorbet aux pêches
Gâteau au chocolat
Crème brûlée
Profiteroles au chocolat

À essayer: L'Huile d'Olive

Un nouveau restaurant provençal dans le quartier de Montmartre

L'Huile d'Olive
14, rue Molière
75018 Paris
01.44.53.76.35

*Ouvert tous les jours sauf° le lundi
Le midi, de 12h00 à 14h30, Menu à 12 euros
et Plat du jour
Le soir, de 19h00 à 23h00, Menus à 15 et 20
euros, Carte*

De l'extérieur, L'Huile d'Olive est un restaurant aux murs gris, dans une petite rue triste du quartier de Montmartre. Mais à l'intérieur, tout change. C'est la Provence, avec tout son soleil et toute sa beauté. Les propriétaires, Monsieur et Madame Duchesnes, ont transformé ce vieux restaurant qui est maintenant entièrement décoré dans le style provençal, en bleu et jaune. Dans ce nouveau restaurant très sympathique, les propriétaires vous proposent des plats provençaux traditionnels préparés avec soin°. Comme entrée, je vous recommande la salade de tomates à l'ail ou le carpaccio de thon à l'huile d'olive. Comme plat principal, commandez la daube° provençale, si vous aimez le bœuf, ou le poulet au pastis°. Le plateau de fruits de mer est un excellent choix pour les amoureux du poisson. Comme légumes, essayez les pommes de terre au romarin° ou les petits pois aux oignons. Pour les végétariens, Madame Duchesnes propose des pâtes aux légumes avec une sauce à la crème délicieuse ou bien une ratatouille° de légumes fantastique. À la fin° du repas, commandez le fromage de chèvre° ou si vous préférez les desserts, goûtez la tarte poires-chocolat.

À L'Huile d'Olive, tout est délicieux et le service est impeccable. Alors, n'hésitez pas! Allez à L'Huile d'Olive pour goûter la Provence! ✱✱✱

Après la lecture

Vrai ou faux? Indiquez si les phrases au sujet du premier texte sont **vraies** ou **fausses**. Corrigez les phrases fausses.

1. On peut déjeuner au restaurant Chez Michel.
   _____

2. Il n'y a pas de poisson dans les entrées.
   _____

3. Comme plat principal, il y a trois viandes.
   _____

4. Le poulet rôti est accompagné de légumes.
   _____

5. Il y a trois plats principaux avec du bœuf.
   _____

6. On ne peut pas commander de fromage ou de dessert.
   _____

Commandez Suggérez une entrée, un plat et un dessert pour ces personnes qui vont dîner au restaurant Chez Michel.

1. Madame Lonier est au régime et elle n'aime pas la viande.

2. Monsieur Sanchez est végétarien. Il n'aime pas le thon. Il adore les légumes, mais il ne mange jamais de fruits.

3. Madame Petit a envie de manger de la viande, mais elle n'aime pas beaucoup le bœuf. Elle n'aime ni (*neither*) les gâteaux ni (*nor*) les tartes.

4. Et vous, qu'est-ce que vous avez envie de goûter au restaurant Chez Michel? Pourquoi?

Répondez Répondez aux questions par des phrases complètes, d'après le deuxième texte.

1. Comment s'appelle le restaurant?
2. Combien coûtent les menus du soir?
3. Quel est le style de cuisine du restaurant?
4. Quelles viandes le critique (*critic*) recommande-t-il?
5. Comment Madame Duchesnes prépare-t-elle les pâtes?
6. Le critique a-t-il aimé ce restaurant? Justifiez votre réponse.

À Vous 👥 Vous et votre partenaire allez sortir manger dans un de ces restaurants. Décidez quel restaurant vous préférez. Est-ce que vous allez déjeuner ou dîner? Combien d'argent allez-vous dépenser? Qu'est-ce que vous allez commander?

rue *street* **Ouvert** *Open* **choix** *choice* **douzaine** *dozen* **rôti** *roast* **plateau de fromages** *cheeseboard* **sauf** *except* **soin** *care* **daube** *beef stew* **pastis** *anise liquor* **romarin** *rosemary* **ratatouille** *vegetable stew* **fin** *end* **chèvre** *goat*

Écriture

STRATÉGIE

Expressing and supporting opinions

Written reviews are just one of the many kinds of writing that require you to state your opinions. In order to convince your reader to take your opinions seriously, it is important to support them as thoroughly as possible. Details, facts, examples, and other forms of evidence are necessary. In a restaurant review, for example, it is not enough just to rate the food, service, and atmosphere. Readers will want details about the dishes you ordered, the kind of service you received, and the type of atmosphere you encountered. If you were writing a concert or album review, what kinds of details might your readers expect to find?

It is easier to include details that support your opinions if you plan ahead. Before going to a place or event that you are planning to review, write a list of questions that your readers might ask. Decide which aspects of the experience you are going to rate, and list the details that will help you decide upon a rating. You can then organize these lists into a questionnaire and a rating sheet. Bring these forms with you to remind you of the kinds of information you need to gather in order to support your opinions. Later, these forms will help you organize your review into logical categories. They can also provide the details and other evidence you need to convince your readers of your opinions.

Thème

Écrire une critique

Avant l'écriture

1. Vous allez écrire la critique d'un restaurant de votre ville pour le journal du lycée. Avant de l'écrire, vous allez d'abord créer un questionnaire et une feuille d'évaluation (*rating*) pour vous faire (*to form*) une opinion. Ces éléments vont aussi vous servir pour l'écriture de votre critique.

2. Travaillez avec un(e) partenaire pour créer le questionnaire. Vous pouvez utiliser ces questions ou en inventer (*invent some*) d'autres. Incluez les quatre catégories indiquées.

   - **Cuisine** Quel(s) type(s) de plat(s) y a-t-il au menu? Le restaurant a-t-il une spécialité? Citez quelques plats typiques (entrées et plats principaux) que vous avez goûtés et indiquez les ingrédients utilisés dans ces plats.

   - **Service** Comment est le service? Les serveurs sont-ils gentils et polis? Sont-ils lents ou rapides à apporter la carte, les boissons et les plats?

   - **Ambiance** Comment est le restaurant? Est-il beau? Grand? Bien décoré? Est-ce un restaurant simple ou élégant? Y a-t-il une terrasse? Un bar? Des musiciens?

   - **Informations pratiques** Quel est le prix moyen d'un repas dans ce restaurant (au déjeuner et/ou au dîner)? Où est le restaurant? Quelle est son adresse et comment y (*there*) va-t-on du lycée? Quels sont le numéro de téléphone du restaurant et ses heures d'ouverture (*operating hours*)?

3. Après avoir écrit le questionnaire, utilisez les quatre catégories et la liste de questions pour créer une feuille d'évaluation. Un restaurant reçoit (*gets*) trois étoiles (*stars*) s'il est très bon et ne reçoit pas d'étoile s'il est mauvais.

4. Après avoir créé la feuille d'évaluation, utilisez-la pour évaluer un restaurant que vous connaissez. Si (*If*) vous le connaissez bien, peut-être n'est-il pas nécessaire d'aller y (*there*) manger pour compléter la feuille. Si vous ne le connaissez pas bien, vous devez aller l'essayer. Utilisez des comparatifs et des superlatifs quand vous écrivez vos commentaires et vos opinions.

> *Nom du restaurant:*
> *Nombre d'étoiles:*
>
> *1. Cuisine*
>
> *Type:*
> *Ingrédients:*
> *Qualité:*
> *Meilleur plat:*
> *Pire plat:*
> *Informations sur le chef:*

Écriture

Utilisez la feuille d'évaluation que vous avez complétée pour écrire votre critique culinaire. Écrivez six brefs paragraphes:

1. une introduction pour indiquer votre opinion générale du restaurant et le nombre d'étoiles qu'il a reçu (*got*)

2. une description de la carte

3. une description du service

4. une description de l'ambiance (*atmosphere*)

5. un paragraphe pour donner les informations pratiques

6. une conclusion pour souligner (*to emphasize*) votre opinion et pour donner des suggestions pour améliorer (*to improve*) le restaurant

Après l'écriture

1. Échangez votre critique avec celle (*the one*) d'un(e) partenaire. Répondez à ces questions pour commenter son travail.

- Votre partenaire a-t-il/elle écrit une introduction présentant (*presenting*) une opinion générale du restaurant?

- Votre partenaire a-t-il/elle écrit quatre paragraphes sur la cuisine, le service, l'ambiance et les informations pratiques?

- Votre partenaire a-t-il/elle écrit une conclusion présentant une nouvelle fois son opinion et proposant (*suggesting*) des suggestions pour le restaurant?

- Votre partenaire a-t-il/elle utilisé des comparatifs et des superlatifs pour décrire le restaurant?

- Quel(s) détail(s) ajouteriez-vous (*would you add*)? Quel(s) détail(s) enlèveriez-vous (*would you delete*)? Quel(s) autre(s) commentaire(s) avez-vous pour votre partenaire?

2. Corrigez votre brochure d'après (*according to*) les commentaires de votre partenaire. Relisez votre travail pour éliminer ces problèmes:

- des fautes (*errors*) d'orthographe et de ponctuation

- des fautes de conjugaison

- des fautes d'accord (*agreement*) des adjectifs

- un mauvais emploi (*use*) de l'imparfait et du passé composé

- un mauvais emploi des comparatifs et des superlatifs

À table!

une assiette	plate
un bol	bowl
une carafe d'eau	pitcher of water
une carte	menu
un couteau	knife
une cuillère (à soupe/à café)	spoon (teaspoon/soupspoon)
une fourchette	fork
un menu	menu
une nappe	tablecloth
une serviette	napkin
une boîte (de conserve)	can
la crème	cream
l'huile (d'olive) (f.)	(olive) oil
la mayonnaise	mayonnaise
la moutarde	mustard
le poivre	pepper
le sel	salt
une tranche	slice
une cantine	(school) cafeteria
À table!	Let's eat!/ Food is ready!
compris	included

Les fruits

une banane	banana
une fraise	strawberry
un fruit	fruit
une orange	orange
une pêche	peach
une poire	pear
une pomme	apple
une tomate	tomato

Autres aliments

un aliment	food item
la confiture	jam
la nourriture	food, sustenance
des pâtes (f.)	pasta
le riz	rice
une tarte	pie, tart
un yaourt	yogurt

Verbes

devenir	to become
devoir	to have to (must); to owe
maintenir	to maintain
pouvoir	to be able to (can)
retenir	to keep, to retain
revenir	to come back
tenir	to hold
venir	to come
vouloir	to want; to mean (with dire)

Autres mots et locutions

depuis [+ time]	since
il y a [+ time]	ago
pendant [+ time]	for

Les repas

commander	to order
cuisiner	to cook
être au régime	to be on a diet
goûter	to taste
un déjeuner	lunch
un dîner	dinner
un goûter	afternoon snack
un petit-déjeuner	breakfast
un repas	meal
une entrée	appetizer, starter
un hors-d'œuvre	hors-d'œuvre, appetizer
un plat (principal)	(main) dish

Les viandes et les poissons

le bœuf	beef
un escargot	escargot, snail
les fruits de mer (m.)	seafood
un œuf	egg
un pâté (de campagne)	pâté, meat spread
le porc	pork
un poulet	chicken
une saucisse	sausage
un steak	steak
le thon	tuna
la viande	meat

Les légumes

l'ail (m.)	garlic
une carotte	carrot
un champignon	mushroom
des haricots verts (m.)	green beans
une laitue	lettuce
un légume	vegetable
un oignon	onion
des petits pois (m.)	peas
un poivron (vert, rouge)	(green, red) pepper
une pomme de terre	potato
une salade	salad

Les achats

faire les courses (f.)	to go (grocery) shopping
une boucherie	butcher's shop
une boulangerie	bread shop, bakery
une charcuterie	delicatessen
une pâtisserie	pastry shop, bakery; pastry
une poissonnerie	fish shop
un supermarché	supermarket
un(e) commerçant(e)	shopkeeper
un kilo(gramme)	kilo(gram)

Expressions utiles	See pp. 59 and 73.
Comparatives and superlatives	See pp. 76–77.

ressources

daccord2.vhlcentral.com

La santé

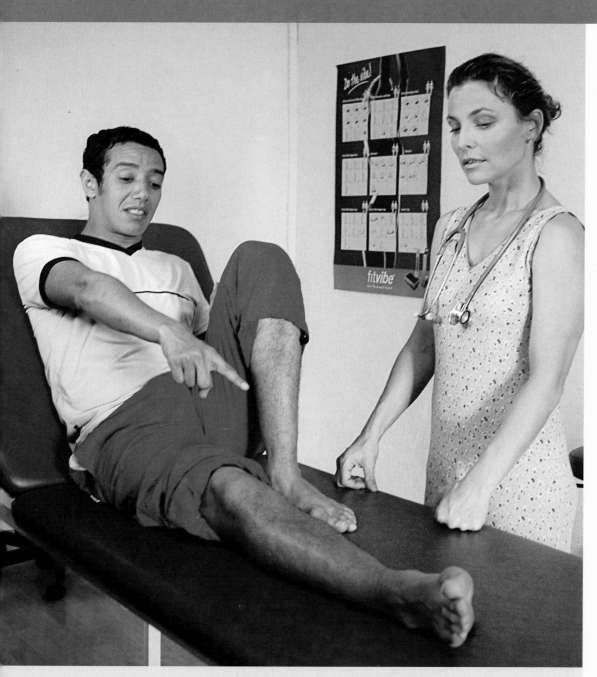

Pour commencer

- Quelle est la profession de la dame? Coiffeuse ou médecin?
- Où sont Rachid et cette dame? À l'hôpital ou à l'épicerie?
- Qu'est-ce qu'il faisait avant de venir? il jouait au foot ou il faisait les courses?

Savoir-faire
pages 118–123

Panorama: La Suisse

Lecture: Read an article on healthy living.

Écriture: Write a letter of excuse.

Leçon 2A

Talking Picture
Audio: Activity

You will learn how to...
- describe your daily routine
- discuss personal hygiene

La routine quotidienne

Vocabulaire

faire sa toilette	to wash up
se brosser les cheveux	to brush one's hair
se brosser les dents	to brush one's teeth
se coiffer	to do one's hair
se coucher	to go to bed
se déshabiller	to undress oneself
s'endormir	to go to sleep, to fall asleep
s'habiller	to get dressed
se laver (les mains)	to wash oneself (one's hands)
prendre une douche	to take a shower
se regarder	to look at oneself
se réveiller	to wake up
se sécher	to dry oneself
le shampooing	shampoo
le cœur	heart
le corps	body
le dos	back
la gorge	throat
une joue	cheek
un orteil	toe
la peau	skin
la poitrine	chest
la taille	waist
le visage	face

une serviette de bain

une brosse à dents

une brosse à cheveux

le maquillage

Elle se maquille. (se maquiller)

un rasoir

un peigne

le savon

le dentifrice

la crème à raser

Il se rase. (se raser)

une pantoufle

ressources

| CE pp. 29–30 | CA pp. 25–26, 121 | daccord2.vhlcentral.com |

Attention!

The verbs following the pronoun **se** are called reflexive verbs. You will learn more about them in **STRUCTURES**. For now, when talking about another person, place the pronoun **se** between the subject and the verb.

Il se regarde. *He looks at himself.*

Elle se réveille. *She wakes up.*

Mise en pratique

1 **Associations** Associez les activités de la colonne de gauche aux parties du corps correspondantes des colonnes de droite. Notez que certains éléments ne sont pas utilisés et que d'autres sont utilisés plus d'une fois.

_____ 1. écouter
_____ 2. manger
_____ 3. marcher
_____ 4. montrer
_____ 5. parler
_____ 6. penser
_____ 7. sentir
_____ 8. regarder

a. la bouche
b. la gorge
c. l'orteil
d. l'œil
e. l'oreille

f. le pied
g. la taille
h. la tête
i. le doigt
j. le nez

2 **Ça commence mal!** Complétez les phrases par le mot ou l'expression de la liste qui convient pour trouver ce qui est arrivé à Alexandre aujourd'hui. Notez que tous les mots et expressions ne sont pas utilisés.

le bras	se coucher	se laver	le réveil
se brosser les dents	la gorge	le peigne	le ventre
le cœur	s'habiller	le pied	les yeux

Ce matin, Alexandre n'entend pas son (1) _____. Quand il se lève, il met d'abord le (2) _____ gauche par terre. Il entre dans la salle de bains. Là, il ne trouve pas le (3) _____ pour se coiffer ni (*nor*) le dentifrice pour (4) _____. Il se regarde dans le miroir. Ses (5) _____ sont tout rouges. Comme il a très faim, son (6) _____ commence à faire du bruit (*noise*). Il retourne ensuite dans sa chambre pour (7) _____. Il met un pantalon noir et une chemise bleue. Puis, il descend les escaliers et tombe. Après un moment, il retourne dans sa chambre. Après un tel début (*such a beginning*) de journée, Alexandre va (8) _____.

3 **Écoutez** Sarah, son grand frère Guillaume et leur père parlent de qui va utiliser la salle de bains en premier ce matin. Écoutez la conversation et indiquez si les affirmations suivantes sont **vraies** ou **fausses**.

	Vrai	Faux
1. Guillaume ne va pas se raser.	☐	☐
2. Guillaume doit encore prendre une douche et se brosser les dents.	☐	☐
3. Sarah n'a pas entendu son réveil.	☐	☐
4. Guillaume demande à Sarah de lui apporter de la crème à raser.	☐	☐
5. Guillaume demande un savon à Sarah.	☐	☐
6. Guillaume demande une grande serviette de bain à Sarah.	☐	☐
7. Sarah doit prendre une douche et s'habiller en moins de vingt minutes.	☐	☐
8. Sarah décide de ne pas se maquiller et de ne pas se sécher les cheveux aujourd'hui.	☐	☐

Practice more at **daccord2.vhlcentral.com**.

la tête
un œil (yeux *pl.*)
une oreille
un bras
un doigt
le ventre
un genou (genoux *pl.*)
le nez
la bouche
le cou
le réveil
une jambe
un pied
un doigt de pied
Elle se lève. (se lever)

CONTEXTES

Communication

4 **Que font-ils?** Écrivez ce que (*what*) font ces personnes et ce qu'elles utilisent pour le faire. Donnez autant de (*as many*) détails que possible. Ensuite, à tour de rôle avec un(e) partenaire, lisez vos descriptions. Votre partenaire doit deviner quelle image vous décrivez.

1.   2.   3.   4.

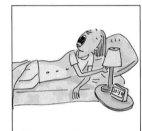

5.   6.   7.   8.

5 **Définitions** Créez votre propre définition des mots de la liste. Ensuite, à tour de rôle, lisez vos définitions à votre partenaire. Il/Elle doit deviner le mot correspondant.

MODÈLE

cheveux
Élève 1: *On utilise une brosse ou un peigne pour les coiffer. Qu'est-ce que c'est?*
Élève 2: *Ce sont les cheveux.*

1. le cœur	4. les dents	7. la joue	10. l'orteil
2. le corps	5. le dos	8. le nez	11. la poitrine
3. le cou	6. le genou	9. l'œil	12. le visage

6 **Décrivez** Avec un(e) partenaire, pensez à votre acteur/actrice préféré(e). Quelle est sa routine du matin? Décrivez-la et utilisez les adjectifs de la liste et les mots et expressions de **CONTEXTES**.

beau	gros	petit
court	heureux	sincère
égoïste	jeune	de taille moyenne
grand	long	vieux

7 **Que fait-elle?** Votre professeur va vous donner, à vous et à votre partenaire, deux feuilles d'activités différentes. À tour de rôle, posez-vous des questions pour savoir ce que fait Nadia chaque soir et chaque matin. Attention! Ne regardez pas la feuille de votre partenaire.

MODÈLE

Élève 1: À vingt-trois heures, Nadia se déshabille et met son pyjama. Que fait-elle ensuite?
Élève 2: Après, elle…

Les sons et les lettres

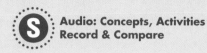

Audio: Concepts, Activities Record & Compare

ch, qu, ph, th, and gn

The letter combination **ch** is usually pronounced like the English *sh*, as in the word *shoe*.

chat   **chien**   **chose**   **enchanté**

In words borrowed from other languages, the pronunciation of **ch** may be irregular.
For example, in words of Greek origin, **ch** is pronounced **k**.

psychologie   **technologie**   **archaïque**   **archéologie**

The letter combination **qu** is almost always pronounced like the letter **k**.

quand   **pratiquer**   **kiosque**   **quelle**

The letter combination **ph** is pronounced like an **f**.

téléphone   **photo**   **prophète**   **géographie**

The letter combination **th** is pronounced like the letter **t**. English *th* sounds, as in the words
this and *with*, never occur in French.

thé   **athlète**   **bibliothèque**   **sympathique**

The letter combination **gn** is pronounced like the sound in the middle of the English word *onion*.

montagne   **espagnol**   **gagner**   **Allemagne**

Prononcez Répétez les mots suivants à voix haute.

1. thé
2. quart
3. chose
4. question
5. cheveux
6. parce que
7. champagne
8. casquette
9. philosophie
10. fréquenter
11. photographie
12. sympathique

Articulez Répétez les phrases suivantes à voix haute.

1. Quentin est martiniquais ou québécois?
2. Quelqu'un explique la question à Joseph.
3. Pourquoi est-ce que Philippe est inquiet?
4. Ignace prend une photo de la montagne.
5. Monique fréquente un café en Belgique.
6. Théo étudie la physique.

Dictons Répétez les dictons à voix haute.

N'éveillez pas le chat qui dort.[2]

La vache la première au pré lèche la rosée.[1]

[1] The early bird gets the worm. (lit. The cow that arrives at the pasture first licks the dew.)
[2] Let sleeping dogs lie. (lit. Don't wake a sleeping cat.)

Drôle de surprise

 **Video:** *Roman-photo*
Record & Compare

PERSONNAGES

David

Rachid

Chez David et Rachid...
DAVID Oh là là, ça ne va pas du tout, toi!
RACHID David, tu te dépêches? Il est sept heures et quart. Je dois me préparer, moi aussi!

DAVID Ne t'inquiète pas. Je finis de me brosser les dents!
RACHID On doit partir dans moins de vingt minutes. Tu ne te rends pas compte!
DAVID Excuse-moi, mais on s'est couché tard hier soir.
RACHID Oui et on ne s'est pas réveillé à l'heure, mais mon prof de sciences po, ça ne l'intéresse pas tout ça.

DAVID Attends, je ne trouve pas le peigne... Ah, le voilà. Je me coiffe... Deux secondes!
RACHID C'était vraiment sympa hier soir... On s'entend tous super bien et on ne s'ennuie jamais ensemble... Mais enfin, qu'est-ce que tu fais? Je dois me raser, prendre une douche et m'habiller, en exactement dix-sept minutes!

RACHID Bon, tu veux bien me passer ma brosse à dents, le dentifrice et un rasoir, s'il te plaît?
DAVID Attends une minute. Je me dépêche.
RACHID Comment est-ce qu'un mec peut prendre aussi longtemps dans la salle de bains?

DAVID Euh, j'ai un petit problème...
RACHID Qu'est-ce que tu as sur le visage?
DAVID Aucune idée.
RACHID Est-ce que tu as mal à la gorge? Fais: Ah!
RACHID Et le ventre, ça va?
DAVID Oui, oui, ça va...

RACHID Attends, je vais examiner tes yeux... regarde à droite, à gauche... maintenant ferme-les. Bien. Tourne-toi...
DAVID Hé!

1 **Vrai ou faux?** Indiquez si ces affirmations sont **vraies** ou **fausses**. Corrigez les phrases fausses.
1. David va bien ce matin.
2. Rachid est pressé ce matin.
3. David se rase.
4. David se maquille.
5. Rachid doit prendre une douche.

6. David ne s'est pas réveillé à l'heure.
7. David s'est couché tôt hier soir.
8. Tout le monde s'est bien amusé (*had a good time*) hier soir.
9. Les amis se disputent ce matin.
10. Rachid est très inquiet pour David.

 Practice more at **daccord2.vhlcentral.com.**

David et Rachid se préparent le matin.

DAVID Patience, cher ami!

RACHID Tu n'as pas encore pris ta douche?!

DAVID Ne te mets pas en colère. J'arrive, j'arrive! Voilà... un peu de crème sur le visage, sur le cou...

RACHID Tu te maquilles maintenant?

DAVID Ce n'est pas facile d'être beau, ça prend du temps, tu sais. Écoute, ça ne sert à rien de se disputer. Lis le journal si tu t'ennuies, j'ai bientôt fini.

RACHID Ne t'inquiète pas, c'est probablement une réaction allergique. Téléphone au médecin pour prendre un rendez-vous. Qu'est-ce que tu as mangé hier?

DAVID Eh ben... J'ai mangé un peu de tout! Hé! Je n'ai pas encore fini ma toilette!

RACHID Patience, cher ami!

Expressions utiles

Talking about your routine

- **Je dois me préparer.**
  I have to get (myself) ready.
- **Je finis de me brosser les dents!**
  I'm almost done brushing my teeth!
- **On s'est couché tard hier soir.**
  We went to bed late last night.
- **On ne s'est pas réveillé à l'heure.**
  We didn't wake up on time.
- **Je me coiffe.**
  I'm doing my hair.
- **Je dois me raser et m'habiller.**
  I have to shave (myself) and get dressed.
- **Tu te maquilles maintenant?**
  Are you putting makeup on now?

Talking about states of being

- **Ça ne sert à rien de se disputer.**
  It doesn't help to argue.
- **Tu te dépêches?**
  Are you hurrying?/Will you hurry?
- **Ne t'inquiète pas.**
  Don't worry.
- **Tu ne te rends pas compte!**
  You don't realize!
- **On s'entend tous super bien et on ne s'ennuie jamais ensemble.**
  We all get along really well and we never get bored with one another.
- **Ne te mets pas en colère.**
  Don't get angry.
- **Lis le journal si tu t'ennuies.**
  Read the paper if you're bored.

Additional vocabulary

- **Je me dépêche.**
  I'm hurrying.
- **Tourne-toi.**
  Turn around.
- **un mec**
  a guy
- **aucune idée**
  no idea

2 **Les opposés** Trouvez pour chaque verbe de la colonne de gauche son opposé dans les colonnes de droite. Utilisez un dictionnaire. Attention! Tous les mots ne sont pas utilisés.

_____ 1. bien s'entendre

_____ 2. s'ennuyer

_____ 3. se dépêcher

_____ 4. se lever

_____ 5. se reposer

a. s'amuser
b. s'occuper
c. se détendre

d. s'appeler
e. se disputer
f. se coucher

3 **Écrivez** Écrivez un paragraphe dans lequel (*in which*) vous décrivez la routine du matin et du soir de David ou de Rachid. Utilisez votre imagination et ce que vous savez de **ROMAN-PHOTO**.

A C T I V I T É S

CULTURE

CULTURE À LA LOUPE

Les Français et la santé

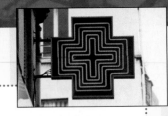

Que fait-on en France quand on ne se sent pas bien? On peut, bien sûr, contacter son médecin. Généralement, il vous reçoit° dans son cabinet° pour une consultation et vous donne une ordonnance. Il faut ensuite se rendre à° la pharmacie et présenter son ordonnance pour acheter ses médicaments. Beaucoup de médicaments ne sont pas en vente libre°, donc consulter un médecin est important et nécessaire.

Cependant°, pour leurs petits problèmes de santé, les Français aiment demander conseil° à leur pharmacien. Les pharmaciens en France ont un diplôme spécialisé et font six années d'études supérieures. Ils sont donc très compétents pour donner des conseils de qualité. Les pharmacies sont faciles à trouver: elles ont toutes une grande croix° verte lumineuse° suspendue° à l'extérieur. Elles sont en général ouvertes du lundi au samedi, entre 9h00 et 20h00. Pour les jours fériés et la nuit, il existe des pharmacies de garde°, dont° la liste est affichée sur la porte de chaque pharmacie.

Quand on est très malade, le médecin donne une consultation à domicile°, ce qui° est très pratique pour les enfants et les personnes âgées°! En cas d'urgence, on peut appeler deux autres numéros. SOS Médecin existe dans toutes les grandes villes. Ses médecins répondent aux appels 24 heures sur 24 et font des visites à domicile. Pour les accidents et les gros problèmes, on peut contacter le Samu. C'est un service qui emmène les malades et les blessés° à l'hôpital si nécessaire.

Coup de main

In France, body temperature is measured in Celsius.

37°C is the normal body temperature.

Between **37°** and **38°C** is a slight fever.

For a fever above **38.5°C**, medication should be taken.

Between **39°** and **40°C** is a high fever.

Les habitudes (habits) des Français et la santé

- 89% des Français voient° un médecin généraliste dans l'année.
- 54% vont chez le dentiste dans l'année.
- Les médecins donnent une ordonnance dans 80% des consultations.
- 57% des Français utilisent les médecines alternatives.
- 39% utilisent l'homéopathie° au moins une fois dans l'année.

SOURCES: INSEE, CNP/CNAM

reçoit *sees* cabinet *office* se rendre à *to go to* en vente libre *available over the counter* Cependant *However* conseil *advice* croix *cross* lumineuse *illuminated* suspendue *hung* de garde *emergency* dont *of which* à domicile *at home* ce qui *which* personnes âgées *the elderly* blessés *injured* voient *see* homéopathie *homeopathy*

ACTIVITÉS

1 Complétez Complétez les phrases, d'après le texte et le tableau.

1. À la fin d'une consultation, le médecin vous donne parfois ordonnance
2. Médicaments en France ne sont pas en vente libre.
3. Les pharmaciens en France font six années _____.
4. Les pharmacies sont faciles à trouver grâce à _____.
5. Parfois, le médecin vient à domicile pour donner conseil
6. Quand on est très malade, on peut appeler SOS médecin.
7. _____ voient un médecin généraliste dans l'année.
8. 39% des Français utilisent _____ au moins une fois dans l'année.
9. La température normale du corps est de 37°C
10. On a une forte fièvre quand on a 39-40°C

Practice more at daccord2.vhlcentral.com.

PORTRAIT

LE FRANÇAIS QUOTIDIEN

Les parties du corps

bec (*m.*)	*mouth*
caboche (*f.*)	*head*
carreaux (*m.*)	*eyes*
esgourdes (*f.*)	*ears*
gosier (*m.*)	*throat*
paluche (*f.*)	*hand*
panard (*m.*)	*foot*
pif (*m.*)	*nose*
tifs (*m.*)	*hair*

LE MONDE FRANCOPHONE

Des expressions idiomatiques

Voici quelques expressions autour° du corps.

En France

avoir le bras long être une personne importante qui peut influencer quelqu'un

avoir un chat dans la gorge avoir du mal à parler

casser les pieds à quelqu'un ennuyer une personne

coûter les yeux de la tête coûter très cher

se mettre le doigt dans l'œil se tromper°

Au Québec

avoir quelqu'un dans le dos détester quelqu'un

coûter un bras coûter très cher

un froid à couper un cheveu un très grand froid

sur le bras gratuit, qu'on n'a pas besoin de payer

En Suisse

avoir des tournements de tête avoir des vertiges°

donner une bonne-main donner un pourboire

autour *related to* **se tromper** *to be mistaken* **vertiges** *dizziness, vertigo*

PORTRAIT

L'Occitane

En 1976, un jeune étudiant en littérature de 23 ans, Olivier Baussan, a commencé à fabriquer chez lui de l'huile de romarin° et l'a vendue sur les marchés de Provence. Son huile a été très appréciée par le public et Baussan a fondé° L'Occitane, marque° de produits de beauté. La première boutique a ouvert ses portes dans le sud de la France en 1980 et aujourd'hui, la compagnie a plus de 500 boutiques dans 60 pays, y compris aux États-Unis et au Canada. Les produits de L'Occitane, tous faits à base d'ingrédients naturels comme la lavande° ou l'olive, s'inspirent de la Provence et sont fabriqués avec des méthodes traditionnelles. L'Occitane propose° des produits de beauté, des parfums, du maquillage et des produits pour le bain, pour la douche et pour la maison.

huile de romarin *rosemary oil* **fondé** *founded* **marque** *brand* **lavande** *lavender* **propose** *offers*

SUR INTERNET

Les hommes en France dépensent-ils beaucoup d'argent pour les produits de beauté ou de soin?

Go to **daccord2.vhlcentral.com** to find more information related to this **CULTURE** section.

---

2 **Vrai ou faux?** Indiquez si ces phrases sont vraies ou fausses. Corrigez les phrases fausses.

1. La compagnie L'Occitane a été fondée en Provence.
2. Le premier magasin L'Occitane a ouvert ses portes en 1976.
3. On trouve l'olive dans certains produits de L'Occitane.
4. L'Occitane se spécialise dans les produits pour le corps.
5. Les produits de L'Occitane utilisent des ingrédients naturels et sont fabriqués avec des méthodes traditionnelles.

3 **Les expressions idiomatiques** Regardez bien la liste des expressions dans **Le monde francophone**. En petits groupes, discutez de ces expressions. Lesquelles (*Which*) aimez-vous? Pourquoi? Essayez de deviner l'équivalent de ces expressions en anglais.

ressources

daccord2.vhlcentral.com

A C T I V I T É S

STRUCTURES

2A.1 Reflexive verbs

Point de départ A reflexive verb usually describes what a person does to or for himself or herself. In other words, it "reflects" the action of the verb back to the subject. Reflexive verbs always use reflexive pronouns.

SUBJECT   REFLEXIVE VERB

André   **se rase** à huit heures.

Se laver (to wash oneself)

je	me lave	I wash (myself)
tu	te laves	you wash (yourself)
il/elle	se lave	he/she/it washes (himself/herself/itself)
nous	nous lavons	we wash (ourselves)
vous	vous lavez	you wash (yourself/yourselves)
ils/elles	se lavent	they wash (themselves)

- The pronoun **se** before an infinitive identifies the verb as reflexive: **se laver**.

Je me coiffe.

Tu te maquilles, maintenant?

- When a reflexive verb is conjugated, the reflexive pronoun agrees with the subject. Except for **se**, reflexive pronouns have the same forms as direct and indirect object pronouns; **se** is used for both singular and plural 3rd person subjects.

Tu **te couches**.
You're going to bed.

Les enfants **se réveillent**.
The children wake up.

Je **me maquille** aussi.
I put on makeup too.

Nous **nous levons** très tôt.
We get up very early.

- Note that the reflexive pronouns **nous** and **vous** are identical to the corresponding subject pronouns.

Nous **nous regardons** dans le miroir.
We look at ourselves in the mirror.

Vous **habillez**-vous déjà?
Are you getting dressed already?

MISE EN PRATIQUE

1 Les habitudes Vous allez chez vos amis Frédéric et Pauline. Tout le monde a ses habitudes. Que fait-on tous les jours?

MODÈLE Frédéric / se raser
Frédéric se rase.

1. vous / se réveiller / à six heures
2. Frédéric et Pauline / se brosser / dents
3. tu / se lever / puis / prendre / douche
4. nous / sécher / cheveux
5. on / s'habiller / avant / petit-déjeuner
6. Frédéric et Pauline / se coiffer / avant / sortir
7. je / se déshabiller / et après / se coucher
8. tout le monde / s'endormir / tout de suite

2 La routine Tous les matins, Juliette suit (*follows*) la même routine. Regardez les illustrations et dites ce que (*what*) fait Juliette.

1.

3.

2.

4.

3 L'ordre logique À tour de rôle avec un(e) partenaire, indiquez dans quel ordre vous (ou quelqu'un que vous connaissez) faites ces choses.

MODÈLE se lever / se réveiller
D'abord, je me réveille. Ensuite, je me lève.

1. se laver / se sécher
2. se maquiller / prendre une douche
3. se lever / s'habiller
4. se raser / se réveiller
5. se coucher / se brosser les cheveux
6. s'endormir / se coucher
7. se coucher / se déshabiller
8. se lever / se réveiller

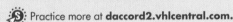 Practice more at **daccord2.vhlcentral.com**.

COMMUNICATION

4 **Tous les jours** Que fait votre partenaire tous les jours? Posez-lui les questions et il/elle vous répond.

MODÈLE se lever tôt le matin

Élève 1: Te lèves-tu tôt le matin?
Élève 2: Non, je ne me lève pas tôt le matin.

1. se réveiller tôt ou tard le week-end
2. se lever tout de suite
3. se maquiller tous les matins
4. se laver les cheveux tous les jours
5. se raser le soir ou le matin
6. se coucher avant ou après minuit

5 **Enquête** Votre professeur va vous donner une feuille d'activités. Circulez dans la classe et trouvez un(e) camarade différent(e) pour chaque action. Présentez les réponses à la classe.

MODÈLE

Élève 1: Est-ce que tu te lèves avant six heures du matin?
Élève 2: Oui, je me lève parfois à cinq heures!

Activités	Noms
1. se lever avant six heures du matin	Carole
2. se maquiller pour venir en cours	
3. se brosser les dents trois fois par jour	
4. se laver les cheveux le soir	
5. se coiffer à la dernière mode (fashion)	
6. se reposer le vendredi soir	

6 **Jacques a dit** Par groupes de quatre, un(e) élève donne des ordres au groupe. Attention! Vous devez obéir seulement si l'ordre est précédé de **Jacques a dit...** (*Simon says...*) La personne qui se trompe devient le meneur de jeu (*leader*). Le gagnant (*winner*) est l'élève qui n'a pas été le meneur de jeu. Utilisez les expressions de la liste, puis trouvez vos propres expressions.

se brosser les dents	se laver les mains
se coiffer	se lever
s'endormir	se maquiller
s'habiller	se sécher les cheveux

Common reflexive verbs

se brosser les cheveux	*to brush one's hair*	se laver (les mains)	*to wash oneself (one's hands)*
se brosser les dents	*to brush one's teeth*	se lever	*to get up, to get out of bed*
se coiffer	*to do one's hair*	se maquiller	*to put on makeup*
se coucher	*to go to bed*	se raser	*to shave oneself*
se déshabiller	*to undress*	se regarder	*to look at oneself*
s'endormir	*to fall asleep*	se réveiller	*to wake up*
s'habiller	*to get dressed*	se sécher	*to dry oneself*

- **S'endormir** is conjugated like **dormir**. **Se lever** and **se sécher** follow the same spelling-change patterns as **acheter** and **espérer**, respectively.

  Il **s'endort** tôt.   Tu **te lèves** à quelle heure?   Elles **se sèchent**.
  He falls asleep early.   *What time do you get up?*   *They dry off.*

- Some verbs can be used both reflexively and non-reflexively. If the verb acts upon something other than the subject, the non-reflexive form is used.

  La mère **se réveille** à sept heures.   Ensuite, elle **réveille** son fils.
  The mother wakes up at 7 o'clock.   *Then, she wakes her son up.*

- When a body part is the direct object of a reflexive verb, it is usually preceded by a definite article.

  Vous **vous lavez les** mains.   Je ne **me brosse** pas **les** dents.
  You wash your hands.   *I'm not brushing my teeth.*

- You form the imperative of a reflexive verb as you would a non-reflexive verb. Add the reflexive pronoun to the end of an affirmative command. In negative commands, place the reflexive pronoun between **ne** and the verb. (Remember to change **me/te** to **moi/toi** in affirmative commands.)

  Réveille-toi, Bruno!   *but*   **Ne te réveille pas**!
  Wake up, Bruno!   *Don't wake up!*

Essayez! Complétez les phrases avec les formes correctes des verbes.

1. Ils ___se brossent___ (se brosser) les dents.
2. À quelle heure est-ce que vous _____ (se coucher)?
3. Tu _____ (s'endormir) en cours.
4. Nous _____ (se sécher) les cheveux.
5. On _____ (s'habiller) vite! Il faut partir.
6. Les femmes _____ (se maquiller) souvent.
7. Tu ne _____ (se déshabiller) pas encore.
8. Je _____ (se lever) vers onze heures.

STRUCTURES

2A.2 Reflexives: *Sens idiomatique*

Point de départ You've learned that reflexive verbs "reflect" the action back to the subject. Some reflexive verbs, however, do not literally express a reflexive meaning.

Common idiomatic reflexives

s'amuser	to play; to have fun	s'intéresser (à)	to be interested (in)
s'appeler	to be called	se mettre à	to begin to
s'arrêter	to stop	se mettre en colère	to become angry
s'asseoir	to sit down	s'occuper (de)	to take care of, to keep oneself busy
se dépêcher	to hurry	se préparer	to get ready
se détendre	to relax	se promener	to take a walk
se disputer (avec)	to argue (with)	se rendre compte (de/que)	to realize
s'énerver	to get worked up, to become upset	se reposer	to rest
s'ennuyer	to get bored	se souvenir (de)	to remember
bien s'entendre (avec)	to get along well (with)	se tromper	to be mistaken
s'inquiéter	to worry	se trouver	to be located

Lis le journal, si tu t'ennuies.

Ne t'inquiète pas.

- **Se souvenir** is conjugated like **venir**.

  Souviens-toi de son anniversaire.
  Remember her birthday.

  Nous nous souvenons de cette date.
  We remember that date.

- **S'ennuyer** has the same spelling changes as **envoyer**. **Se promener** and **s'inquiéter** have the same spelling changes as **acheter** and **espérer**, respectively.

  Je **m'ennuie** à mourir aujourd'hui.
  I'm bored to death today.

  On **se promène** dans le parc.
  We take a walk in the park.

  Ils **s'inquiètent** pour leur fille.
  They worry about their daughter.

MISE EN PRATIQUE

1 **Ma sœur et moi** Complétez ce texte avec les formes correctes des verbes.

Je (1) _____ (s'appeler) Anne, et j'ai une sœur, Stéphanie. Nous (2) _____ (s'habiller) souvent de la même manière, mais nous sommes très différentes. Stéphanie (3) _____ (s'intéresser) à la politique et elle étudie le droit, et moi, je (4) _____ (s'intéresser) à l'art et je fais de la peinture (*paint*). Nous habitons ensemble, et nous (5) _____ (s'entendre bien). On (6) _____ (s'arrêter) souvent au parc et on (7) _____ (s'asseoir) sur un banc (*bench*) pour bavarder. Quelquefois, on (8) _____ (se mettre en colère). Heureusement, on (9) _____ (se rendre compte) que c'est inutile. En fait, Stéphanie et moi, nous (10) _____ (ne pas s'ennuyer) ensemble.

2 **Que faire?** Que font Diane et ses copains? Utilisez les verbes de la liste pour compléter les phrases.

s'amuser	se disputer	s'occuper
s'appeler	s'énerver	se préparer
s'asseoir	s'ennuyer	se promener
se dépêcher	s'entendre	se reposer
se détendre	s'inquiéter	se tromper

1. Si je suis en retard pour mon cours, je _____.
2. Parfois, Toufik _____ et ne donne pas la bonne réponse.
3. Quand un cours n'est pas intéressant, nous _____.
4. Le week-end, Hubert et Édith sont fatigués, alors ils _____.
5. Quand je ne comprends pas mon prof, je _____.
6. Quand il fait beau, vous allez dans le parc et vous _____.

3 **La fête** Marc a invité ses amis pour célébrer la fin (*end*) de l'année. Avec un(e) partenaire, décrivez la scène à tour de rôle. Utilisez tous les verbes possibles de la liste de l'Activité 2.

Marc · Yasmina · Virginie · Tran et Yves · Christelle et Thomas · Rachel et Victor · Christine et Mohammed

 Practice more at **daccord2.vhlcentral.com**.

COMMUNICATION

4   Se connaître Vous voulez mieux connaître vos camarades. Par groupes de quatre, posez-vous des questions, puis présentez les réponses à la classe.

MODÈLE s'intéresser à la politique

Élève 1: *Je ne m'intéresse pas à la politique. Et toi, t'intéresses-tu à la politique?*
Élève 2: *Je m'intéresse beaucoup à la politique et je lis le journal tous les jours.*

1. s'amuser en cours de français
2. s'inquiéter pour les examens
3. s'asseoir au premier rang (*row*) dans la classe
4. s'énerver facilement
5. se mettre souvent en colère
6. se reposer le week-end

5   Curieux Utilisez ces verbes et expressions pour interviewer un(e) partenaire.

MODÈLE s'amuser / avec qui

Élève 1: *Avec qui est-ce que tu t'amuses?*
Élève 2: *Je m'amuse avec mes amis.*

1. s'entendre bien / avec qui
2. s'intéresser / à quoi
3. s'ennuyer / quand, pourquoi
4. se mettre en colère / pourquoi
5. se détendre / quand, comment
6. se promener / avec qui, où, quand
7. se disputer / avec qui, pourquoi
8. se dépêcher / quand, pourquoi

6   Une mère inquiète La mère de Philippe lui a écrit cet e-mail. Avec un(e) partenaire, préparez par écrit la réponse de Philippe. Employez des verbes réfléchis à sens idiomatique.

> Mon chéri,
>
> Je m'inquiète beaucoup pour toi. Je me rends compte que tu as changé. Tu ne t'amuses pas avec tes amis et tu te mets constamment en colère. Maintenant, tu restes tout le temps dans ta chambre et tu t'intéresses seulement à la télé. Est-ce que tu t'ennuies à l'école? Te souviens-tu que tu as des amis? J'espère que je me trompe.

• Note the spelling changes of **s'appeler** in the present tense.

S'appeler (to be named, to call oneself)	
je m'appelle	nous nous appelons
tu t'appelles	vous vous appelez
il/elle s'appelle	ils/elles s'appellent

Tu **t'appelles** comment?   Vous **vous appelez** Laure?
What is your name?   *Is your name Laure?*

• Note the irregular conjugation of the verb **s'asseoir**.

S'asseoir (to be seated, to sit down)	
je m'assieds	nous nous asseyons
tu t'assieds	vous vous asseyez
il/elle s'assied	ils/elles s'asseyent

Asseyez-vous, Monsieur.   **Assieds-toi** ici sur le canapé.
Have a seat, sir.   *Sit here on the sofa.*

• Many idiomatical reflexive expressions can be used alone, with a preposition, or with the conjunction **que**.

Tu **te trompes**.   Il **se trompe** toujours **de** date.
You're wrong.   *He's always mixing up the date.*

Marlène **s'énerve** facilement.   Marlène **s'énerve contre** Thierry.
Marlène gets mad easily.   *Marlène gets mad at Thierry.*

Ils **se souviennent de** ton anniversaire.   Je **me souviens que** tu m'as téléphoné.
They remember your birthday.   *I remember you phoned me.*

Essayez!   Choisissez les formes correctes des verbes.

1. Mes parents ___s'inquiètent___ (s'inquiéter) beaucoup.
2. Nous _____ (s'entendre) bien, ma sœur et moi.
3. Alexis ne _____ (se rendre) pas compte que sa petite amie ne l'aime pas.
4. On doit _____ (se dépêcher) pour arriver au lycée.
5. Papa _____ (s'occuper) toujours de la cuisine.
6. Tu _____ (s'amuser) quand tu vas au cinéma?
7. Vous _____ (s'intéresser) au cours d'histoire?
8. Je ne _____ (se disputer) pas souvent avec les profs.
9. Tu _____ (se reposer) un peu sur le lit.
10. Angélique _____ (s'asseoir) toujours près de la porte.
11. Je _____ (s'appeler) Suzanne.
12. Elles _____ (s'ennuyer) chez leurs cousins.

SYNTHÈSE
Révision

1 **Les colocataires** Avec un(e) partenaire, décrivez cette maison de colocataires. Que font-ils à sept heures du matin?

1.

2.

3.

2 **Le camping** Vous et votre partenaire faites du camping dans un endroit isolé. Malheureusement, vous avez tout oublié. À tour de rôle, parlez de ces problèmes à votre partenaire. Il/Elle va essayer de vous aider.

MODÈLE

Élève 1: *Je veux me laver les cheveux, mais je n'ai pas pris mon shampooing.*
Élève 2: *Moi, j'ai apporté mon shampooing. Je te le prête.*

se brosser les cheveux	se laver le visage
se brosser les dents	prendre une douche
se coiffer	se raser
se laver les mains	se sécher les cheveux

3 **Débat** Par groupes de quatre, débattez cette question: Qui prend plus de temps pour se préparer avant de sortir, les hommes ou les femmes? Préparez une liste de raisons pour défendre votre point de vue. Présentez vos arguments à la classe.

4 **Dépêchez-vous!** Avec un(e) partenaire, vous êtes les parents de trois enfants. Ils doivent partir pour l'école dans dix minutes, mais ils viennent juste de se réveiller! Que leur dites-vous? Utilisez des verbes réfléchis.

MODÈLE

Élève 1: *Dépêchez-vous!*
Élève 2: *Lève-toi!*

5 **Départ en vacances** Avec un(e) partenaire, observez les images et décrivez-les. Utilisez tous les verbes de la liste. Ensuite, racontez à la classe l'histoire du départ en vacances de la famille Glassié.

s'amuser	s'énerver
se dépêcher	se mettre en colère
se détendre	se préparer
se disputer (avec)	se rendre compte

1.

3.

2.

4.

6 **La personnalité de Martin** Votre professeur va vous donner, à vous et à votre partenaire, une feuille d'information sur Martin. Attention! Ne regardez pas la feuille de votre partenaire.

MODÈLE

Élève 1: *Martin s'habille élégamment.*
Élève 2: *Mais il s'ennuie le soir.*

ressources

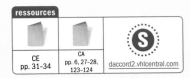

CE
pp. 31–34

CA
pp. 6, 27–28,
123–124

daccord2.vhlcentral.com

S Video: TV Clip

1 femme sur 2 ne se démaquille pas…

En 1904, les laboratoires Bonetti, une entreprise (*firm*) française, créent° la crème médicale Diadermine. Cette crème connaît vite un grand succès et est utilisée par toute la famille. Son succès permet à la marque° de lancer° d'autres produits. Le groupe Henkel rachète° les laboratoires Bonetti en 1980. Et en 1998, Diadermine invente les lingettes démaquillantes° qui représentent aujourd'hui presque un quart du marché des démaquillants.

—Trop long, trop compliqué.

—Une seule lingette pour démaquiller et nettoyer le visage et les yeux.

Compréhension Répondez aux questions.

1. Pourquoi ces lingettes sont-elles une innovation?
2. Quelles femmes vont utiliser ces lingettes?

Discussion Par groupes de quatre, répondez aux questions et discutez.

1. Que pensez-vous du maquillage?
2. Passez-vous du temps à vous préparer le matin? Expliquez votre réponse.

créent *create* **marque** *brand* **lancer** *launch* **rachète** *buys out*
lingettes démaquillantes *make-up removal tissues*

 Practice more at **daccord2.vhlcentral.com**.

Leçon 2B

You will learn how to...
- describe your health
- talk about remedies and well-being

Talking Picture
Audio: Activity

J'ai mal!

Il a de la fièvre.

Elle tousse. (tousser)

Elle fait une piqûre.

Elle a mal au dos.

un patient (patiente f.)

Elle est enceinte.

une pilule

Il a un rhume.

Elle est en bonne santé.

Il éternue. (éternuer)

ATCHOUM!

une blessure

Le Monde

SANTÉ

Vocabulaire

aller aux urgences/ à la pharmacie	to go to the emergency room/ to the pharmacy
avoir mal	to have an ache
avoir mal au cœur	to feel nauseous
enfler	to swell
être en bonne santé	to be in good health
être en mauvaise santé	to be in bad health
être en pleine forme	to be in good shape
éviter de	to avoid
faire mal	to hurt
garder la ligne	to stay slim
guérir	to get better
se blesser	to hurt oneself
se casser (la jambe/ le bras)	to break one's (leg/ arm)
se fouler la cheville	to twist/sprain one's ankle
se porter mal/mieux	to be ill/better
se sentir	to feel
tomber/être malade	to get/to be sick
un(e) dentiste	dentist
un(e) pharmacien(ne)	pharmacist
une allergie	allergy
une douleur	pain
la grippe	flu
un symptôme	symptom
une aspirine	aspirin
un médicament (contre/pour)	medication (to prevent/for)
une ordonnance	prescription
les urgences	emergency room
déprimé(e)	depressed
grave	serious
sain(e)	healthy

ressources

CE pp. 35–36

CA p. 125

daccord2.vhlcentral.com

Mise en pratique

un infirmier

ne pas fumer

Elle fait de l'exercice.

une infirmière

Il a mal au ventre.

Elle a mal à la tête.

1 **Chassez l'intrus** Indiquez le mot qui ne va pas avec les autres.

1. un médicament, une pilule, une ordonnance, une aspirine
2. un médecin, un dentiste, un patient, une pharmacienne
3. un rhume, une aspirine, la grippe, une allergie
4. tomber malade, guérir, être en bonne santé, se porter mieux
5. éternuer, tousser, fumer, avoir mal à la gorge
6. être en pleine forme, être malade, être en bonne santé, garder la ligne
7. se sentir bien, se porter mieux, être en mauvaise santé, ne pas fumer
8. une blessure, une pharmacie, un symptôme, une douleur

2 **Complétez** Complétez ces phrases avec le bon mot choisi dans **CONTEXTES** pour faire des phrases logiques.

1. Vous allez chez le médecin quand vous tombez _____.
2. Vous allez chez _____ quand vous avez mal aux dents.
3. _____ aide les médecins.
4. Une femme qui va avoir un bébé est _____.
5. Une personne qui a eu un grave accident est emmenée (*taken*) aux _____.
6. On prend une _____ quand on a mal à la tête.
7. Pour être en forme et garder la ligne, il faut _____.
8. Si on n'est pas malade, on est _____.
9. Le médecin peut vous faire _____.
10. _____ est une liste de médicaments à prendre.
11. Être _____, c'est être tout le temps malheureux.
12. Si les fleurs vous font _____, vous avez une allergie.

3 **Écoutez** Monsieur Sebbar est tombé malade. Vous allez écouter une conversation entre lui et son médecin. Choisissez les éléments de chaque catégorie qui sont vrais.

Symptômes

1. J'ai mal à la tête. ☐
2. J'ai mal au ventre. ☐
3. J'ai mal aux yeux. ☐
4. J'ai mal à la gorge. ☐
5. J'ai mal au cœur. ☐
6. J'ai mal à la cheville. ☐
7. J'ai de la fièvre. ☐

Diagnostic

1. la grippe ☐
2. un rhume ☐
3. la cheville cassée ☐

Traitement

1. faire de l'exercice ☐
2. faire une piqûre ☐
3. prendre des médicaments ☐

Practice more at **daccord2.vhlcentral.com.**

CONTEXTES

Communication

4 **Conversez** Interviewez un(e) camarade de classe.

1. Quand t'a-t-on fait une piqûre pour la dernière fois? Pourquoi? Et une ordonnance?
2. Est-ce que tu as souvent un rhume? Que fais-tu pour te soigner (*to treat yourself*)?
3. Quel médicament prends-tu quand tu as de la fièvre? Et quand tu as mal à la tête?
4. Es-tu allé(e) chez le médecin cette année? À l'hôpital? Pourquoi?
5. Es-tu déjà allé(e) aux urgences? Pourquoi?
6. Un membre de ta famille ou un(e) de tes ami(e)s est-il/elle à l'hôpital en ce moment? Comment se sent cette personne?
7. Comment te sens-tu aujourd'hui? Et comment te sentais-tu hier?

5 **Qu'est-ce qui ne va pas?** Travaillez avec un(e) camarade de classe et à tour de rôle, indiquez ce qui ne va pas chez chaque personne. Proposez un traitement (*treatment*).

1.

2.

3.

4.

5.

6.

7.

8.

6 **Écriture** Suivez les instructions et composez un paragraphe. Ensuite, comparez votre paragraphe avec celui d'un(e) camarade de classe.

- Décrivez la dernière fois que vous étiez malade ou la dernière fois que vous avez eu un accident.
- Dites quels étaient vos symptômes.
- Dites si vous êtes allé(e) chez le médecin ou aux urgences.
- Mentionnez si vous avez eu une ordonnance et quels médicaments vous avez pris.

7 **Chez le médecin** Travaillez avec un(e) camarade de classe pour présenter un dialogue dans lequel vous:

- jouez le rôle d'un médecin et d'un(e) patient(e).
- parlez des symptômes du/de la patient(e).
- présentez le diagnostic (*diagnosis*) du médecin.
- proposez une ordonnance au/à la patient(e).

Les sons et les lettres

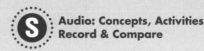

Audio: Concepts, Activities
Record & Compare

p, t, and c

Read the following English words aloud while holding your hand an inch or two in front of your mouth. You should feel a small burst of air when you pronounce each of the consonants.

| **pan** | **top** | **cope** | **pat** |

In French, the letters **p**, **t**, and **c** are not accompanied by a short burst of air. This time, try to minimize the amount of air you exhale as you pronounce these consonants. You should feel only a very small burst of air or none at all.

| **panne** | **taupe** | **capital** | **cœur** |

To minimize a t sound, touch your tongue to your teeth and gums, rather than just your gums.

| **taille** | **tête** | **tomber** | **tousser** |

Similarly, you can minimize the force of a **p** by smiling slightly as you pronounce it.

| **pied** | **poitrine** | **pilule** | **piqûre** |

When you pronounce a hard c sound, you can minimize the force by releasing it very quickly.

| **corps** | **cou** | **casser** | **comme** |

Prononcez Répétez les mots suivants à voix haute.

1. plat
2. cave
3. tort
4. timide
5. commencer
6. travailler
7. pardon
8. carotte
9. partager
10. problème
11. rencontrer
12. confiture
13. petits pois
14. colocataire
15. canadien

Articulez Répétez les phrases suivantes à voix haute.

1. Paul préfère le tennis ou les cartes?
2. Claude déteste le poisson et le café.
3. Claire et Thomas ont-ils la grippe?
4. Tu préfères les biscuits ou les gâteaux?

Dictons Répétez les dictons à voix haute.

Les absents ont toujours tort.[1]

Il n'y a que le premier pas qui coûte.[2]

[1] Those who are absent are always the ones to blame.
[2] The first step is always the hardest.

ROMAN-PHOTO

L'accident

 Video: *Roman-photo* **Record & Compare**

PERSONNAGES

Amina

David

Dr Beaumarchais

Rachid

Stéphane

Au parc...

RACHID Comment s'appelle le parti politique qui gagne les élections en 1936?

STÉPHANE Le Front Populaire.

RACHID Exact. Qui en était le chef?

STÉPHANE Je ne m'en souviens pas.

RACHID Réfléchis. Qui est devenu président...?

AMINA Salut, vous deux!

RACHID Bonjour, Amina! (*Il tombe.*) Aïe!

STÉPHANE Tiens, donne-moi la main. Essaie de te relever.

RACHID Attends... non, je ne peux pas.

AMINA On va t'emmener chez le médecin tout de suite. Stéphane, mets-toi là, de l'autre côté. Hop là! On y va? Allons-y.

Chez le médecin...

DOCTEUR Alors, expliquez-moi ce qui s'est passé.

RACHID Eh bien, je jouais au foot quand tout à coup, je suis tombé.

DOCTEUR Et où est-ce que vous avez mal? Au genou? À la jambe? Ça ne vous fait pas mal ici?

RACHID Non, pas vraiment.

AMINA Ah, te voilà, Rachid!

STÉPHANE Alors, tu t'es cassé la jambe? Euh... tu peux toujours jouer au foot?

AMINA Stéphane!

RACHID Pas pour le moment, non; mais ne t'inquiète pas. Après quelques semaines de repos, je vais guérir rapidement et retrouver la forme.

AMINA Qu'est-ce que t'a dit le docteur?

RACHID Oh, ce n'est pas grave. Je me suis foulé la cheville. C'est tout.

AMINA Ah, c'est une bonne nouvelle. Bon, on rentre?

RACHID Oui, volontiers. Dis, est-ce qu'on peut passer par la pharmacie?

AMINA Bien sûr!

Chez David et Rachid...

DAVID Rachid! Qu'est-ce qui t'est arrivé?

RACHID On jouait au foot et je suis tombé. Je me suis foulé la cheville.

DAVID Oh! C'est idiot!

AMINA Bon, on va mettre de la glace sur ta cheville. Il y en a au congélateur?

DAVID Oui, il y en a.

A C T I V I T É S

1 **Les événements** Mettez ces événements dans l'ordre chronologique.

_____ **a.** Rachid, Stéphane et Amina vont à la pharmacie.

_____ **b.** Rachid tombe.

_____ **c.** David explique qu'il a eu une réaction allergique.

_____ **d.** Rachid et Stéphane jouent au foot.

_____ **e.** Le docteur Beaumarchais explique que Rachid n'a pas la cheville cassée.

_____ **f.** Stéphane ne se souvient pas de la réponse.

_____ **g.** Amina et Stéphane aident Rachid.

_____ **h.** Amina et Stéphane sont surpris de voir (*see*) comment est le visage de David.

_____ **i.** David dit qu'il est allé aux urgences.

_____ **j.** Le docteur Beaumarchais prépare une ordonnance.

 Practice more at **daccord2.vhlcentral.com.**

Rachid se foule la cheville.

DOCTEUR Et là, à la cheville?
RACHID Aïe! Oui, c'est ça!
DOCTEUR Vous pouvez tourner le pied à droite... Et à gauche? Doucement. La bonne nouvelle, c'est que ce n'est pas cassé.
RACHID Ouf, j'ai eu peur.

DOCTEUR Vous vous êtes simplement foulé la cheville. Alors, voilà ce que vous allez faire: mettre de la glace, vous reposer. Ça veut dire: pas de foot pendant une semaine au moins et prendre des médicaments contre la douleur. Je vous prépare une ordonnance tout de suite.
RACHID Merci, Docteur Beaumarchais.

STÉPHANE Et toi, David, qu'est-ce qui t'est arrivé? Tu fais le clown ou quoi?
DAVID Ah! Ah!... Très drôle, Stéphane.
AMINA Ça te fait mal?
DAVID Non. C'est juste une allergie. Ça commence à aller mieux. Je suis allé aux urgences. On m'a fait une piqûre et on m'a donné des médicaments. Ça va passer. En attendant, je dois éviter le soleil.

STÉPHANE Vous faites vraiment la paire, tous les deux!
AMINA Allez, Stéphane. Laissons-les tranquilles. Au revoir, vous deux. Reposéz-vous bien!
RACHID Merci! Au revoir!
DAVID Au revoir!
DAVID Eh! Rends-moi la télécommande! Je regardais ce film...

Expressions utiles

Giving instructions and suggestions

- **Essaie de te relever.**
  Try to get up.
- **On y va? Allons-y.**
  Ready? Let's go (there).
- **Qu'est-ce qui t'est arrivé?**
  What happened to you?
- **Laissons-les tranquilles.**
  Let's leave them alone.
- **Rends-moi la télécommande.**
  Give me back the remote.

Referring to ideas, quantities, and places

- **Qui en était le chef?**
  Who was the leader of it?
- **Je ne m'en souviens pas.**
  I don't remember it.
- **De la glace. Il y en a au congélateur?**
  Ice. Is there any in the freezer?
- **Oui, il y en a.**
  Yes, there is some (there).

Additional vocabulary

- **la bonne nouvelle**
  the good news
- **ça veut dire**
  that is to say/that means
- **volontiers**
  gladly/I'd love to!
- **en attendant**
  in the meantime

2 **À vous!** Sandrine ne sait pas encore ce qui (*what*) est arrivé à David et à Rachid. Avec deux camarades de classe, préparez une conversation dans laquelle Sandrine découvre ce qui s'est passé. Ensuite, jouez les rôles de Sandrine, David et Rachid devant la classe.

- Imaginez le contexte de la conversation: le lieu, qui fait/a fait quoi.
- Décidez si Sandrine rencontre les garçons ensemble ou séparément.
- Décrivez la surprise initiale de Sandrine. Détaillez ses questions et ses réactions.

3 **Écrivez** Rachid et David ont deux problèmes de santé très différents. Qu'est-ce que vous préférez, une cheville foulée pendant une semaine ou une réaction allergique au visage? Écrivez un paragraphe dans lequel vous comparez les deux situations. Quelle situation est la pire? Pourquoi?

ressources

CA
pp. 67–68

daccord2.vhlcentral.com

A C T I V I T É S

Video: *Flash culture*

La Sécurité sociale

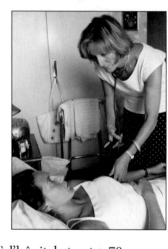

En France, presque tous les habitants sont couverts par le système national de la Sécurité sociale. La Sécurité sociale, ou «la sécu», est un organisme d'État, financé principalement par les cotisations° sociales des travailleurs, qui donne une aide financière à ses bénéficiaires dans différents domaines. La branche «famille», par exemple, s'occupe des allocations° pour la maternité et les enfants. La branche «vieillesse» paie les retraites des personnes âgées°. La branche «maladie» aide les gens en cas de maladies et d'accidents du travail. Chaque personne qui bénéficie des prestations° de la Sécurité sociale a une carte Vitale qui ressemble à une carte de crédit et qui contient° toutes ses informations personnelles.

La Sécurité sociale rembourse° en moyenne 75% des frais° médicaux. Les visites chez le médecin sont remboursées à 70%. Le taux° de remboursement varie entre 80 et 100% pour les séjours en clinique ou à l'hôpital et entre 70 et 100% pour les soins dentaires°. Pour les médicaments sur ordonnance, le taux de remboursement varie beaucoup: de 35 à 100% selon° les médicaments achetés. Beaucoup de gens ont aussi une mutuelle, une assurance santé supplémentaire qui rembourse ce que la Sécurité sociale ne rembourse pas. Ceux° qui ne peuvent pas avoir de mutuelle et ceux qui n'ont pas droit à° la Sécurité sociale traditionnelle bénéficient parfois de la Couverture Maladie Universelle (CMU). La CMU garantit le remboursement à 100% des frais médicaux aux gens qui n'ont pas assez de ressources.

Les visites médicales

- En moyenne°, les Français consultent un médecin sept fois par an, dont° quatre fois un généraliste et trois fois un spécialiste.
- 70% des visites médicales ont lieu° chez le médecin.
- 20% ont lieu à la maison.
- 10% ont lieu à l'hôpital.

SOURCE: Francoscopie

cotisations *contributions* **allocations** *allowances* **personnes âgées** *the elderly* **prestations** *benefits* **contient** *holds* **rembourse** *reimburses* **frais** *expenses* **taux** *rate* **soins dentaires** *dental care* **selon** *depending on* **Ceux** *Those* **n'ont pas droit à** *don't qualify for* **En moyenne** *On average* **dont** *of which* **ont lieu** *take place*

A C T I V I T É S

1 Vrai ou faux? Indiquez si les phrases sont **vraies** ou **fausses**. Corrigez les phrases fausses.

1. Les cotisations des travailleurs financent la Sécurité sociale.
2. La Sécurité sociale a plusieurs branches.
3. La branche «vieillesse» s'occupe des accidents du travail.
4. La carte Vitale est une assurance supplémentaire.
5. La Sécurité sociale rembourse en moyenne 100% des frais médicaux.

6. Entre 70 et 100% des soins dentaires sont remboursés par la sécu.
7. La Sécurité sociale ne rembourse pas les médicaments.
8. En plus de la Sécurité sociale, certaines personnes ont des assurances santé supplémentaires.
9. Si on n'a pas beaucoup d'argent, on peut bénéficier de la CMU.
10. 20% des consultations médicales ont lieu à l'hôpital.

 Practice more at **daccord2.vhlcentral.com.**

LE FRANÇAIS QUOTIDIEN

Des problèmes de santé

angine (**f.**)	*strep throat*
bronchite (**f.**)	*bronchitis*
carie (**f.**)	*cavity*
frissons (**m.**)	*chills*
migraine (**f.**)	*migraine*
nez bouché	*stuffy nose*
nez qui coule	*runny nose*
sinusite (**f.**)	*sinus infection*
toux (**f.**)	*cough*

LE MONDE FRANCOPHONE

Des pionniers de la médecine

Voici quelques pionniers francophones de la médecine.

En Belgique

Jules Bordet (1870–1961) médecin et microbiologiste qui a découvert° le microbe de la coqueluche°

En France

Bernard Kouchner (1939–) médecin, cofondateur° de Médecins sans frontières° et de Médecins du monde

En Haïti

Yvonne Sylvain (1907–1989) première femme médecin et gynécologue obstétricienne d'Haïti

Au Québec

Jeanne Mance (1606–1673) fondatrice du premier hôpital d'Amérique du Nord

En Suisse

Henri Dunant (1828–1910) fondateur de la Croix-Rouge°

a découvert *discovered* **coqueluche** *whooping cough* **cofondateur** *cofounder* **frontières** *Borders* **Croix-Rouge** *Red Cross*

PORTRAIT

L'hôtel des Invalides

L'hôtel des Invalides est un monument parisien dont le dôme doré° est un chef-d'œuvre° de l'architecture du XVIIe siècle. Le roi° Louis XIV l'a fait construire entre 1670 et 1680 pour accueillir° les vieux soldats° et les soldats invalides°. Pendant la Seconde Guerre mondiale°, le monument a servi de cachette° à des membres de la Résistance. Plusieurs grands hommes de guerre reposent° aux Invalides, notamment Napoléon Bonaparte et Claude Joseph Rouget de Lisle, l'auteur de *La Marseillaise*, l'hymne national français. Aujourd'hui, l'hôtel des Invalides accueille toujours d'anciens° soldats de l'armée française, mais c'est aussi un site culturel qui a quatre musées.

doré *gold* **chef-d'œuvre** *masterpiece* **roi** *King* **accueillir** *welcome, take in* **soldats** *soldiers* **invalides** *disabled* **Guerre mondiale** *World War* **cachette** *hiding place* **reposent** *are buried* **anciens** *former*

SUR INTERNET

Qui a découvert le vaccin contre la tuberculose?

Go to **daccord2.vhlcentral.com** to find more information related to this **CULTURE** section. Then watch the corresponding **Flash culture**.

---

2 **Répondez** Répondez aux questions par des phrases complètes.

1. Pour qui Louis XIV a-t-il fait construire l'hôtel des Invalides?

2. Quand l'hôtel des Invalides a-t-il été construit?

3. Qui a utilisé l'hôtel des Invalides pendant la Seconde Guerre mondiale?

4. Que peut-on faire aujourd'hui à l'hôtel des Invalides?

5. Qui a été la première femme médecin d'Haïti?

3 **Problèmes de santé** Avec un(e) camarade, écrivez cinq phrases dans lesquelles (*in which*) vous utilisez le vocabulaire du **Français quotidien**. Soyez prêts à les présenter devant la classe.

ressources

CA pp. 93–94

daccord2.vhlcentral.com

ACTIVITÉS

2B.1 The *passé composé* of reflexive verbs

Point de départ In **Leçon 2A**, you learned to form the present tense and command forms of reflexive verbs. You will now learn how to form the **passé composé** of reflexive verbs.

Vous vous êtes foulé la cheville.

Tu t'es cassé la jambe?

- Use the auxiliary verb **être** with all reflexive verbs in the **passé composé**, and place the reflexive pronoun before it.

Nous **nous sommes fait** mal hier, pendant la randonnée.
We hurt ourselves during the hike yesterday.

Il **s'est lavé** les mains avant de prendre le médicament.
He washed his hands before taking the medicine.

- If the verb is not followed by a direct object, the past participle should agree with the subject in gender and number.

SUBJECT   PAST PARTICIPLE
L'infirmier et le médecin **se sont disputés**.
The nurse and the doctor argued.

SUBJECT PAST PARTICIPLE
Elle **s'est assise** dans le fauteuil du dentiste.
She sat in the dentist's chair.

- If the verb is followed by a direct object, the past participle should not agree with the subject. Use the masculine singular form.

PAST   DIRECT
PARTICIPLE OBJECT
Régine **s'est foulé** les deux chevilles.
Régine twisted both ankles.

PAST   DIRECT
PARTICIPLE OBJECT
Ils **se sont cassé** les bras.
They broke their arms.

- To make a reflexive verb negative in the **passé composé**, place **ne** before the reflexive pronoun and **pas** after the auxiliary verb.

Elles **ne se sont pas** mises en colère.
They didn't get angry.

Nous **ne nous sommes pas** sentis mieux.
We didn't feel better.

Je **ne me suis pas** rasé ce matin.
I didn't shave this morning.

Tu **ne t'es pas** coiffée.
You didn't do your hair.

1 **Une lettre** Complétez la lettre que Christine a écrite sur sa journée. Mettez les verbes au passé composé.

me suis couchée

Hier soir, je (1) _____ (se coucher) trop tard, et quand je (2) me suis réveillée (se réveiller), j'étais fatiguée. Mais je voulais jouer au basket, alors je (3) me suis levée (se lever) et je (4) me suis brossé (se brosser) les dents. Mon amie est venue me chercher et je (5) me suis endormie (s'endormir) dans la voiture! Je pense que mon amie (6) s'est énervé (s'énerver) un peu contre moi. Nous (7) nous sommes préparés (se préparer) pour le match et nous (8) nous sommes mises (se mettre) à jouer.

2 **Descriptions** Utilisez des verbes réfléchis pour décrire ce que (*what*) les personnages des illustrations ont fait ou n'ont pas fait hier. Mettez les verbes au passé composé.

MODÈLE

Thomas ne s'est pas lavé.

Thomas

1. mes amis

3. je

2. tu

4. vous

3 **Une mauvaise journée** Hier, Djamila a eu toutes sortes de difficultés. Utilisez le vocabulaire de la liste pour raconter sa mauvaise journée.

MODÈLE

Djamila s'est trompée. Elle s'est brossé les dents avec du savon!

le bras	s'habiller	un rhume
se brosser	la jambe	du savon
se casser	se laver	se sentir
les chaussures	se lever	du shampooing
du dentifrice	le pied	se tromper

 Practice more at **daccord2.vhlcentral.com.**

nous ne nous sommes

COMMUNICATION

4 **Et toi?** Avec un(e) partenaire, posez-vous ces questions. Ensuite, présentez vos réponses à la classe.

1. Á quelle heure t'es-tu réveillé(e) ce matin?
2. Avec quel dentifrice t'es-tu brossé les dents?
3. Avec quel shampooing t'es-tu lavé les cheveux aujourd'hui?
4. T'es-tu énervé(e) cette semaine? Pourquoi?
5. T'es-tu disputé(e) avec quelqu'un cette semaine? Avec qui?
6. T'es-tu endormi(e) facilement hier soir? Pourquoi?
7. T'es-tu promené(e) récemment? Où?
8. Comment t'es-tu détendu(e) le week-end dernier? →*to relax*
9. Comment t'es-tu amusé(e) le week-end dernier?
10. T'es-tu bien entendu(e) avec tes camarades de classe l'année dernière?

5 **Enquête criminelle** Il y a eu un crime dans votre quartier et un agent de police vous pose des questions pour son enquête (*investigation*). Avec un(e) partenaire, utilisez le vocabulaire de la liste pour créer le dialogue.

appartement	se coucher
blessure	se disputer
corps	s'énerver
déprimé(e)	se lever
grave	se mettre en colère
quartier	se réveiller
revenir	se souvenir
soudain	se trouver

6 **Charades** Par groupes de quatre, pensez à une phrase au passé composé avec un verbe réfléchi et jouez-la. La première personne qui devine joue la prochaine phrase.

- Ask a question using inversion with a reflexive verb in the **passé composé** as you would with non-reflexive verbs. Place the subject pronoun after the auxiliary verb and keep the reflexive pronoun before the auxiliary.

Irène **s'est-elle** blessée au genou?
Did Irène hurt her knee?

Ne **vous êtes-vous** pas rendu compte de ça?
Didn't you realize that?

- Place a direct object pronoun between the reflexive pronoun and the auxiliary verb. Make the past participle agree with the direct object pronoun that precedes it.

Il a la cheville un peu enflée. Il **se l'**est **cassée** il y a une semaine.
His ankle is a bit swollen. He broke it a week ago.

Mes mains? Mais je **me les** suis déjà **lavées**.
My hands? But I already washed them.

- The irregular past participle of the verb **s'asseoir** is **assis(e)**.

Elle **s'est assise** près de la fenêtre.
She sat near the window.

Les invités **se sont assis** dans le salon.
The guests sat in the living room.

- Form the **imparfait** of reflexive verbs just as you would non-reflexive verbs. Just add the corresponding reflexive pronoun.

Je **me brossais** les dents trois fois par jour.
I used to brush my teeth three times a day.

Nous **nous promenions** souvent au parc.
We used to take walks often in the park.

Essayez! **Complétez ces phrases.**

1. Natalia s'est (foulé/foulée) le bras.
2. Sa jambe? Comment Robert se l'est-il (cassé/cassée)?
3. Les deux joueurs de basket se sont (blessé/blessés) au genou.
4. L'infirmière s'est (lavé/lavées) les mains.
5. M. Pinchon s'est (fait/faite) mal à la jambe.
6. S'est-elle (rasé/rasées) les jambes?
7. Elles se sont (maquillé/maquillés) les yeux?
8. Nous nous sommes (cassé / cassées) la jambe.

2B.2 The pronouns *y* and *en*

Point de départ The pronoun **y** replaces a previously mentioned phrase that begins with the prepositions **à**, **chez**, **dans**, **en**, or **sur**. The pronoun **en** replaces a previously mentioned phrase that begins with a partitive or indefinite article, or with the preposition **de**.

PREPOSITIONAL PHRASE		PRONOUN
Nous allons **chez le médecin**.	▶	Nous **y** allons.

PREPOSITIONAL PHRASE		PRONOUN
Il était le chef **du Front Populaire**.	▶	Il **en** était le chef.

Allons-y!

Le Front Populaire. Qui en était le chef?

- The pronouns **y** and **en** precede the conjugated verb.

  Es-tu allée **à la plage**?
  Did you go to the beach?

  Oui, j'**y** suis allée.
  Yes, I went there.

  Achètent-elles **de la moutarde**?
  Are they buying mustard?

  Oui, elles **en** achètent.
  Yes, they're buying some.

- Never omit **y** or **en** even when the English equivalents can be omitted.

  Ah, vous allez **à la boulangerie**.
  Oh, you're going to the bakery.

  Tu **y** vas aussi?
  Are you going (there), too?

  Est-ce qu'elle prend **du sucre**?
  Does she take sugar?

  Non, elle n'**en** prend pas.
  No, she doesn't (take any).

- Always use **en** with a number or expression of quantity when the noun is omitted.

  Combien **de frères** a-t-elle?
  How many brothers does she have?

  Elle **en** a **un (deux, trois)**.
  She has one (two, three).

  Avez-vous acheté **beaucoup de pain**?
  Did you buy a lot of bread?

  Oui, j'**en** ai acheté **beaucoup**.
  Yes, I bought a lot.

- Use **en** to replace a prepositional phrase that begins with **de**.

  Vous revenez **de vacances**?
  Are you coming back from vacation?

  Oui, nous **en** revenons.
  Yes, we're coming back (from vacation).

1 **Sondage** M. Renaud répond aux questions d'un journaliste qui fait un sondage (*poll*) pour un magazine français. Utilisez **y** ou **en** pour compléter les notes du journaliste.

Nombre/Fréquence		Notes
1. Enfant	3	M. Renaud en a trois.
2. Chien	0	
3. Voiture	2	
4. Cinéma	rarement	
5. Argent	peu	
6. Thé/café	parfois	
7. New York	en 2005	
8. Chez le médecin	une fois par an	

2 **Histoire médicale** Avec un(e) partenaire, jouez le rôle de quelqu'un qui va à l'hôpital où on lui pose ces questions. Justifiez toutes vos réponses. Utilisez les pronoms **y** et **en**.

1. Avez-vous des allergies?
2. Êtes-vous allé(e) aux urgences cette année?
3. Allez-vous chez le médecin régulièrement?
4. Combien d'aspirines prenez-vous par jour?
5. Faites-vous du sport tous les jours?
6. Avez-vous des douleurs?
7. Avez-vous de la fièvre?
8. Vous êtes-vous blessé(e) au travail?

3 **Chez le dentiste** Mme Hanh emmène ses fils chez un nouveau dentiste. Complétez le dialogue entre le dentiste et les deux garçons. Utilisez les pronoms **y** et **en**.

LE DENTISTE C'est la première fois que vous allez chez le dentiste?

FRÉDÉRIC Oui, (1) _____

LE DENTISTE N'ayez pas peur. Alors, mangez-vous beaucoup de sucre?

HENRI (2) _____

LE DENTISTE Et toi, Frédéric, utilises-tu du dentifrice?

FRÉDÉRIC (3) _____

HENRI Est-ce que vous allez nous faire une piqûre?

LE DENTISTE (4) _____

HENRI Moi, je n'ai pas peur des piqûres... mais j'espère que vous n'allez pas trouver de caries (*cavities*).

LE DENTISTE (5) _____

Practice more at **daccord2.vhlcentral.com**.

COMMUNICATION

4 Trouvez quelqu'un qui... Votre professeur va vous donner une feuille d'activités. Circulez dans la classe pour trouver un(e) camarade différent(e) qui donne une réponse affirmative à chaque question. Employez les pronoms **y** et **en**.

MODÈLE

Élève 1: Je suis né(e) à Los Angeles.
Y es-tu né(e) aussi?
Élève 2: Oui, j'y suis né(e) aussi!

Qui...	Noms
1. est né(e) dans la même (same) ville que vous?	Mélanie
2. a pris une aspirine aujourd'hui? Pourquoi?	
3. est allé(e) en Suisse? Quand?	
4. a mangé à la cantine cette semaine? Combien de fois?	
5. est déjà allé(e) aux urgences? Pourquoi?	
6. est allé(e) chez le dentiste ce mois-ci? Quand?	

5 Interview Posez ces questions à un(e) partenaire. Employez y ou **en** dans vos réponses, puis présentez-les à la classe.

Demandez à un(e) partenaire...

1. s'il/elle va à la bibliothèque (au restaurant, à la plage, chez le dentiste) aujourd'hui. Pourquoi?
2. s'il/elle a besoin d'argent (d'un vélo, de courage, de temps libre). Pourquoi?
3. s'il/elle s'intéresse aux sports (à la littérature, au jazz, à la politique). Que préfère-t-il/elle?
4. combien de personnes il y a dans sa famille (dans la classe de français, dans son immeuble ou dans sa rue).
5. s'il/elle a un chien (beaucoup de cousins, un grand-père, un vélo, un ordinateur). Où sont-ils?
6. s'il/elle a des allergies (une blessure, un rhume). Que fait-il/elle contre les symptômes?

6 Chez le docteur Vous avez ces problèmes et vous allez chez le docteur. Votre partenaire va jouer le rôle du docteur. Parlez de vos symptômes. Que faut-il faire? Utilisez les pronoms y et **en**.

- des allergies
- une cheville foulée
- la grippe
- mal à la gorge

- Like other pronouns in an infinitive construction, y and **en** precede the infinitive.

Quand préfères-tu manger **chez Fatima**?
When do you prefer to eat at Fatima's?

Je **préfère y manger** demain soir.
I prefer to eat there tomorrow night.

Vas-tu prendre **du thé**?
Are you going to have tea?

Non, je ne **vais** pas **en prendre**.
No, I'm not going to have any.

- In the **passé composé**, the past participle never agrees with y or **en**.

Avez-vous trouvé **des fraises**?
Did you find some strawberries?

Oui, nous **en** avons trouvé.
Yes, we found some.

- In an affirmative **tu** command, add an **-s** to any **-er** verb followed by **y** or **en**. Note that **aller** also follows this pattern.

Tu vas chez le médecin? Va**s-y**!
You're going to the doctor's? Go! *but* Va chez le médecin!
Go to the doctor's!

Il y a des pommes. Mange**s-en**!
There are some apples. Eat a few! *but* Mange des pommes!
Eat apples!

- When using two pronouns in the same sentence, **y** and **en** always come in second position.

Vous parlez **à Hélène de sa toux**?
Are you talking to Hélène about her cough?

Oui, nous **lui en** parlons.
Yes, we're talking to her about it.

- With imperatives, **moi** followed by **y** and **en** becomes **m'y** and **m'en**. **Toi** followed by **y** and **en** becomes **t'y** and **t'en**.

Vous avez **des pêches** aujourd'hui?
Do you have peaches today?

Donnez-**m'en** dix.
Give me ten.

- When used together in the same sentence, **y** is placed before **en**.

Il y a **de bons médecins à l'hôpital**?
Are there good doctors at the hospital?

Oui, il **y en** a.
Yes, there are.

Essayez! **Complétez les phrases avec le pronom correct.**

1. Faites-vous du sport? Oui, nous _en_ faisons.
2. Papa est au garage? Oui, il _____ est.
3. Nous voulons des fraises. Donnez-nous- _____ un kilo.
4. Mettez-vous du sucre dans votre café? Oui, nous _____ mettons.
5. Est-ce que tu t'intéresses à la médecine? Oui, je m' _____ intéresse.
6. Il est allé au cinéma? Oui, il _____ est allé.
7. Combien de pièces y avait-il? Il y _____ avait quatre.
8. Avez-vous des lampes? Non, nous n'_____ avons pas.
9. Elles sont chez leur copine. Elles _____ sont depuis samedi.
10. Êtes-vous allés en France? Oui, nous _____ sommes allés.

SYNTHÈSE

Révision

1 **La salle d'attente** Observez cette salle d'attente (*waiting room*) et, avec un(e) partenaire, décrivez la situation ou la maladie de chaque personne. À tour de rôle, essayez de prescrire un remède. Utilisez les pronoms **y** ou **en** dans vos dialogues.

> **MODÈLE**
>
> **Élève 1:** *Ce garçon s'est foulé la cheville.*
> *Il doit aller aux urgences.*
> **Élève 2:** *Oui, et cette fille...*

2 **Êtes-vous souvent malade?** Avec un(e) partenaire, préparez huit questions pour savoir si vos camarades de classe sont en bonne ou en mauvaise santé. Ensuite, par groupes de quatre, posez les questions à vos camarades et écrivez leurs réponses. Employez des pronoms.

3 **Oh! Ça va?!** Vous êtes un(e) piéton(ne) (*pedestrian*) et tout à coup, vous voyez (*see*) un(e) cycliste tomber de son vélo. Avec un(e) partenaire, suivez (*follow*) ces instructions et préparez la scène. Utilisez les pronoms **y** et **en**.

Piéton(ne)		Cycliste
Demandez s'il/elle s'est fait mal.	▶	Dites quel est le problème.
Posez des questions sur les symptômes.	▶	Décrivez les symptômes.
Proposez de l'emmener aux urgences.	▶	Acceptez ou refusez la proposition.

4 **Pour partir loin** Vous et un(e) partenaire allez vivre (*to live*) un mois dans une région totalement isolée. Regardez l'illustration: vous pouvez mettre seulement cinq choses dans votre sac de voyage. Choisissez-les avec votre partenaire.

> **MODÈLE**
>
> **Élève 1:** *On prend de l'aspirine pour la migraine?*
> **Élève 2:** *Non, la bouteille est trop grande!*

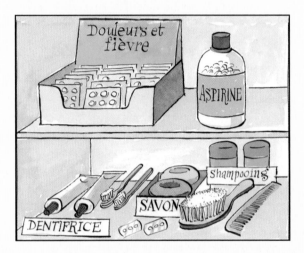

5 **Le malade imaginaire** Vous êtes hypocondriaque et vous pensez être très malade. À tour de rôle, parlez de vos peurs à votre partenaire, qui va essayer de vous rassurer. Utilisez les pronoms **y** et **en** dans votre dialogue.

> **MODÈLE**
>
> **Élève 1:** *J'ai de la fièvre, n'est-ce pas?*
> **Élève 2:** *Mais non, tu n'en as pas!*
> **Élève 1:** *J'ai besoin d'un médicament!*
> **Élève 2:** *Mais non, tu n'en as pas besoin!*

6 **La famille Valmont** Votre professeur va vous donner, à vous et à votre partenaire, une feuille d'informations sur la famille Valmont. Attention! Ne regardez pas la feuille de votre partenaire.

> **MODÈLE**
>
> **Élève 1:** *David jouait au baseball.*
> **Élève 2:** *Voilà comment il s'est cassé le bras!*

ressources		
CE pp. 37–40	CA pp. 7, 29–30, 127–128	Ⓢ daccord2.vhlcentral.com

À l'écoute

 S Audio: Activities

STRATÉGIE

Listening for specific information

You can listen for specific information effectively once you identify the subject of a conversation. You can also use your background knowledge to predict what kinds of information you might hear.

To practice this strategy, you will listen to a commercial for a flu relief medication. Before you listen, use what you already know about the flu and commercials for medications to predict the content of the commercial. Then, listen and jot down specific information the commercial provides. Compare these details to the predictions you first made.

Préparation

Regardez la photo et décrivez les deux personnes. Comment est l'homme? Est-il sportif, d'après vous? A-t-il l'air en forme? Pensez-vous qu'il a des problèmes de santé? Quels problèmes? Et la femme, comment est-elle? A-t-elle l'air en forme? De quoi parlent-ils?

À vous d'écouter

Écoutez la conversation et indiquez chaque problème que Dimitri mentionne.

1. Il est déprimé. _____
2. Il fume trop. _____
3. Il ne fait pas assez d'exercice. _____
4. Il a des douleurs à la gorge. _____
5. Il a beaucoup d'allergies. _____
6. Il a mal au dos. _____
7. Il ne mange pas sainement. _____
8. Il a de la fièvre. _____

Compréhension

Les conseils de Nadine Écoutez la conversation une deuxième fois. Pour chaque catégorie, donnez un des conseils (pieces of advice) de Nadine.

1. Nutrition

_____

2. Exercice

_____

3. Mode de vie (*Lifestyle*)

_____

Avez-vous deviné? Relisez vos notes de la **Préparation**. Avez-vous deviné le sujet de la conversation entre Dimitri et Nadine? Comparez avec un(e) camarade.

Un questionnaire Jean-Marc travaille au centre médical de son université. Il va y avoir beaucoup d'étudiants francophones ce semestre et ils doivent tous passer une visite médicale. Le directeur du centre lui a demandé de créer un questionnaire en français sur la santé et le mode de vie. Par groupes de trois ou quatre, préparez ce questionnaire (10 questions minimum) et soyez prêts à le présenter à la classe. Voici quelques thèmes à considérer:

- les maladies
- les problèmes de santé récents
- la nutrition
- l'exercice
- les régimes
- le stress et les problèmes personnels
- le repos

 Practice more at **daccord2.vhlcentral.com**.

SAVOIR-FAIRE

S Interactive Map Reading

Panorama

La Suisse

Le pays en chiffres

▶ **Superficie:** 41.285 km²

▶ **Population:** 7.594.000
  SOURCE: Population Division, UN Secretariat

▶ **Industries principales:** activités financières° (banques, assurances), agroalimentaire°, élevage bovin°, horlogerie°, métallurgie, tourisme

▶ **Villes principales:** Bâle, Berne, Genève, Lausanne, Zurich

▶ **Langues:** allemand, français, italien, romanche

L'allemand, le français et l'italien sont les langues officielles, parlées dans les différentes régions du pays. Le romanche, langue d'origine latine, est parlée dans l'est° du pays. Langue nationale depuis 1938, elle n'est pas utilisée au niveau° fédéral. Aujourd'hui en Suisse, l'italien et le romanche sont moins parlés que d'autres langues étrangères.

▶ **Monnaie:** le franc suisse

Suisses célèbres

▶ **Johanna Spyri,** auteur de «Heidi» (1827–1901)

▶ **Louis Chevrolet,** coureur automobile°, fondateur de la société Chevrolet (1878–1941)

▶ **Alberto Giacometti,** sculpteur (1901–1966)

▶ **Charles-Édouard Jeanneret Le Corbusier,** architecte (1887–1965)

▶ **Jean-Luc Godard,** cinéaste (1930–)

▶ **Martina Hingis,** joueuse de tennis (1980–)

financières *financial* agroalimentaire *food processing* élevage bovin *livestock farming* horlogerie *watch and clock making* est *east* niveau *level* coureur automobile *racecar driver* barques *small boats* guerres *wars* Battue *Defeated* paix *peace treaty* statut *status* ne... ni *neither... nor* OTAN *NATO*

L'ALLEMAGNE
LA FRANCE
le Rhin
le Rhin
le Doubs
Bâle
le lac de Constance
Saint-Gall
Zurich
le Rhin
L'AUTRICHE
le lac de Zurich
LE LIECHTENSTEIN
La Chaux-de-Fonds
Neuchâtel
Berne
Lucerne
Fribourg
le lac de Neuchâtel
LE JURA
LES ALPES
Lausanne
le lac Léman
Montreux
le Tessin
le Rhône
L'ITALIE
Genève
Lugano
le lac de Côme
le lac Majeur
LA FRANCE

le château de Chillon sur le lac Léman

des barques° sur le lac de Saint-Moritz

Région francophone

| | | |
0 _____ 50 miles
0 _____ 50 kilomètres

Incroyable mais vrai!

La Suisse n'a pas connu de guerres° depuis le 16ᵉ siècle! Battue° par la France en 1515, elle signe une paix° perpétuelle avec ce pays et inaugure donc sa période de neutralité. Ce statut° est reconnu par les autres pays européens en 1815 et, depuis, la Suisse ne peut participer à aucune guerre ni° être membre d'alliances militaires comme l'OTAN°.

L'économie

Des montres et des banques

L'économie suisse se caractérise par la présence de grandes entreprises° multinationales et par son secteur financier. Les multinationales sont particulièrement actives dans le domaine des banques, des assurances, de l'agroalimentaire (Nestlé), de l'industrie pharmaceutique et de l'horlogerie (Longines, Rolex, Swatch). 50% de la production mondiale° d'articles° d'horlogerie viennent de Suisse. Le franc suisse est une des monnaies les plus stables du monde et les banques suisses ont la réputation de bien gérer° les fortunes de leurs clients.

Les gens

Jean-Jacques Rousseau (1712–1778)

Né à Genève, Jean-Jacques Rousseau a passé sa vie entre la France et la Suisse. Vagabond et autodidacte°, Rousseau est devenu écrivain, philosophe, théoricien politique et musicien. Il a comme principe° que l'homme naît bon et que c'est la société qui le corrompt°. Défenseur de la tolérance religieuse et de la liberté de pensée, les principes de Rousseau, exprimés° principalement dans son œuvre° *Du contrat social*, se retrouvent° dans la Révolution française. À la fin de sa vie, il écrit *Les Confessions*, son autobiographie, un genre nouveau pour l'époque°.

Les traditions

Le couteau suisse

En 1884, Carl Elsener, coutelier° suisse, se rend compte que les soldats° suisses portent des couteaux allemands. Il décide donc de fonder sa propre compagnie en Suisse et invente le «couteau du soldat» à quatre outils°. Depuis 1891, chaque soldat de l'armée suisse en a un. En 1897, Elsener développe le «couteau d'officier°» pour l'armée et aujourd'hui, il est vendu au grand public. Le célèbre couteau, orné de la croix° suisse sur fond° rouge, offre un choix de 90 accessoires.

Les destinations

Genève

La ville de Genève, à la frontière° franco-suisse, est une ville internationale et francophone. C'est une belle ville verte, avec sa rade° sur le lac Léman et son célèbre jet d'eau°. Son horloge fleurie°, ses promenades, ses magasins divers et ses nombreux chocolatiers font de Genève une ville très appréciée des touristes. C'est ici qu'on trouve aussi de nombreuses grandes entreprises internationales et organisations internationales et non gouvernementales, l'ONU°, la Croix-Rouge° et l'OMS°. Pour cette raison, 45% de la population de Genève est d'origine étrangère.

 Qu'est-ce que vous avez appris? Répondez aux questions par des phrases complètes.

1. Quelles sont les langues officielles de la Suisse?
2. Quand la Suisse a-t-elle commencé sa période de neutralité?
3. Que signifie la neutralité pour la Suisse?
4. Quels sont deux secteurs importants de l'économie suisse?
5. Quel est le principe fondamental de Rousseau?
6. Quel événement les idées de Rousseau ont-elles influencé?
7. À quoi servait le couteau suisse à l'origine?
8. Pourquoi Carl Elsener a-t-il inventé le couteau suisse?
9. Où se trouve la ville de Genève en Suisse?
10. Quel pourcentage de la population de Genève est d'origine étrangère?

 Practice more at **daccord2.vhlcentral.com**.

ressources

CE
pp. 41–42   daccord2.vhlcentral.com

SUR INTERNET

Go to **daccord2.vhlcentral.com** to find more cultural information related to this **PANORAMA**.

1. Cherchez plus d'informations sur Ella Maillart. Qu'a-t-elle fait de remarquable?
2. Cherchez plus d'informations sur les œuvres de Rousseau. Quelles autres œuvres a-t-il écrites?
3. La Suisse est membre des Nations Unies. Depuis quand en est-elle membre? Quel est son statut (*status*) dans l'Union européenne?

entreprises *companies* mondiale *worldwide* articles *products* gérer *manage* autodidacte *self-taught* comme principe *as a principle* corrompt *corrupts* exprimés *expressed* œuvre *work* se retrouvent *are found* époque *time* coutelier *knife maker* soldats *soldiers* outils *tools* officier *officer* orné de la croix *adorned with the cross* fond *background* frontière *border* rade *harbor* jet d'eau *fountain* horloge fleurie *flower clock* ONU (Organisation des Nations unies) *U.N.* Croix-Rouge *Red Cross* OMS (Organisation mondiale de la santé) *W.H.O. (World Health Organization)*

Lecture (S) Reading

Avant la lecture

STRATÉGIE

Activating background knowledge

Using what you already know about a particular subject will often help you better understand a reading selection. For example, if you read an article about a recent medical discovery, you might think about what you already know about health in order to understand unfamiliar words or concepts.

Examinez le texte

Regardez le document. Analysez le titre de la lecture. Quel est le mot-clé de ce titre? Quel est le sens (*meaning*) du titre? Quel va être le sujet du texte? Faites une liste de vos idées et comparez-les avec les idées d'un(e) camarade. Puis, avec votre partenaire, faites aussi une liste de ce que vous savez déjà sur ce sujet. Essayez de répondre aux questions.

- Quel type de texte est-ce?
- Où pensez-vous que ce texte a été publié?
- Qui a écrit ce texte?
- Quelle est la profession de l'auteur?

Questions personnelles

Répondez aux questions par des phrases complètes.

1. Vous sentez-vous parfois fatigué(e) pendant la journée? Quand? Pourquoi?

2. Êtes-vous souvent fatigué(e) quand vous avez beaucoup de devoirs? Et quand vous faites beaucoup de sport?

3. Dormez-vous bien, en général? Vous couchez-vous tôt ou tard? Et le matin, à quelle heure vous levez-vous, en général?

4. Prenez-vous le temps de vous détendre dans la journée? Que faites-vous pour vous détendre?

5. Mangez-vous sainement? Qu'aimez-vous manger?

6. Faites-vous du sport ou d'autres activités physiques? Lesquel(le)s (*Which ones*)?

Non à la fatigue!

Par le docteur Émilie Parmentier

Selon un sondage° récent, plus de 50% des Français se sentent souvent fatigués. Que faire pour être moins fatigué? Voici les dix conseils° du docteur Émilie Parmentier.

(1) Mangez sainement et évitez les régimes

Vous pouvez garder la ligne et la forme si vous évitez les régimes et choisissez les fruits, les légumes et le poisson au lieu de° la viande et des féculents°. Le matin, prenez le temps de vous préparer un bon petit-déjeuner, mais le soir, mangez léger°.

(2) Dormez bien

Chaque personne est différente. Certaines ont besoin de 6 heures de sommeil° par nuit, d'autres de 10 heures. Respectez vos besoins et essayez de dormir assez, mais pas trop.

(3) Essayez de respecter des horaires réguliers

Avoir des horaires réguliers°, c'est bon pour la forme. Levez-vous à la même heure chaque jour, si possible, puis le soir, essayez aussi de vous coucher toujours à la même heure.

(4) Prenez le temps de vous détendre avant de vous coucher

Le soir avant de vous coucher, prenez quelques minutes pour vous détendre et oublier vos préoccupations et vos problèmes. Essayez la méditation ou le yoga.

(5) Ne vous dépêchez pas tout le temps

Il est très important d'avoir des moments de calme tous les jours et de ne pas toujours se dépêcher. Promenez-vous dans un parc, asseyez-vous et reposez-vous quelques minutes.

6 **Amusez-vous et détendez-vous avec les personnes que vous aimez**

Passez des moments en famille ou avec des amis et des personnes avec qui vous vous entendez bien. Parlez de sujets agréables, riez et amusez-vous!

7 **Faites du sport ou d'autres activités physiques**

Si on fait trop de sport, on peut être fatigué, mais quand on ne pratique pas assez d'activités physiques, on se sent fatigué aussi. Donc, pour bien vous porter, pratiquez des activités physiques plusieurs fois par semaine. Mais attention! Les activités sportives sont à éviter tard le soir parce qu'elles peuvent causer des troubles du sommeil.

8 **Évitez les discussions importantes le soir**

Il n'est pas bon de s'énerver, de se mettre en colère ou de s'inquiéter avant de se coucher parce que cela rend le sommeil difficile. Le soir, évitez donc les grandes discussions (entre époux, entre colocataires, entre petits amis, sur vos problèmes dans les études).

9 **Attention au tabac°, au café et à l'alcool**

Limitez votre consommation° de café et d'alcool. Et si vous fumez, essayez d'arrêter. Demandez à votre médecin de vous donner une ordonnance pour des médicaments qui peuvent vous aider à arrêter.

10 **Faites des petites siestes**

Parfois, quand vous êtes fatigué, même° une sieste° de vingt minutes peut vous aider à continuer la journée. Alors, quand vous avez juste° quelques minutes de libres, pensez à faire une petite sieste.

Enfin, si vous vous sentez très faible, voire° mal pendant une période de plus de deux semaines, allez voir le médecin. Consultez un médecin si vous tombez malade très souvent ou si vous vous sentez déprimé.

Selon un sondage *According to a survey* **conseils** *pieces of advice* **au lieu de** *instead of* **féculents** *starches* **léger** *light* **sommeil** *sleep* **horaires réguliers** *set schedules* **tabac** *tobacco* **consommation** *consumption* **même** *even* **sieste** *nap* **juste** *just* **voire** *or even*

Après la lecture

Complétez Complétez les phrases.

1. Pour être en bonne santé, il est nécessaire de manger _____.

2. _____ et _____ ne sont pas bons pour la santé. On ne doit donc pas beaucoup boire et on doit arrêter de fumer.

3. Il est bon de faire du yoga ou de la méditation pour _____.

4. Il est préférable d'éviter les discussions importantes ou graves _____.

5. On doit prendre le temps de _____ avec ses amis.

6. Si on se sent vraiment très fatigué ou si on est déprimé, c'est toujours une bonne idée d' _____.

7. Il est bon de toujours _____ et _____ à la même heure.

8. Pour être en forme, pratiquez _____ plusieurs fois par semaine.

Vrai ou faux? Indiquez si les phrases sont **vraies** ou **fausses**. Corrigez les phrases fausses.

1. C'est une infirmière qui donne ces conseils.

_____

2. Les Français ne sont pas souvent fatigués.

_____

3. D'après le docteur Parmentier, il est important de faire un régime pour garder la ligne.

_____

4. C'est le soir qu'on doit manger le plus.

_____

5. Quand on dort trop, on peut se sentir fatigué.

_____

6. Il est bon de se lever et de se coucher à la même heure tous les jours.

_____

7. On doit se reposer au calme tous les jours.

_____

8. Il est recommandé de faire du sport le soir avant de se coucher.

_____

Votre opinion compte 👥 Que pensez-vous des conseils du docteur Parmentier? A-t-elle raison ou tort, d'après vous? Avec un(e) camarade, choisissez deux de ses conseils et donnez votre opinion sur chacun (*each one*). Quels conseils allez-vous donner à votre camarade?

Écriture

STRATÉGIE

Sequencing events

Paying attention to sequencing in a narrative will ensure that your writing flows logically from one part to the next. Of course, every composition should have an introduction, a body, and a conclusion.

The introduction presents the subject, the setting, the situation, and the people involved. The main part, or the body, describes the events and people's reactions to these events. The conclusion brings the narrative to a close.

Adverbs and adverbial phrases are often used as transitions between the introduction, the body, and the conclusion. Here is a list of commonly used adverbs in French.

Adverbes	
(tout) d'abord	*first*
premièrement / en premier	*first*
avant (de)	*before*
après	*after*
alors	*then, at that time*
(et) puis	*(and) then*
ensuite	*then*
plus tard	*later*
bientôt	*soon*
enfin	*finally; at last*
finalement	*finally*

Thème

Écrire une lettre

Avant l'écriture

1. Vous avez eu un problème de santé le jour du dernier examen de français et vous n'avez pas pu passer l'examen. Vous allez préparer une lettre destinée à votre professeur de français pour lui expliquer ce qui s'est passé. Pour vous y aider, répondez d'abord aux questions:

- Que s'est-il passé? (maladie, accident, autre problème de santé, etc.)

- Quels étaient les symptômes ou quelle blessure avez-vous eue? (avoir mal au ventre, avoir de la fièvre, avoir une jambe cassée, etc.)

- Qu'est-ce qui a peut-être causé ce problème? (accident, pas assez d'exercice physique, ne pas manger sainement, etc.)

- Qu'avez-vous fait? (prendre des médicaments, aller chez le docteur ou le dentiste, aller aux urgences, etc.)

- Qu'est-ce qu'on vous a fait là-bas? (une piqûre, une radio [*X-ray*], une ordonnance, etc.)

- Comment vous sentez-vous maintenant et qu'allez-vous faire pour rester en forme? (dormir plus, faire plus attention, faire de l'exercice, etc.)

2. Maintenant, vous allez compléter ce schéma d'idées avec vos réponses. Il va vous servir à placer les informations dans l'ordre. Chaque cadre (*box*) représente une information. Ajoutez-y (*Add*) une introduction et une conclusion. Utilisez des verbes réfléchis.

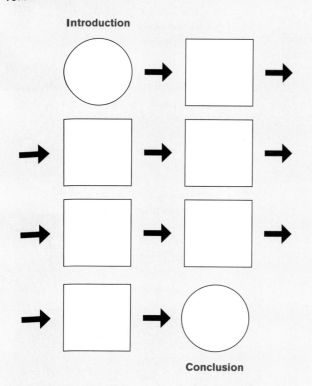

Introduction

Conclusion

3. Regardez à nouveau (*again*) le schéma d'idées. Quels adverbes pouvez-vous y ajouter pour lier (*link*) les informations? Écrivez-les au-dessus de (*above*) chaque cadre.

Écriture

Utilisez le schéma d'idées pour écrire votre lettre au passé (passé composé et imparfait). Elle doit inclure (*include*) une introduction, une partie centrale (le corps), une conclusion et les adverbes que vous avez écrits au-dessus des cadres. À la fin (*end*) de la lettre, excusez-vous et demandez à votre professeur si (*if*) vous pouvez passer l'examen la semaine prochaine. (Attention! Cette partie de la lettre doit être au présent.)

Après l'écriture

1. Échangez votre lettre avec celle (*the one*) d'un(e) partenaire. Répondez à ces questions pour commenter son travail.

- Votre partenaire a-t-il/elle écrit une introduction et une conclusion?

- Votre partenaire a-t-il/elle écrit une partie centrale présentant (*presenting*) les raisons de son absence?

- Votre partenaire a-t-il/elle inclu les adverbes?

- Votre partenaire s'est-il/elle excusé(e) et a-t-il/elle demandé de repasser (*retake*) l'examen?

- Votre partenaire a-t-il/elle correctement utilisé les verbes réfléchis?

- Quel(s) détail(s) ajouteriez-vous (*would you add*)? Quel(s) détail(s) enlèveriez-vous (*would you delete*)? Quel(s) autre(s) commentaire(s) avez-vous pour votre partenaire?

2. Corrigez votre lettre d'après (*according to*) les commentaires de votre partenaire. Relisez votre travail pour éliminer ces problèmes:

- des fautes (*errors*) d'orthographe

- des fautes de ponctuation

- des fautes de conjugaison

- un mauvais emploi (*use*) du passé

- un mauvais emploi de la grammaire de l'unité

- des fautes d'accord (*agreement*) des adjectifs

* ils se sont séché(s) les cheveux

La routine

faire sa toilette	to wash up
se brosser les cheveux	to brush one's hair
se brosser les dents	to brush one's teeth
se coiffer	to do one's hair
se coucher	to go to bed
se déshabiller	to undress
s'endormir	to go to sleep, to fall asleep
s'habiller	to get dressed
se laver (les mains)	to wash oneself (one's hands)
se lever	to get up, to get out of bed
se maquiller	to put on makeup
prendre une douche	to take a shower
se raser	to shave oneself
se regarder	to look at oneself
se réveiller	to wake up
se sécher	to dry oneself

Dans la salle de bains

un réveil	alarm clock
une brosse (à cheveux, à dents)	brush (hairbrush, toothbrush)
la crème à raser	shaving cream
le dentifrice	toothpaste
le maquillage	makeup
une pantoufle	slipper
un peigne	comb
un rasoir	razor
le savon	soap
une serviette (de bain)	(bath) towel
le shampooing	shampoo

La forme

être en pleine forme	to be in good shape
faire de l'exercice	to exercise
garder la ligne	to stay slim

Expressions utiles	See pp. 95 and 109.
y and en	See pp. 114–115.

La santé

aller aux urgences/ à la pharmacie	to go to the emergency room/ to the pharmacy
avoir mal	to have an ache
avoir mal au cœur	to feel nauseous
enfler	to swell
éternuer	to sneeze
être en bonne santé	to be in good health
être en mauvaise santé	to be in bad health
éviter de	to avoid
faire mal	to hurt
faire une piqûre	to give a shot
fumer	to smoke
guérir	to get better
se blesser	to hurt oneself
se casser (la jambe/ le bras)	to break one's (leg/ arm)
se faire mal (à la jambe, au bras...)	to hurt one's (leg, arm...)
se fouler la cheville	to twist/sprain one's ankle
se porter mal/mieux	to be ill/better
se sentir	to feel
tomber/être malade	to get/to be sick
tousser	to cough

une allergie	allergy
une blessure	injury, wound
une douleur	pain
une fièvre (avoir de la fièvre)	(to have) a fever
la grippe	flu
un rhume	cold
un symptôme	symptom

une aspirine	aspirin
un médicament (contre/pour)	medication (to prevent/for)
une ordonnance	prescription
une pilule	pill
les urgences	emergency room

déprimé(e)	depressed
enceinte	pregnant
grave	serious
sain(e)	healthy

un(e) dentiste	dentist
un infirmier/ une infirmière	nurse
un(e) patient(e)	patient
un(e) pharmacien(ne)	pharmacist

Verbes pronominaux

s'amuser	to play, to have fun
s'appeler	to be called
s'arrêter	to stop
s'asseoir	to sit down
se dépêcher	to hurry
se détendre	to relax
se disputer (avec)	to argue (with)
s'énerver	to get worked up, to become upset
s'ennuyer	to get bored
s'entendre bien (avec)	to get along well (with)
s'inquiéter	to worry
s'intéresser (à)	to be interested (in)
se mettre à	to begin to
se mettre en colère	to become angry
s'occuper (de)	to take care of, to keep oneself busy
se préparer	to get ready
se promener	to take a walk
se rendre compte	to realize
se reposer	to rest
se souvenir (de)	to remember
se tromper	to be mistaken
se trouver	to be located

Le corps

la bouche	mouth
un bras	arm
le cœur	heart
le corps	body
le cou	neck
un doigt	finger
un doigt de pied	toe
le dos	back
un genou (genoux *pl.*)	knee (knees)
la gorge	throat
une jambe	leg
une joue	cheek
le nez	nose
un œil (yeux *pl.*)	eye (eyes)
une oreille	ear
un orteil	toe
la peau	skin
un pied	foot
la poitrine	chest
la taille	waist
la tête	head
le ventre	stomach
le visage	face

ils se sont séchés +corps

l'estomac (m)

le coude elbow

all reflexive verbs in passé composé avec être

La technologie

Pour commencer

- David et Amina...
  a. **font** les courses.   b. font la cuisine.
  c. **utilisent** un ordinateur.
- **Quel** est l'objet présent sur la photo?
  a. **un** savon   b. une télévision   c. un ordinateur
- Que **font**-ils?
  a. **Ils** surfent sur Internet.
  b. **Ils** font du sport.   c. Ils font la fête.

Leçon 3A

Talking Picture
Audio: Activity

You will learn how to...
- talk about communication
- talk about electronics

Le son et l'image

un fax
un lecteur (de) CD
un portable
un moniteur
un écran
un clavier
une souris
une imprimante
un baladeur CD

Vocabulaire

allumer	to turn on
composer (un numéro)	to dial (a number)
démarrer	to start up
effacer	to erase
enregistrer	to record
éteindre	to turn off; to shut off
être connecté(e) (avec)	to be online (with)
être en ligne (avec)	to be online/on the phone (with)
fermer	to close; to shut off
fonctionner/marcher	to function, to work
graver	to record, to burn (a CD)
imprimer	to print
sauvegarder	to save
surfer sur Internet	to surf the Internet
télécharger	to download
un CD-ROM/un cédérom (CD-ROM/cédéroms *pl.*)	CD-ROM(s)
un e-mail	e-mail
un fichier	file
un jeu vidéo (jeux vidéo *pl.*)	video game(s)
un logiciel	software, program
un mot de passe	password
une page d'accueil	homepage
un site Internet/web	website
un appareil photo (numérique)	(digital) camera
une caméra vidéo/un caméscope	camcorder
une chaîne (de télévision)	(television) channel
une chaîne stéréo	stereo system
un disque dur	hard drive
un lecteur (de) DVD	DVD player
un magnétophone	tape recorder

ressources
CE pp. 43–44 | CA pp. 31–32, 129 | daccord2.vhlcentral.com

Attention!

- The prefix **re-** in French is used much as it is in English. It expresses the idea of doing an action again.

to dial	composer
to redial	recomposer
to start	démarrer
to restart	redémarrer

- The conjugation of **éteindre** is irregular:

j'éteins	nous éteignons
tu éteins	vous éteignez
il/elle éteint	ils/elles éteignent

Mise en pratique

1 Chassez l'intrus Choisissez le mot ou l'expression qui ne va pas avec les autres.

1. une arobase, une page d'accueil, un site web, un fax
2. sonner, démarrer, un portable, un répondeur
3. une souris, un clavier, un moniteur, une chaîne stéréo
4. un baladeur, un jeu vidéo, une chaîne stéréo, un CD
5. un fichier, sauvegarder, une télécommande, effacer
6. un site web, être en ligne, télécharger, composer

2 Association Faites correspondre les activités de la colonne de gauche aux objets correspondants de la colonne de droite.

1. enregistrer une émission
2. faire un film
3. parler avec un ami à tout moment
4. laisser un message téléphonique
5. écrire un e-mail
6. écouter des CD
7. changer de chaîne
8. prendre des photos

a. une télécommande
b. un appareil photo
c. une caméra vidéo
d. un répondeur
e. un magnétoscope
f. un portable
g. un baladeur
h. un clavier

3 Écoutez Écoutez la conversation entre Jérôme et l'employée d'un cybercafé. Ensuite, complétez les phrases suivantes.

1. Jérôme a pris des photos avec...
   a. une cassette vidéo.
   b. un répondeur téléphonique.
   c. un appareil photo.
2. Jérôme voudrait (*would like*)...
   a. imprimer et envoyer ses photos.
   b. sauvegarder ses photos sur son disque dur.
   c. effacer ses photos.
3. Jérôme n'a pas... pour regarder ses photos.
   a. de télécommande adaptée.
   b. de logiciel adapté.
   c. de mot de passe adapté.
4. Jérôme peut sélectionner les photos...
   a. par un clic de la souris.
   b. avec une arobase.
   c. avec le clavier.
5. L'employée propose à Jérôme...
   a. de faire fonctionner le logiciel.
   b. de graver un CD.
   c. d'utiliser une imprimante noir et blanc.
6. Pour envoyer les photos, Jérôme doit...
   a. utiliser un fax.
   b. utiliser un écran.
   c. les attacher à un e-mail.

Coup de main

Here are some useful terms to help you read e-mail addresses in French.

at sign (@)	**arobase** (*f.*)
dash	**tiret** (*m.*)
dot	**point** (*m.*)
underscore	**tiret bas** (*m.*)

Le téléphone sonne. (sonner)

un répondeur téléphonique

une télécommande

un poste de télévision

une cassette vidéo

un magnétoscope

des CD/compact disc/disques compacts (*m.*)

S: Practice more at **daccord2.vhlcentral.com.**

CONTEXTES

Communication

4 **Qui fait quoi?** Avec un(e) partenaire, formez des questions à partir de ces listes d'expressions. Ensuite, à tour de rôle, posez vos questions à votre partenaire afin d'en (*in order to*) savoir plus sur ses habitudes par rapport à la technologie.

MODÈLE

Élève 1: À qui envoies-tu des e-mails?
Élève 2: J'envoie des e-mails à mes professeurs pour les devoirs et à mes amis.

A	B	C
à qui	être en ligne	toi
combien de	télécharger	tes parents
comment	un e-mail	tes grands-parents
où	un disque compact	ton professeur de français
pour qui	un site web	ta sœur
pourquoi	graver	tes amis
quand	un appareil photo numérique	les autres élèves
quel(le)(s)	un jeu vidéo	les enfants

5 **Mots croisés** Votre professeur va vous donner, à vous et à votre partenaire, deux grilles de mots croisés (*crossword puzzle*) incomplètes. Votre partenaire a les mots qui vous manquent, et vice versa. Donnez-lui une définition et des exemples pour compléter la grille. Attention! N'utilisez pas le mot recherché.

MODÈLE

Élève 1: Horizontalement (Across), le numéro 1, c'est ce que (*what*) tu fais pour mettre ton fichier Internet sur ton disque dur.
Élève 2: Télécharger!

6 **Le cybercafé** Le patron d'un cybercafé souhaite (*wishes*) avoir plus de clients et vous demande de créer une brochure. Avec un(e) partenaire, présentez les différents services offerts et tous les avantages de ce cybercafé. Utilisez les mots et expressions de **CONTEXTES**. Incluez ces informations:

- nom, adresse et horaires du cybercafé
- nombre et type d'appareils (*devices*) électroniques
- description des services
- liste des prix par type de service

7 **La technologie d'hier et d'aujourd'hui** Avec un(e) partenaire, imaginez une conversation avec une personne célèbre du passé. Vous parlez de l'évolution de la technologie et, bien sûr, cette personne est choquée de voir (*see*) les appareils électroniques du 21e siècle (*century*). Utilisez les mots et expressions de **CONTEXTES**.

- Choisissez trois ou quatre appareils différents.
- Demandez/Donnez une définition pour chaque objet.
- Demandez/Expliquez comment utiliser chaque appareil.
- Demandez quels sont les points positifs et négatifs de chaque appareil, et expliquez-les.

Les sons et les lettres

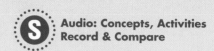

Audio: Concepts, Activities
Record & Compare

Final consonants

You already learned that final consonants are usually silent, except for the letters **c**, **r**, **f**, and **l**.

| ave**c** | hive**r** | che**f** | hôte**l** |

You've probably noticed other exceptions to this rule. Often, such exceptions are words borrowed from other languages. These final consonants are pronounced.

| *Latin* | *English* | *Inuit* | *Latin* |
| foru**m** | sno**b** | anora**k** | ga**z** |

Numbers, geographical directions, and proper names are common exceptions.

| cin**q** | su**d** | Agnè**s** | Maghre**b** |

Some words with identical spellings are pronounced differently to distinguish between meanings or parts of speech.

fils = *son*   **fil~~s~~** = *threads*
tous (pronoun) = *everyone*   **tou~~s~~** (adjective) = *all*

The word plus can have three different pronunciations.

plu~~s~~ de (silent s)   **plu**s **que** (s sound)   **plu**s **ou moins** (z sound in liaison)

Prononcez Répétez les mots suivants à voix haute.

1. cap
2. six
3. truc
4. club
5. slip
6. actif
7. strict
8. avril
9. index
10. Alfred
11. bifteck
12. bus

Articulez Répétez les phrases suivantes à voix haute.

1. Leur fils est gentil, mais il est très snob.
2. Au restaurant, nous avons tous pris du bifteck.
3. Le sept août, David assiste au forum sur le Maghreb.
4. Alex et Ludovic jouent au tennis dans un club de sport.
5. Prosper prend le bus pour aller à l'est de la ville.

Dictons Répétez les dictons à voix haute.

Plus on boit, plus on a soif.[1]

Un pour tous, tous pour un![2]

[1] The more you drink, the thirstier you are.
[2] All for one and one for all!

ROMAN-PHOTO

C'est qui, Cyberhomme?

Video: *Roman-photo*
Record & Compare

PERSONNAGES

Amina

David

Rachid

Sandrine

Valérie

Chez David et Rachid...
RACHID Dis donc, David! Un peu de silence. Je n'arrive pas à travailler!
DAVID Qu'est-ce que tu dis?
RACHID Je dis que je ne peux pas me concentrer! La télé est allumée, tu ne la regardes même pas. Et en même temps, la chaîne stéréo fonctionne et tu ne l'écoutes pas!

DAVID Oh, désolé, Rachid.
RACHID Ah, on arrive enfin à s'entendre parler et à s'entendre réfléchir! À quoi est-ce que tu joues?
DAVID Un jeu vidéo génial!
RACHID Tu n'étudies pas? Tu n'avais pas une dissertation à faire? Lundi, c'est dans deux jours!
DAVID Okay. Je la commence.

Au café...
SANDRINE Tu as un autre e-mail de Cyberhomme? Qu'est-ce qu'il dit?
AMINA Oh, il est super gentil, écoute: «Chère Technofemme, je ne sais pas comment te dire combien j'adore lire tes messages. On s'entend si bien et on a beaucoup de choses en commun. J'ai l'impression que toi et moi, on peut tout se dire.»

Chez David et Rachid...
DAVID Et voilà! J'ai fini ma dissert, Rachid.
RACHID Bravo!
DAVID Maintenant, je l'imprime.
RACHID N'oublie pas de la sauvegarder.
DAVID Oh, non!
RACHID Tu n'as pas sauvegardé?

DAVID Si, mais... Attends... le logiciel redémarre. Ce n'est pas vrai! Il a effacé les quatre derniers paragraphes! Oh non!
RACHID Téléphone à Amina. C'est une pro de l'informatique. Peut-être qu'elle peut retrouver la dernière version de ton fichier.
DAVID Au secours, Amina! J'ai besoin de tes talents.

Un peu plus tard...
AMINA Ça y est, David. Voilà ta dissertation.
DAVID Tu me sauves la vie!
AMINA Ce n'était pas grand-chose, mais tu sais, David, il faut sauvegarder au moins toutes les cinq minutes pour ne pas avoir de problème.
DAVID Oui. C'est idiot de ma part.

A C T I V I T É S

1 Vrai ou faux? Indiquez si ces affirmations sont **vraies** ou **fausses**. Corrigez les phrases fausses.

1. Rachid est en train d'écrire (*in the process of writing*) une dissertation pour son cours de sciences po.

2. David ne fait pas ses devoirs immédiatement; il a tendance à remettre les choses à plus tard.

3. David aime les jeux vidéo.

4. David regarde la télévision avec beaucoup d'attention.

5. Rachid n'aime pas les distractions.

6. Valérie s'inquiète de la sécurité d'Amina.

7. David sauvegarde ses documents toutes les cinq minutes.

8. David pense qu'il a perdu la totalité de son document.

9. Amina sait beaucoup de choses sur la technologie.

10. Amina et Cyberhomme décident de se rencontrer.

 Practice more at **daccord2.vhlcentral.com.**

Amina découvre l'identité de son ami virtuel.

SANDRINE Il est adorable, ton Cyberhomme! Continue! Est-ce qu'il veut te rencontrer en personne?

VALÉRIE Qui vas-tu rencontrer, Amina? Qui est ce Cyberhomme?

SANDRINE Amina l'a connu sur Internet. Ils s'écrivent depuis longtemps, n'est-ce pas, Amina?

AMINA Oui, mais comme je te l'ai déjà dit, je ne sais pas si c'est une bonne idée de se rencontrer en personne. S'écrire des e-mails, c'est une chose; se donner rendez-vous, ça peut être dangereux.

VALÉRIE Amina a raison, Sandrine. On ne sait jamais.

SANDRINE Mais il est si charmant et tellement romantique...

RACHID Merci, Amina. Tu me sauves la vie aussi. Peut-être que maintenant, je vais pouvoir me concentrer.

AMINA Ah? Et tu travailles sur quoi? Ce n'est pas possible!... C'est toi, Cyberhomme?!

RACHID Et toi, tu es Technofemme?!

DAVID Évidemment, tu me l'as dit toi-même: Amina est une pro de l'informatique.

---

2 **Questions** Répondez aux questions par des phrases complètes.

1. Pourquoi Rachid se met-il en colère?
2. Pourquoi y a-t-il beaucoup de bruit (*noise*) chez Rachid et David?
3. Est-ce qu'Amina s'entend bien avec Cyberhomme?
4. Que pense Valérie de la possibilité d'un rendez-vous avec Cyberhomme?
5. Qu'est-ce que Rachid fait pendant que David joue au jeu vidéo et écrit sa dissertation?

3 **À vous** Pour ce qui est des (*With respect to*) études, David et Rachid sont très différents. David aime les distractions et Rachid a besoin de silence pour travailler. Avec un(e) camarade de classe, décrivez vos habitudes en ce qui concerne (*concerning*) les études. Avez-vous les mêmes? Présentez vos conclusions à la classe.

A C T I V I T É S

CULTURE

La technologie et les Français

le Minitel

Depuis les années 1980, la technologie connaît une grande évolution. En France, cette révolution technologique a commencé par l'invention du Minitel au début des années 1980. Cette invention a été développée par France Télécom, la compagnie nationale française de téléphone, au début des années 1980. Le Minitel peut être considéré comme le prédécesseur d'Internet. C'est un petit terminal qu'on branche° sur sa ligne téléphonique et qui permet d'accéder à toutes sortes d'informations et de jeux, de faire des réservations de train ou d'hôtel, de commander des articles en ligne ou d'acheter des billets de concert, par exemple.

Aujourd'hui, Internet remplace le Minitel et de plus en plus de Français sont équipés chez eux d'un ordinateur et d'une connexion Internet. Les Français ont le choix entre la connexion par câble et la connexion ADSL°. Enfin, pour ceux° qui n'ont pas d'autre moyen de se connecter à Internet, il existe en France, beaucoup plus qu'aux États-Unis, de nombreux cybercafés.

En ce qui concerne les autres appareils électroniques à la mode, on note une augmentation des achats° de consoles de jeux vidéo, de lecteurs de CD/DVD, de caméras vidéo, de téléphones multifonctions, d'appareils photos numériques ou de produits périphériques° pour les ordinateurs, comme les imprimantes, les scanners ou les graveurs. Mais l'appareil qui a connu le plus grand succès en France, c'est sans doute le téléphone portable. En 1996, moins de 2,5 millions de Français avaient un téléphone portable. Aujourd'hui, plus de 86% des Français en possèdent un.

L'équipement technologique des Français (% de ménages)

Téléphone	88%
Téléphone portable	86%
Ordinateur	56%
Répondeur	43%
Connexion Internet	42%
Minitel	10%
Téléphone multifonctions	6%

SOURCES: Ministère de l'Économie, INSEE

branche *connects* **ADSL** *DSL* **ceux** *those* **moyen** *mean*
achats *purchases* **périphériques** *peripheral*

Coup de main

When saying an e-mail address aloud, follow this example.

claude-monet@yahoo.fr

*claude tiret monet
arobase yahoo point F R*

A C T I V I T É S

1 **Répondez** Répondez aux questions par des phrases complètes.

1. Quelle invention française est le prédécesseur d'Internet?
2. Qu'est-ce que le Minitel?
3. Quel est le nom de la compagnie nationale française de téléphone?
4. Quels sont les deux choix de connexion Internet en France?
5. Où peut-on aller si on n'a pas accès à Internet à la maison?

6. Quels sont deux des appareils électroniques qu'on achète souvent en France en ce moment?
7. Quel appareil électronique a eu le plus de succès depuis 1996?
8. Quel est le pourcentage de Français qui possèdent un ordinateur?
9. Est-il courant (*common*) d'avoir Internet en France?
10. La majorité des Français ont-ils encore un Minitel?

LE FRANÇAIS QUOTIDIEN

Cyberespace

blog (*m.*)	*blog*
grimace (*f.*)	*frown*
message (*m.*) **instantané**	*instant message*
moteur (*m.*) **de recherche**	*search engine*
pseudo(nyme) (*m.*)	*screen name*
smiley (*m.*)	*smiley (face)*
chatter	*to chat*

LE MONDE FRANCOPHONE

Quelques stations de radio francophones

Voici quelques radios francophones en ligne.

En Afrique

Africa 1 radio africaine qui propose des actualités et beaucoup de musique africaine (www.africa1.com)

En Belgique

Classic 21 radio pour les jeunes qui passe° de la musique rock et propose des emplois° pour les étudiants (www.classic21.be)

En France

NRJ radio privée nationale pour les jeunes qui passe tous les grands tubes° (www.nrj.fr)

En Suisse

Fréquence Banane radio universitaire de Lausanne (www.frequencebanane.ch)

passe *plays* **emplois** *jobs* **tubes** *hits*

La fusée Ariane

Après la Seconde Guerre mondiale°, la conquête de l'espace° s'est amplifiée. En Europe, le premier programme spatial, le programme Europa, n'a pas eu beaucoup de succès et a été abandonné. En 1970, la France a proposé un nouveau programme spatial, le projet Ariane, qui a eu un succès considérable. La fusée° Ariane est un lanceur° civil de satellites européen. Elle est basée à Kourou, en Guyane française, département et région français d'outre-mer°, en Amérique du Sud. Elle transporte des satellites commerciaux vers° l'espace. La première fusée Ariane a été lancée en 1979 et il y a eu plusieurs générations de fusées Ariane depuis. Aujourd'hui, Ariane V (cinq), un lanceur beaucoup plus puissant° que ses prédécesseurs, est utilisée.

Guerre mondiale *World War* **espace** *space* **fusée** *rocket* **lanceur** *launcher* **outre-mer** *overseas* **vers** *towards* **puissant** *powerful*

SUR INTERNET

Qui est Jean-Loup Chrétien?

Go to **daccord2.vhlcentral.com** to find more information related to this **CULTURE** section.

---

2 Complétez Complétez les phrases d'après les textes.

1. Quand on parle en ligne sur Internet, on _____.
2. Pour faire une recherche sur Internet, on utilise _____.
3. En Suisse, beaucoup d'étudiants écoutent la radio _____.
4. Le premier programme spatial européen s'appelait _____.
5. La fusée Ariane est le _____ européen.

Practice more at **daccord2.vhlcentral.com**.

3 À vous... Avec un(e) partenaire, écrivez six phrases où vous utilisez le vocabulaire du Français quotidien. Soyez prêts à les présenter devant la classe.

ressources

daccord2.vhlcentral.com

ACTIVITÉS

STRUCTURES

3A.1 Prepositions with the infinitive

Point de départ Infinitive constructions, where the first verb is conjugated and the second verb is an infinitive, are common in French.

CONJUGATED VERB   INFINITIVE

Vous **pouvez**   **fermer** le document.
You can   *close the document.*

- Some conjugated verbs are followed directly by an infinitive. Others are followed by the preposition **à** or **de** before the infinitive.

verbs followed directly by infinitive	verbs followed by à before infinitive	verbs followed by de before infinitive
adorer	aider à	arrêter de *to stop*
aimer	s'amuser à *to pass time by*	décider de *to decide to*
aller		éviter de
détester	apprendre à	finir de
devoir	arriver à *to manage to*	s'occuper de *to take care of, to see to*
espérer	commencer à	
pouvoir	continuer à	oublier de
préférer	hésiter à *to hesitate to*	permettre de
savoir	se préparer à	refuser de *to refuse to*
vouloir	réussir à	rêver de *to dream about*
		venir de *to have just*

Nous **allons manger** à midi.
We are going to eat at noon.

Elle **a appris à conduire** une voiture.
She learned to drive a car.

Il **rêve de visiter** l'Afrique.
He dreams of visiting Africa.

- Place object pronouns before infinitives. Unlike definite articles, they do not contract with the prepositions **à** and **de**.

J'**ai décidé de les télécharger**.
I decided to download them.

Il **est arrivé à le lui donner**.
He managed to give it to him.

- The infinitive is also used after the prepositions **pour** and **sans**.

Nous sommes venus **pour t'aider**.
We came to help you.

Elle part **sans manger**.
She's leaving without eating.

Essayez! Décidez s'il faut ou non une préposition. S'il en faut une, choisissez entre à et de.

1. Tu sais _Ø_ cuisiner.
2. Commencez ____ travailler.
3. Tu veux ____ goûter la soupe?
4. Elles vont ____ revenir.
5. Je finis ____ mettre la table.
6. Il hésite ____ me poser la question.

MISE EN PRATIQUE

1   **Les vacances** Paul veut voyager cet été. Il vous raconte ses problèmes. Complétez le paragraphe avec les prépositions **à** ou **de**, si nécessaire.

Je n'arrive pas (1) ____ décider où passer mes vacances. Je veux (2) ____ visiter un pays chaud et ensoleillé (*sunny*). J'espère (3) ____ trouver des billets d'avion pour la Martinique. Cet après-midi, je me suis amusé (4) ____ regarder les prix des billets d'avion sur Internet. Je n'ai pas réussi (5) ____ trouver un bon tarif (*fare*). Je vais continuer (6) ____ chercher. J'hésite (7) ____ payer plein tarif, mais je refuse (8) ____ voyager en stand-by.

2   **Questionnaire** Vous cherchez un travail d'été. Complétez les phrases avec les prépositions **à** ou **de**, quand c'est nécessaire. Ensuite, indiquez si vous êtes d'accord avec ces affirmations.

oui non

__ __ 1. Vous savez ____ parler plusieurs langues.
__ __ 2. Vous venez ____ sortir du bureau.
__ __ 3. Vous n'hésitez pas ____ travailler tard.
__ __ 4. Vous oubliez ____ répondre au téléphone.
__ __ 5. Vous pouvez ____ travailler le week-end.
__ __ 6. Vous commencez ____ travailler immédiatement.

3   **Le week-end dernier** Sophie et ses copains ont fait beaucoup de choses le week-end dernier. Regardez les illustrations et dites ce qu'ils (*what they*) ont fait.

MODÈLE
J'ai décidé de conduire ma voiture.

je / décider

1. nous / devoir

3. André / refuser

2. elles / apprendre

4. vous / aider

Practice more at **daccord2.vhlcentral.com**.

COMMUNICATION

4 **Assemblez** Avez-vous eu de bonnes ou de mauvaises expériences avec la technologie? À tour de rôle, avec un(e) partenaire, assemblez les éléments des colonnes pour créer des phrases logiques.

MODÈLE

Élève 1: *Je déteste télécharger des logiciels.*
Élève 2: *Chez moi, ma mère n'arrive pas à envoyer des e-mails.*

A	B	C	D
ma mère		accepter	composer
mon père		aimer	effacer
mon frère		arriver	envoyer
ma sœur		décider	éteindre
mes copains		détester	être en ligne
mon petit ami	(ne pas)	hésiter	fermer
ma petite amie		oublier	graver
notre prof		refuser	ouvrir
nous		réussir	sauvegarder
?		?	télécharger

5 **Les voyages** Vous et votre partenaire parlez des vacances et de voyages. Utilisez ces éléments pour vous poser des questions. Justifiez vos réponses.

MODÈLE aimer / faire des voyages

Élève 1: *Aimes-tu faire des voyages?*
Élève 2: *Oui, j'aime faire des voyages. J'aime faire la connaissance de beaucoup de personnes.*

1. rêver / aller en Asie
2. vouloir / visiter des musées
3. préférer / voyager avec un groupe ou seul(e)
4. commencer / lire des guides touristiques
5. réussir / trouver des vols bon marché
6. aimer / rencontrer des amis à l'étranger

6 **Une pub** Par groupes de trois, préparez une publicité pour École-dinateur, une école qui enseigne l'informatique aux technophobes. Utilisez le plus de verbes possible de la liste avec un infinitif.

MODÈLE *Rêvez-vous d'écrire des e-mails? Continuez-vous à travailler comme vos grands-parents? Alors...*

aimer	continuer	refuser
s'amuser	détester	réussir
apprendre	hésiter	rêver
arriver	oublier	savoir

Le français vivant

Internet?

Football?

Musique en ligne?

DVD?

Vous avez toujours rêvé de posséder un ordinateur comme ça. Vous vouliez l'acheter, et vous venez de l'allumer. Maintenant, vous commencez à vous rendre compte de ses possibilités. N'hésitez pas à en profiter. En tout confort.

Identifiez Quels verbes trouvez-vous devant un infinitif dans le texte de cette publicité (*ad*)? Lesquels (*Which ones*) sont suivis (*are followed*) d'une préposition? Quelle préposition?

Questions À tour de rôle avec un(e) partenaire, posez-vous ces questions.

1. As-tu toujours rêvé de posséder quelque chose en particulier? De faire quelque chose en particulier? Explique.
2. Que veux-tu acheter en ce moment? Pourquoi?
3. D'habitude, qu'hésites-tu à faire?
4. La technologie peut-elle vraiment apporter le confort?
5. Qu'as-tu commencé à faire grâce à (*thanks to*) la technologie? Qu'as-tu arrêté de faire à cause de la technologie?

3A.2 Reciprocal reflexives

Point de départ In **Leçon 2A**, you learned that reflexive verbs indicate that the subject of a sentence does the action to itself. Reciprocal reflexives, on the other hand, express a shared or reciprocal action between two or more people or things. In this context, the pronoun means *(to) each other* or *(to) one another*.

Il **se regarde** dans le miroir.   *but*   Alain et Diane **se regardent**.
He looks at himself in   *Alain and Diane look at*
the mirror.   *each other.*

Common reciprocal verbs

s'adorer	to adore one another	s'entendre bien (avec)	to get along well (with one another)
s'aider	to help one another	se parler	to speak to one another
s'aimer (bien)	to love (to like) one another	se quitter	to leave one another
se connaître	to know one another	se regarder	to look at one another
se dire	to tell one another	se rencontrer	to meet one another (make an acquaintance)
se donner	to give one another	se retrouver	to meet one another (planned)
s'écrire	to write one another	se téléphoner	to phone one another
s'embrasser	to kiss one another		

Annick et Joël **s'écrivent**   Vous **vous donnez** souvent
tous les jours.   rendez-vous le lundi?
Annick and Joël write one   *Do you arrange to meet often*
another every day.   *on Mondays?*

- The past participle of a reciprocal verb does not agree with the subject when the subject is also the indirect object of the verb.

Marie a aidé son frère.   Lise a parlé à sa sœur.
Marie helped her brother.   *Lise spoke to her sister.*

Ils se sont **aidés**.   *but*   Elles se sont **parlé**.
They helped each other.   *They spoke to each other.*

Essayez! Donnez les formes correctes des verbes.

1. (s'embrasser) nous _nous embrassons_
2. (se quitter) vous _____
3. (se rencontrer) ils _____
4. (se dire) nous _____
5. (se parler) elles _____
6. (se retrouver) ils _____

1 **L'amour réciproque** Employez des verbes réciproques pour raconter l'histoire d'amour entre Laure et Habib.

MODÈLE Laure retrouve Habib tous les jours. Habib retrouve Laure tous les jours.
Laure et Habib se retrouvent tous les jours.

1. Laure connaît bien Habib. Habib connaît bien Laure.
2. Elle le regarde amoureusement. Il la regarde amoureusement.
3. Laure écrit des e-mails à Habib. Habib écrit des e-mails à Laure.
4. Elle lui téléphone tous les soirs. Il lui téléphone tous les soirs.
5. Elle lui dit tous ses secrets. Il lui dit tous ses secrets.

2 **Souvenirs** Les élèves de votre classe se retrouvent dix ans après la fin des études. Employez l'imparfait pour parler de vos souvenirs.

MODÈLE Marie et moi / s'aider souvent
Marie et moi, nous nous aidions souvent.

1. Marc et toi / se regarder en cours
2. Anne et Mouna / se téléphoner
3. François et moi / s'écrire deux fois par semaine
4. Paul et toi / s'entendre bien
5. Luc et Sylvie / s'adorer
6. Patrick et moi / se retrouver après les cours

3 **Une rencontre** Regardez les illustrations. Qu'est-ce que ces personnages ont fait?

MODÈLE
Ils se sont rencontrés.

ils

1. Arnaud et moi

3. elles

2. vous

4. nous

 Practice more at **daccord2.vhlcentral.com**.

COMMUNICATION

4 Curieux Pensez à deux amis qui sont amoureux. Votre partenaire va vous poser beaucoup de questions pour tout savoir sur leur relation. Répondez-lui.

MODÈLE

Élève 1: *Est-ce qu'ils se regardent tout le temps?*
Élève 2: *Non, ils ne se regardent pas tout le temps, mais ils n'arrêtent pas de se téléphoner!*

s'adorer	se retrouver	régulièrement
s'aimer	se téléphoner	souvent
s'écrire	bien	tout le temps
s'embrasser	mal	tous les jours
s'entendre	quelquefois	?

5 Un rendez-vous Avec un(e) partenaire, posez-vous des questions sur la dernière fois que vous êtes sorti(e) avec quelqu'un.

MODÈLE

à quelle heure / se donner rendez-vous
Élève 1: *À quelle heure vous êtes-vous donné rendez-vous?*
Élève 2: *Nous nous sommes donné rendez-vous à sept heures.*

1. où / se retrouver
2. se parler / longtemps
3. s'entendre / bien
4. à quelle heure / se quitter
5. se téléphoner / plus tard

6 On se quitte Julie a reçu (*received*) cette lettre de son petit ami Sébastien. Elle ne comprend pas du tout, mais elle doit lui répondre. Avec un(e) partenaire, employez des verbes réciproques pour écrire la réponse.

> *Chère Julie,*
>
> *Nous devons nous quitter. Pourquoi sommes-nous encore ensemble? Nous ne nous sommes pas aimés. Nous nous disputons tout le temps et nous ne nous parlons pas souvent. Soyons réalistes. Je te quitte et j'espère que tu comprends.*
>
> *Sébastien*

Le français vivant

: BlackBerry.

Pearl™ 8100 — BlackBerry Built-in

SOYEZ TOUJOURS

EFFICACE

« Je réponds à mes e-mails où que je sois. »

« Je mets à jour mon agenda. »

« Je ne suis jamais loin de mon bureau. »

Avec le téléphone multifonctions, je cherche l'heure de mes cours.
Nous nous retrouvons entre amis.
Nous nous écrivons.
Nous nous entendons mieux.
Avec ce téléphone, c'est facile de se parler.

Identifiez Quels verbes réciproques avez-vous trouvés dans la publicité (*ad*)?

Questions À tour de rôle avec un(e) partenaire, posez-vous ces questions.

1. Tes amis et toi, vous envoyez-vous des messages avec un téléphone?
2. Penses-tu que les gens s'entendent mieux grâce à (*thanks to*) la technologie? Pourquoi?
3. Quels gadgets technologiques utilises-tu pour communiquer avec tes amis? Pourquoi les utilises-tu?
4. Quels gadgets technologiques utilisaient tes grands-parents pour communiquer avec leurs amis? Pourquoi les utilisaient-ils?

SYNTHÈSE

Révision

1 **À deux** Que peuvent faire deux personnes avec chacun (*each one*) de ces objets? Avec un(e) partenaire, répondez à tour de rôle et employez des verbes réciproques.

MODÈLE un appareil photo numérique

Avec un appareil photo numérique, deux personnes peuvent s'envoyer des photos tout de suite.

- un portable
- une caméra vidéo
- du papier et un stylo
- un fax
- un ordinateur
- un magnétophone

2 **La communication** Votre professeur va vous donner une feuille d'activités. Circulez dans la classe pour interviewer vos camarades. Comment communiquent-ils avec leurs familles et leurs amis? Pour chaque question, parlez avec des camarades différents qui doivent justifier leurs réponses.

MODÈLE

Élève 1: *Tes amis et toi, vous écrivez-vous plus de cinq e-mails par jour?*
Élève 2: *Oui, parfois nous nous écrivons dix e-mails.*
Élève 1: *Pourquoi vous écrivez-vous tellement souvent?*

Activités	Oui	Non
1. s'écrire plus de cinq e-mails par jour	Théo	Corinne
2. s'envoyer des lettres par la poste		
3. se téléphoner le week-end		
4. se parler dans les couloirs		
5. se retrouver au parc		
6. se donner rendez-vous		
7. se rencontrer sur Internet		
8. bien s'entendre		

3 **Dimanche au parc** Ces personnes sont allées au parc dimanche dernier. Avec un(e) partenaire, décrivez à tour de rôle leurs activités. Employez des verbes réciproques.

4 **Leur rencontre** Comment ces couples se sont-ils rencontrés? Par groupes de trois, inventez une histoire courte pour chaque couple. Utilisez les verbes donnés (*given*) et des verbes réciproques.

1. venir de

3. continuer à

2. commencer à

4. rêver de

5 **Les bonnes relations** Parlez avec deux camarades. Que faut-il faire pour maintenir de bonnes relations avec ses amis ou sa famille? À tour de rôle, utilisez les verbes de la liste pour donner des conseils (*advice*).

MODÈLE

Élève 1: *Dans une bonne relation, deux personnes peuvent tout se dire.*
Élève 2: *Oui, et elles apprennent à se connaître.*

s'adorer	se connaître	hésiter à
s'aider	se dire	oublier de
apprendre à	s'embrasser	pouvoir
arrêter de	espérer	refuser de
commencer à	éviter de	savoir

6 **Rencontre sur Internet** Votre professeur va vous donner, à vous et à votre partenaire, une feuille d'illustrations sur la rencontre sur Internet d'Amandine et de Christophe. Attention! Ne regardez pas la feuille de votre partenaire.

ressources

CE pp. 45–48	CA pp. 8, 33–34, 131–132	daccord2.vhlcentral.com

Video: TV Clip

Le Zapping

NRJ Mobile

En 1981 est née, à Paris, la Nouvelle Radio Jeune, ou NRJ. La prononciation des trois lettres de son sigle° évoque un ingrédient du caractère de son public: l'énergie. La radio a toujours visé° les jeunes par la programmation de musique contemporaine et internationale. NRJ connaît un énorme succès et on peut aujourd'hui l'écouter partout° en France et dans d'autres pays européens. Débuté en 2005, NRJ Mobile vise aussi les jeunes et leur permet d'entièrement personnaliser leurs portables, y compris° les sonneries°.

—Alors j'ai créé KellyMobile, le premier opérateur qui comprend ce que° c'est d'être un fan.

—L'opérateur avec des sonneries ultra puissantes°, comme nous!

Compréhension Répondez aux questions.

1. Pourquoi les filles dans la publicité (*commercial*) sont-elles heureuses?

2. Quelle réaction ont les personnes qui entendent leurs cris (*screams*)?

Discussion Par groupes de trois, répondez aux questions et discutez.

1. KellyMobile est-il le vrai nom du service mobile? Pourquoi s'appelle-t-il ainsi (*this way*)?

2. Pourquoi la pub montre-t-elle deux filles qui crient? Cette manière de s'exprimer (*expressing oneself*) est-elle normale? Pourquoi?

3. Comment personnalisez-vous votre portable? Pourquoi cette possibilité est-elle importante?

sigle *acronym* **visé** *aimed at* **partout** *everywhere* **y compris** *including*
sonneries *ring tones* **ce que** *what* **puissantes** *powerful*

 Practice more at **daccord2.vhlcentral.com.**

Leçon 3B

S Talking Picture
Audio: Activity

En voiture!

- talk about cars
- talk about traffic
- say what you would do

Vocabulaire

arrêter (de faire quelque chose)	to stop (doing something)
attacher	to buckle, to fasten
avoir un accident	to have/to be in an accident
dépasser	to go over; to pass
freiner	to brake
se garer	to park
rentrer dans	to hit
réparer	to repair
tomber en panne	to break down
vérifier (l'huile/ la pression des pneus)	to check (the oil/ the air pressure)
l'embrayage (m.)	clutch
l'essence (f.)	gas
les freins (m., pl.)	brakes
l'huile (f.)	oil
un pare-chocs (pare-chocs pl.)	bumper
un réservoir d'essence	gas tank
un rétroviseur	rearview mirror
une roue	wheel
une roue de secours	spare tire
un voyant (d'essence/ d'huile)	(gas/oil) warning light
une amende	fine
une autoroute	highway
un parking	parking lot
un permis de conduire	driver's license
une rue	street

ressources

CE pp. 49–50 | CA pp.35-36,133 | **S** daccord2.vhlcentral.com

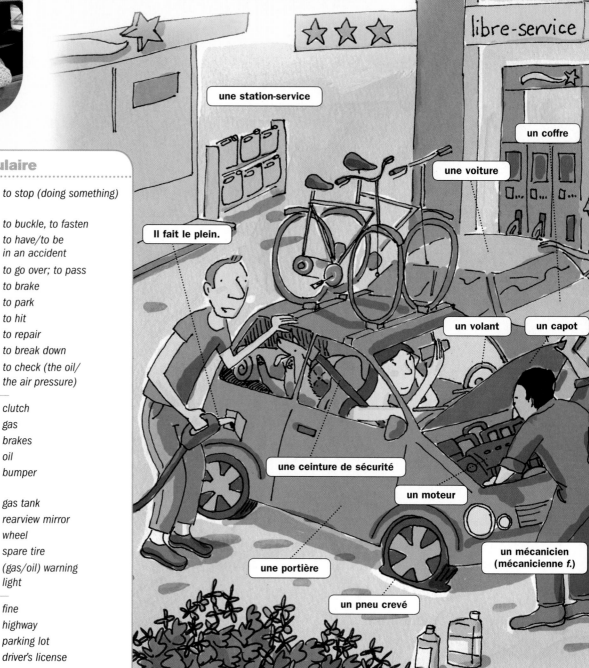

libre-service
une station-service
un coffre
une voiture
Il fait le plein.
un volant
un capot
une ceinture de sécurité
un moteur
une portière
un mécanicien (mécanicienne f.)
un pneu crevé

Mise en pratique

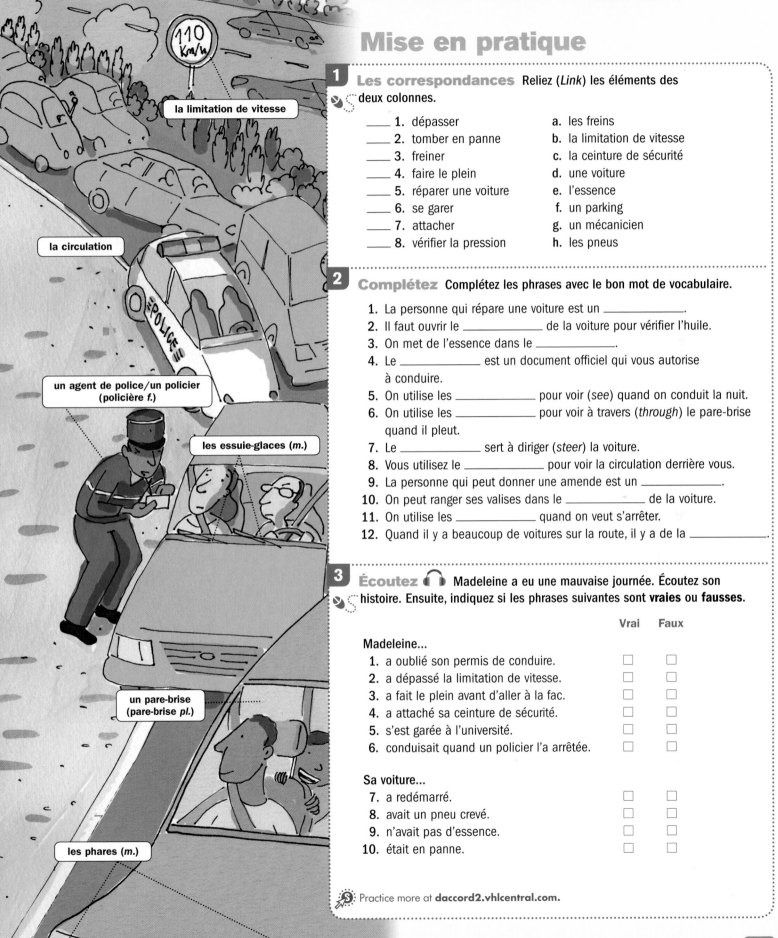

la limitation de vitesse

la circulation

un agent de police/un policier
(policière *f.*)

les essuie-glaces (*m.*)

un pare-brise
(pare-brise *pl.*)

les phares (*m.*)

1 **Les correspondances** Reliez (*Link*) les éléments des deux colonnes.

_____ 1. dépasser
_____ 2. tomber en panne
_____ 3. freiner
_____ 4. faire le plein
_____ 5. réparer une voiture
_____ 6. se garer
_____ 7. attacher
_____ 8. vérifier la pression

a. les freins
b. la limitation de vitesse
c. la ceinture de sécurité
d. une voiture
e. l'essence
f. un parking
g. un mécanicien
h. les pneus

2 **Complétez** Complétez les phrases avec le bon mot de vocabulaire.

1. La personne qui répare une voiture est un _____.
2. Il faut ouvrir le _____ de la voiture pour vérifier l'huile.
3. On met de l'essence dans le _____.
4. Le _____ est un document officiel qui vous autorise à conduire.
5. On utilise les _____ pour voir (*see*) quand on conduit la nuit.
6. On utilise les _____ pour voir à travers (*through*) le pare-brise quand il pleut.
7. Le _____ sert à diriger (*steer*) la voiture.
8. Vous utilisez le _____ pour voir la circulation derrière vous.
9. La personne qui peut donner une amende est un _____.
10. On peut ranger ses valises dans le _____ de la voiture.
11. On utilise les _____ quand on veut s'arrêter.
12. Quand il y a beaucoup de voitures sur la route, il y a de la _____.

3 **Écoutez** 🎧 Madeleine a eu une mauvaise journée. Écoutez son histoire. Ensuite, indiquez si les phrases suivantes sont **vraies** ou **fausses**.

	Vrai	Faux
Madeleine...		
1. a oublié son permis de conduire.	☐	☐
2. a dépassé la limitation de vitesse.	☐	☐
3. a fait le plein avant d'aller à la fac.	☐	☐
4. a attaché sa ceinture de sécurité.	☐	☐
5. s'est garée à l'université.	☐	☐
6. conduisait quand un policier l'a arrêtée.	☐	☐
Sa voiture...		
7. a redémarré.	☐	☐
8. avait un pneu crevé.	☐	☐
9. n'avait pas d'essence.	☐	☐
10. était en panne.	☐	☐

🔊 Practice more at **daccord2.vhlcentral.com.**

Communication

4 **Conversez** Interviewez un(e) camarade de classe.

1. Quelle sorte de voiture ont tes parents?
2. À quel âge ta mère a-t-elle obtenu (*obtained*) son permis de conduire? Et ton père?
3. Sais-tu comment changer un pneu crevé? En as-tu déjà changé un?
4. La voiture est-elle tombée en panne récemment? Qui l'a réparée?
5. Tes parents respectent-ils la limitation de vitesse sur l'autoroute? Et d'autres membres de la famille?
6. Tes parents ont-ils déjà été arrêtés par un policier? Pour quelle(s) raison(s)?
7. Combien de fois par mois font-ils le plein (d'essence)? Combien paient-ils à chaque fois?
8. Quelle(s) route(s) utilises-tu pour aller au lycée?
9. Tes parents savent-ils conduire une voiture à boîte de vitesses manuelle (*manual*)? Et d'autres membres de la famille?
10. La voiture a-t-elle eu des problèmes de freins récemment? Et des problèmes d'essuie-glaces?

5 **Sept différences** Votre professeur va vous donner, à vous et à votre partenaire, deux feuilles d'activités différentes. À tour de rôle, posez-vous des questions pour trouver les sept différences entre vos dessins. Attention! Ne regardez pas la feuille de votre partenaire.

MODÈLE

Élève 1: *Ma voiture est blanche. De quelle couleur est ta voiture?*
Élève 2: *Oh! Ma voiture est noire.*

6 **Chez le mécanicien** Travaillez avec un(e) camarade de classe pour présenter un dialogue dans lequel (*in which*) vous jouez les rôles d'un(e) client(e) et d'un(e) mécanicien(ne).

Le/La client(e)...
- explique le problème qu'il/elle a.
- donne quelques détails sur les problèmes qu'il/elle a eus dans le passé.
- négocie le prix et la date à laquelle (*when*) il/elle peut venir chercher la voiture.

Le/La mécanicien(ne)...
- demande quand le problème a commencé et s'il y en a d'autres.
- explique le problème et donne le prix des réparations.
- accepte les conditions du/de la clien(e).

7 **Écriture** Écrivez un paragraphe à propos d'un (*about an*) accident de la circulation. Suivez les instructions.

- Parlez d'un accident (voiture, moto [f.], vélo) que vous avez eu récemment. Si vous n'avez jamais eu d'accident, inventez-en un.
- Décrivez ce qui (*what*) s'est passé avant, pendant et après.
- Donnez des détails.
- Comparez votre paragraphe à celui (*that*) d'un(e) camarade de classe.

Les sons et les lettres

Audio: Concepts, Activities Record & Compare

The letter x

The letter **x** in french is sometimes pronounced -ks, like the x in the English word *axe*.

| ta**x**i | e**x**pliquer | me**x**icain | te**x**te |

Unlike English, some French words begin with a gz- sound.

| **x**ylophone | **x**énon | **x**énophile | **X**avière |

The letters **ex-** followed by a vowel are often pronounced like the English word *eggs*.

| e**x**emple | e**x**amen | e**x**il | e**x**act |

Sometimes an x is pronounced s, as in the following numbers.

| soi**x**ante | si**x** | di**x** |

An **x** is pronounced z in a liaison. Otherwise, an **x** at the end of a word is usually silent.

| deu**x** enfants | si**x** éléphants | mieu~~x~~ | curieu~~x~~ |

Prononcez Répétez les mots suivants à voix haute.

1. fax	4. prix	7. excuser	10. expression
2. eux	5. jeux	8. exercice	11. contexte
3. dix	6. index	9. orageux	12. sérieux

Articulez Répétez les phrases suivantes à voix haute.

1. Les amoureux sont devenus époux.
2. Soixante-dix euros! La note (*bill*) du taxi est exorbitante!
3. Alexandre est nerveux parce qu'il a deux examens.
4. Xavier explore le vieux quartier d'Aix-en-Provence.
5. Le professeur explique l'exercice aux étudiants exceptionnels.

Dictons Répétez les dictons à voix haute.

Les belles plumes font les beaux oiseaux.[2]

Les beaux esprits se rencontrent.[1]

[1] Great minds think alike.
[2] Beautiful feathers make beautiful birds.

La panne

 Video: *Roman-photo*
Record & Compare

PERSONNAGES

Amina

Mécanicien

Rachid

Sandrine

Valérie

À la station-service...

MÉCANICIEN Elle est belle, votre voiture! Elle est de quelle année?

RACHID Elle est de 2005.

MÉCANICIEN Je vérifie l'huile ou la pression des pneus?

RACHID Non, merci, ça va. Je suis un peu pressé, en fait. Au revoir.

Au P'tit Bistrot...

SANDRINE Ton Cyberhomme, c'est Rachid! Quelle coïncidence!

AMINA C'est incroyable, non? Je savais qu'il habitait à Aix, mais...

VALÉRIE Une vraie petite histoire d'amour, comme dans les films!

SANDRINE C'est exactement ce que je me disais!

AMINA Rachid arrive dans quelques minutes. Est-ce que cette couleur va avec ma jupe?

SANDRINE Vous l'avez entendue? Ne serait-elle pas amoureuse?

AMINA Arrête de dire des bêtises.

RACHID Oh, non!!

AMINA Qu'est-ce qu'il y a? Un problème?

RACHID Je ne sais pas. J'ai un voyant qui s'est allumé.

AMINA Allons à une station-service.

RACHID Oui... c'est une bonne idée.

De retour à la station-service...

MÉCANICIEN Ah! Vous êtes de retour. Mais que se passe-t-il? Je peux vous aider?

RACHID J'espère. Il y a quelque chose qui ne va pas, peut-être avec le moteur. Regardez, ce voyant est allumé.

MÉCANICIEN Ah, ça? C'est l'huile. Je m'en occupe tout de suite.

MÉCANICIEN Vous pouvez redémarrer? Et voilà.

RACHID Parfait. Au revoir. Bonne journée.

MÉCANICIEN Bonne route!

A C T I V I T É S

1 **Vrai ou faux?** Indiquez si ces affirmations sont **vraies** ou **fausses**. Corrigez les phrases fausses.

1. La voiture de Rachid est neuve (*new*).

2. Quand Rachid va à la station-service la première fois, il a beaucoup de temps.

3. Amina savait que Cyberhomme habitait à Aix.

4. Sandrine trouve l'histoire de Rachid et Amina très romantique.

5. Amina ouvre la portière de la voiture.

6. Rachid est galant (*a gentleman*).

7. Le premier problème que Rachid rencontre est une panne d'essence.

8. Le mécanicien répare la voiture.

9. La voiture a un pneu crevé.

10. Rachid n'est pas très content.

Practice more at **daccord2.vhlcentral.com.**

Amina sort avec Rachid pour la première fois.

Expressions utiles

Talking about dating

- **Il lui offre des fleurs.**
  He's offering/giving her flowers.

- **Attends, laisse-moi t'ouvrir la portière.**
  Wait, let me open the (car) door for you.

Talking about cars

- **N'oublie pas d'attacher ta ceinture.**
  Don't forget to fasten your seatbelt.

- **J'ai un voyant qui s'est allumé.**
  One of the dashboard lights came on.

- **Il y a quelque chose qui ne va pas.**
  There's something wrong.

Additional vocabulary

- **incroyable**
  incredible

SANDRINE Oh, regarde, il lui offre des fleurs.
RACHID Bonjour, Amina. Tiens, c'est pour toi.
AMINA Bonjour, Rachid. Oh, merci, c'est très gentil.
RACHID Tu es très belle, aujourd'hui.
AMINA Merci.

RACHID Attends, laisse-moi t'ouvrir la portière.
AMINA Merci.
RACHID N'oublie pas d'attacher ta ceinture.
AMINA Oui, bien sûr.

AMINA Heureusement, ce n'était pas bien grave. À quelle heure est notre réservation?
RACHID Oh! C'est pas vrai!

AMINA Qu'est-ce que c'était?
RACHID On a un pneu crevé.
AMINA Oh, non!!

2 **Qui?** Indiquez qui dirait (*would say*) ces affirmations: Amina (**A**), le mécanicien (**M**), Rachid (**R**), Sandrine (**S**) ou Valérie (**V**).

1. La prochaine fois, je vais suivre les conseils du mécanicien.
2. Je suis un peu anxieuse.
3. C'est comme dans un conte de fées (*fairy tale*)!
4. Taisez-vous (*Be quiet*), s'il vous plaît!
5. Il aurait dû (*should have*) m'écouter.

3 **Écrivez** Que se passe-t-il pour Amina et Rachid après le deuxième incident? Utilisez votre imagination et écrivez un paragraphe qui raconte ce qu'ils ont fait. Est-ce que quelqu'un d'autre les aide? Amina est-elle fâchée? Y aura-t-il (*Will there be*) un deuxième rendez-vous pour Cyberhomme et Technofemme?

ressources
CA pp. 71-72   daccord2.vhlcentral.com

ACTIVITÉS

(S) Video: *Flash culture*

Les voitures en France

la Smart

Dans l'ensemble°, les Français utilisent moins leur voiture que les Américains. Il n'est pas rare qu'un couple ou une famille possède une seule voiture. Dans les grandes villes, beaucoup de gens se déplacent° à pied ou utilisent les transports en commun°. Dans les villages ou à la campagne, les gens utilisent un peu plus fréquemment leurs voitures. Pour les grandes distances pourtant°, ils ont tendance, plus que les Américains, à laisser leurs voitures chez eux et à prendre le train ou l'avion. En général, les voitures en France sont beaucoup plus petites que les voitures qu'on trouve aux États-Unis, mais on y trouve des quatre-quatre° (4x4), même dans les grandes villes. La Smart, une voiture minuscule produite par les compagnies Swatch et Mercedes-Benz, a aussi beaucoup de succès en France et en Europe.

Il y a plusieurs raisons qui expliquent ces différences. D'abord, les rues des villes françaises sont beaucoup moins larges. En centre-ville, beaucoup de rues sont piétonnes° et d'autres sont si petites qu'il est parfois difficile de passer, même avec une petite voiture. Il y a aussi de gros problèmes de parking dans la majorité des villes françaises. Il y a peu de places de parking et elles sont en général assez petites. Il est donc nécessaire de faire un créneau° pour se garer et plus la voiture est petite, plus° on a de chance de le réussir. En plus, en France, l'essence est plus chère qu'aux États-Unis. Il vaut donc mieux avoir une petite voiture économique qui ne consomme pas beaucoup d'essence, ou prendre les transports en commun quand c'est possible.

Pourcentage de Français qui possèdent une voiture

Dans les villages et à la campagne	92%
Dans les villes de moins de 20.000 habitants	86%
Dans les villes de 20.000 à 100.000 habitants	84%
Dans les villes de plus de 100.000 habitants	78%
En région parisienne	60%
À Paris	46%

SOURCE: Francoscopie

Dans l'ensemble *By and large* **se déplacent** *get around* **transports en commun** *public transportation* **pourtant** *however* **quatre-quatre** *sport utility vehicles* **piétonnes** *reserved for pedestrians* **faire un créneau** *parallel park* **plus..., plus...** *the more..., the more...*

A C T I V I T É S

1 Complétez Donnez un début ou une suite logique à chaque phrase, d'après le texte.

1. ... possèdent parfois une seule voiture.
2. Les Français qui habitent en ville se déplacent souvent...
3. Beaucoup de Français prennent le train ou l'avion...
4. ... sont en général plus petites qu'aux États-Unis.
5. Comme aux États-Unis, même dans les grandes villes en France, on trouve...
6. ..., on peut facilement faire un créneau pour se garer.
7. Il n'est pas toujours facile de se garer dans les villes françaises...
8. ... parce que l'essence coûte cher en France.
9. ..., la grande majorité des Français ont une voiture.
10. Le nombre de Français qui ont une voiture est plus important dans les villages et à la campagne qu'...

 Practice more at **daccord2.vhlcentral.com**.

LE FRANÇAIS QUOTIDIEN

Pour parler des voitures

bagnole (*f.*)	*car*
berline (*f.*)	*sedan*
break (*m.*)	*station wagon*
caisse (*f.*)	*car*
char (*m.*) (Québec)	*car*
coupé (*m.*)	*coupe*
décapotable (*f.*)	*convertible*
monospace (*m.*)	*minivan*
pick-up (*m.*)	*pickup*

LE MONDE FRANCOPHONE

Conduire une voiture

Voici quelques informations utiles.

En France Il n'existe pas de carrefours° avec quatre panneaux° de stop.

En France, en Belgique et en Suisse Il est interdit d'utiliser un téléphone portable quand on conduit et on n'a pas le droit de tourner à droite quand le feu° est rouge.

À l'île Maurice et aux Seychelles Faites attention! On conduit à gauche.

En Suisse Pour conduire sur l'autoroute, il est nécessaire d'acheter une vignette° et de la mettre sur son pare-brise. On peut l'acheter à la poste ou dans les stations-service, et elle est valable° un an.

Dans l'Union européenne Le permis de conduire d'un pays de l'Union européenne est valable dans tous les autres pays de l'Union.

carrefours *intersections* panneaux *signs* feu *traffic light* vignette *sticker* valable *valid*

PORTRAIT

Le constructeur automobile Citroën

La marque° Citroën est une marque de voitures française créée° en 1919 par André Citroën, ingénieur et industriel français. La marque est réputée pour son utilisation de technologies d'avant-garde et pour ses innovations dans le domaine de l'automobile. Le premier véhicule construit par Citroën, la voiture type A, a été la première voiture européenne construite en série°. En 1924, Citroën a utilisé la première carrosserie° entièrement faite en acier° d'Europe. Puis, dans les années 1930, Citroën a inventé la traction avant°. Parmi les modèles de voiture les plus vendus de la marque Citroën, on compte la 2CV, ou «deux chevaux», un modèle bon marché et très apprécié des jeunes dans les années 1970 et 1980. En 1976, Citroën a fusionné° avec un autre grand constructeur automobile° français, Peugeot, pour former le groupe PSA Peugeot-Citroën.

marque *make* créée *created* en série *mass-produced* carrosserie *body* acier *steel* traction avant *front-wheel drive* a fusionné *merged* constructeur automobile *car manufacturer*

SUR INTERNET

Qu'est-ce que la Formule 1?

Go to daccord2.vhlcentral.com to find more information related to this **CULTURE** section. Then watch the corresponding **Flash culture.**

---

2 **Répondez** Répondez par des phrases complètes.

1. Quelles sont les caractéristiques de la marque Citroën?
2. Quelle est une des innovations de la marque Citroën?
3. Quel modèle de Citroën a eu beaucoup de succès?
4. Qu'a fait la compagnie Citroën en 1976?
5. Que faut-il avoir pour conduire sur l'autoroute, en Suisse?
6. Les résidents d'autres pays de l'UE ont-ils le droit de conduire en France?

3 **À vous...** Quelle est votre voiture préférée? Pourquoi? Avec un(e) partenaire, discutez de ce sujet et soyez prêts à expliquer vos raisons au reste de la classe.

ressources

CA pp. 95-96

daccord2.vhlcentral.com

ACTIVITÉS

STRUCTURES

3B.1 The verbs *ouvrir* and *offrir*

Point de départ The verbs **ouvrir** (*to open*) and **offrir** (*to offer*) are irregular. Although they end in **-ir**, they use the endings of regular **-er** verbs in the present tense.

		ouvrir	**offrir**
	j'	ouvre	offre
	tu	ouvres	offres
	il/elle	ouvre	offre
	nous	ouvrons	offrons
	vous	ouvrez	offrez
	ils/elles	ouvrent	offrent

La boutique **ouvre** à dix heures.
The shop opens at 10 o'clock.

Nous **offrons** soixante-quinze dollars.
We offer seventy-five dollars.

• The verbs **couvrir** (*to cover*), **découvrir** (*to discover*), and **souffrir** (*to suffer*) use the same endings as **ouvrir** and **offrir**.

Elle **souffre** quand elle est chez le dentiste.
She suffers when she's at the dentist's.

Couvrez la tête d'un enfant quand il fait soleil.
Cover the head of a child when it's sunny.

• The past participles of **ouvrir** and **offrir** are, respectively, **ouvert** and **offert**. Verbs like **ouvrir** and **offrir** follow this pattern.

Nous **avons découvert** un bon logiciel.
We discovered a good software program.

Elles **ont souffert** d'une allergie.
They suffered from an allergy.

• Verbs like **ouvrir** and **offrir** are regular in the **imparfait**.

Nous **souffrions** pendant les moments difficiles.
We suffered during the bad times.

Ils nous **offraient** de beaux cadeaux.
They used to give us nice gifts.

Essayez!
Complétez les phrases avec les formes correctes du présent des verbes.

1. On _découvre_ (découvrir) beaucoup de choses quand on lit.
2. Vous _____ (ouvrir) le livre.
3. Tu _____ (souffrir) beaucoup chez le dentiste?
4. Elle _____ (offrir) des fleurs à ses amis.
5. Nous _____ (offrir) dix mille dollars pour la voiture.
6. Les profs _____ (couvrir) les réponses.

MISE EN PRATIQUE

1 **Mais non!** Alexandra et sa copine Djamila viennent d'arriver en cours et parlent de leurs camarades. Que se disent-elles?

MODÈLE Julianne souffre d'un mal de tête. (je)
Je souffre aussi d'un mal de tête.

1. Sylvain ouvre son livre. (Caroline)
2. Antoine souffre d'allergies. (le professeur et moi)
3. Loïc découvre la réponse. (nous)
4. Tu offres ta place à Maéva. (Théo)
5. Je souffre beaucoup avant les examens. (nous)
6. Vous ouvrez votre sac à dos. (Luc et Anne)
7. Odile et Fatou couvrent leurs devoirs. (Lise)
8. Angèle découvre qu'elle adore les maths. (je)

2 **Je l'ai déjà fait** Maya parle avec sa sœur des choses qu'elle veut faire pour organiser une fête dans leur nouvelle maison. Sophie lui dit qu'elle les a déjà faites.

MODÈLE Je veux ouvrir les bouteilles.
Je les ai déjà ouvertes.

1. Je veux couvrir les meubles pour les protéger.
2. Je veux ouvrir toutes les fenêtres.
3. Je veux découvrir le centre-ville.
4. Je veux offrir des cadeaux aux voisins.
5. Je veux ouvrir les nouveaux CD.
6. Je veux couvrir les murs d'affiches.
7. Je veux découvrir ce que (*what*) nos amis vont nous offrir.
8. Je veux offrir une fleur aux invités.

3 **Que faisaient-ils?** Qu'est-ce que ces personnages faisaient hier? Employez les verbes de la liste.

couvrir	découvrir	offrir	ouvrir	souffrir

1. Benoît

3. vous

2. tu

4. ils

Practice more at **daccord2.vhlcentral.com**.

4 **Questions** Avec un(e) partenaire, posez-vous ces questions à tour de rôle. Ensuite, présentez les réponses à la classe.

1. Qu'est-ce que tu as offert à ta mère pour la fête des Mères?

2. En quelle saison souffres-tu le plus des allergies? Pourquoi?

3. Est-ce que tu te couvres la tête quand tu bronzes? Avec quoi?

4. Est-ce que tu ouvres la fenêtre de ta chambre quand tu dors? Pourquoi?

5. Qu'est-ce que tes amis t'ont offert pour ton dernier anniversaire?

6. Que fais-tu quand tu souffres d'une grippe?

7. As-tu découvert des sites web intéressants? Quels sites?

8. Quand tu achètes un nouveau CD, est-ce que tu l'ouvres tout de suite? Pourquoi?

5 **Une amende** Un agent de police vous arrête parce que vous n'avez pas respecté la limitation de vitesse. Vous inventez beaucoup d'excuses. Avec un(e) partenaire, créez le dialogue et utilisez ce vocabulaire.

amende	dépasser	ouvrir
avoir	freiner	permis
un accident	freins	de conduire
circulation	se garer	pneu crevé
coffre	limitation	rentrer dans
couvrir	de vitesse	rue
découvrir	offrir	souffrir

6 **Un cadeau électronique** Vous avez de l'argent et vous voulez acheter des cadeaux à des membres de votre famille. Dites à un(e) partenaire les choses que vous voulez acheter et pourquoi. Utilisez les verbes de la liste.

MODÈLE

Je peux acheter un jeu vidéo pour l'offrir à mon neveu.

couvrir	découvrir	offrir	ouvrir	souffrir

À Noël, offrez le plus beau des cadeaux

Elle ouvre le paquet, et c'est le bonheur! Quoi de plus beau à offrir? Parlez-vous à cœur ouvert.

Telecom

Identifiez Avez-vous trouvé des formes des verbes **ouvrir** et **offrir** dans cette publicité (*ad*)? Lesquelles (*Which ones*)?

Questions Posez ces questions à un(e) partenaire et répondez à tour de rôle.

1. Qui offre un cadeau dans la pub? Qui reçoit (*receives*) un cadeau?

2. Quel cadeau offre-t-on?

3. Quel est le plus beau cadeau qu'on t'aie (*has*) offert?

4. Quel est le plus beau cadeau que tu aies (*have*) offert à quelqu'un?

STRUCTURES

3B.2 Le conditionnel

Point de départ The conditional expresses what you *would* do or what *would* happen under certain circumstances.

- The conditional of regular verbs is formed by using the infinitive form of the verb as the stem. To form the conditional of **-er** and **-ir** verbs, add the **imparfait** endings to the infinitive. Drop the **-e** from the infinitive of **-re** verbs before adding the endings to it.

Conditional of regular verbs

	parler	réussir	attendre
je/j'	parlerais	réussirais	attendrais
tu	parlerais	réussirais	attendrais
il/elle	parlerait	réussirait	attendrait
nous	parlerions	réussirions	attendrions
vous	parleriez	réussiriez	attendriez
ils/elles	parleraient	réussiraient	attendraient

Nous ne **conduirions** pas.
We would not drive.

À ta place, je **réparerais** la voiture.
In your place, I would repair the car.

- Note the conditional form of most spelling change **-er** verbs.

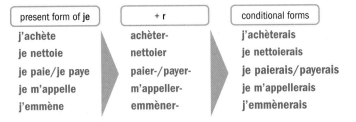

present form of **je**	+ r	conditional forms
j'achète	achèter-	j'achèterais
je nettoie	nettoier-	je nettoierais
je paie/je paye	paier-/payer-	je paierais/payerais
je m'appelle	m'appeller-	je m'appellerais
j'emmène	emmèner-	j'emmènerais

- For **-er** verbs with an **è** before the infinitive ending, form the conditional the same way as regular verbs.

Tu **préférerais** aller à une station-service?
Would you prefer to go to a service station?

Nous **protégerions** les enfants de la chaleur.
We would protect the children from the heat.

- Some verbs use irregular stems in the conditional.

aller	ir-	envoyer	enverr-	recevoir	recevr-
apercevoir	apercevr-	être	ser-	savoir	saur-
avoir	aur-	faire	fer-	venir	viendr-
devoir	devr-	pouvoir	pourr-	vouloir	voudr-

J'irais chez toi, mais pas aujourd'hui.
I'd go to your house, but not today.

Quand est-ce qu'elle **ferait** le plein?
When would she fill the tank?

---

1 Changer de vie Alexandre parle à son ami de ce qu'il (*what he*) aimerait changer dans sa vie. Complétez ses phrases avec les formes correctes du conditionnel.

MODÈLE

Je n' <u>étudierais</u> (étudier) jamais le week-end.

1. Ma petite amie et moi _____ (faire) des études dans la même (*same*) ville.
2. Je _____ (vendre) ma vieille voiture.
3. Nous _____ (acheter) une Porsche.
4. J' _____ (attacher) toujours ma ceinture de sécurité.
5. Nos amis nous _____ (rendre) souvent visite.
6. Quelqu'un _____ (nettoyer) la maison.

2 Les professeurs Que feraient ces personnes si elles étaient profs de français?

MODÈLE tu / donner / examen / difficile
Tu donnerais des examens difficiles.

1. Marc / donner / devoirs
2. vous / répondre / à / questions / élèves
3. nous / permettre / à / élèves / de / manger / en classe
4. tu / parler / français / tout le temps
5. tes parents / boire / café / classe
6. nous / montrer / films / français

3 Je suis d'accord! Quand on vous dit ce que vos amis font ou ne font pas, dites que vous feriez ou ne feriez pas ces choses. Utilisez le conditionnel dans vos réponses.

MODÈLE

Je n'ai pas envie de ranger les valises dans le coffre.
Moi non plus, je n'aurais pas envie de ranger les valises dans le coffre.

Je regarde souvent dans le rétroviseur.
Moi aussi, je regarderais souvent dans le rétroviseur.

1. Élodie ne prend pas le vélo.
2. Olivier et Solange ne se garent pas devant le café.
3. Laurent et toi ne vérifiez pas la pression des pneus.
4. Tu fais le plein avant de partir.
5. Ma petite amie veut acheter une nouvelle voiture.
6. Sylvie ne dépasse pas le policier sur l'autoroute.
7. Nous devons souvent nettoyer le pare-brise.
8. Marie vient chaque semaine à la station-service.

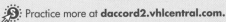
Practice more at **daccord2.vhlcentral.com**.

COMMUNICATION

4 **Une grosse fortune** Avec un(e) partenaire, parlez de la façon dont (*the way in which*) vous dépenseriez l'argent si quelqu'un vous laissait une grosse fortune. Posez-vous ces questions à tour de rôle.

1. Partirais-tu en voyage? Où irais-tu?
2. Quelle voiture achèterais-tu?
3. Où habiterais-tu?
4. Qu'est-ce que tu achèterais à tes amis? À ta famille?
5. Donnerais-tu de l'argent à des œuvres de charité (*charities*)? Auxquelles (*To which ones*)?
6. Qu'est-ce qui changerait dans ta vie quotidienne (*daily*)?

5 **Sans ça...** Par groupes de trois, dites ce qui (*what*) changerait dans le monde sans ces choses.

MODÈLE sans devoirs?

Les élèves s'amuseraient plus.

- sans voitures?
- sans ordinateurs?
- sans télévisions?
- sans avions?
- sans téléphones?
- ?

6 **Le tour de la France** Vous aimeriez faire le tour de la France avec un(e) partenaire. Regardez la carte et discutez de l'itinéraire. Où commenceriez-vous? Que visiteriez-vous? Utilisez ces idées et trouvez-en d'autres.

MODÈLE

Nous commencerions à Paris.

- les plages de la Côte d'Azur
- les randonnées dans le Centre
- le ski dans les Alpes
- les musées à Paris
- les châteaux (*castles*) de la Loire

- The conditional forms of **il y a**, **il faut**, and **il pleut** are, respectively, **il y aurait**, **il faudrait**, and **il pleuvrait**.

Il faudrait ouvrir le capot de la voiture.
We would need to open the hood of the car.

Il y aurait trop de circulation à cette heure-là.
There would be too much traffic at that time.

- Use the conditional to make a polite request, soften a demand, or express what someone *could* or *should* do.

Je **voudrais** acheter une nouvelle imprimante.
I would like to buy a new printer.

Pourriez-vous nous dire où elles sont?
Could you tell us where they are?

Tu **devrais** dormir jusqu'à onze heures.
You should sleep until 11 o'clock.

Nous **aimerions** vérifier la pression des pneus, s'il vous plaît.
We would like to check the tire pressure, please.

- Use the conditional, along with a past-tense verb, to express what someone said or thought would happen in the future at a past moment in time.

Guillaume a dit qu'il **arriverait** vers midi.
Guillaume said that he would arrive around noon.

Nous pensions que tu **ferais** tes devoirs.
We thought that you would do your homework.

- The English *would* can also mean *used to*, in the sense of past habitual action. To express past habitual actions in French, use the **imparfait**.

Je **travaillais** dans un restaurant à Nice.
I would (used to) work at a restaurant in Nice.

but Je **travaillerais** seulement dans un restaurant à Nice.
I would only work for a restaurant in Nice.

Essayez! Indiquez la forme correcte du conditionnel de ces verbes.

1. je (perdre, devoir, venir) _____ *perdrais, devrais, viendrais*
2. tu (vouloir, aller, essayer) _____
3. Michel (dire, prendre, savoir) _____
4. nous (préférer, nettoyer, faire) _____
5. vous (être, pouvoir, avoir) _____
6. elles (dire, espérer, amener) _____
7. je (boire, choisir, essuyer) _____
8. il (tenir, se lever, envoyer) _____

SYNTHÈSE

Révision

1 **Dans ma famille…** Votre professeur va vous donner une feuille d'activités. Circulez dans la classe pour interviewer un(e) camarade différent(e) pour chaque question. Mentionnez un détail supplémentaire dans vos réponses.

MODÈLE

Élève 1: Qui, dans ta famille, a peur de conduire?
Élève 2: Mon oncle Olivier a peur de conduire.
Il a eu trop d'accidents.

Qui, dans ta famille,…	Noms
1. a peur de conduire?	L'oncle de Marc
2. aime l'odeur de l'essence?	
3. n'aime pas conduire vite?	
4. n'a jamais eu d'accident?	
5. ne dépasse jamais la limitation de vitesse?	
6. n'a pas son permis de conduire?	
7. ne sait pas faire le plein?	
8. sait vérifier l'huile?	

2 **Des explications** Avec un(e) partenaire, observez ces personnages et inventez une phrase au conditionnel pour décrire leur situation.

MODÈLE

Elle ferait du jogging, mais
elle s'est foulé la cheville.

1.

3.

2.

4.

3 **Le marathon** Votre meilleur(e) ami(e) va participer à un marathon dans six mois et il/elle veut savoir ce qu'il/elle (*what he/she*) devrait faire pour s'entraîner (*train himself/ herself*). Avec un(e) partenaire, écrivez un e-mail à votre ami(e) pour dire ce que vous feriez à sa place pour vous préparer. Utilisez le conditionnel.

4 **La leçon de conduite** Vous êtes moniteur de conduite (*driving instructor*) et c'est la première leçon de conduite que prend votre partenaire. Inventez une scène où il/elle découvre la voiture et où vous lui expliquez la fonction des différentes commandes. Utilisez le conditionnel dans votre dialogue.

MODÈLE

Élève 1: J'utiliserais ce bouton pour ouvrir le capot?
Élève 2: Non. Tu utiliserais ce bouton pour ouvrir
le coffre.

5 **Les slogans** Avec un(e) partenaire, utilisez ces verbes dans des slogans pour vendre cette voiture. Soyez prêts à voter pour les meilleurs slogans de la classe.

MODÈLE

Élève 1: Qu'est-ce que tu penses de:
«Offrez-vous l'évasion»?
Élève 2: Ce n'est pas mal, mais j'aime bien aussi:
«Le monde vous découvre.»

couvrir	découvrir	offrir	ouvrir	souffrir

6 **Mots croisés** Votre professeur va vous donner, à vous et à votre partenaire, deux grilles de mots croisés (*crossword*) incomplètes. Attention! Ne regardez pas la feuille de votre partenaire. Utilisez le conditionnel dans vos définitions.

MODÈLE

Élève 1: Horizontalement, le numéro 1, tu les allumerais pour conduire la nuit.
Élève 2: Les phares!

ressources		
CE pp. 51–54	CA pp. 9, 37–38, 135–136	S daccord2.vhlcentral.com

À l'écoute S Audio: Activities

Guessing the meaning of words through context

When you hear an unfamiliar word, you can often guess its meaning by listening to the words and phrases around it.

To practice this strategy, you will listen to a paragraph. Jot down the unfamiliar words that you hear. Then, listen to the paragraph again and jot down the word or words that are the most useful clues to the meaning of each unfamiliar word.

Préparation

Regardez la photo. Que fait la policière? Et l'homme, que fait-il? Où sont-ils? Que se passe-t-il, d'après vous?

À vous d'écouter 🎧

Écoutez la conversation entre la policière et l'homme et utilisez le contexte pour vous aider à comprendre les mots et expressions de la colonne A. Trouvez leur équivalent dans la colonne B.

A	B
_____ 1. la moto	a. un document qui indique une infraction
_____ 2. la loi	b. un signal pour indiquer dans quelle direction on va aller
_____ 3. une contravention	c. conduire une voiture
_____ 4. rouler	d. véhicule à deux roues
_____ 5. le clignotant	e. faire attention
_____ 6. être prudent	f. quelque chose qu'il faut respecter

Compréhension

Vrai ou faux? Indiquez si les phrases sont **vraies** ou **fausses**. Corrigez les phrases fausses.

1. L'homme a oublié son permis de conduire à l'aéroport.

_____

2. L'homme roulait trop vite.

_____

3. La vitesse est limitée à 150 km/h sur cette route.

_____

4. L'homme a dépassé un camion rouge.

_____

5. L'agent de police n'accepte pas les excuses de l'homme.

_____

6. L'agent de police donne une contravention à l'homme.

_____

7. L'homme préfère payer l'amende tout de suite.

_____

8. L'agent de police demande à l'homme de faire réparer son rétroviseur avant de repartir.

_____

Racontez Choisissez un sujet et écrivez un paragraphe.

1. Connaissez-vous une personne qui a déjà eu une contravention (*ticket*)? Quand? Où? Que faisait-elle? Donnez des détails.

2. Vous êtes-vous déjà trouvé(e) dans une voiture qui est tombée en panne? Quand? Où? Quel était le problème? Êtes-vous allé(e) chez un mécanicien? Qu'a-t-il fait? Est-ce que ça a coûté cher?

 Practice more at **daccord2.vhlcentral.com**.

S Interactive Map
Reading

Panorama

une barque° sur l'Escaut

La Belgique

Le pays en chiffres

▶ **Superficie:** *30.500 km²*

▶ **Population:** *10.700.000*

SOURCE: Population Division, UN Secretariat

▶ **Industries principales:** *agroalimentaire°, chimie, métallurgie, sidérurgie°, textile*

▶ **Villes principales:** *Anvers, Bruges, Bruxelles, Gand, Liège, Namur*

▶ **Langues:** *allemand, français, néerlandais°*

Les Belges néerlandais parlent une variante de la langue néerlandaise qui s'appelle le flamand°. Environ° 60% de la population belge parlent flamand et habitent dans la partie nord° du pays, la Flandre. Le français est surtout parlé dans la partie sud° du pays, la Wallonie, par environ 40% des Belges. L'allemand est parlé par très peu de gens, environ 1%, dans l'est° du pays.

▶ **Monnaie:** *l'euro*

Belges célèbres

▶ **Marguerite Yourcenar,** *femme écrivain (1903–1987)*

▶ **Georges Simenon,** *écrivain (1903–1989)*

▶ **Jacques Brel,** *chanteur (1929–1978)*

▶ **Eddy Merckx,** *cycliste, cinq fois vainqueur° du Tour de France (1945–)*

▶ **Cécile de France,** *actrice (1975–)*

▶ **Justine Henin,** *joueuse de tennis (1982–)*

LA MER DU NORD

la Meuse

LES PAYS-BAS

L'ALLEMAGNE

Ostende

Bruges

Anvers

Gand

LA FLANDRE

le Lys

l'Escaut

Bruxelles

Mons

la Meuse

Liège

Charleroi

Namur

la Sambre

LES ARDENNES

LA WALLONIE

LE LUXEMBOURG

LA FRANCE

Bruges

☐ Régions francophones

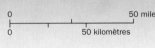
0   50 miles
0   50 kilomètres

cortège folklorique° de l'Ommegang

Incroyable mais vrai!

Acheter de la bière ou du fromage au monastère? Pourquoi pas? Les moines° trappistes suivent° des principes monastiques stricts: isolés, ils se consacrent° au travail et à la prière°. Pour subvenir à° leurs besoins, ils font des bières et des fromages de qualité. Seules six bières belges peuvent porter l'appellation «trappiste».

agroalimentaire *food processing* **sidérurgie** *steel industry*
néerlandais *Dutch* **flamand** *Flemish* **Environ** *About* **nord** *north*
sud *south* **est** *east* **vainqueur** *winner* **moines** *monks* **suivent** *follow*
se consacrent *devote themselves* **prière** *prayer* **subvenir à** *provide for* **barque** *small boat* **cortège folklorique** *traditional procession*

Les destinations

Bruxelles, capitale de l'Europe

Fondée au septième siècle, la ville de Bruxelles a été choisie en 1958 comme siège° de la CEE°. Aujourd'hui, elle reste encore le siège de l'Union européenne (l'UE), lieu central des institutions et des décisions européennes. On y trouve le Parlement européen, organe législatif de l'UE, et depuis 1967, le siège de l'OTAN°. Bruxelles est une ville très cosmopolite, avec un grand nombre d'habitants étrangers. Elle est aussi touristique, renommée pour sa Grand-Place, ses nombreux chocolatiers et la grande qualité de sa cuisine.

Les traditions

La bande dessinée

Les dessinateurs° de bandes dessinées (BD) sont très nombreux en Belgique. À Bruxelles, il y a de nombreuses peintures murales° et statues de personnages de BD. Le dessinateur Peyo est devenu célèbre avec la création des Schtroumpfs° en 1958, mais le père de la BD belge est Hergé, dessinateur qui a créé Tintin et Milou en 1929. Tintin est un reporter qui parcourt° le monde. En 1954, il devient le premier homme, avant Neil Armstrong, à marcher sur la Lune° dans *On a marché sur la Lune*. La BD de Tintin est traduite en 45 langues.

La gastronomie

Les moules frites

Les moules° frites sont une spécialité belge. Les moules, cuites° dans du vin blanc, et les frites sont servies dans des plats séparés, mais on les mange ensemble, et c'est délicieux. Beaucoup de gens ne savent pas que les frites ne sont pas françaises, mais belges! On peut en

acheter dans les nombreuses friteries. Elles sont servies dans un cornet° en papier avec une sauce, souvent de la mayonnaise. Il existe même en Belgique une Semaine nationale de la frite et une Union nationale des frituristes.

Les arts

René Magritte (1898–1967)

René Magritte, peintre surréaliste, s'intéressait à la représentation des images mentales. En montrant° la divergence entre un objet et sa représentation, son désir était de «faire hurler° les objets les plus familiers», mais toujours avec humour. Le musée Magritte à Bruxelles se trouve dans la maison où il a habité pendant 24 ans, et qui était aussi le quartier général° des surréalistes belges. Le portrait de Magritte était sur les billets de 500 francs belges. Une de ses œuvres° les plus célèbres, à gauche, est *Le fils de l'homme*.

Qu'est-ce que vous avez appris? Répondez aux questions par des phrases complètes.

1. Quelle est la langue la plus parlée en Belgique?
2. Que produisent les moines trappistes?
3. À quelles activités se consacrent-ils?
4. Quand Bruxelles a-t-elle été choisie comme capitale de l'Europe?
5. Qui est le père de la bande dessinée belge?

6. Qui est allé sur la Lune avant Armstrong?
7. Quelle bande dessinée Peyo a-t-il créée?
8. Où peut-on acheter des frites?
9. Qu'est-ce que Magritte montre dans ses œuvres?
10. Quel était le quartier général des surréalistes belges?

 Practice more at **daccord2.vhlcentral.com**.

ressources

CE
pp. 55-56 | daccord2.vhlcentral.com

SUR INTERNET

Go to **daccord2.vhlcentral.com** to find more cultural information related to this **PANORAMA**.

1. Quels sont les noms de trois autres personnages de bandes dessinées belges?
2. Dans quelles peintures Magritte a-t-il représenté des parties de la maison (fenêtre, cheminée, escalier)?
3. Cherchez des informations sur la ville de Bruges. Combien de kilomètres de canaux (*canals*) y a-t-il?

siège *headquarters* **CEE** *European Economic Community (predecessor of the European Union)* **OTAN** *NATO* **dessinateurs** *cartoonists* **peintures murales** *murals* **Schtroumpfs** *Smurfs* **parcourt** *travels all over* **Lune** *moon* **moules** *mussels* **cuites** *cooked* **cornet** *cone* **En montrant** *By showing* **faire hurler** *make scream* **quartier général** *headquarters* **œuvres** *works*

Lecture

S Audio: Dramatic Recording

Avant la lecture

Recognizing the purpose of a text

When you are faced with an unfamiliar text, it is important to determine the writer's purpose. If you are reading an editorial in a newspaper, for example, you know that the journalist's objective is to persuade you of his or her point of view. Identifying the purpose of a text will help you better comprehend its meaning.

Examinez le texte

Examinez les illustrations. Quel est le genre de ce texte? Décrivez ce qu'il y a dans chaque illustration. Puis, regardez les trois textes courts. Quel est le genre de ces textes? Quel est leur but (*purpose*)? D'après vous, quel genre de vocabulaire allez-vous trouver dans ces textes?

À propos de l'auteur
Renée Lévy

Renée Lévy est une artiste québécoise. Son père, artiste lui aussi, lui a expliqué les principes du dessin et l'a encouragée à dessiner. Au lycée, Renée Lévy amusait ses camarades de classe avec ses caricatures de professeurs. Ses dessins humoristiques traitent de° nombreux sujets, comme la vie de tous les jours, le travail, les animaux et la politique. On peut voir ses caricatures et ses dessins humoristiques dans plusieurs publications et sur des sites Internet. Renée Lévy est l'auteur des deux dessins que vous allez voir°.

Les Technoblagues

Dessin 1

C'EST UN LECTEUR DE MP3, DE CD ET DE DVD. C'EST AUSSI UN TÉLÉPHONE, UN APPAREIL PHOTO ET UN ORDINATEUR. IL PEUT NUMÉRISER°, TÉLÉCOPIER° ET IMPRIMER.

IL VERROUILLE° MON AUTO, ALLUME MON FOUR ET MESURE MON DIABÈTE. IL ME SERT DE BROSSE À DENTS, D'ASPIRATEUR ET DE RASOIR.

IL M'INDIQUE AUSSI LE MAGASIN DE BATTERIES LE PLUS PROCHE°!

BATTERIES

BATTERIES BATTERIES

© www.reneelevy.com

Blague 1

Dans un magasin d'ordinateurs, un père se plaint° du manque d'intérêt° de son fils pour le sport. «Il passe son temps devant son écran, avec ses jeux vidéo», explique le père découragé à l'employé. «Tenez, l'autre jour, je lui ai proposé un match de tennis. Savez-vous ce que mon fils m'a répondu? "Quand tu veux, papa, je vais chercher la disquette."»

traitent de *deal with* **voir** *see*

Blague 2

La maîtresse°, absente de sa classe
pendant dix minutes, y retourne et entend un véritable
vacarme°. «Quand je suis partie, dit-elle, sévèrement, je vous
ai interdit° de bavarder entre vous.» «Mais, dit un élève,
on ne s'est pas adressé la parole°. Seulement, pour
s'occuper, on a tous sorti nos portables et on
a passé un coup de fil° à nos parents.»

Blague 3

Un homme vient d'acheter une nouvelle voiture,
mais il est obligé de la laisser dans la rue la nuit. Comme il
sait que les voleurs° d'autoradios° n'hésitent pas à fracturer° les
portières, il met sur son pare-brise la note suivante: IL N'Y A PAS DE
RADIO DANS CETTE VOITURE. Le jour d'après, plus de° voiture.
À la place où elle se trouvait, il y a seulement la note sur
laquelle° on a écrit: Ce n'est pas grave, on en
fera mettre une°.

numériser *scan* télécopier *fax* verrouille *locks* le plus proche *the closest* se plaint *complains* manque d'intérêt *lack of interest* maîtresse *school teacher* vacarme *racket* interdit *forbade* on ne s'est pas adressé la parole *we didn't speak to each other* a passé un coup de fil *made a call* V.U.S. *S.U.V.* machine à coudre *sewing machine* sauf *except* il me faudra *I will need* fil *cord* voleurs *thieves* autoradios *car radios* fracturer *break* plus de *no more* sur laquelle *on which* on en fera mettre une *we'll have one installed*

Après la lecture

Répondez Répondez aux questions par des phrases complètes.

1. Quelles sont trois des fonctions de l'appareil du **dessin 1**?

2. De quoi l'appareil du **dessin 1** a-t-il beaucoup besoin?

3. Pour jouer au tennis, on a besoin d'une raquette. Dans la **blague 1**, quel mot (*word*) le garçon utilise-t-il au lieu de (*instead of*) «raquette»?

4. Dans la **blague 1**, pourquoi le père est-il découragé?

5. Dans la **blague 2**, qu'est-ce que la maîtresse a demandé aux élèves?

6. Qu'ont fait les élèves de la **blague 2** quand la maîtresse est partie?

7. Pourquoi faut-il remplacer le moteur du V.U.S. dans le **dessin 2**?

8. De quoi le personnage a-t-il besoin après dans le **dessin 2**?

9. Dans la **blague 3**, qu'est-ce que l'homme écrit sur la note qu'il met sur le pare-brise de sa voiture? Pourquoi?

10. À la fin de la **blague 3**, qu'ont pris les voleurs? Que vont-ils faire?

Des inventions L'appareil du **dessin 1** a beaucoup de fonctions. D'après vous, quelle invention de la liste est la plus utile et pourquoi? Soyez prêt à expliquer votre décision à la classe.

appareil photo	lecteur CD
aspirateur	lecteur DVD
fax	lecteur MP3
imprimante	téléphone

Inventez Électropuissance, une compagnie d'équipement électronique, vous demande d'inventer l'appareil idéal pour la vie de tous les jours. Dites comment votre invention va vous aider à la maison, à l'école, dans la voiture, en voyage et pour rester en bonne santé.

SAVOIR-FAIRE

Écriture

STRATÉGIE

Listing key words

Once you have determined the purpose for a piece of writing and identified your audience, it is helpful to make a list of key words you can use while writing. If you were to write a description of your campus, for example, you would probably need a list of prepositions that describe location, such as **devant**, **à côté de**, and **derrière**. Likewise, a list of descriptive adjectives would be useful if you were writing about the people and places of your childhood.

By preparing a list of potential words ahead of time, you will find it easier to avoid using the dictionary while writing your first draft. You will probably also learn a few new words in French while preparing your list of key words.

Listing useful vocabulary is also a valuable organizational strategy since the act of brainstorming key words will help you form ideas about your topic. In addition, a list of key words can help you avoid redundancy when you write.

If you were going to write a composition about your communication habits with your friends, what words would be the most helpful to you? Jot a few of them down and compare your list with a partner's. Did you choose the same words? Would you choose any different or additional words, based on what your partner wrote?

Thème

Écrire une dissertation

Avant l'écriture

1. Vous allez écrire une dissertation pour décrire vos préférences et vos habitudes en ce qui concerne (*regarding*) les moyens (*means*) de communication d'hier et d'aujourd'hui.

2. D'abord, répondez en quelques mots à ces questions pour vous faire une idée de ce que (*what*) doit inclure votre dissertation.

   - Quel est votre moyen de communication préféré (e-mail, téléphone, lettre, ...)? Pourquoi?

   - En général, comment communiquez-vous avec les gens que vous connaissez? Pourquoi? Avez-vous toujours communiqué avec eux de cette manière (*in this way*)?

   - Communiquez-vous avec tout le monde de la même manière ou cela dépend-il des personnes? Par exemple, restez-vous en contact avec vos grands-parents de la même manière qu'avec votre professeur de français? Expliquez.

   - Comment restez-vous en contact avec les membres de votre famille? Et avec vos amis et vos camarades de classe?

   - Communiquez-vous avec certaines personnes tous les jours? Avec qui? Comment?

3. Ensuite, complétez ce tableau pour faire une liste des personnes avec qui vous communiquez régulièrement, et pour donner le moyen de communication que vous avez utilisé dans le passé et que vous utilisez aujourd'hui. Utilisez aussi votre liste de mots-clés comme point de départ pour votre dissertation.

Personnes	Moyen de communication du passé	Moyen de communication d'aujourd'hui
Personne 1		
Personne 2		
Personne 3		
Personne 4		
Personne 5		

Écriture

1. Servez-vous de la liste de mots-clés que vous avez créée, de vos réponses aux questions et du tableau pour écrire votre dissertation. Utilisez le vocabulaire et la grammaire de l'unité.

2. N'oubliez pas d'inclure ces informations:

   ■ Toutes les personnes avec qui vous communiquez souvent

   ■ Les moyens de communications que vous utilisiez avant

   ■ Les moyens de communications que vous utilisez maintenant

   ■ La raison pour laquelle vous avez changé de moyen de communication

Après l'écriture

1. Échangez votre dissertation avec celle (*the one*) d'un(e) partenaire. Répondez à ces questions pour commenter son travail.

   ■ Votre partenaire a-t-il/elle inclu toutes les personnes citées dans le tableau?

   ■ A-t-il/elle mentionné tous les moyens de communications qu'il/elle utilisait avant?

   ■ A-t-il/elle mentionné tous les moyens de communications qu'il/elle utilise maintenant?

   ■ A-t-il/elle mentionné la raison pour laquelle il/elle a changé de moyen de communication?

   ■ A-t-il/elle utilisé le vocabulaire et la grammaire de l'unité?

   ■ Quel(s) détail(s) ajouteriez-vous (*would you add*)? Quel(s) détail(s) enlèveriez-vous (*would you delete*)? Quel(s) autre(s) commentaire(s) avez-vous pour votre partenaire?

2. Corrigez votre dissertation d'après (*according to*) les commentaires de votre partenaire. Relisez votre travail pour éliminer ces problèmes:

   ■ des fautes (*errors*) d'orthographe

   ■ des fautes de ponctuation

   ■ des fautes de conjugaison

   ■ un mauvais emploi (*use*) de la grammaire de l'unité

   ■ des fautes d'accord (*agreement*) des adjectifs

L'ordinateur

un CD/compact disc/ disque compact	CD, compact disc
(CD/compact disc/ disques compacts *pl.*)	(CDs, compact discs)
un CD-ROM/cédérom (CD-ROM/cédéroms *pl.*)	CD-ROM(s)
un clavier	keyboard
un disque dur	hard drive
un écran	screen
un e-mail	e-mail
un fichier	file
une imprimante	printer
un jeu vidéo (jeux vidéo *pl.*)	video game(s)
un logiciel	software, program
un moniteur	monitor
un mot de passe	password
une page d'accueil	homepage
un site Internet/web	website
une souris	mouse
démarrer	to start up
être connecté(e) (avec)	to be connected (with)
être en ligne (avec)	to be online/on the phone (with)
graver	to record, to burn (a CD)
imprimer	to print
sauvegarder	to save
surfer sur Internet	to surf the Internet
télécharger	to download

Verbes

couvrir	to cover
découvrir	to discover
offrir	to offer
ouvrir	to open
souffrir	to suffer

Expressions utiles	See pp. 131 and 145.
Prepositions with the infinitive	See p. 134.

La voiture

arrêter (de faire quelque chose)	to stop (doing something)
attacher sa ceinture de sécurité (f.)	to buckle/to fasten one's seatbelt
avoir un accident	to have/to be in an accident
dépasser	to go over; to pass
faire le plein	to fill the tank
freiner	to brake
se garer	to park
rentrer (dans)	to hit
réparer	to repair
tomber en panne	to break down
vérifier (l'huile/la pression des pneus)	to check (the oil/ the air pressure)
un capot	hood
un coffre	trunk
l'embrayage (*m.*)	clutch
l'essence (*f.*)	gas
un essuie-glace (essuie-glaces *pl.*)	windshield wiper(s)
les freins (*m., pl.*)	brakes
l'huile (*f.*)	oil
un moteur	engine
un pare-brise (pare-brise *pl.*)	windshield
un pare-chocs (pare-chocs *pl.*)	bumper
les phares (*m.*)	headlights
un pneu (crevé)	(flat) tire
une portière	car door
un réservoir d'essence	gas tank
un rétroviseur	rearview mirror
une roue	wheel
une roue de secours	spare tire
une voiture	car
un volant	steering wheel
un voyant (d'essence/ d'huile)	(gas/oil) warning light
un agent de police/ un(e) policier/policière	police officer
une amende	fine
une autoroute	highway
la circulation	traffic
la limitation de vitesse	speed limit
un(e) mécanicien(ne)	mechanic
un parking	parking lot
un permis de conduire	driver's license
une rue	street
une station-service	service station

Verbes pronominaux réciproques

s'adorer	to adore one another
s'aider	to help one another
s'aimer (bien)	to love (like) one another
se connaître	to know one another
se dire	to tell one another
se donner	to give one another
s'écrire	to write one another
s'embrasser	to kiss one another
s'entendre bien (avec)	to get along well (with one another)
se parler	to speak to one another
se quitter	to leave one another
se regarder	to look at one another
se rencontrer	to meet one another (make an acquaintance)
se retrouver	to meet one another (planned)
se téléphoner	to phone one another

L'électronique

un appareil photo (numérique)	(digital) camera
un baladeur CD	personal CD player
une caméra vidéo/ un caméscope	camcorder
une cassette vidéo	videotape
une chaîne (de télévision)	(television) channel
une chaîne stéréo	stereo system
un fax	fax (machine)
un lecteur (de) CD/DVD	CD/DVD player
un magnétophone	tape recorder
un magnétoscope	videocassette recorder (VCR)
un portable	cell phone
un poste de télévision	television set
un répondeur (téléphonique)	answering machine
une télécommande	remote control
allumer	to turn on
composer (un numéro)	to dial (a number)
effacer	to erase
enregistrer	to record
éteindre	to turn off; to shut off
fermer	to close; to shut off
fonctionner/marcher	to work, to function
sonner	to ring

En ville

Pour commencer

- Qu'est-ce que David a dans la main?
- Quel temps fait-il?
- Que fait Valérie?
- Est-ce que David va conduire jusqu'à sa destination?

Leçon 4A

You will learn how to...

- make business transactions
- get around town

Les courses

une papeterie

LA POSTE

La Maison du Papier

Bijouterie *Martin*

cyberc@fé
espace connexion

SOLDES

un bureau de poste

une bijouterie

un cybercafé

LA POSTE

un colis

Elle poste une lettre. (poster)

une boîte aux lettres

un marchand de journaux

Vocabulaire

accompagner	to accompany
avoir un compte bancaire	to have a bank account
déposer de l'argent	to deposit money
emprunter	to borrow
payer par carte (de crédit)	to pay by credit card
payer en liquide	to pay in cash
payer par chèque	to pay by check
remplir un formulaire	to fill out a form
retirer de l'argent	to withdraw money
signer	to sign
une adresse	address
une carte postale	postcard
une enveloppe	envelope
un timbre	stamp
une boutique	boutique, store
une brasserie	café, restaurant
un commissariat de police	police station
une laverie	laundromat
une mairie	town/city hall; mayor's office
un compte-chèques	checking account
un compte d'épargne	savings account
une dépense	expenditure, expense
des pièces de monnaie	coins
de la monnaie	change
fermé(e)	closed
ouvert(e)	open

ressources

| CE pp. 57–58 | CA p. 137 | daccord2.vhlcentral.com |

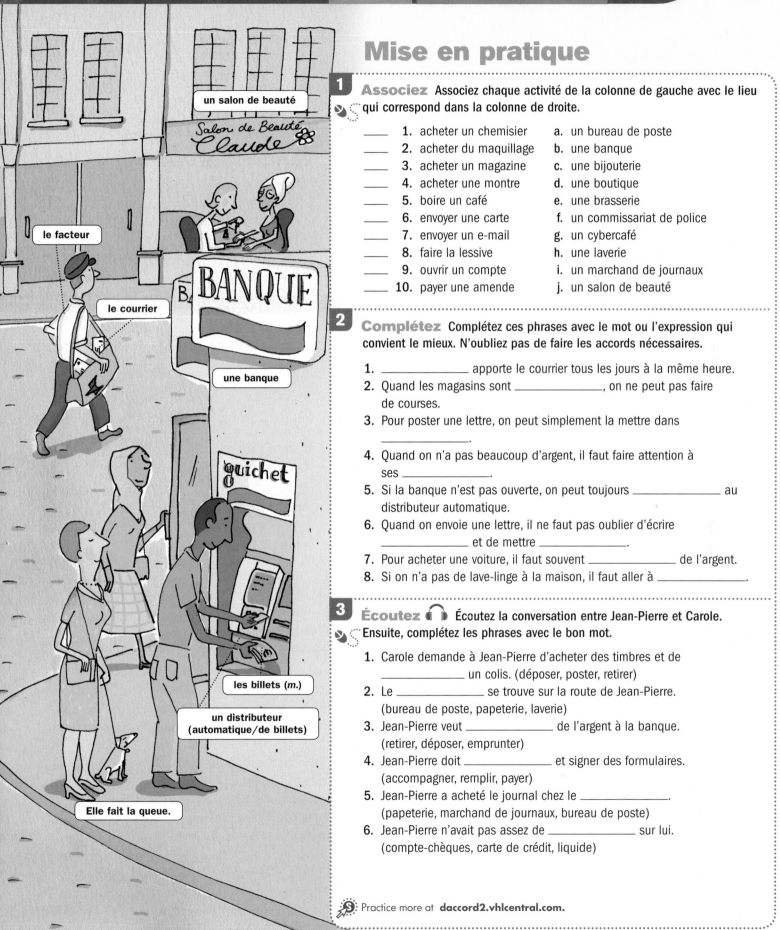

un salon de beauté

Salon de Beauté Claude

le facteur

le courrier

BANQUE

une banque

guichet

les billets (*m.*)

un distributeur
(automatique/de billets)

Elle fait la queue.

Mise en pratique

1 Associez Associez chaque activité de la colonne de gauche avec le lieu qui correspond dans la colonne de droite.

____ 1. acheter un chemisier	a. un bureau de poste
____ 2. acheter du maquillage	b. une banque
____ 3. acheter un magazine	c. une bijouterie
____ 4. acheter une montre	d. une boutique
____ 5. boire un café	e. une brasserie
____ 6. envoyer une carte	f. un commissariat de police
____ 7. envoyer un e-mail	g. un cybercafé
____ 8. faire la lessive	h. une laverie
____ 9. ouvrir un compte	i. un marchand de journaux
____ 10. payer une amende	j. un salon de beauté

2 Complétez Complétez ces phrases avec le mot ou l'expression qui convient le mieux. N'oubliez pas de faire les accords nécessaires.

1. _____ apporte le courrier tous les jours à la même heure.
2. Quand les magasins sont _____, on ne peut pas faire de courses.
3. Pour poster une lettre, on peut simplement la mettre dans _____.
4. Quand on n'a pas beaucoup d'argent, il faut faire attention à ses _____.
5. Si la banque n'est pas ouverte, on peut toujours _____ au distributeur automatique.
6. Quand on envoie une lettre, il ne faut pas oublier d'écrire _____ et de mettre _____.
7. Pour acheter une voiture, il faut souvent _____ de l'argent.
8. Si on n'a pas de lave-linge à la maison, il faut aller à _____.

3 Écoutez 🎧 Écoutez la conversation entre Jean-Pierre et Carole. Ensuite, complétez les phrases avec le bon mot.

1. Carole demande à Jean-Pierre d'acheter des timbres et de _____ un colis. (déposer, poster, retirer)
2. Le _____ se trouve sur la route de Jean-Pierre. (bureau de poste, papeterie, laverie)
3. Jean-Pierre veut _____ de l'argent à la banque. (retirer, déposer, emprunter)
4. Jean-Pierre doit _____ et signer des formulaires. (accompagner, remplir, payer)
5. Jean-Pierre a acheté le journal chez le _____. (papeterie, marchand de journaux, bureau de poste)
6. Jean-Pierre n'avait pas assez de _____ sur lui. (compte-chèques, carte de crédit, liquide)

🔎 Practice more at **daccord2.vhlcentral.com.**

Communication

4 **Décrivez** Avec un(e) partenaire, regardez les photos et décrivez où et comment Annick et Charles ont passé la journée samedi dernier. Donnez l'heure exacte pour chaque endroit.

1.

2.

3.

4.

5.

6.

5 **Répondez** Avec un(e) partenaire, posez ces questions et répondez-y à tour de rôle. Ensuite, comparez vos réponses avec celles (*the ones*) d'un autre groupe.

1. Vas-tu souvent au bureau de poste? Pour quoi faire?
2. Quel genre de courses fais-tu le week-end?
3. Où est-ce que tu fais souvent la queue? Pourquoi?
4. Y a-t-il une laverie près de chez toi? Combien de fois par mois tes parents ou toi y allez-vous?
5. Comment préfères-tu payer tes achats (*purchases*)? Pourquoi?
6. As-tu déjà utilisé un distributeur de billets? Combien de fois?

6 **À vous de jouer** Par petits groupes, choisissez une de ces situations et écrivez un dialogue. Ensuite, jouez la scène.

1. À la banque, un(e) étudiant(e) veut ouvrir un compte bancaire et connaître les services offerts.
2. À la poste, une vieille dame (*lady*) veut envoyer un colis, acheter des timbres et faire un changement d'adresse. Il y a la queue derrière elle.
3. Dans un salon de beauté, deux femmes discutent de leurs courses à la mairie, à la papeterie et chez le marchand de journaux.
4. Dans un cybercafé, des étudiants font des achats en ligne sur différents sites.

Les sons et les lettres

Audio: Concepts, Activities
Record & Compare

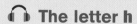 **The letter h**

You already know that the letter **h** is silent in French, and you are familiar with many French words that begin with an **h muet**. In such words, the letter **h** is treated as if it were a vowel. For example, the articles **le** and **la** become **l'** and there is a liaison between the final consonant of a preceding word and the vowel following the **h**.

l'heure   l'homme   des hôtels   des hommes

Some words begin with an **h aspiré**. In such words, the **h** is still silent, but it is not treated like a vowel. Words beginning with **h aspiré**, like these you've already learned, are not preceded by **l'** and there no liaison.

la honte   les haricots verts   le huit mars   les hors-d'œuvre

Words that begin with an **h aspiré** are normally indicated in dictionaries by some kind of symbol, usually an asterisk (*).

Prononcez Répétez les mots suivants à voix haute.

1. le hall
2. la hi-fi
3. l'humeur
4. la honte
5. le héron
6. l'horloge
7. l'horizon
8. le hippie
9. l'hilarité
10. la Hongrie
11. l'hélicoptère
12. les hamburgers
13. les hiéroglyphes
14. les hors-d'œuvre
15. les hippopotames
16. l'hiver

Articulez Répétez les phrases suivantes à voix haute.

1. Hélène joue de la harpe.
2. Hier, Honorine est allée à l'hôpital.
3. Le hamster d'Hervé s'appelle Henri.
4. La Havane est la capitale de Cuba.
5. L'anniversaire d'Héloïse est le huit mars.
6. Le hockey et le handball sont mes sports préférés.

Dictons Répétez les dictons à voix haute.

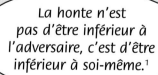

La honte n'est pas d'être inférieur à l'adversaire, c'est d'être inférieur à soi-même.[1]

L'heure, c'est l'heure; avant l'heure, c'est pas l'heure; après l'heure, c'est plus l'heure.[2]

[1] Shame is not being inferior to an adversary; it's being inferior to oneself.
[2] On time is on time; before the hour is not on time; after the hour is no longer on time.

ressources

CA
p. 138

daccord2.vhlcentral.com

ROMAN-PHOTO

On fait des courses.

Video: *Roman-photo*
Record & Compare

PERSONNAGES

Amina

David

Employée

Rachid

Sandrine

À la charcuterie...

EMPLOYÉE Bonjour, Mademoiselle, Monsieur. Qu'est-ce que je vous sers?
RACHID Bonjour, Madame. Quatre tranches de pâté et de la salade de carottes pour deux personnes, s'il vous plaît.
EMPLOYÉE Et avec ça?
RACHID Deux tranches de jambon, s'il vous plaît.

RACHID Vous prenez les cartes de crédit?
EMPLOYÉE Ah, désolée, Monsieur. Nous n'acceptons que les paiements en liquide ou par chèque.
RACHID Amina, je viens de m'apercevoir que je n'ai pas de liquide sur moi!
AMINA Ce n'est pas grave, j'en ai assez. Tiens.

Dans la rue...

RACHID Merci, chérie. Passons à la banque avant d'aller au parc.
AMINA Mais, nous sommes samedi midi, la banque est fermée.
RACHID Peut-être, mais il y a toujours le distributeur automatique.
AMINA Bon, d'accord... J'ai quelques courses à faire plus tard cet après-midi. Tu veux m'accompagner?

Dans une autre partie de la ville...

DAVID Tu aimes la cuisine alsacienne?
SANDRINE Oui, j'adore la choucroute!
DAVID Tu veux aller à la brasserie La Petite France? C'est moi qui t'invite.
SANDRINE D'accord, avec plaisir.
DAVID Excellent! Avant d'y aller, il faut trouver un distributeur automatique.
SANDRINE Il y en a un à côté de la banque.

Au distributeur automatique...

SANDRINE Eh, regarde qui fait la queue!
RACHID Tiens, salut, qu'est-ce que vous faites de beau, vous deux?
SANDRINE On va à la brasserie. Vous voulez venir avec nous?

AMINA Non non! Euh... je veux dire... Rachid et moi, on va faire un pique-nique dans le parc.
RACHID Oui, et après ça, Amina a des courses importantes à faire.
SANDRINE Je comprends, pas de problème... David et moi, nous avons aussi des choses à faire cet après-midi.

A C T I V I T É S

1 **Vrai ou faux?** Indiquez si ces affirmations sont **vraies** ou **fausses**. Corrigez les phrases fausses.

1. Aujourd'hui, la banque est ouverte.
2. Amina doit aller à la poste pour envoyer un colis.
3. Amina doit aller à la poste pour acheter des timbres.
4. Amina va mettre ses cartes postales dans une boîte aux lettres à côté de la banque.
5. Sandrine n'aime pas la cuisine alsacienne.

6. David et Rachid vont retirer de l'argent.
7. Il n'y a pas de queue au distributeur automatique.
8. David et Sandrine invitent Amina et Rachid à la brasserie.
9. Amina et Rachid vont à la brasserie.
10. Amina va faire ses courses après le pique-nique.

 Practice more at **daccord2.vhlcentral.com**.

RACHID Volontiers. Où est-ce que tu vas?

AMINA Je dois aller à la poste pour acheter des timbres et envoyer quelques cartes postales, et puis je voudrais aller à la bijouterie. J'ai reçu un e-mail de la bijouterie qui vend les bijoux que je fais. Regarde.

RACHID Très joli!

AMINA Oui, tu aimes? Et après ça, je dois passer à la boutique Olivia où l'on vend mes vêtements.

RACHID Tu vends aussi des vêtements dans une boutique?

AMINA Oui, mes créations! J'étudie le stylisme de mode, tu ne t'en souviens pas?

RACHID Si, bien sûr, mais... Tu as vraiment du talent.

AMINA Alors! On n'a plus besoin de chercher un cyberhomme?

SANDRINE Pour le moment, je ne cherche personne. David est super.

DAVID De quoi parlez-vous?

SANDRINE Oh, rien d'important.

RACHID Bon, Amina. On y va?

AMINA Oui. Passez un bon après-midi.

SANDRINE Vous aussi.

Expressions utiles

Dealing with money

- **Nous n'acceptons que les paiements en liquide.**
  We only accept payment in cash.
- **Je viens de m'apercevoir que je n'ai pas de liquide.**
  I just noticed/realized I don't have any cash.
- **Il y a toujours le distributeur automatique.**
  There's always the ATM.

Running errands

- **J'ai quelques courses à faire plus tard cet après-midi.**
  I have a few/some errands to run later this afternoon.
- **Je voudrais aller à la bijouterie qui vend les bijoux que je fais.**
  I would like to go to the jewelry shop that sells the jewelry I make.

Expressing negation

- **Pas de problème.**
  No problem.
- **On n'a plus besoin de chercher un cyberhomme?**
  We no longer need to look for a cyberhomme?
- **Pour le moment, je ne cherche personne.**
  For the time being/the moment, I'm not looking for anyone.
- **Rien d'important.**
  Nothing important.

Additional vocabulary

- **J'ai reçu un e-mail.**
  I received an e-mail.
- **Qu'est-ce que vous faites de beau?**
  What are you up to?

---

2 **Complétez** Complétez ces phrases.

1. La charcuterie accepte les paiements en liquide et _____.
2. Amina veut aller à la poste, à la boutique de vêtements et à la _____.
3. À côté de la banque, il y a un _____.
4. Amina paie avec des pièces de monnaie et des _____.
5. Amina a des _____ à faire cet après-midi.

3 **À vous!** Que se passe-t-il au pique-nique ou à la brasserie? Avec un(e) camarade de classe, écrivez une conversation entre Amina et Sandrine ou Rachid et David, dans laquelle elles/ils se racontent ce qu'ils ont fait. Qu'ont-ils mangé? Se sont-ils amusés? Était-ce romantique? Jouez la scène devant la classe.

ressources

CA pp. 73–74

daccord2.vhlcentral.com

ACTIVITÉS

CULTURE

S Video: *Flash culture*

CULTURE À LA LOUPE

Les moyens de paiement en France

À l'exception des petites courses quotidiennes, les Français paient très rarement leurs achats° et leurs factures° en liquide. Pour les paiements réguliers, comme les factures d'électricité ou de téléphone, les virements° et les prélèvements° automatiques sur comptes bancaires sont souvent utilisés. Pour les autres dépenses, le mode de paiement préféré est la carte bancaire. Les Français sont les plus gros utilisateurs de chèques du monde, mais le système de chèques payants° en France les encourage à se servir de leur carte bancaire. Au départ, les cartes bancaires françaises, émises° uniquement par des banques, servaient seulement à retirer de l'argent dans les distributeurs automatiques. Peu de commerces les acceptaient et il fallait° souvent que les achats dépassent° une certaine somme°. Aujourd'hui, l'usage des cartes bancaires est en hausse°, mais on trouve encore des petits commerces qui ne les acceptent pas.

La plupart des Français possèdent actuellement° une carte de la gamme° Carte Bleue. La carte, qui peut être nationale ou internationale, est une carte bancaire liée° à un compte en banque. Certaines cartes peuvent aussi être utilisées comme des cartes de crédit. Dans ce cas, les sommes sont généralement débitées à la fin de chaque mois ou bien on peut faire des paiements mensuels° à la banque. Il existe aussi de plus en plus d'organismes de crédit et de magasins qui offrent leur propre° carte de crédit à leurs clients. Longtemps réticents° devant ce type de crédit, les Français l'utilisent de plus en plus aujourd'hui.

Coup de main

If you are in France for more than three months, you may open a bank account as a **résident** by showing three documents.

- your passport
- your **permis de séjour**
- proof of residence (electric, gas, or phone bill)

achats *purchases* factures *bills* virements *transfers* prélèvements *withdrawals* payants *with a fee* émises *issued* il fallait *it was necessary* dépassent *exceed* somme *sum* en hausse *increasing* actuellement *currently* gamme *line* liée *linked* mensuels *monthly* propre *own* réticents *hesitant*

A C T I V I T É S

1 Répondez Répondez aux questions par des phrases complètes.

1. Comment paie-t-on souvent ses factures en France?
2. Quel mode de paiement est préféré pour faire des achats?
3. Pourquoi de plus en plus de Français utilisent-ils leur carte bancaire?
4. À quoi servait la carte bancaire quand elle est arrivée en France?
5. À l'origine, pourquoi était-il difficile d'utiliser une carte bancaire?
6. Qu'est-ce qu'une carte bancaire?
7. Quelle carte peut être utilisée à l'étranger?
8. À quel type de carte américaine la carte bancaire française ressemble-t-elle?
9. Comment en est-elle différente?
10. Quels organismes offrent leur propre carte de crédit à leurs clients?

LE FRANÇAIS QUOTIDIEN

Le vocabulaire du métro

bouche (f.) de métro	subway station entrance
correspondance (f.)	connection
ligne (f.) de métro	subway line
rame (f.) de métro	subway train
strapontin (m.)	foldaway seat
changer	to change (subway line)
monter/descendre	to get on/to get off
prendre la direction	to go in the direction

LE MONDE FRANCOPHONE

Où faire des courses?

Voici quelques endroits intéressants où faire des courses.

En Afrique du Nord les souks, des marchés couverts ou en plein air° où il y a une grande concentration de magasins et de stands
En Côte d'Ivoire le marché de Cocody à Abidjan où on trouve des tissus° et des objets locaux
À la Martinique le grand marché de Fort-de-France, un marché couvert°, ouvert tous les jours, qui offre toutes sortes de produits
À Montréal la ville souterraine°, un district du centre-ville où il y a de nombreux centres commerciaux reliés° entre eux par des tunnels
À Paris le marché aux puces° de Saint-Ouen où on trouve des antiquités et des objets divers
À Tahiti le marché de Papeete où on propose des produits pour les touristes et pour les Tahitiens

plein air outdoor **tissus** fabrics **couvert** covered **souterraine** underground **reliés** connected **marché aux puces** flea market

PORTRAIT

Le «Spiderman» français

Alain Robert, le «Spiderman» français, découvre l'escalade° quand il est enfant et devient un des meilleurs grimpeurs° de falaises° du monde. Malgré° deux accidents qui l'ont laissé invalide à 60%°, avec des problèmes de vertiges°, il commence sa carrière de grimpeur «urbain» et escalade son premier gratte-ciel° à Chicago, en 1994. Depuis, il a escaladé plus de 70 gratte-ciel et autres structures du monde, dont la tour Eiffel à Paris et la Sears Tower à Chicago. En 1997, il a été arrêté par la police pendant son ascension d'un des plus grands bâtiments du monde, les tours Petronas en Malaisie. Parfois en costume de Spiderman, mais toujours sans corde° et à mains nues°, Robert fait souvent des escalades pour collecter des dons° et il attire° parfois des milliers de spectateurs.

escalade climbing **grimpeurs** climbers **falaises** cliffs **Malgré** In spite of **invalide à 60%** 60% disabled **vertiges** vertigo **gratte-ciel** skyscraper **corde** rope **nues** bare **dons** charitable donations **attire** attracts

SUR INTERNET

Que peut-on acheter chez les bouquinistes, à Paris?

Go to **daccord2.vhlcentral.com** to find more information related to this **CULTURE** section. Then watch the corresponding **Flash culture**.

2 **Vrai ou faux?** Indiquez si les phrases sont **vraies** ou **fausses**.

1. Alain Robert escalade seulement des falaises.
2. Alain Robert a escaladé son premier bâtiment (*building*) à Chicago.
3. Alain Robert n'a jamais eu de problèmes de santé dans sa carrière de grimpeur.
4. Il y a un quartier souterrain à Montréal.
5. Il y a des souks dans les marchés d'Abidjan.

 Practice more at **daccord2.vhlcentral.com**.

3 **Le marchandage** En Afrique du Nord, il est très courant de marchander ou de discuter avec un vendeur pour obtenir un meilleur prix. Avez-vous déjà eu l'occasion de marchander? Où? Quand? Qu'avez-vous acheté? Avez-vous obtenu un bon prix? Discutez de ce sujet avec un(e) partenaire.

ressources

CA pp. 97–98

daccord2.vhlcentral.com

A C T I V I T É S

4A.1 Voir, croire, recevoir, and apercevoir

Point de départ In this section, you will learn to conjugate four new irregular verbs.

Je m'aperçois que je n'ai pas d'argent.

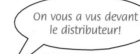
On vous a vus devant le distributeur!

- Here is the conjugation of the verb **voir** (*to see*).

Voir	
je vois	nous voyons
tu vois	vous voyez
il/elle voit	ils/elles voient

Vous **voyez** la mairie à côté du commissariat de police?
Do you see the city hall next to the police station?

Je ne **vois** pas bien sans mes lunettes.
I don't see well without my glasses.

- The verb **revoir** (*to see again*) is derived from **voir** and is conjugated the same way.

On se **revoit** mercredi ou jeudi?
Will we see each other again Wednesday or Thursday?

Il ne va pas **revoir** ce film avec moi.
He is not going to see this movie again with me.

- Here is the conjugation of the verb **croire** (*to believe*).

Croire	
je crois	nous croyons
tu crois	vous croyez
il/elle croit	ils/elles croient

Tu **crois** que l'homme est innocent.
You believe that the man is innocent.

Nous **croyons** que la boutique est fermée aujourd'hui.
We think that the store is closed today.

1 **Autour du lycée** Vous parlez avec un(e) ami(e) de votre vie. Complétez les phrases avec les verbes appropriés au présent.

1. De sa chambre, mon ami Marc _____ le lycée.
2. Ma famille et moi, nous ne _____ pas de visites pendant la semaine.
3. Je _____ que la vie au lycée peut être difficile quelquefois.
4. Ma petite amie et sa sœur _____ souvent des colis.
5. Quand il fait beau, nous _____ les montagnes derrière le stade.
6. Ton meilleur ami et toi, vous _____ de bonnes notes aux examens?

2 **À Québec** Mélanie a passé une semaine à Québec avec sa famille. Elle en parle avec son petit ami. Utilisez les verbes donnés au passé composé.

MODÈLE mon frère Paul / voir / la Citadelle
Mon frère Paul a vu la Citadelle.

1. nous / recevoir / journal / à sept heures / du matin
2. papa et Fabrice / apercevoir / la chute (*waterfalls*) Montmorency / de l'avion
3. papa et maman / recevoir / des cadeaux / de leurs amis
4. je / voir / beaucoup / de spectacles
5. Simon / croire / à la vieille légende / de Québec
6. ta sœur et toi / recevoir / ma carte postale / ?

3 **Ma vie au lycée** Tristan parle de sa vie au lycée. Regardez les illustrations et complétez les phrases avec les verbes **recevoir** et **apercevoir**.

1. Toutes les semaines, je

3. La semaine dernière, mon meilleur ami

2. De leur fenêtre, les élèves

4. Quelquefois, nous

 Practice more at **daccord2.vhlcentral.com**.

COMMUNICATION

4 Enquête Votre professeur va vous donner une feuille d'activités. Circulez dans la classe et demandez à vos camarades s'ils connaissent quelqu'un qui pratique chaque activité de la liste. S'ils répondent oui, demandez-leur qui est la personne et écrivez la réponse. Ensuite, présentez vos réponses à la classe.

MODÈLE

Élève 1: Connais-tu quelqu'un qui reçoit rarement des e-mails?
Élève 2: Oui, mon frère aîné reçoit très peu d'e-mails.

Activités	Noms	Réponses
1. recevoir / rarement / e-mails	Quang	son frère aîné
2. s'inquiéter / quand / ne pas / recevoir / e-mails		
3. apercevoir / e-mail bizarre / le / ouvrir		

5 Assemblez Connaissez-vous des personnes qui achètent sur Internet? Assemblez les éléments des colonnes pour en parler. Utilisez les verbes **voir**, **recevoir**, **apercevoir**, **croire** et **s'apercevoir** dans votre conversation.

MODÈLE

Élève 1: Mon frère aîné commande parfois des livres sur Internet. Une fois, il n'a pas reçu ses livres!
Élève 2: Mon père adore acheter sur Internet. Il aperçoit souvent des objets qui l'intéressent.

A	B	C
je	apercevoir	adresse
tu	s'apercevoir	bureau de poste
un(e) ami(e)	commander	carte de crédit
nous	croire	colis
vous	payer	compte-chèques
tes parents	recevoir	formulaire
tes profs	voir	liquide
?	?	?

6 Curieux! Avec un(e) partenaire, posez-vous ces questions à tour de rôle.

1. Reçois-tu souvent des e-mails? De qui?
2. Tes parents recevaient-ils souvent des amis quand tu étais petit(e)?
3. Crois-tu aux extraterrestres? Pourquoi?
4. Qu'aperçois-tu de ta chambre? Des arbres?
5. Qui as-tu vu le week-end dernier?

• In **Leçon 1A**, you learned to conjugate **devoir**. You will now learn two verbs that are conjugated similarly.

	recevoir *(to receive)*	apercevoir *(to catch sight of, to see)*
je/j'	reçois	aperçois
tu	reçois	aperçois
il/elle	reçoit	aperçoit
nous	recevons	apercevons
vous	recevez	apercevez
ils/elles	reçoivent	aperçoivent

Je **reçois** de l'argent de mon père.
I receive money from my father.

D'ici, on **aperçoit** le bureau de poste.
From here, you see the post office.

• The verb **s'apercevoir** means *to notice, to be aware of,* or *to realize*.

Cela ne **s'aperçoit** pas.
It is not noticeable.

Il **s'aperçoit** de son erreur.
He realizes his mistake.

• **Voir, croire, recevoir,** and **apercevoir** all take **avoir** as the auxiliary verb in the **passé composé**. Their past participles are respectively, **vu, cru, reçu,** and **aperçu**.

Tu **as vu** son ami au parc?
Did you see his friend at the park?

Nous **avons reçu** un colis.
We received a package.

 BOÎTE À OUTILS
Recall that in Level 1, you learned the expression **être reçu(e) à un examen** *(to pass an exam)*.

• The **conditionnel** of **voir, croire, recevoir,** and **apercevoir** are formed respectively with the stems **verr-, croir-, recevr-,** and **apercevr-**.

On **croirait** que c'est facile à faire.
One would think it's easy to do.

Nous **verrions** le film ce soir.
We would watch the movie tonight.

Essayez! 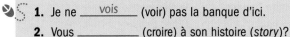 Complétez les phrases avec les formes correctes des verbes au présent.

1. Je ne ___vois___ (voir) pas la banque d'ici.
2. Vous _____ (croire) à son histoire (*story*)?
3. Nous _____ (recevoir) toujours une lettre de Marie à Noël.
4. Mes amis _____ (croire) que je dors.
5. Ils _____ (apercevoir) le facteur au coin (*corner*) de la rue.
6. Nous _____ (voir) encore nos amis d'enfance.
7. Le prof _____ (recevoir) un cadeau des élèves.
8. Tu _____ (apercevoir) le marchand de journaux?

4A.2 Negative/Affirmative expressions

Point de départ In **Leçon 2A**, you learned how to negate verbs with **ne... pas**, which is used to make a general negation. In French, as in English, you can also use a variety of expressions that add a more specific meaning to the negation.

● The other negative expressions are also made up of two parts: **ne** and a second negative word.

Negative expressions

ne... aucun(e)	*none (not any)*	ne... plus	*no more (not anymore)*
ne... jamais	*never (not ever)*	ne... que	*only*
ne... ni... ni	*neither... nor*	ne... rien	*nothing (not anything)*
ne... personne	*nobody, no one*		

Je **n'**ai **aucune** envie de manger.
I have no desire to eat.

Il **n'**a **plus** faim.
He's not hungry anymore.

Le bureau de poste **n'**est **jamais** ouvert.
The post office is never open.

Ils **n'**ont **que** des timbres pour l'Europe.
They only have stamps for Europe.

Elle **ne** parle à **personne**.
She doesn't talk to anyone.

Le facteur **n'**avait **rien** pour nous.
The mailman had nothing for us.

● To negate the expression **il y a**, place **n'** before **y** and the second negative word after the form of **avoir**.

Il **n'**y a **aucune** banque près d'ici?
Aren't there any banks nearby?

Il **n'**y avait **rien** sur mon compte.
There wasn't anything in my account.

● The negative words **personne** and **rien** can be the subject of a verb, in which case they are placed before the verb.

Personne n'était là.
No one was there.

Rien n'est arrivé dans le courrier.
Nothing arrived in the mail.

● Note that **aucun(e)** can be either an adjective or a pronoun. Therefore, it must agree with the noun it modifies. It is always used in the singular.

Tu ne trouves **aucune banque**?
Can't you find any banks?

Je n'en trouve **aucune** par ici.
I can't find any around here.

● **Jamais, personne, plus,** and **rien** can be doubled up with **ne**.

Elle **ne** parle **jamais** à **personne**.
She never talks to anyone.

Il **n'**y a **plus personne** ici.
There isn't anyone here anymore.

Elle **ne** dit **jamais rien**.
She never says anything.

Il **n'**y a **plus rien** ici.
There isn't anything here anymore.

1 **À la banque** Mathilde veut ouvrir un nouveau compte et elle pose des questions au banquier. Écrivez les réponses du banquier à la forme négative.

MODÈLE La banque ferme-t-elle à midi? (jamais)
Non, la banque ne ferme jamais à midi.

1. La banque est-elle ouverte le samedi? (jamais)
2. Peut-on ouvrir un compte sans papier d'identité? (personne)
3. Avez-vous des distributeurs automatiques dans les supermarchés? (aucun)
4. Pour retirer de l'argent, ai-je encore besoin de remplir ce document? (plus)
5. Avez-vous des billets et des pièces dans vos distributeurs automatiques? (que)
6. Est-ce que tout le monde peut retirer de l'argent de mon compte bancaire? (personne)

2 **Les jumelles** Olivia et Anaïs sont des jumelles (*twin sisters*) bien différentes. Expliquez pourquoi.

MODÈLE Olivia est toujours heureuse.
Anaïs n'est jamais heureuse.

1. Olivia rit tout le temps.
2. Olivia remarque (*notes*) tout.
3. Olivia voit (*sees*) encore ses amies d'enfance.
4. Olivia aime le chocolat et la glace.
5. Olivia connaît beaucoup de monde.
6. Olivia reçoit beaucoup de colis.

3 **Pas exactement** Tristan exagère souvent. Il a écrit cet e-mail et vous lui répondez pour dire que les choses ne sont pas arrivées exactement comme ça. Mettez toutes ses phrases à la forme négative dans votre réponse.

MODÈLE

Tu n'es pas arrivé tard à la banque...

Je suis arrivé tard à la banque. Quelqu'un m'a ouvert la porte. J'ai regardé les affiches et les catalogues. J'ai demandé quelque chose. Il y avait encore de l'argent sur mon compte. Je vais souvent revenir dans cette banque.

 Practice more at **daccord2.vhlcentral.com**.

COMMUNICATION

4 **De mauvaise humeur** Aujourd'hui, Anne-Marie est très négative. Elle répond négativement à toutes les questions. Avec un(e) partenaire, jouez les rôles d'Anne-Marie et de son amie. Rajoutez (*Add*) deux lignes de dialogue supplémentaires à la fin.

MODÈLE

tu / sortir avec quelqu'un en ce moment
Élève 1: *Est-ce que tu sors avec quelqu'un en ce moment?*
Élève 2: *Non, je ne sors avec personne.*

1. tu / faire quelque chose ce soir
2. tes parents / venir chez toi ce week-end
3. ton frère / avoir encore sa vieille voiture
4. tes amis et toi / déjà aller en vacances au Canada
5. quelqu'un / habiter dans ta maison cet été
6. tu / avoir encore faim
7. ?
8. ?

5 **Activités dangereuses** Avec un(e) partenaire, faites une liste de dix activités dangereuses. Ensuite, travaillez avec un autre groupe et demandez à vos camarades s'ils pratiquent ces activités. Répondent-ils toujours par des phrases négatives?

MODÈLE

Élève 1: *Fais-tu du jogging la nuit?*
Élève 2: *Non! Je ne fais jamais de jogging la nuit.*

6 **À la banque** En vacances, vous vous apercevez que votre valise a disparu (*disappeared*) avec votre argent liquide, vos papiers et vos cartes de crédit. Vous avez besoin de retirer de l'argent à la banque. Par groupes de trois, préparez un dialogue entre vous et deux employés de banque. Utilisez les expressions de la liste.

jamais	ne... que	quelqu'un
ne... aucun(e)	ne... rien	rien
ne... ni... ni	quelque chose	toujours
ne... plus		

- To say *neither... nor*, use three negative words: **ne... ni... ni**. Note that partitive and indefinite articles are usually omitted.

  Le facteur **n'**est **ni** sympa **ni** sociable.
  The mailman is neither nice nor sociable.

  Je **n'**ai **ni** frères **ni** sœurs.
  I have neither brothers nor sisters.

- Note that in the **passé composé**, the words **jamais**, **plus**, and **rien** are placed between the auxiliary verb and the past participle. **Aucun(e)**, **personne**, and **que** follow the past participle.

  Elle **n'**est **jamais** revenue.
  She's never returned.

  Nous **n'**avons **plus** emprunté d'argent.
  We didn't borrow money anymore.

  Je **n'**ai **rien** dit aujourd'hui.
  I didn't say anything today.

  Vous **n'**avez signé **aucun** papier.
  You didn't sign a single paper.

  Il **n'**a parlé à **personne**.
  He didn't speak to anyone.

  Ils **n'**en ont posté **que** deux.
  They only mailed two.

- These expressions can be used in affirmative phrases. Note that when **jamais** is not accompanied by **ne**, it can mean *ever*.

jamais	*ever*	quelqu'un	*someone*
quelque chose	*something*	toujours	*always; still*

  As-tu **jamais** été à cette brasserie?
  Have you ever been to that brasserie?

  Il y a **quelqu'un**?
  Is someone there?

  Vous cherchez **quelque chose**?
  Are you looking for something?

  Il est **toujours** aussi réservé?
  Is he still so reserved?

- Note that **personne**, **quelque chose**, **quelqu'un**, and **rien** can be modified with an adjective after **de**.

  Nous cherchons **quelque chose** de joli.
  We're looking for something pretty.

  Je ne sais **rien** de nouveau.
  I don't know anything new.

 BOÎTE À OUTILS
Remember to use **de** instead of the indefinite article in a negative construction: **Il n'y a plus de billets dans le distributeur. Personne ne poste de lettre le dimanche.**

Essayez!   **Choisissez l'expression correcte.**

1. (Jamais / Personne) ne trouve cet homme agréable.
2. Je ne veux (rien / jamais) faire aujourd'hui.
3. Y a-t-il (quelqu'un / personne) à la banque?
4. Je n'ai reçu (pas de / aucun) colis.
5. Il n'y avait (ne / ni) lettres ni colis dans la boîte aux lettres.
6. Il n'y a (plus / aucun) d'argent à la banque?
7. Jérôme ne va (toujours / jamais) à la poste.
8. Le facteur n'arrive (toujours / qu') à trois heures.

SYNTHÈSE

Révision

1 **Je ne vais jamais…** Votre professeur va vous donner une feuille d'activités. Circulez dans la classe pour trouver un(e) camarade différent(e) qui fait ses courses à ces endroits. Où ne vont-ils jamais? Où ne vont-ils plus? Justifiez toutes vos réponses.

> **MODÈLE**
>
> **Élève 1:** Vas-tu au cybercafé?
> **Élève 2:** Non, je n'y vais pas parce que j'ai un ordinateur à la maison.

Endroits	Noms
1. banque	Sabrina
2. bijouterie	
3. boutique de vêtements	
4. cybercafé	
5. laverie	

2 **Le courrier** Avec un(e) partenaire, préparez six questions pour interviewer vos camarades. Que reçoivent-ils dans leur courrier? Qu'envoient-ils? Utilisez les expressions négatives et les verbes **recevoir** et **envoyer**. Ensuite, par groupes de quatre, posez vos questions et écrivez les réponses.

> **MODÈLE**
>
> **Élève 1:** Est-ce que tu ne reçois que des lettres dans ton courrier?
> **Élève 2:** Non, je reçois des cadeaux parfois, mais je n'en envoie jamais.

3 **Au village** Vous visitez un petit village pour la première fois. Malheureusement, tout y est fermé. Vous posez des questions à un(e) habitant(e) sur les endroits de la liste et il/elle vous répond par des expressions négatives. Préparez le dialogue avec un(e) partenaire.

> **MODÈLE**
>
> **Élève 1:** À quelle heure le bureau de poste ouvre-t-il aujourd'hui?
> **Élève 2:** Malheureusement, le bureau de poste n'existe plus, Monsieur!

banque	laverie
bureau de poste	mairie
commissariat de police	salon de beauté

4 **Vrai ou faux?** Par groupes de quatre, travaillez avec un(e) partenaire pour préparer huit phrases au sujet des deux autres partenaires de votre groupe. Essayez de deviner ce qu'ils/elles (*what they*) ont fait et n'ont pas fait. Utilisez dans vos phrases le passé composé et les expressions négatives indiquées. Ensuite, lisez les phrases à vos deux camarades, qui vont vous dire si elles sont vraies ou fausses.

> **MODÈLE**
>
> **Élève 1:** Tu n'es jamais allé(e) dans le bureau du prof.
> **Élève 2:** C'est faux. J'ai dû y aller hier pour lui poser une question.

- ne... aucun(e)
- ne... jamais
- ne... personne
- ne... plus
- ne... que
- ne... rien

5 **Au secours!** Avec un(e) partenaire, préparez un dialogue pour représenter la scène de cette illustration. Utilisez les verbes **s'apercevoir**, **voir** et **croire** et des expressions négatives et affirmatives.

6 **Dix ans plus tard** Votre professeur va vous donner, à vous et à votre partenaire, deux plans d'une ville. Attention! Ne regardez pas la feuille de votre partenaire.

> **MODÈLE**
>
> **Élève 1:** Il y a dix ans, la laverie avait beaucoup de clients.
> **Élève 2:** Aujourd'hui, il n'y a personne dans la laverie.

S Video: TV Clip

Le Zapping

Rennes: capitale bretonne

La ville de Rennes devient capitale de la Bretagne en 1532, année où cette région est annexée à la France. Elle commence sa longue histoire de plus de 2.000 ans à l'époque des Gaulois°. Rennes se trouve sur le confluent de deux fleuves°, l'Ille et la Vilaine, emplacement stratégique qui attire° ses premiers habitants. Au centre-ville, on peut admirer son architecture de différentes périodes historiques, comme les maisons médiévales à colombages° et le Parlement de Bretagne du XVIIᵉ siècle.

Métropole
Rennes La Bretagne en Capitale

—Au centre-ville, on trouve des cafés, la mairie, des boutiques, des distributeurs automatiques...

—Une promenade à travers° les rues anciennes du centre historique vous fait découvrir la magnifique architecture bretonne...

Compréhension Répondez aux questions.

1. Quelles courses peut-on faire dans un centre-ville français?
2. Quels lieux d'intérêt culturel peut-on visiter à Rennes?
3. Comment peut-on s'y détendre?

Discussion Avec un(e) partenaire, discutez de ces questions.

1. Y a-t-il des villes dans votre pays avec des centres-villes de style français? Lesquelles (*Which ones*)?
2. Que pensez-vous des centres-villes français? Aimeriez-vous habiter à Rennes? Pourquoi?

Gaulois *Gauls (ancient Celtic people)* **fleuves** *rivers* **attire** *attracts* **à colombages** *half-timbered* **à travers** *through*

 Practice more at **daccord2.vhlcentral.com**.

Leçon **4B**

You will learn how to...
- ask for directions
- tell what you will do

S Talking Picture
Audio: Activity

Où se trouve…?

Vocabulaire

continuer	to continue
se déplacer	to move (change location)
suivre	to follow
tourner	to turn
traverser	to cross
un angle	corner
une avenue	avenue
un bâtiment	building
un boulevard	boulevard
un chemin	way; path
un coin	corner
des indications (f.)	directions
un office du tourisme	tourist office
au bout (de)	at the end (of)
au coin (de)	at the corner (of)
autour (de)	around
jusqu'à	until
(tout) près (de)	(very) close (to)
tout droit	straight ahead

un pont

Elle monte les escaliers. (monter)

une statue

Il descend les escaliers. (descendre)

une fontaine

OUEST NORD SUD EST

Il est perdu. (perdue f.)

Elle s'oriente. (s'orienter)

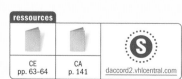

Attention!

The verb **suivre** (*to follow*) is an important verb for giving and getting directions. Its first person singular form (**je**) is the same as the **je** form of the present tense of **être**. Context will determine the meaning.

je suis	nous suivons
tu suis	vous suivez
il/elle suit	ils/elles suivent

un feu de signalisation (feux pl.)

un carrefour

une rue

une cabine téléphonique

un banc

Mise en pratique

1 Écoutez 🎧 Écoutez cette conversation entre un touriste et une dame (*lady*) à qui il demande son chemin. Ensuite, dites si les affirmations suivantes sont vraies ou fausses.

		Vrai	Faux
1.	Le touriste est perdu.	☐	☐
2.	Il cherche la rue Saint-Antoine.	☐	☐
3.	Il cherche l'hôtel Étoile.	☐	☐
4.	L'hôtel est loin d'où il se trouve.	☐	☐
5.	Le touriste doit traverser le pont de Sully.	☐	☐
6.	Il doit tourner une fois à gauche.	☐	☐
7.	La rue de Rivoli se trouve au bout de la rue Saint-Antoine.	☐	☐
8.	Le touriste a peur de ne pas se souvenir des indications.	☐	☐
9.	Le touriste a oublié le numéro de téléphone de l'hôtel.	☐	☐
10.	La dame suggère au touriste de prendre un taxi.	☐	☐

2 Les antonymes Quel est le contraire de ces expressions et de ces mots?

1. continuer tout droit _____
2. descendre _____
3. sud _____
4. est _____
5. à droite _____
6. devant _____
7. très loin de _____
8. s'orienter _____
9. rester _____
10. au début de _____

3 Complétez Complétez les phrases avec le bon mot de vocabulaire pour faire des phrases cohérentes. Notez que tous les mots ne sont pas utilisés.

angles	cabine téléphonique	continuer	pont
avenue	chemin	se déplacer	statue
banc	coin	feu de signalisation	traverser

1. On peut s'asseoir sur un _____ au parc.
2. L'_____ des Champs-Élysées est très populaire à Paris.
3. La _____ de la Liberté se trouve à New York.
4. Le _____ du Golden Gate se trouve à San Francisco.
5. Il y a quatre _____ à un carrefour.
6. On peut téléphoner dans une _____.
7. Il faut toujours s'arrêter quand le _____ est au rouge.
8. Il faut toujours regarder à gauche et à droite avant de _____ la rue.
9. En ville, on peut _____ rapidement en métro.
10. Quand on est perdu, on demande son _____.

🅢: Practice more at **daccord2.vhlcentral.com**.

CONTEXTES

Communication

4 **Le plan de la ville** À tour de rôle avec un(e) partenaire, demandez des indications pour pouvoir vous rendre (*to get*) aux endroits de la liste. Indiquez votre point de départ.

 Café de la Gare

 Boulangerie Le Pain Chaud

 H Hôpital St-Jean

 i Office du tourisme

 Épicerie Bresson

 Bureau de poste

 Pharmacie Molière

 € Banque

 U Université Joseph Fourier

 Cabine téléphonique

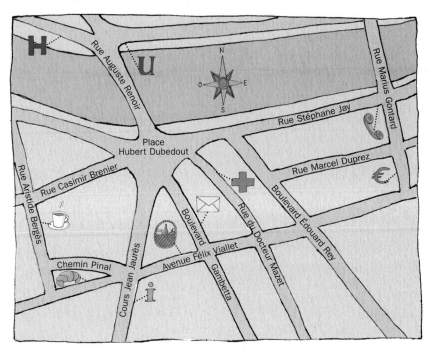

MODÈLE

la boulangerie Le Pain Chaud, le bureau de poste

Élève 1: *Excusez-moi, où se trouve la boulangerie Le Pain Chaud, s'il vous plaît?*

Élève 2: *Du bureau de poste, suivez le boulevard jusqu'à l'avenue Félix Viallet, ensuite prenez à droite, continuez tout droit, la boulangerie est à droite, juste après le cours Jean Jaurès.*

1. l'hôpital, la pharmacie
2. le café, l'office du tourisme
3. la banque, le bureau de poste
4. l'université, l'épicerie

5. la cabine téléphonique, la boulangerie
6. l'office du tourisme, la pharmacie
7. la banque, l'université
8. la boulangerie, la pharmacie

5 **Conversez** Interviewez un(e) camarade de classe.

1. Quelles statues célèbres connais-tu? Connais-tu aussi des ponts, des bâtiments célèbres?
2. Quand t'es-tu perdu(e) pour la dernière fois? Où? Qui t'a aidé(e)?
3. Quand as-tu utilisé une cabine téléphonique pour la dernière fois? Où étais-tu?
4. Es-tu déjà allé(e) dans un office du tourisme? Pour quoi faire?
5. Qu'est-ce qui se trouve au coin de la rue où tu habites? Et au bout de la rue?
6. Qui, de ta famille ou de tes ami(e)s, habite près de chez toi?

6 **En vacances** Avec un(e) partenaire, préparez cette conversation. Soyez prêt(e)s à jouer la scène devant la classe.

- Vous êtes un(e) touriste perdu(e) en ville.
- Vous demandez où se trouvent deux endroits différents.
- Quelqu'un vous indique le chemin.

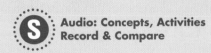

UNITÉ 4 | En ville

Les sons et les lettres

S Audio: Concepts, Activities
Record & Compare

Les majuscules et les minuscules

Some of the rules governing capitalization are the same in French as they are in English. However, many words that are capitalized in English are not capitalized in French. For example, the French pronoun **je** is never capitalized except when it is the first word in a sentence.

Aujourd'hui, je vais au marché. *Today, I am going to the market.*

Days of the week, months, and geographical terms are not capitalized in French.

Qu'est-ce que tu fais lundi après-midi? **Mon anniversaire, c'est le 14 octobre.**
Cette ville est au bord de la mer Méditerranée.

Languages are not capitalized in French, nor are adjectives of nationality. However, if the word is a noun that refers to a person or people of a particular nationality, it is capitalized.

Tu apprends le français.
You are learning French.

C'est une voiture allemande.
It's a German car.

Elle s'est mariée avec un Italien.
She married an Italian.

Les Français adorent le foot.
The French love soccer.

As a general rule, you should write capital letters with their accents. Diacritical marks can change the meaning of words, so not including them can create ambiguities.

LES AVOCATS SERONT JUGÉS.
Lawyers will be judged.

LES AVOCATS SERONT JUGES.
Lawyers will be the judges.

Corrigez Corrigez la capitalisation des mots suivants.

1. MAI
2. QUÉBEC
3. VENDREDI
4. ALLEMAND
5. L'OCÉAN PACIFIQUE
6. LE BOULEVARD ST-MICHEL

Écrivez Écrivez correctement les phrases en utilisant (*by writing*) les minuscules et les majuscules.

1. LE LUNDI ET LE MERCREDI, J'AI MON COURS D'ITALIEN.
2. CHARLES BAUDELAIRE ÉTAIT UN POÈTE FRANÇAIS.
3. LES AMÉRICAINS AIMENT BEAUCOUP LE LAC MICHIGAN.
4. UN MONUMENT SE TROUVE SUR L'AVENUE DES CHAMPS-ÉLYSÉES.

Dictons Répétez les dictons à voix haute.

Si le Français est "tout yeux", l'Anglais est "tout oreilles."²

La France, c'est le français quand il est bien écrit.¹

¹ France is French (when it is) well written.
² If the Frenchman is all eyes, the Englishman is all ears.

ressources

CA
p. 142

S daccord2.vhlcentral.com

ROMAN-PHOTO

Chercher son chemin

 **Video:** *Roman-photo*
Record & Compare

PERSONNAGES

Amina

David

M. Hulot

Rachid

Sandrine

Stéphane

Touriste

Au kiosque de M. Hulot...

M. HULOT Bonjour, Monsieur.

TOURISTE Bonjour.

M. HULOT Trois euros, s'il vous plaît.

TOURISTE Je n'ai pas de monnaie.

M. HULOT Voici cinq, six, sept euros qui font dix. Merci.

TOURISTE Excusez-moi, où est le bureau de poste, s'il vous plaît?

M. HULOT Euh... c'est par là... Ah... non... euh... voyons... vous prenez cette rue, là et... euh, non non... je ne sais pas vraiment comment vous expliquer... Attendez, vous voyez le café qui est juste là? Il y aura certainement quelqu'un qui saura vous dire comment y aller.

TOURISTE Ah, merci, Monsieur. Au revoir!

Au P'tit Bistrot...

SANDRINE Qu'est-ce que vous allez faire le week-end prochain?

RACHID Je pense que nous irons faire une randonnée à la Sainte-Victoire.

AMINA Oui, j'espère qu'il fera beau!

DAVID S'il ne pleut pas, nous irons au concert en plein air de Pauline Ester. C'est la chanteuse préférée de Sandrine, n'est-ce pas, chérie?

DAVID Non! À droite!

RACHID Non, à gauche! Puis, vous continuez tout droit, vous traversez le cours Mirabeau et c'est juste là, en face de la fontaine de La Rotonde, à côté de la gare.

DAVID Non, c'est à côté de l'office du tourisme.

TOURISTE Euh merci, je... je vais le trouver tout seul. Au revoir.

TOUS Bonne journée, Monsieur.

À la terrasse...

STÉPHANE Bonjour, je peux vous aider?

TOURISTE J'espère que oui.

STÉPHANE Vous êtes perdu?

TOURISTE Exactement. Je cherche le bureau de poste.

A C T I V I T É S

1 **Questions** Répondez par des phrases complètes.

1. Qu'est-ce que Rachid et Amina vont faire ce week-end?

2. Qu'est-ce que Sandrine et David vont faire ce week-end?

3. Quels points de repères (*landmarks*) Stéphane donne-t-il au touriste?

4. Est-ce que vous pensez que la musique de Pauline Ester est très appréciée aujourd'hui? Pourquoi?

5. Est-ce que vous pensez que les choses vont bien entre Amina et Rachid? Pourquoi?

6. Est-ce que vous pensez que les choses vont bien entre Sandrine et David? Pourquoi?

7. Comment pensez-vous que le touriste se sent quand il sort du P'tit Bistrot?

8. Qui avait raison, à votre avis (*in your opinion*), David ou Rachid?

Un touriste se perd à Aix… heureusement, il y a Stéphane!

SANDRINE Absolument! «Oui, je l'adore, c'est mon amour, mon trésor…»

AMINA Pauline Ester! Tu aimes la musique des années quatre-vingt-dix?

SANDRINE Pas tous les styles de musique, mais Pauline Ester, oui.

AMINA Comme on dit, les goûts et les couleurs, ça ne se discute pas!

RACHID Tu n'aimes pas Pauline Ester, mon cœur?

TOURISTE Excusez-moi, est-ce que vous savez où se trouve le bureau de poste, s'il vous plaît?

RACHID Oui, ce n'est pas loin d'ici. Vous descendez la rue, juste là, ensuite vous continuez jusqu'au feu rouge et vous tournez à gauche.

STÉPHANE Le bureau de poste? C'est très simple.

TOURISTE Ah bon! C'est loin d'ici?

STÉPHANE Non, pas du tout. C'est tout près. Vous prenez cette rue, là, à gauche. Vous continuez jusqu'au cours Mirabeau. Vous le connaissez?

TOURISTE Non, je ne suis pas d'ici.

STÉPHANE Bon… Le cours Mirabeau, c'est le boulevard principal de la ville.

STÉPHANE Alors, une fois que vous serez sur le cours Mirabeau, vous tournerez à gauche et suivrez le cours jusqu'à La Rotonde. Vous la verrez… Il y a une grande fontaine. Derrière la fontaine, vous trouverez le bureau de poste, et voilà!

TOURISTE Merci beaucoup.

STÉPHANE De rien. Au revoir!

Expressions utiles

Giving directions

- **Attendez, vous voyez le café qui est juste là?**
  Wait, do you see the café right over there?

- **Il y aura certainement quelqu'un qui saura vous dire comment y aller.**
  There will surely be someone there who will know how to tell you how to get there.

- **Vous tournerez à gauche et suivrez le cours jusqu'à La Rotonde.**
  You will turn left and follow the street until the Rotunda.

- **Vous la verrez.**
  You will see it.

- **Derrière la fontaine, vous trouverez le bureau de poste.**
  Behind the fountain, you will find the post office.

Talking about the weekend

- **Je pense que nous irons faire une randonnée.**
  I think we will go for a hike.

- **J'espère qu'il fera beau!**
  I hope it will be nice/the weather will be good!

- **Nous irons au concert en plein air.**
  We will go to the outdoor concert.

Additional vocabulary

- **voyons**
  let's see

- **le boulevard principal**
  the main drag/principal thoroughfare

---

2 **Comment y aller?** Remettez les indications pour aller du P'tit Bistrot au bureau de poste dans l'ordre. Écrivez un **X** à côté de l'indication qu'on ne doit pas suivre.

_____ **a.** Suivez le cours Mirabeau jusqu'à la fontaine.

_____ **b.** Le bureau de poste se trouve derrière la fontaine.

_____ **c.** Tournez à gauche.

_____ **d.** Tournez à droite au feu rouge.

_____ **e.** Prenez cette rue à gauche jusqu'au boulevard principal.

3 **Écrivez** Le touriste est soulagé (*relieved*) d'enfin arriver au bureau de poste. Il était très découragé; presque personne ne savait lui expliquer comment y aller. Il écrit une carte postale à sa petite amie pour lui raconter son aventure. Composez son message.

Practice more at **daccord2.vhlcentral.com.**

ressources

CA pp. 75-76

daccord2.vhlcentral.com

A C T I V I T É S

CULTURE

Villes et villages français

Quand on regarde le plan d'un village, d'une petite ville ou celui d'un quartier d'une grande ville, on remarque qu'il y a souvent une place au centre, autour de laquelle° la ville ou le quartier s'organise. Elle est un peu comme «le cœur» de la ville ou du quartier.

Sur la place principale des villes et villages français, on trouve souvent une église. Il peut s'y trouver aussi l'hôtel de ville (la mairie), ainsi que° d'autres bâtiments administratifs comme la poste, le commissariat de police ou l'office du tourisme, s'il y en

a un. La grande place est aussi le quartier commercial d'une petite ville et beaucoup de gens y vont pour faire leurs courses dans les magasins ou pour se détendre dans un café, un restaurant ou au cinéma. On y trouve aussi parfois un musée ou un théâtre. La place peut être piétonne° ou ouverte à la circulation, mais dans les deux cas, elle est souvent très animée°.

En général, la grande place est bien entretenue° et décorée d'une fontaine, d'un parterre de fleurs° ou d'une statue. La majorité des rues principales de la ville ou du quartier partent ensuite de la place. Le nom de la place reflète souvent ce qu'on y trouve, par exemple la place de l'Église, la place de la Mairie ou la place de la Comédie. Beaucoup de rues portent le nom d'un écrivain ou d'un personnage célèbre de l'histoire de France, comme rue Victor Hugo ou avenue du général de Gaulle. Au centre-ville, les rues sont souvent très étroites et beaucoup sont à sens unique°.

laquelle *which* **ainsi que** *as well as* **piétonne** *pedestrian* **animée** *busy* **entretenue** *cared for*
parterre de fleurs *flower bed* **sens unique** *one-way*

Coup de main

Paris, Lyon, and Marseille, the three major French cities, are divided into **arrondissements**, or districts. You can determine in which **arrondissement** something is located by the final numbers of its zip code. For example, 75011 indicates the 11th **arrondissement** in Paris and 13001 is the 1st **arrondissement** in Marseille.

A C T I V I T É S

1 **Complétez** Donnez un début logique à chaque phrase, d'après le texte.

1. … au centre de la majorité des petites villes françaises.
2. … autour de sa grande place.
3. … se situe souvent sur la place principale d'une ville française.
4. … pour faire leurs courses ou pour se détendre.
5. … décorent souvent les places.
6. … sont réservées exclusivement aux piétons.
7. … détermine souvent le nom d'une place.
8. … donnent souvent leur nom aux rues françaises.
9. … sont souvent à sens unique.
10. … sont divisées en arrondissements.

LE FRANÇAIS QUOTIDIEN

Des magasins

cordonnerie (*f.*)	*cobbler's*
disquaire (*m.*)	*music store*
fleuriste (*m.*)	*florist*
parfumerie (*f.*)	*perfume/beauty shop*
photographe (*m.*)	*photo shop*
quincaillerie (*f.*)	*hardware store*
tailleur (*m.*)	*tailor's*
teinturerie (*f.*)	*dry cleaner's*
vidéoclub (*m.*)	*video store*

LE MONDE FRANCOPHONE

Le centre des villes

Voici le «cœur» de quelques villes francophones.

En Belgique

la Grand-Place à Bruxelles cœur de la vieille ville avec l'hôtel de ville, la maison du roi et de nombreux restaurants et cafés

Au Maroc

la médina de Fès centre historique avec ses monuments, ses boutiques et surtout ses artisans

En Nouvelle-Calédonie

le marché municipal de Nouméa ouvert tous les jours, on y vend du poisson, des fleurs, des légumes et des fruits

Au Québec

la Place-Royale à Québec rues étroites° et maisons en pierres° restaurées des premiers colons° français

étroites *narrow* **pierres** *stones* **colons** *colonists*

PORTRAIT

Le baron Haussmann

En 1853, Napoléon III demande au baron Georges Eugène Haussmann (1809-1891) de moderniser Paris. Le baron imagine alors un programme de transformation de la ville entière°. Il en est le premier vrai urbaniste. Il multiplie sa surface par deux. Pour améliorer° la circulation, il ouvre de larges avenues et des boulevards, comme le boulevard Haussmann, qu'il borde° d'immeubles bourgeois. Il crée de grands carrefours, comme l'Étoile ou la place de la Concorde, et de nombreux parcs et jardins. Plus de 600 km d'égouts° sont construits. Parce qu'il a aussi détruit beaucoup de bâtiments historiques, les Français ont longtemps détesté le baron Haussmann. Pourtant°, son influence a été remarquable.

entière *entire* **améliorer** *improve* **borde** *lines with* **égouts** *sewers* **Pourtant** *However*

SUR INTERNET

Quelle est la particularité de la ville de Rocamadour, en France?

Go to **daccord2.vhlcentral.com** to find more information related to this **CULTURE** section.

Activités

2 Complétez Donnez une suite logique à chaque phrase.

1. En 1853, Napoléon III demande à Haussmann...
2. Pour améliorer la circulation dans Paris, le baron Haussmann a créé...
3. Les Français ont longtemps détesté le baron Haussmann...
4. La médina représente...
5. Au marché de Nouméa, on peut acheter...

 Practice more at **daccord2.vhlcentral.com**.

3 Une école de langues Vous et un(e) partenaire dirigez une école de langues située en plein centre-ville. Préparez une petite présentation de votre école où vous expliquez où elle se situe, les choses à faire au centre-ville, etc. Vos camarades ont-ils envie de s'y inscrire (*enroll*)?

ressources

daccord2.vhlcentral.com

4B.1 Le futur simple

Point de départ In **Leçon 4A**, you learned to use **aller** + [*infinitive*] to express actions that are going to happen in the immediate future (**le futur proche**). You will now learn the future tense to say what *will happen*.

Future tense of regular verbs

	parler	réussir	attendre
je/j'	parlerai	réussirai	attendrai
tu	parleras	réussiras	attendras
il/elle	parlera	réussira	attendra
nous	parlerons	réussirons	attendrons
vous	parlerez	réussirez	attendrez
ils/elles	parleront	réussiront	attendront

- Note that you form the future tense of **-er** and **-ir** verbs by adding the future endings to the infinitive. The **-e** of the infinitive is dropped before adding the endings to **-re** verbs.

  Nous **voyagerons** cet été.　Tu ne **sortiras** pas.　Ils **attendront** Sophie.
  We will travel this summer.　*You won't go out.*　*They will wait for Sophie.*

- Note the future tense forms of most spelling-change **-er** verbs:

present form of **je**	+r	future forms
j'**achète**	**achèter-**	j'**achèterai**
je **nettoie**	**nettoier-**	je **nettoierai**
je **paie/paye**	**paier-/payer-**	je **paierai/payerai**
je **m'appelle**	**m'appeller-**	je **m'appellerai**

- For **-er** verbs with an **é** before the infinitive ending, form the future tense as you would with regular **-er** verbs.

  Elle **répétera** ses questions.　Elles **considéreront** le pour et le contre.
  She will repeat her questions.　*They'll consider the pros and cons.*

- The words **le futur** and **l'avenir** (*m.*) both mean *future*. Use the first word when referring to the grammatical future; use the second word when referring to events that haven't occurred yet.

  On étudie **le futur** en cours.　Je parlerai de **mon avenir** au prof.
  We're studying the future　*I'll speak to the teacher about*
  (tense) in class.　*my future.*

Essayez! Complétez les phrases avec la forme correcte du futur des verbes.

1. je *mangerai* (manger)
2. il _____ (prendre)
3. on _____ (boire)
4. ils _____ (acheter)
5. vous _____ (choisir)
6. tu _____ (connaître)

---

1 **Projets** Cécile et ses amis parlent de leurs projets (*plans*) d'avenir. Employez le futur pour refaire ses phrases.

> **MODÈLE** Je vais chercher une belle maison.
> *Je chercherai une belle maison.*

1. Je vais finir mes études.
2. Philippe va me dire où trouver un travail.
3. Tu vas gagner beaucoup d'argent.
4. Mes amis vont habiter près de chez moi.
5. Mon petit ami et moi, nous allons acheter un chien.
6. Vous allez nous rendre visite de temps en temps.

2 **Dans l'avenir** Qu'est-ce qu'Habib et sa famille vont faire cet été?

> **MODÈLE** mon cousin / lire / dix livres
> *Mon cousin lira dix livres.*

1. mon neveu / apprendre / nager
2. mes grands-parents / voyager / en voiture
3. en août / je / conduire / ma nouvelle voiture
4. mon père / écrire / cartes postales
5. tante Yamina / maigrir
6. nous / vendre / notre vieille voiture

3 **Je cherche du travail** Regardez ces deux annonces (*ads*). Ensuite, avec un(e) partenaire, posez-vous ces questions et parlez du travail que vous préférez.

1. Quel emploi préfères-tu? Pourquoi?
2. À quelle heure arriveras-tu au travail? À quelle heure sortiras-tu?
3. T'amuseras-tu au travail? Pourquoi?
4. Combien gagneras-tu?
5. Prendras-tu le métro? Pourquoi?
6. Chercheras-tu un autre emploi l'année prochaine? Pourquoi?

 Practice more at **daccord2.vhlcentral.com**.

COMMUNICATION

4 **Chez la voyante** Vous voulez savoir ce qui (*what*) vous attend dans l'avenir. Vous allez chez une voyante (*fortune-teller*) et vous lui posez ces questions. Jouez les deux rôles avec un(e) partenaire, puis échangez les rôles.

1. Où est-ce que je travaillerai après l'université?
2. Où est-ce que j'habiterai dans 20 ans?
3. Avec qui est-ce que je partagerai ma vie?
4. Quelle voiture est-ce que je conduirai?
5. Est-ce que je m'occuperai de ma santé?
6. Qu'est-ce que j'aimerai faire pour m'amuser?
7. Où est-ce que je passerai mes vacances?
8. Où est-ce que je dépenserai mon argent?

5 **L'horoscope** Avec un(e) partenaire, préparez par écrit l'horoscope d'une célébrité. Ensuite, par groupes de quatre, lisez cet horoscope à vos camarades qui essaieront de découvrir l'identité de la personne.

> **MODÈLE**
>
> *Vous travaillerez comme acteur de cinéma. Vous jouerez dans beaucoup de films français et américains. Vous jouerez des rôles divers dans des films comiques comme* Last Holiday *et dans des films classiques comme* Jean de Florette. *(réponse: Gérard Depardieu)*

6 **Partir très loin** Vous et votre partenaire avez décidé de prendre des vacances très loin de chez vous. Regardez les photos et choisissez deux endroits où vous voulez aller, puis comparez-les. Utilisez ces questions pour vous guider. Ensuite, présentez vos réponses à la classe.

- Qu'apporterez-vous?
- Quand partirez-vous?
- Que visiterez-vous?
- Comment vous détendrez-vous?
- Quand rentrerez-vous?

Le français vivant

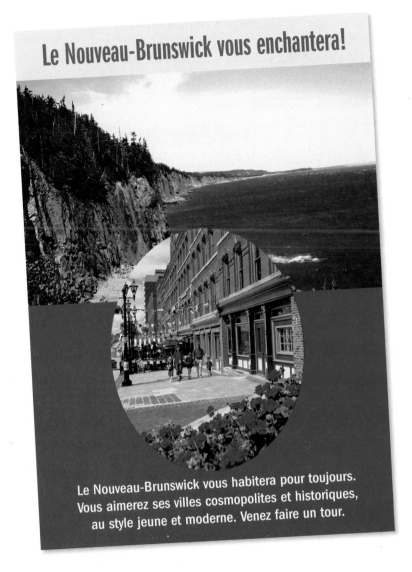

Le Nouveau-Brunswick vous enchantera!

Le Nouveau-Brunswick vous habitera pour toujours. Vous aimerez ses villes cosmopolites et historiques, au style jeune et moderne. Venez faire un tour.

Identifiez Quelles formes de verbes au futur trouvez-vous dans cette publicité (*ad*)?

Questions À tour de rôle, avec un(e) partenaire, posez-vous ces questions et répondez.

1. Que veut dire «Le Nouveau-Brunswick vous habitera pour toujours»?
   a. Vous habiterez toujours au Nouveau-Brunswick.
   b. Vous penserez toujours au Nouveau-Brunswick.
   c. Le Nouveau-Brunswick existera toujours.
2. Pourquoi le touriste aimera-t-il le Nouveau-Brunswick?
3. Dans quel pays se trouve le Nouveau-Brunswick?
4. Dans quelle région du monde veux-tu voyager? Cette région t'enchantera-t-elle?
5. Voyageras-tu un jour au Nouveau-Brunswick? Pourquoi?

STRUCTURES

4B.2 Irregular future forms

Point de départ In the previous grammar point, you learned how to form the future tense. Although the future endings are the same for all verbs, some verbs use irregular stems in the future tense.

Irregular verbs in the future

infinitive	stem	future forms
aller	ir-	j'irai
apercevoir	apercevr-	j'apercevrai
avoir	aur-	j'aurai
devoir	devr-	je devrai
envoyer	enverr-	j'enverrai
être	ser-	je serai
faire	fer-	je ferai
pouvoir	pourr-	je pourrai
recevoir	recevr-	je recevrai
savoir	saur-	je saurai
venir	viendr-	je viendrai
vouloir	voudr-	je voudrai

Vous **aurez** des vacances?
Will you have vacation?

Nous **irons** en Tunisie.
We will go to Tunisia.

Il **enverra** des cartes postales.
He will send postcards.

Tu les **recevras** dans une semaine.
You will receive them in a week.

- The verbs **devenir**, **maintenir**, **retenir**, **revenir**, and **tenir** are patterned after **venir** in the future tense, just as they are in the present tense.

  Nous **reviendrons** bientôt.
  We will come back soon.

  Tu **deviendras** architecte un jour?
  Will you become an architect one day?

- The future forms of **il y a**, **il faut**, and **il pleut** are, respectively, **il y aura**, **il faudra**, and **il pleuvra**.

  Il **faudra** apporter le parapluie.
  We'll need to bring the umbrella.

  Tu penses qu'il **pleuvra** ce week-end?
  Do you think it will rain this weekend?

Essayez! Conjuguez ces verbes au futur.

1. je/j' (aller, vouloir, savoir) _irai, voudrai, saurai_
2. tu (faire, pouvoir, envoyer) _____
3. Marc (venir, être, apercevoir) _____
4. nous (avoir, devoir, faire) _____
5. vous (recevoir, tenir, aller) _____
6. elles (vouloir, faire, être) _____
7. je/j' (devenir, pouvoir, envoyer) _____
8. elle (aller, avoir, vouloir) _____

 MISE EN PRATIQUE

1 **Que ferai-je?** Que feront ces personnes la semaine prochaine?

MODÈLE
J'étudierai.

je / étudier

1. nous / faire

3. vous / aller

2. tu / être

4. Yves / devoir

2 **Le rêve de Stéphanie** Complétez les phrases pour décrire le rêve (*dream*) de Stéphanie. Employez le futur des verbes.

Quand j' (1) _____ (avoir) 26 ans, j' (2) _____ (aller) habiter au bord de la mer. Mon beau mari (3) _____ (être) avec moi et nous (4) _____ (avoir) une grande maison. Je ne (5) _____ (faire) rien à la maison. Nos amis (6) _____ (venir) nous rendre visite tous les week-ends.

3 **Si...** Avec un(e) partenaire, finissez ces phrases à tour de rôle. Employez le futur des verbes de la liste dans toutes vos réponses.

MODÈLE Si mon ami(e) ne me téléphone pas ce soir, ...
Si mon amie ne me téléphone pas ce soir, je ne ferai pas de gym demain.

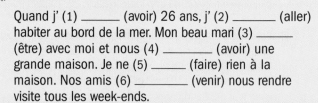

aller	devoir	faire	venir
avoir	être	pouvoir	vouloir

1. Si on m'invite à une fête samedi soir, ...
2. Si mes parents me donnent $1.000, ...
3. Si mon père me prête sa voiture, ...
4. Si le temps est mauvais, ...
5. Si je suis fatigué(e) vendredi, ...
6. Si ma meilleure amie me rend visite, ...

 Practice more at **daccord2.vhlcentral.com**.

COMMUNICATION

4 **Faites des projets** Travaillez avec un(e) camarade de classe pour faire des projets (*plans*) pour ces événements qui auront lieu dans l'avenir.

MODÈLE

Élève 1: Après le lycée j'irai à l'université. Plus tard, j'enseignerai dans un lycée où je pourrai travailler avec les adolescents.
Élève 2: Moi, après le lycée, j'irai en Europe. Je travaillerai comme serveuse dans un café.

1. Samedi soir: Décidez où vous irez et comment vous y arriverez.

2. Les prochaines vacances: Parlez de ce que (*what*) vous ferez. Que visiterez-vous?

3. Votre prochain anniversaire: Quel âge aurez-vous? Que ferez-vous? Avec qui ferez-vous la fête?

4. Votre vie professionnelle: Que ferez-vous après le lycée? Où irez-vous?

5. À 65 ans: Où serez-vous? Que ferez-vous? Avec qui partagerez-vous votre vie?

5 **Prédictions** Par groupes de trois, parlez de comment sera le monde en 2020, 2050 et 2100. Utilisez votre imagination.

6 **Demain** Avec un(e) partenaire, parlez de ce que (*what*) vous, votre famille et vos amis ferez demain.

MODÈLE

Élève 1: Que feras-tu demain à midi?
Élève 2: Demain à midi, j'irai poster une lettre. Mon frère fera ses devoirs.

vendredi	samedi
8h00 _____	8h00 _____
_____	10h00 _____
10h00 _____	12h00 _____
_____	14h00 _____
12h00 _____	16h00 _____
_____	18h00 _____
14h00 _____	20h00 _____
_____	22h00 _____
16h00 _____	**dimanche**
_____	8h00 _____
18h00 _____	10h00 _____
_____	12h00 _____
20h00 _____	14h00 _____
_____	16h00 _____
22h00 _____	18h00 _____
	20h00 _____
	22h00 _____

Le français vivant

Un emplacement unique, près du parc Vendôme

Le Voltaire à Nice

À 500 mètres du magnifique parc Vendôme, il y aura bientôt le Voltaire: une belle architecture, de grands appartements, avec terrasses et balcons. Vous viendrez visiter et vous ne voudrez plus repartir. Vous serez charmé.

Identifiez Quelles formes de verbes au futur trouvez-vous dans cette publicité (*ad*)?

Questions À tour de rôle, avec un(e) partenaire, posez-vous ces questions et répondez.

1. Où se trouvera bientôt le Voltaire?

2. Quelle sera l'architecture des appartements?

3. D'après (*According to*) la pub, quel effet une visite au Voltaire peut-elle avoir?

4. As-tu été dans un appartement que tu n'as pas voulu quitter? Habiteras-tu un jour dans un appartement comme ça?

5. Quelles boutiques et quels bureaux y aura-t-il autour du Voltaire?

SYNTHÈSE

Révision

1 **La ville** À tour de rôle, donnez des indications à un(e) partenaire pour aller du lycée jusqu'à d'autres endroits en ville. Employez le futur.

> **MODÈLE**
>
> **Élève 1:** *Tu sortiras du bâtiment et tu tourneras à gauche. Ensuite, tu traverseras la rue. Où seras-tu?*
> **Élève 2:** *Je serai à la bibliothèque.*

2 **La visite de Québec** Avec un(e) partenaire, vous visitez la ville de Québec. Préparez un itinéraire de votre visite où vous vous arrêterez souvent pour visiter ou acheter quelque chose, manger, boire, etc. Soyez prêt(e)s à présenter votre itinéraire à la classe.

> **MODÈLE**
>
> **Élève 1:** *Le matin, nous prendrons le petit-déjeuner dans l'hôtel.*
> **Élève 2:** *Ensuite, nous irons visiter le musée de la Civilisation.*

Québec vous attend!

Visitez:

- le château Frontenac
- la terrasse Dufferin
- le musée de la Civilisation
- la basilique Notre Dame-de-Québec
- le musée de l'Amérique française
  et beaucoup plus!

3 **Ma future maison** Avec un(e) partenaire, parlez de votre future maison et de ses pièces, de son jardin, du quartier et de vos voisins. Utilisez le futur et ces prépositions pour les décrire. Ensuite, présentez les projets (*plans*) de votre partenaire à la classe.

> **MODÈLE**
>
> **Élève 1:** *Il y aura un énorme jardin devant ma future maison.*
> **Élève 2:** *Je n'aurai aucun voisin en face de ma future maison.*

à droite (de)	autour (de)	en face (de)
à gauche (de)	derrière	loin (de)
au bout (de)	devant	(tout) près (de)
au milieu de		

4 **Une visite** Vous invitez votre partenaire à venir vous rendre visite chez vous. Expliquez-lui le chemin du lycée jusqu'à votre maison. Ensuite, votre partenaire donnera ces indications à un(e) autre camarade, qui vous les répétera. Les indications sont-elles toujours correctes? Utilisez le futur et alternez les rôles.

> **MODÈLE**
>
> **Élève 1:** *Tu sortiras du lycée, tu iras jusqu'au centre-ville et tu passeras la mairie où tu tourneras à droite.*
> **Élève 2:** *D'accord, à droite à la mairie. Et après, j'irai où?*

5 **Des prévisions météo** Avec un(e) partenaire, parlez des prévisions météo pour le week-end prochain. Chacun(e) (*Each one*) doit faire cinq prévisions et dire ce qu'on (*what one*) peut faire par ce temps. Soyez prêt(e)s à parler de vos prévisions et des possibilités pour le week-end devant la classe.

> **MODÈLE**
>
> **Élève 1:** *Samedi, il fera beau dans le nord. On pourra faire une promenade.*
> **Élève 2:** *Dimanche, il pleuvra dans l'ouest. On devra passer la journée dans l'appartement.*

 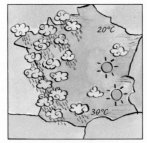

samedi   **dimanche**

6 **La vie de Gaëlle et de Marc** Votre professeur va vous donner, à vous et à votre partenaire, deux feuilles d'activités différentes sur l'avenir de Gaëlle et de Marc. Attention! Ne regardez pas la feuille de votre partenaire.

> **MODÈLE**
>
> **Élève 1:** *Marc et Gaëlle finiront leurs études au lycée.*
> **Élève 2:** *Ensuite, ...*

ressources

CE pp. 65–68	CA pp. 41–42, 143–144	**S** daccord2.vhlcentral.com

À l'écoute Audio: Activities

STRATÉGIE

Using background information

Once you discern the topic of a conversation, take a minute to think about what you already know about the subject. Using this background information will help you guess the meaning of unknown words or linguistic structures.

To help you practice this strategy, you will listen to a short paragraph. Jot down the subject of the paragraph, and then use your knowledge of the subject to listen for and write down the paragraph's main points.

Préparation

Regardez la photo. Combien de personnes y a-t-il? Où sont-elles? Que font-elles? D'après vous, de quoi parlent-elles?

À vous d'écouter

Écoutez la conversation entre Amélie et Christophe. Puis, écoutez une deuxième fois et notez les quatre choses qu'ils vont faire ce matin. Comparez vos notes avec celles d'un(e) camarade.

_____

_____

_____

_____

Compréhension

Vrai ou faux? Indiquez si les phrases sont **vraies** ou **fausses**. Corrigez les phrases fausses.

1. Amélie habite cette ville depuis toujours.

2. Amélie ne connaît pas bien la ville.

3. Christophe recommande la Banque de l'Ouest parce qu'il aime beaucoup son architecture.

4. La Banque de l'Ouest est en face d'une bijouterie.

5. Amélie a besoin d'emprunter de l'argent à la banque.

6. Amélie veut aller à la bibliothèque pour chercher des livres.

7. La librairie Molière est près d'un jardin public.

8. Christophe demande à Amélie si elle peut aller chercher un colis à la poste.

9. Pour aller à la mairie, on doit traverser un pont.

10. Ce matin, Christophe doit aller à la papeterie.

Dans votre ville Amélie passe une année dans votre lycée. Elle vous pose les mêmes questions qu'elle a posées à Christophe. Écrivez-lui un petit mot pour lui expliquer comment aller, d'abord, du lycée à une banque qui se trouve dans le quartier. Puis, expliquez-lui comment aller de cette banque à un supermarché où les habitants du quartier font souvent leurs courses. Demandez aussi à Amélie si elle peut faire une petite course pour vous et expliquez-lui où se trouve l'endroit où elle devra aller.

 Practice more at **daccord2.vhlcentral.com.**

S Interactive Map Reading

Panorama

un traîneau à chiens°

Le Québec

La province en chiffres

▶ **Superficie:** *1.667.441 km²*

▶ **Population:** *7.550.000*
SOURCE: Statistique Canada

▶ **Industries principales:** *agriculture, exploitation forestière°, hydroélectricité, industrie du bois (papier), minerai° (fer°, cuivre°, or°)*

▶ **Villes principales:** *Montréal, Québec, Trois-Rivières*

▶ **Langues:** *anglais, français*

Le français parlé par les Québécois a une histoire très intéressante. La population française qui s'installe° au Québec en 1608 est composée en majorité de Français du nord-ouest de la France. Ils parlent tous leur langue régionale, comme le normand ou le breton. Beaucoup d'entre eux parlent aussi le français de la cour du roi°, langue qui devient la langue commune de tous les Québécois. Assez isolés du reste du monde francophone et ardents défenseurs de leur langue, les Québécois continuent à parler un français considéré plus pur même° que celui° des Français.

▶ **Monnaie:** *le dollar canadien*

Québécois célèbres

▶ **Antonine Maillet,** *écrivain (1929–)*

▶ **Jean Chrétien,** *ancien premier ministre du Canada (1934–)*

▶ **Robert Charlebois,** *chanteur (1944–)*

▶ **Carole Laure,** *actrice (1948–)*

▶ **Julie Payette,** *astronaute (1963–)*

▶ **Mario Lemieux,** *joueur de hockey sur glace (1965–)*

exploitation forestière *forestry* **minerai** *ore* **fer** *iron* **cuivre** *copper* **or** *gold* **s'installe** *settles* **cour du roi** *king's court* **même** *even* **celui** *that* **traîneau à chiens** *dogsled* **loger** *house* **Bonhomme** *Snowman (mascot of the carnival)* **haut** *high* **large** *wide*

☐ Région francophone

Kangiqsujuaq

Inukjuak

LA BAIE D'HUDSON

LA MER DU LABRADOR

LE QUÉBEC

TERRE-NEUVE-ET-LABRADOR

LE CANADA

Chisasibi

Labrador City

La Tabatière

la ville de Trois-Rivières

le Saint-Laurent

L'ÎLE-DU-PRINCE-ÉDOUARD

Québec

LE NOUVEAU-BRUNSWICK

Trois-Rivières

LA NOUVELLE-ÉCOSSE

L'ONTARIO

Ottawa

Montréal

Toronto

le lac Ontario

LES ÉTATS-UNIS

| 0 | 200 miles |
| 0 | 200 kilomètres |

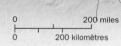
le Stade olympique, Montréal

L'OCÉAN ATLANTIQUE

Incroyable mais vrai!

Chaque année, pour le carnaval d'hiver de la ville de Québec, 15 personnes travaillent pendant deux mois à la construction d'un immense palais de glace pour loger° le Bonhomme° Carnaval. L'architecture et la taille du palais changent chaque année; il mesure parfois jusqu'à 50 mètres de long, 20 m de haut° et 20 m de large°.

La société

Un Québec indépendant

Pour des raisons politiques, économiques et culturelles, un grand nombre de Québécois, surtout les francophones, luttent°, depuis les années soixante, pour un Québec indépendant du Canada. Ils forment le mouvement souverainiste° et font des efforts pour conserver l'identité culturelle québécoise. Ces Canadiens francophones ont pris le nom de Québécois pour montrer leur «nationalisme». Les séparatistes ont perdu deux référendums en 1980 et en 1995, mais aujourd'hui, l'indépendance est une idée toujours d'actualité°.

Les destinations

Montréal

Montréal, deuxième ville francophone du monde après Paris, est située sur une île du fleuve° Saint-Laurent et présente une ambiance américano-européenne. Elle a été fondée° en 1642 et a, à la fois, l'énergie d'un centre urbain moderne et le charme d'une vieille ville de style européen. Ville cosmopolite et largement bilingue de 1,8 million d'habitants, elle attire° beaucoup de touristes et accueille° de nombreux étudiants dans ses quatre universités. La majorité des Montréalais, 68%, est de langue maternelle française; 12% parlent l'anglais et 19% une autre langue. Pourtant°, 57% de la population montréalaise peuvent communiquer en français et en anglais.

La musique

Le festival de jazz de Montréal

Le festival international de jazz de Montréal est parmi° les plus prestigieux du monde. Avec 500 concerts, dont 350 donnés gratuitement en plein air°, le festival attire 3.000 artistes de plus de 30 pays, et près de 2,5 millions de spectateurs. Le centre-ville, fermé à la circulation, se transforme en un village musical. De grands noms internationaux comme Miles Davis, Ella Fitzgerald, Dizzy Gillespie ou Pat Metheny sont venus au festival, ainsi que° des jazzmen locaux.

L'histoire

La ville de Québec

Capitale de la province de Québec, la ville de Québec est la seule ville d'Amérique au nord du Mexique qui a conservé ses fortifications. Fondée par l'explorateur français Samuel de Champlain en 1608, Québec est située sur un rocher°, au bord du fleuve Saint-Laurent. Elle est connue en particulier pour sa vieille ville, son carnaval d'hiver et le château Frontenac. Les plaines d'Abraham, où les Britanniques ont vaincu° les Français en 1759 pour prendre le contrôle du Canada, servent aujourd'hui de vaste parc public. De nombreux étudiants de l'Université Laval profitent° du charme de cette ville francophone.

Qu'est-ce que vous avez appris? Répondez aux questions par des phrases complètes.

1. Quelle était la deuxième langue de beaucoup de Français quand ils sont arrivés au Québec?
2. Quel est le nom d'un chanteur québécois célèbre?
3. Combien de temps et combien de personnes sont nécessaires à la construction du palais de glace?
4. Le palais est-il identique pour chaque carnaval?
5. Que désire le mouvement souverainiste pour le Québec?
6. Quelles sont les deux langues principales parlées à Montréal?
7. Pourquoi le centre-ville de Montréal est-il fermé pour le festival de jazz?
8. Y a-t-il seulement de grandes stars du jazz au festival?
9. Où se situe la ville de Québec?
10. Qui a fondé la ville de Québec?

ressources

CE
pp. 69–70 | daccord2.vhlcentral.com

Practice more at **daccord2.vhlcentral.com**.

SUR INTERNET

Go to daccord2.vhlcentral.com to find more cultural information related to this **PANORAMA**.

1. Quelles sont quelques-unes des expressions qui sont particulières au français des Québécois?
2. Quels sont les autres grands festivals du Québec? Quand ont-ils lieu?
3. Cherchez plus d'informations sur le carnaval d'hiver de Québec. Le palais de glace a-t-il toujours été fait de glace?

luttent *fight* **souverainiste** *in support of sovereignty for Quebec* **d'actualité** *current, relevant* **fleuve** *river* **fondée** *founded* **attire** *attracts* **accueille** *welcomes* **Pourtant** *However* **parmi** *among* **en plein air** *outside* **ainsi que** *as well as* **rocher** *rock* **ont vaincu** *defeated* **profitent** *take advantage of, benefit from*

Lecture

 Audio: Dramatic Recording

Paysage

Avant la lecture

STRATÉGIE

Identifying point of view

You can understand a text more completely if you identify the point of view of the narrator. You can do this by simply asking yourself from whose perspective the story is being told. Some stories are narrated in the first person. That is, the narrator is a character in the story, and everything you read is filtered through that person's thoughts, emotions, and opinions. Other texts have an omniscient narrator who is not a character in the story but who reports the thoughts and actions of the story's characters.

Examinez le texte

Regardez le titre du texte et l'illustration. De quoi va parler ce texte, à votre avis? Décrivez l'illustration.

À propos de l'auteur
Charles Baudelaire (1821–1867)

Charles Baudelaire est aujourd'hui considéré comme un des plus grands poètes français du dix-neuvième siècle. Né à Paris, où il passera la plus  grande partie de sa vie, il connaît une enfance et une adolescence difficiles avec un beau-père, général dans l'armée, qu'il n'aime pas. Baudelaire devient poète, mais est peu apprécié de ses contemporains. En 1857, son recueil° de poèmes *Les Fleurs du mal*, dont «Paysage» est tiré, paraît. Cette œuvre°, qui reflète ses pensées° sur la société, est qualifiée de scandaleuse et il est condamné à payer une amende. Il part alors s'installer° pour quelques temps à Bruxelles, en Belgique, où il devient critique d'art et où il réussit enfin à publier° une partie de son recueil hors de° la juridiction française. Il meurt à Paris sans avoir exaucé° son rêve° de publier *Les Fleurs du mal* dans son intégralité°.

recueil *collection* **œuvre** *work* **pensées** *thoughts* **s'installer** *to settle* **publier** *publish*
hors de *outside* **exaucé** *satisfied* **rêve** *dream* **intégralité** *entirety*

1 Je veux, pour composer chastement mes églogues°,
Coucher auprès du ciel°, comme les astrologues,
Et, voisin des clochers°, écouter en rêvant°
Leurs hymnes solennels emportés° par le vent.
5 Les deux mains au menton°, du haut de ma mansarde°,
Je verrai l'atelier° qui chante et qui bavarde°;
Les tuyaux°, les clochers, ces mâts° de la cité,
Et les grands ciels qui font rêver d'éternité.

Il est doux, à travers les brumes°, de voir naître
10 L'étoile° dans l'azur°, la lampe à la fenêtre,
Les fleuves de charbon° monter au firmament
Et la lune° verser° son pâle° enchantement.

«Paysage» dans *Les Fleurs du mal*
de Charles Baudelaire

Charles Baudelaire

Je verrai les printemps, les étés, les automnes;
Et quand viendra l'hiver aux neiges monotones,
15 Je fermerai partout° portières et volets°
Pour bâtir° dans la nuit mes féeriques° palais.
Alors je rêverai des horizons bleuâtres,
Et tout ce que° l'Idylle° a de plus enfantin.
L'Émeute°, tempêtant vainement à ma vitre°,
20 Ne fera pas lever mon front de mon pupitre;
Car je serai plongé° dans cette volupté°
D'évoquer le Printemps avec ma volonté°,
De tirer un soleil de mon cœur, et de faire
De mes pensers brûlants une tiède° atmosphère.

églogues *eclogues (poem about shepherds)* **ciel** *sky* **clochers** *bell towers* **en rêvant** *while dreaming* **emportés** *carried away* **menton** *chin* **mansarde** *attic* **atelier** *workshop* **bavarde** *chats* **tuyaux** *pipes* **mâts** *masts* **brumes** *mists* **étoile** *star* **azur** *blue sky* **fleuves de charbon** *rivers of coal* **lune** *moon* **verser** *to pour* **partout** *everywhere* **volets** *shutters* **bâtir** *to build* **féeriques** *enchanted* **albâtres** *alabaster fountains* **baisers** *kisses* **ce que** *that* **Idylle** *Romance* **Émeute** *Riot* **vitre** *windowpane* **plongé** *immersed* **volupté** *voluptuousness* **volonté** *will* **tiède** *warm*

Après la lecture

Vrai ou faux? Indiquez si les phrases sont **vraies** ou **fausses**. Citez le texte pour justifier vos réponses.

	Vrai	Faux
1. Le narrateur est un berger et vit à la campagne.	☐	☐
2. Le narrateur aime être à sa fenêtre et regarder l'horizon en rêvant.	☐	☐
3. Il regarde les gens passer.	☐	☐
4. Il aime être à sa fenêtre au milieu (*middle*) de la journée.	☐	☐
5. Il est à sa fenêtre à toutes les saisons de l'année.	☐	☐
6. En hiver, il s'arrête de rêver.	☐	☐
7. Il aime la nature.	☐	☐
8. Il aime les choses simples.	☐	☐
9. Rien ne peut le perturber (*disturb*) pendant qu'il écrit ses poèmes.	☐	☐
10. Il est heureux quand il pense au printemps.	☐	☐

Le narrateur Regardez rapidement tout le texte et notez les pronoms sujets utilisés dans ce poème. D'après vous, qui est le narrateur? Qui voudrait-il être? Expliquez votre réponse.

Réflexions Et vous, si (*if*) vous deviez écrire un poème sur la vie à la campagne tout en habitant (*living*) en ville, ou vice versa, comment feriez-vous pour trouver l'inspiration? Comme l'auteur du haut de sa fenêtre? Expliquez votre réponse.

Écriture

STRATÉGIE

Using linking words

You can make your writing more sophisticated by using linking words to connect simple sentences or ideas in order to create more complex sentences. Consider these passages that illustrate this effect:

Without linking words

Aujourd'hui, j'ai fait beaucoup de courses. Je suis allé à la poste. J'ai fait la queue pendant une demi-heure. J'ai acheté des timbres. J'ai aussi posté un colis. Je suis allé à la banque. La banque est rue Girardeau. J'ai perdu ma carte de crédit hier. Je devais aussi retirer de l'argent. Je suis allé à la brasserie pour déjeuner avec un ami. Cet ami s'appelle Marc. Je suis rentré à la maison. Ma mère rentrait du travail.

With linking words

Aujourd'hui, j'ai fait beaucoup de courses. D'abord, je suis allé à la poste où j'ai fait la queue pendant une demi-heure. J'ai acheté des timbres et j'ai aussi posté un colis. Après, je suis allé à la banque qui est rue Girardeau, parce que j'ai perdu ma carte de crédit hier et parce que je devais aussi retirer de l'argent. Ensuite, je suis allé à la brasserie pour déjeuner avec un ami qui s'appelle Marc. Finalement, je suis rentré à la maison alors que ma mère rentrait du travail.

Linking words			
alors	then	mais	but
alors que	as	ou	or
après	then, after that	où	where
d'abord	first	parce que	because
donc	so	pendant (que)	while
dont	of which	(et) puis	(and) then
enfin	finally	puisque	since
ensuite	then, after that	quand	when
et	and	que	that, which
finalement	finally	qui	who, that

Thème

Faire la description d'un nouveau commerce

Avant l'écriture

1. Avec des amis, vous allez ouvrir un commerce (*business*) dans votre quartier. Vous voulez créer quelque chose d'original qui n'existe pas encore et qui sera très utile aux habitants: un endroit où ils pourront faire plusieurs choses en même temps (par exemple, une laverie/salon de coiffure).

2. Lisez ces questions et utilisez votre imagination comme point de départ de votre description.

   ■ Quel sera le nom du commerce?

   ■ Quel type de commerce voulez-vous ouvrir?

   ■ Quels seront les produits (*products*) que vous vendrez? Quels seront les prix? Donnez quelques détails sur l'activité commerciale.

   ■ Où se trouvera le commerce?

   ■ Comment sera l'intérieur du commerce (style, décoration, etc.)?

   ■ Quels seront ses jours et heures d'ouverture (*business hours*)?

   ■ En quoi consistera l'originalité de votre commerce? Expliquez pourquoi votre commerce sera unique et donnez les raisons pour lesquelles (*which*) les habitants du quartier fréquenteront votre commerce.

3. Avant d'écrire votre description détaillée, complétez ce tableau par des phrases complètes, à l'aide (*with the help*) des questions que vous venez de lire. Vous devez inventer les détails (le nom du commerce, les produits, les prix...).

Le commerce	1. le nom: 2. le type:
Les produits	1. le type: 2. le prix: 3. détails:
L'endroit	1. l'adresse: 2. près de (monument, grand magasin, ...):
L'intérieur	1. le style: 2. la décoration: 3. autre information:
Les jours et heures d'ouverture	1. les horaires: 2. les jours d'ouverture:
L'originalité	1. le style: 2. détails:
...?	

4. Après avoir complété le tableau, regardez les phrases que vous avez écrites. Est-il possible de les combiner avec des mots de liaison (*linking words*) de la liste de **Stratégie**? Regardez cet exemple:

Le commerce est une laverie, mais aussi un salon de coiffure, parce que nous savons que les habitants du quartier aiment pouvoir faire plusieurs choses en même temps.

5. Réécrivez les phrases que vous pouvez combiner.

Écriture

1. Utilisez les phrases du tableau et celles (*the ones*) que vous venez de combiner pour écrire la description de votre commerce.

2. Pendant que vous écrivez, trouvez d'autres phrases à combiner avec des mots de liaison.

3. Utilisez le vocabulaire de l'unité.

4. Utilisez les verbes **voir, recevoir, apercevoir** et **croire,** des expressions négatives et le futur simple.

Après l'écriture

1. Échangez votre description avec celle (*the one*) d'un(e) partenaire. Répondez à ces questions pour commenter son travail.

- Votre partenaire a-t-il/elle inclu toutes les informations du tableau?
- A-t-il/elle utilisé des mots de liaison pour combiner les phrases?
- A-t-il/elle utilisé le vocabulaire de l'unité?
- A-t-il/elle utilisé les verbes **voir, recevoir, apercevoir** et **croire,** des expressions négatives et le futur simple?
- A-t-il/elle utilisé le conditionnel?
- Quel(s) détail(s) ajouteriez-vous (*would you add*)? Quel(s) détail(s) enlèveriez-vous (*would you delete*)? Quel(s) autre(s) commentaire(s) avez-vous pour votre partenaire?

2. Corrigez votre description d'après (*according to*) les commentaires de votre partenaire. Relisez votre travail pour éliminer ces problèmes:

- des fautes (*errors*) d'orthographe
- des fautes de ponctuation
- des fautes de conjugaison
- des fautes d'accord (*agreement*) des adjectifs
- un mauvais emploi (*use*) de la grammaire

Retrouver son chemin

continuer	to continue
se déplacer	to move (change location)
descendre	to go/come down
être perdu(e)	to be lost
monter	to go up/come up
s'orienter	to get one's bearings
suivre	to follow
tourner	to turn
traverser	to cross
un angle	corner
une avenue	avenue
un banc	bench
un bâtiment	building
un boulevard	boulevard
une cabine téléphonique	phone booth
un carrefour	intersection
un chemin	way; path
un coin	corner
des indications (f.)	directions
un feu de signalisation (feux pl.)	traffic light(s)
une fontaine	fountain
un office du tourisme	tourist office
un pont	bridge
une rue	street
une statue	statue
est	east
nord	north
ouest	west
sud	south

Pour donner des indications

au bout (de)	at the end (of)
au coin (de)	at the corner (of)
autour (de)	around
jusqu'à	until
(tout) près (de)	(very) close (to)
tout droit	straight ahead

À la poste

poster une lettre	to mail a letter
une adresse	address
une boîte aux lettres	mailbox
une carte postale	postcard
un colis	package
le courrier	mail
une enveloppe	envelope
un facteur	mailman
un timbre	stamp

À la banque

avoir un compte bancaire	to have a bank account
déposer de l'argent	to deposit money
emprunter	to borrow
payer par carte (de crédit)	to pay by credit card
payer en liquide	to pay in cash
payer par chèque	to pay by check
retirer de l'argent	to withdraw money
les billets (m.)	bills, notes
un compte-chèques	checking account
un compte d'épargne	savings account
une dépense	expenditure, expense
un distributeur (automatique/ de billets)	ATM
les pièces de monnaie (f.)	coins
de la monnaie	change

En ville

accompagner	to accompany
faire la queue	to wait in line
remplir un formulaire	to fill out a form
signer	to sign
une banque	bank
une bijouterie	jewelry store
une boutique	boutique, store
une brasserie	café, restaurant
un bureau de poste	post office
un cybercafé	cybercafé
une laverie	laundromat
un marchand de journaux	newsstand
une papeterie	stationery store
un salon de beauté	beauty salon
un commissariat de police	police station
une mairie	town/city hall; mayor's office
fermé(e)	closed
ouvert(e)	open

La négation

jamais	never; ever
ne... aucun(e)	none (not any)
ne... jamais	never (not ever)
ne,.. ni... ni	neither... nor
ne... personne	nobody, no one
ne... plus	no more (not anymore)
ne... que	only
ne... rien	nothing (not anything)
pas (de)	no, none
personne	no one
quelque chose	something
quelqu'un	someone
rien	nothing
toujours	always; still

Verbes

apercevoir	to catch sight of, to see
s'apercevoir	to notice; to realize
croire	to believe
recevoir	to receive
voir	to see

Expressions utiles	*See pp. 167 and 181.*
Le futur simple	*See p. 184.*

L'avenir et les métiers

Pour commencer
- Quel genre de travail Amina fera-t-elle?
- Est-ce qu'elle travaillera dans un bureau?
- Est-ce qu'elle aimera son travail?
- Que porte-t-elle aujourd'hui?

CONTEXTES

Leçon 5A

You will learn how to...
- make and receive phone calls
- talk about your goals

S Talking Picture
Audio: Activity

Au bureau

Vocabulaire

chercher un/du travail	to look for work
embaucher	to hire
faire des projets	to make plans
obtenir	to get, to obtain
postuler	to apply
prendre (un) rendez-vous	to make an appointment
trouver un/du travail	to find a job
un(e) candidat(e)	candidate, applicant
un conseil	advice
un domaine	field
une entreprise	firm, business
une expérience professionnelle	professional experience
une formation	education; training
une lettre de recommandation	letter of reference/ recommendation
une lettre de motivation	letter of application
une mention	distinction
un métier	profession
un poste	position
une référence	reference
un salaire (élevé, modeste)	(high, low) salary
un(e) spécialiste	specialist
un stage	internship; professional training
appeler	to call
laisser un message	to leave a message
l'appareil (m.)	telephone
une télécarte	phone card
Qui est à l'appareil?	Who's calling please?
C'est de la part de qui?	On behalf of whom?
C'est M./Mme/Mlle... (à l'appareil.)	It's Mr./Mrs./Miss... (on the phone.)
Ne quittez pas.	Please hold.

ALLÔ!

Elle va raccrocher.

Il va décrocher.

un numéro de téléphone

oui, 04.48.87.29.16

Il patiente. (patienter)

un patron (patronne f.)

une employée (employé m.)

ressources

CE pp. 71–72	CA p. 145	S daccord2.vhlcentral.com

Attention!

Note the difference in the usage and meaning of **chercher** and **rechercher**.
Il cherche du travail.
He is looking for work.
Cette compagnie recherche un chef du personnel.
This company is looking for a human resources director.

un curriculum vitæ, un CV

un chef du personnel

Personnel

Il passe un entretien. (passer)

Elle lit les annonces. (lire)

le combiné

la messagerie

Jacques et Frères Cie

une compagnie

Mise en pratique

1 **Complétez** Complétez ces phrases avec le verbe de la liste qui convient le mieux. N'oubliez pas de faire les accords nécessaires.

appeler	lire les annonces	postuler
décrocher	métier	prendre (un) rendez-vous
conseil	obtenir	raccrocher
embaucher	passer un entretien	salaire
laisser des messages	patienter	trouver un/du travail

1. Quand on cherche du travail, il faut _____ tous les jours.
2. Il est toujours plus facile de trouver un _____ intéressant quand on a une bonne formation.
3. Le téléphone sonne. Est-ce que tu peux _____, s'il te plaît?
4. Il y a peu d'entreprises qui _____ en ce moment. L'économie ne va pas très bien.
5. —Bonjour, Madame. Je vous _____ pour _____.
   —Vous pouvez venir lundi 15, à 16h00?
6. J'ai envoyé mon CV. J'espère qu'ils vont m'appeler pour _____.
7. _____ quelques minutes, s'il vous plaît. Madame Benoît va bientôt arriver.
8. Il _____ parce que la ligne n'était pas bonne.
9. Sophie vient juste de _____. Elle va organiser une petite fête vendredi pour célébrer son nouveau poste.
10. Une messagerie permet de _____.

2 **Corrigez** Lisez ces phrases et dites si elles sont **vraies** ou **fausses**. Corrigez les phrases qui ne sont pas cohérentes.

1. Il faut décrocher le combiné avant de composer un numéro de téléphone.
2. Quand on appelle d'une cabine téléphonique, on utilise des billets.
3. Quand on est embauché, on perd son travail.
4. Quand on travaille, on reçoit un salaire à la fin de chaque mois.
5. À la fin d'un CV américain, il ne faut pas oublier de mentionner ses références.
6. Pour savoir qui vous appelle au téléphone, vous demandez: «Ne quittez pas.»
7. Un(e) patron(ne) dirige (*manages*) une entreprise ou des employés.
8. Avant d'obtenir un poste, il faut souvent passer une entreprise.
9. Quand on travaille dans une entreprise, on est un(e) employé(e).

3 **Écoutez** 🎧 Armand et Michel cherchent du travail. Écoutez leur conversation et répondez ensuite aux questions.

1. Quel genre de travail Armand recherche-t-il?
2. Où est-ce qu'Armand a lu l'annonce?
3. Quel(s) document(s) faut-il envoyer pour le stage?
4. Qui est M. Dupont?
5. Que doit faire Armand pour obtenir un entretien?
6. Quel est le domaine professionnel de Michel?
7. Pourquoi Michel a-t-il des difficultés à trouver du travail?
8. Comment est-ce qu'Armand aide Michel?

🔊 Practice more at **daccord2.vhlcentral.com.**

Communication

4 **Répondez** Avec un(e) partenaire, posez-vous ces questions à tour de rôle.

1. Est-ce que tu as fait des projets d'avenir? Quels sont-ils?
2. Après tes études, dans quel domaine est-ce que tu vas chercher du travail?
3. Dans quelle entreprise voudrais-tu faire un stage? Pourquoi?
4. As-tu déjà travaillé? Dans quel(s) domaine(s)?
5. As-tu déjà répondu à des annonces pour trouver du travail? Est-ce qu'on t'a embauché(e)?
6. À ton avis, qu'est-ce qui est le plus important pour réussir un entretien d'embauche?
7. Pour qui imagines-tu pouvoir écrire une bonne lettre de recommandation un jour?
8. Selon toi, qu'est-ce qu'il faut inclure dans un curriculum vitae?

5 **Les conversations** Avec un(e) partenaire, complétez et remettez dans l'ordre ces conversations. Ensuite, jouez les scènes devant la classe.

Conversation 1
____ —C'est Mlle Grandjean à l'appareil. Est-ce que vous pouvez me passer le chef du personnel, s'il vous plaît?
____ —_____. Bonjour, Monsieur.
____ —Bonjour. _____?
____ —_____. Je vous le passe.

Conversation 2
____ —Tu n'as donc pas vu _____ que la compagnie Petit et Fils offre.
____ —Est-ce que tu _____ ce matin?
____ —Non, mais je connais cette entreprise et elle n'est pas dans _____.
____ —Non, je n'ai pas encore acheté le journal.

Conversation 3
____ —Non, appelle plutôt son portable.
____ —C'est le 06-22-28-80-83.
____ —Oh, encore sa _____! Elle ne décroche jamais.
____ —Tu as raison. Quel est son _____?
____ —Stéphanie ne _____ pas. Je vais lui _____.

6 **Les petites annonces** Lisez ces annonces et choisissez-en une. Avec un(e) partenaire, imaginez votre conversation avec le directeur de l'entreprise que vous avez sélectionnée. Vous devez parler de votre expérience professionnelle, de votre formation et de vos projets. Ensuite, choisissez une autre annonce et changez de rôle.

7 **Le poste idéal** Alain souhaite travailler à l'étranger pendant les vacances d'été, mais il ne sait pas par où commencer. Il va donc dans un Centre d'Information Jeunesse pour rencontrer un conseiller/une conseillère (*advisor*) qui va déterminer le pays et le domaine professionnel les mieux adaptés. Travaillez à deux et échangez les rôles avec votre partenaire.

Nous recherchons des professionnels de la gestion. Première expérience ou expert(e) dans votre domaine, notre groupe vous offre d'intéressantes opportunités d'évolution. Retrouvez nos postes sur www.comptaparis.fr/métiers.

SARLA recherche un(e) assistant(e) commercial(e) trilingue anglais et espagnol avec expérience en informatique (logiciels et Internet). **Envoyer CV et lettre de motivation à SARLA, 155, avenue de Gerland, BP 72, 69007 Lyon**

France Conseil recherche un analyste financier bilingue anglais. Vous travaillez avec nos bureaux à l'étranger pour développer les projets du département. De formation supérieure, vous avez une expérience de chef de projet de 2 à 4 ans. Nous contacter à: France Conseil, 80, rue du Faubourg Saint-Antoine, 75012 Paris

Les sons et les lettres

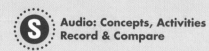

Audio: Concepts, Activities Record & Compare

La ponctuation française

Although French uses most of the same punctuation marks as English, their usage often varies. Unlike English, no period (**point**) is used in abbreviations of measurements in French.

200 m (*meters*)   **30 min** (*minutes*)   **25 cl** (*centiliters*)   **500 g** (*grams*)

In other abbreviations, a period is used only if the last letter of the abbreviation is different from the last letter of the word it represents.

Mme Bonaire = Madame Bonaire   **M. Bonaire = Monsieur Bonaire**

French dates are written with the day before the month, so if the month is spelled out, no punctuation is needed. When using digits only, use slashes to separate them.

le 25 février 1954   25/2/1954   le 15 août 2006   15/8/2006

Notice that a comma (**une virgule**) is not used before the last item in a series or list.

Lucie parle français, anglais et allemand.   *Lucie speaks French, English, and German.*

Generally, in French, a direct quotation is enclosed in **guillemets**. Notice that a colon (**deux points**), not a comma, is used before the quotation.

Charlotte a dit: «Appelle-moi!»   **Marc a demandé: «Qui est à l'appareil?»**

Réécrivez Ajoutez la ponctuation et remplacez les mots en italique par leurs abréviations.

1. Depuis le *21 mars 1964 Madame Pagny* habite à 500 *mètres* de chez moi
2. Ce matin j'ai acheté 2 *kilos* de poires *Monsieur* Florent m'a dit Lucien tu as très bien fait

Corrigez Lisez le paragraphe et ajoutez la bonne ponctuation et les majuscules.

hier michel le frère de ma meilleure amie sylvie m'a téléphoné il a dit carole on va fêter l'anniversaire de sylvie le samedi 13 novembre est-ce que tu peux venir téléphone-moi

Dictons Répétez les dictons à voix haute.

Ne parle jamais des princes: si tu en dis du bien, tu mens; si tu en dis du mal, tu t'exposes.[2]

Le temps, c'est de l'argent.[1]

ressources

CA
p. 146

daccord2.vhlcentral.com

deux cent un **201**

ROMAN-PHOTO

Le bac Video: *Roman-photo*
Record & Compare

Après le bac...
STÉPHANE Alors, Astrid, tu penses avoir réussi le bac?
ASTRID Franchement, je crois que oui. Et toi?
STÉPHANE Je ne sais pas, c'était plutôt difficile. Mais au moins, c'est fini, et ça, c'est le plus important pour moi!

ASTRID Qu'est-ce que tu vas faire une fois que tu auras le bac?
STÉPHANE Aucune idée, Astrid. J'ai fait une demande à l'université pour étudier l'architecture.
ASTRID Vraiment? Laquelle?
STÉPHANE L'université de Marseille, mais je n'ai pas encore de réponse. Alors, Mademoiselle Je-pense-à-tout, tu sais déjà ce que tu feras?

ASTRID Bien sûr! J'irai à l'université de Bordeaux et dès que je réussirai l'examen de première année, je continuerai en médecine.
STÉPHANE Ah oui? Pour moi, les études, c'est fini pour l'instant. On vient juste de passer le bac, il faut fêter ça! C'est loin, la rentrée.

VALÉRIE Mais bien sûr que je m'inquiète! C'est normal.
STÉPHANE Tu sais, finalement, ce n'était pas si difficile.
VALÉRIE Ah bon? Tu sais quand tu auras les résultats?
STÉPHANE Ils seront affichés dans deux semaines.
VALÉRIE En attendant, il faut prendre des décisions pour préparer l'avenir.

STÉPHANE L'avenir! L'avenir! Vous n'avez que ce mot à la bouche, Astrid et toi. Oh maman, je suis tellement content aujourd'hui. Pour le moment, je voudrais juste faire des projets pour le week-end.
VALÉRIE D'accord, Stéphane. Je comprends. Tu rentres maintenant?
STÉPHANE Oui, maman. J'arrive dans quinze minutes.

Au P'tit Bistrot...
JEUNE FEMME Bonjour, Madame. Je cherche un travail pour cet été. Est-ce que vous embauchez en ce moment?
VALÉRIE Eh bien, c'est possible. L'été en général nous avons beaucoup de clients étrangers. Est-ce que vous parlez anglais?
JEUNE FEMME Oui, c'est ce que j'étudie à l'université.

A C T I V I T É S

1 **Complétez** Complétez les phrases suivantes.

1. Stéphane et Astrid viennent de passer _____.
2. Stéphane doit téléphoner à _____.
3. Astrid prête une _____ à Stéphane.
4. Aujourd'hui, Stéphane est très _____.
5. Il aura les résultats du bac dans _____.
6. Stéphane ne veut pas parler de l' _____.

7. La jeune femme étudie _____ à l'université.
8. Valérie dit que de nombreux clients du P'tit Bistrot sont _____.
9. _____ est en train (*in the process*) de chercher un nouveau travail.
10. Elle ne veut pas demander _____ à Valérie.

 Practice more at **daccord2.vhlcentral.com.**

Stéphane et Astrid ont passé l'examen.

STÉPHANE Écoute, je dois téléphoner à ma mère. Je peux emprunter ta télécarte, s'il te plaît?

ASTRID Oui, bien sûr. Tiens.

STÉPHANE Merci.

ASTRID Bon... Je dois rentrer chez moi. Ma famille m'attend. Au revoir.

STÉPHANE Salut.

Stéphane appelle sa mère...

VALÉRIE Le P'tit Bistrot. Bonjour.

STÉPHANE Allô.

VALÉRIE Allô. Qui est à l'appareil?

STÉPHANE Maman, c'est moi!

VALÉRIE Stéphane! Alors, comment ça a été? Tu penses avoir réussi?

STÉPHANE Oui, bien sûr, maman. Ne t'inquiète pas!

VALÉRIE Et vous avez déjà travaillé dans un café?

JEUNE FEMME Eh bien, l'été dernier j'ai travaillé à la brasserie les Deux Escargots. Vous pouvez les appeler pour obtenir une référence si vous le désirez. Voici leur numéro de téléphone.

VALÉRIE Au revoir, et peut-être à bientôt!

Près de la terrasse...

MICHÈLE J'ai un rendez-vous pour passer un entretien avec l'entreprise Dupont... C'est la compagnie qui offre ce poste de réceptionniste... Tu es fou, je ne peux pas demander une lettre de recommandation à Madame Forestier... Bien sûr, nous irons dîner pour fêter ça dès que j'aurai un nouveau travail.

Expressions utiles

Talking about tests

- **Tu penses avoir réussi le bac?**
  *Do you think you passed the **bac**?*

- **Je crois que oui.**
  I think so.

- **Qu'est-ce que tu vas faire une fois que tu auras le bac?**
  *What are you going to do once you have the **bac**?*

- **Tu sais quand tu auras les résultats?**
  Do you know when you will have the results?

- **Ils seront affichés dans deux semaines.**
  They will be posted in two weeks.

Enjoying successes

- **L'avenir! Vous n'avez que ce mot à la bouche.**
  The future! That's all you talk about.

- **Je suis tellement content(e) aujourd'hui.**
  I am so happy today.

- **Pour le moment, je voudrais juste faire des projets pour le week-end.**
  For the time being, I would only like to make plans for the weekend.

- **Nous irons dîner pour fêter ça dès que j'aurai un nouveau travail.**
  We will go to dinner to celebrate as soon as I have a new job.

Additional vocabulary

- **laquelle**
  which one (f.)

---

2 **Répondez** Répondez aux questions suivantes par des phrases complètes.

1. Quels sont les projets d'avenir d'Astrid?

2. Qu'est-ce que Stéphane veut faire l'année prochaine?

3. Est-ce que les projets d'Astrid et de Stéphane sont certains? (Supposez que les deux auront le bac.)

4. Quel est le projet de Michèle pour l'avenir?

5. Son projet est-il certain?

3 **À vous!** La jeune femme qui veut travailler au P'tit Bistrot rencontre Michèle. Elle veut savoir comment est le travail et quel genre de patronne est Valérie. Michèle, qui n'est pas vraiment heureuse au P'tit Bistrot en ce moment, lui raconte tout. Avec un(e) camarade de classe, composez le dialogue et jouez la scène devant la classe.

ressources

CA pp. 77–78

daccord2.vhlcentral.com

A C T I V I T É S

CULTURE

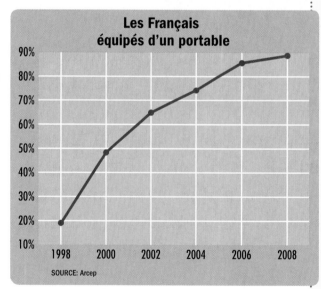

Le téléphone en France

Pour téléphoner en France, on peut utiliser une cabine publique avec une télécarte. Les télécartes sont vendues dans les bureaux de tabac°, à la poste et dans tous les endroits qui affichent° «Télécartes en vente ici». Si vous devez téléphoner avec de la monnaie, il vaut mieux° essayer un café ou un hôtel. Les cabines publiques à pièces sont très rares.

Les Français sont surtout accros° à leur téléphone portable. Aujourd'hui, plus de 58 millions de personnes sont abonnées°. Soixante-six pour cent d'entre elles choisissent le forfait° et payent un tarif mensuel°. Ce type d'abonnement° exige° d'avoir un compte bancaire en France.

Sinon, on a la possibilité de choisir des cartes prépayées ou de louer un portable pour une courte période.

Comme les appels sont chers, les gens communiquent beaucoup par SMS°. En moyenne, chaque abonné envoie 30 SMS par mois. Ces messages sont écrits dans un langage particulier, qui permet de taper° plus vite. Le langage SMS est très phonétique et joue avec le son des lettres et des chiffres°. Tous les jeunes l'utilisent. Les jeunes aiment aussi beaucoup télécharger les logos et sonneries° du moment. En France, le marché de la téléphonie mobile a beaucoup d'avenir.

> bureaux de tabac *tobacco shops* affichent *post* il vaut mieux *it is better* accros *addicted* sont abonnées *have a subscription* forfait *package* tarif mensuel *monthly fee* abonnement *subscription* exige *requires* SMS *text message* taper *type* chiffres *numbers* sonneries *ringtones*

Coup de main

A cell phone has many names in French: **téléphone, portable, GSM, mobile.**

A text message may be called an **SMS** or a **texto.**

Les Français équipés d'un portable

90%					
80%					
70%					
60%					
50%					
40%					
30%					
20%					
10%					
1998	2000	2002	2004	2006	2008

SOURCE: Arcep

1 Complétez Donnez le début ou la suite de chaque phrase, d'après le texte et le tableau.

1. Pour téléphoner en France, on peut utiliser...

2. ... dans les bureaux de tabac, à la poste et dans tous les endroits qui affichent «Télécartes en vente ici».

3. Si vous devez téléphoner avec de la monnaie, il vaut mieux...

4. ... des abonnés choisissent le forfait.

5. En moyenne, chaque abonné envoie...

6. ... joue avec le son des lettres et des chiffres.

7. Les jeunes aiment aussi...

8. En 1998, 19% seulement des Français...

9. ... sont d'autres noms pour désigner le portable.

10. Un SMS s'appelle aussi...

 Practice more at **daccord2.vhlcentral.com.**

LE FRANÇAIS QUOTIDIEN

Le SMS, C pratik!

A+	*À plus (tard).*
Bap	*Bon après-midi.*
C pa 5pa	*C'est pas sympa!*
Dak	*D'accord.*
GT o 6né	*J'étais au ciné.*
Je t'M	*Je t'aime.*
Jenémar	*J'en ai marre!*
Kestufé	*Qu'est-ce que tu fais?*
Komencava	*Comment ça va?*
MDR	*Mort de rire!*

LE MONDE FRANCOPHONE

Comment gagner sa vie

Voici des métiers et des secteurs où on peut gagner sa vie dans le monde francophone.

Quelques exemples de métiers bien payés

En France avocat(e)
En Haïti prêtre°
Au Sénégal joueur de football professionnel
En Suisse banquier d'affaires

Quelques exemples de secteurs lucratifs

En Belgique l'industrie chimique, l'industrie du pétrole
Au Québec l'industrie du papier
En Suisse les banques et les assurances
En Tunisie le tourisme

prêtre *priest*

PORTRAIT

Les artisans

L'artisanat en France emploie 2,5 millions de personnes. On le décrit souvent comme «la plus grande entreprise de France». Bouchers, plombiers, fleuristes, bijoutiers... les artisans travaillent dans plus de 300 secteurs d'activité différents. Leurs entreprises sont de petite taille, avec moins de dix employés. Les artisans sont plus nombreux dans les villes, mais ils jouent un grand rôle en milieu rural. En plus d'°y apporter les services nécessaires, ils aident à créer le «lien social°». Artisans et artisans d'art sont considérés comme les gardiens° de la tradition française et de son savoir-faire°, qu'ils se transmettent depuis des générations, grâce au° système de l'apprentissage°.

En plus de *In addition to* **lien social** *social cohesion* **gardiens** *guardians*
savoir-faire *expertise* **grâce au** *thanks to* **apprentissage** *apprenticeship*

SUR INTERNET

Combien d'hommes a-t-il fallu pour installer les ampoules (*lights*) sur la tour Eiffel?

Go to **daccord2.vhlcentral.com** to find more information related to this **CULTURE** section.

---

2 Complétez Complétez les phrases.

1. L'artisanat en France emploie _____.
2. _____ sont des exemples d'artisans.
3. Artisans et artisans d'art sont les gardiens _____.
4. Le savoir-faire des artisans est transmis _____.
5. Au Sénégal, _____ est un métier bien payé.
6. En Tunisie, _____ est un secteur lucratif.

3 Échange de textos Vous et un(e) partenaire allez faire connaissance par SMS. Préparez un dialogue en français facile, puis transformez-le en messages SMS. Comparez ensuite votre conversation SMS à la conversation d'un autre groupe. Présentez-la devant la classe.

ressources

daccord2.vhlcentral.com

A C T I V I T É S

5A.1 Le futur simple with quand and dès que

Point de départ In **Leçon 4B**, you learned how to form **le futur simple**, which is generally equivalent to the English future with *will*. You will now learn how to use **le futur simple** where English uses the present tense.

FUTURE   FUTURE

Je me **mettrai** à chercher du travail, quand je n'**aurai** plus d'argent.
*I **will start** looking for work when I **don't have** any more money.*

Dès que je réussirai l'examen de première année, je continuerai en médecine.

Nous irons dîner pour célébrer dès que j'aurai un nouveau travail.

- In a clause that begins with **quand** or **dès que** (*as soon as*), use the future tense if the clause describes an event that will happen in the future.

  Il enverra son CV **quand il aura** le temps.
  He will send his résumé when he has time.

  Je posterai mon CV **dès que je pourrai**.
  I will post my résumé as soon as I can.

- If a clause with **quand** or **dès que** does not describe a future action, another tense may be used for the verb.

  Quand avez-vous fait le stage?
  When did you do the internship?

  La patronne nous parle **dès qu'elle arrive**.
  The boss talks to us as soon as she arrives.

Écrivez la forme correcte des verbes indiqués.

1. On l'embauchera dès qu'on __aura__ (avoir) de l'argent.
2. Nous commencerons le stage quand nous _____ (connaître) les résultats.
3. Il a téléphoné dès qu'il _____ (recevoir) la lettre.
4. On a envie de sortir quand il _____ (faire) beau.
5. Dès que vous _____ (prendre) rendez-vous, on vous indiquera le salaire.
6. Ils enverront leurs CV dès qu'ils _____ (acheter) l'ordinateur.
7. Nous passerons un entretien quand il _____ (revenir) de vacances.
8. Je décroche quand le téléphone _____ (sonner).

MISE EN PRATIQUE

1 **Projets** Nathalie et Brigitte discutent des problèmes de travail. Nathalie explique ce qu'elle fait quand elle est sans travail. Brigitte approuve.

MODÈLE
Je lis les annonces quand je cherche un travail.
Moi aussi, je lirai les annonces quand je chercherai un travail.

1. J'envoie mon CV quand je cherche du travail.
2. Mon mari lit mon CV dès qu'il a le temps.
3. Je suis contente quand tu passes un entretien.
4. Je prends rendez-vous dès que je reçois une lettre d'une compagnie.
5. Ta famille et toi, vous êtes heureux quand des chefs du personnel me téléphonent.
6. Je fais des projets quand j'ai un travail.

2 **Plus tard** Aurélien parle de ses projets et des projets de sa famille et de ses amis. Mettez les verbes au futur.

MODÈLE
dès que / je / avoir / le bac / je / aller / à l'université
Dès que j'aurai le bac, j'irai à l'université.

1. quand / je / être / à l'université / ma sœur et moi / habiter ensemble
2. quand / ma sœur / étudier plus / elle / réussir
3. quand / mes parents / être / à la retraite / je / emprunter pour payer mes études
4. dès que / vous / finir vos études / vous / envoyer vos CV / tout / entreprises de la ville
5. quand / tu / travailler / tu / acheter une voiture
6. quand / nous / trouver / nouveau travail / nous / ne plus lire / les annonces

3 **Conseils** Quels conseils pouvez-vous donner à un(e) ami(e) qui cherche du travail? Avec un(e) partenaire, assemblez les éléments des colonnes pour formuler vos conseils. Utilisez **quand** ou **dès que**.

MODÈLE
Quand tu auras ton diplôme, tu chercheras un travail.

A	B
avoir son diplôme	s'amuser
avoir un métier	chercher un travail
passer un entretien	être riche
réussir ses examens	gagner beaucoup d'argent
trouver un emploi	lire les annonces
	se marier
	parler de son expérience professionnelle

 Practice more at **daccord2.vhlcentral.com**.

COMMUNICATION

4 **L'avenir** Qu'est-ce que l'avenir nous réserve? Avec un(e) partenaire, complétez ces phrases. Ensuite, présentez vos réponses à la classe.

1. Dès que je réussirai mes examens, je...
2. Ton ami(e) et toi, vous lirez les annonces quand...
3. Mon/Ma meilleur(e) ami(e) travaillera dès que...
4. Tu enverras ton CV quand...
5. Mes amis se marieront dès que...
6. Quand nous aurons beaucoup d'argent, nous...

5 **Content(e)** Votre professeur va vous donner une feuille d'activités. Circulez dans la classe pour trouver une personne qui réponde oui et une qui réponde non à chaque question. Justifiez toutes vos réponses.

MODÈLE

Élève 1: Est-ce que tu seras plus content(e) quand tu auras du temps libre?
Élève 2: Oui, je serai plus content(e) dès que j'aurai du temps libre, parce que je ferai plus souvent de la gym.

6 **Les métiers** Vous allez bientôt exercer ces métiers (*have these jobs*). Dites à un(e) partenaire ce qui (*what*) sera possible et ce qui ne sera pas possible quand vous commencerez votre nouveau poste. Alternez les rôles.

MODÈLE

Élève 1: Dès que je commencerai ce travail, je chercherai un nouvel appartement.
Élève 2: Je n'aurai plus le temps de sortir quand j'aurai ce poste.

1.

3.

2.

4.

Le français vivant

PRENEZ EN MAIN VOTRE AVENIR

FORUM RENCONTRE

Vous prendrez en main votre avenir quand vous irez à ce forum. Dès que vous entrerez, vous rencontrerez des gens qui vous aideront à rencontrer d'autres gens, à trouver un emploi.

FORUM Rencontre

Identifiez Quelles formes de verbes au futur trouvez-vous après **quand** et **dès que** dans cette publicité (*ad*)? Quels autres verbes au futur trouvez-vous?

Questions À tour de rôle, avec un(e) partenaire, posez-vous ces questions.

1. Qui assistera au Forum rencontre? Pourquoi?
2. Que trouvera-t-on au Forum rencontre? Que fera-t-on?
3. Que feras-tu dès que tu finiras le lycée?
4. Que penses-tu faire pour trouver un emploi quand tu seras prêt(e) à travailler?

5A.2 The interrogative pronoun *lequel*

Point de départ In **D'accord!** Level 1, you learned how to use the interrogative adjective **quel**, as in **Quelle heure est-il?** You will now learn how to use the interrogative pronoun **lequel**.

- If a person or thing has already been mentioned, use a form of **lequel**, translated as *which one(s)*, in place of **quel(le)(s)** + [*noun*].

  Quel métier choisirez-vous?
  Which profession will you choose?
  ▶ **Lequel** choisirez-vous?
  Which one will you choose?

- **Lequel** agrees with the noun to which it refers.

	singular	plural
masculine	lequel	lesquels
feminine	laquelle	lesquelles

  Quelle entreprise l'a embauché?
  Which company hired him?
  ▶ **Laquelle** l'a embauché?
  Which one hired him?

- Place the form of **lequel** wherever you would place **quel(le)(s)** + [*noun*] in a question.

  Dans **quel domaine** travaille-t-il?
  Which field does he work in?
  Dans **lequel** travaille-t-il?
  Which one does he work in?

- Remember that past participles agree with preceding direct objects.

  Laquelle avez-vous **choisie**?
  Which one did you choose?
  Lesquels as-tu **faits**?
  Which ones did you do?

- Forms of **lequel** contract with the prepositions **à** and **de**.

à + form of *lequel*		
	singular	plural
masculine	auquel	auxquels
feminine	à laquelle	auxquelles

de + form of *lequel*		
	singular	plural
masculine	duquel	desquels
feminine	de laquelle	desquelles

Auxquels vous intéressez-vous?
Which ones interest you?
Vous parlez **duquel**?
Which one are you talking about?

Essayez! **Réécrivez les phrases avec des formes de lequel.**

1. Pour quelle compagnie travaillez-vous? _Pour laquelle travaillez-vous?_
2. Quel métier préférez-vous? _____
3. À quel métier t'intéresses-tu? _____
4. De quels stages est-ce que vous parlez? _____

1 **Au bureau** Hubert parle à ses collègues. Complétez ses phrases avec une forme du pronom interrogatif **lequel**.

1. J'ai deux stylos. _____ veux-tu emprunter?
2. Voici la liste des entreprises. À _____ devons-nous téléphoner?
3. Avez-vous contacté les employés avec _____ il faut travailler?
4. Sais-tu le nom des stages _____ tu as assisté?
5. _____ de ces lettres avez-vous lues?
6. Je suis allé dans plusieurs bureaux. _____ parlez-vous?

2 **Répétez** Nathalie rencontre M. Dupont pendant un dîner où il y a beaucoup de bruit (*noise*). Il lui pose des questions, mais il n'entend pas ses réponses. Avec un(e) partenaire, alternez les rôles.

MODÈLE examen / avoir réussi

Élève 1: *Quel examen avez-vous réussi?*
Élève 2: *L'examen de chimie.*
Élève 1: *Lequel avez-vous réussi?*

1. métier / s'intéresser à
2. CV / avoir envoyé
3. entreprise / avoir embauché
4. candidats / ne pas avoir obtenu de poste
5. formations / devoir suivre
6. domaine / se spécialiser dans

3 **La culture francophone** Vous voulez savoir si votre partenaire connaît la culture francophone. À tour de rôle, posez-vous ces questions et répondez-y. Ensuite, posez-vous une question avec une forme de **lequel**.

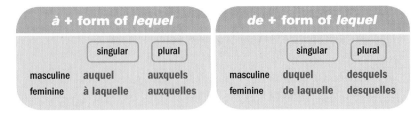

MODÈLE Qui chante en français?
  a. Madonna b. Céline Dion c. Mariah Carey
  Laquelle/Lesquelles de ces chanteuses aimes-tu?

1. Qui est un acteur français?
   a. Gérard Depardieu b. Tom Hanks c. Johnny Depp
2. Où parle-t-on français?
   a. Philadelphie b. Montréal c. Athènes
3. Quelle voiture est française?
   a. Lotus b. Ferrari c. Peugeot
4. Quelle marque (*brand*) est française?
   a. Mabelle b. Versace c. L'Oréal
5. Qui est un metteur en scène (*director*) français?
   a. Visconti b. Besson c. Spielberg

 Practice more at **daccord2.vhlcentral.com**.

COMMUNICATION

4 Des choix Cet été, vous irez en vacances avec votre famille et vous visiterez plusieurs endroits. Avec un(e) partenaire, parlez de vos projets et posez des questions pour demander des détails.

MODÈLE visiter des châteaux (*castles*)

Élève 1: *Quand je serai en Suisse, je visiterai des châteaux.*
Élève 2: *Lesquels visiteras-tu?*

aller dans des musées	faire du sport
bronzer sur la plage	marcher dans les rues
dîner au restaurant	se promener au parc
faire du shopping	visiter des sites touristiques
?	?

5 Enquête Votre professeur va vous donner une feuille d'activités. Circulez dans la classe et parlez à différent(e)s camarades pour trouver, pour chaque question, une personne qui réponde oui. Demandez des détails.

MODÈLE

Élève 1: *Écoutes-tu de la musique?*
Élève 2: *Oui.*
Élève 1: *Laquelle aimes-tu?*
Élève 2: *J'écoute toujours de la musique classique.*

Activités	Noms	Réponses
1. écouter de la musique	Sam	musique classique
2. avoir des passe-temps		
3. bien s'entendre avec des membres de sa famille		
4. s'intéresser aux livres		
5. travailler avec d'autres élèves		
6. aimer le cinéma		

6 Ce semestre Avec un(e) partenaire, parlez des bons et des mauvais aspects de votre vie au lycée cette année. Employez des formes du pronom interrogatif **lequel**. Ensuite, présentez vos réponses à la classe.

MODÈLE

Élève 1: *J'ai des cours très difficiles cette année.*
Élève 2: *Lesquels?*
Élève 1: *Le cours de biologie et le cours de chimie.*

- les cours
- les activités extra-scolaires
- les livres
- les camarades
- les profs
- ?

Le français vivant

Recherchons candidats avec talents particuliers.
Lequel ou laquelle choisir?

La question traditionnelle:
Lesquels ont un diplôme? Quel diplôme?
La question d'aujourd'hui:
Lequel ou laquelle a une personnalité inhabituelle?

BNP PARIBAS | La banque d'un monde qui change

Identifiez Quelles formes du pronom interrogatif **lequel** trouvez-vous dans cette publicité (*ad*)?

Questions À tour de rôle, avec un(e) partenaire, posez-vous ces questions.

1. Quel est le but (*goal*) de cette pub?
2. Quelle question posait-on traditionnellement?
3. Quelle question pose-t-on aujourd'hui?
4. Les formations traditionnelles fonctionnent-elles toujours pour trouver un travail? Pourquoi?
5. Pourquoi faut-il aujourd'hui avoir une personnalité inhabituelle?

SYNTHÈSE

Révision

1 **Mon premier emploi** Avec un(e) partenaire, dites ce que (*what*) vous ferez et utilisez **quand** ou **dès que**.

MODÈLE

mon premier emploi
Dès que je serai embauché(e), je téléphonerai à ma mère.

1. mon premier entretien
2. mon premier jour dans l'entreprise
3. rencontrer les autres employés
4. mon premier salaire
5. travailler sur mon premier projet
6. changer de poste
7. me disputer avec le patron
8. quitter l'entreprise

2 **Lequel?** Avec un(e) partenaire, imaginez un dialogue entre un(e) patron(ne) et son assistant(e). L'assistant(e) demande des précisions. Alternez les rôles.

MODÈLE

Élève 1: *Vous appellerez notre client, s'il vous plaît?*
Élève 2: *Oui, mais lequel?*
Élève 1: *Le client qui est venu hier après-midi.*

accompagner un visiteur	envoyer un colis
appeler un client	laisser un message à
chercher un numéro	un(e) employé(e)
de téléphone	prendre un rendez-vous
faire une lettre de	préparer une réunion
recommandation	(*meeting*)

3 **Mes stratégies** Avec un(e) partenaire, faites une liste de dix stratégies pour bien mener (*to lead*) votre carrière. Pour chaque stratégie, utilisez **quand** ou **dès que**.

MODÈLE

Élève 1: *Dès que je m'ennuierai, je chercherai un nouveau poste.*
Élève 2: *Quand je serai trop fatigué(e), je prendrai des vacances.*

4 **Laquelle choisir?** Deux entreprises différentes ont offert un travail à votre père/mère. Avec un(e) partenaire, comparez-les. Posez des questions avec la forme correcte du pronom interrogatif **lequel** et donnez des réponses avec **quand** et **dès que**. Choisissez une entreprise et comparez vos réponses avec la classe.

MODÈLE

Élève 1: *Laquelle lui propose un meilleur salaire?*
Élève 2: *Verrin lui propose un meilleur salaire, mais dès qu'il commencera, il devra travailler jusqu'à neuf heures du soir.*

5 **Un entretien** Par groupes de trois, jouez cette scène: un chef du personnel visite une université. Joëlle et Benoît passent un entretien informel. Utilisez le pronom interrogatif **lequel** et le futur avec **quand** et **dès que**.

Le chef du personnel...

- décrit le poste.
- pose des questions.
- répond aux questions des candidats.
- dit aux candidats quand il/elle va les contacter.

Les candidats...

- L'un doit donner toutes les bonnes réponses.
- L'autre ne donne que de mauvaises réponses.
- Les deux posent des questions pour en savoir plus sur l'entreprise et sur les postes.

6 **Quand nous chercherons du travail...** Votre professeur va vous donner, à vous et à votre partenaire, deux feuilles d'activités différentes. Attention! Ne regardez pas la feuille de votre partenaire.

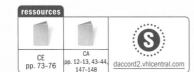

ressources		
CE pp. 73–76	CA pp. 12–13, 43–44, 147–148	daccord2.vhlcentral.com

MI-TEMPS
un film de Mathias GOKALP

Le Zapping

(S) **Video: Short Film**

Une jeune étudiante, qui a besoin d'argent pour payer ses études, travaille à mi-temps° dans un supermarché. Elle déteste ce travail, méprise° ses collègues et n'en fait qu'à sa tête°, se croyant supérieure° à tous les autres. Jusqu'au jour où, à cause de ses propres° actions, elle se retrouve dans une situation qui pourrait avoir des conséquences très fâcheuses°.

mi-temps *part time* **méprise** *looks down on* **n'en fait qu'à sa tête** *does whatever she feels like doing* **se croyant supérieure** *thinking she's better* **ses propres** *her own* **fâcheuses** *regrettable*

Préparation

Expressions utiles

C'est foutu. (*fam.*)
It's ruined.

J'ai tout foiré. (*fam.*)
I messed up everything.

C'est plein pot.
It's full price.

Laisse tomber!
Forget it!

Dégagez! (*fam.*)
Get lost!

On s'en fout. (*fam.*)
Who cares.

Je ne vous empêche pas de...
I'm not keeping you from...

prendre en compte
to take into consideration

se donner à fond
to give it one's all

Vocabulaire du court métrage

un achat
purchase

un(e) caissier/caissière
cashier

bosser (*fam.*)
to work

la clientèle
customers

le boulot (*fam.*)
work, job

une grève
strike

une bourse
scholarship

un horaire
shift

une caisse
cash register

un(e) raté(e)
loser

faire le compte de la caisse
to count the money

surveiller
to watch, to keep an eye on

1 **Synonymes** Remplacez les termes soulignés par des synonymes appropriés du vocabulaire.

1. J'aime énormément <u>mon travail</u>.
2. Mon ami déteste <u>ses heures de travail</u> cette année.
3. Désolé! <u>Il n'y a pas de promotion</u> en ce moment.
4. Le patron vient d'annoncer qu'il faut <u>travailler</u> plus vite pour arriver à tout finir.
5. <u>N'y pense plus!</u> C'est trop tard, de toute façon!
6. Allez, <u>partez!</u> Il n'y a rien à voir, ici!

2 **Réactions** Avec un(e) partenaire, complétez les réactions à ces commentaires avec des mots et expressions du vocabulaire.

1. —Il pleut, nous avons raté le train. Ils sont partis sans nous.
   —Et notre week-end à la plage! _____, c'est sûr!

2. —Mais, bien sûr! Vous pouvez toujours faire tout ce que vous voulez!
   —Oui, c'est vrai, tu _____ sortir, en général.

3. —Les études ne sont pas très chères en France.
   —Oui, c'est vrai, mais il faut aussi _____ le logement, la nourriture, les transports, les loisirs...

4. —Ta cousine fait tout ce qu'elle peut pour réussir en médecine.
   —Oui, elle _____ dans ses études.

5. —Alors, comment s'est passé ton examen de chimie?
   —Oh là là, une vraie catastrophe. Je crois que _____!

6. —Carole a reçu 5.000 euros du gouvernement pour ses études.
   —C'est vrai? Elle a eu _____? C'est génial!

Mi-temps

ROSA Bonjour, Alice. Tu travailles, aujourd'hui? Ce n'était pas Viviane, ce matin? Ça fait trois semaines que tu lui laisses le vendredi après-midi.

ALICE Je n'y peux rien. J'ai mes examens à la fac.

ROSA Et elle, ça lui bouffe° tous ses week-ends.

UNE CLIENTE C'est à partir de combien, le parking gratuit°?

ALICE C'est à partir de 500 francs d'achat, Madame. Pour 50 francs, ça ira. Rosa, tu peux me passer le tampon° pour le parking?

ROSA C'est à partir de 500 francs d'achat.

ALICE Rosa, tu peux prendre mes clients? Il faut que je téléphone pour les résultats de mon examen.

ROSA Ça ne peut pas attendre la pause°?

ALICE Allô? C'est moi. GL304. C'est la littérature générale. LM311. Langues vivantes. LP204. Linguistique. C'est pas possible. Il faut que je raccroche, je suis au boulot.

ALICE Elle n'est pas terrible, la musique, aujourd'hui. Tu ne pourrais pas changer?

ABDEL C'est la radio.

ALICE Ben, change de station.

UNE FEMME Alice! Alors, c'était aujourd'hui?

ALICE Ouais, et j'ai tout foiré! C'est foutu.

UNE FEMME Bon, écoute, si t'es occupée, je vais te laisser, d'accord?

ALICE Le poulet de Bresse est en promotion°. Vous pouvez passer à la caisse d'à côté? Je n'en peux plus de ce boulot! Je travaille à mi-temps. Sans ma bourse, laisse tomber! Je me suis donnée à fond et j'ai tout foiré. Je suis une ratée. Le poulet, il est en promotion.

UN HOMME C'est plein pot, le poulet.

ALICE Il est en promo. Cadeau, le poulet!

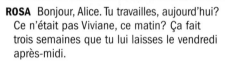

ALICE 114,80, s'il vous plaît. Bonjour. Au revoir.

UN CLIENT Bonjour.

ALICE Bonjour. Merci. Voilà, au revoir.

UN CLIENT Bonjour.

ALICE Bonjour. Vous n'auriez pas plus petit?

UN CLIENT Non, c'est tout ce que j'ai.

ALICE Rosa, tu n'aurais pas de la monnaie sur 500 francs? Merci. Vous avez le ticket? Au revoir. Vous payez par chèque ou par carte bleue?

UNE CLIENTE Carte bleue.

LE DIRECTEUR Vous ne partez pas sans faire le compte de la caisse.

ALICE C'est Viviane qui le fait en fin de journée.

LE DIRECTEUR Les caisses sont vérifiées à la fin de chaque horaire.

ALICE Non, mais d'habitude, ce n'est pas comme ça. Pourquoi vous ne faites ça qu'à moi? Vous me lâchez°? Vous n'avez pas le droit°. C'est Rosa qui vous a dit de m'emmerder°?

ROSA Le temps de vérification des caisses n'est pas pris en compte dans l'horaire. Vous n'avez pas le droit de demander à Alice de vérifier sa caisse. Ce n'est pas syndical.

ROSA Nous informons notre aimable clientèle que suite à des mesures anti-syndicales° prises par la direction, l'ensemble des caissiers entame° une grève surprise. La sortie des articles est libre°.

UNE CAISSIÈRE Je vais devoir quitter ma caisse et vous laisser, si vous voulez, partir avec vos articles.

UNE CAISSIÈRE Le magasin ferme. Oui, oui, vous pouvez prendre... vous pouvez passer.

UN CLIENT Celui-là...

UNE CAISSIÈRE Au revoir.

bouffe *eats up* **gratuit** *free* **tampon** *stamp* **pause** *break* **en promotion** *on sale* **lâchez** *let go* **droit** *right* **m'emmerder** *bother me* **mesures anti-syndicales** *decisions in violation of workers' rights* **entame** *begins* **libre** *free*

Analyse

3 **Associez** D'abord, faites correspondre les images aux phrases. Ensuite, mettez les images dans l'ordre chronologique.

_____ 1. Rosa donne de la monnaie à Alice.

_____ 2. Alice attend sa pause pour passer un coup de téléphone (*to phone*) important.

_____ 3. Le directeur veut qu'Alice vérifie sa caisse maintenant.

_____ 4. Alice vole (*steals*) dans la caisse.

_____ 5. Alice sait qu'elle a raté ses examens.

_____ 6. Les caissiers font la grève. Les clients peuvent partir sans payer.

a. _____   b. _____   c. _____

d. _____   e. _____   f. _____

4 **Les relations au supermarché** Avec un(e) partenaire, répondez à ces questions sur le film.

1. Quelles actions d'Alice créent ou pourraient créer des problèmes pour Viviane? Expliquez.

2. Dans la salle de pause, pourquoi Rosa dit-elle à Alice que les autres employés ont aussi besoin de pauses? Quelle est la réaction d'Alice? Qu'est-ce qui explique peut-être cette réaction?

3. Que fait Alice à plusieurs reprises (*several times*) quand elle ne veut pas s'occuper de ses clients? Qu'en pensez-vous?

4. Pourquoi Alice dit-elle au client qu'il y a une promotion sur le poulet? Que pensez-vous de son comportement (*behavior*)?

5. À votre avis, Rosa a-t-elle dit au directeur qu'Alice avait pris de l'argent? Expliquez votre réponse.

6. D'après vous, Rosa savait-elle qu'Alice avait volé dans la caisse? Expliquez votre réponse.

Practice more at **daccord2.vhlcentral.com**.

5 **Après la grève** Par groupes de trois ou quatre, préparez un dialogue qui a lieu (*that takes place*) après la grève des caissiers. Servez-vous de ces questions comme base.

- Qu'arrive-t-il à Rosa?
- Alice change-t-elle de comportement et aide-t-elle Rosa?
- Que font les autres employés?
- Que fait le directeur?

Leçon 5B

You will learn how to...
- discuss your work
- say what you would do

Les professions

une chercheuse
(chercheur *m.*)

$H_2O + C_2...$

une vétérinaire
(vétérinaire *m.*)

une comptable
(comptable *m.*)

un chauffeur
de camion

un pompier
(femme pompier *f.*)

un chauffeur
de taxi

TAXI
Parisien

ALL-6
VÉTO

Vocabulaire

démissionner	to resign
diriger	to manage
être au chômage	to be unemployed
être bien/mal payé(e)	to be well/badly paid
gagner	to earn; to win
prendre un congé	to take time off
renvoyer	to dismiss, to let go
une carrière	career
un chômeur/une chômeuse	unemployed person
un emploi à mi-temps/ à temps partiel	part-time job
un emploi à plein temps	full-time job
un niveau	level
une profession (exigeante)	(demanding) profession
un(e) retraité(e)	retired person
une réunion	meeting
une réussite	success
un syndicat	union
une assurance-maladie	health insurance
une assurance-vie	life insurance
une augmentation (de salaire)	raise (in salary)
une promotion	promotion
un cadre/une femme cadre	executive
un chef d'entreprise	head of a company
un conseiller/une conseillère	consultant; advisor
une femme au foyer	housewife
un(e) gérant(e)	manager
un homme/une femme politique	politician
un ouvrier/une ouvrière	worker, laborer
un plombier	plumber

un cuisinier
(cuisinière *f.*)

ressources

| CE pp. 77–78 | CA pp. 45–46, 149 |  daccord2.vhlcentral.com |

un banquier (banquière *f.*)

un agent immobilier

un agriculteur (agricultrice *f.*)

une électricienne (électricien *m.*)

un psychologue

Mise en pratique

1 Les professions Pour chaque profession de la colonne de gauche, trouvez la définition qui correspond dans la colonne de droite.

_____ 1. un chef d'entreprise
_____ 2. une femme au foyer
_____ 3. un chauffeur
_____ 4. une banquière
_____ 5. un cuisinier
_____ 6. une comptable
_____ 7. un ouvrier
_____ 8. une vétérinaire
_____ 9. un agent immobilier
_____ 10. un plombier

a. travaille avec des budgets
b. est employé dans une usine (*factory*)
c. répare les fuites (*leaks*) d'eau
d. loue et vend des appartements
e. travaille dans un laboratoire
f. s'occupe de la santé des animaux
g. dirige des employés
h. prépare des plats dans un restaurant
i. travaille avec de l'argent
j. s'occupe de la maison et des enfants
k. conduit un taxi ou un camion
l. donne des conseils

2 Le monde du travail Complétez le paragraphe en utilisant les mots de vocabulaire de la liste pour faire des phrases cohérentes.

à mi-temps	un conseil
à plein temps	mal payés
l'assurance maladie	un niveau
une augmentation	d'une promotion
leur carrière	un salaire élevé

Quand les lycéens ont un travail, en général c'est un emploi (1) _____ parce qu'ils doivent aussi étudier pour préparer (2) _____. Souvent, ils sont (3) _____. Mais avec leur diplôme, ils auront la possibilité de trouver un poste (4) _____, avec (5) _____ et bien souvent (6) _____. Plus tard, ils pourront demander (7) _____ de salaire ou bien attendre l'opportunité (8) _____ pour gagner plus d'argent.

3 Écoutez 🎧 Écoutez la conversation entre Henri et Margot, deux jeunes élèves, et indiquez si les phrases suivantes sont **vraies** ou **fausses**.

Henri

Margot

1. Henri veut être comptable.
2. Il aidera ses employés.
3. Ses employés seront bien payés.
4. Il offrira à tous une assurance vie.
5. Margot veut être chef d'entreprise.
6. Elle aidera les femmes au foyer.
7. Margot ne parlera pas aux syndicats.
8. Une de ses priorités sera le chômage.

Practice more at **daccord2.vhlcentral.com**.

CONTEXTES

Communication

4 **Conversez** Interviewez un(e) camarade de classe. Les réponses peuvent être réelles ou imaginaires.

1. Où travailles-tu en ce moment? Es-tu bien payé(e)?
2. Préfères-tu travailler à mi-temps ou à plein temps? Pourquoi?
3. Est-ce le métier que tu feras plus tard? Pourquoi?
4. Est-ce que tu as des congés payés? Une assurance maladie? Qu'en penses-tu?
5. As-tu déjà demandé une augmentation de salaire? As-tu réussi à en obtenir une? Comment?
6. As-tu déjà obtenu une promotion? Quand? Pourquoi?
7. As-tu déjà été au chômage? Pendant combien de temps? Qu'est-ce que tu as fait pendant ce temps-là?
8. Quel genre de carrière veux-tu faire? Ta profession sera-t-elle exigeante? Pourquoi?

5 **Votre carrière** Voilà cinq ans que vous n'avez pas vu votre ami(e) du lycée. Depuis, vous avez obtenu tous/toutes les deux votre diplôme et trouvé un travail. Travaillez avec un(e) camarade de classe pour présenter un dialogue avec ces éléments:

- Vous vous retrouvez et vous parlez de votre métier.
- Vous décrivez votre poste.
- Vous parlez de votre patron/patronne et/ou de vos employés.
- Vous parlez des avantages et des inconvénients (*drawbacks*) de votre travail.

6 **Décrivez** Votre professeur va vous donner, à vous et à votre partenaire, deux feuilles d'activités différentes. À tour de rôle, posez-vous des questions pour trouver ce que font les personnages de chaque profession pendant la journée.

MODÈLE

Élève 1: *Sur mon dessin, j'ai un plombier qui répare une fuite (leak) d'eau sous un évier.*
Élève 2: *Moi, j'ai un homme...*

7 **L'offre d'emploi** Vous êtes le chef d'entreprise de Cartalis, une agence immobilière. Vous développez votre entreprise et avez besoin de rapidement embaucher un(e) nouvel(le) employé(e). Avec deux partenaires, écrivez une annonce que vous enverrez à votre journal local. Utilisez les mots de la liste.

agent immobilier	poste exigeant
carrière	promotion
congés payés	réussite
diriger	salaire élevé
entretien	temps partiel

Les sons et les lettres

Audio: Concepts, Activities Record & Compare

Les néologismes et le franglais

The use of words or neologisms of English origin in the French language is called **franglais**. These words often look identical to the English words, but they are pronounced like French words. Most of these words are masculine, and many end in -**ing**. Some of these words have long been accepted and used in French.

le sweat-shirt   **le week-end**   **le shopping**   **le parking**

Some words for foods and sports are very common, as are expressions in popular culture, business, and advertising.

un milk-shake   **le base-ball**   **le top-modèle**   **le marketing**

Many **franglais** words are recently coined terms (**néologismes**). These are common in contemporary fields, such as entertainment and technology. Some of these words do have French equivalents, but the **franglais** terms are used more often.

un e-mail = un courriel   **le chat = la causette**   **une star = une vedette**

Some **franglais** words do not exist in English at all, or they are used differently.

un brushing = *a blow-dry*   **un relooking** = *a makeover*   **le zapping** = *channel surfing*

Prononcez Répétez les mots suivants à voix haute.

1. flirter
2. un fax
3. cliquer
4. le look
5. un clown
6. le planning
7. un scanneur
8. un CD-ROM
9. le volley-ball
10. le shampooing
11. une speakerine
12. le chewing-gum

Articulez Répétez les phrases suivantes à voix haute.

1. Le cowboy porte un jean et un tee-shirt.
2. Julien joue au base-ball et il fait du footing.
3. J'ai envie d'un nouveau look, je vais faire du shopping.
4. Au snack-bar, je commande un hamburger, des chips et un milk-shake.
5. Tout ce qu'il veut faire, c'est rester devant la télé dans le living et zapper!

Dictons Répétez les dictons à voix haute.

Ce n'est pas la star qui fait l'audience, mais l'audience qui fait la star.[1]

Un gentleman est un monsieur qui se sert d'une pince à sucre, même lorsqu'il est seul.[2]

[2] A gentleman is a man who uses sugar tongs, even when he is alone.
[1] It's not the star that makes the fans, it's the fans that make the star.

ressources

CA
p. 150

daccord2.vhlcentral.com

ROMAN-PHOTO

Je démissionne!

Video: *Roman-photo*
Record & Compare

PERSONNAGES

Amina

Astrid

Michèle

Sandrine

Stéphane

Valérie

1

En ville...

AMINA Alors, Sandrine, ton concert, ce sera la première fois que tu chantes en public?

SANDRINE Oui, et je suis un peu anxieuse!

AMINA Ah! Tu as le trac!

SANDRINE Un peu, oui. Toi, tu es toujours tellement chic, tu as confiance en toi, tu n'as peur de rien...

2

AMINA Mais Sandrine, la confiance en soi, c'est ici dans le cœur et ici dans la tête. J'ai une idée! Ce qui te donnerait du courage, c'est de porter une superbe robe.

SANDRINE Tu crois? Mais, je n'en ai pas...

AMINA Je m'en occupe. Quel style de robe est-ce que tu aimerais? Suis-moi!

3

Au marché...

AMINA Que penses-tu de ce tissu noir?

SANDRINE Oh! C'est ravissant!

AMINA Oui et ce serait parfait pour une robe du soir.

SANDRINE Bon, si tu le dis. Moi, si je faisais cette robe moi-même, elle finirait sans doute avec une manche courte et avec une manche longue!

6

STÉPHANE Attends. Forestier, Stéphane... Oh! Ce n'est pas possible!

ASTRID Quoi, qu'est-ce qu'il y a?

STÉPHANE Je dois repasser une partie de l'examen la semaine prochaine.

ASTRID Oh, ce n'est pas vrai! Il y a peut-être une erreur. Stéphane, attends!

7

Au P'tit Bistrot...

MICHÈLE Excusez-moi, Madame. Auriez-vous une petite minute?

VALÉRIE Oui, bien sûr!

MICHÈLE Voilà, ça fait deux ans que je travaille ici au P'tit Bistrot... Est-ce qu'il serait possible d'avoir une augmentation?

8

VALÉRIE Michèle, être serveuse, c'est un métier exigeant, mais les salaires sont modestes!

MICHÈLE Oui, je sais, Madame. Je ne vous demande pas un salaire très élevé, mais... c'est pour ma famille.

VALÉRIE Désolée, Michèle, j'aimerais bien le faire, mais, en ce moment, ce n'est pas possible. Peut-être dans quelques mois...

ACTIVITÉS

1 **Vrai ou faux?** Indiquez si ces affirmations sont **vraies** ou **fausses**. Corrigez les phrases fausses.

1. Sandrine a un peu peur avant son concert.
2. Amina ne sait pas comment aider Sandrine.
3. Amina va faire une robe de velours noir.
4. Sandrine ne sait pas faire une robe.
5. Pour la remercier (*To thank her*), Sandrine va préparer un dîner pour Amina.
6. Stéphane doit repasser tout le bac.
7. Astrid a reçu une très bonne note.
8. Michèle travaille au P'tit Bistrot depuis deux ans.
9. Valérie offre à Michèle une toute petite augmentation de salaire.
10. Michèle va retourner au P'tit Bistrot après ses vacances.

Practice more at **daccord2.vhlcentral.com.**

Valérie et Stéphane rencontrent de nouveaux problèmes.

AMINA Je pourrais en faire une comme ça, si tu veux.

SANDRINE Je préférerais une de tes créations. Si tu as besoin de quoi que ce soit un jour, dis-le-moi.

AMINA Oh, Sandrine, je vais te faire une robe qui te fera plaisir.

SANDRINE Je pourrais te préparer un gâteau au chocolat?

AMINA Mmmm... Je ne dirais pas non.

Au lycée...

ASTRID Oh, Stéphane, c'est le grand jour! On va enfin connaître les résultats du bac! Je suis tellement nerveuse. Pas toi?

STÉPHANE Non, pas vraiment. Seulement si j'échoue, ma mère va m'étrangler. Eh! Félicitations, Astrid! Tu as réussi! Avec mention bien en plus!

ASTRID Et toi?

MICHÈLE Non, Madame! Dans quelques mois, je serai déjà partie. Je démissionne! Je prends le reste de mes vacances à partir d'aujourd'hui.

VALÉRIE Michèle, attendez! Mais Michèle! Ah, Stéphane, te voilà. Hé! Où vas-tu? Tu as eu les résultats du bac, non? Qu'est-ce qu'il y a?

STÉPHANE Maman, je suis désolé, mais je vais devoir repasser une partie de l'examen.

VALÉRIE Oh là là! Stéphane!

STÉPHANE Bon, écoute maman, voici ce que je vais faire: je vais étudier nuit et jour jusqu'à la semaine prochaine: pas de sports, pas de jeux vidéo, pas de télévision. J'irai à l'université, maman. Je te le promets.

Expressions utiles

Talking about hypothetical situations

- **Ce qui te donnerait du courage, c'est de porter une superbe robe.**
Wearing a great dress would give you courage.
- **Ce serait parfait pour une robe du soir.**
This would be perfect for an evening gown.
- **Si je faisais cette robe, elle finirait avec une manche courte et avec une manche longue!**
If I made this dress, it would end up with one short sleeve and one long sleeve!
- **Je préférerais une de tes créations.**
I would prefer one of your creations.
- **Je ne dirais pas non.**
I wouldn't say no.
- **Si tu as besoin de quoi que ce soit un jour, dis-le-moi.**
If you ever need anything someday, tell me.
- **Si j'échoue, ma mère va m'étrangler.**
If I fail, my mother is going to strangle me.

Making polite requests and suggestions

- **Quel style de robe est-ce que tu aimerais? J'aimerais...**
What kind of dress would you like? I would like...
- **Je pourrais en faire une comme ça, si tu veux.**
I could make you one like this, if you would like.
- **Auriez-vous une petite minute?**
Would you have a minute?
- **Est-ce qu'il serait possible d'avoir une augmentation?**
Would it be possible to get a raise?

Additional vocabulary

- **le trac** • **ravissant(e)**
stage fright *beautiful; delightful*
- **faire plaisir à quelqu'un**
to make someone happy

2 **Les mauvaises nouvelles** Stéphane, Valérie et Michèle ont été très déçus (*disappointed*) aujourd'hui pour des raisons différentes. Avec deux partenaires, décidez qui a passé la pire journée et pourquoi. Ensuite, discutez-en avec le reste de la classe.

3 **Écrivez** Pensez à un examen très important de votre vie et écrivez un paragraphe, en répondant à (*by answering*) ces questions. Quel était l'examen? Qu'est-ce que vous avez fait pour le préparer? Comment était-ce? Comme l'histoire de Stéphane ou d'Astrid? Comment cet examen a-t-il affecté vos projets d'avenir?

ressources

CA pp. 79–80

daccord2.vhlcentral.com

A C T I V I T É S

CULTURE

S Video: *Flash culture*

Des passagers attendent un train pendant une grève de la SNCF.

CULTURE À LA LOUPE

Syndicats et grèves en France

Les gens se plaignent° souvent des grèves° en France, mais faire la grève est un droit. Ce sont les grandes grèves historiques qui ont apporté aux Français la majorité des avantages sociaux°: retraite, sécurité sociale, congés payés, instruction publique, etc. Les grèves en France sont accompagnées de manifestations ou de pétitions, et beaucoup d'entre elles ont lieu° en automne, après les vacances d'été. Des grèves peuvent avoir lieu dans tous les secteurs de l'économie, en particulier le secteur des transports et celui° de l'enseignement°. Une grève de la SNCF, par exemple, peut immobiliser tout le pays et causer des ennuis à des millions de voyageurs.

une manifestation de la CGT, un syndicat

Les syndicats organisent les trois quarts° de ces mouvements sociaux. La France est pourtant° le pays industrialisé le moins syndiqué° du monde. En 2009, seulement six à huit pour cent des salariés français étaient syndiqués contre environ° 13% aux États-Unis ou 91% en Suède.

De plus en plus, des non-salariés, comme les médecins et les commerçants, font aussi la grève. Dans ce cas, ils cherchent surtout à faire changer les lois°.

En général, le public soutient° les grévistes, mais il demande aussi la création d'un service minimum obligatoire dans les transports publics et l'enseignement pour éviter la paralysie totale du pays. Ce service minimum obligerait° un petit nombre d'employés à travailler pendant chaque grève. La fréquence des grèves a diminué pendant les années 1970, 1980 et 1990, mais a vu° une certaine augmentation depuis l'année 2000.

Les Français favorables à un service minimum	
Dans le ramassage des ordures°	84%
Dans l'enseignement public	79%
Dans les transports aériens	77%
Dans les transports publics	74%
SOURCE: Francoscopie	

se plaignent *complain* **grèves** *strikes* **avantages sociaux** *benefits* **ont lieu** *take place* **celui** *the one* **enseignement** *education* **trois quarts** *three quarters* **pourtant** *however* **syndiqué** *unionized* **environ** *around* **faire changer les lois** *have the laws changed* **soutient** *supports* **obligerait** *would force* **a vu** *has seen* **ramassage des ordures** *trash collection*

A C T I V I T É S

1 Répondez Répondez aux questions d'après les textes.

1. Quel est un des droits des Français?
2. Qu'est-ce que la grève a apporté aux Français?
3. Quand ont souvent lieu les grèves?
4. Par qui la majorité des grèves sont-elles organisées?
5. Les travailleurs français sont-ils très syndiqués?
6. Combien de travailleurs français étaient syndiqués en 2000?

7. Pourquoi les médecins et les commerçants font-ils la grève?
8. Y a-t-il toujours eu un grand nombre de grèves en France?
9. Combien de Français sont favorables au service minimum dans l'enseignement public?
10. À quoi sont favorables 77% des Français?

LE FRANÇAIS QUOTIDIEN

L'argent

Voici d'autres noms familiers souvent utilisés pour parler de l'argent.

avoine (*f.*)	oseille (*f.*)
biffeton (*m.*)	pépètes (*f., pl.*)
blé (*m.*)	pèze (*m.*)
cash (*m.*)	pognon (*m.*)
flouze (*m.*)	radis (*m.*)
fric (*m.*)	rond (*m.*)
grisbi (*m.*)	thune (*f.*)

LE MONDE FRANCOPHONE

La durée des vacances et les jours fériés

Voici la durée des congés payés dans quelques pays francophones.

En Belgique 20 jours après une année de travail, plus 10 jours fériés par an

En France 25 jours et 10 jours fériés par an

Au Luxembourg 25 jours et 12 jours fériés par an

Au Maroc 18 jours par an

Au Québec 10 jours et 8 jours fériés par an

Au Sénégal un minimum de 24 jours par an, plus pour les travailleurs avec ancienneté° et pour les mères de famille

En Suisse 20 jours pour les plus de 20 ans, 25 jours pour les moins de 20 ans

En Tunisie 12 jours par an pour les plus de 20 ans, 18 jours pour les 18-20 ans et 24 jours pour les moins de 18 ans

ancienneté *seniority*

PORTRAIT

Les fonctionnaires

Avec environ six millions de fonctionnaires° dans le pays, ou 21% de la population active°, la France bat des records°. Ces fonctionnaires travaillent pour l'État (dans le gouvernement, les universités, les lycées, les compagnies nationales), pour la fonction publique territoriale (le département, la région) ou pour la fonction publique hospitalière. Ils ont de nombreux avantages: des salaires compétitifs, une bonne retraite et une grande protection de l'emploi. Pour devenir fonctionnaire, il faut passer un concours°. Chaque année, près de 40.000 emplois sont ainsi° ouverts au public.

fonctionnaires *civil servants* **population active** *working population* **bat des records** *breaks records* **concours** *competitive examination* **ainsi** *thus*

SUR INTERNET

Quelle est la durée des congés de maternité et de paternité en France?

Go to **daccord2.vhlcentral.com** to find more information related to this **CULTURE** section. Then watch the corresponding **Flash culture**.

---

2 **Complétez** Donnez une suite logique à chaque phrase.

1. La France bat des records avec...
2. Les fonctionnaires sont employés par...
3. Ils bénéficient de nombreux...
4. On peut devenir fonctionnaire après avoir passé...
5. Au Sénégal, on a des journées de vacances supplémentaires si on est...
6. La durée des vacances dépend de l'âge en...

3 **La grève** Vous êtes journaliste et votre partenaire est un fonctionnaire en grève. Vous allez l'interviewer pour le journal télévisé de 20 heures. Préparez un dialogue où vous cherchez à comprendre pourquoi il ou elle est en grève et depuis combien de temps. Soyez prêts à jouer le dialogue devant la classe.

S Practice more at **daccord2.vhlcentral.com.**

ressources

| VM pp. 99-100 | daccord2.vhlcentral.com |

A C T I V I T É S

5B.1 *Si* clauses

Point de départ Si (*If*) clauses describe a condition or event upon which another condition or event depends. Sentences with **si** clauses consist of a **si** clause and a main (or result) clause.

> Si je faisais cette robe, elle serait laide.

> Si j'échoue, ma mère va m'étrangler.

- **Si** clauses can speculate or hypothesize about a current event or condition. They express what *would happen* if an event or condition *were to occur*. This is called a contrary-to-fact situation. In such instances, the verb in the **si** clause is in the **imparfait** while the verb in the main clause is in the conditional.

Si j'**étais** au chômage, je lui **enverrais** mon CV.	Vous **partiriez** souvent en vacances si vous **aviez** de l'argent.
If I were unemployed, I'd send her my résumé.	*You would go on vacation often if you had money.*

- **Si** clauses can also express conditions or events that are possible or likely to occur. In such instances, the **si** clause is in the present while the main clause uses the **futur** or **futur proche**.

Si le patron me **renvoie**, je **trouverai** un emploi à mi-temps.	Si vous ne **signez** pas le contrat, vous **allez perdre** votre poste.
If the boss fires me, I'll find a part-time job.	*If you don't sign the contract, you're going to lose your job.*

- Use a **si** clause alone with the **imparfait** to make a suggestion or to express a wish.

Si nous **faisions** des projets pour le week-end?	Ah! S'il **obtenait** un meilleur emploi!
What about making plans for the weekend?	*Oh! If only he got a better job!*

Essayez! Complétez les phrases avec la forme correcte des verbes.

1. Si on __visitait__ (visiter) la Tunisie, on irait admirer les ruines.
2. Vous _____ (être) plus heureux si vous faites vos devoirs.
3. Si tu _____ (avoir) la grippe, tu devras aller chez le médecin.
4. S'ils _____ (avoir) un million d'euros, que feraient-ils?
5. Mes parents me _____ (rendre) visite ce week-end s'ils ont le temps.
6. J'_____ (écrire) au conseiller si j'avais son adresse.

1 Questions Vous cherchez un emploi. Indiquez vos réponses aux questions du chef du personnel.

> **MODÈLE** Quand est-ce que vous pourriez commencer? (vous / avoir besoin de moi / je / pouvoir commencer demain)
>
> *Si vous aviez besoin de moi, je pourrais commencer demain.*

1. Est-ce que vous aimeriez travailler à plein temps? (vous / offrir un travail à plein temps / je / l'accepter)
2. Auriez-vous besoin d'une assurance-vie? (je / en avoir besoin / je / vous le dire)
3. Quand prendriez-vous un congé? (mon/ma petite ami(e) / prendre un congé / nous / partir en mai)
4. Voudriez-vous devenir cadre un jour? (vous / le permettre / je / devenir cadre dans deux ans)
5. Quand rentreriez-vous le soir? (nous / devoir travailler très tard / je / rentrer vers minuit)

2 Et si... D'abord, complétez les questions. Ensuite, employez le conditionnel pour y répondre. Comparez vos réponses aux réponses d'un(e) partenaire.

> **MODÈLE** Que ferais-tu si... tu / être malade?
>
> *Que ferais-tu si tu étais malade? Si j'étais malade, je dormirais toute la journée.*

Situation 1: Que ferais-tu si...

1. tu / être fatigué(e)?
2. il / pleuvoir?
3. il / faire beau?

Situation 2: Que feraient tes parents si...

1. tu / quitter le lycée?
2. tu / choisir de devenir avocat(e)?
3. tu / partir habiter en France?

3 Des réactions À tour de rôle avec un(e) partenaire, dites ce que (*what*) vous ferez dans ces circonstances.

> **MODÈLE** Vous trouvez votre petit(e) ami(e) avec un(e) autre garçon/fille.
>
> *Si je trouve mon petit ami..., je ne lui parlerai plus.*

1. Vous n'avez pas de devoirs ce week-end.
2. Votre ami(e) organise une fête sans rien vous dire.
3. Votre meilleur(e) ami(e) ne vous téléphone pas pendant un mois.
4. Le prof de français vous donne une mauvaise note.
5. Vous tombez malade.

 Practice more at **daccord2.vhlcentral.com**.

COMMUNICATION

4 **L'imagination** Par groupes de trois, choisissez un de ces sujets et préparez un paragraphe par écrit. Ensuite, lisez votre paragraphe à la classe. Vos camarades décideront quel groupe est le gagnant (*winner*).

- Si je pouvais devenir invisible, ...
- Si j'étais un extraterrestre à New York, ...
- Si j'inventais une machine, ...
- Si j'étais une célébrité, ...
- Si nous pouvions prendre des vacances sur Mars, ...

5 **Le portefeuille** Vos camarades de classe trouvent un portefeuille (*wallet*) plein d'argent. Par groupes de quatre, parlez avec un(e) de vos camarades pour deviner ce que (*what*) feraient les deux autres. Ensuite, rejoignez-les pour comparer vos prédictions.

MODÈLE

Élève 1: *Si vous trouviez le portefeuille, vous le rendriez à la police.*
Élève 2: *Oui, mais nous garderions l'argent pour aller dans un bon restaurant.*

6 **Interview** Par groupes de trois, préparez cinq questions pour un(e) candidat(e) à la présidence des États-Unis. Ensuite, jouez les rôles de l'interviewer et du/de la candidat(e). Alternez les rôles.

MODÈLE

Élève 1: *Que feriez-vous au sujet du sexisme dans l'armée?*
Élève 2: *Alors, si j'étais président(e), nous...*

Le français vivant

Viendriez-vous nous consulter si vous cherchiez une hôtesse?

Que trouveriez-vous si vous parliez à une autre entreprise?

Une hôtesse d'accueil ou une hôtesse de l'air? Vous voudriez une hôtesse compétente, non?

VediorBis

Si vous parlez à quelqu'un d'autre, vous risquerez beaucoup.

Identifiez Combien de phrases avec **si** trouvez-vous dans cette publicité (*ad*)? Lesquelles?

Questions À tour de rôle, avec un(e) partenaire, posez-vous ces questions.

1. Pourquoi irait-on chez VediorBis?
2. Quelle erreur pourrait-on éviter?
3. Comment font les conseillers de VediorBis pour trouver l'emploi et l'employé(e) idéal(e) pour tous leurs clients?
4. Irais-tu consulter VediorBis si tu étais au chômage? Pourquoi?

STRUCTURES

5B.2 Relative pronouns
qui, que, dont, où

Point de départ Relative pronouns link two phrases together into a longer, more complex sentence. The second phrase gives additional information about the first phrase. In English, relative pronouns can sometimes be omitted, but the relative pronoun in French cannot be.

Je suis allé voir **le docteur**.
I went to see the doctor.

Tu m'as parlé de **ce docteur**.
You talked to me about this doctor.

Je suis allé voir le docteur **dont** tu m'as parlé.
I went to see the doctor that you talked to me about.

Relative pronouns

qui	who, that, which	dont	of which, of whom
que	that, which	où	where

- Use **qui** if an element of the first phrase is the subject of the second phrase.

ELEMENT

Il a renvoyé **la comptable**.
He dismissed the accountant.

SUBJECT

La comptable travaillait à mi-temps.
The accountant worked part-time.

Il a renvoyé la comptable **qui** travaillait à mi-temps.
He dismissed the accountant who was working part-time

ELEMENT

Les élèves vont **au restaurant**.
The students go to the restaurant.

SUBJECT

Le restaurant se trouve près du lycée.
The restaurant is near the high school.

Les élèves vont au restaurant **qui** se trouve près du lycée.
The students go to the restaurant that is near the university.

MISE EN PRATIQUE

1 **Notre entreprise** Sophie et Thierry discutent de leur bureau et de leurs collègues. Complétez leurs phrases en utilisant (*by using*) les pronoms relatifs **qui, que, dont, où**.

> **MODÈLE** Ils ont une cafétéria _*qui*_ n'est pas trop chère.

1. C'est une entreprise _____ les employés peuvent suivre des formations supplémentaires.
2. Nous avons une profession _____ est exigeante.
3. Notre chef d'entreprise a commandé les nouveaux ordinateurs _____ nous avions besoin.
4. La personne _____ a un entretien aujourd'hui est l'ami du gérant.
5. La réunion _____ tu as ratée (*missed*) hier était vraiment intéressante.
6. La femme _____ tu as peur est notre chef du personnel, n'est-ce pas?
7. L'homme _____ on a embauché est le mari de Sandra.
8. Tu te souviens du jour _____ on a fait la connaissance du patron?

2 **Les villageois** Isabelle vient de déménager dans un petit village et son agent immobilier lui parle des gens qui y habitent. Assemblez les deux phrases avec **qui, que, dont, où** pour en faire une seule.

1. Voici le bureau de M. Dantès. Vous pouvez vous adresser à ce bureau pour obtenir une assurance-vie.
2. Je vous ai parlé d'une banquière. La banquière s'appelle Murielle Marteau.
3. Vous avez vu la grande boutique. M. Descartes est le patron de cette boutique.
4. Je ne connais pas le pompier. Le pompier habite en face de chez vous.
5. Madame Thibaut sert beaucoup de plats régionaux. Vous allez adorer ces plats.
6. Les cuisinières travaillent à temps partiel. Vous avez rencontré les cuisinières chez moi.

3 **Les choses que je préfère** Marianne parle des choses qu'elle préfère. À tour de rôle avec un(e) partenaire, utilisez les pronoms relatifs pour écrire ses phrases. Présentez vos phrases à la classe.

1. Marc est l'ami... (qui, dont)
2. «Chez Henri», c'est le restaurant... (où, que)
3. Ce CD est le cadeau... (que, qui)
4. Ma sœur est la personne... (dont, que)

Practice more at **daccord2.vhlcentral.com**.

COMMUNICATION

4 Des opinions Avec un(e) partenaire, donnez votre opinion sur ces thèmes. Utilisez les pronoms relatifs **qui, que, dont** et **où.**

MODÈLE

le printemps / saison
Élève 1: *Le printemps est la saison que je préfère parce que j'aime les fleurs.*
Élève 2: *L'hiver est la saison que je préfère, parce que j'aime la neige.*

1. le petit-déjeuner / repas
2. surfer sur Internet / passe-temps
3. mon frère / ma sœur / personne
4. le samedi / jour
5. la chimie / cours
6. la France / pays
7. Tom Cruise / acteur
8. le prof de français / prof

5 Des endroits intéressants Par groupes de trois, organisez un voyage. Parlez des endroits qui vous intéressent et expliquez pourquoi vous voulez y aller. Utilisez des pronoms relatifs dans vos réponses et décidez où vous allez.

MODÈLE

Allons à Bruxelles où nous pouvons acheter des chocolats délicieux.

6 Chère Madame Avec un(e) partenaire, écrivez un e-mail à votre gérante dans lequel vous expliquez pourquoi vous n'avez pas fini le document qu'elle voulait pour la réunion. Utilisez des pronoms relatifs dans votre e-mail.

De: clement@entreprise.fr
À: madame.giraud@entreprise.fr
Objet: Document

Chère Madame Giraud,

Je suis désolé, mais je n'ai pas fini le document que vous vouliez aujourd'hui. Ce matin, je suis allé à l'entreprise François et Fils où...

• Use **que** if an element of the first phrase is the direct object of the second. The past participle following **que** agrees in number and gender with the direct object.

ELEMENT

Le banquier a deux **voitures** bleues.
The banker has two blue cars.

DIRECT OBJECT

Il a acheté **les voitures** hier.
He bought the cars yesterday.

Le banquier a deux voitures bleues **qu'**il a achetées hier.
The banker has two blue cars that he bought yesterday.

ELEMENT

Samir est à côté de **la porte**.
Samir is by the door.

DIRECT OBJECT

Nicole lui a ouvert **la porte**.
Nicole opened the door for him.

Samir est à côté de la porte **que** Nicole lui a ouverte.
Samir is by the door (that) Nicole opened for him.

• Use **dont**, meaning *that* or *of which*, to replace an element in the first phrase that is the object of the preposition **de** in the second phrase.

ELEMENT

Stéphane est **pompier**.
Stéphane is a firefighter.

OBJECT OF PREPOSITION DE

Tu m'as parlé de **ce pompier**.
You talked to me about this firefighter.

Stéphane est le pompier **dont** tu m'as parlé?
Is Stéphane the firefighter (that) you talked to me about?

• Use **où**, meaning *where, when,* or *in which*, if an element of the first phrase is a place or a period of time.

ELEMENT

Venez me parler
à **ce moment-là**.
*Come speak with me
at that moment.*

PERIOD OF TIME

Vous arrivez à
ce moment-là.
*You arrive at
that moment.*

Venez me parler au moment **où** vous arrivez.
Come speak with me at the moment (that) you arrive.

Essayez! Complétez les phrases avec **qui, que, dont, où.**

1. La France est le pays _que_ j'aime le plus.
2. Tu te souviens du jour _____ tu as fait ma connaissance?
3. M. Valois est le gérant _____ mon employé m'a parlé.
4. C'est la voiture _____ vous avez louée?
5. Voici l'enveloppe _____ tu as besoin.
6. Vous connaissez le plombier _____ a réparé le lavabo chez Lucas?
7. On passe devant le lycée _____ j'ai fait mes études.
8. Je reconnais le chauffeur de taxi _____ a conduit Lucie à l'hôtel.

SYNTHÈSE

Révision

1 Du changement Avec un(e) partenaire, observez ces bureaux. Faites une liste d'au minimum huit changements que les employés feraient s'ils en avaient les moyens (*means*).

MODÈLE

Élève 1: *Si ces gens pouvaient changer quelque chose, ils achèteraient de nouveaux ordinateurs.*
Élève 2: *Si les affaires allaient mieux, ils déménageraient.*

2 Si j'étais… Par groupes de quatre, discutez et faites votre propre (*own*) portrait à travers (*through*) ces métiers. Utilisez la phrase **Si j'étais…** Comparez vos réponses et présentez le portrait d'un(e) camarade à la classe.

MODÈLE

Élève 1: *Si j'étais cuisinier/cuisinière, je ne préparerais que des desserts.*
Élève 2: *Si je travaillais comme chauffeur, je ne conduirais que sur autoroute.*

artiste	conseiller/ conseillère	médecin
chauffeur		patron(ne)
chef d'entreprise	cuisinier/cuisinière	professeur
chercheur/chercheuse	femme au foyer	

3 Je démissionnerais… Pour quelles raisons seriez-vous prêt(e)s à démissionner de votre travail? Par groupes de trois, donnez chacun(e) (*each one*) au minimum deux raisons positives et deux raisons négatives.

MODÈLE

Élève 1: *Je démissionnerais si je devais suivre ma famille et déménager loin.*
Élève 2: *Moi, je démissionnerais tout de suite si je m'ennuyais dans mon travail.*

4 C'est l'histoire de… Avec un(e) partenaire, commentez ces titres de films français et imaginez les histoires. Utilisez des pronoms relatifs. Ensuite, comparez vos histoires avec les histoires d'un autre groupe, puis avec un résumé du film que vous trouverez sur Internet. Qui a l'histoire la plus proche (*closest*) du vrai film?

MODÈLE

Élève 1: *C'est l'histoire d'un homme qui…*
Élève 2: *… et que la police recherche…*

- *Le dernier métro*
- *Les visiteurs*
- *Toto le héros*
- *La chèvre* (goat)
- *L'argent de poche* (pocket)
- *Le professionnel*

5 Un(e) patron(ne) poli(e) Avec un(e) partenaire, inventez un dialogue entre un(e) patron(ne) et son/sa secrétaire. Le/La patron(ne) demande plusieurs services au/à la secrétaire, qui refuse. Le/La patron(ne) recommence alors ses demandes, mais plus poliment, et le/la secrétaire accepte.

MODÈLE

Élève 1: *Apportez-moi le téléphone!*
Élève 2: *Si vous me parlez comme ça, je ne vous apporterai rien.*
Élève 1: *Pourriez-vous m'apporter le téléphone, s'il vous plaît?*
Élève 2: *Avec plaisir!*

6 Il y a longtemps! Au bout de (*After*) cinq ans, vous retournez dans la ville où vous avez travaillé et vous déjeunez avec un(e) ancien(ne) collègue. Jouez cette scène avec un(e) partenaire. Vous posez des questions à propos d'autres (*about other*) collègues du bureau. Utilisez autant de (*as many*) pronoms relatifs que possible dans votre dialogue.

MODÈLE

Élève 1: *Est-ce que la fille qui faisait un stage travaille toujours avec Paul?*
Élève 2: *Ah non! La fille dont tu parles a quitté l'entreprise.*

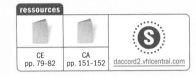

ressources		
CE pp. 79–82	CA pp. 151–152	daccord2.vhlcentral.com

À l'écoute  Ⓢ Audio: Activities

Préparation

Dans la conversation que vous allez entendre, un homme passe un entretien pour obtenir un nouvel emploi. De quoi cet homme et le chef du personnel discuteront-ils pendant l'entretien? Faites une liste des choses dont ils parleront probablement.

À vous d'écouter 🎧

Écoutez la conversation. Après une deuxième écoute, complétez les notes du chef du personnel.

> Nom: Patrick Martin
> Emploi demandé: _____
> Diplôme en: _____
> Expérience professionnelle:
> · _____ au Laboratoire Martin
> · Chercheur dans une _____
> · Emploi à _____ à l'Hôpital Saint-Jean
> Cherche un emploi à: _____

Compréhension

Répondez Répondez aux questions d'après la conversation par des phrases complètes.

1. Le chef du personnel est-il un homme ou une femme?
   _____

2. Patrick a-t-il envoyé son CV avant d'aller à l'entretien?
   _____

3. Pourquoi ne travaille-t-il plus pour l'entreprise de médicaments?
   _____

4. Où devra-t-il voyager s'il est choisi pour l'emploi de chercheur?
   _____

5. Est-il d'accord pour voyager? Pourquoi?
   _____

6. D'après le chef du personnel, l'emploi de chercheur est-il facile?
   _____

7. Quels sont deux des avantages (*benefits*) qu'on proposera à Patrick s'il est choisi pour l'emploi?
   _____

8. Quand Patrick commencera-t-il à travailler si on l'embauche pour cet emploi?
   _____

Une lettre de candidature Julie, une étudiante, va chercher un stage d'été dans une entreprise en France ou dans un autre pays francophone. Préparez une lettre dans laquelle elle explique au chef du personnel quel genre de stage l'intéresse et pourquoi elle veut faire un stage dans cette entreprise. Parlez aussi de sa formation et de son expérience professionnelle et expliquez comment ce stage sera utile à sa future carrière.

Interactive Map
Reading

Panorama

le marché de Douz, en Tunisie

L'Algérie

Le pays en chiffres

▶ **Superficie:** *2.381.741 km²*

▶ **Population:** *38.100.000*
SOURCE: Population Division, UN Secretariat

▶ **Industries principales:** *agriculture, gaz naturel, pétrole°*

▶ **Ville capitale:** *Alger* ▶ **Monnaie:** *dinar algérien*

▶ **Langues:** *arabe, français, tamazight*

Le Maroc

Le pays en chiffres

▶ **Superficie:** *446.550 km²*

▶ **Population:** *36.150.000*

▶ **Industries principales:** *agriculture, tourisme*

▶ **Ville capitale:** *Rabat* ▶ **Monnaie:** *dirham*

▶ **Langues:** *arabe, français*

La Tunisie

Le pays en chiffres

▶ **Superficie:** *163.610 km²*

▶ **Population:** *11.140.000*

▶ **Industries principales:** *agriculture, tourisme*

▶ **Ville capitale:** *Tunis* ▶ **Monnaie:** *dinar tunisien*

▶ **Langues:** *arabe, français*

Personnes célèbres

▶ **Juliette Smája-Zerah,** *Tunisie, première avocate de Tunisie (1890–1973)*

▶ **Saïd Aouita,** *Maroc, coureur de fond° (1959–)*

▶ **Khaled,** *Algérie, chanteur (1960–)*

pétrole *oil* **coureur de fond** *long-distance runner*
Grâce aux *Thanks to* **sources** *springs* **sable** *sand*
faire pousser *grow* **En plein milieu** *Right in the middle*

L'OCÉAN ATLANTIQUE
LE PORTUGAL
L'ESPAGNE
LA MER MÉDITERRANÉE

Bizerte
Sétif
Tunis
Alger
Constantine
Oran
Sfax
LA TUNISIE

Tanger
Rabat
Fès
Casablanca
Marrakech
LE MAROC
LES CHAÎNES DE L'ATLAS

L'ALGÉRIE
LA LIBYE

LE SAHARA OCCIDENTAL
LA MAURITANIE
LE SAHARA

la mosquée Hassan II à Casablanca, au Maroc

LE MALI
LE NIGER

☐ Pays francophones

0 — 500 miles
0 — 500 kilomètres

un café à Tlemcen, en Algérie

Incroyable mais vrai!

Des oranges du Sahara? Dans ce désert, il ne tombe que 12 cm de pluie par an. Grâce aux° sources° et aux rivières sous le sable°, les Sahariens ont développé un système d'irrigation pour faire pousser° des fruits et des légumes dans les oasis. En plein milieu° du désert, on peut trouver des tomates, des abricots ou des oranges!

Les régions

Le Maghreb

La région du Maghreb, en Afrique du Nord, se compose° du Maroc, de l'Algérie et de la Tunisie. Envahis° aux 7ᵉ et 8ᵉ siècles par les Arabes, les trois pays deviennent plus tard des colonies françaises avant de retrouver leur indépendance dans les années 1950–1960. La population du Maghreb est composée d'Arabes, d'Européens et de Berbères, les premiers résidents de l'Afrique du Nord. Le Grand Maghreb inclut ces trois pays, plus la Libye et la Mauritanie. En 1989, les cinq pays ont formé l'Union du Maghreb Arabe dans l'espoir° de créer une union politique et économique.

Les arts

Assia Djebar (1936–)

Lauréate de nombreux prix littéraires et cinématographiques, Assia Djebar fait partie des écrivains et cinéastes algériens les plus talentueux. Dans ses œuvres°, Djebar présente le point de vue° féminin avec l'intention de donner une voix° aux femmes algériennes. *La Soif*, son premier roman°, sort en 1957. C'est plus tard, pendant qu'elle enseigne l'histoire à l'Université d'Alger, qu'elle devient cinéaste et sort son premier film, *La Nouba des femmes du Mont Chenoua*, en 1979. Le film reçoit le prix de la critique internationale au festival du film de Venise. En 2005, Assia Djebar est élue° à l'Académie française.

Les destinations

Marrakech

La ville de Marrakech, fondée en 1062, est un grand symbole du Maroc médiéval. Sa médina, ou vieille ville, est entourée° de fortifications et fermée aux automobiles. On y trouve la mosquée de Kutubiyya et la place Djema'a el-Fna. La mosquée est le joyau° architectural de la ville, et la place Djema'a el-Fna est la plus active de toute l'Afrique à tout moment de la journée, avec ses nombreux artistes et vendeurs. La médina a aussi le plus grand souk (grand marché couvert°) du Maroc, où toutes sortes d'objets sont proposés, au milieu de délicieuses odeurs de thé à la menthe°, d'épices et de pâtisseries au miel°.

Les traditions

Les hammams

Inventés par les Romains et adoptés par les Arabes, les hammams, ou «bains turcs», sont très nombreux et populaires en Afrique du Nord. Ce sont des bains de vapeur° composés de plusieurs pièces—souvent trois—où la chaleur est plus ou moins forte. L'architecture des hammams varie d'un endroit à un autre, mais ces bains de vapeur servent tous de lieux où se laver et de centres sociaux très importants dans la culture régionale. Les gens s'y réunissent aux grandes occasions de la vie, comme les mariages et les naissances, et y vont aussi de manière habituelle pour se détendre et bavarder entre amis.

 Qu'est-ce que vous avez appris? Répondez aux questions par des phrases complètes.

1. Qui est un chanteur algérien célèbre?
2. Où fait-on pousser des fruits et des légumes dans le Sahara?
3. Pourquoi le français est-il parlé au Maghreb?
4. Combien de pays composent le Grand Maghreb? Lesquels?
5. Qui est Assia Djebar?
6. Qu'essaie-t-elle de faire dans ses œuvres?
7. Qu'est-ce qu'un souk?
8. Quel est l'autre nom pour la vieille ville de Marrakech?
9. Où peut-on aller au Maghreb pour se détendre et bavarder entre amis?
10. Qui a inventé les hammams?

 Practice more at **daccord2.vhlcentral.com**.

ressources
CE pp. 83–84 | daccord2.vhlcentral.com

SUR INTERNET

Go to **daccord2.vhlcentral.com** to find more cultural information related to this **PANORAMA**.

1. Cherchez plus d'information sur les Berbères. Où se trouvent les grandes populations de Berbères? Ont-ils encore une identité commune?
2. Le henné est une tradition dans le monde maghrébin. Comment et pourquoi est-il employé?
3. Cherchez des informations sur les oasis du Sahara. Comment est la vie là-bas? Que peut-on y faire?

se compose *is made up* **Envahis** *Invaded* **espoir** *hope* **œuvres** *works* **point de vue** *point of view* **voix** *voice* **roman** *novel* **élue** *elected* **entourée** *surrounded* **joyau** *jewel* **couvert** *covered* **menthe** *mint* **miel** *honey* **vapeur** *steam*

Lecture

 Audio:
Dramatic Recording

Avant la lecture

Examinez le texte

D'abord, regardez la forme du texte. Quel genre de texte est-ce? Puis, regardez les illustrations. Qu'y a-t-il sur ces illustrations? Qui sont les personnages de l'histoire (*story*)? Que font les insectes dans la première illustration? Et dans la deuxième?

À propos de l'auteur
Jean de La Fontaine (1621–1695)

Jean de La Fontaine est un auteur et un poète français très connu du dix-septième siècle. Né à Château-Thierry, à l'est de Paris, il a passé toute son enfance à la campagne avant de devenir avocat et de s'installer à Paris. C'est à la capitale qu'il a rencontré des écrivains célèbres et qu'il a décidé d'écrire. Il est l'auteur de poèmes, de nouvelles en vers° et de contes°, mais il est connu surtout pour ses fables, considérées comme des chefs-d'œuvre° de la littérature française. Au total, La Fontaine a publié 12 livres de fables dans lesquels il a créé des histoires autour de concepts fondamentaux de la morale qu'il a empruntés principalement aux fables d'Ésope. Les fables de La Fontaine, avec leurs animaux et leurs histoires assez simples, étaient, pour lui, une manière° subtile de critiquer la société contemporaine et la nature humaine. Deux de ses fables les plus connues sont *La Cigale et la Fourmi* et *Le Corbeau et le Renard*.

nouvelles en vers *short stories in verse* **contes** *tales* **chefs-d'œuvre** *masterpieces*
manière *way*

La Cigale et

1   La Cigale°, ayant° chanté
    Tout l'été,
    Se trouva fort dépourvue°
    Quand la bise fut venue°:
5   Pas un seul petit morceau
    De mouche° ou de vermisseau°.
    Elle alla crier° famine
    Chez la Fourmi° sa voisine,
    La priant° de lui prêter
10 Quelque grain pour subsister°
    Jusqu'à la saison nouvelle.
    «Je vous paierai, lui dit-elle,
    Avant l'Oût°, foi d'animal°,
    Intérêt et principal.»
15 La Fourmi n'est pas prêteuse°;
    C'est là son moindre défaut°.
    «Que faisiez-vous au temps chaud?
    Dit-elle à cette emprunteuse°.
    —Nuit et jour à tout venant°
20 Je chantais, ne vous déplaise°.
    —Vous chantiez? j'en suis fort aise°.
    Eh bien! dansez maintenant.»

la Fourmi

de Jean
de La Fontaine

Cigale *Cicada* ayant *having* Se trouva fort dépourvue *Found itself left without a thing* la bise fut venue *the cold winds of winter arrived* mouche *fly* vermisseau *small worm* alla crier *went crying* Fourmi *Ant* La priant *Begging her* subsister *survive* Oût *August* foi d'animal *on my word as an animal* n'est pas prêteuse *doesn't like lending things* moindre défaut *the least of her shortcomings* emprunteuse *borrower* à tout venant *all the time* ne vous déplaise *whether you like it or not* fort aise *overjoyed*

Après la lecture

Répondez Répondez aux questions par des phrases complètes.

1. Qu'est-ce que la Cigale a fait tout l'été?
   _____

2. Quel personnage de la fable a beaucoup travaillé pendant l'été?
   _____

3. Pourquoi la Cigale n'a-t-elle rien à manger quand l'hiver arrive?
   _____

4. Que fait la Cigale quand elle a faim?
   _____

5. Que fera la Cigale si la Fourmi lui donne à manger?
   _____

6. Qu'est-ce que la Fourmi demande à la Cigale?
   _____

7. Quel est le moindre défaut de la Fourmi?
   _____

8. La Fourmi va-t-elle donner quelque chose à manger à la Cigale? Expliquez.
   _____

Un résumé Écrivez un résumé (*summary*) de la fable de La Fontaine. Regardez le texte et prenez des notes sur ce qui se passe aux différents moments de l'histoire. Faites aussi une liste des mots importants que vous ne connaissez pas et trouvez-leur des synonymes que vous pourrez utiliser dans votre résumé. Par exemple, vous connaissez déjà le mot «vent», synonyme de «bise».

La morale de la fable Comme les fables en général, *La Cigale et la Fourmi* a une morale, mais La Fontaine ne la donne pas explicitement. À votre avis, quelle est la morale de cette fable? Êtes-vous d'accord avec cette morale? Discutez ces questions en petits groupes.

Les fables Connaissiez-vous déjà l'histoire de cette fable? Connaissez-vous d'autres fables, comme celles du Grec Ésope, de l'Américain James Thurber, de l'Allemand Gotthold Lessing ou de l'Espagnol Félix Maria Samaniego? Que pensez-vous des fables en général? Aimez-vous les lire? À quoi servent-elles? Quels thèmes trouve-t-on souvent dans les fables? Quels animaux sont souvent utilisés? Discutez ces questions en petits groupes.

Écriture

Using note cards

Note cards serve as valuable study aids in many different contexts. When you write, note cards can help you organize and sequence the information you wish to present.

If you were going to write a personal narrative about a trip you took, you would jot down notes about each part of the trip on a different note card. Then you could easily arrange them in chronological order or use a different organization, such as the best parts and the worst parts, traveling and staying, before and after, etc.

Here are some helpful techniques:

- Label the top of each card with a general subject, such as **l'avion** or **l'hôtel**.

- Number the cards in each subject category in the upper right corner to help you organize them.

- Use only the front side of each note card so that you can easily flip through them to find information.

Study this example of a note card used to prepare a composition.

---

l'avion

- *arrivée à l'aéroport de Chicago à 14h30*
- *départ pour Paris à 16h45, Vol 47 d'Air France*
- *arrivée à Paris (aéroport Charles-de-Gaulle) à 7h15 le lendemain matin*
- *douane*
- *voyage long mais agréable*

Thème

Écrire une rédaction

Avant l'écriture

1. Vous allez écrire une rédaction (*composition*) dans laquelle vous expliquez vos projets d'avenir en ce qui concerne (*concerning*) votre carrière professionnelle.

2. D'abord, préparez des petites fiches (*cards*) avec des notes pour chacune (*each*) des catégories suivantes. Vous avez trois catégories de fiches:

   - types de professions
   - recherche d'un emploi
   - évolution de carrière

3. Pour chaque catégorie, écrivez vos idées sur la fiche correspondante. Utilisez une fiche pour chaque idée. Basez-vous sur ces questions pour trouver des idées.

TYPES DE PROFESSIONS

- Quels domaines professionnels ou quelles professions vous intéressent? Pourquoi?

- Connaissez-vous déjà des compagnies pour lesquelles vous avez envie de travailler? Lesquelles? Pourquoi?

RECHERCHE D'UN EMPLOI

- Resterez-vous dans la région où vous habitez maintenant?

- Comment chercherez-vous du travail? Chercherez-vous dans le journal ou sur Internet?

- Chercherez-vous un emploi à temps partiel ou à plein temps? Quel salaire vous proposera-t-on, à votre avis?

ÉVOLUTION DE CARRIÈRE

- Travaillerez-vous pour la même entreprise toute votre carrière ou changerez-vous d'emploi?

- Votre emploi évoluera-t-il beaucoup (promotions, salaire et autres avantages...), à votre avis?

- Finirez-vous par créer votre propre entreprise?

- À quel âge prendrez-vous votre retraite?

4. Regardez cet exemple pour la catégorie numéro 1.

> *Types de professions*
>
> *Je travaillerai dans le domaine de la science. Je deviendrai astronome et j'étudierai l'univers. J'ai toujours voulu savoir s'il y avait de la vie sur d'autres planètes.*

5. Avant de noter vos idées sur les fiches, organisez-les selon (*according to*) les trois catégories. Vous aurez ainsi toutes vos idées prêtes pour l'écriture de votre rédaction.

Écriture

1. Servez-vous des fiches pour écrire votre rédaction. Écrivez trois paragraphes en utilisant (*by using*) les catégories comme thèmes de chaque paragraphe.

2. Employez les points de grammaire de cette unité dans votre rédaction.

Après l'écriture

1. Échangez votre rédaction avec celle (*the one*) d'un(e) partenaire. Répondez à ces questions pour commenter son travail.

- Votre partenaire a-t-il/elle écrit trois paragraphes qui correspondent aux trois catégories d'information?

- A-t-il/elle répondu à toutes les questions de la liste qui apparaît dans **Avant l'écriture**?

- A-t-il/elle bien utilisé les points de grammaire de l'unité?

- Quel(s) détail(s) ajouteriez-vous (*would you add*)? Quel(s) détail(s) enlèveriez-vous (*would you delete*)? Quel(s) autre(s) commentaire(s) avez-vous pour votre partenaire?

2. Corrigez votre rédaction d'après (*according to*) les commentaires de votre partenaire. Relisez votre travail pour éliminer ces problèmes:

- des fautes (*errors*) d'orthographe

- des fautes de ponctuation

- des fautes de conjugaison

- un mauvais emploi (*use*) des temps

- un mauvais emploi de la grammaire de l'unité

- des fautes d'accord (*agreement*) des adjectifs

Au travail

démissionner	to resign
diriger	to manage
être au chômage	to be unemployed
être bien/ mal payé(e)	to be well/badly paid
gagner	to earn; to win
prendre un congé	to take time off
renvoyer	to dismiss, to let go
une carrière	career
un emploi à mi-temps/ à temps partiel	part-time job
un emploi à plein temps	full-time job
un(e) employé(e)	employee
un niveau	level
un(e) patron(ne)	manager; boss
une profession (exigeante)	(demanding) profession
un(e) retraité(e)	retired person
une réunion	meeting
une réussite	success
un syndicat	union
une assurance (maladie, vie)	(health, life) insurance
une augmentation (de salaire)	raise (in salary)
une promotion	promotion

Vocabulaire supplémentaire

dès que	as soon as
quand	when
lequel	which one (m. sing.)
lesquels	which ones (m. pl.)
laquelle	which one (f. sing.)
lesquelles	which ones (f. pl.)

Pronoms relatifs

dont	of which, of whom
où	where
que	that, which
qui	who, that, which

Qualifications

un domaine	field
une expérience professionnelle	professional experience
une formation	education; training
une lettre de recommandation	letter of reference/ recommendation
une mention	distinction
une référence	reference
un(e) spécialiste	specialist
un stage	internship; professional training

Les métiers

un agent immobilier	real estate agent
un agriculteur/ une agricultrice	farmer
un banquier/ une banquière	banker
un cadre/ une femme cadre	executive
un chauffeur de taxi/ de camion	taxi/truck driver
un chef d'entreprise	head of a company
un chercheur/ une chercheuse	researcher
un(e) comptable	accountant
un conseiller/ une conseillère	consultant; advisor
un cuisinier/ une cuisinière	cook, chef
un(e) électricien(ne)	electrician
une femme au foyer	housewife
un(e) gérant(e)	manager
un homme/ une femme politique	politician
un ouvrier/ une ouvrière	worker, laborer
un plombier	plumber
un pompier/ une femme pompier	firefighter
un(e) psychologue	psychologist
un(e) vétérinaire	veterinarian

La recherche d'emploi

chercher un/du travail	to look for work
embaucher	to hire
faire des projets	to make plans
lire les annonces (f.)	to read the want ads
obtenir	to get, to obtain
passer un entretien	to have an interview
postuler	to apply
prendre (un) rendez-vous	to make an appointment
trouver un/du travail	to find a job
un(e) candidat(e)	candidate, applicant
un chef du personnel	human resources director
un chômeur/une chômeuse	unemployed person
une compagnie	company
un conseil	advice
un curriculum vitæ (un CV)	résumé
une entreprise	firm, business
une lettre de motivation	letter of application
un métier	profession
un poste	position
un salaire (élevé, modeste)	(high, low) salary

Au téléphone

appeler	to call
décrocher	to pick up
laisser un message	to leave a message
patienter	to wait (on the phone), to be on hold
raccrocher	to hang up
l'appareil (m.)	telephone
le combiné	receiver
la messagerie	voicemail
un numéro de téléphone	phone number
une télécarte	phone card
Allô!	Hello! (on the phone)
Qui est à l'appareil?	Who's calling please?
C'est de la part de qui?	On behalf of whom?
C'est M./Mme/Mlle... (à l'appareil.)	It's Mr./Mrs./Miss... (on the phone.)
Ne quittez pas.	Please hold.

Expressions utiles	See pp. 203 and 219

L'espace vert

Pour commencer

- Où est le groupe d'amis?
  a. à la mer   b. à la campagne   c. en ville
- Qu'est-ce qu'ils vont faire?
  a. un pique-nique   b. les courses   c. du vélo
- Qu'est-ce qu'il y a derrière eux?
  a. une jungle   b. une montagne   c. un pont

S Talking Picture
Audio: Activity

Sauvons la planète!

You will learn how to...
- talk about pollution
- talk about what needs to be done

un nuage de pollution

la pluie acide

l'énergie nucléaire (f.)

l'énergie solaire (f.)

une centrale nucléaire

USINE AUTOMOBILE

la pollution

le covoiturage

Vocabulaire

abolir	to abolish
améliorer	to improve
développer	to develop
gaspiller	to waste
préserver	to preserve
prévenir l'incendie	to prevent a fire
proposer une solution	to propose a solution
sauver la planète	to save the planet
une catastrophe	catastrophe
un danger	danger, threat
des déchets toxiques (m.)	toxic waste
l'effet de serre (m.)	greenhouse effect
le gaspillage	waste
un glissement de terrain	landslide
une population croissante	growing population
le réchauffement climatique	global warming
la surpopulation	overpopulation
le trou dans la couche d'ozone	hole in the ozone layer
une usine	factory
l'écologie (f.)	ecology
un emballage en plastique	plastic wrapping/packaging
l'environnement (m.)	environment
un espace	space, area
un produit	product
la protection	protection
écologique	ecological
en plein air	outdoor, open-air
pur(e)	pure
un gouvernement	government
une loi	law

ressources

CE
pp. 85–86

CA
p. 153

S daccord2.vhlcentral.com

Mise en pratique

le ramassage des ordures (f.)

Elle recycle. (recycler)

le recyclage

interdire

Ils ont pollué. (polluer)

1 Écoutez 🎧 Écoutez l'annonce radio suivante. Ensuite, complétez les phrases avec le mot ou l'expression qui convient le mieux.

1. C'est l'annonce radio _____
   a. d'un groupe de lycéens.
   b. d'une entreprise commerciale.
   c. d'une agence écologiste.
2. La protection de l'environnement, c'est l'affaire _____
   a. de tous.
   b. du gouvernement.
   c. des centres de recyclage.
3. L'annonce dit qu'on peut recycler _____
   a. les emballages en plastique et en papier.
   b. les boîtes de conserve.
   c. les bouteilles en plastique.
4. Pour les déchets toxiques, il y a _____
   a. le ramassage des ordures.
   b. le centre de recyclage.
   c. l'effet de serre.
5. Pour ne pas gaspiller l'eau, on peut _____
   a. acheter des produits écologiques.
   b. développer les incendies.
   c. prendre des douches plus courtes.

2 Complétez Complétez ces phrases avec le mot ou l'expression qui convient le mieux pour parler de l'environnement. N'oubliez pas les accords.

1. Nous avons trois poubelles différentes pour pouvoir _____.
2. _____ contribue au réchauffement de la Terre.
3. _____ produisent près de 80% de l'énergie en France.
4. Les pluies ont provoqué _____. À présent, la route est fermée.
5. Chez moi, _____ des ordures se fait tous les lundis.
6. L'accident à l'usine chimique a provoqué un _____.

3 Composez Utilisez les éléments de chaque colonne pour former six phrases logiques au sujet de l'environnement. Vous pouvez composer des phrases affirmatives ou négatives.

Les gens	Les actions	Les éléments
vous	développer	l'eau
on	gaspiller	le covoiturage
les gens	polluer	l'énergie solaire
les politiciens	préserver	l'environnement
les entreprises	proposer	la planète
les centrales nucléaires	sauver	la Terre

🅢 Practice more at **daccord2.vhlcentral.com.**

Communication

4 **Décrivez** Avec un(e) partenaire, décrivez ces photos et donnez autant de détails et d'informations que possible. Soyez prêt(e)s à présenter vos descriptions à la classe

1.

2.

3.

4.

5 **À vous de jouer** Par petits groupes, préparez une conversation au sujet d'une de ces situations. Ensuite jouez la scène devant la classe.

- Un(e) employé(e) du centre de recyclage local vient dans votre lycée pour expliquer aux élèves un nouveau système de recyclage. De nombreux élèves posent des questions.
- Un groupe d'écologistes rencontre le patron d'une entreprise accusée de polluer la rivière (*river*) locale.
- Le ministre de l'environnement donne une conférence de presse au sujet d'une nouvelle loi sur la protection de l'environnement.
- Vos parents oublient systématiquement de recycler les emballages. Vous avez une conversation animée avec eux.

6 **L'article** Vous êtes journaliste et vous devez écrire un article pour le journal local au sujet de la pollution. Vous en expliquez les causes et les conséquences sur l'environnement. Vous suggérez aussi des solutions pour améliorer la situation.

MODÈLE

Les dangers de la pollution chimique

Les usines chimiques de notre région polluent! C'est une catastrophe pour notre environnement. Il faut leur interdire de fonctionner jusqu'à ce qu'elles améliorent leurs systèmes de recyclage…

Les sons et les lettres

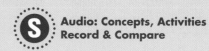
Audio: Concepts, Activities
Record & Compare

French and English spelling

You have seen that many French words only differ slightly from their English counterparts. Many differ in predictable ways. English words that end in *-y* often end in **-ie** in French.

biolog**ie**	psycholog**ie**	énerg**ie**	écolog**ie**

English words that end in *-ity* often end in **-ité** in French.

qual**ité**	univers**ité**	c**ité**	national**ité**

French equivalents of English words that end in *-ist* often end in **-iste**.

art**iste**	optim**iste**	pessim**iste**	dent**iste**

French equivalents of English words that end in *-or* and *-er* often end in **-eur**. This tendency is especially common for words that refer to people.

doct**eur**	act**eur**	employ**eur**	agricult**eur**

Other English words that end in *-er* end in **-re** in French.

cent**re**	memb**re**	lit**re**	théât**re**

Other French words vary in ways that are less predictable, but they are still easy to recognize.

problème	orchestre	carotte	calculatrice

Prononcez Répétez les mots suivants à voix haute.

1. tigre
2. bleu
3. lettre
4. salade
5. poème
6. banane
7. tourisme
8. moniteur
9. pharmacie
10. écologiste
11. conducteur
12. anthropologie

Articulez Répétez les phrases suivantes à voix haute.

1. Ma cousine est vétérinaire.
2. Le moteur ne fonctionne pas.
3. À la banque, Carole paie par chèque.
4. Mon oncle écrit l'adresse sur l'enveloppe.
5. À la station-service, le mécanicien a réparé le moteur.

Dictons Répétez les dictons à voix haute.

On ne fait pas d'omelette sans casser des œufs.[2]

On reconnaît l'arbre à son fruit.[1]

[2] You can't make an omelet without breaking some eggs.

[1] You can recognize a tree by its fruit.

ROMAN-PHOTO

Une idée de génie

 Video: *Roman-photo*
Record & Compare

Amina

David

Rachid

Sandrine

Stéphane

Valérie

Au P'tit Bistrot...

VALÉRIE Stéphane, mon chéri, tu peux porter ces bouteilles en verre à recycler, s'il te plaît?

STÉPHANE Oui, bien sûr, maman.

VALÉRIE Oh, et puis, ces emballages en plastique aussi.

STÉPHANE Oui, je m'en occupe tout de suite.

RACHID ET AMINA Bonjour, Madame Forestier!

VALÉRIE Bonjour à vous deux.

AMINA Où est Michèle?

VALÉRIE Je n'en sais rien.

RACHID Mais elle ne travaille pas aujourd'hui?

VALÉRIE Non, elle ne vient ni aujourd'hui, ni demain, ni la semaine prochaine.

AMINA Elle est en vacances?

VALÉRIE Elle a démissionné.

RACHID Mais pourquoi?

AMINA Ça ne nous regarde pas!

VALÉRIE Oh, ça va, je peux vous le dire. Michèle voulait un autre travail.

RACHID Quelle sorte de travail?

VALÉRIE Plus celui-ci... Elle voulait une augmentation, ce n'était pas possible.

DAVID Madame Forestier, vous avez entendu la nouvelle? Je rentre aux États-Unis.

VALÉRIE Tu repars aux États-Unis?

DAVID Dans trois semaines.

VALÉRIE Il te reste très peu de temps à Aix, alors!

SANDRINE Oui. On sait.

DAVID Il faut que nous passions le reste de mon séjour de bonne humeur, hein?

RACHID Ah, mais vraiment, tout le monde a l'air triste aujourd'hui!

AMINA Oui. Pensons à quelque chose pour améliorer la situation. Tu as une idée?

RACHID Oui, peut-être.

AMINA Dis-moi! (*Il lui parle à l'oreille.*) Excellente idée!

RACHID Tu crois? Tu es sûre? Bon... Écoutez, j'ai une idée.

DAVID C'est quoi, ton idée?

RACHID Tout le monde a l'air triste aujourd'hui. Si on allait au mont Sainte-Victoire ce week-end. Ça vous dit?

DAVID Oui! J'aimerais bien y aller. J'adore dessiner en plein air.

A C T I V I T É S

1 Les événements Remettez ces événements dans l'ordre chronologique.

_____ a. David dit qu'il part dans trois semaines.

_____ b. Valérie explique que Michèle ne travaille plus au P'tit Bistrot.

_____ c. Amina dit qu'elle veut aller à la montagne Sainte-Victoire ce week-end.

_____ d. Stéphane va porter les bouteilles et les emballages à recycler.

_____ e. Amina veut savoir où est Michèle.

_____ f. David dit au groupe ce qu'il a lu dans le journal.

_____ g. Sandrine semble (*seems*) avoir le trac.

_____ h. Ils décident de passer le week-end tous ensemble.

_____ i. Rachid essaie de remonter le moral à ses amis.

_____ j. David console Sandrine.

 Practice more at **daccord2.vhlcentral.com**.

Rachid propose une excursion en montagne.

DAVID Bonjour, tout le monde. Vous avez lu le journal ce matin? Il faut que je vous parle de cet article sur la pollution. J'ai appris beaucoup de choses au sujet des pluies acides, du trou dans la couche d'ozone, de l'effet de serre...

AMINA Oh, David, la barbe.

RACHID Allez, assieds-toi et déjeune avec nous.

Un peu plus tard...

RACHID Ton concert est dans une semaine, n'est-ce pas Sandrine?

SANDRINE Oui.

RACHID Qu'est-ce que tu vas chanter?

SANDRINE Écoute, Rachid, je n'ai pas vraiment envie de parler de ça.

SANDRINE Oui, peut-être...

AMINA Allez! Ça nous fera du bien! Adieu pollution de la ville. À nous, l'air pur de la campagne! Qu'en penses-tu, Sandrine?

SANDRINE Bon, d'accord.

AMINA Super! Et vous, Madame Forestier? Vous et Stéphane avez besoin de vous reposer aussi, vous devez absolument venir avec nous!

VALÉRIE En effet, je crois que c'est une excellente idée!

Expressions utiles

Talking about necessities

- **Il faut que je vous parle de cet article sur la pollution.**
  I have to tell you about this article on pollution.
- **Il faut que nous passions le reste de mon séjour de bonne humeur.**
  We have to spend the rest of my stay in a good mood.

Getting someone's opinion

- **Qu'en penses-tu?**
  What do you think (about that)?
- **Je pense que...**
  I think that...

Expressing denial

- **Je n'en sais rien.**
  I have no idea.
- **Ça ne nous regarde pas.**
  That is none of our business.
- **Quelle sorte de travail? Plus celui-ci.**
  What kind of job? Not this one anymore.

Additional vocabulary

- **au sujet de**
  about
- **Adieu!**
  Farewell!
- **Il te reste très peu de temps.**
  You don't have much time left.
- **en effet**
  indeed/in fact
- **je crois**
  I think/believe
- **Ça te/vous dit?**
  Does that appeal to you?

ACTIVITÉS

CULTURE

L'écologie

l'agriculture française

une manifestation° des Verts

Le mouvement écologique a commencé en France dans les années 1970, mais ne s'est réellement développé que dans les années 1980. Ce sont surtout les crises majeures comme le nuage de Tchernobyl en 1986, la destruction de la couche d'ozone, l'effet de serre et les marées noires° qui ont réveillé la conscience écologique des Français. Le désir de préserver la qualité de la vie et les espaces naturels s'est développé en même temps.

Aujourd'hui, l'environnement n'est pas le seul sujet d'inquiétude° des Français. L'emploi, la baisse des revenus° et l'avenir des retraites les préoccupent° plus. Pourtant, le score aux élections du parti écologique des Verts est en hausse° depuis 1999 et on considère que le parti des Verts est le deuxième parti de gauche.

De manière générale, les problèmes liés à° l'environnement qui retiennent° le plus l'attention des Français sont la pollution atmosphérique des villes, la pollution de l'eau, le réchauffement climatique et la prolifération des déchets nucléaires. Pour l'opinion publique, le plus urgent à régler° est la qualité de l'eau. En effet, à cause de° l'agriculture française, les taux° de nitrates et de phosphates dans l'eau sont presque partout largement supérieurs à la normale. Depuis la crise de la vache folle°, les Français sont aussi sensibles aux menaces alimentaires°. Les cultures OGM° ont porté le débat écologique dans les assiettes.

Les inquiétudes sur l'environnement

• les Français qui sont préoccupés par la pollution de l'air et de l'eau	92%
• les Français qui s'opposent à la culture de plantes génétiquement modifiées	86%
• les Français qui sont inquiets pour l'avenir de la planète	83%
• les Français qui s'inquiètent de plus en plus des changements climatiques	76%

SOURCE: www.ifen.fr, www.actu-environnement.com

marées noires *oil spills* **inquiétude** *concern* **baisse des revenus** *lowering of incomes* **préoccupent** *worry* **en hausse** *on the rise* **liés à** *linked to* **retiennent** *hold* **régler** *solve* **à cause de** *because of* **taux** *levels* **vache folle** *mad cow* **alimentaires** *food-related* **OGM (organismes génétiquement modifiés)** *GMO* **manifestation** *demonstration*

ACTIVITÉS

1 Complétez Complétez les phrases.

1. Le mouvement écologique s'est développé _____.

2. Les crises majeures comme _____ ont réveillé la conscience écologique des Français.

3. _____ n'est pas la seule préoccupation des Français.

4. _____ préoccupent aussi les Français.

5. Le score du parti écologique des Verts est _____

6. Le problème écologique le plus urgent à régler est _____.

7. À cause de l'agriculture, _____ sont presque partout largement supérieurs à la normale.

8. 92% des Français sont préoccupés _____.

9. 86% des Français s'opposent _____.

10. _____ s'inquiètent de plus en plus des changements climatiques.

Practice more at **daccord2.vhlcentral.com**.

LE FRANÇAIS QUOTIDIEN

L'écologie

agriculture (f.) bio	*organic farming*
bac (m.) de recyclage	*recycling bin*
écologiste (m., f.)	*ecologist*
énergie (f.) éolienne	*wind power*
énergie (f.) renouvelable	*renewable energy*
panneau (m.) solaire	*solar panel*
produit (m.) bio	*organic product*
seuil (m.) de tolérance	*threshold*

LE MONDE FRANCOPHONE

L'écotourisme

Voici quelques destinations francophones de l'écotourisme.

En Afrique du Nord avec le désert du Sahara, en Algérie, au Maroc et en Tunisie

À la Guadeloupe avec le volcan de la Soufrière, ses nombreuses cascades° et ses forêts tropicales

En Guyane française avec sa forêt tropicale humide qui couvre 90% du pays

Au Québec avec sa géographie variée, ses communautés indigènes° et ses trois réserves de biosphère

Aux Seychelles les 115 îles de l'archipel, avec leurs nombreuses réserves naturelles et leurs récifs de corail°

Au Viêt-nam le delta du Mékong, avec son paysage de canaux° et ses cultures de riz

cascades *waterfalls* **indigènes** *native* **récifs de corail** *coral reefs*
canaux *canals*

PORTRAIT

L'énergie nucléaire

En France, le nucléaire produit 75 à 80% de l'électricité. C'est EDF (Électricité de France) qui a construit les premières centrales° du pays. Aujourd'hui, le pays possède 58 réacteurs et une usine de traitement°, Areva NC. Les déchets radioactifs de France, d'Europe et d'Asie y sont traités°. La France est un exemple de réussite de l'énergie nucléaire, mais sa population est inquiète. L'explosion de Tchernobyl en 1986 a démontré les risques d'accidents des centrales. Dix pour cent des déchets, dits «à vie longue», ne sont pas traitables° et deviennent un problème de santé publique. Le rôle des énergies renouvelables ne peut donc qu'augmenter° à l'avenir.

centrales *power plants* **usine de traitement** *reprocessing plant* **traités** *reprocessed* **ne sont pas traitables** *cannot be reprocessed* **augmenter** *become larger*

SUR INTERNET

Quand la dernière marée noire a-t-elle eu lieu en France?

Go to **daccord2.vhlcentral.com** to find more information related to this **CULTURE** section.

---

2 **Répondez** Répondez aux questions d'après les textes.

1. En France, quelle quantité d'électricité le nucléaire produit-il?
2. Qui a construit les premières centrales françaises?
3. Quel type de déchets l'entreprise Areva NC traite-t-elle?
4. Les Français sont-ils contents du nucléaire?
5. Où peut-on faire de l'écotourisme au Québec?

3 **Nucléaire et environnement** Vous travaillez pour Areva NC et votre partenaire est un militant écologiste. Imaginez ensemble un dialogue où vous parlez de vos opinions pour et contre l'usage (*use*) de l'énergie nucléaire en France. Soyez prêts à jouer votre dialogue devant la classe.

ressources

daccord2.vhlcentral.com

ACTIVITÉS

6A.1 Demonstrative pronouns

Point de départ In **D'accord!** Level 1, you learned how to use demonstrative adjectives. Demonstrative *pronouns* refer to a person or thing that has already been mentioned. Examples of English demonstrative pronouns include *this one* and *those*.

L'énergie qui coûte moins cher est plus dangereuse.
The energy that costs less is more dangerous.

> **Celle** qui coûte moins cher est plus dangereuse.
> *The one that costs less is more dangerous.*

- Demonstrative pronouns agree in number and gender with the noun to which they refer.

Demonstrative pronouns

	singular		plural	
masculine	celui	this one; that one; the one	ceux	these; those; the ones
feminine	celle	this one; that one; the one	celles	these; those; the ones

- Demonstrative pronouns must be followed by one of three constructions: **-ci** or **-là**, a relative clause, or a prepositional phrase.

-ci; -là	**Quels emballages? Ceux-ci?** *Which packages? These here?*	**Quelle bouteille? Celle-là en verre?** *Which bottle? The glass one there?*
relative clause	**Quelle femme? Celle qui parle?** *Which woman? The one who is talking?*	**C'est celui qu'on a entendu à la radio.** *He is the one we heard on the radio.*
prepositional phrase	**Quel problème? Celui de l'effet de serre?** *What problem? The one about the greenhouse effect?*	**Ces sacs coûtent plus cher que ceux en papier.** *Those bags cost more than the paper ones.*

Essayez! **Choisissez le pronom démonstratif correct.**

1. Le recyclage du plastique coûte plus cher que (celle / (celui)) du verre.
2. La protection des arbres est aussi importante que (celle / celui) des animaux.
3. Les espaces verts sont (ceux / celles) dont on a le plus besoin en ville.
4. Les ordures les plus sales sont (ceux / celles) des industries.
5. De tous les problèmes écologiques, l'effet de serre est (celui / ceux) dont on parle le plus.
6. Quels sacs préfères-tu: (ceux / celui)-ci?

---

1 **Le marché aux puces** Vous êtes au marché aux puces (*flea market*) pour trouver des cadeaux. Complétez les phrases avec des pronoms démonstratifs.

1. Ce magnifique vase bleu, je pense que c'est _____ que maman voulait.
2. Ces deux jolis sacs: _____ est pour Sylvie et _____ est pour Soraya.
3. Cette casquette rouge est pour moi. Elle ressemble à _____ de Françoise.
4. Il y avait des boîtes pleines de livres anciens. _____ que j'ai achetés étaient les plus beaux.
5. J'adore ces deux affiches. _____ est pour Julien et _____ est pour André.
6. Ce cadeau? _____... C'est une surprise!

2 **Entretien** Camille doit passer un entretien et elle parle à sa copine Alice. Ajoutez des pronoms démonstratifs avec **-ci** et **-là**.

CAMILLE Qu'est-ce que je peux mettre pour cet entretien? J'ai plusieurs tailleurs sympas.

ALICE Ces deux tailleurs gris font sérieux. Tu devrais plutôt mettre (1) _____. Il est élégant et classique.

CAMILLE Et comme chemisier, qu'est-ce que je mets?

ALICE (2) _____ est joli, mais (3) _____ ira mieux avec le style de ton tailleur.

CAMILLE Tu penses que je devrais mettre ces chaussures-ci ou (4) _____?

ALICE (5) _____ sont très à la mode mais (6) _____ sont plus classiques.

3 **Cadeau d'anniversaire** C'est bientôt l'anniversaire d'Houda et vous discutez avec un(e) partenaire des cadeaux que vous pourriez lui offrir. Refaites leur conversation.

MODÈLE des tee-shirts / plus joli

Élève 1: *Tu aimes ce tee-shirt?*
Élève 2: *Non, pas trop.*
Élève 1: *Alors, lequel préfères-tu?*
Élève 2: *Je préfère celui-ci. Il est plus joli.*

- des robes / élégant
- des lunettes de soleil / trop cher
- des CD / plus classique
- des livres / très intéressant

Practice more at **daccord2.vhlcentral.com.**

4 **La pollution** Que pensent vos camarades de la pollution? Posez ces questions à un(e) partenaire. Ensuite, présentez les réponses à la classe. Utilisez **celui**, **celle**, **ceux** ou **celles**.

1. Quelles voitures polluent le moins: les voitures hybrides ou les voitures de sport? Lesquelles préfères-tu?

2. Si tu devais choisir entre ces deux voitures, laquelle prendrais-tu: celle qui est la plus rapide ou celle qui pollue le moins? Pourquoi?

3. Connais-tu quelqu'un qui fait régulièrement du covoiturage? Qui? Pourquoi le fait-il/elle?

4. Les emballages en plastique polluent-ils plus que ceux en papier? Pourquoi?

5. Est-ce que ceux qui recyclent leurs déchets aident à préserver la nature? Pourquoi?

6. Parmi (*Among*) les pays industrialisés, lesquels polluent le plus? Lesquels polluent le moins?

5 **Définitions** Votre petit frère vous demande de lui expliquer ces expressions. Avec un(e) partenaire, alternez les rôles pour donner leurs définitions. Utilisez **celui qui**, **celle qui**, **ceux qui** ou **celles qui**.

MODÈLE

un pollueur
Élève 1: *Qu'est-ce que c'est, un pollueur?*
Élève 2: *C'est celui qui laisse des papiers sales dans la rue.*

- les déchets toxiques
- un(e) écologiste
- un écoproduit
- l'énergie solaire
- la pluie acide
- les voitures hybrides

6 **D'accord, pas d'accord** Par groupes de quatre, faites ce sondage (*survey*). Qui est d'accord ou qui n'est pas d'accord avec ces phrases? Justifiez vos réponses. Ensuite, comparez-les avec celles d'un autre groupe.

	D'accord	Pas d'accord
1. Les déchets toxiques d'une centrale nucléaire sont plus dangereux que ceux d'une centrale électrique.	___	___
2. Les sacs en plastique sont aussi facilement recyclables que ceux en papier.	___	___
3. En ce qui concerne la voiture du futur, la voiture hybride est celle dont on parle le plus.	___	___
4. Les déchets qui polluent le plus sont ceux des centrales nucléaires.	___	___

L'île de Corse

Celle qui a les plus belles plages de la Méditerranée. Tous ceux qui habitent ce paradis sont fiers de le partager avec tous ceux qui leur rendent visite. Celui qui vient en Corse une fois y reviendra toujours.

*beauté***corse**

Identifiez Quels pronoms démonstratifs trouvez-vous dans la publicité (*ad*)?

Questions À tour de rôle, avec un(e) partenaire, posez-vous ces questions. Employez des pronoms démonstratifs dans vos réponses, si possible.

1. D'après (*According to*) la pub, quelles sont les plus belles plages de la Méditerranée?

2. Qui est fier de partager la Corse?

3. Que veut celui qui vient une fois en Corse?

4. Y a-t-il un endroit dans le monde qui a eu cet effet sur toi? Lequel?

5. Voudrais-tu visiter la Corse un jour? Pourquoi?

STRUCTURES

6A.2 The subjunctive (Part 1)

Introduction, regular verbs, and
impersonal expressions

Point de départ With the exception of commands and the
conditional, the verb forms you have learned have been in the
indicative mood. The indicative is used to state facts and to express
actions or states that the speaker considers real and definite. In
contrast, the subjunctive mood expresses the speaker's subjective
attitudes toward events and actions or states the speaker's views as
uncertain or hypothetical.

Present subjunctive of one-stem verbs			
	parler	**finir**	**attendre**
que je/j'	parle	finisse	attende
que tu	parles	finisses	attendes
qu'il/elle	parle	finisse	attende
que nous	parlions	finissions	attendions
que vous	parliez	finissiez	attendiez
qu'ils/elles	parlent	finissent	attendent

- The **je**, **tu**, **il/elle**, and **ils/elles** forms of the three verb types form
the subjunctive the same way. They add the subjunctive endings
to the stem of the **ils/elles** form of the present indicative.

INFINITIVE	PRESENT INDICATIVE OF ILS/ELLES	PRESENT SUBJUNCTIVE
parler	**parlent**	**que je parle**
finir	**finissent**	**que je finisse**
attendre	**attendent**	**que j'attende**

Il est nécessaire qu'on
évite le gaspillage.
*It is necessary that we
avoid waste.*

Il est important que tu **réfléchisses**
aux dangers.
*It is important that you think
about the dangers.*

- The **nous** and **vous** forms of the present subjunctive are the same
as those of the **imparfait**.

Il vaut mieux que nous
préservions l'environnement.
*It is better that we preserve
the environment.*

Il est essentiel que vous **trouviez**
un meilleur travail.
*It is essential that you find
a better job.*

Il faut que nous **commencions**.
It is necessary that we start.

Il est bon que vous **réfléchissiez**.
It is good that you're thinking.

BOÎTE À OUTILS
English also uses the subjunctive. It used to be very common, but now
survives mostly in expressions such as *if I were you* and *be that as it may.*

MISE EN PRATIQUE

1 **Prévenir et améliorer** Complétez ces phrases
avec la forme correcte des verbes au présent
du subjonctif.

1. Il est essentiel que je _____ (recycler).
2. Il est important que nous _____ (réduire)
la pollution.
3. Il faut que le gouvernement _____ (interdire)
les voitures polluantes (*polluting*).
4. Il vaut mieux que vous _____ (améliorer) les
transports en commun (*public transportation*).
5. Il est possible que les pays _____ (prendre)
des mesures pour réduire les déchets toxiques.
6. Il est indispensable que tu _____ (boire) de
l'eau pure.

2 **Au lycée** Quelles règles les lycéens doivent-ils suivre
pour réussir? Transformez ces phrases avec **il faut** et le
présent du subjonctif.

MODÈLE Vous devez vous coucher avant minuit.
Il faut que vous vous couchiez avant minuit.

1. Le matin, vous devez vous lever à sept heures.
2. Ils doivent prendre un bon petit-déjeuner le matin.
3. Tu dois prendre le bus au coin de la rue.
4. Je dois déjeuner à la cantine à midi.
5. Nous devons rentrer tôt pendant la semaine.
6. Elle doit faire ses devoirs tous les soirs.

3 **Éviter une catastrophe** Que devons-nous faire
pour préserver notre planète? Avec un(e) partenaire,
faites des phrases avec des expressions impersonnelles.

MODÈLE

Il est essentiel que tu évites le gaspillage.

A	B	C
je/j'	améliorer	les écoproduits
tu	développer	les emballages
on	éviter	le gaspillage
nous	préserver	les glissements de terrain
vous	prévenir	les industries propres
le président	recycler	la nature
les pays	sauver	la pollution
?	trouver	le ramassage des ordures

 Practice more at **daccord2.vhlcentral.com.**

COMMUNICATION

4 **Oui ou non?** Vous discutez avec un(e) partenaire des problèmes d'environnement. À tour de rôle, parfois, vous confirmez ce qu'il/elle dit, mais parfois, vous n'êtes pas d'accord.

MODÈLE

Élève 1: *Il faut que les pays industrialisés réduisent les émissions à effet de serre.*
Élève 2: *C'est vrai, il faut qu'ils réduisent les émissions à effet de serre.*

1. Il est nécessaire que tu recycles les bouteilles.
2. Il est dommage que les élèves prennent le bus pour aller au lycée.
3. Il est bon qu'on développe des énergies propres.
4. Il est essentiel qu'on signe le protocole de Kyoto.
5. Il est indispensable que nous évitions le gaspillage.
6. Il faut que les pays développent de nouvelles technologies pour réduire les émissions toxiques.

5 **Les opinions** Vous discutez avec un(e) partenaire des problèmes de pollution. À tour de rôle, répondez à ces questions. Justifiez vos réponses.

MODÈLE

Élève 1: *Faut-il que nous préservions l'environnement?*
Élève 2: *Oui, il faut que nous préservions l'environnement pour éviter le réchauffement de la Terre.*

1. Est-il important qu'on s'intéresse à l'écologie?
2. Faut-il qu'on évite de gaspiller?
3. Est-il essentiel que nous construisions des centrales nucléaires?
4. Vaut-il mieux que j'utilise des bacs (*bins*) à recyclage pour le ramassage des ordures?
5. Est-il indispensable qu'on prévienne les incendies?
6. Est-il possible qu'on développe l'énergie solaire?

6 **L'écologie** Par groupes de quatre, regardez les deux photos et parlez des problèmes écologiques qu'elles évoquent. Ensuite, préparez par écrit une liste des solutions. Comparez votre liste avec celles de la classe.

MODÈLE

Élève 1: *Aujourd'hui, il y a trop d'ordures.*
Élève 2: *Il faut qu'on développe le recyclage.*

• The verbs on the preceding page are called one-stem verbs because the same stem is used for all the endings. Two-stem verbs have a different stem for **nous** and **vous**, but the rule still applies: the forms are identical to those of the **imparfait**.

Present subjunctive of two-stem verbs

	acheter	venir	prendre	boire
que je/j'	achète	vienne	prenne	boive
que tu	achètes	viennes	prennes	boives
qu'il/elle	achète	vienne	prenne	boive
que nous	achetions	venions	prenions	buvions
que vous	achetiez	veniez	preniez	buviez
qu'ils/elles	achètent	viennent	prennent	boivent

• The subjunctive is usually used in complex sentences that consist of a main clause and a subordinate clause. The main clause contains a verb or expression that triggers the subjunctive. The word **que** connects the two clauses.

• These impersonal expressions of opinion are often followed by clauses in the subjunctive. They are followed by the infinitive, without **que**, if no person or thing is specified. Add **de** before the infinitive after expressions with **être**.

Il est bon que...	*It is good that...*	Il est indispensable que...	*It is essential that...*
Il est dommage que...	*It is a shame that...*	Il est nécessaire que...	*It is necessary that...*
Il est essentiel que...	*It is essential that...*	Il est possible que...	*It is possible that...*
Il est important que...	*It is important that...*	Il faut que...	*One must... / It is necessary that...*
		Il vaut mieux que...	*It is better that...*

Il est essentiel qu'on réduise le gaspillage.
It is essential that we reduce waste.

but

Il est essentiel de réduire le gaspillage.
It is essential to reduce waste.

Il faut qu'on ferme l'usine.
We must close the factory.

but

Il faut fermer l'usine.
We must close the factory.

Essayez! **Indiquez la forme correcte du présent du subjonctif de ces verbes.**

1. (améliorer, choisir, vendre) que je/j' __améliore, choisisse, vende__
2. (mettre, renvoyer, maigrir) que tu _____
3. (dire, partir, devenir) qu'elle _____
4. (appeler, enlever, revenir) que nous _____
5. (démissionner, obtenir, apprendre) que vous _____
6. (payer, répéter, lire) qu'ils _____

SYNTHÈSE

Révision

1 **Des solutions** Avec un(e) partenaire, décrivez ces problèmes et donnez des solutions. Utilisez le présent du subjonctif et un pronom démonstratif pour chaque photo. Présentez vos solutions à la classe.

> **MODÈLE**
>
> **Élève 1:** *Cette eau est sale.*
> **Élève 2:** *Il faut que celui qui a pollué cette eau paie une grosse amende.*

1.

3.

2.

4.

2 **Une lettre** Vous habitez dans un village où les autorités veulent construire un grand aéroport. Avec un(e) partenaire, écrivez une lettre aux responsables dans laquelle vous expliquez vos inquiétudes (*worries*). Utilisez des expressions impersonnelles, puis lisez la lettre à la classe.

3 **Les plaintes** Par groupes de trois, interviewez vos camarades à tour de rôle. Que vous conseillent-ils de faire quand vous vous plaignez (*complain*) d'une de ces personnes? Écrivez leurs réponses, puis comparez-les à celles d'un autre groupe.

> **MODÈLE**
>
> *Il est important que tu écrives une lettre au gérant.*

- vos parents
- votre professeur
- votre sœur/frère
- un(e) serveur/serveuse
- un(e) patron(ne)
- un médecin

4 **Si...** Avec un(e) partenaire, observez ces scènes et lisez les phrases. Pour chaque scène, faites trois phrases au présent du subjonctif, puis présentez-les à la classe.

> **MODÈLE**
>
> **Élève 1:** *Si l'eau est sale, il ne faut pas que les gens mangent les poissons.*
> **Élève 2:** *Oui, il faut qu'ils les achètent à la poissonnerie.*

1. Si l'eau est sale, ...

3. S'il tombe une pluie acide, ...

2. S'il y a un nuage de pollution, ...

4. S'il y a un glissement de terrain, ...

5 **Des propositions** Que peut-on faire pour préserver l'environnement? Avec un(e) partenaire, utilisez le présent du subjonctif et, si nécessaire, des pronoms pour faire des propositions. Ensuite, comparez-les à celles d'un autre groupe.

> **MODÈLE**
>
> **Élève 1:** *Celui qui change l'huile de sa voiture? Il est essentiel qu'il recycle l'huile et qu'il l'apporte à un garagiste.*
> **Élève 2:** *Il ne faut pas qu'il change l'huile trop souvent ou qu'il utilise de l'huile de mauvaise qualité.*

6 **Non, Solange!** Votre professeur va vous donner, à vous et à votre partenaire, deux feuilles d'activités différentes sur les mauvaises habitudes de Solange. Attention! Ne regardez pas la feuille de votre partenaire.

> **MODÈLE**
>
> **Élève 1:** *Il est dommage que Solange conduise une voiture qui pollue.*
> **Élève 2:** *Il faut qu'elle conduise une voiture plus écologique.*

ressources		
CE pp. 87–90	CA pp. 47–48, 155–156	daccord2.vhlcentral.com

 Video: TV Clip

Le Zapping

La BMCE

La Banque Marocaine du Commerce Extérieur est la deuxième plus grande banque du Maroc. Elle a non seulement des agences en Europe et en Asie, mais elle vise° aussi constamment à étendre° les liens° entre le Maroc et le reste du monde. À travers la Fondation BMCE Éducation et Environnement, la banque se soucie° également° de la protection de l'environnement et du développement de la société marocaine. En 2000, elle a lancé le projet Medersat.com, dont un des objectifs les plus importants est la scolarisation des enfants dans les villages marocains.

—Comme tu es belle, petite fleur! Seras-tu encore belle demain?

—Attends-moi! Moi aussi, j'ai envie d'apprendre.

Compréhension Répondez aux questions.

1. Sur quoi le garçon est-il debout (*standing*) dans la première scène?
2. Que demande-t-il à la colombe (*dove*)?
3. Où vont le garçon et sa sœur à la fin?

Discussion Par groupes de trois, répondez aux questions et discutez.

1. Pourquoi le garçon pose-t-il des questions? Pourquoi à une fleur, aux étoiles (*stars*), à une colombe et à un arbre (*tree*)? Quels sont leurs attributs?
2. Quels messages concernant les missions de la BMCE la publicité (*commercial*) nous transmet-elle?

vise *aims* **étendre** *to extend* **liens** *links* **se soucie** *cares* **également** *also*

 Practice more at **daccord2.vhlcentral.com.**

Talking Picture
Audio: Activity

En pleine nature

You will learn how to...
- discuss nature and the environment
- make comparisons

Vocabulaire

chasser	to hunt
jeter	to throw away
un animal	animal
un bois	woods
un champ	field
une côte	coast
un désert	desert
un fleuve	river
une forêt (tropicale)	(tropical) forest
la jungle	jungle
la nature	nature
une région	region
une rivière	river
un sentier	path
un volcan	volcano
la chasse	hunt
le déboisement	deforestation
l'écotourisme (m.)	ecotourism
une espèce (menacée)	(endangered) species
l'extinction (f.)	extinction
la préservation	protection
une ressource naturelle	natural resource
le sauvetage des habitats naturels	natural habitat preservation

le ciel

un arbre

une plante

Ils font un pique-nique.
(*pl.* des pique-niques)

un écureuil

une vache

l'herbe (f.)

Mise en pratique

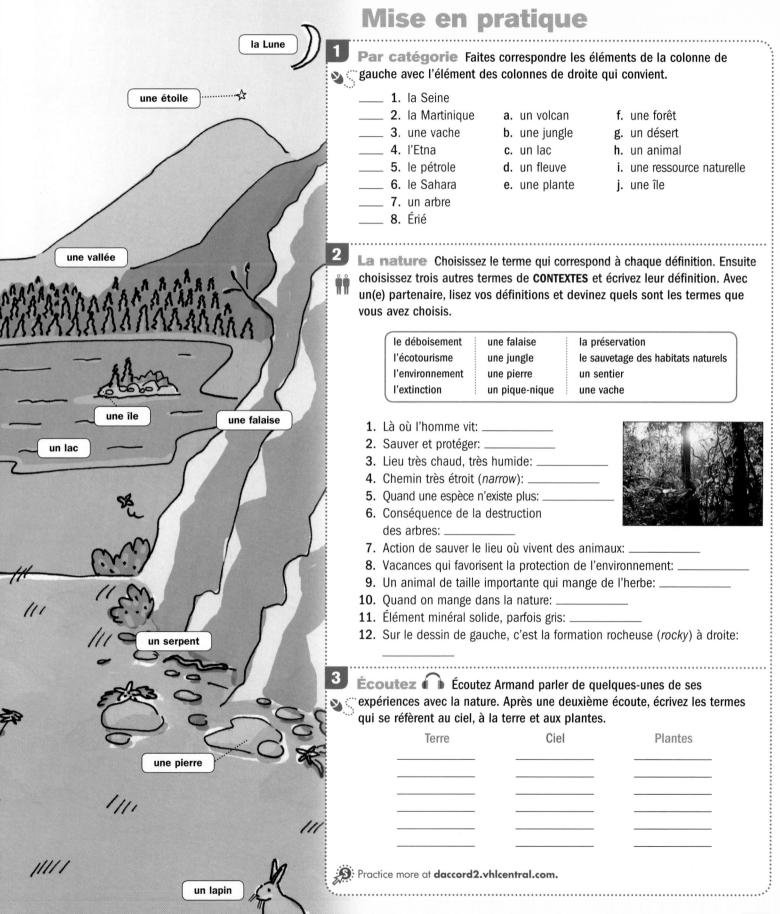

la Lune

une étoile

une vallée

une île

une falaise

un lac

un serpent

une pierre

un lapin

1 Par catégorie Faites correspondre les éléments de la colonne de gauche avec l'élément des colonnes de droite qui convient.

____ 1. la Seine
____ 2. la Martinique   a. un volcan   f. une forêt
____ 3. une vache   b. une jungle   g. un désert
____ 4. l'Etna   c. un lac   h. un animal
____ 5. le pétrole   d. un fleuve   i. une ressource naturelle
____ 6. le Sahara   e. une plante   j. une île
____ 7. un arbre
____ 8. Érié

2 La nature Choisissez le terme qui correspond à chaque définition. Ensuite choisissez trois autres termes de **CONTEXTES** et écrivez leur définition. Avec un(e) partenaire, lisez vos définitions et devinez quels sont les termes que vous avez choisis.

le déboisement	une falaise	la préservation
l'écotourisme	une jungle	le sauvetage des habitats naturels
l'environnement	une pierre	un sentier
l'extinction	un pique-nique	une vache

1. Là où l'homme vit: _____
2. Sauver et protéger: _____
3. Lieu très chaud, très humide: _____
4. Chemin très étroit (*narrow*): _____
5. Quand une espèce n'existe plus: _____
6. Conséquence de la destruction des arbres: _____
7. Action de sauver le lieu où vivent des animaux: _____
8. Vacances qui favorisent la protection de l'environnement: _____
9. Un animal de taille importante qui mange de l'herbe: _____
10. Quand on mange dans la nature: _____
11. Élément minéral solide, parfois gris: _____
12. Sur le dessin de gauche, c'est la formation rocheuse (*rocky*) à droite: _____

3 Écoutez Écoutez Armand parler de quelques-unes de ses expériences avec la nature. Après une deuxième écoute, écrivez les termes qui se réfèrent au ciel, à la terre et aux plantes.

Terre	Ciel	Plantes
_____	_____	_____
_____	_____	_____
_____	_____	_____
_____	_____	_____
_____	_____	_____
_____	_____	_____

Practice more at **daccord2.vhlcentral.com.**

CONTEXTES

Communication

4 **Conversez** Interviewez un(e) camarade de classe.

1. As-tu déjà fait de l'écotourisme? Où? Sinon, où as-tu envie d'en faire?
2. Aimes-tu les pique-niques? Quand en as-tu fait un pour la dernière fois? Avec qui?
3. Quelles activités aimes-tu pratiquer dans la nature?
4. As-tu déjà visité une forêt? Laquelle?
5. Connais-tu un lac? Quand y es-tu allé(e)? Quelles activités y as-tu pratiquées?
6. Es-tu déjà allé(e) dans un désert? Lequel?
7. Es-tu déjà allé(e) sur une île? Laquelle? Comment as-tu passé le temps?
8. Quelles sont les régions du monde que tu veux visiter? Pour quelle(s) raison(s)?
9. Si tu étais un animal, lequel serais-tu? Pourquoi?
10. Quand tu regardes le ciel, que trouves-tu de beau? Pourquoi?

5 **La nature et moi** Écrivez un paragraphe dans lequel vous racontez votre expérience avec la nature. Ensuite, à tour de rôle, lisez votre description à votre partenaire et comparez vos paragraphes.

- Choisissez au minimum deux lieux naturels différents.
- Utilisez un minimum de huit mots de vocabulaire de **CONTEXTES**.
- Faites votre description avec le plus de détails possible.
- Expliquez ce que vous aimez ou ce que vous n'aimez pas à propos de chaque lieu.

6 **Les écologistes** Vous faites partie d'un club d'écologistes au lycée. Avec deux camarades de classe et les informations suivantes, préparez une brochure pour informer les élèves d'un grave problème écologique. Présentez ensuite votre brochure au reste de la classe. Quel groupe a présenté le problème le plus sérieux? Quel groupe a proposé les solutions les plus originales?

- le nom de votre club
- la situation géographique du problème écologique
- la description du problème
- les causes du problème
- les conséquences du problème
- les solutions possibles au problème

7 **À la radio** Vous travaillez pour le ministère du Tourisme d'un pays francophone et vous devez préparer un texte qui sera lu à la radio. L'objectif de ce message est de faire la promotion de ce pays pour son écotourisme. Décrivez la nature et les activités offertes. Utilisez les mots que vous avez appris dans **CONTEXTES**.

MODÈLE

Venez découvrir la beauté de l'île de Madagascar. Chaque région vous offre des sentiers qui permettent d'admirer des plantes rares et des arbres magnifiques et de rencontrer des animaux extraordinaires… À Madagascar, la nature est unique, préservée. Le charme et l'exotisme sont ici!

Les sons et les lettres

Audio: Concepts, Activities
Record & Compare

Homophones

Many French words sound alike, but are spelled differently. As you have already learned, sometimes the only difference between two words is a diacritical mark. Other words that sound alike have more obvious differences in spelling.

a / à   **ou / où**   **sont / son**   **en / an**

Several forms of a single verb may sound alike. To tell which form is being used, listen for the subject or words that indicate tense.

je parle   **tu** parles   **ils** parlent

vous parlez   **j'ai** parlé   **je vais** parler

Many words that sound alike are different parts of speech. Use context to tell them apart.

VERB	POSSESSIVE ADJECTIVE	PREPOSITION	NOUN
Ils sont belges.	**C'est son mari.**	**Tu vas en France?**	**Il a un an.**

You may encounter multiple spellings of words that sound alike. Again, context is the key to understanding which word is being used.

je peux *I can*   **elle** peut *she can*   **peu** *a little, few*

le foie *liver*   **la** foi *faith*   **une** fois *one time*

haut *high*   **l'eau** *water*   **au** *at, to, in the*

Prononcez Répétez les paires de mots suivants à voix haute.

1. ce   se
2. leur   leurs
3. né   nez
4. foi   fois
5. ces   ses
6. vert   verre
7. au   eau
8. peut   peu
9. où   ou
10. lis   lit
11. quelle   qu'elle
12. c'est   s'est

Choisissez Choisissez le mot qui convient à chaque phrase.

1. Je (lis / lit) le journal tous les jours.
2. Son chien est sous le (lis / lit).
3. Corinne est (née / nez) à Paris.
4. Elle a mal au (née / nez).

Jeux de mots Répétez les jeux de mots à voix haute.

Le ver vert va vers le verre.[1]

Mon père est maire, mon frère est masseur.[2]

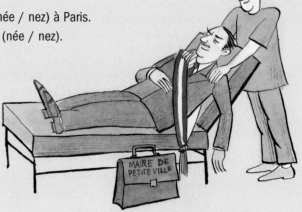

MAIRE DE PETITE VILLE

[1] The green worm is going toward the glass.

[2] My father is a mayor, my brother is a masseur.

La randonnée

 Video: *Roman-photo*
Record & Compare

PERSONNAGES

Amina

David

Guide

Rachid

Sandrine

Stéphane

Valérie

À la montagne...

DAVID Que c'est beau!

VALÉRIE C'est la première fois que tu viens à la montagne Sainte-Victoire?

DAVID Non, en fait, je viens assez souvent pour dessiner, mais malheureusement c'est peut-être la dernière fois. C'est dommage que j'aie si peu de temps.

SANDRINE Je préférerais qu'on parle d'autre chose.

AMINA Elle a raison, nous sommes venus ici pour passer un bon moment.

STÉPHANE Tiens, et si on essayait de trouver des serpents?

AMINA Des serpents ici?

RACHID Ne t'inquiète pas, ma chérie. Par précaution, je suggère que tu restes près de moi.

RACHID Mais il ne faut pas que tu sois aussi anxieuse.

SANDRINE C'est romantique ici, n'est-ce pas?

DAVID Comment? Euh, oui, enfin...

VALÉRIE Avant de commencer notre randonnée, je propose qu'on visite la Maison Sainte-Victoire.

AMINA Bonne idée. Allons-y!

Après le pique-nique...

DAVID Mais tu avais faim, Sandrine!

SANDRINE Oui. Pourquoi?

DAVID Parce que tu as mangé autant que Stéphane!

SANDRINE C'est normal, on a beaucoup marché, ça ouvre l'appétit. En plus, ce fromage est délicieux!

DAVID Mais, tu peux manger autant de fromage que tu veux, ma chérie.

Stéphane laisse tomber une serviette...

VALÉRIE Stéphane! Mais qu'est-ce que tu jettes par terre? Il est essentiel qu'on laisse cet endroit propre!

STÉPHANE Oh, ne t'inquiète pas, maman. J'allais mettre ça à la poubelle plus tard.

SANDRINE David, j'aimerais que tu fasses un portrait de moi, ici, à la montagne. Ça te dit?

DAVID Peut-être un peu plus tard... Cette montagne est tellement belle!

VALÉRIE David, tu es comme Cézanne. Il venait ici tous les jours pour dessiner. La montagne Sainte-Victoire était un de ses sujets favoris.

1 Vrai ou faux? Indiquez si ces affirmations sont **vraies** ou **fausses**. Corrigez les phrases fausses.

1. David fait un portrait de Sandrine sur-le-champ (*on the spot*).
2. C'est la première fois que Stéphane visite la Maison Sainte-Victoire.
3. Valérie traite la nature avec respect.
4. Sandrine mange beaucoup au pique-nique.
5. David et Sandrine passent un après-midi très romantique.
6. Le guide confirme qu'il y a des serpents sur la montagne Sainte-Victoire.
7. David est un peu triste de devoir bientôt retourner aux États-Unis.
8. Valérie pense que David ressemble à Cézanne.
9. Rachid est très romantique.
10. Stéphane laisse Rachid et Amina tranquilles.

 Practice more at **daccord2.vhlcentral.com.**

Les amis se promènent à la montagne Sainte-Victoire.

À la Maison Sainte-Victoire

GUIDE Mesdames, Messieurs, bonjour et bienvenue. C'est votre première visite de la Maison Sainte-Victoire?

STÉPHANE Pour moi, oui.

GUIDE La Maison Sainte-Victoire a été construite après l'incendie de 1989.

DAVID Un incendie?

GUIDE Oui, celui qui a détruit une très grande partie de la forêt.

GUIDE Maintenant, la montagne est un espace protégé.

DAVID Protégé? Comment?

GUIDE Eh bien, nous nous occupons de la gestion de la montagne et de la forêt. Notre mission est la préservation de la nature, le sauvetage des habitats naturels et la prévention des incendies. Je vous fais visiter le musée?

VALÉRIE Oui, volontiers!

RACHID Tiens, chérie.

AMINA Merci, elle est très belle cette fleur.

RACHID Oui, mais toi, tu es encore plus belle. Tu es plus belle que toutes les fleurs de la nature réunies!

AMINA Rachid...

RACHID Chut! Ne dis rien... Stéphane! Laisse-nous tranquilles.

---

2 **À vous!** Imaginez que vous êtes allé(e) à la montagne Sainte-Victoire avec des amis. À l'entrée du parc, il y a une liste de règles (*rules*) à suivre pour protéger la nature. Avec un(e) camarade de classe, imaginez quelles sont ces règles et écrivez une liste. Qu'est-ce qu'il faut faire si vous faites un pique-nique? Une randonnée? Quelles sont les activités interdites? Présentez votre liste à la classe.

3 **Écrivez** Il y a deux couples dans notre histoire, Sandrine et David, Amina et Rachid. Composez un paragraphe dans lequel vous expliquez quel couple va rester ensemble et quel couple va se séparer. Pourquoi? Attention! Le départ de David n'entre pas en jeu (*doesn't come into play*).

ressources

CA
pp. 83–84

daccord2.vhlcentral.com

A C T I V I T É S

S Video: *Flash culture*

CULTURE

CULTURE À LA LOUPE

Les parcs nationaux

des perroquets° en Guadeloupe

Les neuf parcs nationaux français sont protégés par le gouvernement, qui s'occupe de leur gestion. Tous offrent des sentiers de randonnée et la possibilité de découvrir la nature pendant des activités d'écotourisme guidées. Ce sont aussi des endroits où les visiteurs peuvent pratiquer différentes activités sportives. Par exemple, ils peuvent pratiquer des sports d'hiver dans cinq des sept parcs montagneux, qui ont de nombreux sommets° et glaciers.

Les Cévennes, en Languedoc-Roussillon, est le plus grand parc national forestier français avec 3.200 km² de forêts, mais on y trouve aussi des montagnes et des plateaux. La Vanoise, un parc de haute montagne dans les Alpes, a été le premier parc créé° en France, en 1963. Avec ses 107 lacs et sa vingtaine° de glaciers, c'est une réserve naturelle où le bouquetin° est protégé. Deux autres parcs, les Écrins

le parc de la Vanoise

et le Mercantour, sont aussi situés dans la région des Alpes. Autre parc montagneux, le parc national des Pyrénées est composé de six vallées principales, riches en forêts, cascades° et autres formations naturelles. C'est aussi un refuge pour de nombreuses espèces menacées, comme l'ours° et l'aigle royal°. Quand il fait beau l'été, le parc marin de Port-Cros, composé d'îles méditerranéennes, est idéal pour des activités aquatiques. Aux Antilles°, il fait chaud et humide toute l'année dans le parc national de la Guadeloupe. Situé dans la forêt tropicale, les paysages° du parc sont très variés: forestiers, volcaniques, côtiers° et maritimes. Ouverts depuis 2007, les deux parcs nationaux les plus récents sont le Parc Amazonien de Guyane, en Amérique du Sud, et le Parc national de La Réunion, dans l'océan Indien.

Les records naturels de la France en Europe de l'Ouest

- Le Mont-Blanc, dans les Alpes, est la plus haute montagne d'Europe de l'Ouest. Il mesure 4.811 mètres.

- La forêt de pins des Landes, en Aquitaine, est le plus grand massif forestier d'Europe. Il fait plus d'un million d'hectares.

- La dune du Pilat, en Aquitaine, est la plus haute dune de sable° d'Europe. Elle mesure 117 mètres.

- Le cirque° de Gavarnie, dans les Pyrénées, a la plus grande cascade d'Europe. Elle mesure 422 mètres.

sommets *summits* **créé** *created* **vingtaine** *about twenty* **bouquetin** *ibex, a type of wild goat* **cascades** *waterfalls* **ours** *bear* **aigle royal** *golden eagle* **Antilles** *the French West Indies* **paysages** *landscapes* **côtiers** *coastal* **perroquets** *parrots* **sable** *sand* **cirque** *steep-walled, mountainous basin*

A C T I V I T É S

1 **Répondez** Répondez aux questions par des phrases complètes.

1. Combien de parcs nationaux français y a-t-il?
2. Quel type de parc est le parc des Cévennes?
3. Quel parc est situé sur des îles méditerranéennes?
4. Quels sont deux animaux qu'on peut trouver dans les Pyrénées?
5. Quels sont deux types de paysages du parc de la Guadeloupe?

6. Comment s'appellent deux des parcs nationaux français et où se trouvent-ils (à la montagne, etc.)?
7. Quelle est la plus haute montagne d'Europe?
8. Où se trouve le plus grand massif forestier d'Europe?
9. Combien mesure la dune du Pilat?
10. Combien mesure la plus grande cascade d'Europe?

LE FRANÇAIS QUOTIDIEN

La protection de la nature

essence (f.) sans plomb	unleaded gas
protection du littoral	shoreline restoration
mesures (f.) antipollution	pollution control
reboisement (m.)	reforestation
valorisation (f.) des terres	land improvement

LE MONDE FRANCOPHONE

Grands sites naturels

Voici quelques exemples d'espaces naturels remarquables du monde francophone.

En Algérie Plus de 80% de la superficie de l'Algérie, deuxième plus grand pays d'Afrique, sont occupés par le Sahara.

Au Cambodge Le lac Tonle Sap est le plus grand lac d'Asie du sud-est.

Au Cameroun La réserve Dja Faunal est l'une des plus grandes forêts tropicales d'Afrique.

À l'île Maurice L'île est presque entièrement entourée° de plus de 150 km de récifs de corail.

Au Sénégal Le parc national du Niokolo Koba, site du Patrimoine° mondial (UNESCO) et Réserve de la biosphère internationale, est l'une des réserves naturelles les plus importantes d'Afrique de l'Ouest.

Aux Seychelles L'atoll Aldabra abrite la plus grande population de tortues géantes du monde.

entièrement entourée entirely surrounded **Patrimoine** Heritage

Madagascar

Madagascar, ancienne colonie française, est la quatrième plus grande île du monde, et, avec plus de 20 parcs nationaux et réserves naturelles, elle est un paradis pour l'écotourisme. Madagascar (plus de 20 millions d'habitants) est située à 400 km à l'est du Mozambique, dans l'océan Indien. Sa faune et sa flore sont exceptionnelles avec 250.000 espèces différentes, dont 1.000 orchidées. 90% de ces espèces sont uniques au monde. Ses mangroves, rivières, lacs et récifs coralliens° offrent des milieux écologiques variés et ses forêts abritent° 90% des lémuriens° du monde. Caméléons, tortues terrestres°, tortues de mer° et baleines à bosse° sont aussi typiques de l'île.

récifs coralliens coral reefs **abritent** provide a habitat for **lémuriens** lemurs **tortues terrestres** tortoises **tortues de mer** sea turtles **baleines à bosse** humpback whales

SUR INTERNET

Quel est le sujet de l'émission *Thalassa*?

Go to **daccord2.vhlcentral.com** to find more information related to this **CULTURE** section. Then watch the corresponding **Flash culture**.

---

2 Complétez Complétez les phrases.

1. Madagascar est une grande _____ près du Mozambique.
2. Madagascar est une bonne destination pour _____.
3. À Madagascar, la majorité des espèces sont _____.
4. _____ sont des espèces typiques de l'île.
5. L'une des plus grandes forêts tropicales d'Afrique se trouve _____.

Practice more at **daccord2.vhlcentral.com**.

3 À la découverte Vous et deux partenaires voulez visiter ensemble plusieurs pays francophones et découvrir la nature. Quelles destinations choisissez-vous? Comparez les activités qui vous intéressent et les endroits que vous voulez visiter. Soyez prêts à présenter votre itinéraire à la classe.

ressources

CA pp. 101-102

daccord2.vhlcentral.com

ACTIVITÉS

6B.1 The subjunctive (Part 2)

Will and emotion

- Use the subjunctive with verbs and expressions of will and emotion. Verbs and expressions of will are often used when someone wants to influence the actions of other people. Verbs and expressions of emotion express someone's feelings or attitude.

> Je suggère que tu restes près de moi.

> J'ai peur que nous soyons perdus!

BOÎTE À OUTILS
See **Leçon 6A** for an introduction to the subjunctive and the structure of clauses containing verbs in the subjunctive.

- When the main clause contains an expression of will or emotion and the subordinate clause has a different subject, the subjunctive is required.

MAIN CLAUSE	CONNECTOR	SUBORDINATE CLAUSE
VERB OF WILL		SUBJUNCTIVE
Mes parents exigent	**que**	**je dorme** huit heures.
My parents demand	*that*	*I sleep eight hours.*

MAIN CLAUSE	CONNECTOR	SUBORDINATE CLAUSE
EXPRESSION OF EMOTION		SUBJUNCTIVE
Tu es triste	**que**	**Sophie ne vienne pas** avec nous.
You are sad	*that*	*Sophie isn't coming with us.*

MAIN CLAUSE	CONNECTOR	SUBORDINATE CLAUSE
VERB OF WILL		SUBJUNCTIVE
Je préfère	**que**	**tu travailles** ce soir.
I prefer	*that*	*you work tonight.*

- Here are some verbs and expressions of will commonly followed by the subjunctive.

Verbs of will			
demander que...	to ask that...	recommander que...	to recommend that...
désirer que...	to want/ desire that...	souhaiter que...	to wish that...
exiger que...	to demand that...	suggérer que...	to suggest that...
préférer que...	to prefer that...		
proposer que...	to propose that...	vouloir que...	to want that...

1 **Des opinions** Que devraient faire les personnages sur les illustrations? Employez ces expressions pour donner vos opinions.

MODÈLE
Je propose que vous mangiez quelque chose.

vous (proposer que)

acheter une décapotable (*convertible*)	garder le secret
boire de l'eau	manger quelque chose
faire la fête	me donner de l'argent
	trouver des amis

1. tu (suggérer que)   **4.** Yves (souhaiter que)

2. mes voisins (vouloir que)   **5.** elle (recommander que)

3. vous (exiger que)   **6.** tu (désirer que)

2 **Des opinions** Complétez ces phrases avec le présent du subjonctif. Ensuite, comparez vos réponses avec celles d'un(e) partenaire.

1. Nous sommes furieux que les examens...
2. Notre prof exige que...
3. Nous aimons que le prof...
4. Je propose que... le vendredi.
5. Les élèves veulent que les cours...
6. Je recommande que... tous les jours.
7. C'est triste que ce lycée...
8. Nous préférons que la cantine...

Practice more at **daccord2.vhlcentral.com**.

COMMUNICATION

3 **Enquête** Comparez vos idées sur la nature et l'environnement avec celles d'un(e) partenaire. Posez-vous ces questions.

1. Que suggères-tu qu'on fasse pour protéger les forêts tropicales?
2. Vaut-il mieux qu'on ne chasse plus? Pourquoi?
3. Que recommandes-tu qu'on fasse pour arrêter la pollution?
4. Comment souhaites-tu que nous préservions nos ressources naturelles?
5. Quels produits recommandes-tu qu'on développe?
6. Quel problème écologique veux-tu qu'on traite tout de suite?

4 **Mme Quefège...** Mme Quefège donne des conseils à la radio. Pensez à une difficulté que vous avez et préparez par écrit un paragraphe que vous lui lirez. Elle va vous faire des recommandations. Avec un(e) partenaire, alternez les rôles pour jouer les scènes.

MODÈLE

Elève 1: *Ma petite amie fait constamment ses devoirs et elle ne quitte plus son appartement.*
Elève 2: *Je suis désolée qu'elle n'arrête pas de travailler. Si elle ne quitte toujours pas l'appartement ce week-end, je suggère que vous en parliez à ses parents.*

5 **Les habitats naturels** Par groupes de trois, préparez le texte pour cette affiche où vous expliquez ce qu'on doit faire pour sauver les habitats naturels. Utilisez des verbes au présent du subjonctif.

● These are some verbs and expressions of emotion followed by the subjunctive.

Verbs and expressions of emotion

aimer que...	to like that...	être heureux / heureuse que...	to be happy that...
avoir peur que...	to be afraid that...		
être content(e) que...	to be glad that...	être surpris(e) que...	to be surprised that...
être désolé(e) que...	to be sorry that...	être triste que...	to be sad that...
être furieux / furieuse que...	to be furious that...	regretter que...	to regret that...

● In English, the word *that* introducing the subordinate clause may be omitted. In French, never omit **que** between the two clauses.

Ils sont heureux **que** j'arrive.
They're happy (that) I'm arriving.

Elle préfère **que** tu partes.
She prefers (that) you leave.

● If the subject doesn't change, use the infinitive with expressions of will and emotion. In the case of **avoir peur**, **regretter**, and expressions with **être**, add **de** before the infinitive.

Tu souhaites faire un pique-nique?
Do you wish to have a picnic?

Nous sommes tristes d'entendre la mauvaise nouvelle.
We're sad to hear the bad news.

● Some verbs have irregular subjunctive forms.

Present subjunctive of *avoir*, *être*, *faire*

	avoir	être	faire
que je/j'	aie	sois	fasse
que tu	aies	sois	fasses
qu'il/elle	ait	soit	fasse
que nous	ayons	soyons	fassions
que vous	ayez	soyez	fassiez
qu'ils/elles	aient	soient	fassent

Elle veut que je **fasse** le lit.
She wants me to make the bed.

Tu es désolé qu'elle **soit** loin.
You are sorry that she is far away.

Essayez! Indiquez les formes correctes du présent du subjonctif des verbes.

1. que je _finisse_ (finir)
2. qu'il _____ (faire)
3. que vous _____ (être)
4. que leur enfant _____ (avoir)
5. que nous _____ (prendre)
6. que nous _____ (faire)
7. qu'ils _____ (avoir)
8. que tu _____ (attendre)

6B.2 Comparatives and superlatives of nouns

Point de départ In **D'accord!** Level 1, you learned how to compare nouns and verbs by using comparative and superlative forms of adjectives and adverbs. You will now learn how to compare nouns when talking about quantities.

Tu peux manger autant de fromage que tu veux.

Nous nous occupons de la forêt pour avoir moins d'incendies.

- To compare the amount of something, use these expressions:

plus de	+	[noun]	*more*
moins de	+	[noun]	*less; fewer*
autant de	+	[noun]	*as much; as many*

Elle fait **plus d'heures** que sa sœur.
She works more hours than her sister (does).

Vous recevez **autant de courrier** que vos amis.
You receive as much mail as your friends (do).

Il y a **moins d'arbres** dans le jardin que dans la forêt.
There are fewer trees in the garden than in the forest.

Il n'y a pas **autant d'animaux** dans la ville que dans la jungle.
There aren't as many animals in the city as (there are) in the jungle.

- To express the superlative quantity of a noun (*the most, the least/fewest*), add the definite article **le**: **le plus de, le moins de.**

Ce sont les forêts tropicales qui ont **le plus de plantes**.
Tropical rainforests have the most plants.

Ce sont les pays pauvres qui ont **le moins d'argent**.
Poor countries have the least money.

Essayez! **Complétez les phrases avec les comparatifs ou les superlatifs corrects.**

1. Mon ami n'a pas _autant de_ (*as much*) travail que moi.
2. Qui a _____ (*the fewest*) cousins?
3. La Corse a-t-elle _____ (*as many*) falaises que la Sicile?
4. Il y a _____ (*fewer*) déserts en Amérique du Nord qu'en Afrique.
5. Quel pays a _____ (*the most*) rivières polluées?
6. Malheureusement, on a _____ (*more*) problèmes que de solutions.

1 **Avec qui sortir?** Amaia compare deux garçons pour voir avec qui elle va accepter de sortir le week-end prochain. Assemblez ses phrases.

MODÈLE Kadir / avoir / plus / énergie / Jacques
Kadir a plus d'énergie que Jacques.

1. Kadir / avoir / moins / problèmes / Jacques
2. Jacques / avoir / plus / humour / Kadir
3. Kadir / donner / plus / cadeaux / Jacques
4. Jacques / avoir / autant / amis / Kadir
5. Kadir / avoir / moins / patience / Jacques
6. Jacques / avoir / plus / ambition / Kadir

2 **À la campagne** Lise parle de son séjour à la campagne et compare le nombre de choses qu'elle a observées dans la nature. Que dit-elle?

MODÈLE
J'ai observé autant de nuages blancs que de nuages gris.

1.   3.

2.   4.

3 **Combien de calories?** Vous et votre partenaire êtes au régime. Faites au moins quatre comparaisons entre ces aliments. Dites à la classe quel aliment contient le plus de calories et lequel en contient le moins.

MODÈLE
Il y a autant de calories dans un café que dans un thé.

banane	carotte	glace	poulet
biscuits	frites	pain	saucisses
bonbons	gâteau	porc	thon

 Practice more at **daccord2.vhlcentral.com.**

COMMUNICATION

4 **Eh bien, moi...** Posez ces questions à un(e) partenaire, puis faites une comparaison.

MODÈLE

Élève 1: *Pendant combien d'heures par jour regardes-tu la télévision?*
Élève 2: *Je regarde la télévision deux heures par jour.*
Élève 1: *Je regarde plus d'heures de télévision que toi: Je la regarde trois heures par jour.*

1. Combien de frères (sœurs, cousins) as-tu?
2. Combien d'heures par jour étudies-tu?
3. Combien d'e-mails reçois-tu par jour?
4. Combien d'heures dors-tu chaque nuit?
5. Combien de cours as-tu ce semestre?
6. Combien de cafés prends-tu par jour?

5 **Où habiter?** Avec un(e) partenaire, comparez la vie dans une maison à la vie dans un appartement. Décidez où vous préféreriez habiter si vous aviez le choix. Utilisez le vocabulaire de la liste.

MODÈLE

Élève 1: *Dans une maison, nous pouvons mettre plus d'affiches sur les murs.*
Élève 2: *Oui, et dans un appartement, il y a moins d'espace.*

affiches	armoire	meuble	supervision
amis	espace	protection	télé
argent	fêtes	repas	?

6 **Un dialogue** Vous voulez voyager dans un pays francophone. Vous consultez une agence de voyages et vous posez des questions. Par groupes de trois, préparez un dialogue où vous utilisez **autant de**, **moins de** et **plus de** et alternez les rôles.

MODÈLE

Élève 1: *Où y a-t-il moins de pollution, au Cameroun ou à Paris?*
Élève 2: *Il y a de la pollution aux deux endroits. Mais il y a plus de forêts au Cameroun.*
Élève 3: *Où y a-t-il plus de sentiers? On voudrait faire des randonnées.*

Le français vivant

Le Québec

Là où il y a le plus de calme, le plus de sérénité. Moins de stress que chez vous, mais autant de confort et autant de bonheur.

Venez découvrir le Québec... pour plus d'émotions.

Identifiez Quels comparatifs et superlatifs trouvez-vous dans cette publicité (*ad*)?

Questions Posez ces questions à un(e) partenaire et répondez à tour de rôle. Employez des comparatifs et des superlatifs dans vos réponses, si possible.

1. D'après (*According to*) cette pub, que cherche le touriste qui voudrait passer des vacances au Québec?
2. Quelle comparaison la pub fait-elle entre le Québec et l'endroit où habite le lecteur/la lectrice (*reader*)?
3. As-tu déjà passé des vacances au Québec? Voudrais-tu y aller un jour?
4. Si tu vas ou retournes au Québec un jour, voudras-tu y faire un séjour comme celui que la pub décrit? Pourquoi?

SYNTHÈSE
Révision

1 Des changements Avec un(e) partenaire, observez ces endroits et dites, à tour de rôle, si vous aimeriez qu'il y ait **plus de** ou **moins de** certaines choses. Ensuite, comparez vos phrases à celles d'un autre groupe.

> **MODÈLE**
>
> **Élève 1:** *Je préférerais qu'il y ait plus d'eau dans cette rivière.*
> **Élève 2:** *J'aimerais mieux qu'il y ait plus d'herbe.*

1.

3.

2.

4.

2 Visite de votre région Interviewez vos camarades. Que recommandent-ils à des visiteurs qui ne connaissent pas votre région? Écrivez leurs réponses, puis comparez vos résultats à ceux d'un autre groupe. Utilisez ces expressions.

> **MODÈLE**
>
> **Élève 1:** *Que devraient faire les visiteurs de cette région?*
> **Élève 2:** *Je recommande qu'ils visitent les musées du centre-ville. Il serait bon qu'ils assistent aussi à un match de baseball.*

il est bon que	proposer que
il est indispensable que	recommander que
il faut que	suggérer que
?	?

3 Plus d'arbres Avec un(e) partenaire, pensez à votre environnement et dites si vous voulez qu'il y ait **plus de**, **moins de** ou **autant de** choses ou d'animaux. Quand vous n'êtes pas d'accord, justifiez vos réponses.

> **MODÈLE**
>
> **Élève 1:** *Je souhaite qu'il y ait plus d'arbres.*
> **Élève 2:** *Oui, il faut plus d'arbres autour du lycée et en ville.*

4 Voyage en Afrique centrale Avec un(e) partenaire, vous voulez visiter ces endroits en Afrique centrale. Préparez un dialogue avec des verbes au présent du subjonctif et des comparatifs ou des superlatifs. Ensuite, alternez les rôles.

> **MODÈLE**
>
> **Élève 1:** *J'aimerais qu'on visite Kribi, au Cameroun. Il y a plus de plages.*
> **Élève 2:** *Il vaut mieux que nous visitions le marché, au Gabon.*

la forêt de Dzanga-Sangha (République centrafricaine)
le lac Kivu (Rwanda)
les marchés (Gabon)
le parc national de Lobéké (Cameroun)
le parc national de l'Ivindo (Congo)
les plages de Kribi (Cameroun)

5 Échange d'opinions Avec un(e) partenaire, imaginez une conversation entre un chasseur (*hunter*) et un défenseur de la nature. Préparez un dialogue où les deux se font des suggestions. Ensuite, jouez votre dialogue pour la classe.

> **MODÈLE**
>
> **Élève 1:** *Il est dommage que vous disiez que les chasseurs n'aiment pas la nature.*
> **Élève 2:** *Je souhaite que vous respectiez plus les animaux.*

6 La maman de Carine Votre professeur va vous donner, à vous et à votre partenaire, deux feuilles d'activités différentes sur Carine et sa mère. Attention! Ne regardez pas la feuille de votre partenaire.

> **MODÈLE**
>
> **Élève 1:** *Si Carine prend l'avion,...*
> **Élève 2:** *...sa mère veut qu'elle l'appelle de l'aéroport.*

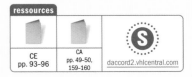

ressources		
CE pp. 93–96	CA pp. 49–50, 159–160	**S** daccord2.vhlcentral.com

À l'écoute  Audio: Activities

Préparation

Regardez la photo. Que se passe-t-il à votre avis? Combien de personnes y a-t-il? Pour quelle cause ces personnes manifestent-elles (*demonstrate*)? De quoi vont-elles parler?

 ## À vous d'écouter 🎧

Écoutez la personne qui a organisé la manifestation (*demonstration*) et encerclez les sujets mentionnés.

la chasse	les lois sur la protection de l'environnement
les déchets toxiques	
l'effet de serre	la pluie acide
l'énergie nucléaire	la pollution
l'extinction de certaines espèces	la pollution des rivières
	le ramassage des ordures
le gaspillage	la surpopulation

Compréhension

Complétez Choisissez la bonne réponse pour terminer chaque phrase, d'après ce que vous venez d'entendre.

1. On peut recycler _____.
   a. le verre   b. les déchets toxiques   c. tous les déchets

2. Les emballages recyclables aident à _____.
   a. éviter le ramassage des ordures
   b. trier (*to sort*) les déchets   c. combattre la pollution de la Terre

3. Il faut _____ le gaspillage.
   a. développer   b. éviter   c. polluer

4. Le gouvernement doit _____.
   a. passer des lois plus strictes en ce qui concerne l'écologie
   b. éviter l'effet de serre   c. réduire le trou dans la couche d'ozone

5. Il y a beaucoup de _____ dans les rivières.
   a. déchets toxiques   b. ressources naturelles   c. verre

6. Trop _____ sont en train de disparaître.
   a. d'écoproduits   b. d'espèces   c. d'océans

Les lois 👥 Un(e) représentant(e) du Congrès vient visiter votre lycée pour discuter de l'environnement. Par petits groupes, choisissez un problème écologique qui est très important pour vous. Préparez des arguments à lui présenter. Vous voulez lui faire comprendre que le gouvernement doit faire plus dans le domaine que vous avez choisi. Soyez prêts à bien expliquer la situation actuelle (*current*) et les changements nécessaires pour l'améliorer. Pensez aussi à quelques nouvelles lois sur la protection de l'environnement que vous pourrez suggérer à votre représentant(e) du Congrès.

S Interactive Map Reading

Panorama

un marché en Afrique

L'Afrique de l'Ouest

La région en chiffres

- ▶ **Bénin:** *(11.217.000 habitants), Porto Novo*
- ▶ **Burkina-Faso:** *(17.678.000), Ouagadougou*
- ▶ **Côte d'Ivoire:** *(21.553.000), Yamoussoukro*
- ▶ **Guinée:** *(11.890.000), Conakry*
- ▶ **Mali:** *(18.093.000), Bamako*
- ▶ **Mauritanie:** *(3.988.000), Nouakchott*
- ▶ **Niger:** *(19.283.000), Niamey*
- ▶ **Sénégal:** *(14.538.000), Dakar*
- ▶ **Togo:** *(7.847.000), Lomé*

SOURCE: Population Division, UN Secretariat

L'Afrique centrale

La région en chiffres

- ▶ **Burundi:** *(10.617.000), Bujumbura*
- ▶ **Cameroun:** *(19.040.000), Yaoundé*
- ▶ **Congo:** *(5.441.000), Brazzaville*
- ▶ **Gabon:** *(1.605.000), Libreville*
- ▶ **République centrafricaine:** *(4.647.000), Bangui*
- ▶ **République démocratique du Congo (R.D.C.):** *(78.016.000), Kinshasa*
- ▶ **Rwanda:** *(11.262.000), Kigali*
- ▶ **Tchad:** *(12.832.000), N'Djamena*

Personnes célèbres

- ▶ **Mory Kanté,** *Guinée et Mali, chanteur et musicien (1950–)*
- ▶ **Djimon Hounsou,** *Bénin, acteur (1964–)*
- ▶ **Françoise Mbango-Etone,** *Cameroun, athlète olympique (1976–)*

liste du patrimoine mondial en péril *World Heritage in Danger List*

LA TUNISIE
LE MAROC
L'ALGÉRIE
LA LIBYE
LE SAHARA OCCIDENTAL
LE SAHARA
LA MAURITANIE
⊛ **Nouakchott**
LE MALI
LE NIGER
LE TCHAD
LE SÉNÉGAL
⊛ **Dakar**
LA GAMBIE
LE BURKINA-FASO
⊛ **Niamey**
⊛ **N'Djamena**
LE SOUDAN
LA GUINÉE
⊛ **Conakry**
Bamako ⊛
⊛ **Ouagadougou**
LA GUINÉE-BISSAU
LE GHANA
LE BÉNIN
LE NIGÉRIA
LA SIERRA LEONE
Yamoussoukro ⊛
Lomé ⊛
⊛ **Porto Novo**
LE TOGO
LE CAMEROUN
⊛ **Yaoundé**
LA RÉPUBLIQUE CENTRAFRICAINE
Bangui ⊛
LE LIBÉRIA
LA CÔTE D'IVOIRE
LE GOLFE DE GUINÉE
Libreville ⊛
LE GABON
LE CONGO
LE RWANDA
⊛ **Kigali**
L'OUGANDA
LA GUINÉE ÉQUATORIALE
L'OCÉAN ATLANTIQUE
Brazzaville ⊛
Kinshasa
LA RÉPUBLIQUE DÉMOCRATIQUE DU CONGO
Bujumbura ⊛
LE BURUNDI
LA TANZANIE
L'ANGOLA
LA ZAMBIE
le Nil

□ Pays francophones

0 ——— 500 miles
0 ——— 500 kilomètres

la ville d'Abidjan

une femme à Kinshasa

Incroyable mais vrai!

Progrès ou destruction? Dans le parc Kahuzi-Biega, en R.D.C., habite une espèce menacée d'extinction: le gorille de montagne. Il est encore plus menacé, depuis peu, par l'exploitation d'un minerai qu'on trouve dans ce parc, le coltan, utilisé, entre autres, dans la fabrication de téléphones portables. Aujourd'hui, le parc est sur la liste du patrimoine mondial en péril°.

Les gens

Léopold Sédar Senghor, le président poète (1906–2001)

Alpha Blondy

Senghor, homme politique et poète sénégalais, était professeur de lettres en France avant de mener° le Sénégal à l'indépendance et de devenir le premier président du pays en 1960. Humaniste et homme de culture, il est un des pères fondateurs° de la Négritude, un mouvement littéraire d'Africains et d'Antillais noirs qui examinent et mettent en valeur leur identité culturelle. Il a aussi organisé le premier Festival mondial des arts nègres, à Dakar, en 1966. Senghor a produit une importante œuvre° littéraire dans laquelle il explore le métissage° des cultures africaines, européennes et américaines. Docteur honoris causa de nombreuses universités, dont Harvard et la Sorbonne, il a été élu° à l'Académie française en 1983.

La musique

Le reggae ivoirien

La Côte d'Ivoire est un des pays d'Afrique où le reggae africain est le plus développé. Ce type de reggae se distingue du reggae jamaïcain par les instruments de musique utilisés et les thèmes abordés°. En fait, les artistes ivoiriens incorporent souvent des instruments traditionnels d'Afrique de l'Ouest et les thèmes sont souvent très politiques. Alpha Blondy, par exemple, est le plus célèbre des chanteurs ivoiriens de reggae et fait souvent des commentaires sociopolitiques. Le chanteur Tiken Jah Fakoly critique la politique occidentale et les gouvernants africains, et Ismaël Isaac dénonce les ventes d'armes° dans le monde. Le reggae ivoirien est chanté en français, en anglais et dans les langues africaines.

Les lieux

Les parcs nationaux du Cameroun

Avec la forêt, la savane et la montagne dans ses réserves et parcs nationaux, le Cameroun présente une des faunes et flores les plus riches et variées d'Afrique. Deux cent quarante empreintes° de dinosaures sont fossilisées au site de dinosaures de Manangia, dans la province du Nord. Les différentes réserves du pays abritent°, entre autres, éléphants, gorilles, chimpanzés, antilopes et plusieurs centaines d'espèces de reptiles, d'oiseaux et de poissons. Le parc national Korup est une des plus anciennes forêts tropicales du monde. Il est connu surtout récemment pour une liane°, découverte là-bas, qui pourrait avoir un effet sur la guérison° de certains cancers et du VIH°.

FESPACO 2007
20ᵉ édition
24 février – 03 mars

Cinéma africain et diversité culturelle
African cinema and cultural diversity

Les arts

Le FESPACO

Le FESPACO (Festival Panafricain du Cinéma et de la télévision à Ouagadougou), créé en 1969 pour favoriser la promotion du cinéma africain, est le plus grand festival du cinéma africain du monde et le plus grand événement culturel d'Afrique qui revient régulièrement. Vingt films et vingt courts métrages° africains sont présentés en compétition officielle, tous les deux ans, à ce festival du Burkina-Faso. Le FESPACO est aussi une fête populaire avec une cérémonie d'ouverture à laquelle assistent 40.000 spectateurs et des stars de la musique africaine.

 Qu'est-ce que vous avez appris? Répondez aux questions par des phrases complètes.

1. Qu'est-ce qui menace la vie des gorilles de montagne?
2. Quelle est une des utilisations du coltan?
3. Pourquoi Senghor est-il important dans l'histoire du Sénégal?
4. De quel mouvement Senghor était-il un des fondateurs?
5. Qu'est-ce qui fait la spécificité du son (*sound*) du reggae ivoirien?
6. De quoi parlent souvent les chanteurs de reggae en Côte d'Ivoire?
7. Qu'a-t-on trouvé sur le site de Manangia?
8. Pourquoi le parc national Korup est-il bien connu récemment?
9. Pourquoi le FESPACO a-t-il été créé?
10. Le FESPACO est-il un festival réservé exclusivement aux professionnels du cinéma?

 Practice more at **daccord2.vhlcentral.com.**

SUR INTERNET

Go to **daccord2.vhlcentral.com** to find more cultural information related to this **PANORAMA**.

1. Trouvez des informations sur le mouvement de la Négritude. Qui en étaient les autres principaux fondateurs?
2. Écoutez des chansons (*songs*) de reggae ivoirien. De quoi parlent-elles?
3. Cherchez plus d'informations sur le gorille de montagne et le coltan. Quel est le statut (*status*) du gorille aujourd'hui?

mener *lead*   **pères fondateurs** *founding fathers*
œuvre *body of work*   **métissage** *mixing*   **élu** *elected*
abordés *dealt with*   **ventes d'armes** *weapons sales*
empreintes *footprints*   **abritent** *provide a habitat for, shelter*
liane *vine*   **guérison** *cure*   **VIH** *HIV*   **métrages** *films*

Lecture **Audio:** Dramatic Recording

Avant la lecture

Examinez le texte

Dans l'extrait (*excerpt*) du *Petit Prince* que vous allez lire, le petit prince rencontre un géographe. Que fait un géographe? En quoi consiste son travail exactement? Est-ce un travail facile ou difficile, à votre avis? Regardez les illustrations et décrivez le géographe et le petit prince.

À propos de l'auteur
Antoine de Saint-Exupéry

Antoine de Saint-Exupéry est né à Lyon, en France, en 1900. C'est un écrivain français très apprécié dans le monde entier qui a aussi eu une carrière d'aviateur. En 1921, il entre dans l'armée, où il est formé comme pilote. Plus tard, en 1926, il devient pilote pour la compagnie Aéropostale et voyage entre la France, l'Afrique du Nord et l'Amérique du Sud. À cette époque, il écrit ses deux premiers romans°, *Courrier Sud* et *Vol de nuit*. De nouveau dans l'armée française, Saint-Exupéry écrit, en 1943, alors qu'il est en Afrique du Nord, son œuvre la plus célèbre, *Le Petit Prince*. Elle sera traduite en plus de 150 langues. Saint-Exupéry disparaît° en 1944 lors d'°une mission en avion.

Le Petit Prince raconte l'histoire d'un jeune garçon qui a quitté sa planète pour visiter d'autres planètes. Pendant son voyage, il rencontre des personnages et des animaux différents. Dans cet extrait, le petit prince arrive sur la sixième planète, où habite un vieux monsieur qui est géographe.

romans *novels* **disparaît** *disappears* **lors d'** *during*

Le Petit Prince

[...]

La sixième planète était une planète dix fois plus vaste. Elle était habitée par un vieux Monsieur qui écrivait d'énormes livres.

—Tiens! voilà un explorateur! s'écria-t-il°, quand il aperçut° le petit prince.

Le petit prince s'assit° sur la table et souffla° un peu. Il avait déjà tant° voyagé!

—D'où viens-tu? lui dit le vieux Monsieur.

—Quel est ce gros livre? dit le petit prince. Que faites-vous ici?

—Je suis géographe, dit le vieux Monsieur.

—Qu'est-ce qu'un géographe?

—C'est un savant° qui connaît où se trouvent les mers, les fleuves, les villes, les montagnes et les déserts.

—Ça, c'est intéressant, dit le petit prince. Ça, c'est enfin un véritable métier! Et il jeta un coup d'œil autour° de lui sur la planète du géographe. Il n'avait jamais vu encore une planète aussi majestueuse.

—Elle est bien belle, votre planète. Est-ce qu'il y a des océans?

—Je ne puis° pas le savoir, dit le géographe.

—Ah! (Le petit prince était déçu°.) Et des montagnes?

—Je ne puis pas le savoir, dit le géographe.

—Et des villes et des fleuves et des déserts?

—Je ne puis pas le savoir non plus, dit le géographe.

—Mais vous êtes géographe!

—C'est exact, dit le géographe, mais je ne suis pas explorateur. Je manque° absolument d'explorateurs. Ce n'est pas le géographe qui va faire le compte° des villes, des fleuves, des montagnes, des mers et des océans. Le géographe est trop important pour flâner°. Il ne quitte pas son bureau. Mais il reçoit les explorateurs. Il les interroge, et il prend note de leurs souvenirs°. Et si les souvenirs de l'un d'entre eux lui paraissent° intéressants, le géographe fait une enquête° sur la moralité de l'explorateur.

—Pourquoi ça?

—Parce qu'un explorateur qui mentirait° entraînerait° des catastrophes dans les livres de géographie. Et aussi un explorateur qui boirait° trop.

—Pourquoi ça? fit° le petit prince.

—Parce que les ivrognes° voient double. Alors le géographe noterait deux montagnes, là où il n'y en a qu'une seule.

—Je connais quelqu'un, dit le petit prince, qui serait mauvais explorateur.

—C'est possible. Donc, quand la moralité de l'explorateur paraît° bonne, on fait une enquête sur sa découverte°.

—On va voir?

—Non. C'est trop compliqué. Mais on exige qu'il en rapporte° de grosses pierres.

Le géographe soudain s'émut°.

—Mais toi, tu viens de loin! Tu es explorateur! Tu vas me décrire ta planète!

Et le géographe, ayant ouvert son registre°, tailla° son crayon. On note d'abord au crayon les récits des explorateurs. On attend, pour noter à l'encre°, que l'explorateur ait fourni des preuves°.

—Alors? interrogea le géographe.

—Oh! chez moi, dit le petit prince, ce n'est pas très intéressant, c'est tout petit. J'ai trois volcans. Deux volcans en activité, et un volcan éteint. [...]

s'écria-t-il *he exclaimed* **aperçut** *noticed* **s'assit** *sat down* **souffla** *breathed* **tant** *so much* **savant** *scholar* **jeta un coup d'œil autour** *glanced around* **puis** *can* **déçu** *disappointed* **manque** *lack* **faire le compte** *count* **flâner** *stroll* **souvenirs** *memories* **paraissent** *seem* **enquête** *investigation* **mentirait** *would lie* **entraînerait** *would cause* **boirait** *would drink* **fit** *said* **ivrognes** *drunks* **paraît** *seems* **découverte** *discovery* **rapporte** *brings back* **s'émut** *became emotional* **ayant ouvert son registre** *having opened his book* **tailla** *sharpened* **encre** *ink* **ait fourni des preuves** *has provided proof*

Après la lecture

Le travail d'un géographe Cherchez, dans le texte, les différentes étapes du travail du géographe et mettez-les dans l'ordre chronologique.

_____ 1. Le géographe écrit la version du récit des explorateurs à l'encre.

_____ 2. Le géographe demande aux explorateurs de raconter leurs récits.

_____ 3. Le géographe note les découvertes des explorateurs au crayon.

_____ 4. Le géographe reçoit des explorateurs.

_____ 5. Les explorateurs donnent des preuves au géographe.

_____ 6. Le géographe fait une enquête sur les découvertes des explorateurs.

_____ 7. Le géographe fait une enquête sur la moralité des explorateurs.

_____ 8. Le géographe demande aux explorateurs de lui rapporter (*bring back*) des pierres.

Répondez Répondez aux questions par des phrases complètes.

1. Où habite le géographe?

2. Que faisait le géographe quand le petit prince est arrivé sur sa planète?

3. Pourquoi est-ce que le petit prince est fatigué quand il arrive chez le géographe?

4. D'après le géographe, quel est le métier du petit prince?

5. Pourquoi est-ce qu'un géographe n'explore jamais les endroits qu'il veut connaître?

6. Si un explorateur ment, quelles peuvent être les conséquences, d'après le géographe?

7. Qu'est-ce que le géographe demande au petit prince à la fin de l'extrait?

8. Comment est la planète du petit prince?

Dans le futur Nous sommes en 2650 et on peut voyager dans l'espace. Avez-vous envie de visiter les autres planètes, comme le petit prince? Expliquez. Comment sont les autres planètes, à votre avis? Sont-elles comme la Terre ou pas?

Une lettre au géographe Vous êtes un(e) des explorateurs/exploratrices qui travaillent pour le géographe. Aidez-le à mieux connaître la Terre. Écrivez-lui une lettre dans laquelle vous lui expliquez comment est votre région, votre pays ou un autre endroit dans le monde, si vous préférez.

Écriture

Considering audience and purpose

Writing always has a purpose. During the planning stages, you must determine to whom you are addressing the piece, and what you want to express to your reader. Once you have defined both your audience and your purpose, you will be able to decide which genre, vocabulary, and grammatical structures will best serve your literary composition.

Let's say you want to share your thoughts on local traffic problems. Your audience can be either the local government or the community. You could choose to write a newspaper article, a letter to the editor, or a letter to the city's governing board. You should first ask yourself these questions:

1. Are you going to comment on traffic problems in general, or are you going to point out several specific problems?

2. Are you intending to register a complaint?

3. Are you simply intending to inform others and increase public awareness of the problems?

4. Are you hoping to persuade others to adopt your point of view?

5. Are you hoping to inspire others to take concrete actions?

The answers to these questions will help you establish the purpose of your writing and determine your audience. Of course, your writing can have more than one purpose. For example, you may intend for your writing to both inform others of a problem and inspire them to take action.

Thème
Écrire une lettre ou un article
Avant l'écriture

1. Vous allez écrire au sujet d'un (*about a*) problème de l'environnement qui est important pour vous. Choisissez d'abord le problème dont vous voulez parler. Lisez les trois sujets et choisissez à propos duquel (*about which one*) vous voulez écrire.

   ■ Écrivez au sujet des programmes qui existent pour protéger l'environnement dans votre communauté. Sont-ils efficaces (*effective*)? Tout le monde (*Everybody*) participe-t-il? Avez-vous des doutes sur le futur de l'environnement dans votre communauté?

   ■ Décrivez un des attraits (*attractions*) naturels de votre région. Êtes-vous optimiste sur l'avenir de votre région? Que font le gouvernement et les habitants de votre région pour protéger l'environnement? Faut-il faire plus?

   ■ Écrivez au sujet d'un programme pour la protection de l'environnement au niveau national ou international. Est-ce un programme du/des gouvernement(s) ou d'une entreprise privée? Est-il efficace? Qui y participe? Avez-vous des doutes au sujet de ce programme? Pensez-vous qu'on devrait le changer ou l'améliorer? Comment?

2. Décidez qui sera votre public: Voulez-vous écrire une lettre à un membre du gouvernement, à une association d'élèves, etc.? Préférez-vous écrire un article pour un journal, un magazine? Complétez ce tableau (*chart*).

<hr />

> Audience: Cochez (Select) les options qui décrivent votre audience.
>
> _____ un(e) ami(e) (lequel/laquelle?)
>
> _____ une association d'élèves (laquelle?)
>
> _____ un membre du/d'un gouvernement (lequel?)
>
> _____ les lecteurs (readers) d'un journal/magazine (lequel?)
>
> _____ les lecteurs d'un magazine (lequel?)
>
> Décrivez votre audience ici.
>
> Mots (Words) et expressions pour atteindre (reach) ces lecteurs:

3. Identifiez le but de votre lettre ou article: Voulez-vous simplement informer le public ou allez-vous aussi donner votre opinion personnelle? Complétez ce tableau.

> But: Cochez toutes les options qui décrivent votre but.
>
> _____ informer les lecteurs   _____ se plaindre (to complain)
>
> _____ exprimer vos sentiments (feelings)   _____ examiner différents problèmes et situations
>
> _____ persuader les lecteurs   _____ examiner un seul problème ou une seule situation
>
> _____ inspirer les lecteurs
>
> Décrivez votre but ici.
>
> Détails qui soutiennent (support) votre but:

4. Après avoir complété les deux tableaux, décidez quel type de rédaction vous allez écrire.

Écriture

1. Préparez une courte introduction, puis présentez le problème que vous avez choisi.

2. N'oubliez pas de répondre à toutes les questions posées dans la présentation du sujet en page précédente.

3. Utilisez le subjonctif pour exprimer la volonté et l'émotion, des comparatifs et des superlatifs, et des pronoms démonstratifs dans votre rédaction.

4. Si vous avez choisi d'exprimer votre opinion personnelle, justifiez-la pour essayer de persuader votre/vos lecteur(s).

5. Préparez la conclusion de votre lettre ou article.

Après l'écriture

1. Échangez votre lettre/article avec celle/celui d'un(e) partenaire. Répondez à ces questions pour commenter son travail.

- Votre partenaire a-t-il/elle identifié un but et une audience spécifiques?

- Sa lettre/Son article montre-t-elle/il clairement le but?

- Sa lettre/Son article est-elle/il réellement destiné(e) (aimed) à un type de lecteurs spécifiques?

- Votre partenaire a-t-il/elle répondu à toutes les questions posées dans la présentation du sujet?

- A-t-il/elle utilisé les points de grammaire de l'unité?

- Quel(s) détail(s) ajouteriez-vous (would you add)? Quel(s) détail(s) enlèveriez-vous (would you delete)? Quel(s) autre(s) commentaire(s) avez-vous pour votre partenaire?

2. Corrigez votre lettre/article d'après (according to) les commentaires de votre partenaire. Relisez votre travail pour éliminer ces problèmes:

- des fautes (errors) d'orthographe, de ponctuation et de conjugaison

- un mauvais emploi (use) des temps et de la grammaire de l'unité

- des fautes d'accord (agreement) des adjectifs

VOCABULAIRE

Flashcards
Audio: Vocabulary

La nature

un espace	space, area
une espèce (menacée)	(endangered) species
la nature	nature
un pique-nique	picnic
une région	region
une ressource naturelle	natural resource
un arbre	tree
un bois	wood
un champ	field
le ciel	sky
une côte	coast
un désert	desert
une étoile	star
une falaise	cliff
un fleuve	river
une forêt (tropicale)	(tropical) forest
l'herbe (f.)	grass
une île	island
la jungle	jungle
un lac	lake
la Lune	moon
une pierre	stone
une plante	plant
une rivière	river
un sentier	path
une vallée	valley
un volcan	volcano
en plein air	outdoor, open-air
pur(e)	pure

Verbes de volonté

demander que...	to ask that...
désirer que...	to want/desire that...
exiger que...	to demand that...
préférer que...	to prefer that...
proposer que...	to propose that...
recommander que...	to recommend that...
souhaiter que...	to wish that...
suggérer que...	to suggest that...
vouloir que...	to want that...

L'écologie

améliorer	to improve
chasser	to hunt
développer	to develop
gaspiller	to waste
jeter	to throw away
polluer	to pollute
préserver	to preserve
prévenir l'incendie	to prevent a fire
proposer une solution	to propose a solution
recycler	to recycle
sauver la planète	to save the planet
une catastrophe	catastrophe
une centrale nucléaire	nuclear plant
la chasse	hunt
le covoiturage	carpooling
un danger	danger, threat
le déboisement	deforestation
des déchets toxiques (m.)	toxic waste
l'écologie (f.)	ecology
l'écotourisme (m.)	ecotourism
l'effet de serre (m.)	greenhouse effect
un emballage en plastique	plastic wrapping/ packaging
l'énergie nucléaire (f.)	nuclear energy
l'énergie solaire (f.)	solar energy
l'environnement (m.)	environment
l'extinction (f.)	extinction
le gaspillage	waste
un glissement de terrain	landslide
un nuage de pollution	pollution cloud
la pluie acide	acid rain
la pollution	pollution
une population croissante	growing population
la préservation	protection
un produit	product
la protection	protection
le ramassage des ordures	garbage collection
le réchauffement climatique	global warming
le recyclage	recycling
le sauvetage des habitats naturels	natural habitat preservation
la surpopulation	overpopulation
le trou dans la couche d'ozone	hole in the ozone layer
une usine	factory
écologique	ecological

Les animaux

un animal	animal
un écureuil	squirrel
un lapin	rabbit
un serpent	snake
une vache	cow

Les lois et les règlements

abolir	to abolish
interdire	to forbid, to prohibit
un gouvernement	government
une loi	law

Pronoms démonstratifs

celui	this one; that one; the one (m., sing.)
ceux	these; those; the ones (m., pl.)
celle	this one; that one; the one (f., sing.)
celles	these; those; the ones (f., pl.)

Expressions impersonnelles

Il est bon que...	It is good that...
Il est dommage que...	It is a shame that...
Il est essentiel que...	It is essential that...
Il est important que...	It is important that...
Il est indispensable que...	It is essential that...
Il est nécessaire que...	It is necessary that...
Il est possible que...	It is possible that...
Il faut que...	One must..., It is necessary that...
Il vaut mieux que...	It is better that...

Expressions utiles	See pp. 241 and 255.
Verbs and expressions of emotion	See p. 259.
Comparatives and superlatives of nouns	See p. 260.

ressources

S

daccord2.vhlcentral.com

Les arts

Pour commencer

- Où est David? Sur une falaise? Dans une classe? Dans un champ?
- Que dessine-t-il?
- Est-il nécessaire qu'il ait un modèle pour dessiner?
- Est-il possible qu'il soit déjà un artiste connu?

Leçon 7A

You will learn how to...

- talk about performance arts
- express your feelings and opinions

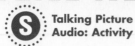
Que le spectacle commence!

Vocabulaire

jouer un rôle	to play a role
présenter	to present
profiter de quelque chose	to take advantage of/ to enjoy something
un applaudissement	applause
une chanson	song
un chœur	choir, chorus
une comédie (musicale)	comedy (musical)
un compositeur	composer
un concert	concert
une danse	dance
un dramaturge	playwright
un entracte	intermission
un membre	member
un metteur en scène	director (of a play, a show)
un personnage (principal)	(main) character
une pièce de théâtre	play
un réalisateur/ une réalisatrice	director (of a movie)
une séance	show; screening
une troupe	company, troop
le début	beginning; debut
la fin	end
un genre	genre
une sorte	sort, kind
célèbre	famous

une danseuse

un danseur

une spectatrice

Elle applaudit. (applaudir)

un piano

La danse

une guitare

un orchestre

la batterie

Ils font de la musique.

YVETTE LEBLANC & CO.

ressources
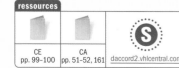

CE
pp. 99–100

CA
pp. 51–52, 161

S
daccord2.vhlcentral.com

Mise en pratique

une comédie

une tragédie

un spectateur

Le théâtre

CARMEN de Bizet

Il joue du violon.

un opéra

une place

1 **Choisissez** Choisissez la phrase de la colonne **B** qui complète le mieux les phrases de la colonne **A**. Notez que tous les éléments de la colonne **B** ne sont pas utilisés.

A

_____ 1. Pour entrer dans une salle de spectacle,
_____ 2. Georges Bizet a écrit **Carmen** en 1875;
_____ 3. Au milieu d'une pièce de théâtre
_____ 4. Un metteur en scène est chargé de
_____ 5. La tragédie **Hamlet** est une
_____ 6. Une comédie musicale est

B

a. il faut un billet.
b. un spectacle de musique et de danse.
c. un membre de la troupe.
d. guider les comédiens dans leur travail.
e. il y a souvent un entracte.
f. il faut danser à l'entracte.
g. c'est un des opéras français les plus célèbres.
h. des pièces de théâtre les plus connues de Shakespeare.

2 **Associez** Complétez les analogies suivantes par le mot ou l'expression de **CONTEXTES** qui convient le mieux.

1. chanter ⟷ chanson / applaudir ⟷ _____
2. heureux ⟷ comédie / triste ⟷ _____
3. théâtre ⟷ pièce / cinéma ⟷ _____
4. concert ⟷ orchestre / chanson ⟷ _____
5. film ⟷ acteur / ballet ⟷ _____
6. opéra ⟷ chanter / concert ⟷ _____
7. livre ⟷ écrivain / musique ⟷ _____
8. classe ⟷ élève / troupe ⟷ _____
9. film ⟷ réalisateur / pièce de théâtre ⟷ _____
10. danse ⟷ danseur / chanson ⟷ _____

3 **Écoutez** 🎧 Écoutez la conversation entre Hakim et Nadja pendant le spectacle de *Notre-Dame de Paris*, ensuite indiquez la bonne réponse.

1. Hakim et Nadja donnent leurs...
   a. places.
   b. billets.
   c. détails.
2. Leurs places sont situées...
   a. très loin de l'orchestre.
   b. au balcon.
   c. près de l'orchestre.
3. Le spectacle est...
   a. une comédie musicale.
   b. un concert.
   c. une tragédie.
4. Gilles Maheu est...
   a. un dramaturge.
   b. un metteur en scène.
   c. un personnage.
5. Hakim...
   a. n'a pas applaudi.
   b. a très peu applaudi.
   c. a beaucoup applaudi.
6. Nadja pense qu'Hakim...
   a. va devenir célèbre.
   b. n'est pas un bon danseur.
   c. est un bon compositeur.

🎙 Practice more at **daccord2.vhlcentral.com.**

Communication

4 Le mot juste Avec un(e) partenaire, remplissez les espaces par le mot qui est illustré. Faites les accords nécessaires.

1. Ma petite sœur apprend à _____ . Ça fait beaucoup de bruit (*noise*) dans la maison. Elle prépare

son premier _____ qui sera en décembre.

2. Je dois me dépêcher de trouver une _____ parce que la _____

va bientôt commencer.

3. Marie-Claude Pietragalla a été _____ étoile de l'Opéra de Paris. Je l'ai beaucoup aimée dans le

_____ de Giselle.

4. Je sais _____ et je voudrais apprendre à _____ , mais je n'ai

pas beaucoup de temps.

5 Répondez Avec un(e) partenaire, posez-vous les questions suivantes et répondez-y à tour de rôle. Ensuite, comparez vos réponses avec celles d'un autre groupe.

1. Quelle sorte de chanson préfères-tu? Pour quelle(s) raison(s)?
2. Quel est le dernier concert auquel tu as assisté? Comment était-ce?
3. Quel est ton genre de spectacle favori? Pourquoi?
4. Quel réalisateur admires-tu le plus? Décris un de ses films.
5. Est-ce que tu fais de la musique? De quel genre?
6. Es-tu un(e) bon(ne) danseur/danseuse? Pour quelle(s) raison(s)?
7. Si tu pouvais jouer un rôle, lequel choisirais-tu? Pourquoi?
8. Est-ce que les arts sont importants pour toi? Lesquels? Pourquoi?

6 Les sorties Votre professeur va vous donner, à vous et à votre partenaire, une feuille d'activités. Attention! Ne regardez pas la feuille de votre partenaire.

MODÈLE

Élève 1: Bonjour.
Élève 2: Bonjour. J'aimerais voir quelques spectacles ce week-end. Pourriez-vous me dire quels sont les spectacles proposés?
Élève 1: Bien sûr! Eh bien, vendredi soir…

7 Le blog virtuel Formez un petit groupe. Chaque membre du groupe choisit un film ou un spectacle différent.

- Écrivez une critique de ce film/spectacle.
- Passez-la à votre partenaire de gauche.
- Il/Elle écrit ensuite ses réactions.
- Continuez le processus pour faire un tour complet.
- Ensuite, discutez de tous vos commentaires.

Les sons et les lettres

 Audio: Concepts, Activities
Record & Compare

Les liaisons obligatoires et les liaisons interdites

Rules for making liaisons are complex and have many exceptions. Generally, a liaison is made between pronouns, and between a pronoun and a verb that begins with a vowel or vowel sound.

vous en avez   **nous habitons**   **ils aiment**   **elles arrivent**

Make liaisons between articles, numbers, or the verb **est** and a noun or adjective that begins with a vowel or a vowel sound.

un éléphant   **les amis**   **dix hommes**   **Roger est enchanté.**

There is a liaison after many single-syllable adverbs, conjunctions, and prepositions.

très intéressant   **chez eux**   **quand elle**   **quand on décidera**

Many expressions have obligatory liaisons that may or may not follow these rules.

C'est-à-dire...   **Comment allez-vous?**   **plus ou moins**   **avant-hier**

Never make a liaison before or after the conjunction **et** or between a noun and a verb that follows it. Likewise, do not make a liaison between a singular noun and an adjective that follows it.

un garçon et une fille   **Gilbert adore le football.**   **un cours intéressant**

There is no liaison before **h aspiré** or before the word **oui** and before numbers.

un hamburger   **les héros**   **un oui et un non**   **mes onze animaux**

Prononcez Répétez les mots suivants à voix haute.

1. les héros   2. mon petit ami   3. un pays africain   4. les onze étages

Articulez Répétez les phrases suivantes à voix haute.

1. Ils en veulent onze.
2. Vous vous êtes bien amusés hier soir?
3. Christelle et Albert habitent en Angleterre.
4. Quand est-ce que Charles a acheté ces objets?

Dictons Répétez les dictons à voix haute.

Les murs ont des oreilles.[2]

Deux avis valent mieux qu'un.[1]

[1] Two heads are better than one. (lit. *Two opinions are better than one.*)
[2] The walls have ears.

ressources
CA p. 162
daccord2.vhlcentral.com

ROMAN-PHOTO

Après le concert

 Video: *Roman-photo*
Record & Compare

PERSONNAGES

Amina

David

Rachid

Sandrine

Valérie

Après le concert...

RACHID Bon... que pensez-vous du spectacle?

AMINA Euh... c'est ma comédie musicale préférée... Les danseurs étaient excellents.

DAVID Oui, et l'orchestre aussi!

RACHID Et les costumes, comment tu les as trouvés, Amina?

AMINA Très beaux!

RACHID Moi, je trouve que la robe que tu as faite pour Sandrine était le plus beau des costumes.

AMINA Vraiment?

DAVID Eh, voilà Sandrine.

SANDRINE Vous avez entendu ces applaudissements? Je n'arrive pas à croire que c'était pour moi... et toute la troupe, bien sûr!

DAVID Oui c'est vraiment incroyable!

SANDRINE Alors, vous avez aimé notre spectacle?

RACHID Oui! Amina vient de nous dire que c'était sa comédie musicale préférée.

VALÉRIE Et Sandrine?

DAVID Euh, comme ci, comme ça... À vrai dire, ce n'était pas terrible... C'est le moins que l'on puisse dire.

VALÉRIE Ah bon?

DAVID Comme actrice elle n'est pas mal. Elle a bien joué son rôle, mais il est évident qu'elle ne sait pas chanter.

VALÉRIE Tu ne lui as pas dit ça, j'espère!

DAVID Ben, non, mais... Je doute qu'elle devienne une chanteuse célèbre! C'est ça, son rêve. Croyez-vous que ce soit mieux qu'elle le sache?

SANDRINE Tu en as suffisamment dit...

DAVID Sandrine! Je ne savais pas que tu étais là.

SANDRINE De toute évidence! Il vaut mieux que je m'en aille.

À la terrasse...

DAVID Sandrine! Attends!

SANDRINE Pour quoi faire?

DAVID Je voudrais m'expliquer... Il est clair que...

SANDRINE Écoute, ce qui est clair, c'est que tu n'y connais rien en musique et que tu ne sais rien de moi!

 Vrai ou faux? Indiquez si ces affirmations sont **vraies** ou **fausses**. Corrigez les phrases fausses.

1. Le spectacle est la comédie musicale préférée de Rachid.

2. Amina a beaucoup aimé les costumes.

3. David a apporté des fleurs à Sandrine.

4. David n'aime pas vraiment la robe de Sandrine.

5. Finalement, Sandrine a dû acheter sa robe elle-même.

6. Valérie est surprise d'apprendre que Sandrine n'est pas une très bonne chanteuse.

7. Sandrine est furieuse quand elle découvre la véritable opinion de David.

8. David voulait être méchant avec Sandrine.

9. Sandrine rompt (*breaks up*) avec David.

10. David veut rompre avec Sandrine.

Practice more at daccord2.vhlcentral.com.

A C T I V I T É S

Les amis échangent leurs opinions.

SANDRINE C'est vrai? C'est la mienne aussi. (*Elle chante.*) J'adore cette chanson!

DAVID Euh... Sandrine, que tu es ravissante dans cette robe!

SANDRINE Merci, David. Elle me va super bien, non? Et toi, Amina, merci mille fois!

Au P'tit Bistrot...

VALÉRIE Alors c'était comment, la pièce de théâtre?

DAVID C'était une comédie musicale.

VALÉRIE Oh! Alors, c'était comment?

DAVID Pas mal. Les danseurs et l'orchestre étaient formidables.

VALÉRIE Et les chanteurs?

DAVID Mmmm... pas mal.

DAVID Sandrine, je suis désolé de t'avoir blessée, mais il faut bien que quelqu'un soit honnête avec toi.

SANDRINE À quel sujet?

DAVID Eh bien..., la chanson... je doute que ce soit ta vocation.

SANDRINE Tu doutes? Eh bien, moi, je suis certaine... certaine de ne plus jamais vouloir te revoir. C'est fini, David.

DAVID Mais, Sandrine, écoute-moi! C'est pour ton bien que je dis...

SANDRINE Oh ça suffit. Toi, tu m'écoutes... Je suis vraiment heureuse que tu repartes bientôt aux États-Unis. Dommage que ce ne soit pas demain!

Expressions utiles

Talking about a performance

- **Je n'arrive pas à croire que ces applaudissements étaient pour moi!**
  I can't believe all that applause was for me!

- **À vrai dire, ce n'était pas terrible... C'est le moins que l'on puisse dire.**
  To tell the truth, it wasn't great... That's the least that you can say.

Expressing doubts

- **Je doute qu'elle devienne une chanteuse célèbre!**
  I doubt that she will become a famous singer!

- **Croyez-vous que ce soit mieux qu'elle le sache?**
  Do you think it would be better if she knew it?

- **Je doute que ce soit ta vocation.**
  I doubt that it's your vocation/ professional calling.

Expressing certainties

- **Il est évident qu'elle ne sait pas chanter.**
  It's obvious that she does not know how to sing.

- **Ce qui est clair, c'est que tu n'y connais rien en musique.**
  What's clear is that you don't know anything about music.

- **Il est clair que tu ne sais rien de moi.**
  It's clear that you know nothing about me.

- **Je suis certaine de ne plus jamais vouloir te revoir.**
  I'm certain that I never want to see you again.

Talking about necessities and desires

- **Il vaut mieux que je m'en aille.**
  It's better that I go.

- **Il faut bien que quelqu'un soit honnête avec toi.**
  It's really necessary that someone be honest with you.

---

2 **À vous!** David rentre chez lui et explique à Rachid qu'il s'est disputé avec Sandrine. Avec un(e) camarade de classe, préparez une conversation dans laquelle David dit ce qu'il a fait et explique la réaction de Sandrine. Rachid doit lui donner des conseils.

3 **Écrivez** Pauvre Sandrine! C'est vrai qu'elle ne chante pas bien, mais que son petit ami le dise, c'est blessant (*hurtful*). À votre avis, David a-t-il bien fait d'en parler? Pourquoi? Pour Sandrine, est-ce mieux de savoir ce que pense réellement David? Composez un paragraphe dans lequel vous expliquez votre point de vue.

ressources

CA
pp. 85–86

daccord2.vhlcentral.com

A C T I V I T É S

Ⓢ Video: *Flash culture*

la Comédie-Française

Le théâtre, un art vivant et populaire

Les Français sont de plus en plus nombreux à fréquenter les théâtres: un Français sur trois voit° au moins une pièce par an. Ce public fréquente les théâtres privés, les théâtres municipaux et les cinq théâtres nationaux, dont le plus ancien est la Comédie-Française. Les spectacles d'amateurs sont aussi très appréciés. Les comédiens° de théâtre ont beaucoup de prestige et reçoivent des récompenses° professionnelles spéciales, les Molières. Le théâtre joue aussi un rôle social important, en particulier pour les jeunes.

Le théâtre français est né au XVIIᵉ siècle. Le roi Louis XIV était un grand amateur° de spectacles et la cour° de Versailles offrait les divertissements° les plus extravagants°. Les œuvres° d'auteurs célèbres, comme Molière ou les tragédiens Pierre Corneille et Jean Racine, datent de cette époque. En 1680, Louis XIV crée l'institution théâtrale la plus prestigieuse de France, la Comédie-Française.

Aujourd'hui, elle s'appelle aussi «Maison de Molière» ou «Théâtre-Français» et elle est toujours le symbole de la tradition théâtrale française. Elle compte parfois jusqu'à 70 comédiens et elle est subventionnée par l'État. Elle a plus de 3.000 pièces à son répertoire et ses comédiens jouent dans près de 900 représentations° par an. Ils partent aussi en tournée° en province et à l'étranger et participent à des enregistrements° pour la radio et pour la télévision.

Pour assister à un de ces spectacles, il faut prendre une réservation et retirer des billets avant le début de la représentation. Au théâtre Richelieu, on peut admirer le fauteuil dans lequel Molière a joué° il y a plus de 300 ans!

Coup de main

Les trois coups du lever de rideau°

A French tradition is to signal the beginning of a theater performance with three knocks. At the **Comédie-Française**, a six-knock signal is used instead.

Les chiffres clés du théâtre français sur trois saisons

- 2.638 textes différents ont été joués
- 7.044 mises en scène° ont été programmées
- 31.884 représentations ont été données
- il y a eu entre 1 et 323 représentations par pièce

voit *sees* **comédiens** *actors* **récompenses** *awards* **amateur** *lover* **cour** *royal court* **divertissements** *entertainment* **les plus extravagants** *wildest* **œuvres** *works* **représentations** *performances* **en tournée** *on tour* **enregistrements** *recordings* **a joué** *acted* **lever de rideau** *rise of the curtain* **mises en scène** *productions*

1 Complétez Complétez les phrases.

1. _____ voit au moins une pièce par an.
2. Les comédiens de théâtre reçoivent _____.
3. _____ est né au XVIIᵉ siècle.
4. Trois auteurs qui datent de cette époque sont _____.
5. _____ a été créée par Louis XIV en 1680.
6. _____ sont deux autres noms pour la Comédie-Française.
7. La Comédie-Française a un répertoire de plus de _____.
8. Ses comédiens partent aussi _____.
9. Au théâtre Richelieu se trouve _____.
10. _____ ont été joués en France sur trois saisons.

Ⓢ Practice more at **daccord2.vhlcentral.com**.

LE FRANÇAIS QUOTIDIEN

Les spectacles

billetterie (*f.*)	*box office*
jour (*m.*) **de relâche**	*day with no performances*
orchestre (*m.*)	*orchestra seats*
poulailler (*m.*)	*gallery*
rentrée (*f.*) **théâtrale**	*start of theatrical season*
reprise (*f.*)	*revival; rerun*
à l'affiche	*now playing*
incontournable	*must-see*

LE MONDE FRANCOPHONE

Des musiciens

Voici quelques musiciens francophones célèbres.

En Algérie Khaled, chanteur de raï, un mélange° de chanson arabe et d'influences occidentales

Aux Antilles le groupe Kassav, inventeur de la musique zouk

Au Cameroun Manu Dibango, célèbre joueur de saxophone

Au Mali Amadou et Mariam, couple de chanteurs aveugles°

À la Réunion Danyèl Waro, la voix° du maloya, musique typique de l'île

À Saint-Pierre-et-Miquelon Henri Lafitte, auteur, compositeur et interprète° de plus de 500 chansons

Au Sénégal Youssou N'Dour, compositeur et interprète de musique mbalax, un mélange de musique traditionnelle d'Afrique de l'Ouest et de musique occidentale

mélange *mix* **aveugles** *blind* **voix** *voice* **interprète** *performer*

PORTRAIT

Molière (1622–1673)

LE THÉATRE A TRAVERS LES AGES
Molière et sa troupe.

Molière, dont le vrai nom est Jean-Baptiste Poquelin, est le génie de la Comédie-Française. D'origine bourgeoise, il choisit la vie difficile du théâtre. En 1665, il obtient le soutien° de Louis XIV et devient le premier acteur comique, auteur et metteur en scène de France. Molière est un innovateur: il écrit des satires et des farces quand la mode est aux tragédies néoclassiques. Avec le compositeur Lully, il invente la comédie-ballet. Après une vie riche en aventures, il meurt après une représentation° du *Malade imaginaire*, dans laquelle il tenait° le rôle principal.

Aujourd'hui, ses pièces sont toujours d'actualité° et Molière reste l'auteur le plus joué en France.

soutien *support* **représentation** *performance* **tenait** *played* **d'actualité** *current*

SUR INTERNET

Qu'est-ce que le festival d'Avignon?

Go to **daccord2.vhlcentral.com** to find more information related to this **CULTURE** section. Then watch the corresponding **Flash culture**.

---

2 **Répondez** Répondez aux questions par des phrases complètes.

1. Molière était-il d'origine populaire?
2. Que s'est-il passé dans la vie de Molière en 1659?
3. Pourquoi Molière est-il un innovateur?
4. Comment Molière est-il mort?
5. Qu'est-ce que le raï?
6. De quel instrument joue Manu Dibango?

3 **Un festival** Vous et un(e) partenaire allez organiser un festival de culture francophone. Faites des recherches sur des artistes francophones et choisissez qui vous allez inviter. Où vont-ils jouer? Indiquez les genres d'œuvres. Comparez ensuite votre programme avec celui d'un autre groupe.

ressources

CA
pp. 103–104

daccord2.vhlcentral.com

ACTIVITÉS

STRUCTURES

7A.1 The subjunctive (Part 3)

Verbs of doubt, disbelief, and uncertainty

- The subjunctive is used in a subordinate clause when there is a change of subject and the main clause implies doubt, disbelief, or uncertainty.

MAIN CLAUSE	CONNECTOR	SUBORDINATE CLAUSE
Je doute	**que**	le concert **soit** bon.
I doubt	*that*	*the concert is good.*

Je doute qu'elle devienne une chanteuse célèbre!

Je suis certaine que je ne veux plus jamais te revoir!

Expressions of doubt, disbelief, and uncertainty

douter que...	to doubt that...	Il est impossible que...	It is impossible that...
ne pas croire que...	not to believe that...	Il n'est pas certain que...	It is uncertain that...
ne pas penser que...	not to think that...	Il n'est pas sûr que...	It is not sure that...
Il est douteux que...	It is doubtful that...	Il n'est pas vrai que...	It is untrue that...

Il n'est pas sûr qu'il y ait un entracte.
It's not sure that there is an intermission.

Je ne crois pas qu'on vende les billets ici.
I don't believe that they sell the tickets here.

- The indicative is used in a subordinate clause when the main clause expresses certainty.

Expressions of certainty

croire que...	to believe that...	Il est clair que...	It is clear that...
penser que...	to think that...	Il est évident que...	It is obvious that...
savoir que...	to know that...	Il est sûr que...	It is sure that...
Il est certain que...	It is certain that...	Il est vrai que...	It is true that...

On **sait que** l'histoire **finit** mal.
We know the story ends badly.

Il est certain qu'elle **comprend.**
It is certain that she understands.

MISE EN PRATIQUE

1 Fort-de-France Vous discutez de vos projets avec votre ami(e) martiniquais(e). Complétez les phrases avec les formes correctes du présent de l'indicatif ou du subjonctif.

1. Je crois que Fort-de-France _____ (être) plus loin de Paris que de New York.
2. Il n'est pas certain que je _____ (venir) à Fort-de-France cet été.
3. Il n'est pas sûr que nous _____ (partir) en croisière (*cruise*) ensemble.
4. Il est clair que nous _____ (ne pas partir) sans toi.
5. Nous savons que ce voyage _____ (aller) te plaire.
6. Il est douteux que le ski alpin _____ (être) un sport populaire ici.

2 Un camarade pénible Vous faites une présentation sur la Martinique devant la classe. Un(e) camarade pénible critique toutes vos idées. Avec un(e) partenaire, jouez la scène.

MODÈLE
Élève 1: *Le carnaval martiniquais est populaire.*
Élève 2: *Je doute qu'il soit populaire.*

1. Les ressources naturelles sont protégées.
2. Tout le monde va se promener dans la forêt.
3. Les Martiniquais font des pique-niques tous les jours.
4. L'île a de belles plages.
5. Les enfants y font des randonnées.
6. On y boit des jus de fruits délicieux.

3 Le Tour de France Maxime veut participer un jour au Tour de France. Employez des expressions de doute et de certitude pour lui dire ce que vous pensez de ses habitudes.

MODÈLE
Je ne crois pas que tu puisses dormir jusqu'à midi!

1.   2.

Practice more at **daccord2.vhlcentral.com.**

4 **Assemblez** Vous avez l'occasion de faire un séjour aux Antilles françaises. À tour de rôle avec un(e) partenaire, assemblez les éléments de chaque colonne pour parler de ces vacances.

MODÈLE

Il n'est pas certain que nous allions visiter une plantation.

A	B	C
Il est certain que	je/j'	être content(e)(s)
Il n'est pas certain que	tu	faire des excursions
Il est évident que	mon copain	faire beau temps
Il est impossible que	ma sœur	faire du bateau
Il est vrai que	mon frère	jouer sur la plage
Il n'est pas sûr que	nous	pouvoir parler créole
Je doute que	les touristes	visiter une plantation
Je pense que	mes parents	?
Je sais que	?	
?		

5 **Comédie musicale** Votre classe prépare une comédie musicale et vous organisez le spectacle. Votre partenaire voudrait y participer et il/elle postule pour un rôle. Alternez les rôles, puis présentez vos dialogues à la classe.

MODÈLE

Élève 1: Est-il possible que je chante dans la chorale?
Élève 2: Je doute qu'il soit possible que tu y chantes. Il n'y a plus de place, mais je crois que...

- acteur/actrice
- compositeur
- metteur en scène
- animateur/animatrice (emcee)
- chorale
- danseurs
- musiciens
- ouvreur/ouvreuse (usher)

6 **Je doute** Votre partenaire veut mieux vous connaître. Écrivez cinq phrases qui vous décrivent: quatre fausses et une vraie. Votre partenaire doit deviner laquelle est vraie et justifier sa réponse. Ensuite, alternez les rôles.

MODÈLE

Élève 1: Je finis toujours mes devoirs avant de me coucher.
Élève 2: Je doute que tu finisses tes devoirs avant de te coucher, parce que tu as toujours beaucoup de devoirs.

- Sometimes a speaker may opt to use the subjunctive in a question to indicate that he or she feels doubtful or uncertain of an affirmative response.

Crois-tu que cet acteur **fasse** un bon Charles de Gaulle?
Do you believe that actor makes a good Charles de Gaulle?

Est-il vrai que vous **partiez** déjà en vacances?
Is it true that you're already leaving on vacation?

Croyez-vous que ce soit mieux qu'elle le sache?

Il vaut mieux que je m'en aille.

Present subjunctive of *aller, pouvoir, savoir, vouloir*

	aller	pouvoir	savoir	vouloir
que je/j'	aille	puisse	sache	veuille
que tu	ailles	puisses	saches	veuilles
qu'il/elle	aille	puisse	sache	veuille
que nous	allions	puissions	sachions	voulions
que vous	alliez	puissiez	sachiez	vouliez
qu'ils/elles	aillent	puissent	sachent	veuillent

Il faut qu'on **aille** au théâtre ce soir.
We have to go to the theater tonight.

Il vaut mieux que tu **saches** la nouvelle.
It's better that you know the news.

Je doute que la pièce **puisse** causer un effet comme celui-là.
I doubt that the play could cause an effect like that.

Est-il possible qu'il **veuille** apprendre à jouer du violon?
Is it possible that he wants to learn to play the violin?

Essayez! Choisissez la forme correcte du verbe.

1. Il est douteux que le metteur en scène (sait / sache) où est l'acteur.
2. Je sais que Carole Bouquet et Gérard Depardieu (sont / soient) mariés.
3. Il est impossible qu'il (est / soit) amoureux d'elle.
4. Ne crois-tu pas que l'histoire du Titanic (finit / finisse) bien?
5. Est-il vrai que les Français (font / fassent) uniquement des films intellectuels?
6. Je ne crois pas qu'il (peut / puisse) jouer le rôle du jeune prisonnier.
7. Tout le monde sait que le ballet (est / soit) d'origine française.
8. Il n'est pas certain qu'ils (peuvent / puissent) terminer le spectacle.

7A.2 Possessive pronouns

Point de départ In **D'accord!** Level 1, you learned how possessive adjectives function in French. You will now learn about possessive pronouns and how they are different in French and English.

- Possessive pronouns are the words which replace nouns modified by possessive adjectives. In French, the possessive pronouns have different forms depending on whether the noun is masculine or feminine, singular or plural. These are the forms of the French possessive pronouns.

Singular possessive pronouns

masculine	feminine	
le mien	la mienne	*mine*
le tien	la tienne	*yours* (fam./sing.)
le sien	la sienne	*his/hers/its*
le nôtre	la nôtre	*ours*
le vôtre	la vôtre	*yours* (form./pl.)
le leur	la leur	*theirs*

Plural possessive pronouns

masculine	feminine	
les miens	les miennes	*mine*
les tiens	les tiennes	*yours* (fam./sing.)
les siens	les siennes	*his/hers/its*
	les nôtres	*ours*
	les vôtres	*yours* (form./pl.)
	les leurs	*theirs*

Je connais **ton frère**, mais je ne connais pas **le sien**.
I know your brother, but I don't know his/hers.

- French and English possessive pronouns are very similar in usage. They can refer to an object or a person. However, the French possessive pronouns consist of two parts: the definite article and the possessive word. Both parts must agree in number and gender with the noun to which they refer.

Ils aiment mes pièces, mais ils préfèrent **les tiennes**. (**tes pièces**)
They like my plays, but they prefer yours.

- Possessive pronouns, like possessive adjectives, reflect the object or person possessed, *not* the possessor.

sa voiture → *his car*	**la sienne** (*referring to the car*) → *his*
sa voiture → *her car*	**la sienne** (*referring to the car*) → *hers*

MISE EN PRATIQUE

1 **Pas de répétitions!** Remplacez les mots indiqués par les bons pronoms possessifs.

MODÈLE

Je vois <u>mon frère</u>, mais je ne vois pas <u>ton frère</u>.
Je vois le mien, mais je ne vois pas le tien.

1. Tu préfères <u>mes chansons</u> ou <u>leurs chansons</u>?
2. <u>Mes danseurs</u> sont arrivés, mais <u>vos danseurs</u> pas encore.
3. <u>Ta comédie</u> est amusante, mais <u>sa comédie</u> est ennuyeuse.
4. <u>Mon petit ami</u> et <u>ton petit ami</u> sont allés au match ensemble.
5. <u>Ma grand-mère</u> habite à Bruxelles. Et <u>leur grand-mère</u>?
6. <u>Nos chansons</u> sont meilleures que <u>vos chansons</u>.
7. <u>Sa maison</u> est près de la banque. Où est <u>votre maison</u>?
8. <u>Leurs séances</u> sont moins longues que <u>tes séances</u>.

2 **Quel chaos!** Madame Mercier emmène ses enfants et leurs copains à la plage, mais tout le monde a oublié d'apporter quelque chose. Faites des phrases complètes pour dire qui a oublié quoi.

MODÈLE

je / serviette / David
J'ai ma serviette, mais David a oublié la sienne.

1. tu / lunettes de soleil / Marie et Claire
2. nous / chaussures / Christophe
3. Tristan et Benjamin / casquettes / Élisa et toi
4. vous / maillot de bain / nous
5. Thomas / crème solaire (*sunscreen*) / vous
6. je / lecteur MP3 / tu

3 **Les mêmes choses** Votre cousin va faire exactement les mêmes choses que vous, aujourd'hui. Écrivez ses réponses avec des pronoms possessifs.

MODÈLE

Tu vas écrire une carte postale à tes grands-parents?
Alors, je vais aussi écrire une carte postale aux miens.

1. Tu vas jouer avec ton petit frère?
2. Tu vas téléphoner à tes amies?
3. Tu vas donner à manger à tes chats?
4. Tu vas dire bonjour à ton prof?
5. Tu vas prendre une photo de ta maison?
6. Tu vas t'occuper de tes affaires?

 Practice more at **daccord2.vhlcentral.com**.

4 **C'est à qui?** Vous êtes responsable du bureau des objets trouvés dans votre lycée. Avec un(e) partenaire, créez un dialogue et jouez la scène devant la classe.

MODÈLE

Élève 1: *Ces cahiers sont à toi?*
Élève 2: *Non, ce ne sont pas les miens.*
Élève 1: *Tu es sûr(e)?*
Élève 2: *Oui, les miens sont plus grands.*

1.

2.

3.

4.

5 **Au spectacle** Catherine est au théâtre avec son ami Rémi. Elle est metteur en scène et compare la pièce qu'elle voit avec la sienne. Avec un(e) partenaire, jouez la conversation. Utilisez autant de pronoms possessifs possibles.

MODÈLE

Élève 1: *Le début de ma pièce est plus intéressant que le sien.*
Élève 2: *Je ne suis pas d'accord. Le sien est aussi intéressant que le tien.*

6 **Questions personnelles** Vous voulez mieux connaître votre partenaire. Posez-vous ces questions à tour de rôle. Utilisez des pronoms possessifs.

1. Est-ce que tes idées (*ideas*) sont vraiment différentes de celles de tes parents?
2. Est-ce que ton style de vêtements est le même que celui de ton frère ou de ta sœur?
3. D'habitude, est-ce que tu t'occupes de tes affaires ou de celles de tes amis?
4. Tu t'entends mieux avec tes parents ou avec ceux de ton/ta meilleur(e) ami(e)?
5. Tu aimes ton quartier ou celui de tes amis?
6. Tu préfères la voiture de tes parents ou celle des parents d'un de tes amis?

- The articles **le** and **les** of the possessive pronouns contract with **à**.

à + le mien	au mien
à + la mienne	à la mienne
à + les miens	aux miens
à + les miennes	aux miennes

Tu vas téléphoner **à mes amis** ou **aux tiens**?
Are you going to call my friends or yours?

Avez-vous récemment parlé **à leurs parents** ou **aux vôtres**?
Did you speak recently to their parents or yours?

- The articles **le** and **les** of the possessive pronouns contract also with **de**.

de + le mien	du mien
de + la mienne	de la mienne
de + les miens	des miens
de + les miennes	des miennes

Pourquoi t'occupes-tu **de ses problèmes** au lieu **des tiens**?
Why are you concerned with his/her problems instead of yours?

Les critiques parlent **de votre tragédie**, pas **de la nôtre**.
The critics are talking about your tragedy, not ours.

- With the indefinite pronoun **on**, always use the masculine possessive pronoun **le sien/les siens**.

On est fier **des siens**.
One is proud of one's own (people).

- The possessive pronoun is never used after the verb **être** in the construction [*noun/pronoun (subject)*] + **être**. In such a case, use the expression **être à** + [*noun/disjunctive pronoun*].

Ce pull **est à** Nathan.
This sweater belongs to Nathan.

Ce pull **est à** lui.
This sweater is his.

- You can however use the possessive pronouns after the expressions **C'est** and **Ce sont**.

C'est **la nôtre**.
It's ours.

Ce sont **les miennes**.
These are mine.

Essayez! **Écrivez le pronom possessif qui correspond.**

1. Où est ma feuille d'examen? _Où est la mienne?_
2. Ce sont tes sœurs qui reviennent de Grèce? _____
3. J'ai revu mon amie d'enfance hier soir! _____
4. C'est votre lampe qui ne marche plus! _____
5. Ils viennent d'acheter leur piano. _____
6. Ce sont nos chansons qui passent à la radio! _____
7. Ses fauteuils sont toujours en bon état (*condition*). _____
8. Quand ton concert a-t-il lieu (*takes place*)? _____

SYNTHÈSE
Révision

1 **Il est clair que…** Observez ces personnes et imaginez leurs activités artistiques préférées. Avec un(e) partenaire, utilisez des expressions de doute et de certitude pour répondre aux questions et pour décrire chaque personnage.

chanteur de chorale ou
de comédie musicale?

danseur ou acteur?

chef d'orchestre ou
metteur en scène?

compositeur d'opéra
ou dramaturge?

2 **Je ne pense pas** Que pensent vos camarades de ces affirmations? Par groupes de quatre, trouvez au moins une personne qui soit d'accord avec chaque phrase et une qui ne soit pas d'accord. Utilisez des expressions de doute et de certitude. Ensuite, présentez vos arguments à la classe.

> **MODÈLE** La télévision fait du mal au cinéma.
>
> **Élève 1:** *Penses-tu que la télévision fasse du mal au cinéma?*
> **Élève 2:** *Non, je ne crois pas que ce soit vrai. Il est clair que les acteurs de cinéma sont plus célèbres que ceux de la télé.*

- Jimi Hendrix est le meilleur joueur de guitare.
- Mozart est le meilleur compositeur de musique classique.
- Personne n'aime les comédies musicales aujourd'hui.
- Un danseur est autant un sportif qu'un artiste.
- L'opéra est un genre trop ésotérique et ennuyeux.

3 **Les arts** Votre professeur va vous donner, à vous et à votre partenaire, deux feuilles d'activités différentes sur les arts. Attention! Ne regardez pas la feuille de votre partenaire.

4 **C'est tout moi!** Avec un(e) partenaire, vous voyez ces annonces dans le journal. Vous pensez qu'un de ces rôles est pour vous. Un(e) ami(e) n'est pas du tout d'accord, mais vous insistez. Utilisez des expressions de doute et de certitude dans votre dialogue.

Cherchons jeune homme de 27-30 ans, sportif et musclé, avec permis moto et avion, pour rôle principal. Doit être un acteur expérimenté qui sache jouer du piano comme un professionnel et qui puisse monter à cheval. Doit avoir les yeux noirs, beaucoup de charme, de la présence et un look aventurier.

Cherchons jeune femme de 18-20 ans avec beaucoup de personnalité et qui ait une formation de chanteuse classique, pour rôle dans une comédie musicale en espagnol. Doit pouvoir danser le tango, la salsa et la rumba.

Venez rencontrer le compositeur et le metteur en scène, jeudi à 20 heures, au Théâtre du Boulevard.

5 **Le meilleur** Avec un(e) partenaire, trouvez un exemple pour chaque catégorie de la liste. Ensuite, comparez votre liste avec celle d'un autre groupe et parlez de vos opinions. Utilisez des expressions de doute et de certitude.

le/la meilleur(e)… en ce moment

- film
- chanson à la radio
- danseur/danseuse
- chanteur/chanteuse
- acteur/actrice

6 **Mal organisé** Vous étiez très pressé(e) ce matin et vous avez oublié de mettre beaucoup de choses dans votre sac à dos. Demandez à votre partenaire si vous pouvez lui emprunter cinq choses dont vous avez besoin pour le lycée. Votre partenaire va vous donner des excuses pour ne pas vous les prêter. Utilisez des pronoms possessifs. Jouez votre dialogue devant la classe.

> **MODÈLE**
>
> **Élève 1:** *Je peux emprunter ta calculatrice?*
> **Élève 2:** Désolé(e). *J'ai besoin de la mienne pour faire ce devoir.*

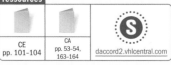

ressources		
CE pp. 101–104	CA pp. 53–54, 163–164	daccord2.vhlcentral.com

LA TARTINE
de Guillaume Colomb et Olivier Derivière

Le Zapping

S Video: Short Film

Dans ce film d'animation musical de Guillaume Colomb et Olivier Derivière, les objets et les aliments qu'on associe à un petit-déjeuner français typique prennent vie° pour transformer ce moment simple de la journée en une compétition pleine d'humour entre un pot de miel et un pot de confiture qui convoitent° tous les deux une belle tartine. Lequel d'entre eux sera le vainqueur°? Découvrez-le!

prennent vie *come to life* **convoitent** *covet* **vainqueur** *winner*

Préparation

1 **Le bon choix** Trouvez le mot ou l'expression la plus proche du terme souligné dans chaque phrase.

1. Arrête de faire l'andouille!
2. Quel bruit! Mets la musique en sourdine!
3. Déjà dix heures? Il faut se bouger!
4. J'en soupe avec ce cours!
5. Cet homme râle depuis ce matin.
6. Ce café est vraiment corsé.

a. n'est pas content
b. se dépêcher
c. l'idiot
d. fort
e. Je suis fatigué de
f. moins fort

2 **À compléter** Avec un(e) camarade, complétez ce dialogue avec des mots et expressions des listes.

—Je n'arrête pas de (1) _____. J'ai mal dormi.

—Qu'est-ce que tu veux ce matin pour le petit-déjeuner?

—Du pain bien (2) _____ avec du beurre et de la confiture.

—Tu veux du café?

—Oui, mais fais-le bien (3) _____, pas comme hier matin, alors, parce qu'il n'était vraiment pas bon!

—Oh, écoute, arrête de (4) _____! Tu n'es jamais content! Tiens, voilà le jus d'orange...

—(5) _____, fais attention! Tu en as renversé (*spilled*) partout!

—Dis donc, il est déjà huit heures. On doit (6) _____ si on veut arriver à la gare à l'heure!

Expressions utiles

Arrête de faire l'andouille! (*fam.*)
Stop goofing around!

Bon sang! (*fam.*)
Darn it!

Grouille-toi! (*fam.*)
Hurry up!

vouloir du bol (*fam.*)
to want good luck

J'en ai soupé. (*fam.*)
I've had enough.

espèce de feignasse (*fam.*)
you, lazy bum

Si vous n'y mettez pas du vôtre...
If you don't make an effort . . .

Vocabulaire du court métrage

bâiller
to yawn

marioles (*m.*)
jokers

conte (*m.*) **de fée**
fairy tale

(mettre) en sourdine
(to play) quietly, softly

coquin(e)s
rascals

pétale (*m.*)
flake

corsé
strong

râler
to groan, to complain

croustillant
crusty

se bouger (*fam.*)
to get moving

fatidique
fateful

tartiner
to spread

SYNTHÈSE

La tartine

L'OUVRE-BOÎTE° Le réveil a sonné. Le petit-déjeuner va bientôt commencer. Tous nos amis sont-ils prêts? Où sont ces petits coquins? Ah tiens! En voilà un!

LE BOL Si vous voulez du bol, me voilà, les petits marioles!

LE CAFÉ Et moi, je suis corsé, tout aromatisé°. Et nous formons une équipe idyllique.

LA CONFITURE Et moi, la confiture, je suis prête pour l'aventure.

LE MIEL Et moi?! Il n'y a pas que toi!

L'OUVRE-BOÎTE Ah, décidément, ce miel... toujours en train de râler!

L'OUVRE-BOÎTE Elle en a de la chance, cette petite tranche! Car c'est aujourd'hui le jour de sa vie.

LA TARTINE Alors, c'est aujourd'hui? C'est vraiment le jour de ma vie?

LA TARTINE Quelle belle journée pour déjeuner! J'en ai rêvé.

LA CONFITURE Tu es si belle!

LE MIEL Elle sera mienne.

LA CONFITURE Viens avec moi!

LA TARTINE Un conte de fée est arrivé.

LE MIEL Ne l'écoute pas!

LA TARTINE Mon aimé! Mon amant°!

LA CONFITURE Mon adorée! Mon amour!

LE MIEL Moi, j'en ai marre! J'en ai soupé! Toujours pareil! Il y en a que pour lui, ce pot de confiture!

L'HOMME Nous allons vous départager°. Devant vous, deux bols, un chacun. Derrière, des sucres. Vous allez lancer° un maximum de sucres dans votre bol. Quand la tartine sera prête, celui qui aura le plus de sucres dans son bol aura le droit° de se faire tartiner.

L'HOMME Un, deux, trois, quatre, cinq... Un, deux, trois, quatre, cinq, six, sept, huit. Ce sera donc une tartine de confiture.

L'OUVRE-BOÎTE Formidable!

LE MIEL À chaque fois, ce n'est jamais moi. Je vous le dis... Ce n'est pas fini!

L'OUVRE-BOÎTE Elle en a eu de la chance, cette petite tranche. Ce fut° aujourd'hui le jour de sa vie.

---

ouvre-boîte *can opener* **aromatisé** *flavored* **amant** *lover* **départager** *to decide between*
lancer *to throw* **le droit** *the right* **fut** *was*

Analyse

3 Associez Faites correspondre les images aux phrases.

_____ 1. La tartine est prête à être tartinée.

_____ 2. L'homme décide de départager le miel et la confiture.

_____ 3. L'ouvre-boîte réveille tout le monde pour le petit-déjeuner.

_____ 4. Le miel tombe de la table.

_____ 5. C'est la compétition entre la confiture et le miel.

_____ 6. L'homme mange finalement autre chose.

a.

b.

c.

d.

e.

f.

4 Une fin tragique Avec un(e) partenaire, discutez de la fin du film en répondant à (*by answering*) ces questions.

1. Êtes-vous surpris(es) par la fin du film?

2. Comment décririez-vous cette fin? Inattendue (*Unexpected*)? Inévitable? Comique? Tragique?...

3. Que pensez-vous du comportement du miel?

4. Pensez-vous que la fin du film va avec le ton humoristique (*humorous tone*) du reste du film? Expliquez.

5. Que pensez-vous de la réaction de l'homme après la fin tragique du miel et de la tartine?

5 Une autre fin Par groupes de trois ou quatre, imaginez une fin différente en vous aidant (*by getting help*) de ces questions. Dessinez les images qui pourraient apparaître dans votre court métrage. Ensuite, jouez la scène devant la classe, qui choisira la meilleure.

- Est-ce une autre fin tragique ou une fin heureuse?
- Y a-t-il l'intervention d'autres personnages?
- Que fait finalement l'homme?

 Practice more at **daccord2.vhlcentral.com**.

Leçon 7B

Au festival d'art

You will learn how to...
- discuss films and television
- discuss books

Vocabulaire

faire les musées	to go to museums
publier	to publish
les beaux-arts (m.)	fine arts
un chef-d'œuvre	masterpiece
un conte	tale
une critique	review; criticism
un dessin animé	cartoon
un documentaire	documentary
un drame psychologique	psychological drama
une émission (de télévision)	(television) program
un festival (festivals pl.)	festival
un feuilleton	soap opera
un film (d'aventures, policier)	(adventure, crime) film
une histoire	story
les informations (infos) (f.)	news
un jeu télévisé	game show
la météo	weather
les nouvelles (f.)	news
une œuvre	artwork, piece of art
un programme	program
une publicité (pub)	advertisement
les variétés (f.)	popular music
ancien(ne)	ancient; old; former
doué(e)	talented, gifted
gratuit(e)	free
littéraire	literary
récent(e)	recent
à la radio	on the radio
à la télé(vision)	on television

ressources

| CE pp. 105–106 | CA pp. 14, 165 | **S** daccord2.vhlcentral.com |

un film de science-fiction

un sculpteur (femme sculpteur f.)

une femme auteur/écrivain

une sculpture

un auteur/ écrivain

un roman

M. Pierre LeGrand, auteur de La plume enchantée

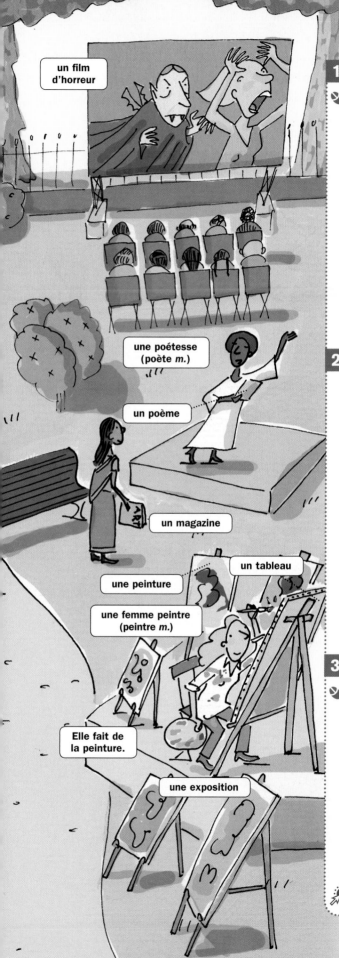

un film d'horreur

une poétesse (poète m.)

un poème

un magazine

un tableau

une peinture

une femme peintre (peintre m.)

Elle fait de la peinture.

une exposition

Mise en pratique

1 **Vous les connaissez?** Faites correspondre les œuvres, personnages et programmes télévisés de la colonne de gauche avec le mot de la colonne de droite qui convient.

_____ 1. *La Belle et la Bête*
_____ 2. *Whistler's Mother*
_____ 3. Le *David*
_____ 4. *Jeopardy*
_____ 5. Claude Monet
_____ 6. *Les Trois Mousquetaires*
_____ 7. Victor Hugo
_____ 8. *All My Children*
_____ 9. *Vogue*
_____ 10. *2001, l'Odyssée de l'espace*

a. une sculpture
b. un auteur
c. un film de science-fiction
d. une peinture
e. un conte
f. un feuilleton
g. un roman
h. un jeu télévisé
i. un magazine
j. une exposition
k. un film d'horreur
l. un peintre

2 **Complétez** Complétez ces phrases avec le mot de vocabulaire de **CONTEXTES** qui convient.

1. La peinture et la sculpture font partie des _____.
2. Une _____ est une femme qui écrit des poèmes.
3. Un _____ est quelqu'un qui est à l'origine d'une œuvre.
4. Art de juger (*to judge*) les créations littéraires ou artistiques: _____.
5. Un _____ est basé sur la réalité.
6. Une _____ est une activité commerciale pour vendre un produit.
7. *Bugs Bunny* et *Mickey Mouse* sont des exemples de _____.
8. *Indiana Jones* est un exemple de film _____.
9. Si on n'a pas besoin de payer pour entrer dans un musée, c'est _____.
10. On peut écouter les informations _____.

3 **Écoutez** 🎧 Écoutez la conversation entre Nora et Jeanne et indiquez si Nora (N), Armand (A), Jeanne (J) ou Charles (C) ont fait les choses suivantes.

_____ 1. s'est bien amusée au Festival des beaux-arts.
_____ 2. ont vu une exposition d'art contemporain.
_____ 3. ont vu un film d'aventures.
_____ 4. ont assisté à une critique littéraire sur Assia Djebar.
_____ 5. sont restés chez eux.
_____ 6. sont allés à la librairie pour acheter un roman.
_____ 7. a promis de faire les musées le week-end prochain.
_____ 8. a fait de la peinture.

Practice more at **daccord2.vhlcentral.com**.

Communication

4 **Conversez** Interviewez un(e) camarade de classe au sujet de l'art et des médias.

1. Quel(s) genre(s) de film préfères-tu? Pourquoi?
2. Quel film récent as-tu vu? Quelle en est l'histoire?
3. As-tu un auteur favori? Lequel?
4. Quel(s) genre(s) d'œuvres littéraires aimes-tu?
5. Qu'est-ce que tu écoutes à la radio? Quand?
6. As-tu fait les musées récemment? Quelle(s) exposition(s) as-tu vue(s)?
7. Quel(s) chef(s)-d'œuvre admires-tu?
8. Qui considères-tu être un peintre doué? Pour quelle(s) raison(s)?
9. Es-tu un(e) artiste? Dans quel domaine?
10. Lis-tu des magazines? Lesquels?

5 **À la télévision et à la radio** Votre professeur va vous donner, à vous et à votre partenaire, une feuille d'activités. Remplissez d'abord la première colonne avec vos préférences pour chaque catégorie. Ensuite, comparez vos réponses avec celles d'un(e) camarade de classe.

MODÈLE

un dessin animé
Élève 1: *Quel est ton dessin animé préféré?*
Élève 2: *J'adore regarder les Simpsons.*

Programmes	Moi	Noms
1. un dessin animé		
2. une émission		
3. un feuilleton		

6 **L'art et vous** Écrivez un paragraphe d'après (*according to*) ces instructions. Ensuite, à tour de rôle, discutez-en avec un(e) camarade de classe.

- Décrivez l'importance que vous donnez à l'art dans votre vie.
- Parlez de l'influence positive et/ou négative de l'art sur le monde.
- Parlez de comment vous aimeriez contribuer à cette influence.

7 **Regardons la télé** Avec les éléments donnés, travaillez avec trois autres partenaires pour présenter une émission pour une chaîne de télévision.

- Choisissez une catégorie de programme télévisé. Chaque groupe doit choisir un genre différent, par exemple un jeu, un feuilleton, les informations, la météo, un documentaire, etc.
- Donnez un nom à votre programme et aux personnages de l'émission.
- Annoncez le contenu de votre programme.

Les sons et les lettres

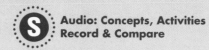

S Audio: Concepts, Activities
Record & Compare

Les abréviations

French speakers use many acronyms. This is especially true in newspapers, televised news programs, and in political discussions. Many stand for official organizations or large companies.

EDF = Électricité de France   **ONU** = Organisation des Nations Unies

People often use acronyms when referring to geographical place names and transportation.

É-U = États-Unis   **RF** = République Française
RN = Route Nationale   **TGV** = Train à Grande Vitesse

Many are simply shortened versions of common expressions or compound words.

SVP = S'il Vous Plaît   **RV** = Rendez-Vous   **RDC** = Rez-De-Chaussée

When speaking, some acronyms are spelled out, while others are pronounced like any other word.

Cedex = Courrier d'Entreprise à Distribution Exceptionnelle *(an overnight delivery service)*

Prononcez Répétez les abréviations suivantes à voix haute.

1. W-C = *Water-Closet*
2. HS = Hors Service (*out of order*)
3. VF = Version Française
4. CV = Curriculum Vitæ
5. TVA = Taxe à la Valeur Ajoutée (*added*)
6. DELF = Diplôme d'Études en Langue Française
7. RATP = Régie Autonome (*independent administration*) des Transports Parisiens
8. SMIC = Salaire Minimum Interprofessionnel de Croissance (*growth*)

Assortissez-les Répétez les abréviations à voix haute. Que représentent-elles?

____ 1. ECP
____ 2. GDF
____ 3. DEUG
____ 4. TTC
____ 5. PDG
____ 6. OVNI

a. objet volant non identifié
b. toutes taxes comprises
c. président-directeur général
d. École centrale de Paris
e. Gaz de France
f. diplôme d'études universitaires générales

Elle est BCBG (Bon Chic, Bon Genre).[2]

Expressions Répétez les expressions à voix haute.

RSVP (Répondez, S'il Vous Plaît).[1]

RSVP AVANT LE 14 MAI 2011   24 rue des roses 06000 NICE

[1] Please reply.   [2] She is preppy. (in a conservatively classic fashion)

ressources

CA p. 166   **S** daccord2.vhlcentral.com

Au revoir, David!

 Video: *Roman-photo*
Record & Compare

PERSONNAGES

Amina

Astrid

David

Rachid

Sandrine

Stéphane

Valérie

Chez Sandrine...

AMINA Qu'est-ce qui sent si bon?

SANDRINE C'est un gâteau pour David. Il repart demain aux États-Unis tu sais.

AMINA David et toi, vous avez décidé de ne plus vous disputer?

SANDRINE C'est de l'histoire ancienne.

AMINA C'est comme dans un feuilleton. Vous vous disputez, vous vous détestez. Vous vous réconciliez.

SANDRINE J'étais tellement en colère contre lui ce jour-là, mais depuis, j'ai beaucoup réfléchi à ce qu'il m'a dit.

AMINA Et alors...?

SANDRINE En fait, David m'a aidée.

AMINA Comment ça?

SANDRINE Ma vraie passion, ce n'est pas la musique.

AMINA Non? Mais alors, c'est quoi, ta vraie passion?

SANDRINE J'ai décidé de devenir chef de cuisine!

AMINA Ça, c'est une excellente idée.

SANDRINE N'est-ce pas? Et j'ai aussi décidé de préparer ce gâteau pour la fête de ce soir.

AMINA Et moi qui pensais que tu ne voudrais pas y aller...

SANDRINE Mais... David ne peut pas partir sans que je lui dise au revoir!

À la fête de David...

ASTRID Elle est jolie, ta jupe. C'est une de tes créations, n'est-ce pas?

SANDRINE Cet été, Amina participe à un défilé de mode à Paris.

AMINA N'exagérons rien... C'est une petite présentation des collections de plusieurs jeunes stylistes.

SANDRINE Tu vas montrer ce chef-d'œuvre?

AMINA Oui, cette jupe-ci, la robe que j'ai faite pour toi et d'autres modèles.

RACHID Elle n'est pas géniale, ma chérie? Belle, intelligente, douée...

AMINA Toi aussi, tu as de bonnes nouvelles, n'est-ce pas?

SANDRINE Ah bon?

RACHID Oh, ce n'est pas grand-chose.

AMINA Au contraire, c'est très important!

SANDRINE Vas-y, dis-nous tout, avant que je ne perde patience!

RACHID Eh bien, ça y est, j'ai mon diplôme!

AMINA Ah, mais ce n'est pas tout! Il a eu mention très bien!

SANDRINE Bravo, Rachid!

ASTRID Oui, félicitations!

A C T I V I T É S

1 **Les événements** Remettez les événements suivants dans l'ordre chronologique.

_____ a. Rachid annonce une bonne nouvelle.

_____ b. Stéphane veut absolument réussir son bac.

_____ c. David promet qu'il va revenir à Aix.

_____ d. Sandrine dit qu'elle n'est plus fâchée avec David.

_____ e. Amina explique qu'elle va à Paris cet été.

_____ f. Amina arrive chez Sandrine.

_____ g. Valérie prend une photo du groupe.

_____ h. Valérie attire (*gets*) l'attention du groupe.

_____ i. David fait un petit discours (*speech*).

_____ j. Sandrine annonce qu'elle souhaite devenir chef de cuisine.

 Practice more at **daccord2.vhlcentral.com.**

Les amis organisent une fête pour David.

4

5

Au P'tit Bistrot...

SANDRINE Stéphane, tu ne veux pas nous aider à préparer la fête?

STÉPHANE Une minute s'il te plaît.

SANDRINE Mais, qu'est-ce que tu lis de si intéressant? Oh là là, *L'Histoire des Républiques françaises*. Ah, oui je vois... j'ai entendu dire que tu devais repasser une partie du bac.

STÉPHANE Oui, je dois absolument réussir cette fois-ci, mais une fois l'examen passé, je retourne à mes passions—le foot, les jeux vidéo...

SANDRINE Chut... ta mère va t'entendre.

STÉPHANE (*parlant plus fort et de manière sérieuse*) Oui, je t'assure, les documentaires et les infos sont mes nouvelles passions.

9

10

VALÉRIE S'il vous plaît. Nous sommes ici ce soir pour dire au revoir et bon voyage à David, qui repart demain aux États-Unis. Alors, David, comment s'est passée ton année à Aix?

DAVID Oh ça a été fantastique! Je ne connaissais personne à mon arrivée, mais j'ai rapidement trouvé un coloc super! J'ai fait la connaissance de quelques femmes formidables.

DAVID Mais surtout, je me suis fait des amis pour la vie...

ASTRID Quand est-ce que tu vas revenir nous voir, David?

DAVID Eh bien, j'ai l'intention de revenir l'année prochaine pour organiser une exposition de tous mes tableaux au P'tit Bistrot, à condition, bien sûr, que Madame Forestier accepte!

VALÉRIE Allez, une photo. Souriez!

2 **À vous!** Sandrine est bien plus calme maintenant. Elle a même dit qu'elle voulait dire au revoir à David à la fête. Avec un(e) camarade de classe, préparez une conversation entre David et Sandrine à cette occasion. Comment finit leur histoire?

3 **Écrivez** Pendant la fête de David, certains ont parlé de leurs projets d'avenir. À votre avis, qu'est-ce qui va arriver l'année prochaine? Écrivez vos prédictions pour chacun d'entre eux, au niveau professionnel et au niveau personnel.

ressources

CA pp. 87–88

S daccord2.vhlcentral.com

A C T I V I T É S

CULTURE À LA LOUPE

La peinture haïtienne

L'art haïtien est surtout connu grâce à° sa peinture. Cette tradition artistique est très ancienne sur l'île, mais ses débuts officiels datent de 1804, quand le roi Christophe crée la première Académie de peinture. Les thèmes les plus fréquents à cette époque sont les thèmes historiques de l'émancipation° et les thèmes religieux du vaudou°.

La peinture haïtienne ne devient célèbre dans le monde qu'à partir de 1943. Cette année-là, Dewitt Peters, un professeur américain du lycée de Port-au-Prince, capitale d'Haïti, rencontre plusieurs jeunes peintres haïtiens. Il aime leurs toiles° et fonde avec eux un centre d'art et de peinture. Ce centre va donner à la majorité des peintres haïtiens les ressources nécessaires pour accéder au° succès. Aujourd'hui, on en est à la quatrième génération d'artistes. Ces peintres appartiennent à° diverses écoles d'art et leurs styles sont très variés, du plus naïf au plus sophistiqué. Ils peuvent être surréalistes, impressionnistes ou même primitifs modernes.

La peinture haïtienne est souvent très colorée et d'une grande vitalité. Quand elle n'est pas abstraite, elle illustre des scènes de la vie quotidienne°, des cérémonies religieuses et des paysages°. En Haïti, la peinture est partout. Elle décore les rues, les murs et les bus. On la trouve aussi bien sur les marchés que dans les galeries d'art. Grâce à des expositions dans le monde entier, les peintres haïtiens séduisent un public de plus en plus large.

grâce à *thanks to* **émancipation** *liberation* **vaudou** *voodoo* **toiles** *paintings* **accéder au** *achieve* **appartiennent à** *belong to* **quotidienne** *everyday* **paysages** *landscapes*

un peintre haïtien devant son œuvre

A C T I V I T É S

1 **Répondez** Répondez aux questions par des phrases complètes.

1. Quel est l'art le plus connu à Haïti?
2. Pourquoi ses débuts officiels datent-ils de 1804?
3. Quels sont les thèmes les plus fréquents à cette époque?
4. À partir de quand la peinture haïtienne est-elle devenue célèbre dans le monde?
5. Quel était le métier de Dewitt Peters?
6. Qu'a-t-il créé?
7. À quelles écoles d'art les peintres haïtiens appartiennent-ils et comment est leur style?
8. Comment est la peinture haïtienne?
9. Quels sont les sujets les plus souvent peints?
10. Où peut-on voir de la peinture à Haïti?

LE FRANÇAIS QUOTIDIEN

Les livres

bouquin (*m.*)	*book*
dico (*m.*)	*dictionary*
lecture (*f.*)	*reading*
manuel (*m.*)	*textbook*
nouvelle (*f.*)	*short story*
recueil (*m.*)	*collection*
bouquiner	*to read*
feuilleter	*to leaf through*
parcourir	*to skim*

LE MONDE FRANCOPHONE

Des arts traditionnels

Voici quelques exemples d'art traditionnel du monde francophone.

Aux Antilles la fabrication de poupées° en costumes de madras° traditionnels
Au Burkina Faso les poteries en terre cuite° décorées à la teinture° végétale et la fabrication de masques traditionnels
Au Cambodge le théâtre d'ombres°, avec ses marionnettes en cuir°
Au Maroc l'art de la tapisserie° et du métal
En Polynésie française la sculpture et l'art du tatouage corporel
En Tunisie les arts céramiques et l'art de la calligraphie
Au Viêt-nam la peinture à la laque° et la peinture sur soie°

poupées *dolls* **madras** *brightly-colored cotton or silk fabric* **terre cuite** *terra-cotta* **teinture** *dye* **ombres** *shadows* **marionnettes en cuir** *leather puppets* **tapisserie** *tapestry* **laque** *lacquer* **soie** *silk*

PORTRAIT

Le Cirque du Soleil

En 1982, des saltimbanques° et des cracheurs de feu° sur échasses° se rencontrent et montent un spectacle à Baie-Saint-Paul, au Québec. En 1984, le gouvernement les embauche pour célébrer le 450ᵉ anniversaire de l'arrivée de l'explorateur Jacques Cartier. Ainsi° est né le Cirque du Soleil. Depuis, il a connu un succès international sous la direction de son fondateur principal, Guy Laliberté. Ses spectacles pleins de féerie° et de poésie ravissent° tous les publics et, à la différence de ceux du cirque traditionnel, ils n'ont aucun animal. Ils intègrent plutôt les numéros° acrobatiques de contorsionnistes, trapézistes, équilibristes° et jongleurs à ceux de danseurs et de clowns. Leur univers magique a apporté à la troupe une popularité incroyable et a transformé le monde du cirque.

saltimbanques *acrobats, performers* **cracheurs de feu** *fire-eaters* **échasses** *stilts* **Ainsi** *In this way* **féerie** *enchantment* **ravissent** *delight* **numéros** *acts* **équilibristes** *tightrope walkers*

SUR INTERNET

Qu'est-ce que Jean-Pierre Jeunet et Gaston Kaboré ont en commun?

Go to **daccord2.vhlcentral.com** to find more information related to this **CULTURE** section.

2 **Complétez** Complétez les phrases.

1. En 1982, _____ montent un spectacle au Québec.
2. Le Cirque du Soleil est né en _____.
3. Ses spectacles pleins de féerie et de poésie _____.
4. Ils intègrent les numéros acrobatiques de _____.
5. La fabrication de poupées en costumes de madras traditionnels est un art traditionnel _____
6. En Polynésie française, _____ est un art.

3 **Au cirque** Interviewez votre partenaire. Est-il/elle déjà allé(e) au cirque? Au Cirque du Soleil? Combien de fois? Quels numéros a-t-il/elle préférés? En a-t-il/elle un souvenir particulier? A-t-il/elle envie d'y retourner? Soyez prêt(e)s à présenter vos résultats à la classe.

Practice more at **daccord2.vhlcentral.com.**

ressources

daccord2.vhlcentral.com

A C T I V I T É S

7B.1 The subjunctive (Part 4)

The subjunctive with conjunctions

Point de départ Conjunctions are words or phrases that connect other words and clauses in sentences. Certain conjunctions commonly introduce adverbial clauses, which describe *how*, *why*, *when*, and *where* an action takes place.

- Conjunctions that express a condition upon which an action is dependent are followed by the subjunctive form of the verb.

Conjunctions that require the subjunctive

à condition que...	on the condition that..., provided that...	jusqu'à ce que...	until...
à moins que...	unless...	pour que...	so that...
avant que...	before...	sans que...	without...

main clause	conjunction	subordinate clause
Je vous laisse la clé *I'll leave you the key*	**à condition que** *provided that*	vous me la rendiez. *you return it to me.*
Nous n'irons pas au cinéma *We won't go to the cinema*	**à moins que** *unless*	tu viennes avec nous. *you come with us.*
Elle me montre les photos *She shows me the pictures*	**pour que** *so that*	je connaisse sa famille. *I get to know her family.*

- When the subject of the main clause is the same as the subject of the subordinate clause, use the infinitive after these frequently used conjunctions. Note the change in their forms.

avant que   **avant de**   **sans que**   **sans**   **pour que**   **pour**

Je lis **avant de m'endormir**. *I read before falling asleep.*

Elle travaille **pour gagner** de l'argent. *She works in order to earn some money.*

Essayez! Indiquez les formes correctes du présent du subjonctif des verbes.

1. avant que nous *partions* (partir)
2. pour que je ne _____ (se mettre) pas en colère
3. à condition que nous _____ (être) prudents
4. à moins que tu _____ (dire) oui
5. sans que les spectateurs les _____ (applaudir)
6. à moins qu'il _____ (faire) beau
7. avant que tu _____ (savoir) conduire
8. pour que vous _____ (apprendre) des choses

MISE EN PRATIQUE

1 Je veux bien y aller si... Richard veut que Louise aille avec lui au cinéma ce week-end, mais elle y met plusieurs conditions. Complétez les phrases avec la forme correcte du verbe.

1. Je veux bien aller avec toi au cinéma à moins qu'il _____ (faire) beau.
2. S'il fait beau, je préfère aller à la plage pour _____ (bronzer).
3. Regarde la météo pour que nous _____ (savoir) le temps qu'il fera.
4. S'il ne fait pas beau, j'irai avec toi à condition que ce _____ (ne pas être) un film d'horreur.
5. J'aime bien les films policiers à moins qu'il y _____ (avoir) trop de violence.
6. Nous pouvons voir un documentaire à condition qu'il ne _____ (être) pas sur les animaux.
7. Souviens-toi que je ne vois pas de film sans _____ (manger) de pop-corn.
8. Si j'ai sommeil, je veux rentrer chez moi avant que le film _____ (finir).

2 Au musée des Beaux-Arts Myriam et Delphine passent la journée au musée. Faites les changements nécessaires pour créer leur conversation.

MYRIAM (1) je / pouvoir / regarder / ce / chef-d'œuvre/ jusqu'à ce que / le musée / fermer

DELPHINE (2) le peintre / avoir / faire / ce / tableau / avant / avoir / douze ans

MYRIAM (3) certain / enfants / être / vraiment doué / sans que / les parents / le / savoir

DELPHINE (4) je / vouloir bien / voir / sculptures / Rodin / avant que / nous / partir

MYRIAM (5) pouvoir / nous / voir / documentaire sur Rodin / avant / partir

DELPHINE (6) d'accord / je / aller / le voir / à condition que / il / ne pas être / ennuyeux

3 Opinions Complétez ces phrases de manière originale. Ensuite, comparez vos réponses avec celles d'un(e) partenaire.

1. J'aime les films d'horreur à moins que...
2. Les gens regardent les feuilletons pour...
3. Je ferai les musées de Paris jusqu'à ce que...
4. On fait des publicités pour que les gens...
5. Je lis des romans à condition que...
6. Je regarde la météo avant de...

🔊 Practice more at **daccord2.vhlcentral.com**.

COMMUNICATION

4 Questions Avec un(e) partenaire, répondez à ces questions. Ensuite, présentez vos réponses à la classe.

1. Que fais-tu tous les soirs avant de te coucher?
2. Que font tes parents pour que tu puisses aller à la fac plus tard?
3. Que peux-tu faire pour améliorer (*to improve*) ton français?
4. Que veux-tu faire demain à moins qu'il fasse mauvais?
5. Que fais-tu pendant les cours sans que les profs le sachent?
6. Que fais-tu seulement à condition qu'un(e) ami(e) t'accompagne?
7. Quelles stratégies utilises-tu pour avoir de bonnes notes?
8. Quelle activité pratiques-tu sans t'arrêter jusqu'à ce que tu la finisses?

5 Le week-end Avec un(e) partenaire, parlez de vos projets pour ce week-end. Utilisez ce vocabulaire.

MODÈLE

Samedi, je vais aller à la piscine à moins que mes amis veuillent aller à la plage.

à condition que	jusqu'à ce que
à moins que	pour (que)
avant de/que	sans (que)

6 Tic-Tac-Toe Formez deux équipes. Une personne commence une phrase et une autre de son équipe la finit avec les mots de la grille. La première équipe à créer trois phrases d'affilée (*in a row*) gagne.

MODÈLE

Élève 1: *J'aime bien admirer un chef-d'œuvre...*
Élève 2: *...à moins que ce soit une sculpture.*

pour que	sans que	avant que
à condition que	jusqu'à ce que	pour
à moins que	sans	avant de

Le français vivant

MAURICE QUENTIN DE LA TOUR

Magnifique exposition sur ce grand peintre. Venez au château de Versailles du 2 au 29 septembre avant que ces peintures retournent dans leurs musées d'origine. Nous avons beaucoup travaillé pour que vous ayez l'occasion de voir ces superbes portraits. Venez contempler ces magnifiques tableaux qui vous feront voyager dans une autre époque... à moins que vous restiez indifférent à la beauté éternelle.

Identifiez Quelles conjonctions trouvez-vous avec le présent du subjonctif dans la publicité?

Questions Posez ces questions à un(e) partenaire et répondez à tour de rôle.

1. Qui était Maurice Quentin de La Tour?
2. Pourquoi faut-il voir l'exposition avant le 29 septembre?
3. Pourquoi a-t-on beaucoup travaillé au château de Versailles?
4. Quel effet ont les magnifiques tableaux sur les visiteurs?
5. D'après (*According to*) la pub, quelle sorte de personne ne voudrait pas visiter l'exposition?
6. Aimes-tu visiter les musées? Pourquoi? Quels musées as-tu visités?

STRUCTURES

7B.2 Review of the subjunctive

Point de départ Since **Leçon 6A**, you have been learning about subjunctive verb forms. Because there is no exact English equivalent of the subjunctive in French, do not rely on translation. Learn to recognize the contexts and cues that trigger the subjunctive. The charts on this and the following page will help you review and synthesize what you have learned about the subjunctive.

D'accord, je vous dis tout avant que vous perdiez patience.

Je pense qu'il a raison. Ma vraie passion, ce n'est pas la musique.

Summary of subjunctive forms

	one-stem			
	parler	**finir**	**attendre**	**partir**
que je/j'	parle	finisse	attende	parte
que tu	parles	finisses	attendes	partes
qu'il/elle	parle	finisse	attende	parte
que nous	parlions	finissions	attendions	partions
que vous	parliez	finissiez	attendiez	partiez
qu'ils/elles	parlent	finissent	attendent	partent

	two-stem	irregular forms		
	prendre	**aller**	**avoir**	**être**
que je/j'	prenne	aille	aie	sois
que tu	prennes	ailles	aies	sois
qu'il/elle	prenne	aille	ait	soit
que nous	prenions	allions	ayons	soyons
que vous	preniez	alliez	ayez	soyez
qu'ils/elles	prennent	aillent	aient	soient

	irregular forms			
	faire	**pouvoir**	**savoir**	**vouloir**
que je	fasse	puisse	sache	veuille
que tu	fasses	puisses	saches	veuilles
qu'il/elle	fasse	puisse	sache	veuille
que nous	fassions	puissions	sachions	voulions
que vous	fassiez	puissiez	sachiez	vouliez
qu'ils/elles	fassent	puissent	sachent	veuillent

MISE EN PRATIQUE

1 **Oui, maman...** La mère de Tarik et d'Aïcha veut que ses enfants soient très instruits (*educated*) sur l'art et la musique. Mettez les verbes à l'infinitif, à l'indicatif ou au subjonctif pour compléter ses phrases.

1. Il est nécessaire de _____ (lire) tous les jours.
2. Il ne faut pas que nous _____ (regarder) trop la télévision.
3. Je pense que Tarik _____ (ne pas aller) assez souvent au musée.
4. Je ne pense pas que vous _____ (faire) assez de peinture.
5. Il faut que vous _____ (étudier) la peinture et la musique.
6. Il est impossible que vous _____ (pouvoir) tout comprendre, bien sûr.
7. Je veux que votre père vous _____ (apprendre) à reconnaître les chefs-d'œuvre de Van Gogh.
8. Il croit que Van Gogh _____ (être) le plus grand peintre du dix-neuvième siècle (*century*).

2 **Parle-moi de ta famille...** Marc, le petit ami de Marion, veut tout savoir sur sa famille. Que lui dit-elle? Complétez les phrases.

1. Il est clair que mes parents...
2. Je ne pense pas que mon frère...
3. Je crois que ma grand-mère...
4. Il est possible que je...
5. Je sais que mon frère et moi, nous...
6. Il est évident que ma famille...
7. Je ne suis pas sûre que...
8. Nous avons peur que...

3 **Et nous?** Marc veut épouser Chantal, mais elle n'est pas sûre. Comment répond-elle à ses questions? Avec un(e) partenaire, jouez les rôles.

1. De quoi as-tu peur, Chantal?
2. N'est-il pas clair que je t'aime?
3. Est-il possible que tu sois malheureuse avec moi?
4. Que faut-il que je fasse pour te persuader?
5. De quoi n'es-tu pas sûre?
6. De quoi doutes-tu?
7. Que pensent tes amis?
8. Et tes parents, que veulent-ils que tu fasses?

Practice more at **daccord2.vhlcentral.com**.

COMMUNICATION

4   **Mon émission préférée** Avec un(e) partenaire, parlez de vos émissions de télévision préférées. Utilisez ces phrases dans votre conversation.

1. Je la regarde à condition que...
2. Je suis furieux/furieuse que...
3. Tu devrais la regarder pour que...
4. Je ne suis pas sûr(e) que...
5. Il est important que...
6. Je ne pense pas que...

5   **Une pub** Par groupes de trois, inventez un produit et faites sa publicité. Utilisez autant de ces expressions que possible. Ensuite, présentez vos produits et vos pubs à la classe, qui votera pour les meilleurs.

MODÈLE

Voulez-vous que votre maison soit propre? Il faut que vous achetiez «Nettoitou»! Il est formidable! Utilisez-le pour que toute votre maison soit belle!

avant que	il est évident	ne pas penser que
croire que	il est impossible que	
il est douteux que		pour que
il est essentiel que	il faut que	sans que
	jusqu'à ce que	vouloir que

6   **Vos opinions** Avec un(e) partenaire, écrivez un paragraphe pour donner votre opinion sur un de ces thèmes. Ensuite, échangez vos feuilles avec un groupe qui a choisi un thème différent et discutez de toutes les opinions.

MODÈLE

Il est important que les profs écoutent les problèmes de leurs élèves.

- Le coût (*cost*) élevé des études universitaires
- Les relations entre la France et les États-Unis
- Le rôle du gouvernement dans la vie privée
- La nécessité des armes et de la guerre
- La séparation de l'Église et de l'État (*State*)

● Certain expressions trigger the subjunctive in the subordinate clause when the subject of the main clause is different.

Summary of subjunctive uses

Subjunctive trigger in main clause	Subjunctive in subordinate clause
Verb or expression of opinion	**Il est bon que Djamel conduise.** *It is good (that) Djamel drives.*
Verb or expression of necessity or obligation	**Il est essentiel que les élèves fassent** leurs devoirs. *It's essential that students do their homework.*
Verb or expression of will or emotion	Nous **avons peur que vous ayez** trop de travail. *We're afraid (that) you have too much work.*
Verb or expression of doubt, disbelief, or uncertainty	Tu **ne crois pas que nous soyons** américaines. *You don't believe (that) we're American.*
Conjunction	Il chantera **à condition que tu saches** jouer du piano. *He'll sing provided that you know how to play the piano.*

● Use the indicative in the subordinate clause when there is an expression of belief, certainty, or truth in the main clause.

Je crois que nous sommes à l'heure.   *but*   **Je doute que nous soyons** en retard.
I believe (that) we're on time.   *I doubt (that) we're late.*

● Use the infinitive when the subject of the main clause is the same as that of the subordinate clause.

Préfères-tu jouer de la guitare?   Nous sommes ici **pour voir** l'auteur.
Do you prefer to play the guitar?   *We're here to see the author.*

Essayez!   **Choisissez les formes correctes des verbes.**

 1. Veut-il qu'elle (vient / vienne) avec nous?
2. Montre-moi tes photos pour que je (vois / voie) les belles plages.
3. Il faut que tu (as / aies) de la patience.
4. Elle ne doute pas que cette pièce (finit / finisse) tard.
5. Il est vrai que Dahlia (est / soit) malade.
6. Nous sommes contents que vous (allez / alliez) au musée du Louvre.
7. Il est dommage que nous ne (voyons / voyions) pas de peintures.
8. J'espère rentrer avant que mes parents (font / fassent) la cuisine.

SYNTHÈSE

Révision

1 **Un film d'horreur** Que doit-on faire pour qu'un film d'horreur soit une réussite? Avec un(e) partenaire, faites par écrit une liste de huit phrases pour expliquer les critères. Utilisez tout ce vocabulaire.

MODÈLE

Le film peut être une réussite à condition que les acteurs soient des célébrités.

PHILIPPE VERSOI   CHRISTINE MONACO

LE FANTÔME DU LAC

à condition que	jusqu'à ce que
à moins que	pour que
avant que	sans que

2 **Quels artistes?** Par groupes de trois, interviewez vos camarades pour leur demander quels artistes et quelles œuvres ils vous recommandent de découvrir la prochaine fois que vous visiterez un musée. Écrivez leurs réponses, puis présentez leurs recommandations à la classe. Utilisez ces expressions avec le présent du subjonctif.

MODÈLE

Je suggère que tu ailles voir les tableaux de Monet. Tu aimeras les couleurs et la représentation des personnages.

il est important que	proposer que
il est indispensable que	recommander que
(ne pas) penser que	suggérer que
?	?

3 **Mes enfants** Avec un(e) partenaire, préparez un dialogue où ces parents se disent ce qu'ils veulent que leurs enfants fassent plus tard. Utilisez au moins huit verbes au présent du subjonctif. Ensuite, jouez votre scène devant la classe.

4 **Un bon écrivain** Que faut-il pour devenir un bon écrivain? Trouvez huit qualités qu'il faut avoir et utilisez l'infinitif pour faire une liste de conseils. À tour de rôle, utilisez votre liste pour donner des conseils à votre partenaire au présent du subjonctif.

MODÈLE

Élève 1: *Conseil numéro 1: Pour être un bon écrivain, il faut avoir beaucoup d'imagination.*
Élève 2: *Si tu veux être un bon écrivain, il est essentiel que tu développes ton imagination.*

5 **Au Louvre** Votre professeur va vous donner, à vous et à votre partenaire, deux feuilles d'activités différentes. Attention! Ne regardez pas la feuille de votre partenaire.

ressources

CE
pp. 107-110

CA
pp. 55-56,
167-168

S
daccord2.vhlcentral.com

À l'écoute

 S Audio: Activities

Préparation

Regardez et décrivez la photo. Où sont ces personnes? Que font-elles? Que vont-elles aller voir, à votre avis?

⚙ À vous d'écouter 🎧

Vous êtes en France et vous voulez inviter un(e) ami(e) à sortir ce week-end. Vous écoutez la radio et vous entendez une annonce pour un spectacle qui plaira peut-être à votre ami(e). Notez les informations principales pour pouvoir ensuite décrire ce spectacle à votre ami(e) et pour lui dire quand vous pourrez aller le voir.

_____

_____

_____

_____

_____

_____

Compréhension

Complétez Complétez les phrases.

1. Molière est _____ de *L'Avare*.
   a. l'auteur   b. le metteur en scène   c. le personnage principal

2. *L'Avare* est _____.
   a. une exposition   b. un jeune comédien très dynamique
   c. une pièce de théâtre

3. *L'Avare* est drôle. C'est _____.
   a. une tragédie   b. une comédie   c. un drame psychologique

4. Yves Lemoîne est _____ de *L'Avare*.
   a. l'auteur   b. le journaliste qui a écrit la critique
   c. le metteur en scène

5. Harpagon est le nom du _____.
   a. personnage principal   b. spectacle   c. poète

6. Dans le journal, il y avait _____ positive de *L'Avare*.
   a. une pub   b. une critique   c. un applaudissement

Invitez votre ami(e)! 👥 Vous avez maintenant toutes les informations importantes nécessaires pour inviter votre ami(e) (un[e] camarade) à aller voir *L'Avare* ce week-end.

- Invitez-le/la au spectacle et dites-lui quand vous pourrez y aller.

- Il/Elle va vous poser quelques questions pour obtenir plus de détails sur le spectacle (histoire, personnages, acteurs, etc.).

- Ensuite, comme il/elle n'a pas très envie d'aller voir le spectacle, il/elle va faire plusieurs suggestions d'autres activités artistiques (films, concerts, expositions, etc.).

- Discutez de ces possibilités et choisissez-en une ensemble.

Panorama

S Interactive Map
Reading

la ville de Gustavia, à Saint-Barthélemy

Les Antilles

L'archipel en chiffres

▶ **Guadeloupe:** *(472.000 habitants),*
Pointe-à-Pitre, Basse-Terre

▶ **Haïti:** *(9.751.000), Port-au-Prince*

▶ **Martinique:** *(404.000), Fort-de-France*

▶ **Saint-Barthélemy:** *(8.400), Gustavia*

▶ **Saint-Martin:** *(en partie) (35.700), Marigot*

SOURCE: Population Division, UN Secretariat

Antillais célèbres

▶ **Aimé Césaire,** *Martinique,*
poète (1913–2008)

▶ **Raphaël Confiant,** *Martinique,*
écrivain° (1951–)

▶ **Garcelle Beauvais,** *Haïti,*
actrice (1966–)

▶ **Wyclef Jean,** *Haïti, chanteur*
de rap (1972–)

La Polynésie française

L'archipel en chiffres

▶ **Îles Australes:** *(6.386), Tubuai*

▶ **Îles de la Société:** *(214.445), Papeete*

▶ **Îles Gambier:** *(1.097), Mangareva*

▶ **Îles Marquises:** *(8.712), Nuku-Hiva*

▶ **Îles Tuamotu:** *(16.959), Fakarava, Rankiroa*

Polynésiens célèbres

▶ **Henri Hiro,** *Tahiti, îles de la Société, poète*
(1944–1991)

▶ **Rodolphe Vinh Tung,** *Raiatea, îles de la Société,*
professionnel du wakeboard (1974–)

écrivain *writer* survivants *survivors* enfermé *detained* pirogues *dugout canoes*

L'OCÉAN ATLANTIQUE

LES ÉTATS-UNIS

LES ANTILLES

CUBA
Porto Rico
Saint-Martin
Saint-Barthélemy
La Guadeloupe
La Martinique

LA JAMAÏQUE   HAÏTI

LE VENEZUELA   LE SURINAM

LA COLOMBIE   La Guyane française

LA GUYANA

L'OCÉAN PACIFIQUE

LE BRÉSIL

LA POLYNÉSIE FRANÇAISE

Les îles Marquises

L'OCÉAN PACIFIQUE

Les îles Tuamotu

Les îles de la Société

Tahiti

Les îles Gambier

Les îles Australes

Régions francophones

0 — 1,000 miles
0 — 1,000 kilomètres

0 — 500 miles
0 — 500 kilomètres

les courses de pirogues° en Polynésie française

Incroyable mais vrai!

Jusqu'au vingtième siècle, Saint-Pierre était
le port le plus actif des Antilles et la capitale
de la Martinique. Mais en 1902, un volcan,
la montagne Pelée, entre en éruption. Il n'y
a eu que deux survivants°, dont un qui a été
protégé par les murs de la prison où il était
enfermé°. Certains historiens doutent de
l'authenticité de l'histoire de cet homme.

Les arts

Les peintures de Gauguin

En 1891, le peintre° Paul Gauguin (1848–1903) vend ses œuvres° à Paris et déménage à Tahiti, dans les îles de la Société, pour échapper à° la vie moderne. Il y reste deux ans avant de rentrer en France et, en 1895, il retourne en Polynésie française pour y habiter jusqu'à sa mort en 1903. Inspirée par le nouvel environnement du peintre et la nature qui l'entoure°, l'œuvre «tahitienne» de Gauguin est célèbre° pour sa représentation du peuple indigène et l'emploi° de couleurs vives°. Ses peintures° de femmes font partie de ses meilleurs tableaux°.

Les destinations

Haïti, première République noire

En 1791, un ancien esclave°, Toussaint Louverture, mène° une rébellion pour l'abolition de l'esclavage en Haïti, ancienne colonie française. Après avoir gagné le combat, Louverture se proclame gouverneur de l'île d'Hispaniola (Haïti et Saint-Domingue) et abolit l'esclavage. Il est plus tard capturé par l'armée française et renvoyé en France. Son successeur, Jean-Jacques Dessalines, lui-même ancien esclave, vainc° l'armée en 1803 et proclame l'indépendance d'Haïti en 1804. C'est la première République noire du monde et le premier pays du monde occidental à abolir l'esclavage.

L'économie

La perle noire

La Polynésie française est le principal producteur de perles° noires. Dans la nature, les perles sont très rares; on en trouve dans une huître° sur 15.000. Par contre°, aujourd'hui, la Polynésie française produit plusieurs tonnes de perles noires chaque année. Des milliers de Tahitiens vivent de° l'industrie perlière. Parce qu'elle s'est développée dans les lagons, la perliculture° a même aidé à repeupler° certaines îles et certains endroits ruraux, abandonnés par les gens partis en ville. Les perles sont très variées et présentent différentes formes et nuances de noir.

Les gens

Maryse Condé

Née en Guadeloupe, puis étudiante à la Sorbonne, à Paris, Maryse Condé a vécu° huit ans en Afrique (Ghana, Sénégal, Guinée, etc.). En 1973, elle enseigne dans les universités françaises et commence sa carrière° d'écrivain°. Elle sera ensuite professeur en Californie et à l'Université de Columbia. Ses nombreux romans°, y compris° *Moi, Tituba Sorcière*, ont reçu de multiples récompenses°. Ses romans mêlent° souvent fiction et événements historiques pour montrer la complexité de la culture antillaise, culture liée° à celle de l'Europe et à celle de l'Afrique.

 Qu'est-ce que vous avez appris? Répondez aux questions par des phrases complètes.

1. Que s'est-il passé en Martinique au début du vingtième siècle?
2. L'éruption a-t-elle tué tous les habitants de Saint-Pierre?
3. Pour quelle raison Gauguin a-t-il déménagé à Tahiti?
4. Pour quelles raisons l'œuvre «tahitienne» de Gauguin est-elle célèbre?
5. Quelle est la principale particularité d'Haïti?
6. Qui a réussi à abolir l'esclavage en Haïti?
7. D'où viennent la majorité des perles noires?
8. Comment la perliculture a-t-elle changé la population de la Polynésie?
9. Où Maryse Condé a-t-elle étudié? Où est-elle née?
10. Ses romans sont-ils entièrement des œuvres de fiction?

Practice more at **daccord2.vhlcentral.com**.

SUR INTERNET

Go to **daccord2.vhlcentral.com** to find more cultural information related to this **PANORAMA**.

1. Cherchez des informations sur Aimé Césaire. Qu'a-t-il en commun avec Léopold Sédar Senghor, poète et homme politique mentionné dans le panorama précédent?
2. Trouvez des informations sur la ville de Saint-Pierre. Comment est-elle aujourd'hui?
3. Cherchez des informations sur les courses de pirogues en Polynésie française. Quelle est leur signification?

peintre *painter* **œuvres** *artworks* **échapper à** *escape* **entoure** *surrounds* **célèbre** *famous* **emploi** *use* **vives** *bright* **peintures** *paintings* **tableaux** *paintings* **esclave** *slave* **mène** *leads* **vainc** *defeats* **perles** *pearls* **huître** *oyster* **Par contre** *On the other hand* **vivent de** *make a living from* **perliculture** *pearl farming* **repeupler** *repopulate* **a vécu** *lived* **carrière** *career* **écrivain** *writer* **romans** *novels* **y compris** *including* **récompenses** *awards* **mêlent** *mix* **liée** *tied*

Lecture

 **Audio: Dramatic Recording**

Avant la lecture

Examinez le texte

Regardez le texte. Est-ce un extrait de roman? Une nouvelle (*short story*)? Un poème? Quel en est le titre? Qu'indiquent le format et le titre à propos du genre du texte? Regardez aussi les illustrations. Qu'indiquent-elles sur le thème de la lecture?

À propos de l'auteur
Mariama Mbengue Ndoye

Mariama Mbengue Ndoye est née au Sénégal en 1953. Elle fait des études de lettres à l'Université de Dakar, où elle reçoit son doctorat en 1982. Elle obtient un certificat de muséologie de l'École du Louvre à Paris en 1977 et devient ensuite Conservateur du musée d'Art africain de l'Institut fondamental d'Afrique noire à Dakar. Après 15 ans passés en Côte d'Ivoire, elle habite maintenant en Tunisie, où elle écrit. Son œuvre comprend° plusieurs romans, dont *Soukey* et *De vous à moi*, des recueils° de nouvelles et des livres pour enfants. Dans ses livres, elle parle de l'Afrique, de la femme africaine et de la vie dans les villages.

comprend *includes* recueils *collections*

Note à mes

En forme de poème (1996)

1 Je m'appelle Mariama, Marie, Myriem, Marème, Mouskeba, Maamou à votre aise°

2 Le O de mon nom Ndoye ouvre son gros œil sur le monde

3 Je suis femme, je suis mère, je suis fille
4 porteuse de nichées d'espoirs°
5 lourde de hottes° de secrets
6 pourvoyeuse° de caresses et de claques°

lecteurs°

7 Je suis une nuit noire étoilée°

8 noire de la souffrance° des femmes en gésine°

9 noire du carbone d'où jaillit° le diamant

10 étoilée du sourire de mes sœurs d'Afrique

11 Je vais déambulant° dans les méandres de mon
être et du temps

12 confiant° au papier blanc-ami les songes° fragiles
de mon âme° d'enfant

13 Je gravis° ma colline° parfois je m'égratigne°

14 Je regarde mes compagnons de cordée°: Vous.

15 Je «nous» écris, lisez-moi.

16 Mariama Ndoye

lecteurs *readers* à votre aise *as you please* porteuse de nichées d'espoirs *carrier of broods of hopes* lourde de hottes *heavy with baskets* pourvoyeuse *provider* claques *slaps* étoilée *starry* souffrance *suffering* en gésine *giving birth* jaillit *springs up* déambulant *wandering* confiant *confiding* songes *dreams* âme *soul* gravis *climb up* colline *hill* m'égratigne *scratch myself* compagnons de cordée *fellow climbers*

Après la lecture

Vrai ou faux? Indiquez si les phrases sont **vraies** ou **fausses**. Attention! Beaucoup de choses ne sont que suggérées dans le poème. Citez (*Quote*) le poème pour justifier votre réponse.

1. La femme du poème représente toutes les femmes.
   _____

2. Elle ne s'intéresse pas au monde.
   _____

3. Elle n'a pas d'enfants.
   _____

4. C'est une femme qui ne sait pas réprimander.
   _____

5. Elle ressent (*feels*) le bonheur et la douleur des femmes.
   _____

6. Quand elle écrit, elle parle de ses rêves (*dreams*).
   _____

7. Elle trouve que c'est facile d'écrire.
   _____

8. Quand elle parle de ses compagnons de cordée, elle fait référence à ses enfants.
   _____

9. Elle écrit seulement à propos d'elle-même et pour elle.
   _____

10. Ce poème a un ton plutôt pessimiste.
    _____

Métaphores Avez-vous trouvé des métaphores dans ce poème? Trouvez celles qui indiquent que l'auteur vient d'Afrique. Que signifient ces métaphores? L'auteur est-elle fière d'être Africaine?

_____
_____
_____
_____

Escalader ensemble L'auteur compare ses lecteurs à des compagnons de cordée. Pourquoi, à votre avis? Que doit-on faire quand on escalade (*climb*) une montagne? Avez-vous déjà escaladé une montagne ou une colline? Discutez en petit groupe.

Écriture

Writing strong introductions and conclusions

Introductions and conclusions serve a similar purpose: both are intended to focus the reader's attention on the topic being covered. The introduction presents a brief preview of the topic. In addition, it informs your reader of the important points that will be covered in the body of your writing. The conclusion reaffirms those points and concisely sums up the information that has been provided. A compelling fact or statistic, a humorous anecdote, or a question directed to the reader are all interesting ways to begin or end your writing.

For example, if you were writing a biographical report on Antoine de Saint-Exupéry, whom you learned about in **Unité 6 LECTURE**, you might start by noting that Saint-Exupéry's *Le Petit Prince* is considered to be one of the most widely read books ever. The rest of your introductory paragraph would outline the areas you would cover in the body of your paper, such as the author's life, his works, and the impact that *Le Petit Prince* has had on adult and children's literature. In your conclusion, you might sum up the most important information in the report and tie this information together in a way that would make your reader want to learn even more about the topic. You could write, for example, "Antoine de Saint-Exupéry, with his imagination and unique view on the world, has created one of the most well-known and enduring characters in world literature."

Thème

Écrire la critique d'une œuvre artistique

Avant l'écriture

1. Vous allez écrire la critique d'un film, d'une pièce de théâtre ou d'un spectacle de votre choix. Votre critique doit avoir trois parties: l'introduction, le développement et la conclusion. Dans l'introduction, vous allez rapidement présenter l'œuvre. Ensuite, dans le développement, vous allez la décrire en détail. Enfin, dans la conclusion, vous allez donner votre opinion et expliquer pourquoi vous recommandez ce spectacle ou non. Utilisez ce plan pour la recherche des idées et pour leur organisation.

Introduction

- Le titre de l'œuvre et le nom de son créateur
- Description du sujet et/ou du genre de l'œuvre
- Quand et où vous l'avez vue

Développement

- Un petit résumé de l'histoire
- Les noms des personnages ou des artistes
- Description des personnages, du/des décor(s) et des costumes

Conclusion

- Votre opinion sur l'œuvre

- Expliquez les raisons pour lesquelles vous la recommandez ou pas.

Écriture

1. Pour vous assurer (*ensure*) que vous allez écrire une introduction et une conclusion bien développées, remplissez (*fill in*) ce diagramme. Ces deux sections doivent contenir la même information sur les idées principales de votre critique, mais doivent aussi avoir au moins (*at least*) une idée différente. Référez-vous à la stratégie, si nécessaire.

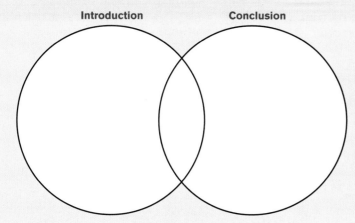

Introduction   Conclusion

2. Ensuite, utilisez vos idées de la section précédente et du diagramme pour écrire votre critique.

3. Utilisez aussi des formes du subjonctif et, si possible, des pronoms possessifs dans votre critique.

Critique d'une pièce de théâtre

Le malade imaginaire de Molière est une comédie théâtrale que j'ai eu la chance de voir hier soir au Théâtre des Capucins.

L'histoire, qui se passe au XVIIe siècle, est celle d'un vieux bourgeois, Argan, qui se croit constamment malade, alors qu'il ne l'est pas. Béline, sa femme, …

Cette pièce, qui est d'ailleurs un des nombreux chefs-d'œuvre de Molière, m'a donné l'occasion de passer un très bon moment…

Après l'écriture

1. Échangez votre critique avec celle d'un(e) partenaire. Répondez à ces questions pour commenter son travail.

- Votre partenaire a-t-il/elle inclu une introduction développée?

- A-t-il/elle écrit une partie centrale détaillée?

- A-t-il/elle écrit une conclusion bien développée et en relation avec l'introduction, mais contenant (*containing*) aussi au moins une nouvelle idée?

- A-t-il/elle présenté toutes les informations de la section **Avant l'écriture**?

- A-t-il/elle utilisé des formes du subjonctif?

- Quel(s) détail(s) ajouteriez-vous (*would you add*)? Quel(s) détail(s) enlèveriez-vous (*would you delete*)? Quel(s) autre(s) commentaire(s) avez-vous pour votre partenaire?

2. Corrigez votre critique d'après (*according to*) les commentaires de votre partenaire. Relisez votre travail pour éliminer ces problèmes:

- des fautes (*errors*) d'orthographe

- des fautes de ponctuation

- des fautes de conjugaison

- un mauvais emploi (*use*) de la grammaire de l'unité

- des fautes d'accord (*agreement*) des adjectifs

Aller au spectacle

applaudir	to applaud
présenter	to present
profiter de quelque chose	to take advantage of/ to enjoy something
un applaudissement	applause
une chanson	song
un chœur	choir, chorus
une comédie (musicale)	comedy (musical)
un concert	concert
une danse	dance
le début	beginning; debut
un entracte	intermission
un festival (festivals pl.)	festival
la fin	end
un genre	genre
un opéra	opera
une pièce de théâtre	play
une place	seat
une séance	show; screening
une sorte	sort, kind
un spectateur/ une spectatrice	spectator
une tragédie	tragedy
gratuit(e)	free

Le cinéma et la télévision

un dessin animé	cartoon
un documentaire	documentary
un drame psychologique	psychological drama
une émission (de télévision)	(television) program
un feuilleton	soap opera
un film (d'aventures, d'horreur, policier, de science-fiction)	(adventure, horror, crime, science fiction) film
une histoire	story
les informations (infos) (f.)	news
un jeu télévisé	game show
la météo	weather
les nouvelles (f.)	news
un programme	program
une publicité (pub)	advertisement
les variétés (f.)	popular music
à la radio	on the radio
à la télé(vision)	on television

Expressions de doute et de certitude

douter que...	to doubt that...
ne pas croire que...	not to believe that...
ne pas penser que...	not to think that...
Il est douteux que...	It is doubtful that...
Il est impossible que...	It is impossible that...
Il n'est pas certain que...	It is uncertain that...
Il n'est pas sûr que...	It is not sure that...
Il n'est pas vrai que...	It is untrue that...
croire que...	to believe that...
penser que...	to think that...
savoir que...	to know that...
Il est certain que...	It is certain that...
Il est clair que...	It is clear that...
Il est évident que...	It is obvious that...
Il est sûr que...	It is sure that...
Il est vrai que...	It is true that...

Les artistes

faire de la musique	to play music
faire de la peinture	to paint
jouer un rôle	to play a role
jouer de la batterie/ de la guitare/ du piano/du violon	to play the drums/ the guitar/the piano/ the violin
un auteur/ une femme auteur	author
un compositeur	composer
un danseur/ une danseuse	dancer
un dramaturge	playwright
un écrivain/ une femme écrivain	writer
un membre	member
un metteur en scène	director (of a play, a show)
un orchestre	orchestra
un peintre/ une femme peintre	painter
un personnage (principal)	(main) character
un poète/ une poétesse	poet
un réalisateur/ une réalisatrice	director (of a movie)
un sculpteur/ une femme sculpteur	sculptor
une troupe	company, troop
célèbre	famous
doué(e)	talented; gifted

Les arts

faire les musées	to go to museums
publier	to publish
les beaux-arts (m.)	fine arts
un chef-d'œuvre (chefs-d'œuvre pl.)	masterpiece
un conte	tale
une critique	review; criticism
une exposition	exhibit
un magazine	magazine
une œuvre	artwork, piece of art
une peinture	painting
un poème	poem
un roman	novel
une sculpture	sculpture
un tableau	painting
ancien(ne)	ancient; old; former
littéraire	literary
récent(e)	recent

Conjonctions suivies du subjonctif

à condition que...	on the condition that..., provided that...
à moins que...	unless...
avant que...	before...
jusqu'à ce que...	until...
pour que...	so that...
sans que...	without...

Expressions utiles	See pp. 277 and 293.
Possessive pronouns	See pp. 282–283.

The *impératif*

Point de départ The **impératif** is the form of a verb that is used to give commands or to offer directions, hints, and suggestions. With command forms, you do not use subject pronouns.

- Form the **tu** command of **-er** verbs by dropping the **-s** from the present tense form. Note that **aller** also follows this pattern.

  Réserve deux chambres.
  Reserve two rooms.

  Ne travaille pas.
  Don't work.

  Va au marché.
  Go to the market.

- The **nous** and **vous** command forms of **-er** verbs are the same as the present tense forms.

  Nettoyez votre chambre.
  Clean your room.

  Mangeons au restaurant ce soir.
  Let's eat at the restaurant tonight.

- For **-ir** verbs, **-re** verbs, and most irregular verbs, the command forms are identical to the present tense forms.

  Finis la salade.
  Finish the salad.

  Attendez dix minutes.
  Wait ten minutes.

  Faisons du yoga.
  Let's do some yoga.

The *impératif* of *avoir* and *être*		
	avoir	**être**
(tu)	aie	sois
(nous)	ayons	soyons
(vous)	ayez	soyez

- The forms of **avoir** and **être** in the **impératif** are irregular.

  Aie confiance.
  Have confidence.

  Ne **soyons** pas en retard.
  Let's not be late.

- An object pronoun can be added to the end of an affirmative command. Use a hyphen to separate them. Use **moi** and **toi** for the first- and second-person object pronouns.

  Permettez-moi de vous aider.
  Allow me to help you.

  Achète le dictionnaire et **utilise-le**.
  Buy the dictionary and use it.

- In negative commands, place object pronouns between **ne** and the verb. Use **me** and **te** for the first- and second-person object pronouns.

  Ne **me montre** pas les réponses, s'il te plaît.
  Please don't show me the answers.

  Cette photo est fragile. Ne **la touchez** pas.
  That picture is fragile. Don't touch it.

Glossary of Grammatical Terms

ADJECTIVE A word that modifies, or describes, a noun or pronoun.

des livres **amusants**
*some **funny** books*

une **jolie** fleur
*a **pretty** flower*

Demonstrative adjective An adjective that specifies which noun a speaker is referring to.

cette chemise
***this** shirt*

ce placard
***this** closet*

cet hôtel
***this** hotel*

ces boîtes
***these** boxes.*

Possessive adjective An adjective that indicates ownership or possession.

ma belle montre
***my** beautiful watch*

C'est **son** cousin.
*This is **his/her** cousin.*

tes crayons
***your** pencils*

Ce sont **leurs** tantes.
*Those are **their** aunts.*

ADVERB A word that modifies, or describes, a verb, adjective, or other adverb.

Michael parle **couramment** français.
*Michael speaks French **fluently**.*

Elle lui parle **très** franchement.
*She speaks to him **very** candidly.*

ARTICLE A word that points out a noun in either a specific or a non-specific way.

Definite article An article that points out a noun in a specific way.

le marché
***the** market*

la valise
***the** suitcase*

les dictionnaires
***the** dictionaries*

les mots
***the** words*

Indefinite article An article that points out a noun in a general, non-specific way.

un vélo
***a** bike*

une fille
***a** girl*

des oiseaux
***some** birds*

des affiches
***some** posters*

CLAUSE A group of words that contains both a conjugated verb and a subject, either expressed or implied.

Main (or Independent) clause A clause that can stand alone as a complete sentence.

J'ai un manteau vert.
I have a green coat.

Subordinate (or Dependent) clause A clause that does not express a complete thought and therefore cannot stand alone as a sentence.

Je travaille dans un restaurant **parce que j'ai besoin d'argent**.
*I work in a restaurant **because I need money**.*

COMPARATIVE A construction used with an adjective or adverb to express a comparison between two people, places, or things.

Thomas est **plus petit** qu'Adrien.
*Thomas is **shorter than** Adrien.*

En Corse, il pleut **moins souvent qu'**en Alsace.
*In Corsica, it rains **less often than** in Alsace.*

Cette maison n'a pas **autant de fenêtres** que l'autre.
*This house does not have **as many windows as** the other one.*

CONJUGATION A set of the forms of a verb for a specific tense or mood, or the process by which these verb forms are presented.

Imparfait conjugation of **chanter**:

je chant**ais**	nous chant**ions**
tu chant**ais**	vous chant**iez**
il/elle chant**ait**	ils/elles chant**aient**

CONJUNCTION A word used to connect words, clauses, or phrases.

Suzanne **et** Pierre habitent en Suisse.
*Suzanne **and** Pierre live in Switzerland.*

Je ne dessine pas très bien, **mais** j'aime les cours de dessin.
*I don't draw very well, **but** I like art classes.*

CONTRACTION The joining of two words into one. In French, the contractions are **au, aux, du**, and **des**.

Ma sœur est allée **au** concert hier soir.
*My sister went **to a** concert last night.*

Il a parlé **aux** voisins cet après-midi.
*He talked **to the** neighbors this afternoon.*

Je retire de l'argent **du** distributeur automatique.
*I withdraw money **from the** ATM machine.*

Nous avons campé près **du** village.
*We camped **near the** village.*

DIRECT OBJECT A noun or pronoun that directly receives the action of the verb.

Thomas lit **un livre**.	Je **l'**ai vu hier.
*Thomas reads **a book**.*	*I saw **him** yesterday.*

GENDER The grammatical categorizing of certain kinds of words, such as nouns and pronouns, as masculine, feminine, or neuter.

Masculine
articles **le, un**
pronouns **il, lui, le, celui-ci, celui-là, lequel**
adjective **élégant**

Feminine
articles **la, une**
pronouns **elle, la, celle-ci, celle-là, laquelle**
adjective **élégante**

IMPERSONAL EXPRESSION A third-person expression with no expressed or specific subject.

Il pleut.	**C'est** très important.
It's raining.	*It's very important.*

INDIRECT OBJECT A noun or pronoun that receives the action of the verb indirectly; the object, often a living being, to or for whom an action is performed.

Éric donne un livre **à Linda**.
*Éric gave a book **to Linda**.*

Le professeur **m'**a donné une bonne note.
*The teacher gave **me** a good mark.*

INFINITIVE The basic form of a verb. Infinitives in French end in **-er, -ir, -oir**, or **-re**.

parler	**finir**	**savoir**	**prendre**
to speak	*to finish*	*to know*	*to take*

INTERROGATIVE An adjective or pronoun used to ask a question.

Qui parle?
Who is speaking?

Combien de biscuits as-tu achetés?
How many cookies did you buy?

Que penses-tu faire aujourd'hui?
What do you plan to do today?

INVERSION Changing the word order of a sentence, often to form a question.

Statement: Elle a vendu sa voiture.

Inversion: A-t-elle vendu sa voiture?

MOOD A grammatical distinction of verbs that indicates whether the verb is intended to make a statement or command or to express a doubt, emotion, or condition contrary to fact.

Conditional mood Verb forms used to express what would be done or what would happen under certain circumstances, or to make a polite request, soften a demand, express what someone could or should do, or to state a contrary-to-fact situation.

Il irait se promener s'il avait le temps.
He would go for a walk if he had the time.

Pourrais-tu éteindre la lumière, s'il te plaît?
Would you turn off the light, please?

Je devrais lui parler gentiment.
I should talk to her nicely.

Imperative mood Verb forms used to make commands or suggestions.

Parle lentement.	**Venez** avec moi.
Speak slowly.	*Come with me.*

Indicative mood Verb forms used to state facts, actions, and states considered to be real.

Je sais qu'**il a** un chat.
*I know that **he has** a cat.*

Subjunctive mood Verb forms used principally in subordinate (dependent) clauses to express wishes, desires, emotions, doubts, and certain conditions, such as contrary-to-fact situations.

Il est important que **tu finisses** tes devoirs.
*It's important that **you finish** your homework.*

Je doute que **Louis ait** assez d'argent.
*I doubt that **Louis has** enough money.*

NOUN A word that identifies people, animals, places, things, and ideas.

homme	**chat**	**Belgique**
man	*cat*	*Belgium*
maison	**livre**	**amitié**
house	*book*	*friendship*

NUMBER A grammatical term that refers to singular or plural. Nouns in French and English have number. Other parts of a sentence, such as adjectives, articles, and verbs, can also have number.

Singular	**Plural**
une chose	**des** choses
a thing	*some things*
le professeur	**les** professeurs
the professor	*the professors*

NUMBERS Words that represent amounts.

Cardinal numbers Words that show specific amounts.

cinq minutes	l'année **deux mille six**
five minutes	*the year **2006***

Ordinal numbers Words that indicate the order of a noun in a series.

le **quatrième** joueur	la **dixième** fois
*the **fourth** player*	*the **tenth** time*

PAST PARTICIPLE A past form of the verb used in compound tenses. The past participle may also be used as an adjective, but it must then agree in number and gender with the word it modifies.

Ils ont beaucoup **marché**.
*They have **walked** a lot.*

Je n'ai pas **préparé** mon examen.
*I haven't **prepared** for my exam.*

Il y a une fenêtre **ouverte** dans le salon.
*There is an **open** window in the living room.*

PERSON The form of the verb or pronoun that indicates the speaker, the one spoken to, or the one spoken about. In French, as in English, there are three persons: first, second, and third.

Person	Singular		Plural	
1st	**je**	*I*	**nous**	*we*
2nd	**tu**	*you*	**vous**	*you*
3rd	**il/elle**	*he/she/it*	**ils/elles**	*they*
	on	*one*		

PREPOSITION A word or words that describe(s) the relationship, most often in time or space, between two other words.

Annie habite **loin de** Paris.
*Annie lives **far from** Paris.*

Le blouson est **dans** la voiture.
*The jacket is **in** the car.*

Martine s'est coiffée **avant de** sortir.
*Martine combed her hair **before** going out.*

PRONOUN A word that takes the place of a noun or nouns.

Demonstrative pronoun A pronoun that takes the place of a specific noun.

Je veux **celui-ci**.
*I want **this one**.*

Marc préférait **ceux-là**.
*Marc preferred **those**.*

Object pronoun A pronoun that functions as a direct or indirect object of the verb.

Elle **lui** donne un cadeau.
*She gives **him** a present.*

Frédéric **me l'**a apporté.
*Frédéric brought **it** to me.*

Reflexive pronoun A pronoun that indicates that the action of a verb is performed by the subject on itself. These pronouns are often expressed in English with -*self*: *myself, yourself*, etc.

Je **me lave** avant de sortir.
*I **wash (myself)** before going out.*

Marie **s'est couchée** à onze heures et demie.
*Marie **went to bed** at eleven-thirty.*

Relative pronoun A pronoun that connects a subordinate clause to a main clause.

Le garçon **qui** nous a écrit vient nous voir demain.
*The boy **who** wrote us is coming to visit tomorrow.*

Je sais **que** nous avons beaucoup de choses à faire.
*I know **that** we have a lot of things to do.*

Subject pronoun A pronoun that replaces the name or title of a person or thing, and acts as the subject of a verb.

Tu vas partir.
***You** are going to leave.*

Il arrive demain.
***He** arrives tomorrow.*

SUBJECT A noun or pronoun that performs the action of a verb and is often implied by the verb.

Marine va au supermarché.
***Marine** goes to the supermarket.*

Ils travaillent beaucoup.
***They** work a lot.*

Ces livres sont très chers.
***Those books** are very expensive.*

SUPERLATIVE A word or construction used with an adjective, adverb or a noun to express the highest or lowest degree of a specific quality among three or more people, places, or things.

Le cours de français est **le plus intéressant**.
*The French class is **the most interesting**.*

Romain court **le moins rapidement**.
*Romain runs **the least fast**.*

C'est son jardin qui a **le plus d'arbres**.
*It is her garden that has **the most trees**.*

TENSE A set of verb forms that indicates the time of an action or state: past, present, or future

Compound tense A two-word tense made up of an auxiliary verb and a present or past participle. In French, there are two auxiliary verbs: **être** and **avoir**.

Le colis n'**est** pas encore **arrivé**.
*The package **has** not **arrived** yet.*

Elle **a réussi** son examen.
*She **has passed** her exam.*

Simple tense A tense expressed by a single verb form.

Timothée **jouait** au volley-ball pendant les vacances.
*Timothée **played** volleyball during his vacation.*

Joëlle **parlera** à sa mère demain.
*Joëlle **will speak** with her mom tomorrow.*

VERB A word that expresses actions or states-of-being.

Auxiliary verb A verb used with a present or past participle to form a compound tense. **Avoir** is the most commonly used auxiliary verb in French.

Ils **ont** vu les éléphants.
*They **have** seen the elephants.*

J'espère que tu **as** mangé.
*I hope you **have** eaten.*

Reflexive verb A verb that describes an action performed by the subject on itself and is always used with a reflexive pronoun.

Je **me suis acheté** une voiture neuve.
*I **bought myself** a new car.*

Pierre et Adeline **se lèvent** très tôt.
*Pierre and Adeline **get (themselves) up** very early.*

Spelling-change verb A verb that undergoes a predictable change in spelling in the various conjugations.

acheter	e → è	nous achetons	j'ach**è**te
espérer	é → è	nous espérons	j'esp**è**re
appeler	l → ll	nous appelons	j'appe**ll**e
envoyer	y → i	nous envoyons	j'envo**i**e
essayer	y → i	nous essayons	j'essa**i**e/ j'essaye

Verb Conjugation Tables

Each verb in this list is followed by a model verb conjugated according to the same pattern. The number in parentheses indicates where in the verb tables you can find the conjugated forms of the model verb. Reminder: All reflexive (pronominal) verbs use **être** as their auxiliary verb in the **passé composé**. The infinitives of reflexive verbs begin with **se (s')**.

* = This verb, unlike its model, takes **être** in the **passé composé**.

† = This verb, unlike its model, takes **avoir** in the **passé composé**.

In the tables you will find the infinitive, past participles, and all the forms of each model verb you have learned.

abolir like finir (2)	**chercher** like parler (1)	**dessiner** like parler (1)	**espérer** like préférer (12)
aborder like parler (1)	**choisir** like finir (2)	**détester** like parler (1)	**essayer** (10)
abriter like parler (1)	**classer** like parler (1)	**détruire** like conduire (16)	**essuyer** like essayer (10)
accepter like parler (1)	**commander** like parler (1)	**développer** like parler (1)	**éteindre** (24)
accompagner like parler (1)	**commencer** (9)	**devenir** like venir (41)	**éternuer** like parler (1)
accueillir like ouvrir (31)	**composer** like parler (1)	**devoir** (20)	**étrangler** like parler (1)
acheter (7)	**comprendre** like prendre (35)	**dîner** like parler (1)	**être** (5)
adorer like parler (1)	**compter** like parler (1)	**dire** (21)	**étudier** like parler (1)
afficher like parler (1)	**conduire** (16)	**diriger** like parler (1)	**éviter** like parler (1)
aider like parler (1)	**connaître** (17)	**discuter** like parler (1)	**exiger** like manger (11)
aimer like parler (1)	**consacrer** like parler (1)	**divorcer** like commencer (9)	**expliquer** like parler (1)
aller (13) **p.c.** with **être**	**considérer** like préférer (12)	**donner** like parler (1)	**explorer** like parler (1)
allumer like parler (1)	**construire** like conduire (16)	**dormir†** like partir (32)	**faire** (25)
améliorer like parler (1)	**continuer** like parler (1)	**douter** like parler (1)	**falloir** (26)
amener like acheter (7)	**courir** (18)	**durer** like parler (1)	**fermer** like parler (1)
animer like parler (1)	**coûter** like parler (1)	**échapper** like parler (1)	**fêter** like parler (1)
apercevoir like recevoir (36)	**couvrir** like ouvrir (31)	**échouer** like parler (1)	**finir** (2)
appeler (8)	**croire** (19)	**écouter** like parler (1)	**fonctionner** like parler (1)
applaudir like finir (2)	**cuisiner** like parler (1)	**écrire** (22)	**fonder** like parler (1)
apporter like parler (1)	**danser** like parler (1)	**effacer** like commencer (9)	**freiner** like parler (1)
apprendre like prendre (35)	**débarrasser** like parler (1)	**embaucher** like parler (1)	**fréquenter** like parler (1)
arrêter like parler (1)	**décider** like parler (1)	**emménager** like manger (11)	**fumer** like parler (1)
arriver* like parler (1)	**découvrir** like ouvrir (31)	**emmener** like acheter (7)	**gagner** like parler (1)
assister like parler (1)	**décrire** like écrire (22)	**employer** like essayer (10)	**garder** like parler (1)
attacher like parler (1)	**décrocher** like parler (1)	**emprunter** like parler (1)	**garer** like parler (1)
attendre like vendre (3)	**déjeuner** like parler (1)	**enfermer** like parler (1)	**gaspiller** like parler (1)
attirer like parler (1)	**demander** like parler (1)	**enlever** like acheter (7)	**enfler** like parler (1)
avoir (4)	**démarrer** like parler (1)	**enregistrer** like parler (1)	**goûter** like parler (1)
balayer like essayer (10)	**déménager** like manger (11)	**enseigner** like parler (1)	**graver** like parler (1)
bavarder like parler (1)	**démissionner** like parler (1)	**entendre** like vendre (3)	**grossir** like finir (2)
boire (15)	**dépasser** like parler (1)	**entourer** like parler (1)	**guérir** like finir (2)
bricoler like parler (1)	**dépendre** like vendre (3)	**entrer*** like parler (1)	**habiter** like parler (1)
bronzer like parler (1)	**dépenser** like parler (1)	**entretenir** like tenir (40)	**imprimer** like parler (1)
célébrer like préférer (12)	**déposer** like parler (1)	**envahir** like finir (2)	**indiquer** like parler (1)
chanter like parler (1)	**descendre*** like vendre (3)	**envoyer** like essayer (10)	**interdire** like dire (21)
chasser like parler (1)	**désirer** like parler (1)	**épouser** like parler (1)	**inviter** like parler (1)

jeter like appeler (8)
jouer like parler (1)
laisser like parler (1)
laver like parler (1)
lire (27)
loger like manger (11)
louer like parler (1)
lutter like parler (1)
maigrir like finir (2)
maintenir like tenir (40)
manger (11)
marcher like parler (1)
mêler like préférer (12)
mener like parler (1)
mettre (28)
monter* like parler (1)
montrer like parler (1)
mourir (29); **p.c.** with **être**
nager like manger (11)
naître (30); **p.c.** with **être**
nettoyer like essayer (10)
noter like parler (1)
obtenir like tenir (40)
offrir like ouvrir (31)
organiser like parler (1)
oublier like parler (1)
ouvrir (31)
parler (1)
partager like manger (11)
partir (32); **p.c.** with **être**
passer like parler (1)
patienter like parler (1)
patiner like parler (1)
payer like essayer (10)
penser like parler (1)
perdre like vendre (3)
permettre like mettre (28)
pleuvoir (33)
plonger like manger (11)
polluer like parler (1)
porter like parler (1)
poser like parler (1)
posséder like préférer (12)
poster like parler (1)
pouvoir (34)
pratiquer like parler (1)
préférer (12)

prélever like parler (1)
prendre (35)
préparer like parler (1)
présenter like parler (1)
préserver like parler (1)
prêter like parler (1)
prévenir like tenir (40)
produire like conduire (16)
profiter like parler (1)
promettre like mettre (28)
proposer like parler (1)
protéger like préférer (12)
provenir like venir (41)
publier like parler (1)
quitter like parler (1)
raccrocher like parler (1)
ranger like manger (11)
réaliser like parler (1)
recevoir (36)
recommander like parler (1)
reconnaître like connaître (17)
recycler like parler (1)
réduire like conduire (16)
réfléchir like finir (2)
regarder like parler (1)
régner like préférer (12)
remplacer like parler (1)
remplir like finir (2)
rencontrer like parler (1)
rendre like vendre (3)
rentrer* like parler (1)
renvoyer like essayer (10)
réparer like parler (1)
repasser like parler (1)
répéter like préférer (12)
repeupler like parler (1)
répondre like vendre (3)
réserver like parler (1)
rester* like parler (1)
retenir like tenir (40)
retirer like parler (1)
retourner* like parler (1)
retrouver like parler (1)
réussir like finir (2)
revenir like venir (41)

revoir like voir (42)
rire (37)
rouler like parler (1)
salir like finir (2)
s'amuser like se laver (6)
s'asseoir (14)
sauvegarder like parler (1)
sauver like parler (1)
savoir (38)
se brosser like se laver (6)
se coiffer like se laver (6)
se composer like se laver (6)
se connecter like se laver (6)
se coucher like se laver (6)
se croiser like se laver (6)
se dépêcher like se laver (6)
se déplacer* like commencer (9)
se déshabiller like se laver (6)
se détendre* like vendre (3)
se disputer like se laver (6)
s'embrasser like se laver (6)
s'endormir like partir (32)
s'énerver like se laver (6)
s'ennuyer* like essayer (10)
s'excuser like se laver (6)
se fouler like se laver (6)
s'installer like se laver (6)
se laver (6)
se lever* like acheter (7)
se maquiller like se laver (6)
se marier like se laver (6)
se promener* like acheter (7)
se rappeler* like appeler (8)
se raser like se laver (6)
se rebeller like se laver (6)
se réconcilier like se laver (6)
se relever* like acheter (7)
se reposer like se laver (6)
se réveiller like se laver (6)

servir† like partir (32)
se sécher* like préférer (12)
se souvenir like venir (41)
se tromper like se laver (6)
s'habiller like se laver (6)
sentir† like partir (32)
signer like parler (1)
s'inquiéter* like préférer (12)
s'intéresser like se laver (6)
skier like parler (1)
s'occuper like se laver (6)
sonner like parler (1)
s'orienter like se laver (6)
sortir like partir (32)
sourire like rire (37)
souffrir like ouvrir (31)
souhaiter like parler (1)
subvenir† like venir (41)
suffire like lire (27)
suggérer like préférer (12)
suivre (39)
surfer like parler (1)
surprendre like prendre (35)
télécharger like parler (1)
téléphoner like parler (1)
tenir (40)
tomber* like parler (1)
tourner like parler (1)
tousser like parler (1)
traduire like conduire (16)
travailler like parler (1)
traverser like parler (1)
trouver like parler (1)
tuer like parler (1)
utiliser like parler (1)
valoir like falloir (26)
vendre (3)
venir (41); **p.c.** with **être**
vérifier like parler (1)
visiter like parler (1)
vivre like suivre (39)
voir (42)
vouloir (43)
voyager like manger (11)

Regular verbs

Infinitive / Past participle	Subject Pronouns	INDICATIVE Present	Passé composé	Imperfect	Future	CONDITIONAL Present	SUBJUNCTIVE Present	IMPERATIVE
1 parler *(to speak)* parlé	je (j')	parle	ai parlé	parlais	parlerai	parlerais	parle	
	tu	parles	as parlé	parlais	parleras	parlerais	parles	parle
	il/elle/on	parle	a parlé	parlait	parlera	parlerait	parle	
	nous	parlons	avons parlé	parlions	parlerons	parlerions	parlions	parlons
	vous	parlez	avez parlé	parliez	parlerez	parleriez	parliez	parlez
	ils/elles	parlent	ont parlé	parlaient	parleront	parleraient	parlent	
2 finir *(to finish)* fini	je (j')	finis	ai fini	finissais	finirai	finirais	finisse	
	tu	finis	as fini	finissais	finiras	finirais	finisses	finis
	il/elle/on	finit	a fini	finissait	finira	finirait	finisse	
	nous	finissons	avons fini	finissions	finirons	finirions	finissions	finissons
	vous	finissez	avez fini	finissiez	finirez	finiriez	finissiez	finissez
	ils/elles	finissent	ont fini	finissaient	finiront	finiraient	finissent	
3 vendre *(to sell)* vendu	je (j')	vends	ai vendu	vendais	vendrai	vendrais	vende	
	tu	vends	as vendu	vendais	vendras	vendrais	vendes	vends
	il/elle/on	vend	a vendu	vendait	vendra	vendrait	vende	
	nous	vendons	avons vendu	vendions	vendrons	vendrions	vendions	vendons
	vous	vendez	avez vendu	vendiez	vendrez	vendriez	vendiez	vendez
	ils/elles	vendent	ont vendu	vendaient	vendront	vendraient	vendent	

Auxiliary verbs: *avoir* and *être*

Infinitive / Past participle	Subject Pronouns	INDICATIVE Present	Passé composé	Imperfect	Future	CONDITIONAL Present	SUBJUNCTIVE Present	IMPERATIVE
4 avoir *(to have)*	j'	ai	ai eu	avais	aurai	aurais	aie	
	tu	as	as eu	avais	auras	aurais	aies	aie
	il/elle/on	a	a eu	avait	aura	aurait	ait	
eu	nous	avons	avons eu	avions	aurons	aurions	ayons	ayons
	vous	avez	avez eu	aviez	aurez	auriez	ayez	ayez
	ils/elles	ont	ont eu	avaient	auront	auraient	aient	
5 être *(to be)*	je (j')	suis	ai été	étais	serai	serais	sois	
	tu	es	as été	étais	seras	serais	sois	sois
	il/elle/on	est	a été	était	sera	serait	soit	
été	nous	sommes	avons été	étions	serons	serions	soyons	soyons
	vous	êtes	avez été	étiez	serez	seriez	soyez	soyez
	ils/elles	sont	ont été	étaient	seront	seraient	soient	

Reflexive (Pronominal)

Infinitive / Past participle	Subject Pronouns	INDICATIVE Present	Passé composé	Imperfect	Future	CONDITIONAL Present	SUBJUNCTIVE Present	IMPERATIVE
6 se laver *(to wash oneself)*	je	me lave	me suis lavé(e)	me lavais	me laverai	me laverais	me lave	
	tu	te laves	t'es lavé(e)	te lavais	te laveras	te laverais	te laves	lave-toi
	il/elle/on	se lave	s'est lavé(e)	se lavait	se lavera	se laverait	se lave	
lavé	nous	nous lavons	nous sommes lavé(e)s	nous lavions	nous laverons	nous laverions	nous lavions	lavons-nous
	vous	vous lavez	vous êtes lavé(e)s	vous laviez	vous laverez	vous laveriez	vous laviez	lavez-vous
	ils/elles	se lavent	se sont lavé(e)s	se lavaient	se laveront	se laveraient	se lavent	

Verbs with spelling changes

Infinitive / Past participle	Subject Pronouns	INDICATIVE Present	Passé composé	Imperfect	Future	CONDITIONAL Present	SUBJUNCTIVE Present	IMPERATIVE
7 acheter *(to buy)* acheté	j'	achète	ai acheté	achetais	achèterai	achèterais	achète	
	tu	achètes	as acheté	achetais	achèteras	achèterais	achètes	achète
	il/elle/on	achète	a acheté	achetait	achètera	achèterait	achète	
	nous	achetons	avons acheté	achetions	achèterons	achèterions	achetions	achetons
	vous	achetez	avez acheté	achetiez	achèterez	achèteriez	achetiez	achetez
	ils/elles	achètent	ont acheté	achetaient	achèteront	achèteraient	achètent	
8 appeler *(to call)* appelé	j'	appelle	ai appelé	appelais	appellerai	appellerais	appelle	
	tu	appelles	as appelé	appelais	appelleras	appellerais	appelles	appelle
	il/elle/on	appelle	a appelé	appelait	appellera	appellerait	appelle	
	nous	appelons	avons appelé	appelions	appellerons	appellerions	appelions	appelons
	vous	appelez	avez appelé	appeliez	appellerez	appelleriez	appeliez	appelez
	ils/elles	appellent	ont appelé	appelaient	appelleront	appelleraient	appellent	
9 commencer *(to begin)* commencé	je (j')	commence	ai commencé	commençais	commencerai	commencerais	commence	
	tu	commences	as commencé	commençais	commenceras	commencerais	commences	commence
	il/elle/on	commence	a commencé	commençait	commencera	commencerait	commence	
	nous	commençons	avons commencé	commencions	commencerons	commencerions	commencions	commençons
	vous	commencez	avez commencé	commenciez	commencerez	commenceriez	commenciez	commencez
	ils/elles	commencent	ont commencé	commençaient	commenceront	commenceraient	commencent	
10 essayer *(to try)* essayé	j'	essaie	ai essayé	essayais	essaierai	essaierais	essaie	
	tu	essaies	as essayé	essayais	essaieras	essaierais	essaies	essaie
	il/elle/on	essaie	a essayé	essayait	essaiera	essaierait	essaie	
	nous	essayons	avons essayé	essayions	essaierons	essaierions	essayions	essayons
	vous	essayez	avez essayé	essayiez	essaierez	essaieriez	essayiez	essayez
	ils/elles	essayent	ont essayé	essayaient	essaieront	essaieraient	essaient	
11 manger *(to eat)* mangé	je (j')	mange	ai mangé	mangeais	mangerai	mangerais	mange	
	tu	manges	as mangé	mangeais	mangeras	mangerais	manges	mange
	il/elle/on	mange	a mangé	mangeait	mangera	mangerait	mange	
	nous	mangeons	avons mangé	mangions	mangerons	mangerions	mangions	mangeons
	vous	mangez	avez mangé	mangiez	mangerez	mangeriez	mangiez	mangez
	ils/elles	mangent	ont mangé	mangeaient	mangeront	mangeraient	mangent	

12

Infinitive / Past participle	Subject Pronouns	INDICATIVE Present	Passé composé	Imperfect	Future	CONDITIONAL Present	SUBJUNCTIVE Present	IMPERATIVE
préférer (to prefer) préféré	je (j')	préfère	ai préféré	préférais	préférerai	préférerais	préfère	
	tu	préfères	as préféré	préférais	préféreras	préférerais	préfères	préfère
	il/elle/on	préfère	a préféré	préférait	préférera	préférerait	préfère	
	nous	préférons	avons préféré	préférions	préférerons	préférerions	préférions	préférons
	vous	préférez	avez préféré	préfériez	préférerez	préféreriez	préfériez	préférez
	ils/elles	préfèrent	ont préféré	préféraient	préféreront	préféreraient	préfèrent	

Irregular verbs

Infinitive / Past participle	Subject Pronouns	INDICATIVE Present	Passé composé	Imperfect	Future	CONDITIONAL Present	SUBJUNCTIVE Present	IMPERATIVE
13 aller (to go) allé	je (j')	vais	suis allé(e)	allais	irai	irais	aille	
	tu	vas	es allé(e)	allais	iras	irais	ailles	va
	il/elle/on	va	est allé(e)	allait	ira	irait	aille	
	nous	allons	sommes allé(e)s	allions	irons	irions	allions	allons
	vous	allez	êtes allé(e)s	alliez	irez	iriez	alliez	allez
	ils/elles	vont	sont allé(e)s	allaient	iront	iraient	aillent	
14 s'asseoir (to sit down, to be seated) assis	je	m'assieds	me suis assis(e)	m'asseyais	m'assiérai	m'assiérais	m'asseye	
	tu	t'assieds	t'es assis(e)	t'asseyais	t'assiéras	t'assiérais	t'asseyes	assieds-toi
	il/elle/on	s'assied	s'est assis(e)	s'asseyait	s'assiéra	s'assiérait	s'asseye	
	nous	nous asseyons	nous sommes assis(e)s	nous asseyions	nous assiérons	nous assiérions	nous asseyions	asseyons-nous
	vous	vous asseyez	vous êtes assis(e)s	vous asseyiez	vous assiérez	vous assiériez	vous asseyiez	asseyez-vous
	ils/elles	s'asseyent	se sont assis(e)s	s'asseyaient	s'assiéront	s'assiéraient	s'asseyent	
15 boire (to drink) bu	je (j')	bois	ai bu	buvais	boirai	boirais	boive	
	tu	bois	as bu	buvais	boiras	boirais	boives	bois
	il/elle/on	boit	a bu	buvait	boira	boirait	boive	
	nous	buvons	avons bu	buvions	boirons	boirions	buvions	buvons
	vous	buvez	avez bu	buviez	boirez	boiriez	buviez	buvez
	ils/elles	boivent	ont bu	buvaient	boiront	boiraient	boivent	

Verb Conjugation Tables

Infinitive / Past participle	Subject Pronouns	INDICATIVE Present	Passé composé	Imperfect	Future	CONDITIONAL Present	SUBJUNCTIVE Present	IMPERATIVE
16 conduire *(to drive; to lead)*	je (j')	conduis	ai conduit	conduisais	conduirai	conduirais	conduise	
	tu	conduis	as conduit	conduisais	conduiras	conduirais	conduises	conduis
	il/elle/on	conduit	a conduit	conduisait	conduira	conduirait	conduise	
conduit	nous	conduisons	avons conduit	conduisions	conduirons	conduirions	conduisions	conduisons
	vous	conduisez	avez conduit	conduisiez	conduirez	conduiriez	conduisiez	conduisez
	ils/elles	conduisent	ont conduit	conduisaient	conduiront	conduiraient	conduisent	
17 connaître *(to know, to be acquainted with)*	je (j')	connais	ai connu	connaissais	connaîtrai	connaîtrais	connaisse	
	tu	connais	as connu	connaissais	connaîtras	connaîtrais	connaisses	connais
	il/elle/on	connaît	a connu	connaissait	connaîtra	connaîtrait	connaisse	
connu	nous	connaissons	avons connu	connaissions	connaîtrons	connaîtrions	connaissions	connaissons
	vous	connaissez	avez connu	connaissiez	connaîtrez	connaîtriez	connaissiez	connaissez
	ils/elles	connaissent	ont connu	connaissaient	connaîtront	connaîtraient	connaissent	
18 courir *(to run)*	je (j')	cours	ai couru	courais	courrai	courrais	coure	
	tu	cours	as couru	courais	courras	courrais	coures	cours
	il/elle/on	court	a couru	courait	courra	courrait	coure	
couru	nous	courons	avons couru	courions	courrons	courrions	courions	courons
	vous	courez	avez couru	couriez	courrez	courriez	couriez	courez
	ils/elles	courent	ont couru	couraient	courront	courraient	courent	
19 croire *(to believe)*	je (j')	crois	ai cru	croyais	croirai	croirais	croie	
	tu	crois	as cru	croyais	croiras	croirais	croies	crois
	il/elle/on	croit	a cru	croyait	croira	croirait	croie	
cru	nous	croyons	avons cru	croyions	croirons	croirions	croyions	croyons
	vous	croyez	avez cru	croyiez	croirez	croiriez	croyiez	croyez
	ils/elles	croient	ont cru	croyaient	croiront	croiraient	croient	
20 devoir *(to have to; to owe)*	je (j')	dois	ai dû	devais	devrai	devrais	doive	
	tu	dois	as dû	devais	devras	devrais	doives	dois
	il/elle/on	doit	a dû	devait	devra	devrait	doive	
dû	nous	devons	avons dû	devions	devrons	devrions	devions	devons
	vous	devez	avez dû	deviez	devrez	devriez	deviez	devez
	ils/elles	doivent	ont dû	devaient	devront	devraient	doivent	

	Infinitive / Past participle	Subject Pronouns	INDICATIVE Present	Passé composé	Imperfect	Future	CONDITIONAL Present	SUBJUNCTIVE Present	IMPERATIVE
21	dire (to say; to tell) / dit	je (j')	dis	ai dit	disais	dirai	dirais	dise	
		tu	dis	as dit	disais	diras	dirais	dises	dis
		il/elle/on	dit	a dit	disait	dira	dirait	dise	
		nous	disons	avons dit	disions	dirons	dirions	disions	disons
		vous	dites	avez dit	disiez	direz	diriez	disiez	dites
		ils/elles	disent	ont dit	disaient	diront	diraient	disent	
22	écrire (to write) / écrit	j'	écris	ai écrit	écrivais	écrirai	écrirais	écrive	
		tu	écris	as écrit	écrivais	écriras	écrirais	écrives	écris
		il/elle/on	écrit	a écrit	écrivait	écrira	écrirait	écrive	
		nous	écrivons	avons écrit	écrivions	écrirons	écririons	écrivions	écrivons
		vous	écrivez	avez écrit	écriviez	écrirez	écririez	écriviez	écrivez
		ils/elles	écrivent	ont écrit	écrivaient	écriront	écririaient	écrivent	
23	envoyer (to send) / envoyé	j'	envoie	ai envoyé	envoyais	enverrai	enverrais	envoie	
		tu	envoies	as envoyé	envoyais	enverras	enverrais	envoies	envoie
		il/elle/on	envoie	a envoyé	envoyait	enverra	enverrait	envoie	
		nous	envoyons	avons envoyé	envoyions	enverrons	enverrions	envoyions	envoyons
		vous	envoyez	avez envoyé	envoyiez	enverrez	enverriez	envoyiez	envoyez
		ils/elles	envoient	ont envoyé	envoyaient	enverront	enverraient	envoient	
24	éteindre (to turn off) / éteint	j'	éteins	ai éteint	éteignais	éteindrai	éteindrais	éteigne	
		tu	éteins	as éteint	éteignais	éteindras	éteindrais	éteignes	éteins
		il/elle/on	éteint	a éteint	éteignait	éteindra	éteindrait	éteigne	
		nous	éteignons	avons éteint	éteignions	éteindrons	éteindrions	éteignions	éteignons
		vous	éteignez	avez éteint	éteigniez	éteindrez	éteindriez	éteigniez	éteignez
		ils/elles	éteignent	ont éteint	éteignaient	éteindront	éteindraient	éteignent	
25	faire (to do; to make) / fait	je (j')	fais	ai fait	faisais	ferai	ferais	fasse	
		tu	fais	as fait	faisais	feras	ferais	fasses	fais
		il/elle/on	fait	a fait	faisait	fera	ferait	fasse	
		nous	faisons	avons fait	faisions	ferons	ferions	fassions	faisons
		vous	faites	avez fait	faisiez	ferez	feriez	fassiez	faites
		ils/elles	font	ont fait	faisaient	feront	feraient	fassent	
26	falloir (to be necessary) / fallu	il	faut	a fallu	fallait	faudra	faudrait	faille	

Infinitive / Past participle	Subject Pronouns	INDICATIVE Present	Passé composé	Imperfect	Future	CONDITIONAL Present	SUBJUNCTIVE Present	IMPERATIVE
27 lire (*to read*) lu	je (j')	lis	ai lu	lisais	lirai	lirais	lise	
	tu	lis	as lu	lisais	liras	lirais	lises	lis
	il/elle/on	lit	a lu	lisait	lira	lirait	lise	
	nous	lisons	avons lu	lisions	lirons	lirions	lisions	lisons
	vous	lisez	avez lu	lisiez	lirez	liriez	lisiez	lisez
	ils/elles	lisent	ont lu	lisaient	liront	liraient	lisent	
28 mettre (*to put*) mis	je (j')	mets	ai mis	mettais	mettrai	mettrais	mette	
	tu	mets	as mis	mettais	mettras	mettrais	mettes	mets
	il/elle/on	met	a mis	mettait	mettra	mettrait	mette	
	nous	mettons	avons mis	mettions	mettrons	mettrions	mettions	mettons
	vous	mettez	avez mis	mettiez	mettrez	mettriez	mettiez	mettez
	ils/elles	mettent	ont mis	mettaient	mettront	mettraient	mettent	
29 mourir (*to die*) mort	je	meurs	suis mort(e)	mourais	mourrai	mourrais	meure	
	tu	meurs	es mort(e)	mourais	mourras	mourrais	meures	meurs
	il/elle/on	meurt	est mort(e)	mourait	mourra	mourrait	meure	
	nous	mourons	sommes mort(e)s	mourions	mourrons	mourrions	mourions	mourons
	vous	mourez	êtes mort(e)s	mouriez	mourrez	mourriez	mouriez	mourez
	ils/elles	meurent	sont mort(e)s	mouraient	mourront	mourraient	meurent	
30 naître (*to be born*) né	je	nais	suis né(e)	naissais	naîtrai	naîtrais	naisse	
	tu	nais	es né(e)	naissais	naîtras	naîtrais	naisses	nais
	il/elle/on	naît	est né(e)	naissait	naîtra	naîtrait	naisse	
	nous	naissons	sommes né(e)s	naissions	naîtrons	naîtrions	naissions	naissons
	vous	naissez	êtes né(e)s	naissiez	naîtrez	naîtriez	naissiez	naissez
	ils/elles	naissent	sont né(e)s	naissaient	naîtront	naîtraient	naissent	
31 ouvrir (*to open*) ouvert	j'	ouvre	ai ouvert	ouvrais	ouvrirai	ouvrirais	ouvre	
	tu	ouvres	as ouvert	ouvrais	ouvriras	ouvrirais	ouvres	ouvre
	il/elle/on	ouvre	a ouvert	ouvrait	ouvrira	ouvrirait	ouvre	
	nous	ouvrons	avons ouvert	ouvrions	ouvrirons	ouvririons	ouvrions	ouvrons
	vous	ouvrez	avez ouvert	ouvriez	ouvrirez	ouvririez	ouvriez	ouvrez
	ils/elles	ouvrent	ont ouvert	ouvraient	ouvriront	ouvriraient	ouvrent	

Infinitive / Past participle	Subject Pronouns	INDICATIVE				CONDITIONAL	SUBJUNCTIVE	IMPERATIVE
		Present	Passé composé	Imperfect	Future	Present	Present	
32 partir *(to leave)* parti	je tu il/elle/on nous vous ils/elles	pars pars part partons partez partent	suis parti(e) es parti(e) est parti(e) sommes parti(e)s êtes parti(e)(s) sont parti(e)s	partais partais partait partions partiez partaient	partirai partiras partira partirons partirez partiront	partirais partirais partirait partirions partiriez partiraient	parte partes parte partions partiez partent	 pars partons partez
33 pleuvoir *(to rain)* plu	il	pleut	a plu	pleuvait	pleuvra	pleuvrait	pleuve	
34 pouvoir *(to be able)* pu	je (j') tu il/elle/on nous vous ils/elles	peux peux peut pouvons pouvez peuvent	ai pu as pu a pu avons pu avez pu ont pu	pouvais pouvais pouvait pouvions pouviez pouvaient	pourrai pourras pourra pourrons pourrez pourront	pourrais pourrais pourrait pourrions pourriez pourraient	puisse puisses puisse puissions puissiez puissent	
35 prendre *(to take)* pris	je (j') tu il/elle/on nous vous ils/elles	prends prends prend prenons prenez prennent	ai pris as pris a pris avons pris avez pris ont pris	prenais prenais prenait prenions preniez prenaient	prendrai prendras prendra prendrons prendrez prendront	prendrais prendrais prendrait prendrions prendriez prendraient	prenne prennes prenne prenions preniez prennent	 prends prenons prenez
36 recevoir *(to receive)* reçu	je (j') tu il/elle/on nous vous ils/elles	reçois reçois reçoit recevons recevez reçoivent	ai reçu as reçu a reçu avons reçu avez reçu ont reçu	recevais recevais recevait recevions receviez recevaient	recevrai recevras recevra recevrons recevrez recevront	recevrais recevrais recevrait recevrions recevriez recevraient	reçoive reçoives reçoive recevions receviez reçoivent	 reçois recevons recevez
37 rire *(to laugh)* ri	je (j') tu il/elle/on nous vous ils/elles	ris ris rit rions riez rient	ai ri as ri a ri avons ri avez ri ont ri	riais riais riait riions riiez riaient	rirai riras rira rirons rirez riront	rirais rirais rirait ririons ririez riraient	rie ries rie riions riiez rient	 ris rions riez

Infinitive / Past participle	Subject Pronouns	INDICATIVE Present	Passé composé	Imperfect	Future	CONDITIONAL Present	SUBJUNCTIVE Present	IMPERATIVE
38 savoir (*to know*) su	je (j')	sais	ai su	savais	saurai	saurais	sache	
	tu	sais	as su	savais	sauras	saurais	saches	sache
	il/elle/on	sait	a su	savait	saura	saurait	sache	
	nous	savons	avons su	savions	saurons	saurions	sachions	sachons
	vous	savez	avez su	saviez	saurez	sauriez	sachiez	sachez
	ils/elles	savent	ont su	savaient	sauront	sauraient	sachent	
39 suivre (*to follow*) suivi	je (j')	suis	ai suivi	suivais	suivrai	suivrais	suive	
	tu	suis	as suivi	suivais	suivras	suivrais	suives	suis
	il/elle/on	suit	a suivi	suivait	suivra	suivrait	suive	
	nous	suivons	avons suivi	suivions	suivrons	suivrions	suivions	suivons
	vous	suivez	avez suivi	suiviez	suivrez	suivriez	suiviez	suivez
	ils/elles	suivent	ont suivi	suivaient	suivront	suivraient	suivent	
40 tenir (*to hold*) tenu	je (j')	tiens	ai tenu	tenais	tiendrai	tiendrais	tienne	
	tu	tiens	as tenu	tenais	tiendras	tiendrais	tiennes	tiens
	il/elle/on	tient	a tenu	tenait	tiendra	tiendrait	tienne	
	nous	tenons	avons tenu	tenions	tiendrons	tiendrions	tenions	tenons
	vous	tenez	avez tenu	teniez	tiendrez	tiendriez	teniez	tenez
	ils/elles	tiennent	ont tenu	tenaient	tiendront	tiendraient	tiennent	
41 venir (*to come*) venu	je	viens	suis venu(e)	venais	viendrai	viendrais	vienne	
	tu	viens	es venu(e)	venais	viendras	viendrais	viennes	viens
	il/elle/on	vient	est venu(e)	venait	viendra	viendrait	vienne	
	nous	venons	sommes venu(e)s	venions	viendrons	viendrions	venions	venons
	vous	venez	êtes venu(e)(s)	veniez	viendrez	viendriez	veniez	venez
	ils/elles	viennent	sont venu(e)s	venaient	viendront	viendraient	viennent	
42 voir (*to see*) vu	je (j')	vois	ai vu	voyais	verrai	verrais	voie	
	tu	vois	as vu	voyais	verras	verrais	voies	vois
	il/elle/on	voit	a vu	voyait	verra	verrait	voie	
	nous	voyons	avons vu	voyions	verrons	verrions	voyions	voyons
	vous	voyez	avez vu	voyiez	verrez	verriez	voyiez	voyez
	ils/elles	voient	ont vu	voyaient	verront	verraient	voient	
43 vouloir (*to want, to wish*) voulu	je (j')	veux	ai voulu	voulais	voudrai	voudrais	veuille	
	tu	veux	as voulu	voulais	voudras	voudrais	veuilles	veuille
	il/elle/on	veut	a voulu	voulait	voudra	voudrait	veuille	
	nous	voulons	avons voulu	voulions	voudrons	voudrions	voulions	veuillons
	vous	voulez	avez voulu	vouliez	voudrez	voudriez	vouliez	veuillez
	ils/elles	veulent	ont voulu	voulaient	voudront	voudraient	veuillent	

Guide to Vocabulary

This glossary contains the words and expressions listed on the **Vocabulaire** page found at the end of each unit in **D'ACCORD!** Levels 1 & 2. The number following an entry indicates the **D'ACCORD!** level and unit where the term was introduced. For example, the first entry in the glossary, **à**, was introduced in **D'ACCORD!** Level 1, Unit 4. Note that **II–P** refers to the **Unité Préliminaire** in **D'ACCORD!** Level 2.

Abbreviations used in this glossary

adj.	adjective	*f.*	feminine	*i.o.*	indirect object	*prep.*	preposition
adv.	adverb	*fam.*	familiar	*m.*	masculine	*pron.*	pronoun
art.	article	*form.*	formal	*n.*	noun	*refl.*	reflexive
comp.	comparative	*imp.*	imperative	*obj.*	object	*rel.*	relative
conj.	conjunction	*indef.*	indefinite	*part.*	partitive	*sing.*	singular
def.	definite	*interj.*	interjection	*p.p.*	past participle	*sub.*	subject
dem.	demonstrative	*interr.*	interrogative	*pl.*	plural	*super.*	superlative
disj.	disjunctive	*inv.*	invariable	*poss.*	possessive	*v.*	verb
d.o.	direct object						

French-English

A

à *prep.* at; in; to I-4
  À bientôt. See you soon. I-1
  à condition que on the condition that, provided that II-7
  à côté de *prep.* next to I-3
  À demain. See you tomorrow. I-1
  à droite (de) *prep.* to the right (of) I-3
  à gauche (de) *prep.* to the left (of) I-3
  à … heure(s) at … (o'clock) I-4
  à la radio on the radio II-7
  à la télé(vision) on television II-7
  à l'étranger abroad, overseas I-7
  à mi-temps half-time (*job*) II-5
  à moins que unless II-7
  à plein temps full-time (*job*) II-5
  À plus tard. See you later. I-1
  À quelle heure? What time?; When? I-2
  À qui? To whom? I-4
  À table! Let's eat! Food is on! II-1
  à temps partiel part-time (*job*) II-5
  À tout à l'heure. See you later. I-1
  au bout (de) *prep.* at the end (of) II-4
  au contraire on the contrary II-7
  au fait by the way I-3
  au printemps in the spring I-5
  Au revoir. Good-bye. I-1
  au secours help II-3
  au sujet de on the subject of, about II-6
abolir *v.* to abolish II-6
absolument *adv.* absolutely I-8, II-P
accident *m.* accident II-3
  avoir un accident to have/to be in an accident II-3
accompagner *v.* to accompany II-4
acheter *v.* to buy I-5
acteur *m.* actor I-1
actif/active *adj.* active I-3
activement *adv.* actively I-8, II-P
actrice *f.* actress I-1
addition *f.* check, bill I-4
adieu farewell II-6
adolescence *f.* adolescence I-6
adorer *v.* to love I-2
  J'adore… I love… I-2
adresse *f.* address II-4
aérobic *m.* aerobics I-5
  faire de l'aérobic *v.* to do aerobics I-5
aéroport *m.* airport I-7
affaires *f., pl.* business I-3
affiche *f.* poster I-8, II-P
afficher *v.* to post II-5
âge *m.* age I-6
  âge adulte *m.* adulthood I-6
agence de voyages *f.* travel agency I-7
agent *m.* officer; agent II-3

agent de police *m.* police officer II-3
agent de voyages *m.* travel agent I-7
agent immobilier *m.* real estate agent II-5
agréable *adj.* pleasant I-1
agriculteur/agricultrice *m., f.* farmer II-5
aider (à) *v.* to help (*to do something*) I-5
aie (avoir) *imp. v.* have I-7
ail *m.* garlic II-1
aimer *v.* to like I-2
  aimer mieux to prefer I-2
  aimer que… to like that… II-6
  J'aime bien… I really like… I-2
  Je n'aime pas tellement… I don't like … very much. I-2
aîné(e) *adj.* elder I-3
algérien(ne) *adj.* Algerian I-1
aliment *m.* food item; a food II-1
Allemagne *f.* Germany I-7
allemand(e) *adj.* German I-1
aller *v.* to go I-4
  aller à la pêche to go fishing I-5
  aller aux urgences to go to the emergency room II-2
  aller avec to go with I-6
  aller-retour *adj.* round-trip I-7
  billet aller-retour *m.* round-trip ticket I-7
  Allons-y! Let's go! I-2
  Ça va? What's up?; How are things? I-1
  Comment allez-vous? *form.* How are you? I-1
  Comment vas-tu? *fam.* How are you? I-1

Je m'en vais. I'm leaving. I-8, II-P
Je vais bien/mal. I am doing well/badly. I-1
J'y vais. I'm going/coming. I-8, II-P
Nous y allons. We're going/coming. II-1
allergie *f.* allergy II-2
Allez. Come on. I-5
allô *(on the phone)* hello I-1
allumer *v.* to turn on II-3
alors *adv.* so, then; at that moment I-2
améliorer *v.* to improve II-5
amende *f.* fine II-3
amener *v.* to bring *(someone)* I-5
américain(e) *adj.* American I-1
  football américain *m.* football I-5
ami(e) *m., f.* friend I-1
  petit(e) ami(e) *m., f.* boyfriend/girlfriend I-1
amitié *f.* friendship I-6
amour *m.* love I-6
amoureux/amoureuse *adj.* in love I-6
  tomber amoureux/amoureuse *v.* to fall in love I-6
amusant(e) *adj.* fun I-1
an *m.* year I-2
ancien(ne) *adj.* ancient, old; former II-7
ange *m.* angel I-1
anglais(e) *adj.* English I-1
angle *m.* corner II-4
Angleterre *f.* England I-7
animal *m.* animal II-6
année *f.* year I-2
  cette année this year I-2
anniversaire *m.* birthday I-5
  C'est quand l'anniversaire de … ? When is …'s birthday? I-5
  C'est quand ton/votre anniversaire? When is your birthday? I-5
annuler (une réservation) *v.* to cancel (a reservation) I-7
anorak *m.* ski jacket, parka I-6
antipathique *adj.* unpleasant I-3
août *m.* August I-5
apercevoir *v.* to see, to catch sight of II-4
aperçu (apercevoir) *p.p.* seen, caught sight of II-4
appareil *m.* (on the phone) telephone II-5
  appareil (électrique/ménager) *m.* (electrical/household) appliance I-8, II-P

appareil photo (numérique) *m.* (digital) camera II-3
  C'est M./Mme/Mlle … à l'appareil. It's Mr./Mrs./Miss … on the phone. II-5
  Qui est à l'appareil? Who's calling, please? II-5
appartement *m.* apartment II-7
appeler *v.* to call I-7
applaudir *v.* to applaud II-7
applaudissement *m.* applause II-7
apporter *v.* to bring, to carry *(something)* I-4
apprendre (à) *v.* to teach; to learn *(to do something)* I-4
appris (apprendre) *p.p., adj.* learned I-6
après (que) *adv.* after I-2
après-demain *adv.* day after tomorrow I-2
après-midi *m.* afternoon I-2
  cet après-midi this afternoon I-2
  de l'après-midi in the afternoon I-2
  demain après-midi *adv.* tomorrow afternoon I-2
  hier après-midi *adv.* yesterday afternoon I-7
arbre *m.* tree II-6
architecte *m., f.* architect I-3
architecture *f.* architecture I-2
argent *m.* money II-4
  dépenser de l'argent *v.* to spend money I-4
  déposer de l'argent *v.* to deposit money II-4
  retirer de l'argent *v.* to withdraw money II-4
armoire *f.* armoire, wardrobe I-8, II-P
arrêt d'autobus (de bus) *m.* bus stop I-7
arrêter (de faire quelque chose) *v.* to stop (doing something) II-3
arrivée *f.* arrival I-7
arriver (à) *v.* to arrive; to manage *(to do something)* I-2
art *m.* art I-2
  beaux-arts *m., pl.* fine arts II-7
artiste *m., f.* artist I-3
ascenseur *m.* elevator I-7
aspirateur *m.* vacuum cleaner I-8, II-P
  passer l'aspirateur to vacuum I-8, II-P
aspirine *f.* aspirin II-2
Asseyez-vous! (s'asseoir) *imp. v.* Have a seat! II-2
assez *adv. (before adjective or adverb)* pretty; quite I-8, II-P

assez (de) *(before noun)* enough (of) I-4
  pas assez (de) not enough (of) I-4
assiette *f.* plate II-1
assis (s'asseoir) *p.p., adj. (used as past participle)* sat down; *(used as adjective)* sitting, seated II-2
assister *v.* to attend I-2
assurance (maladie/vie) *f.* (health/life) insurance II-5
athlète *m., f.* athlete I-3
attacher *v.* to attach II-3
  attacher sa ceinture de sécurité to buckle one's seatbelt II-3
attendre *v.* to wait I-6
attention *f.* attention I-5
  faire attention (à) *v.* to pay attention (to) I-5
au (à + le) *prep.* to/at the I-4
auberge de jeunesse *f.* youth hostel I-7
aucun(e) *adj.* no; *pron.* none II-4
  ne… aucun(e) none, not any II-4
augmentation (de salaire) *f.* raise (in salary) II-5
aujourd'hui *adv.* today I-2
auquel (à + lequel) *pron., m., sing.* which one II-5
aussi *adv.* too, as well; as I-1
  Moi aussi. Me too. I-1
  aussi … que *(used with an adjective)* as … as II-1
autant de … que *adv. (used with noun to express quantity)* as much/as many … as II-6
auteur/femme auteur *m., f.* author II-7
autobus *m.* bus I-7
  arrêt d'autobus (de bus) *m.* bus stop I-7
  prendre un autobus to take a bus I-7
automne *m.* fall I-5
  à l'automne in the fall I-5
autoroute *f.* highway II-3
autour (de) *prep.* around II-4
autrefois *adv.* in the past I-8, II-P
aux (à + les) to/at the I-4
auxquelles (à + lesquelles) *pron., f., pl.* which ones II-5
auxquels (à + lesquels) *pron., m., pl.* which ones II-5
avance *f.* advance I-2
  en avance *adv.* early I-2
avant (de/que) *adv.* before I-7
avant-hier *adv.* day before yesterday I-7
avec *prep.* with I-1

Avec qui? With whom? I-4
aventure *f.* adventure II-7
  film d'aventures *m.*
  adventure film II-7
avenue *f.* avenue II-4
avion *m.* airplane I-7
  prendre un avion *v.* to take
  a plane I-7
avocat(e) *m., f.* lawyer I-3
avoir *v.* to have I-2
  aie *imp. v.* have I-2
  avoir besoin (de) to need
  (*something*) I-2
  avoir chaud to be hot I-2
  avoir de la chance to be
  lucky I-2
  avoir envie (de) to feel like
  (*doing something*) I-2
  avoir faim to be hungry I-4
  avoir froid to be cold I-2
  avoir honte (de) to be
  ashamed (of) I-2
  avoir mal to have an ache II-2
  avoir mal au cœur to feel
  nauseated II-2
  avoir peur (de/que) to be
  afraid (of/that) I-2
  avoir raison to be right I-2
  avoir soif to be thirsty I-4
  avoir sommeil to be sleepy I-2
  avoir tort to be wrong I-2
  avoir un accident to have/to
  be in an accident II-3
  avoir un compte bancaire to
  have a bank account II-4
  en avoir marre to be fed up I-3
avril *m.* April I-5
ayez (avoir) *imp. v.* have I-7
ayons (avoir) *imp. v.* let's have I-7

B

bac(calauréat) *m.* an important
  exam taken by high-school
  students in France I-2
baguette *f.* baguette I-4
baignoire *f.* bathtub I-8, II-P
bain *m.* bath I-6
  salle de bains *f.* bathroom
  I-8, II-P
baladeur CD *m.* personal CD
  player II-3
balai *m.* broom I-8, II-P
balayer *v.* to sweep I-8, II-P
balcon *m.* balcony I-8, II-P
banane *f.* banana II-1
banc *m.* bench II-4
bancaire *adj.* banking II-4
  avoir un compte bancaire *v.*
  to have a bank account II-4
bande dessinée (B.D.) *f.*
  comic strip I-5
banlieue *f.* suburbs I-4

banque *f.* bank II-4
banquier/banquière *m., f.*
  banker II-5
barbant *adj.*, **barbe** *f.* drag I-3
baseball *m.* baseball I-5
basket(-ball) *m.* basketball I-5
baskets *f., pl.* tennis shoes I-6
bateau *m.* boat I-7
  prendre un bateau *v.* to take
  a boat I-7
bateau-mouche *m.* riverboat I-7
bâtiment *m.* building II-4
batterie *f.* drums II-7
bavarder *v.* to chat I-4
beau (belle) *adj.* handsome;
  beautiful I-3
  **faire quelque chose de
  beau** *v.* to be up to something
  interesting II-4
  Il fait beau. The weather is
  nice. I-5
beaucoup (de) *adv.* a lot (of) 4
  Merci (beaucoup). Thank
  you (very much). I-1
beau-frère *m.* brother-in-law I-3
beau-père *m.* father-in-law;
  stepfather I-3
beaux-arts *m., pl.* fine arts II-7
belge *adj.* Belgian I-7
Belgique *f.* Belgium I-7
belle *adj., f. (feminine form of
  beau)* beautiful I-3
belle-mère *f.* mother-in-law;
  stepmother I-3
belle-sœur *f.* sister-in-law I-3
besoin *m.* need I-2
  avoir besoin (de) to need
  (*something*) I-2
beurre *m.* butter 4
bibliothèque *f.* library I-1
bien *adv.* well I-7
  bien sûr *adv.* of course I-2
  Je vais bien. I am doing
  well. I-1
  Très bien. Very well. I-1
bientôt *adv.* soon I-1
  À bientôt. See you soon. I-1
bienvenu(e) *adj.* welcome I-1
bière *f.* beer I-6
bijouterie *f.* jewelry store II-4
billet *m. (travel)* ticket I-7;
  (*money*) bills, notes II-4
  billet aller-retour *m.* round-
  trip ticket I-7
biologie *f.* biology I-2
biscuit *m.* cookie I-6
blague *f.* joke I-2
blanc(he) *adj.* white I-6
blessure *f.* injury, wound II-2
bleu(e) *adj.* blue I-3
blond(e) *adj.* blonde I-3
blouson *m.* jacket I-6
bœuf *m.* beef II-1

boire *v.* to drink I-4
bois *m.* wood II-6
boisson (gazeuse) *f.* (carbonated)
  drink/beverage I-4
boîte *f.* box; can II-1
  boîte aux lettres *f.* mailbox II-4
  boîte de conserve *f.* can
  (of food) II-1
  boîte de nuit *f.* nightclub I-4
bol *m.* bowl II-1
bon(ne) *adj.* kind; good I-3
  bon marché *adj.* inexpensive I-6
  Il fait bon. The weather is
  good/warm. I-5
bonbon *m.* candy I-6
bonheur *m.* happiness I-6
Bonjour. Good morning.;
  Hello. I-1
Bonsoir. Good evening.;
  Hello. I-1
bouche *f.* mouth II-2
boucherie *f.* butcher's shop II-1
boulangerie *f.* bread shop,
  bakery II-1
boulevard *m.* boulevard II-4
  suivre un boulevard *v.* to
  follow a boulevard II-4
bourse *f.* scholarship, grant I-2
bout *m.* end II-4
  au bout (de) *prep.* at the end
  (of) II-4
bouteille (de) *f.* bottle (of) I-4
boutique *f.* boutique, store II-4
bras *m.* arm II-2
brasserie *f.* café; restaurant II-4
Brésil *m.* Brazil II-2
brésilien(ne) *adj.* Brazilian I-7
bricoler *v.* to tinker; to do odd
  jobs I-5
brillant(e) *adj.* bright I-1
bronzer *v.* to tan I-6
brosse (à cheveux/à dents) *f.*
  (hair/tooth)brush II-2
brun(e) *adj.* (*hair*) dark I-3
bu (boire) *p.p.* drunk I-6
bureau *m.* desk; office I-1
  bureau de poste *m.* post
  office II-4
bus *m.* bus I-7
  arrêt d'autobus (de bus)
  m. bus stop I-7
  prendre un bus *v.* to take a
  bus I-7

C

ça *pron.* that; this; it I-1
  Ça dépend. It depends. I-4
  Ça ne nous regarde pas.
  That has nothing to do with us.;
  That is none of our business. II-6

Ça suffit. That's enough. I-5
Ça te dit? Does that appeal to you? II-6
Ça va? What's up?; How are things? I-1
ça veut dire that is to say II-2
Comme ci, comme ça. So-so. I-1
cabine téléphonique *f.* phone booth II-4
cadeau *m.* gift I-6
  paquet cadeau wrapped gift I-6
cadet(te) *adj.* younger I-3
cadre/femme cadre *m., f.* executive II-5
café *m.* café; coffee I-1
  terrasse de café *f.* café terrace I-4
  cuillére à café *f.* teaspoon II-1
cafetière *f.* coffeemaker I-8, II-P
cahier *m.* notebook I-1
calculatrice *f.* calculator I-1
calme *adj.* calm I-1; *m.* calm I-1
camarade *m., f.* friend I-1
  camarade de chambre *m., f.* roommate I-1
  camarade de classe *m., f.* classmate I-1
caméra vidéo *f.* camcorder II-3
caméscope *m.* camcorder II-3
campagne *f.* country(side) I-7
  pain de campagne *m.* country-style bread I-4
  pâté (de campagne) *m.* pâté, meat spread II-1
camping *m.* camping I-5
  faire du camping *v.* to go camping I-5
Canada *m.* Canada I-7
canadien(ne) *adj.* Canadian I-1
canapé *m.* couch I-8, II-P
candidat(e) *m., f.* candidate; applicant II-5
cantine *f.* (school) cafeteria II-1
capitale *f.* capital I-7
capot *m.* hood II-3
carafe (d'eau) *f.* pitcher (of water) II-1
carotte *f.* carrot II-1
carrefour *m.* intersection II-4
carrière *f.* career II-5
carte *f.* map I-1; menu II-1; card II-4
  payer avec une carte de crédit to pay with a credit card II-4
  carte postale *f.* post-card II-4
  cartes *f. pl.* (*playing*) cards I-5

casquette *f.* (baseball) cap I-6
cassette vidéo *f.* video-tape II-3
catastrophe *f.* catastrophe II-6
cave *f.* basement, cellar I-8, II-P
CD *m.* CD(s) II-3
CD-ROM *m.* CD-ROM(s) II-3
ce *dem. adj., m., sing.* this; that I-6
  ce matin this morning I-2
  ce mois-ci this month I-2
  Ce n'est pas grave. It's no big deal. I-6
  ce soir this evening I-2
  ce sont... those are... I-1
  ce week-end this weekend I-2
cédérom(s) *m.* CD-ROM(s) II-3
ceinture *f.* belt I-6
  attacher sa ceinture de sécurité *v.* to buckle one's seatbelt II-3
célèbre *adj.* famous II-7
célébrer *v.* to celebrate I-5
célibataire *adj.* single I-3
celle *pron., f., sing.* this one; that one; the one II-6
celles *pron., f., pl.* these; those; the ones II-6
celui *pron., m., sing.* this one; that one; the one II-6
cent *m.* one hundred I-3
  cent mille *m.* one hundred thousand I-5
  cent un *m.* one hundred one I-5
  cinq cents *m.* five hundred I-5
centième *adj.* hundredth I-7
centrale nucléaire *f.* nuclear plant II-6
centre commercial *m.* shopping center, mall I-4
centre-ville *m.* city/town center, downtown I-4
certain(e) *adj.* certain II-1
  Il est certain que... It is certain that... II-7
  Il n'est pas certain que... It is uncertain that... II-7
ces *dem. adj., m., f., pl.* these; those I-6
c'est... it/that is... I-1
  C'est de la part de qui? On behalf of whom? II-5
  C'est le 1ᵉʳ (premier) octobre. It is October first. I-5
  C'est M./Mme/Mlle ... (à l'appareil). It's Mr./Mrs./Miss ... (on the phone). II-5
  C'est quand l'anniversaire de... ? When is ...'s birthday? I-5
  C'est quand ton/votre anniversaire? When is your birthday? I-5

Qu'est-ce que c'est? What is it? I-1
cet *dem. adj., m., sing.* this; that I-6
  cet après-midi this afternoon I-2
cette *dem. adj., f., sing.* this; that I-6
  cette année this year I-2
  cette semaine this week I-2
ceux *pron., m., pl.* these; those; the ones II-6
chaîne (de télévision) *f.* (television) channel 11
chaîne stéréo *f.* stereo system I-3
chaise *f.* chair I-1
chambre *f.* bedroom I-8, II-P
  chambre (individuelle) *f.* (single) room I-7
  camarade de chambre *m., f.* roommate I-1
champ *m.* field II-6
champagne *m.* champagne I-6
champignon *m.* mushroom II-1
chance *f.* luck I-2
  avoir de la chance *v.* to be lucky I-2
chanson *f.* song II-7
chanter *v.* to sing I-5
chanteur/chanteuse *m., f.* singer I-1
chapeau *m.* hat I-6
chaque *adj.* each I-6
charcuterie *f.* delicatessen II-1
charmant(e) *adj.* charming I-1
chasse *f.* hunt II-6
chasser *v.* to hunt II-6
chat *m.* cat I-3
châtain *adj.* (*hair*) brown I-3
chaud *m.* heat I-2
  avoir chaud *v.* to be hot I-2
  Il fait chaud. (*weather*) It is hot. I-5
chauffeur de taxi/de camion *m.* taxi/truck driver II-5
chaussette *f.* sock I-6
chaussure *f.* shoe I-6
chef d'entreprise *m.* head of a company II-5
chef-d'œuvre *m.* masterpiece II-7
chemin *m.* path; way II-4
  suivre un chemin *v.* to follow a path II-4
chemise (à manches courtes/ longues) *f.* (short-/long-sleeved) shirt I-6
chemisier *m.* blouse I-6
chèque *m.* check II-4
  compte-chèques *m.* checking account II-4
  payer par chèque *v.* to pay by check II-4

cher/chère *adj.* expensive I-6
chercher *v.* to look for I-2
  chercher un/du travail to look for work II-4
chercheur/chercheuse *m., f.* researcher II-5
chéri(e) *adj.* dear, beloved, darling I-2
cheval *m.* horse I-5
  faire du cheval *v.* to go horseback riding I-5
cheveux *m., pl.* hair II-1
  brosse à cheveux *f.* hairbrush II-2
  cheveux blonds blond hair I-3
  cheveux châtains brown hair I-3
  se brosser les cheveux *v.* to brush one's hair II-1
cheville *f.* ankle II-2
  se fouler la cheville *v.* to twist/sprain one's ankle II-2
chez *prep.* at (*someone's*) house I-3, at (*a place*) I-3
  passer chez quelqu'un *v.* to stop by someone's house I-4
chic *adj.* chic I-4
chien *m.* dog I-3
chimie *f.* chemistry I-2
Chine *f.* China I-7
chinois(e) *adj.* Chinese 7
chocolat (chaud) *m.* (hot) chocolate I-4
chœur *m.* choir, chorus II-7
choisir *v.* to choose I-4
chômage *m.* unemployment II-5
  être au chômage *v.* to be unemployed II-5
chômeur/chômeuse *m., f.* unemployed person II-5
chose *f.* thing I-1
  quelque chose *m.* something; anything I-4
chrysanthèmes *m., pl.* chrysanthemums II-1
chut shh II-7
-ci (*used with demonstrative adjective* ce *and noun or with demonstrative pronoun* celui) here I-6
  ce mois-ci this month I-2
ciel *m.* sky II-6
cinéma (ciné) *m.* movie theater, movies I-4
cinq *m.* five I-1
cinquante *m.* fifty I-1
cinquième *adj.* fifth 7
circulation *f.* traffic II-3
clair(e) *adj.* clear II-7
  Il est clair que... It is clear that... II-7
classe *f.* (*group of students*) class I-1

camarade de classe *m., f.* classmate I-1
  salle de classe *f.* classroom I-1
clavier *m.* keyboard II-3
clé *f.* key I-7
client(e) *m., f.* client; guest I-7
cœur *m.* heart II-2
  avoir mal au cœur to feel nauseated II-2
coffre *m.* trunk II-3
coiffeur/coiffeuse *m., f.* hairdresser I-3
coin *m.* corner II-4
colis *m.* package II-4
colocataire *m., f.* roommate (*in an apartment*) I-1
Combien (de)... ? *adv.* How much/many... ? I-1
  Combien coûte... ? How much is... ? I-4
combiné *m.* receiver II-5
comédie (musicale) *f.* comedy (musical) II-7
commander *v.* to order II-1
comme *adv.* how; like, as I-2
  Comme ci, comme ça. So-so. I-1
commencer (à) *v.* to begin (*to do something*) I-2
comment *adv.* how I-4
  Comment? *adv.* What? I-4
  Comment allez-vous?, *form.* How are you? I-1
  Comment t'appelles-tu? *fam.* What is your name? I-1
  Comment vas-tu? *fam.* How are you? I-1
  Comment vous appelez-vous? *form.* What is your name? I-1
commerçant(e) *m., f.* shopkeeper II-1
commissariat de police *m.* police station II-4
commode *f.* dresser, chest of drawers I-8, II-P
compact disque *m.* compact disc II-3
complet (complète) *adj.* full (no vacancies) I-7
composer (un numéro) *v.* to dial (a number) II-3
compositeur *m.* composer II-7
comprendre *v.* to understand I-4
compris (comprendre) *p.p., adj.* understood; included I-6
comptable *m., f.* accountant II-5
compte *m.* account (*at a bank*) II-4
  avoir un compte bancaire *v.* to have a bank account II-4
  compte de chèques *m.* checking account II-4

compte d'épargne *m.* savings account II-4
  se rendre compte *v.* to realize II-2
compter sur quelqu'un *v.* to count on someone I-8, II-P
concert *m.* concert II-7
condition *f.* condition II-7
  à condition que on the condition that..., provided that... II-7
conduire *v.* to drive I-6
conduit (conduire) *p.p., adj.* driven I-6
confiture *f.* jam II-1
congé *m.* day off I-7
  jour de congé *m.* day off I-7
  prendre un congé *v.* to take time off II-5
congélateur *m.* freezer I-8, II-P
connaissance *f.* acquaintance I-5
  faire la connaissance de *v.* to meet (*someone*) I-5
connaître *v.* to know, to be familiar with I-8, II-P
connecté(e) *adj.* connected II-3
  être connecté(e) avec quelqu'un *v.* to be online with someone I-7, II-3
connu (connaître) *p.p., adj.* known; famous I-8, II-P
conseil *m.* advice II-5
conseiller/conseillère *m., f.* consultant; advisor II-5
considérer *v.* to consider I-5
constamment *adv.* constantly I-8, II-P
construire *v.* to build, to construct I-6
conte *m.* tale II-7
content(e) *adj.* happy II-5
  être content(e) que... *v.* to be happy that... II-6
continuer (à) *v.* to continue (*doing something*) II-4
contraire *adj.* contrary II-7
  au contraire on the contrary II-7
copain/copine *m., f.* friend I-1
corbeille (à papier) *f.* wastebasket I-1
corps *m.* body II-2
costume *m.* (man's) suit I-6
côte *f.* coast II-6
coton *m.* cotton II-4
cou *m.* neck II-2
couche d'ozone *f.* ozone layer II-6
  trou dans la couche d'ozone *m.* hole in the ozone layer II-6
couleur *f.* color 6
  De quelle couleur... ? What color... ? I-6

couloir *m.* hallway I-8, II-P
couple *m.* couple I-6
courage *m.* courage II-5
courageux/courageuse *adj.* courageous, brave I-3
couramment *adv.* fluently I-8, II-P
courir *v.* to run I-5
courrier *m.* mail II-4
cours *m.* class, course I-2
course *f.* errand II-1
  faire les courses *v.* to go (grocery) shopping II-1
court(e) *adj.* short I-3
  chemise à manches courtes *f.* short-sleeved shirt I-6
couru (courir) *p.p.* run I-6
cousin(e) *m., f.* cousin I-3
couteau *m.* knife II-1
coûter *v.* to cost I-4
  Combien coûte... ? How much is... ? I-4
couvert (couvrir) *p.p.* covered II-3
couverture *f.* blanket I-8, II-P
couvrir *v.* to cover II-3
covoiturage *m.* carpooling II-6
cravate *f.* tie I-6
crayon *m.* pencil I-1
crème *f.* cream II-1
  crème à raser *f.* shaving cream II-2
crêpe *f.* crêpe I-5
crevé(e) *adj.* deflated; blown up II-3
  pneu crevé *m.* flat tire II-3
critique *f.* review; criticism II-7
croire (que) *v.* to believe (that) II-7
  ne pas croire que... to not believe that... II-7
croissant *m.* croissant I-4
croissant(e) *adj.* growing II-6
  population croissante *f.* growing population II-6
cru (croire) *p.p.* believed II-7
cruel/cruelle *adj.* cruel I-3
cuillère (à soupe/à café) *f.* (soup/tea)spoon II-1
cuir *m.* leather II-4
cuisine *f.* cooking; kitchen 5
  faire la cuisine *v.* to cook 5
cuisiner *v.* to cook II-1
cuisinier/cuisinière *m., f.* cook II-5
cuisinière *f.* stove I-8, II-P
curieux/curieuse *adj.* curious I-3
curriculum vitæ (C.V.) *m.* résumé II-5
cybercafé *m.* cybercafé II-4

D

d'abord *adv.* first I-7
d'accord *(tag question)* all right? I-2; *(in statement)* okay I-2
  être d'accord to be in agreement I-2
d'autres *m., f.* others I-4
d'habitude *adv.* usually I-8, II-P
danger *m.* danger, threat II-6
dangereux/dangereuse *adj.* dangerous II-3
dans *prep.* in I-3
danse *f.* dance II-7
danser *v.* to dance I-4
danseur/danseuse *m., f.* dancer II-7
date *f.* date I-5
  Quelle est la date? What is the date? I-5
de/d' *prep.* of I-3; from I-1
  de l'après-midi in the afternoon I-2
  de laquelle *pron., f., sing.* which one II-5
  De quelle couleur... ? What color... ? I-6
  De rien. You're welcome. I-1
  de taille moyenne of medium height I-3
  de temps en temps *adv.* from time to time I-8, II-P
débarrasser la table *v.* to clear the table I-8, II-P
déboisement *m.* deforestation II-6
début *m.* beginning; debut II-7
décembre *m.* December I-5
déchets toxiques *m., pl.* toxic waste II-6
décider (de) *v.* to decide (*to do something*) II-3
découvert (découvrir) *p.p.* discovered II-3
découvrir *v.* to discover II-3
décrire *v.* to describe I-7
décrocher *v.* to pick up II-5
décrit (décrire) *p.p., adj.* described I-7
degrés *m., pl.* (*temperature*) degrees I-5
  Il fait ... degrés. (*to describe weather*) It is ... degrees. I-5
déjà *adv.* already I-5
déjeuner *m.* lunch II-1; *v.* to eat lunch I-4
de l' *part. art., m., f., sing.* some I-4
de la *part. art., f., sing.* some I-4
délicieux/délicieuse delicious I-8, II-P
demain *adv.* tomorrow I-2

À demain. See you tomorrow. I-1
  après-demain *adv.* day after tomorrow I-2
  demain matin/après-midi/ soir *adv.* tomorrow morning/afternoon/evening I-2
demander (à) *v.* to ask (*someone*), to make a request (*of someone*) I-6
  demander que... *v.* to ask that... II-6
démarrer *v.* to start up II-3
déménager *v.* to move out I-8, II-P
demie half I-2
  et demie half past ... (o'clock) I-2
demi-frère *m.* half-brother, stepbrother I-3
demi-sœur *f.* half-sister, stepsister I-3
démissionner *v.* to resign II-5
dent *f.* tooth II-1
  brosse à dents *f.* toothbrush II-2
  se brosser les dents *v.* to brush one's teeth II-1
dentifrice *m.* toothpaste II-2
dentiste *m., f.* dentist I-3
départ *m.* departure I-7
dépasser *v.* to go over; to pass II-3
dépense *f.* expenditure, expense II-4
dépenser *v.* to spend I-4
  dépenser de l'argent *v.* to spend money I-4
déposer de l'argent *v.* to deposit money II-4
déprimé(e) *adj.* depressed II-2
depuis *adv.* since; for II-1
dernier/dernière *adj.* last I-2
dernièrement *adv.* lastly, finally I-8, II-P
derrière *prep.* behind I-3
des *part. art., m., f., pl.* some I-4
des (de + les) *m., f., pl.* of the I-3
dès que *adv.* as soon as II-5
désagréable *adj.* unpleasant I-1
descendre (de) *v.* to go downstairs; to get off; to take down I-6
désert *m.* desert II-6
désirer (que) *v.* to want (that) I-5
désolé(e) *adj.* sorry I-6
  être désolé(e) que... to be sorry that... II-6
desquelles (de + lesquelles) *pron., f., pl.* which ones II-5
desquels (de + lesquels) *pron., m., pl.* which ones II-5

dessert *m.* dessert I-6
dessin animé *m.* cartoon II-7
dessiner *v.* to draw I-2
détester *v.* to hate I-2
  Je déteste… I hate… I-2
détruire *v.* to destroy I-6
détruit (détruire) *p.p., adj.*
  destroyed I-6
deux *m.* two I-1
deuxième *adj.* second I-7
devant *prep.* in front of I-3
développer *v.* to develop II-6
devenir *v.* to become II-1
devoir *m.* homework I-2; *v.* to
  have to, must II-1
dictionnaire *m.* dictionary I-1
différemment *adv.* differently
  I-8, II-P
différence *f.* difference I-1
différent(e) *adj.* different I-1
difficile *adj.* difficult I-1
dimanche *m.* Sunday I-2
dîner *m.* dinner II-1; *v.* to have
  dinner I-2
diplôme *m.* diploma, degree I-2
dire *v.* to say I-7
  Ça te dit? Does that appeal
  to you? II-6
  ça veut dire that is to say II-2
  veut dire *v.* means, signifies
  II-1
diriger *v.* to manage II-5
discret/discrète *adj.* discreet;
  unassuming I-3
discuter *v.* discuss I-6
disque *m.* disk II-3
  compact disque *m.* compact
  disc II-3
  disque dur *m.* hard drive II-3
dissertation *f.* essay II-3
**distributeur automatique/de
  billets** *m.* ATM II-4
dit (dire) *p.p., adj.* said I-7
divorce *m.* divorce I-6
divorcé(e) *adj.* divorced I-3
divorcer *v.* to divorce I-3
dix *m.* ten I-1
dix-huit *m.* eighteen I-1
dixième *adj.* tenth I-7
dix-neuf *m.* nineteen I-1
dix-sept *m.* seventeen I-1
documentaire *m.*
  documentary II-7
doigt *m.* finger II-2
doigt de pied *m.* toe II-2
domaine *m.* field II-5
dommage *m.* harm II-6
  Il est dommage que… It's a
  shame that… II-6
donc *conj.* therefore I-7
donner (à) *v.* to give (*to
  someone*) I-2

dont *rel. pron.* of which; of
  whom; that II-3
dormir *v.* to sleep I-5
dos *m.* back II-2
  sac à dos *m.* backpack I-1
douane *f.* customs I-7
douche *f.* shower I-8, II-P
  prendre une douche *v.* to
  take a shower II-2
doué(e) *adj.* talented, gifted II-7
douleur *f.* pain II-2
douter (que) *v.* to doubt
  (that) II-7
douteux/douteuse *adj.*
  doubtful II-7
  Il est douteux que… It is
  doubtful that… II-7
doux/douce *adj.* sweet; soft I-3
douze *m.* twelve I-1
dramaturge *m.* playwright II-7
drame (psychologique) *m.*
  (psychological) drama II-7
draps *m., pl.* sheets I-8, II-P
droit *m.* law I-2
droite *f.* the right (side) I-3
  à droite de *prep.* to the right
  of I-3
drôle *adj.* funny I-3
du *part. art., m., sing.* some I-4
du (de + le) *m., sing.* of the I-3
dû (devoir) *p.p., adj. (used with
  infinitive)* had to; *(used with
  noun)* due, owed II-1
duquel (de + lequel) *pron., m.,
  sing.* which one II-5

E

eau (minérale) *f.* (mineral)
  water I-4
  carafe d'eau *f.* pitcher of
  water II-1
écharpe *f.* scarf I-6
échecs *m., pl.* chess I-5
échouer *v.* to fail I-2
éclair *m.* éclair I-4
école *f.* school I-2
écologie *f.* ecology II-6
écologique *adj.* ecological II-6
économie *f.* economics I-2
écotourisme *m.* ecotourism II-6
écouter *v.* to listen (to) I-2
écran *m.* screen 11
écrire *v.* to write I-7
écrivain/femme écrivain *m., f.*
  writer II-7
écrit (écrire) *p.p., adj.* written I-7
écureuil *m.* squirrel II-6
éducation physique *f.* physical
  education I-2
effacer *v.* to erase II-3

effet de serre *m.* greenhouse
  effect II-6
égaler *v.* to equal I-3
église *f.* church I-4
égoïste *adj.* selfish I-1
Eh! *interj.* Hey! I-2
électrique *adj.* electric I-8, II-P
  appareil électrique/ménager
  m. electrical/household
  appliance I-8, II-P
électricien/électricienne *m., f.*
  electrician II-5
élégant(e) *adj.* elegant 1
élevé *adj.* high II-5
élève *m., f.* pupil, student I-1
elle *pron., f.* she; it I-1; her I-3
  elle est… she/it is… I-1
elles *pron., f.* they I-1; them I-3
  elles sont… they are… I-1
e-mail *m.* e-mail II-3
emballage (en plastique) *m.*
  (plastic) wrapping/
  packaging II-6
embaucher *v.* to hire II-5
embrayage *m. (automobile)*
  clutch II-3
émission (de télévision) *f.*
  (television) program II-7
emménager *v.* to move in
  I-8, II-P
emmener *v.* to take (*someone*) I-5
emploi *m.* job II-5
  **emploi à mi-temps/à temps
  partiel** *m.* part-time job II-5
  emploi à plein temps *m.*
  full-time job II-5
employé(e) *m., f.* employee II-5
employer *v.* to use, to employ I-5
emprunter *v.* to borrow II-4
en *prep.* in I-3
  en automne in the fall I-5
  en avance early I-2
  en avoir marre to be fed up I-6
  en effet indeed; in fact II-6
  en été in the summer I-5
  en face (de) *prep.* facing,
  across (from) I-3
  en fait in fact I-7
  en général *adv.* in general
  I-8, II-P
  en hiver in the winter I-5
  en plein air in fresh air II-6
  en retard late I-2
  en tout cas in any case 6
  en vacances on vacation 7
  être en ligne to be online II-3
en *pron.* some of it/them; about
  it/them; of it/them; from it/
  them II-2
  Je vous en prie. *form.*
  Please.; You're welcome. I-1

Qu'en penses-tu? What do you think about that? II-6
enceinte *adj.* pregnant II-2
Enchanté(e). Delighted. I-1
encore *adv.* again; still I-3
endroit *m.* place I-4
énergie (nucléaire/solaire) *f.* (nuclear/solar) energy II-6
enfance *f.* childhood I-6
enfant *m., f.* child I-3
enfin *adv.* finally, at last I-7
enlever la poussière *v.* to dust I-8, II-P
ennuyeux/ennuyeuse *adj.* boring I-3
énorme *adj.* enormous, huge I-2
enregistrer *v.* to record II-3
enseigner *v.* to teach I-2
ensemble *adv.* together I-6
ensuite *adv.* then, next I-7
entendre *v.* to hear I-6
entracte *m.* intermission II-7
entre *prep.* between I-3
entrée *f.* appetizer, starter II-1
entreprise *f.* firm, business II-5
entrer *v.* to enter I-7
entretien: passer un entretien *to have an interview* II-5
enveloppe *f.* envelope II-4
envie *f.* desire, envy I-2
  avoir envie (de) to feel like (*doing something*) I-2
environnement *m.* environment II-6
envoyer (à) *v.* to send (*to someone*) I-5
épargne *f.* savings II-4
  compte d'épargne *m.* savings account II-4
épicerie *f.* grocery store I-4
épouser *v.* to marry I-3
épouvantable *adj.* dreadful 5
  Il fait un temps épouvantable. The weather is dreadful. I-5
époux/épouse *m., f.* husband/wife I-3
équipe *f.* team I-5
escalier *m.* staircase I-8, II-P
escargot *m.* escargot, snail II-1
espace *m.* space II-6
Espagne *f.* Spain 7
espagnol(e) *adj.* Spanish I-1
espèce (menacée) *f.* (endangered) species II-6
espérer *v.* to hope I-5
essayer *v.* to try I-5
essence *f.* gas II-3
  réservoir d'essence *m.* gas tank II-3

voyant d'essence *m.* gas warning light II-3
essentiel(le) *adj.* essential II-6
  Il est essentiel que... It is essential that... II-6
essuie-glace *m.* (**essuie-glaces** *pl.*) windshield wiper(s) II-3
essuyer (la vaisselle/la table) *v.* to wipe (the dishes/the table) I-8, II-P
est *m.* east II-4
Est-ce que... ? (*used in forming questions*) I-2
et *conj.* and I-1
  Et toi? *fam.* And you? I-1
  Et vous? *form.* And you? I-1
étage *m.* floor I-7
étagère *f.* shelf I-8, II-P
étape *f.* stage I-6
état civil *m.* marital status I-6
États-Unis *m., pl.* United States I-7
été *m.* summer I-5
  en été in the summer I-5
été (être) *p.p.* been I-6
éteindre *v.* to turn off II-3
éternuer *v.* to sneeze II-2
étoile *f.* star II-6
étranger/étrangère *adj.* foreign I-2
  langues étrangères *f., pl.* foreign languages I-2
étranger *m.* (*places that are*) abroad, overseas I-7
  à l'étranger abroad, overseas I-7
étrangler *v.* to strangle II-5
être *v.* to be I-1
  être bien/mal payé(e) to be well/badly paid II-5
  être connecté(e) avec quelqu'un to be online with someone I-7, II-3
  être en ligne avec to be online with II-3
  être en pleine forme to be in good shape II-2
études (supérieures) *f., pl.* studies; (higher) education I-2
étudiant(e) *m., f.* student I-1
étudier *v.* to study I-2
eu (avoir) *p.p.* had I-6
eux *disj. pron., m., pl.* they, them I-3
évidemment *adv.* obviously, evidently; of course I-8, II-P
évident(e) *adj.* evident, obvious II-7
  Il est évident que... It is evident that... II-7
évier *m.* sink I-8, II-P

éviter (de) *v.* to avoid (*doing something*) II-2
exactement *adv.* exactly II-1
examen *m.* exam; test I-1
  être reçu(e) à un examen *v.* to pass an exam I-2
  passer un examen *v.* to take an exam I-2
Excuse-moi. *fam.* Excuse me. I-1
Excusez-moi. *form.* Excuse me. I-1
exercice *m.* exercise II-2
  faire de l'exercice *v.* to exercise II-2
exigeant(e) *adj.* demanding II-5
  profession (exigeante) *f.* a (demanding) profession II-5
exiger (que) *v.* to demand (that) II-6
expérience (professionnelle) *f.* (professional) experience II-5
expliquer *v.* to explain I-2
explorer *v.* to explore I-4
exposition *f.* exhibit II-7
extinction *f.* extinction II-6

F

facile *adj.* easy I-2
facilement *adv.* easily I-8, II-P
facteur *m.* mailman II-4
faculté *f.* university; faculty I-1
faible *adj.* weak I-3
faim *f.* hunger I-4
  avoir faim *v.* to be hungry I-4
faire *v.* to do; to make I-5
  faire attention (à) *v.* to pay attention (to) I-5
  faire quelque chose de beau *v.* to be up to something interesting II-4
  faire de l'aérobic *v.* to do aerobics I-5
  faire de la gym *v.* to work out I-5
  faire de la musique *v.* to play music II-5
  faire de la peinture *v.* to paint II-7
  faire de la planche à voile *v.* to go windsurfing I-5
  faire de l'exercice *v.* to exercise II-2
  faire des projets *v.* to make plans II-5
  faire du camping *v.* to go camping I-5
  faire du cheval *v.* to go horseback riding I-5
  faire du jogging *v.* to go jogging I-5

faire du shopping *v.* to go shopping I-7
faire du ski *v.* to go skiing I-5
faire du sport *v.* to do sports I-5
faire du vélo *v.* to go bike riding I-5
faire la connaissance de *v.* to meet (*someone*) I-5
faire la cuisine *v.* to cook I-5
faire la fête *v.* to party I-6
faire la lessive *v.* to do the laundry I-8, II-P
faire la poussière *v.* to dust I-8, II-P
faire la queue *v.* to wait in line II-4
faire la vaisselle *v.* to do the dishes I-8, II-P
faire le lit *v.* to make the bed I-8, II-P
faire le ménage *v.* to do the housework I-8, II-P
faire le plein *v.* to fill the tank II-3
faire les courses *v.* to run errands II-1
faire les musées *v.* to go to museums II-7
faire les valises *v.* to pack one's bags I-7
faire mal *v.* to hurt II-2
faire plaisir à quelqu'un *v.* to please someone II-5
faire sa toilette *v.* to wash up II-2
faire une piqûre *v.* to give a shot 10
faire une promenade *v.* to go for a walk I-5
faire une randonnée *v.* to go for a hike I-5
faire un séjour *v.* to spend time (*somewhere*) I-7
faire un tour (en voiture) *v.* to go for a walk (drive) I-5
faire visiter *v.* to give a tour I-8, II-P
fait (faire) *p.p., adj.* done; made I-6
falaise *f.* cliff II-6
faut (falloir) *v.* (*used with infinitive*) is necessary to... I-5
  Il a fallu... It was necessary to... I-6
  Il fallait... One had to... I-8, II-P
  Il faut que... One must.../It is necessary that... II-6
fallu (falloir) *p.p.* (*used with infinitive*) had to... I-6
  Il a fallu... It was necessary to... I-6

famille *f.* family I-3
fatigué(e) *adj.* tired I-3
fauteuil *m.* armchair I-8, II-P
favori/favorite *adj.* favorite I-3
fax *m.* fax (machine) II-3
félicitations congratulations II-7
femme *f.* woman; wife I-1
  femme d'affaires businesswoman I-3
  femme au foyer housewife II-5
  femme auteur author II-7
  femme cadre executive II-5
  femme écrivain writer II-7
  femme peintre painter II-7
  femme politique politician II-5
  femme pompier firefighter II-5
  femme sculpteur sculptor II-7
fenêtre *f.* window I-1
fer à repasser *m.* iron I-8, II-P
férié(e) *adj.* holiday I-6
  jour férié *m.* holiday I-6
fermé(e) *adj.* closed II-4
fermer *v.* to close; to shut off II-3
festival (festivals *pl.***)** *m.* festival II-7
fête *f.* party; celebration I-6
  faire la fête *v.* to party I-6
fêter *v.* to celebrate I-6
feu de signalisation *m.* traffic light II-4
feuille de papier *f.* sheet of paper I-1
feuilleton *m.* soap opera II-7
février *m.* February I-5
fiancé(e) *adj.* engaged I-3
fiancé(e) *m., f.* fiancé I-6
fichier *m.* file II-3
fier/fière *adj.* proud I-3
fièvre *f.* fever II-2
  avoir de la fièvre *v.* to have a fever II-2
fille *f.* girl; daughter I-1
film (d'aventures, d'horreur, de science-fiction, policier) *m.* (adventure, horror, science-fiction, crime) film II-7
fils *m.* son I-3
fin *f.* end II-7
finalement *adv.* finally I-7
fini (finir) *p.p., adj.* finished, done, over I-4
finir (de) *v.* to finish (*doing something*) I-4
fleur *f.* flower I-8, II-P
fleuve *m.* river II-6
fois *f.* time I-8, II-P
  une fois *adv.* once I-8, II-P
  deux fois *adv.* twice I-8, II-P
fonctionner *v.* to work, to function II-3
fontaine *f.* fountain II-4

foot(ball) *m.* soccer I-5
  football américain *m.* football I-5
forêt (tropicale) *f.* (tropical) forest II-6
formation *f.* education; training II-5
forme *f.* shape; form II-2
  être en pleine forme *v.* to be in good shape II-2
formidable *adj.* great I-7
formulaire *m.* form II-4
  remplir un formulaire to fill out a form II-4
fort(e) *adj.* strong I-3
fou/folle *adj.* crazy I-3
four (à micro-ondes) *m.* (microwave) oven I-8, II-P
fourchette *f.* fork II-1
frais/fraîche *adj.* fresh; cool I-5
  Il fait frais. (*weather*) It is cool. I-5
fraise *f.* strawberry II-1
français(e) *adj.* French I-1
France *f.* France I-7
franchement *adv.* frankly, honestly I-8, II-P
freiner *v.* to brake II-3
freins *m., pl.* brakes II-3
fréquenter *v.* to frequent; to visit I-4
frère *m.* brother I-3
  beau-frère *m.* brother-in-law I-3
  demi-frère *m.* half-brother, stepbrother I-3
frigo *m.* refrigerator I-8, II-P
frisé(e) *adj.* curly I-3
frites *f., pl.* French fries I-4
froid *m.* cold I-2
  avoir froid to be cold I-2
  Il fait froid. (*weather*) It is cold. I-5
fromage *m.* cheese I-4
fruit *m.* fruit II-1
fruits de mer *m., pl.* seafood II-1
fumer *v.* to smoke II-2
funérailles *f., pl.* funeral II-1
furieux/furieuse *adj.* furious II-6
  être furieux/furieuse que... *v.* to be furious that... II-6

G

gagner *v.* to win I-5; to earn II-5
gant *m.* glove I-6
garage *m.* garage I-8, II-P
garanti(e) *adj.* guaranteed 5
garçon *m.* boy I-1
garder la ligne *v.* to stay slim II-2
gare (routière) *f.* train station (bus station) I-7
gaspillage *m.* waste II-6

gaspiller *v.* to waste II-6
gâteau *m.* cake I-6
gauche *f.* the left (side) I-3
 à gauche (de) *prep.* to the left (of) I-3
gazeux/gazeuse *adj.* carbonated, fizzy 4
 boisson gazeuse *f.* carbonated drink/beverage I-4
généreux/généreuse *adj.* generous I-3
génial(e) *adj.* great I-3
genou *m.* knee II-2
genre *m.* genre II-7
gens *m., pl.* people I-7
gentil/gentille *adj.* nice I-3
gentiment *adv.* nicely I-8, II-P
géographie *f.* geography I-2
gérant(e) *m., f.* manager II-5
gestion *f.* business administration I-2
glace *f.* ice cream I-6
glaçon *m.* ice cube I-6
glissement de terrain *m.* landslide II-6
golf *m.* golf I-5
enfler *v.* to swell II-2
gorge *f.* throat II-2
goûter *m.* afternoon snack II-1; *v.* to taste II-1
gouvernement *m.* government II-6
grand(e) *adj.* big I-3
 grand magasin *m.* department store I-4
grand-mère *f.* grandmother I-3
grand-père *m.* grandfather I-3
grands-parents *m., pl.* grandparents I-3
gratin *m.* gratin II-1
gratuit(e) *adj.* free II-7
grave *adj.* serious II-2
 Ce n'est pas grave. It's okay.; No problem. I-6
graver *v.* to record, to burn (CD, DVD) II-3
grille-pain *m.* toaster I-8, II-P
grippe *f.* flu II-2
gris(e) *adj.* gray I-6
gros(se) *adj.* fat I-3
grossir *v.* to gain weight I-4
guérir *v.* to get better II-2
guitare *f.* guitar II-7
gym *f.* exercise I-5
 faire de la gym *v.* to work out I-5
gymnase *m.* gym I-4

habitat *m.* habitat II-6
 sauvetage des habitats *m.* habitat preservation II-6

habiter (à) *v.* to live (in/at) I-2
haricots verts *m., pl.* green beans II-1
Hein? *interj.* Huh?; Right? I-3
herbe *f.* grass II-6
hésiter (à) *v.* to hesitate (*to do something*) II-3
heure(s) *f.* hour, o'clock; time I-2
 à ... heure(s) at ... (o'clock) I-4
 À quelle heure? What time?; When? I-2
 À tout à l'heure. See you later. I-1
 Quelle heure avez-vous? *form.* What time do you have? I-2
 Quelle heure est-il? What time is it? I-2
heureusement *adv.* fortunately I-8, II-P
heureux/heureuse *adj.* happy I-3
 être heureux/heureuse que... to be happy that... II-6
hier (matin/après-midi/soir) *adv.* yesterday (morning/afternoon/evening) I-7
 avant-hier *adv.* day before yesterday I-7
histoire *f.* history; story I-2
hiver *m.* winter I-5
 en hiver in the winter I-5
homme *m.* man I-1
 homme d'affaires *m.* businessman I-3
 homme politique *m.* politician II-5
honnête *adj.* honest II-7
honte *f.* shame I-2
 avoir honte (de) *v.* to be ashamed (of) I-2
hôpital *m.* hospital I-4
horloge *f.* clock I-1
hors-d'œuvre *m.* hors d'œuvre, appetizer II-1
hôte/hôtesse *m., f.* host I-6
hôtel *m.* hotel I-7
hôtelier/hôtelière *m., f.* hotel keeper I-7
huile *f.* oil II-1
 huile *f.* (automobile) oil II-3
 huile d'olive *f.* olive oil II-1
 vérifier l'huile to check the oil II-3
 voyant d'huile *m.* oil warning light II-3
huit *m.* eight I-1
huitième *adj.* eighth I-7
humeur *f.* mood I-8, II-P
 être de bonne/mauvaise humeur *v.* to be in a good/bad mood I-8, II-P

ici *adv.* here I-1
idée *f.* idea I-3
il *sub. pron.* he; it I-1
 il est... he/it is... I-1
 Il n'y a pas de quoi. It's nothing.; You're welcome. I-1
 Il vaut mieux que... It is better that... II-6
Il faut (falloir) *v. (used with infinitive)* It is necessary to... I-6
 Il a fallu... It was necessary to... I-6
 Il fallait... One had to... I-8, II-P
 Il faut (que)... One must.../ It is necessary that... II-6
il y a there is/are I-1
 il y a eu there was/were 6
 il y avait there was/were I-8, II-P
 Qu'est-ce qu'il y a? What is it?; What's wrong? I-1
 Y a-t-il... ? Is/Are there... ? I-2
il y a... *(used with an expression of time)* ... ago II-1
île *f.* island II-6
ils *sub. pron., m., pl.* they I-1
 ils sont... they are... I-1
immeuble *m.* building I-8, II-P
impatient(e) *adj.* impatient I-1
imperméable *m.* rain jacket I-5
important(e) *adj.* important I-1
 Il est important que... It is important that... II-6
impossible *adj.* impossible II-7
 Il est impossible que... It is impossible that... II-7
imprimante *f.* printer II-3
imprimer *v.* to print II-3
incendie *m.* fire II-6
 prévenir l'incendie to prevent a fire II-6
incroyable *adj.* incredible II-3
indépendamment *adv.* independently I-8, II-P
indépendant(e) *adj.* independent I-1
indications *f.* directions II-4
indiquer *v.* to indicate I-5
indispensable *adj.* essential, indispensable II-6
 Il est indispensable que... It is essential that... II-6
individuel(le) *adj.* single, individual I-7
 chambre individuelle *f.* single (hotel) room I-7
infirmier/infirmière *m., f.* nurse II-2

informations (infos) *f., pl.* news II-7

informatique *f.* computer science I-2

ingénieur *m.* engineer I-3

inquiet/inquiète *adj.* worried I-3

instrument *m.* instrument I-1

intellectuel(le) *adj.* intellectual I-3

intelligent(e) *adj.* intelligent I-1

interdire *v.* to forbid, to prohibit II-6

intéressant(e) *adj.* interesting I-1

inutile *adj.* useless I-2

invité(e) *m., f.* guest I-6

inviter *v.* to invite I-4

irlandais(e) *adj.* Irish I-7

Irlande *f.* Ireland I-7

Italie *f.* Italy I-7

italien(ne) *adj.* Italian I-1

J

jaloux/jalouse *adj.* jealous I-3

jamais *adv.* never I-5

ne... jamais never, not ever II-4

jambe *f.* leg II-2

jambon *m.* ham I-4

janvier *m.* January I-5

Japon *m.* Japan I-7

japonais(e) *adj.* Japanese I-1

jardin *m.* garden; yard I-8, II-P

jaune *adj.* yellow I-6

je/j' *sub. pron.* I I-1

Je vous en prie. *form.* Please.; You're welcome. I-1

jean *m., sing.* jeans I-6

jeter *v.* to throw away II-6

jeu *m.* game I-5

jeu télévisé *m.* game show II-7

jeu vidéo (des jeux vidéo) *m.* video game(s) II-3

jeudi *m.* Thursday I-2

jeune *adj.* young I-3

jeunes mariés *m., pl.* newlyweds I-6

jeunesse *f.* youth I-6

auberge de jeunesse *f.* youth hostel I-7

jogging *m.* jogging I-5

faire du jogging *v.* to go jogging I-5

joli(e) *adj.* handsome; beautiful I-3

joue *f.* cheek II-2

jouer (à/de) *v.* to play (*a sport/a musical instrument*) I-5

jouer un rôle *v.* to play a role II-7

joueur/joueuse *m., f.* player I-5

jour *m.* day I-2

jour de congé *m.* day off I-7

jour férié *m.* holiday I-6

Quel jour sommes-nous? *What day is it?* I-2

journal *m.* newspaper; journal I-7

journaliste *m., f.* journalist I-3

journée *f.* day I-2

juillet *m.* July I-5

juin *m.* June I-5

jungle *f.* jungle II-6

jupe *f.* skirt I-6

jus (d'orange/de pomme) *m.* (orange/apple) juice I-4

jusqu'à (ce que) *prep.* until II-4

juste *adv.* just; right I-3

juste à côté right next door I-3

K

kilo(gramme) *m.* kilo(gram) II-1

kiosque *m.* kiosk I-4

L

l' *def. art., m., f. sing.* the I-1; *d.o. pron., m., f.* him; her; it I-7

la *def. art., f. sing.* the I-1; *d.o. pron., f.* her; it I-7

là(-bas) (over) there I-1

-là *(used with demonstrative adjective* ce *and noun or with demonstrative pronoun* celui*)* there I-6

lac *m.* lake II-6

laid(e) *adj.* ugly I-3

laine *f.* wool II-4

laisser *v.* to let, to allow II-3

laisser tranquille *v.* to leave alone II-2

laisser un message *v.* to leave a message II-5

laisser un pourboire *v.* to leave a tip I-4

lait *m.* milk I-4

laitue *f.* lettuce II-1

lampe *f.* lamp I-8, II-P

langues (étrangères) *f., pl.* (foreign) languages I-2

lapin *m.* rabbit II-6

laquelle *pron., f., sing.* which one II-5

à laquelle *pron., f., sing.* which one II-5

de laquelle *pron., f., sing.* which one II-5

large *adj.* loose; big I-6

lavabo *m.* bathroom sink I-8, II-P

lave-linge *m.* washing machine I-8, II-P

laver *v.* to wash I-8, II-P

laverie *f.* laundromat II-4

lave-vaisselle *m.* dishwasher I-8, II-P

le *def. art., m. sing.* the I-1; *d.o. pron.* him; it I-7

lecteur de CD/DVD *m.* CD/DVD player II-3

légume *m.* vegetable II-1

lent(e) *adj.* slow I-3

lequel *pron., m., sing.* which one II-5

auquel (à + lequel) *pron., m., sing.* which one II-5

duquel (de + lequel) *pron., m., sing.* which one II-5

les *def. art., m., f., pl.* the I-1; *d.o. pron., m., f., pl.* them I-7

lesquelles *pron., f., pl.* which ones II-5

auxquelles (à + lesquelles) *pron., f., pl.* which ones II-5

desquelles (de + lesquelles) *pron., f., pl.* which ones II-5

lesquels *pron., m., pl.* which ones II-5

auxquels (à + lesquels) *pron., m., pl.* which ones II-5

desquels (de + lesquels) *pron., m., pl.* which ones II-5

lessive *f.* laundry I-8, II-P

faire la lessive *v.* to do the laundry I-8, II-P

lettre *f.* letter II-4

boîte aux lettres *f.* mailbox II-4

lettre de motivation *f.* letter of application II-5

lettre de recommandation *f.* letter of recommendation, reference letter II-5

lettres *f., pl.* humanities I-2

leur *i.o. pron., m., f., pl.* them I-6

leur(s) *poss. adj., m., f.* their I-3

librairie *f.* bookstore I-1

libre *adj.* available I-7

lieu *m.* place I-4

ligne *f.* figure, shape II-2

garder la ligne *v.* to stay slim II-2

limitation de vitesse *f.* speed limit II-3

limonade *f.* lemon soda I-4

linge *m.* laundry I-8, II-P

lave-linge *m.* washing machine I-8, II-P

sèche-linge *m.* clothes dryer I-8, II-P

liquide *m.* cash (*money*) II-4

payer en liquide *v.* to pay in cash II-4

lire *v.* to read I-7

lit *m.* bed I-7

faire le lit *v.* to make the bed I-8, II-P
littéraire *adj.* literary II-7
littérature *f.* literature I-1
livre *m.* book I-1
logement *m.* housing I-8, II-P
logiciel *m.* software, program II-3
loi *f.* law II-6
loin de *prep.* far from I-3
loisir *m.* leisure activity I-5
long(ue) *adj.* long I-3
  chemise à manches longues *f.* long-sleeved shirt I-6
longtemps *adv.* a long time I-5
louer *v.* to rent I-8, II-P
loyer *m.* rent I-8, II-P
lu (lire) *p.p.* read I-7
lui *pron., sing.* he I-1; him I-3; *i.o. pron.* (attached to imperative) to him/her II-1
l'un(e) à l'autre to one another II-3
l'un(e) l'autre one another II-3
lundi *m.* Monday I-2
Lune *f.* moon II-6
lunettes (de soleil) *f., pl.* (sun)glasses I-6
lycée *m.* high school I-1
lycéen(ne) *m., f.* high school student I-2

M

ma *poss. adj., f., sing.* my I-3
Madame *f.* Ma'am; Mrs. I-1
Mademoiselle *f.* Miss I-1
magasin *m.* store I-4
  grand magasin *m.* department store I-4
magazine *m.* magazine II-7
magnétophone *m.* tape recorder II-3
magnétoscope *m.* videocassette recorder (VCR) II-3
mai *m.* May I-5
maigrir *v.* to lose weight I-4
maillot de bain *m.* swimsuit, bathing suit I-6
main *f.* hand I-5
  sac à main *m.* purse, handbag I-6
maintenant *adv.* now I-5
maintenir *v.* to maintain II-1
mairie *f.* town/city hall; mayor's office II-4
mais *conj.* but I-1
  mais non (but) of course not; no I-2
maison *f.* house I-4
  rentrer à la maison *v.* to return home I-2
mal *adv.* badly I-7

Je vais mal. I am doing badly. I-1
  le plus mal *super. adv.* the worst II-1
  se porter mal *v.* to be doing badly II-2
mal *m.* illness; ache, pain II-2
  avoir mal *v.* to have an ache II-2
  avoir mal au cœur *v.* to feel nauseated II-2
  faire mal *v.* to hurt II-2
malade *adj.* sick, ill II-2
  tomber malade *v.* to get sick II-2
maladie *f.* illness II-5
  assurance maladie *f.* health insurance II-5
malheureusement *adv.* unfortunately I-2
malheureux/malheureuse *adj.* unhappy I-3
manche *f.* sleeve I-6
  chemise à manches courtes/ longues *f.* short-/long-sleeved shirt I-6
manger *v.* to eat I-2
  salle à manger *f.* dining room I-8, II-P
manteau *m.* coat I-6
maquillage *m.* makeup II-2
marchand de journaux *m.* newsstand II-4
marché *m.* market I-4
  bon marché *adj.* inexpensive I-6
marcher *v.* to walk (person) I-5; to work (thing) II-3
mardi *m.* Tuesday I-2
mari *m.* husband I-3
mariage *m.* marriage; wedding (ceremony) I-6
marié(e) *adj.* married I-3
mariés *m., pl.* married couple I-6
  jeunes mariés *m., pl.* newlyweds I-6
marocain(e) *adj.* Moroccan I-1
marron *adj., inv.* (not for hair) brown I-3
mars *m.* March I-5
martiniquais(e) *adj.* from Martinique I-1
match *m.* game I-5
mathématiques (maths) *f., pl.* mathematics I-2
matin *m.* morning I-2
  ce matin *adv.* this morning I-2
  demain matin *adv.* tomorrow morning I-2
  hier matin *adv.* yesterday morning I-7
matinée *f.* morning I-2
mauvais(e) *adj.* bad I-3
  Il fait mauvais. The weather is bad. I-5

le/la plus mauvais(e) *super. adj.* the worst II-1
mayonnaise *f.* mayonnaise II-1
me/m' *pron., sing.* me; myself I-6
mec *m.* guy II-2
mécanicien *m.* mechanic II-3
mécanicienne *f.* mechanic II-3
méchant(e) *adj.* mean I-3
médecin *m.* doctor I-3
médicament (contre/pour) *m.* medication (against/for) II-2
meilleur(e) *comp. adj.* better II-1
  le/la meilleur(e) *super. adj.* the best II-1
membre *m.* member II-7
même *adj.* even I-5; same
-même(s) *pron.* -self/-selves I-6
menacé(e) *adj.* endangered II-6
  espèce menacée *f.* endangered species II-6
ménage *m.* housework I-8, II-P
  faire le ménage *v.* to do housework I-8, II-P
ménager/ménagère *adj.* household I-8, II-P
  appareil ménager *m.* household appliance I-8, II-P
  tâche ménagère *f.* household chore I-8, II-P
mention *f.* distinction II-5
menu *m.* menu II-1
mer *f.* sea I-7
Merci (beaucoup). Thank you (very much). I-1
mercredi *m.* Wednesday I-2
mère *f.* mother I-3
  belle-mère *f.* mother-in-law; stepmother I-3
mes *poss. adj., m., f., pl.* my I-3
message *m.* message II-5
  laisser un message *v.* to leave a message II-5
messagerie *f.* voicemail II-5
météo *f.* weather II-7
métier *m.* profession II-5
métro *m.* subway I-7
  station de métro *f.* subway station I-7
metteur en scène *m.* director (of a play) II-7
mettre *v.* to put, to place 6
  mettre la table to set the table I-8, II-P
meuble *m.* piece of furniture I-8, II-P
mexicain(e) *adj.* Mexican I-1
Mexique *m.* Mexico I-7
Miam! *interj.* Yum! I-5
micro-onde *m.* microwave oven I-8, II-P
  four à micro-ondes *m.* microwave oven I-8, II-P
midi *m.* noon I-2

après-midi *m.* afternoon I-2
mieux *comp. adv.* better II-1
  aimer mieux *v.* to prefer I-2
  le mieux *super. adv.* the best II-1
  se porter mieux *v.* to be
  doing better II-2
mille *m.* one thousand I-5
  cent mille *m.* one hundred
  thousand I-5
million, un *m.* one million I-5
  deux millions *m.* two
  million I-5
minuit *m.* midnight I-2
miroir *m.* mirror I-8, II-P
mis (mettre) *p.p.* put,
  placed I-6
mode *f.* fashion I-2
modeste *adj.* modest II-5
moi *disj. pron., sing.* I, me I-3; *pron.*
  (attached to an imperative) to
  me, to myself II-1
  Moi aussi. Me too. I-1
  Moi non plus. Me neither. I-2
moins *adv.* before … (o'clock) I-2
moins (de) *adv.* less (of); fewer I-4
  le/la moins *super. adv. (used*
  with verb or adverb) the least II-1
  le moins de… *(used with noun*
  to express quantity) the
  least… II-6
  moins de… que… *(used with*
  noun to express quantity)
  less… than… II-6
mois *m.* month I-2
  ce mois-ci this month I-2
moment *m.* moment I-1
mon *poss. adj., m., sing.* my I-3
monde *m.* world I-7
moniteur *m.* monitor II-3
monnaie *f.* change, coins;
  money II-4
Monsieur *m.* Sir; Mr. I-1
montagne *f.* mountain I-4
monter *v.* to go up, to come up; to
  get in/on I-7
montre *f.* watch I-1
montrer (à) *v.* to show (*to*
  someone) I-6
morceau (de) *m.* piece, bit (of) I-4
mort *f.* death I-6
mort (mourir) *p.p., adj. (as past*
  participle) died; (*as adjective*)
  dead I-7
mot de passe *m.* password II-3
moteur *m.* engine II-3
mourir *v.* to die I-7
moutarde *f.* mustard II-1
moyen(ne) *adj.* medium I-3
  de taille moyenne of medium
  height I-3
mur *m.* wall I-8, II-P
musée *m.* museum I-4

faire les musées *v.* to go to
  museums II-7
musical(e) *adj.* musical II-7
  comédie musicale
  f. musical II-7
musicien(ne) *m., f.* musician I-3
musique: faire de la
  musique *v.* to play music II-7

N

nager *v.* to swim I-4
naïf/naïve *adj.* naïve I-3
naissance *f.* birth I-6
naître *v.* to be born I-7
nappe *f.* tablecloth II-1
nationalité *f.* nationality I-1
  Je suis de nationalité… I
  am of … nationality. I-1
  Quelle est ta nationalité?
  fam. What is your
  nationality? I-1
  Quelle est votre nationalité?
  fam., pl., form. What is your
  nationality? I-1
nature *f.* nature II-6
naturel(le) *adj.* natural II-6
  ressource naturelle *f.* natural
  resource II-6
né (naître) *p.p., adj.* born I-7
ne/n' no, not I-1
  ne… aucun(e) none, not
  any II-4
  ne… jamais never, not
  ever II-4
  ne.. ni… ni… neither…
  nor… II-4
  ne… pas no, not I-2
  ne… personne nobody, no
  one II-4
  ne… plus no more, not
  anymore II-4
  ne… que only II-4
  ne… rien nothing, not
  anything II-4
  N'est-ce pas? *(tag question)*
  Isn't it? I-2
nécessaire *adj.* necessary II-6
  Il est nécessaire que…
  It is necessary that… II-6
neiger *v.* to snow I-5
  Il neige. It is snowing. I-5
nerveusement *adv.* nervously
  I-8, II-P
nerveux/nerveuse *adj.* nervous I-3
nettoyer *v.* to clean I-5
neuf *m.* nine I-1
neuvième *adj.* ninth I-7
neveu *m.* nephew I-3
nez *m.* nose II-2
ni nor II-4

ne… ni… ni… neither…
  nor II-4
nièce *f.* niece I-3
niveau *m.* level II-5
noir(e) *adj.* black I-3
non no I-2
  mais non (but) of course not;
  no I-2
nord *m.* north II-4
nos *poss. adj., m., f., pl.* our I-3
note *f. (academics)* grade I-2
notre *poss. adj., m., f., sing.* our I-3
nourriture *f.* food, sustenance II-1
nous *pron.* we I-1; us I-3;
  ourselves II-2
nouveau/nouvelle *adj.* new I-3
nouvelles *f., pl.* news II-7
novembre *m.* November I-5
nuage de pollution *m.* pollution
  cloud II-6
nuageux/nuageuse *adj.*
  cloudy I-5
  Le temps est nuageux. It is
  cloudy. I-5
nucléaire *adj.* nuclear II-6
  centrale nucléaire *f.* nuclear
  plant II-6
  énergie nucléaire *f.* nuclear
  energy II-6
nuit *f.* night I-2
  boîte de nuit *f.* nightclub I-4
nul(le) *adj.* useless I-2
numéro *m.* (telephone)
  number II-3
  composer un numéro *v.* to
  dial a number II-3
  recomposer un numéro *v.* to
  redial a number II-3

O

objet *m.* object I-1
obtenir *v.* to get, to obtain II-5
occupé(e) *adj.* busy I-1
octobre *m.* October I-5
œil (les yeux) *m.* eye (eyes) II-2
œuf *m.* egg II-1
œuvre *f.* artwork, piece of art II-7
  chef-d'œuvre *m.* masterpiece II-7
  hors-d'œuvre *m.* hors d'œuvre,
  starter II-1
offert (offrir) *p.p.* offered II-3
office du tourisme *m.* tourist
  office II-4
offrir *v.* to offer II-3
oignon *m.* onion II-1
oiseau *m.* bird I-3
olive *f.* olive II-1
  huile d'olive *f.* olive oil II-1
omelette *f.* omelette I-5
on *sub. pron., sing.* one (we) I-1
  on y va let's go II-2

oncle *m.* uncle I-3
onze *m.* eleven I-1
onzième *adj.* eleventh I-7
opéra *m.* opera II-7
optimiste *adj.* optimistic I-1
orageux/orageuse *adj.*
  stormy I-5
  Le temps est orageux. It is
  stormy. I-5
orange *adj. inv.* orange I-6;
  f. orange II-1
orchestre *m.* orchestra II-7
ordinateur *m.* computer I-1
ordonnance *f.* prescription II-2
ordures *f., pl.* trash II-6
  ramassage des ordures *m.*
  garbage collection II-6
oreille *f.* ear II-2
oreiller *m.* pillow I-8, II-P
organiser (une fête) *v.* to
  organize/to plan (a party) I-6
origine *f.* heritage I-1
  Je suis d'origine... I am of...
  heritage. I-1
orteil *m.* toe II-2
ou *or* I-3
où *adv., rel. pron.* where 4
ouais *adv.* yeah I-2
oublier (de) *v.* to forget *(to do
  something)* I-2
ouest *m.* west II-4
oui *adv.* yes I-2
ouvert (ouvrir) *p.p., adj. (as past
  participle)* opened; *(as adjective)*
  open II-3
ouvrier/ouvrière *m., f.* worker,
  laborer II-5
ouvrir *v.* to open II-3
ozone *m.* ozone II-6
  **trou dans la couche
  d'ozone** *m.* hole in the ozone
  layer II-6

P

page d'accueil *f.* home page II-3
pain (de campagne) *m.*
  (country-style) bread I-4
panne *f.* breakdown,
  malfunction II-3
  tomber en panne *v.* to break
  down II-3
pantalon *m., sing.* pants I-6
pantoufle *f.* slipper II-2
papeterie *f.* stationery store II-4
papier *m.* paper I-1
  corbeille à papier
  f. wastebasket I-1
  feuille de papier *f.* sheet of
  paper I-1
paquet cadeau *m.* wrapped
  gift I-6
par *prep.* by I-3

par jour/semaine/mois/an
  per day/week/month/year I-5
parapluie *m.* umbrella I-5
parc *m.* park I-4
parce que *conj.* because I-2
Pardon. Pardon (me). I-1
Pardon? What? I-4
pare-brise *m.* windshield II-3
pare-chocs *m.* bumper II-3
parents *m., pl.* parents I-3
paresseux/paresseuse *adj.*
  lazy I-3
parfait(e) *adj.* perfect I-4
parfois *adv.* sometimes I-5
parking *m.* parking lot II-3
parler (à) *v.* to speak (to) I-6
  parler (au téléphone) *v.* to
  speak (on the phone) I-2
partager *v.* to share I-2
partir *v.* to leave I-5
  partir en vacances *v.* to go
  on vacation I-7
pas (de) *adv.* no, none II-4
  ne... pas no, not I-2
  pas de problème no
  problem II-4
  pas du tout not at all I-2
  pas encore not yet I-8, II-P
  Pas mal. Not badly. I-1
passager/passagère *m., f.*
  passenger I-7
passeport *m.* passport I-7
passer *v.* to pass by; to spend
  time I-7
  passer chez quelqu'un *v.* to
  stop by someone's house I-4
  passer l'aspirateur *v.* to
  vacuum I-8, II-P
  passer un examen *v.* to take
  an exam I-2
passe-temps *m.* pastime,
  hobby I-5
pâté (de campagne) *m.* pâté,
  meat spread II-1
pâtes *f., pl.* pasta II-1
patiemment *adv.* patiently
  I-8, II-P
patient(e) *m., f.* patient II-2;
  adj. patient I-1
patienter *v.* to wait (on the
  phone), to be on hold II-5
patiner *v.* to skate I-4
pâtisserie *f.* pastry shop, bakery,
  pastry II-1
patron(ne) *m., f.* boss II-5
pauvre *adj.* poor I-3
payé (payer) *p.p., adj.* paid II-5
  être bien/mal payé(e) *v.* to
  be well/badly paid II-5
payer *v.* to pay I-5
  **payer avec une carte de
  crédit** *v.* to pay with a credit
  card II-4

payer en liquide *v.* to pay in
  cash II-4
  payer par chèque *v.* to pay
  by check II-4
pays *m.* country I-7
peau *f.* skin II-2
pêche *f.* fishing I-5; peach II-1
  aller à la pêche *v.* to go
  fishing I-5
peigne *m.* comb II-2
peintre/femme peintre *m., f.*
  painter II-7
peinture *f.* painting II-7
pendant (que) *prep.* during,
  while I-7
  pendant *(with time expression)*
  prep. for II-1
pénible *adj.* tiresome I-3
penser (que) *v.* to think (that) I-2
  ne pas penser que... to not
  think that... II-7
  Qu'en penses-tu? What do
  you think about that? II-6
perdre *v.* to lose I-6
  perdre son temps *v.* to lose/
  to waste time I-6
perdu *p.p., adj.* lost II-4
  être perdu(e) to be lost II-4
père *m.* father I-3
  beau-père *m.* father-in-law;
  stepfather I-3
permettre (de) *v.* to allow *(to
  do something)* I-6
permis *m.* permit; license II-3
  permis de conduire *m.* driver's
  license II-3
permis (permettre) *p.p., adj.*
  permitted, allowed I-6
personnage (principal) *m.*
  (main) character II-7
personne *f.* person I-1; *pron.* no
  one II-4
  ne... personne nobody, no
  one II-4
pessimiste *adj.* pessimistic I-1
petit(e) *adj.* small I-3; short
  (stature) I-3
  petit(e) ami(e) *m., f.* boy-
  friend/girlfriend I-1
petit-déjeuner *m.* breakfast II-1
petite-fille *f.* granddaughter I-3
petit-fils *m.* grandson I-3
petits-enfants *m., pl.* grandchildren I-3
petits pois *m., pl.* peas II-1
peu (de) *adv.* little; not much
  (of) I-2
peur *f.* fear I-2
  avoir peur (de/que) *v.* to be
  afraid (of/that) I-2
peut-être *adv.* maybe, perhaps I-2
phares *m., pl.* headlights II-3
pharmacie *f.* pharmacy II-2

pharmacien(ne) *m., f.* pharmacist II-2

philosophie *f.* philosophy I-2

photo(graphie) *f.* photo (graph) I-3

physique *f.* physics I-2

piano *m.* piano II-7

pièce *f.* room I-8, II-P

pièce de théâtre *f.* play II-7

pièces de monnaie *f., pl.* change II-4

pied *m.* foot II-2

pierre *f.* stone II-6

pilule *f.* pill II-2

pique-nique *m.* picnic II-6

piqûre *f.* shot, injection II-2

  faire une piqûre *v.* to give a shot II-2

pire *comp. adj.* worse II-1

  le/la pire *super. adj.* the worst II-1

piscine *f.* pool I-4

placard *m.* closet; cupboard I-8, II-P

place *f.* square; place I-4; *f.* seat II-7

plage *f.* beach I-7

plaisir *m.* pleasure, enjoyment II-5

  faire plaisir à quelqu'un *v.* to please someone II-5

plan *m.* map I-7

  utiliser un plan *v.* to use a map I-7

planche à voile *f.* windsurfing I-5

  faire de la planche à voile *v.* to go windsurfing I-5

planète *f.* planet II-6

  sauver la planète *v.* to save the planet II-6

plante *f.* plant II-6

plastique *m.* plastic II-6

  emballage en plastique *m.* plastic wrapping/packaging II-6

plat (principal) *m.* (main) dish II-1

plein air *m.* outdoor, open-air II-6

pleine forme *f.* good shape, good state of health II-2

  être en pleine forme *v.* to be in good shape II-2

pleurer *v.* to cry

pleuvoir *v.* to rain I-5

  Il pleut. It is raining. I-5

plombier *m.* plumber II-5

plu (pleuvoir) *p.p.* rained I-6

pluie acide *f.* acid rain II-6

plus *adv. (used in comparatives, superlatives, and expressions of quantity)* more I-4

  le/la plus ... *super. adv. (used with adjective)* the most II-1

  le/la plus mauvais(e) *super. adj.* the worst II-1

le plus *super. adv. (used with verb or adverb)* the most II-1

le plus de... *(used with noun to express quantity)* the most... II-6

le plus mal *super. adv.* the worst II-1

plus... que *(used with adjective)* more... than II-1

plus de more of I-4

plus de... que *(used with noun to express quantity)* more... than II-6

plus mal *comp. adv.* worse II-1

plus mauvais(e) *comp. adj.* worse II-1

plus *adv.* no more, not anymore II-4

  ne... plus no more, not anymore II-4

plusieurs *adj.* several I-4

plutôt *adv.* rather I-2

pneu (crevé) *m.* (flat) tire II-3

  vérifier la pression des pneus *v.* to check the tire pressure II-3

poème *m.* poem II-7

poète/poétesse *m., f.* poet II-7

point *m. (punctuation mark)* period II-3

poire *f.* pear II-1

poisson *m.* fish I-3

poissonnerie *f.* fish shop II-1

poitrine *f.* chest II-2

poivre *m. (spice)* pepper II-1

poivron *m. (vegetable)* pepper II-1

poli(e) *adj.* polite I-1

police *f.* police II-3

  agent de police *m.* police officer II-3

  commissariat de police *m.* police station II-4

policier *m.* police officer II-3

  film policier *m.* detective film II-7

policière *f.* police officer II-3

poliment *adv.* politely I-8, II-P

politique *adj.* political I-2

  femme politique *f.* politician II-5

  homme politique *m.* politician II-5

  sciences politiques (sciences po) *f., pl.* political science I-2

polluer *v.* to pollute II-6

pollution *f.* pollution II-6

  nuage de pollution *m.* pollution cloud II-6

pomme *f.* apple II-1

pomme de terre *f.* potato II-1

pompier/femme pompier *m., f.* firefighter II-5

pont *m.* bridge II-4

population croissante *f.* growing population II-6

porc *m.* pork II-1

portable *m.* cell phone II-3

porte *f.* door I-1

porter *v.* to wear I-6

portière *f.* car door II-3

portrait *m.* portrait I-5

poser une question (à) *v.* to ask (*someone*) a question I-6

posséder *v.* to possess, to own I-5

possible *adj.* possible II-7

  Il est possible que... It is possible that... II-6

poste *f.* postal service; post office II-4

  bureau de poste *m.* post office II-4

poste *m.* position II-5

poste de télévision *m.* television set II-3

poster une lettre *v.* to mail a letter II-4

postuler *v.* to apply II-5

poulet *m.* chicken II-1

pour *prep.* for I-5

  pour qui? for whom? I-4

  pour rien for no reason I-4

  pour que so that II-7

pourboire *m.* tip I-4

  laisser un pourboire *v.* to leave a tip I-4

pourquoi? *adv.* why? I-2

poussière *f.* dust I-8, II-P

  enlever/faire la poussière *v.* to dust I-8, II-P

pouvoir *v.* to be able to; can II-1

pratiquer *v.* to play regularly, to practice I-5

préféré(e) *adj.* favorite, preferred I-2

préférer (que) *v.* to prefer (that) I-5

premier *m.* the first (*day of the month*) I-5

  C'est le 1er (premier) octobre. It is October first. I-5

premier/première *adj.* first I-2

prendre *v.* to take I-4; to have I-4

  prendre sa retraite *v.* to retire I-6

  prendre un train/avion/ taxi/autobus/bateau *v.* to take a train/plane/taxi/bus/ boat I-7

  prendre un congé *v.* to take time off II-5

  prendre une douche *v.* to take a shower II-2

  prendre (un) rendez-vous *v.* to make an appointment II-5

préparer *v.* to prepare (for) I-2

près (de) *prep.* close (to), near I-3
  tout près (de) very close (to) II-4
présenter *v.* to present, to introduce II-7
  Je te présente... *fam.* I would like to introduce... to you. I-1
  Je vous présente... *fam., form.* I would like to introduce... to you. I-1
préservation *f.* protection II-6
préserver *v.* to preserve II-6
presque *adv.* almost I-2
pressé(e) *adj.* hurried II-1
pression *f.* pressure II-3
  vérifier la pression des pneus to check the tire pressure II-3
prêt(e) *adj.* ready I-3
prêter (à) *v.* to lend (*to someone*) I-6
prévenir l'incendie *v.* to prevent a fire II-6
principal(e) *adj.* main, principal II-1
  personnage principal *m.* main character II-7
  plat principal *m.* main dish II-1
printemps *m.* spring I-5
  au printemps in the spring I-5
pris (prendre) *p.p., adj.* taken I-6
prix *m.* price I-4
problème *m.* problem I-1
prochain(e) *adj.* next I-2
produire *v.* to produce I-6
produit *m.* product II-6
produit (produire) *p.p., adj.* produced I-6
professeur *m.* teacher, professor I-1
profession (exigeante) *f.* (demanding) profession II-5
professionnel(le) *adj.* professional II-5
  expérience professionnelle *f.* professional experience II-5
profiter (de) *v.* to take advantage (of); to enjoy II-7
programme *m.* program II-7
projet *m.* project II-5
  faire des projets *v.* to make plans II-5
promenade *f.* walk, stroll I-5
  faire une promenade *v.* to go for a walk I-5
promettre *v.* to promise I-6
promis (promettre) *p.p., adj.* promised I-6
promotion *f.* promotion II-5
proposer (que) *v.* to propose (that) II-6
  proposer une solution *v.* to propose a solution II-6
propre *adj.* clean I-8, II-P

propriétaire *m., f.* owner I-8, II-P; landlord/landlady I-8, II-P
protection *f.* protection II-6
protéger *v.* to protect 5
psychologie *f.* psychology I-2
psychologique *adj.* psychological II-7
psychologue *m., f.* psychologist II-5
pu (pouvoir) *p.p.* (*used with infinitive*) was able to 9
publicité (pub) *f.* advertisement II-7
publier *v.* to publish II-7
puis *adv.* then I-7
pull *m.* sweater I-6
pur(e) *adj.* pure II-6

Q

quand *adv.* when I-4
  C'est quand l'anniversaire de ... ? When is ...'s birthday? I-5
  C'est quand ton/votre anniversaire? When is your birthday? I-5
quarante *m.* forty I-1
quart *m.* quarter I-2
  et quart a quarter after... (o'clock) I-2
quartier *m.* area, neighborhood I-8, II-P
quatorze *m.* fourteen I-1
quatre *m.* four I-1
quatre-vingts *m.* eighty I-3
quatre-vingt-dix *m.* ninety I-3
quatrième *adj.* fourth I-7
que/qu' *rel. pron.* that; which II-3; *conj.* than II-1, II-6
  plus/moins ... que (*used with adjective*) more/less ... than II-1
  plus/moins de ... que (*used with noun to express quantity*) more/less ... than II-6
que/qu'...? *interr. pron.* what? I-4
  Qu'en penses-tu? What do you think about that? II-6
  Qu'est-ce que c'est? What is it? I-1
  Qu'est-ce qu'il y a? What is it?; What's wrong? I-1
que *adv.* only II-4
  ne... que only II-4
québécois(e) *adj.* from Quebec I-1
quel(le)(s)? *interr. adj.* which? I-4; what? I-4
  À quelle heure? What time?; When? I-2
  Quel jour sommes-nous? What day is it? I-2
  Quelle est la date? What is the date? I-5

  Quelle est ta nationalité? *fam.* What is your nationality? I-1
  Quelle est votre nationalité? *form.* What is your nationality? I-1
  Quelle heure avez-vous? *form.* What time do you have? I-2
  Quelle heure est-il? What time is it? I-2
  Quelle température fait-il? (*weather*) What is the temperature? I-5
  Quel temps fait-il? What is the weather like? I-5
quelqu'un *pron.* someone II-4
quelque chose *m.* something; anything I-4
  Quelque chose ne va pas. Something's not right. I-5
quelquefois *adv.* sometimes I-8, II-P
quelques *adj.* some I-4
question *f.* question I-6
  poser une question (à) to ask (*someone*) a question I-6
queue *f.* line II-4
  faire la queue *v.* to wait in line II-4
qui? *interr. pron.* who? I-4; whom? I-4; *rel. pron.* who, that II-3
  à qui? to whom? I-4
  avec qui? with whom? I-4
  C'est de la part de qui? On behalf of whom? II-5
  Qui est à l'appareil? Who's calling, please? II-5
  Qui est-ce? Who is it? I-1
quinze *m.* fifteen I-1
quitter (la maison) *v.* to leave (the house) I-4
  Ne quittez pas. Please hold. II-5
quoi? *interr. pron.* what? I-1
  Il n'y a pas de quoi. It's nothing.; You're welcome. I-1
  quoi que ce soit whatever it may be II-5

R

raccrocher *v.* to hang up II-5
radio *f.* radio II-7
  à la radio on the radio II-7
raide *adj.* straight I-3
raison *f.* reason; right I-2
  avoir raison *v.* to be right I-2
ramassage des ordures *m.* garbage collection II-6
randonnée *f.* hike I-5
  faire une randonnée *v.* to go for a hike I-5
ranger *v.* to tidy up, to put away I-8, II-P

rapide *adj.* fast I-3
rapidement *adv.* rapidly I-8, II-P
rarement *adv.* rarely I-5
rasoir *m.* razor II-2
ravissant(e) *adj.* beautiful; delightful II-5
réalisateur/réalisatrice *m., f.* director (*of a movie*) II-7
récent(e) *adj.* recent II-7
réception *f.* reception desk I-7
recevoir *v.* to receive II-4
réchauffement de la Terre *m.* global warming II-6
rechercher *v.* to search for, to look for II-5
recommandation *f.* recommendation II-5
recommander (que) *v.* to recommend (that) II-6
recomposer (un numéro) *v.* to redial (a number) II-3
reconnaître *v.* to recognize I-8, II-P
reconnu (reconnaître) *p.p., adj.* recognized I-8, II-P
reçu *m.* receipt II-4
reçu (recevoir) *p.p., adj.* received I-7
    être reçu(e) à un examen to pass an exam I-2
recyclage *m.* recycling II-6
recycler *v.* to recycle II-6
redémarrer *v.* to restart, to start again II-3
réduire *v.* to reduce I-6
réduit (réduire) *p.p., adj.* reduced I-6
référence *f.* reference II-5
réfléchir (à) *v.* to think (about), to reflect (on) I-4
refuser (de) *v.* to refuse (*to do something*) II-3
regarder *v.* to watch I-2
    Ça ne nous regarde pas. That has nothing to do with us.; That is none of our business. II-6
régime *m.* diet II-2
    être au régime *v.* to be on a diet II-1
région *f.* region II-6
regretter (que) *v.* to regret (that) II-6
remplir (un formulaire) *v.* to fill out (a form) II-4
rencontrer *v.* to meet I-2
rendez-vous *m.* date; appointment I-6
    prendre (un) rendez-vous *v.* to make an appointment II-5
rendre (à) *v.* to give back, to return (to) I-6

rendre visite (à) *v.* to visit I-6
rentrer (à la maison) *v.* to return (home) I-2
    rentrer (dans) *v.* to hit II-3
renvoyer *v.* to dismiss, to let go II-5
réparer *v.* to repair II-3
repartir *v.* to go back II-7
repas *m.* meal II-1
repasser *v.* to take again II-7
    repasser (le linge) *v.* to iron (the laundry) I-8, II-P
    fer à repasser *m.* iron I-8, II-P
répéter *v.* to repeat; to rehearse I-5
répondeur (téléphonique) *m.* answering machine II-3
répondre (à) *v.* to respond, to answer (to) I-6
réservation *f.* reservation I-7
    annuler une réservation *v.* to cancel a reservation I-7
réservé(e) *adj.* reserved I-1
réserver *v.* to reserve I-7
réservoir d'essence *m.* gas tank II-3
résidence universitaire *f.* dorm I-8, II-P
ressource naturelle *f.* natural resource II-6
restaurant *m.* restaurant I-4
    restaurant universitaire (resto U) *m.* university cafeteria I-2
rester *v.* to stay I-7
résultat *m.* result I-2
retenir *v.* to keep, to retain II-1
retirer (de l'argent) *v.* to withdraw (money) II-4
retourner *v.* to return I-7
retraite *f.* retirement I-6
    prendre sa retraite *v.* to retire I-6
retraité(e) *m., f.* retired person II-5
retrouver *v.* to find (again); to meet up with I-2
rétroviseur *m.* rear-view mirror II-3
réunion *f.* meeting II-5

réussir (à) *v.* to succeed (*in doing something*) I-4
réussite *f.* success II-5
réveil *m.* alarm clock II-2
revenir *v.* to come back II-1
rêver (de) *v.* to dream about II-3
revoir *v.* to see again II-7
    Au revoir. Good-bye. I-1
revu (revoir) *p.p.* seen again II-7
rez-de-chaussée *m.* ground floor I-7

rhume *m.* cold II-2
ri (rire) *p.p.* laughed I-6
rideau *m.* curtain I-8, II-P
rien *m.* nothing II-4
    De rien. You're welcome. I-1
    ne... rien nothing, not anything II-4
    ne servir à rien *v.* to be good for nothing II-1
rire *v.* to laugh I-6
rivière *f.* river II-6
riz *m.* rice II-1
robe *f.* dress I-6
rôle *m.* role II-6
    jouer un rôle *v.* to play a role II-7
roman *m.* novel II-7
rose *adj.* pink I-6
roue (de secours) *f.* (emergency) tire II-3
rouge *adj.* red I-6
rouler en voiture *v.* to ride in a car I-7
rue *f.* street II-3
    suivre une rue *v.* to follow a street II-4

S

s'adorer *v.* to adore one another II-3
s'aider *v.* to help one another II-3
s'aimer (bien) *v.* to love (like) one another II-3
s'allumer *v.* to light up II-3
s'amuser *v.* to play; to have fun II-2
    s'amuser à *v.* to pass time by II-3
s'apercevoir *v.* to notice; to realize II-4
s'appeler *v.* to be named, to be called II-2
    Comment t'appelles-tu? *fam.* What is your name? I-1
    Comment vous appelez-vous? *form.* What is your name? I-1
    Je m'appelle... My name is... I-1
s'arrêter *v.* to stop II-2
s'asseoir *v.* to sit down II-2
sa *poss. adj., f., sing.* his; her; its I-3
sac *m.* bag I-1
    sac à dos *m.* backpack I-1
    sac à main *m.* purse, handbag I-6
sain(e) *adj.* healthy II-2
saison *f.* season I-5
salade *f.* salad II-1
salaire (élevé/modeste) *m.* (high/low) salary II-5
    augmentation de salaire *f.* raise in salary II-5

sale *adj.* dirty I-8, II-P
salir *v.* to soil, to make dirty I-8, II-P
salle *f.* room I-8, II-P
  salle à manger *f.* dining room I-8, II-P
  salle de bains *f.* bathroom I-8, II-P
  salle de classe *f.* classroom I-1
  salle de séjour *f.* living/family room I-8, II-P
salon *m.* formal living room, sitting room I-8, II-P
  salon de beauté *m.* beauty salon II-4
Salut! Hi!; Bye! I-1
samedi *m.* Saturday I-2
sandwich *m.* sandwich I-4
sans *prep.* without I-8, II-P
  sans que *conj.* without II-7
santé *f.* health II-2
  être en bonne/mauvaise santé *v.* to be in good/bad health II-2
saucisse *f.* sausage II-1
sauvegarder *v.* to save II-3
sauver (la planète) *v.* to save (the planet) II-6
sauvetage des habitats *m.* habitat preservation II-6
savoir *v.* to know (*facts*), to know how to do something I-8, II-P
  savoir (que) *v.* to know (that) II-7
  Je n'en sais rien. I don't know anything about it. II-6
savon *m.* soap II-2
sciences *f., pl.* science I-2
  sciences politiques (sciences po) *f., pl.* political science I-2
sculpture *f.* sculpture II-7
sculpteur/femme sculpteur *m., f.* sculptor II-7
se/s' *pron., sing., pl. (used with reflexive verb)* himself; herself; itself; 10 *(used with reciprocal verb)* each other II-3
séance *f.* show; screening II-7
se blesser *v.* to hurt oneself II-2
se brosser (les cheveux/les dents) *v.* to brush one's (hair/teeth) II-1
se casser *v.* to break II-2
sèche-linge *m.* clothes dryer I-8, II-P
se coiffer *v.* to do one's hair II-2
se connaître *v.* to know one another II-3
se coucher *v.* to go to bed II-2
secours *m.* help II-3
  Au secours! Help! II-3
s'écrire *v.* to write one another II-3

sécurité *f.* security; safety
  attacher sa ceinture de sécurité *v.* to buckle one's seatbelt II-3
se dépêcher *v.* to hurry II-2
se déplacer *v.* to move, to change location II-4
se déshabiller *v.* to undress II-2
se détendre *v.* to relax II-2
se dire *v.* to tell one another II-3
se disputer (avec) *v.* to argue (with) II-2
se donner *v.* to give one another II-3
se fouler (la cheville) *v.* to twist/to sprain one's (ankle) II-2
se garer *v.* to park II-3
seize *m.* sixteen I-1
séjour *m.* stay I-7
  faire un séjour *v.* to spend time (*somewhere*) I-7
  salle de séjour *f.* living room I-8, II-P
sel *m.* salt II-1
se laver (les mains) *v.* to wash oneself (one's hands) II-2
se lever *v.* to get up, to get out of bed II-2
semaine *f.* week I-2
  cette semaine this week I-2
s'embrasser *v.* to kiss one another II-3
se maquiller *v.* to put on makeup II-2
se mettre *v.* to put (*something*) on (yourself) II-2
  se mettre à *v.* to begin to II-2
  se mettre en colère *v.* to become angry II-2
s'endormir *v.* to fall asleep, to go to sleep II-2
s'énerver *v.* to get worked up, to become upset II-2
sénégalais(e) *adj.* Senegalese I-1
s'ennuyer *v.* to get bored II-2
s'entendre bien (avec) *v.* to get along well (with one another) II-2
sentier *m.* path II-6
sentir *v.* to feel; to smell; to sense I-5
séparé(e) *adj.* separated I-3
se parler *v.* to speak to one another II-3
se porter mal/mieux *v.* to be ill/better II-2
se préparer (à) *v.* to get ready; to prepare (*to do something*) II-2
se promener *v.* to take a walk II-2
sept *m.* seven I-1
septembre *m.* September I-5
septième *adj.* seventh I-7
se quitter *v.* to leave one another II-3

se raser *v.* to shave oneself II-2
se réconcilier *v.* to make up II-7
se regarder *v.* to look at oneself; to look at each other II-2
se relever *v.* to get up again II-2
se rencontrer *v.* to meet one another, to make each other's acquaintance II-3
se rendre compte *v.* to realize II-2
se reposer *v.* to rest II-2
se retrouver *v.* to meet one another (*as planned*) II-3
se réveiller *v.* to wake up II-2
se sécher *v.* to dry oneself II-2
se sentir *v.* to feel II-2
sérieux/sérieuse *adj.* serious I-3
serpent *m.* snake II-6
serre *f.* greenhouse II-6
  effet de serre *m.* greenhouse effect II-6
serré(e) *adj.* tight I-6
serveur/serveuse *m., f.* server I-4
serviette *f.* napkin II-1
  serviette (de bain) *f.* (bath) towel II-2
servir *v.* to serve I-5
ses *poss. adj., m., f., pl.* his; her; its I-3
se souvenir (de) *v.* to remember II-2
se téléphoner *v.* to phone one another II-3
se tourner *v.* to turn (oneself) around II-2
se tromper (de) *v.* to be mistaken (about) II-2
se trouver *v.* to be located II-2
seulement *adv.* only I-8, II-P
s'habiller *v.* to dress II-2
shampooing *m.* shampoo II-2
shopping *m.* shopping I-7
  faire du shopping *v.* to go shopping I-7
short *m., sing.* shorts I-6
si *conj.* if II-5
si *adv. (when contradicting a negative statement or question)* yes I-2
signer *v.* to sign II-4
S'il te plaît. *fam.* Please. I-1
S'il vous plaît. *form.* Please. I-1
sincère *adj.* sincere I-1
s'inquiéter *v.* to worry II-2
s'intéresser (à) *v.* to be interested (in) II-2
site Internet/web *m.* web site II-3
six *m.* six I-1
sixième *adj.* sixth I-7
ski *m.* skiing I-5
  faire du ski *v.* to go skiing I-5
  station de ski *f.* ski resort I-7
skier *v.* to ski I-5

s'occuper (de) *v.* to take care (*of something*), to see to II-2
sociable *adj.* sociable I-1
sociologie *f.* sociology I-1
sœur *f.* sister I-3
  belle-sœur *f.* sister-in-law I-3
  demi-sœur *f.* half-sister, stepsister I-3
soie *f.* silk II-4
soif *f.* thirst I-4
  avoir soif *v.* to be thirsty I-4
soir *m.* evening I-2
  ce soir *adv.* this evening I-2
  demain soir *adv.* tomorrow evening I-2
  du soir *adv.* in the evening I-2
  hier soir *adv.* yesterday evening I-7
soirée *f.* evening I-2
sois (être) *imp. v.* be I-2
soixante *m.* sixty I-1
soixante-dix *m.* seventy I-3
solaire *adj.* solar II-6
  énergie solaire *f.* solar energy I-6
soldes *f., pl.* sales I-6
soleil *m.* sun I-5
  Il fait (du) soleil. It is sunny. I-5
solution *f.* solution II-6
  proposer une solution *v.* to propose a solution II-6
sommeil *m.* sleep I-2
  avoir sommeil *v.* to be sleepy I-2
son *poss. adj., m., sing.* his; her; its I-3
sonner *v.* to ring II-3
s'orienter *v.* to get one's bearings II-4
sorte *f.* sort, kind II-7
sortie *f.* exit I-7
sortir *v.* to go out, to leave I-5; to take out I-8, II-P
  sortir la/les poubelle(s) *v.* to take out the trash I-8, II-P
soudain *adv.* suddenly I-8, II-P
souffrir *v.* to suffer II-3
souffert (souffrir) *p.p.* suffered II-3
souhaiter (que) *v.* to wish (that) II-6
soupe *f.* soup I-4
  cuillère à soupe *f.* soupspoon II-1
sourire *v.* to smile I-6; *m.* smile II-4
souris *f.* mouse II-3
sous *prep.* under I-3
sous-sol *m.* basement I-8, II-P
sous-vêtement *m.* underwear I-6
souvent *adv.* often I-5
soyez (être) *imp. v.* be I-7

soyons (être) *imp. v.* let's be I-7
spécialiste *m., f.* specialist II-5
spectacle *m.* show I-5
spectateur/spectatrice *m., f.* spectator II-7
sport *m.* sport(s) I-5
  faire du sport *v.* to do sports I-5
sportif/sportive *adj.* athletic I-3
stade *m.* stadium I-5
stage *m.* internship; professional training II-5
station (de métro) *f.* (subway) station I-7
station de ski *f.* ski resort I-7
station-service *f.* service station II-3
statue *f.* statue II-4
steak *m.* steak II-1
studio *m.* studio (*apartment*) I-8, II-P
stylisme *m.* **de mode** *f.* fashion design I-2
stylo *m.* pen I-1
su (savoir) *p.p.* known I-8, II-P
sucre *m.* sugar I-4
sud *m.* south II-4
suggérer (que) *v.* to suggest (that) II-6
sujet *m.* subject II-6
  au sujet de on the subject of; about II-6
suisse *adj.* Swiss I-1
Suisse *f.* Switzerland I-7
suivre (un chemin/une rue/un boulevard) *v.* to follow (a path/a street/a boulevard) II-4
supermarché *m.* supermarket II-1
sur *prep.* on I-3
sûr(e) *adj.* sure, certain II-1
  bien sûr of course I-2
  Il est sûr que... It is sure that... II-7
  Il n'est pas sûr que... It is not sure that... II-7
surfer sur Internet *v.* to surf the Internet II-1
surpopulation *f.* overpopulation II-6
surpris (surprendre) *p.p., adj.* surprised I-6
  être surpris(e) que... *v.* to be surprised that... II-6
  faire une surprise à quelqu'un *v.* to surprise someone I-6
surtout *adv.* especially; above all I-2
sympa(thique) *adj.* nice I-1
symptôme *m.* symptom II-2
syndicat *m.* (*trade*) union II-5

T

ta *poss. adj., f., sing.* your I-3
table *f.* table I-1
  À table! Let's eat! Food is ready! II-1
  débarrasser la table *v.* to clear the table I-8, II-P
  mettre la table *v.* to set the table I-8, II-P
tableau *m.* blackboard; picture I-1; *m.* painting II-7
tâche ménagère *f.* household chore I-8, II-P
taille *f.* size; waist I-6
  de taille moyenne of medium height I-3
tailleur *m.* (*woman's*) suit; tailor I-6
tante *f.* aunt I-3
tapis *m.* rug I-8, II-P
tard *adv.* late I-2
  À plus tard. See you later. I-1
tarte *f.* pie; tart I-8, II-P
tasse (de) *f.* cup (of) I-4
taxi *m.* taxi I-7
  prendre un taxi *v.* to take a taxi I-7
te/t' *pron., sing., fam.* you I-7; yourself II-2
tee-shirt *m.* tee shirt I-6
télécarte *f.* phone card II-5
télécharger *v.* to download II-3
télécommande *f.* remote control II-3
téléphone *m.* telephone I-2
  parler au téléphone *v.* to speak on the phone I-2
téléphoner (à) *v.* to telephone (*someone*) I-2
téléphonique *adj.* (*related to the*) telephone II-4
  cabine téléphonique *f.* phone booth II-4
télévision *f.* television I-1
  à la télé(vision) on television II-7
  chaîne de télévision *f.* television channel II-3
tellement *adv.* so much I-2
  Je n'aime pas tellement... I don't like... very much. I-2
température *f.* temperature I-5
  Quelle température fait-il? What is the temperature? I-5
temps *m., sing.* weather I-5
  Il fait un temps épouvantable. The weather is dreadful. I-5
  Le temps est nuageux. It is cloudy. I-5
  Le temps est orageux. It is stormy. I-5

Quel temps fait-il? What is the weather like? I-5
temps *m., sing.* time I-5
  de temps en temps *adv.* from time to time I-8, II-P
  emploi à mi-temps/à temps partiel *m.* part-time job II-5
  emploi à plein temps *m.* full-time job II-5
  temps libre *m.* free time I-5
Tenez! (tenir) *imp. v.* Here! II-1
tenir *v.* to hold II-1
tennis *m.* tennis I-5
terrasse (de café) *f.* (café) terrace I-4
Terre *f.* Earth II-6
  réchauffement de la Terre *m.* global warming II-6
tes *poss. adj., m., f., pl.* your I-3
tête *f.* head II-2
thé *m.* tea I-4
théâtre *m.* theater II-7
thon *m.* tuna II-1
ticket de bus/métro *m.* bus/subway ticket I-7
Tiens! (tenir) *imp. v.* Here! II-1
timbre *m.* stamp II-4
timide *adj.* shy I-1
tiret *m.* (*punctuation mark*) dash; hyphen II-3
tiroir *m.* drawer I-8, II-P
toi *disj. pron., sing., fam.* you I-3; *refl. pron., sing., fam. (attached to imperative)* yourself II-2
  toi non plus you neither I-2
toilette *f.* washing up, grooming II-2
  faire sa toilette to wash up II-2
toilettes *f., pl.* restroom(s) I-8, II-P
tomate *f.* tomato II-1
tomber *v.* to fall I-7
  tomber amoureux/amoureuse *v.* to fall in love I-6
  tomber en panne *v.* to break down II-3
  tomber/être malade *v.* to get/be sick II-2
  tomber sur quelqu'un *v.* to run into someone I-7
ton *poss. adj., m., sing.* your I-3
tort *m.* wrong; harm I-2
  avoir tort *v.* to be wrong I-2
tôt *adv.* early I-2
toujours *adv.* always I-8, II-P
tour *m.* tour I-5
  faire un tour (en voiture) *v.* to go for a walk (drive) I-5
tourisme *m.* tourism II-4
  office du tourisme *m.* tourist office II-4
tourner *v.* to turn II-4

tousser *v.* to cough II-2
tout *m., sing.* all I-4
  tous les (*used before noun*) all the... I-4
  tous les jours *adv.* every day I-8, II-P
  toute la *f., sing.* (*used before noun*) all the... I-4
  toutes les *f., pl.* (*used before noun*) all the... I-4
  tout le *m., sing.* (*used before noun*) all the... I-4
  tout le monde everyone II-1
tout(e) *adv.* (*before adjective or adverb*) very, really I-3
  À tout à l'heure. See you later. I-1
  tout à coup suddenly I-7
  tout à fait absolutely; completely II-4
  tout de suite right away I-7
  tout droit straight ahead II-4
  tout d'un coup *adv.* all of a sudden I-8, II-P
  tout près (de) really close by, really close (to) I-3
toxique *adj.* toxic II-6
  déchets toxiques *m., pl.* toxic waste II-6
trac *m.* stage fright II-5
traduire *v.* to translate I-6
traduit (traduire) *p.p., adj.* translated I-6
tragédie *f.* tragedy II-7
train *m.* train I-7
tranche *f.* slice II-1
tranquille *adj.* calm, serene II-2
  laisser tranquille *v.* to leave alone II-2
travail *m.* work II-4
  chercher un/du travail *v.* to look for work II-4
  trouver un/du travail *v.* to find a job II-5
travailler *v.* to work I-2
travailleur/travailleuse *adj.* hard-working I-3
traverser *v.* to cross II-4
treize *m.* thirteen I-1
trente *m.* thirty I-1
très *adv.* (*before adjective or adverb*) very, really I-8, II-P
  Très bien. Very well. I-1
triste *adj.* sad I-3
  être triste que... *v.* to be sad that... II-6
trois *m.* three I-1
troisième *adj.* third 7
trop (de) *adv.* too many/much (of) I-4
tropical(e) *adj.* tropical II-6
  forêt tropicale *f.* tropical forest II-6

trou (dans la couche d'ozone) *m.* hole (in the ozone layer) II-6
troupe *f.* company, troupe II-7
trouver *v.* to find; to think I-2
  trouver un/du travail *v.* to find a job II-5
truc *m.* thing I-7
tu *sub. pron., sing., fam.* you I-1

un *m.* (*number*) one I-1
un(e) *indef. art.* a; an I-1
universitaire *adj.* (*related to the*) university I-1
  restaurant universitaire (resto U) *m.* university cafeteria I-2
université *f.* university I-1
urgences *f., pl.* emergency room II-2
  aller aux urgences *v.* to go to the emergency room II-2
usine *f.* factory II-6
utile *adj.* useful I-2
utiliser (un plan) *v.* use (a map) I-7

vacances *f., pl.* vacation I-7
  partir en vacances *v.* to go on vacation I-7
vache *f.* cow II-6
vaisselle *f.* dishes I-8, II-P
  faire la vaisselle *v.* to do the dishes I-8, II-P
  lave-vaisselle *m.* dishwasher I-8, II-P
valise *f.* suitcase I-7
  faire les valises *v.* to pack one's bags I-7
vallée *f.* valley II-6
variétés *f., pl.* popular music II-7
vaut (valloir) *v.*
  Il vaut mieux que It is better that II-6
vélo *m.* bicycle I-5
  faire du vélo *v.* to go bike riding I-5
velours *m.* velvet II-4
vendeur/vendeuse *m., f.* seller I-6
vendre *v.* to sell I-6
vendredi *m.* Friday I-2
venir *v.* to come II-1
  venir de *v.* (*used with an infinitive*) to have just II-1
vent *m.* wind I-5
  Il fait du vent. It is windy. I-5
ventre *m.* stomach II-2

vérifier (l'huile/la pression des pneus) *v.* to check (the oil/the tire pressure) II-3
véritable *adj.* true, real II-4
verre (de) *m.* glass (of) I-4
vers *adv.* about I-2
vert(e) *adj.* green I-3
   haricots verts *m., pl.* green beans II-1
vêtements *m., pl.* clothing I-6
   sous-vêtement *m.* underwear I-6
vétérinaire *m., f.* veterinarian II-5
veuf/veuve *adj.* widowed I-3
veut dire (vouloir dire) *v.* means, signifies II-1
viande *f.* meat II-1
vie *f.* life I-6
   assurance vie *f.* life insurance II-5
vieille *adj., f. (feminine form of* **vieux***)* old I-3
vieillesse *f.* old age I-6
vietnamien(ne) *adj.* Vietnamese I-1
vieux/vieille *adj.* old I-3
ville *f.* city; town I-4
vin *m.* wine I-6
vingt *m.* twenty I-1
vingtième *adj.* twentieth I-7
violet(te) *adj.* purple; violet I-6
violon *m.* violin II-7
visage *m.* face II-2
visite *f.* visit I-6
   rendre visite (à) *v.* to visit (*a person or people*) I-6
visiter *v.* to visit (*a place*) I-2
   faire visiter *v.* to give a tour I-8, II-P
vite *adv.* quickly I-1; quick, hurry I-4
vitesse *f.* speed II-3
voici here is/are I-1
voilà there is/are I-1
voir *v.* to see II-7
voisin(e) *m., f.* neighbor I-3
voiture *f.* car II-3
   faire un tour en voiture *v.* to go for a drive I-5
   rouler en voiture *v.* to ride in a car I-7
vol *m.* flight I-7
volant *m.* steering wheel II-3
volcan *m.* volcano II-6
volley(-ball) *m.* volleyball I-5
volontiers *adv.* willingly II-2
vos *poss. adj., m., f., pl.* your I-3
votre *poss. adj., m., f., sing.* your I-3
vouloir *v.* to want; to mean (*with* **dire**) II-1
   ça veut dire that is to say II-2
   veut dire *v.* means, signifies II-1

vouloir (que) *v.* to want (that) II-6
voulu (vouloir) *p.p., adj. (used with infinitive)* wanted to… ; (*used with noun*) planned to/for II-1
vous *pron., sing., pl., fam., form.* you I-1; *d.o. pron.* you I-7; yourself, yourselves II-2
voyage *m.* trip I-7
   agence de voyages *f.* travel agency I-7
   agent de voyages *m.* travel agent I-7
voyager *v.* to travel I-2
voyant (d'essence/d'huile) *m.* (gas/oil) warning light 11
vrai(e) *adj.* true; real I-3
   Il est vrai que… It is true that… II-7
   Il n'est pas vrai que… It is untrue that… II-7
vraiment *adv.* really, truly I-5
vu (voir) *p.p.* seen II-7

W

W.-C. *m., pl.* restroom(s) I-8, II-P
week-end *m.* weekend I-2
   ce week-end this weekend I-2

Y

y *pron.* there; at (*a place*) II-2
   j'y vais I'm going/coming I-8, II-P
   nous y allons we're going/coming II-1
   on y va let's go II-2
   Y a-t-il… ? Is/Are there… ? I-2
yaourt *m.* yogurt II-1
yeux (œil) *m., pl.* eyes I-3

Z

zéro *m.* zero I-1
zut *interj.* darn I-6

English-French

A

a **un(e)** *indef. art.* I-1
able: to be able to **pouvoir** *v.* II-1
abolish **abolir** *v.* II-6
about **vers** *adv.* I-2
abroad **à l'étranger** I-7
absolutely **absolument**
　　adv. I-8, II-P;
　　tout à fait *adv.* I-6
accident **accident** *m.* II-2
　　to have/to be in an accident
　　avoir un accident *v.* II-3
accompany **accompagner** *v.* II-4
account *(at a bank)* **compte**
　　m. II-4
　　checking account **compte** *m.*
　　de chèques II-4
　　to have a bank account **avoir**
　　un compte bancaire *v.* II-4
accountant **comptable** *m., f.* II-5
acid rain **pluie acide** *f.* II-6
across from **en face de** *prep.* I-3
acquaintance **connaissance** *f.* I-5
active **actif/active** *adj.* I-3
actively **activement** *adv.* I-8, II-P
actor **acteur/actrice** *m., f.* I-1
address **adresse** *f.* II-4
administration: business
　　administration **gestion** *f.* I-2
adolescence **adolescence** *f.* I-6
adore **adorer** I-2
　　I love… **J'adore…** I-2
　　to adore one another
　　s'adorer *v.* II-2
adulthood **âge adulte** *m.* I-6
adventure **aventure** *f.* II-7
　　adventure film **film** *m.*
　　d'aventures II-7
advertisement **publicité (pub)**
　　f. II-7
advice **conseil** *m.* II-5
advisor **conseiller/conseillère**
　　m., f. II-5
aerobics **aérobic** *m.* I-5
　　to do aerobics **faire de**
　　l'aérobic *v.* I-5
afraid: to be afraid of/that **avoir**
　　peur de/que *v.* II-6
after **après (que)** *adv.* I-7
afternoon **après-midi** *m.* I-2
　　… (o'clock) in the afternoon
　　… heure(s) de l'après-midi I-2
afternoon snack **goûter** *m.* II-1
again **encore** *adv.* I-3
age **âge** *m.* I-6

agent: travel agent **agent de**
　　voyages *m.* I-7
　　real estate agent **agent**
　　immobilier *m.* II-5
ago *(with an expression of time)*
　　il y a… II-1
agree: to agree (with) **être**
　　d'accord (avec) *v.* I-2
airport **aéroport** *m.* I-7
alarm clock **réveil** *m.* II-2
Algerian **algérien(ne)** *adj.* I-1
all **tout** *m., sing.* I-4
　　all of a sudden **soudain** *adv.*
　　I-8, II-P; **tout à coup** *adv.*; **tout**
　　d'un coup *adv.* I-7
all right? *(tag question)*
　　d'accord? I-2
allergy **allergie** *f.* II-2
allow *(to do something)* **laisser** *v.*
　　II-3; **permettre (de)** *v.* I-6
allowed **permis (permettre)**
　　p.p., adj. I-6
all the… *(agrees with noun that*
　　follows) **tout le…** *m., sing;*
　　toute la… *f., sing;* **tous les…**
　　m., pl.; **toutes les…** *f., pl.* I-4
almost **presque** *adv.* I-5
a lot (of) **beaucoup (de)** *adv.* I-4
alone: to leave alone **laisser**
　　tranquille *v.* II-2
already **déjà** *adv.* I-3
always **toujours** *adv.* I-8, II-P
American **américain(e)** *adj.* I-1
an **un(e)** *indef. art.* I-1
ancient *(placed after noun)*
　　ancien(ne) *adj.* II-7
and **et** *conj.* I-1
　　And you? **Et toi?**, *fam.;* **Et**
　　vous? *form.* I-1
angel **ange** *m.* I-1
angry: to become angry
　　s'énerver *v.* II-2; **se mettre**
　　en colère *v.* II-2
animal **animal** *m.* II-6
ankle **cheville** *f.* II-2
answering machine **répondeur**
　　téléphonique *m.* II-3
apartment **appartement** *m.* I-7
appetizer **entrée** *f.* II-1;
　　hors-d'œuvre *m.* II-1
applaud **applaudir** *v.* II-7
applause **applaudissement**
　　m. II-7
apple **pomme** *f.* II-1
appliance **appareil** *m.* I-8, II-P
　　electrical/household appliance
　　appareil *m.* **électrique/**
　　ménager I-8, II-P
applicant **candidat(e)** *m., f.* II-5
apply **postuler** *v.* II-5

appointment **rendez-vous** *m.* II-5
　　to make an appointment
　　prendre (un) rendez-vous
　　v. II-5
April **avril** *m.* I-5
architect **architecte** *m., f.* I-3
architecture **architecture** *f.* I-2
Are there… ? **Y a-t-il… ?** I-2
area **quartier** *m.* I-8, II-P
argue (with) **se disputer**
　　(avec) *v.* II-2
arm **bras** *m.* II-2
armchair **fauteuil** *m.* I-8, II-P
armoire **armoire** *f.* I-8, II-P
around **autour (de)** *prep.* II-4
arrival **arrivée** *f.* I-7
arrive **arriver (à)** *v.* I-2
art **art** *m.* I-2
　　artwork, piece of art **œuvre**
　　f. II-7
　　fine arts **beaux-arts** *m., pl.* II-7
artist **artiste** *m., f.* I-3
as *(like)* **comme** *adv.* I-6
　　as … as *(used with adjective to*
　　compare) **aussi … que** II-1
　　as much … as *(used with*
　　noun to express comparative
　　quatity) **autant de … que** II-6
　　as soon as **dès que** *adv.* II-5
ashamed: to be ashamed of
　　avoir honte de *v.* I-2
ask **demander** *v.* I-2
　　to ask *(someone)* **demander**
　　(à) *v.* I-6
　　to ask *(someone)* a question
　　poser une question (à) *v.* I-6
　　to ask that… **demander**
　　que… II-6
aspirin **aspirine** *f.* II-2
at **à** *prep.* I-4
　　at … (o'clock) **à … heure(s)** I-4
　　at the doctor's office **chez le**
　　médecin *prep.* I-2
　　at (someone's) house **chez…**
　　prep. I-2
　　at the end (of) **au bout (de)**
　　prep. II-4
　　at last **enfin** *adv.* II-3
athlete **athlète** *m., f.* I-3
ATM **distributeur** *m.* **automa-**
　　tique/de billets *m.* II-4
attend **assister** *v.* I-2
August **août** *m.* I-5
aunt **tante** *f.* I-3
author **auteur/femme auteur**
　　m., f. II-7
autumn **automne** *m.* I-5
　　in autumn **en automne** I-5
available *(free)* **libre** *adj.* I-7
avenue **avenue** *f.* II-4
avoid **éviter de** *v.* II-2

B

back **dos** *m.* II-2
backpack **sac à dos** *m.* I-1
bad **mauvais(e)** *adj.* I-3
   to be in a bad mood **être de mauvaise humeur** I-8, II-P
   to be in bad health **être en mauvaise santé** II-2
badly **mal** *adv.* I-7
   I am doing badly. **Je vais mal.** I-1
   to be doing badly **se porter mal** *v.* II-2
baguette **baguette** *f.* I-4
bakery **boulangerie** *f.* II-1
balcony **balcon** *m.* I-8, II-P
banana **banane** *f.* II-1
bank **banque** *f.* II-4
   to have a bank account **avoir un compte bancaire** *v.* II-4
banker **banquier/banquière** *m., f.* II-5
banking **bancaire** *adj.* II-4
baseball **baseball** *m.* I-5
baseball cap **casquette** *f.* I-6
basement **sous-sol** *m.;* **cave** *f.* I-8, II-P
basketball **basket(-ball)** *m.* I-5
bath **bain** *m.* I-6
bathing suit **maillot de bain** *m.* I-6
bathroom **salle de bains** *f.* I-8, II-P
bathtub **baignoire** *f.* I-8, II-P
be **être** *v.* I-1
   sois (être) *imp. v.* I-7;
   soyez (être) *imp. v.* I-7
beach **plage** *f.* I-7
beans **haricots** *m., pl.* II-1
   green beans **haricots verts** *m., pl.* II-1
bearings: to get one's bearings **s'orienter** *v.* II-4
beautiful **beau (belle)** *adj.* I-3
beauty salon **salon** *m.* **de beauté** II-4
because **parce que** *conj.* I-2
become **devenir** *v.* II-1
bed **lit** *m.* I-7
   to go to bed **se coucher** *v.* II-2
bedroom **chambre** *f.* I-8, II-P
beef **bœuf** *m.* II-1
been **été (être)** *p.p.* I-6
beer **bière** *f.* I-6
before **avant (de/que)** *adv.* I-7
   before (o'clock) **moins** *adv.* I-2
begin (to do something) **commencer (à)** *v.* I-2;
   se mettre à *v.* II-2
beginning **début** *m.* II-7
behind **derrière** *prep.* I-3

Belgian **belge** *adj.* I-7
Belgium **Belgique** *f.* I-7
believe (that) **croire (que)** *v.* II-7
believed **cru (croire)** *p.p.* II-7
belt **ceinture** *f.* I-6
   to buckle one's seatbelt **attacher sa ceinture de sécurité** *v.* II-3
bench **banc** *m.* II-4
best: the best **le mieux** *super. adv.* II-1; **le/la meilleur(e)** *super. adj.* II-1
better **meilleur(e)** *comp. adj.;* **mieux** *comp. adv.* II-1
   It is better that… **Il vaut mieux que/qu'…** II-6
   to be doing better **se porter mieux** *v.* II-2
   to get better (*from illness*) **guérir** *v.* II-2
between **entre** *prep.* I-3
beverage (carbonated) **boisson** *f.* **(gazeuse)** I-4
bicycle **vélo** *m.* I-5
   to go bike riding **faire du vélo** *v.* I-5
big **grand(e)** *adj.* I-3; (*clothing*) **large** *adj.* I-6
bill (*in a restaurant*) **addition** *f.* I-4
bills (*money*) **billets** *m., pl.* II-4
biology **biologie** *f.* I-2
bird **oiseau** *m.* I-3
birth **naissance** *f.* I-6
birthday **anniversaire** *m.* I-5
bit (of) **morceau (de)** *m.* I-4
black **noir(e)** *adj.* I-3
blackboard **tableau** *m.* I-1
blanket **couverture** *f.* I-8, II-P
blonde **blond(e)** *adj.* I-3
blouse **chemisier** *m.* I-6
blue **bleu(e)** *adj.* I-3
boat **bateau** *m.* I-7
body **corps** *m.* II-2
book **livre** *m.* I-1
bookstore **librairie** *f.* I-1
bored: to get bored **s'ennuyer** *v.* II-2
boring **ennuyeux/ennuyeuse** *adj.* I-3
born: to be born **naître** *v.* I-7; **né (naître)** *p.p., adj.* I-7
borrow **emprunter** *v.* II-4
bottle (of) **bouteille (de)** *f.* I-4
boulevard **boulevard** *m.* II-4
boutique **boutique** *f.* II-4
bowl **bol** *m.* II-1
box **boîte** *f.* II-1
boy **garçon** *m.* I-1
boyfriend **petit ami** *m.* I-1
brake **freiner** *v.* II-3
brakes **freins** *m., pl.* II-3
brave **courageux/courageuse** *adj.* I-3

Brazil **Brésil** *m.* I-7
Brazilian **brésilien(ne)** *adj.* I-7
bread **pain** *m.* I-4
   country-style bread **pain** *m.* **de campagne** I-4
bread shop **boulangerie** *f.* II-1
break **se casser** *v.* II-2
breakdown **panne** *f.* II-3
break down **tomber en panne** *v.* II-3
break up (*to leave one another*) **se quitter** *v.* II-3
breakfast **petit-déjeuner** *m.* II-1
bridge **pont** *m.* II-4
bright **brillant(e)** *adj.* I-1
bring (*a person*) **amener** *v.* I-5; (*a thing*) **apporter** *v.* I-4
broom **balai** *m.* I-8, II-P
brother **frère** *m.* I-3
brother-in-law **beau-frère** *m.* I-3
brown **marron** *adj., inv.* I-3
   brown (*hair*) **châtain** *adj.* I-3
brush (hair/tooth) **brosse** *f.* **(à cheveux/à dents)** II-2
   to brush one's hair/teeth **se brosser les cheveux/ les dents** *v.* II-1
buckle: to buckle one's seatbelt **attacher sa ceinture de sécurité** *v.* II-3
build **construire** *v.* I-6
building **bâtiment** *m.* II-4; **immeuble** *m.* I-8, II-P
bumper **pare-chocs** *m.* II-3
burn (CD/DVD) **graver** *v.* II-3
bus **autobus** *m.* I-7
bus stop **arrêt d'autobus (de bus)** *m.* I-7
bus terminal **gare** *f.* **routière** I-7
business (*profession*) **affaires** *f., pl.* I-3; (*company*) **entreprise** *f.* II-5
business administration **gestion** *f.* I-2
businessman **homme d'affaires** *m.* I-3
businesswoman **femme d'affaires** *f.* I-3
busy **occupé(e)** *adj.* I-1
but **mais** *conj.* I-1
butcher's shop **boucherie** *f.* II-1
butter **beurre** *m.* I-4
buy **acheter** *v.* I-5
by **par** *prep.* I-3
Bye! **Salut!** *fam.* I-1

C

cabinet **placard** *m.* I-8, II-P
café **café** *m.* I-1; **brasserie** *f.* II-4
   café terrace **terrasse** *f.* **de café** I-4

cybercafé **cybercafé** *m.* II-4
cafeteria (school) **cantine** *f.* II-1
cake **gâteau** *m.* I-6
calculator **calculatrice** *f.* I-1
call **appeler** *v.* II-5
calm **calme** *adj.* I-1; **calme** *m.* I-1
camcorder **caméra vidéo** *f.* II-3; **caméscope** *m.* II-3
camera **appareil photo** *m.* II-3
  digital camera **appareil photo** *m.* **numérique** II-3
camping **camping** *m.* I-5
  to go camping **faire du camping** *v.* I-5
can (of food) **boîte (de conserve)** *f.* II-1
Canada **Canada** *m.* I-7
Canadian **canadien(ne)** *adj.* I-1
cancel (a reservation) **annuler (une réservation)** *v.* I-7
candidate **candidat(e)** *m., f.* II-5
candy **bonbon** *m.* I-6
cap: baseball cap **casquette** *f.* I-6
capital **capitale** *f.* I-7
car **voiture** *f.* II-3
  to ride in a car **rouler en voiture** *v.* I-7
card (letter) **carte postale** *f.* II-4; credit card **carte** *f.* **de crédit** II-4
  to pay with a credit card **payer avec une carte de crédit** *v.* II-4
  cards (playing) **cartes** *f.* I-5
carbonated drink/beverage **boisson** *f.* **gazeuse** I-4
career **carrière** *f.* II-5
carpooling **covoiturage** *m.* II-6
carrot **carotte** *f.* II-1
carry **apporter** *v.* I-4
cartoon **dessin animé** *m.* II-7
case: in any case **en tout cas** I-6
cash **liquide** *m.* II-4
  to pay in cash **payer en liquide** *v.* II-4
cat **chat** *m.* I-3
catastrophe **catastrophe** *f.* II-6
catch sight of **apercevoir** *v.* II-4
CD(s) **CD** *m.* II-3
CD/DVD player **lecteur de CD/DVD** *m.* II-3
CD-ROM(s) **CD-ROM, cédérom(s)** *m.* II-3
celebrate **célébrer** *v.* I-5; **fêter** *v.* I-6
celebration **fête** *f.* I-6
cellar **cave** *f.* I-8, II-P
cell(ular) phone **portable** *m.* II-3
center: city/town center **centre-ville** *m.* I-4
certain **certain(e)** *adj.* II-1; **sûr(e)** *adj.* II-7

It is certain that... **Il est certain que...** II-7
  It is uncertain that... **Il n'est pas certain que...** II-7
chair **chaise** *f.* I-1
champagne **champagne** *m.* I-6
change (coins) (**pièces** *f. pl.* **de) monnaie** II-4
channel (television) **chaîne** *f.* **(de télévision)** II-3
character **personnage** *m.* II-7
  main character **personnage principal** *m.* II-7
charming **charmant(e)** *adj.* I-1
chat **bavarder** *v.* I-4
check **chèque** *m.* II-4; (bill) **addition** *f.* I-4
  to pay by check **payer par chèque** *v.* II-4;
  to check (the oil/the air pressure) **vérifier (l'huile/la pression des pneus)** *v.* II-3
checking account **compte** *m.* **de chèques** II-4
cheek **joue** *f.* II-2
cheese **fromage** *m.* I-4
chemistry **chimie** *f.* I-2
chess **échecs** *m., pl.* I-5
chest **poitrine** *f.* II-2
  chest of drawers **commode** *f.* I-8, II-P
chic **chic** *adj.* I-4
chicken **poulet** *m.* II-1
child **enfant** *m., f.* I-3
childhood **enfance** *f.* I-6
China **Chine** *f.* I-7
Chinese **chinois(e)** *adj.* I-7
choir **chœur** *m.* II-7
choose **choisir** *v.* I-4
chorus **chœur** *m.* II-7
chrysanthemums **chrysanthèmes** *m., pl.* II-1
church **église** *f.* I-4
city **ville** *f.* I-4
city hall **mairie** *f.* II-4
city/town center **centre-ville** *m.* I-4
class (group of students) **classe** *f.* I-1; (course) **cours** *m.* I-2
classmate **camarade de classe** *m., f.* I-1
classroom **salle** *f.* **de classe** I-1
clean **nettoyer** *v.* I-5; **propre** *adj.* I-8, II-P
clear **clair(e)** *adj.* II-7
  It is clear that... **Il est clair que...** II-7
  to clear the table **débarrasser la table** I-8, II-P
client **client(e)** *m., f.* I-7
cliff **falaise** *f.* II-6
clock **horloge** *f.* I-1
  alarm clock **réveil** *m.* II-2

close (to) **près (de)** *prep.* I-3
  very close (to) **tout près (de)** II-4
close **fermer** *v.* II-3
closed **fermé(e)** *adj.* II-4
closet **placard** *m.* I-8, II-P
clothes dryer **sèche-linge** *m.* I-8, II-P
clothing **vêtements** *m., pl.* I-6
cloudy **nuageux/nuageuse** *adj.* I-5
  It is cloudy. **Le temps est nuageux.** I-5
clutch **embrayage** *m.* II-3
coast **côte** *f.* II-6
coat **manteau** *m.* I-6
coffee **café** *m.* I-1
coffeemaker **cafetière** *f.* I-8, II-P
coins **pièces** *f. pl.* **de monnaie** II-4
cold **froid** *m.* I-2
  to be cold **avoir froid** *v.* I-2
  (weather) It is cold. **Il fait froid.** I-5
cold **rhume** *m.* II-2
color **couleur** *f.* I-6
  What color is... ? **De quelle couleur est... ?** I-6
comb **peigne** *m.* II-2
come **venir** *v.* I-7
come back **revenir** *v.* II-1
Come on. **Allez.** I-2
comedy **comédie** *f.* II-7
comic strip **bande dessinée (B.D.)** *f.* I-5
compact disc **compact disque** *m.* II-3
company (troop) **troupe** *f.* II-7
completely **tout à fait** *adv.* I-6
composer **compositeur** *m.* II-7
computer **ordinateur** *m.* I-1
computer science **informatique** *f.* I-2
concert **concert** *m.* II-7
congratulations **félicitations** II-7
consider **considérer** *v.* I-5
constantly **constamment** *adv.* I-8, II-P
construct **construire** *v.* I-6
consultant **conseiller/ conseillère** *m., f.* II-5
continue (doing something) **continuer (à)** *v.* II-4
cook **cuisiner** *v.* II-1; **faire la cuisine** *v.* I-5; **cuisinier/ cuisinière** *m., f.* II-5
cookie **biscuit** *m.* I-6
cooking **cuisine** *f.* I-5
cool: (weather) It is cool. **Il fait frais.** I-5
corner **angle** *m.* II-4; **coin** *m.* II-4
cost **coûter** *v.* I-4

cotton **coton** *m.* I-6
couch **canapé** *m.* I-8, II-P
cough **tousser** *v.* II-2
count (on someone) **compter
(sur quelqu'un)** *v.* I-8, II-P
country **pays** *m.* I-7
country(side) **campagne** *f.* I-7
country-style **de campagne**
adj. I-4
couple **couple** *m.* I-6
courage **courage** *m.* II-5
courageous **courageux/
courageuse** *adj.* I-3
course **cours** *m.* I-2
cousin **cousin(e)** *m., f.* I-3
cover **couvrir** *v.* II-3
covered **couvert
(couvrir)** *p.p.* II-3
cow **vache** *f.* II-6
crazy **fou/folle** *adj.* I-3
cream **crème** *f.* II-1
credit card **carte** *f.* **de crédit**
II-4
to pay with a credit card **payer
avec une carte de crédit**
v. II-4
crêpe **crêpe** *f.* I-5
crime film **film policier** *m.* II-7
croissant **croissant** *m.* I-4
cross **traverser** *v.* II-4
cruel **cruel/cruelle** *adj.* I-3
cry **pleurer** *v.*
cup (of) **tasse (de)** *f.* I-4
cupboard **placard** *m.* I-8, II-P
curious **curieux/
curieuse** *adj.* I-3
curly **frisé(e)** *adj.* I-3
currency **monnaie** *f.* II-4
curtain **rideau** *m.* I-8, II-P
customs **douane** *f.* I-7
cybercafé **cybercafé** *m.* II-4

D

dance **danse** *f.* II-7
to dance **danser** *v.* I-4
danger **danger** *m.* II-6
dangerous **dangereux/
dangereuse** *adj.* II-3
dark (*hair*) **brun(e)** *adj.* I-3
darling **chéri(e)** *adj.* I-2
darn **zut** II-3
dash (*punctuation mark*) **tiret**
m. II-3
date (*day, month, year*) **date** *f.* I-5;
(*meeting*) **rendez-vous** *m.* I-6
to make a date **prendre (un)
rendez-vous** *v.* II-5
daughter **fille** *f.* I-1
day **jour** *m.* I-2; **journée** *f.* I-2
day after tomorrow **après-
demain** *adv.* I-2

day before yesterday **avant-
hier** *adv.* I-7
day off **congé** *m.,* **jour de
congé** I-7
dear **cher/chère** *adj.* I-2
death **mort** *f.* I-6
December **décembre** *m.* I-5
decide (*to do something*)
décider (de) *v.* II-3
deforestation **déboisement**
m. II-6
degree **diplôme** *m.* I-2
degrees (*temperature*) **degrés**
m., pl. I-5
It is... degrees. **Il fait...
degrés.** I-5
delicatessen **charcuterie** *f.* II-1
delicious **délicieux/délicieuse**
adj. I-4
Delighted. **Enchanté(e).** *p.p.,
adj.* I-1
demand (that) **exiger (que)**
v. II-6
demanding **exigeant(e)** *adj.*
demanding profession
profession *f.* **exigeante** II-5
dentist **dentiste** *m., f.* I-3
department store **grand magasin**
m. I-4
departure **départ** *m.* I-7
deposit: to deposit money
déposer de l'argent *v.* II-4
depressed **déprimé(e)** *adj.* II-2
describe **décrire** *v.* I-7
described **décrit (décrire)** *p.p.,
adj.* I-7
desert **désert** *m.* II-6
design (*fashion*) **stylisme (de
mode)** *m.* I-2
desire **envie** *f.* I-2
desk **bureau** *m.* I-1
dessert **dessert** *m.* I-6
destroy **détruire** *v.* I-6
destroyed **détruit (détruire)**
p.p., adj. I-6
detective film **film policier** *m.* II-7
detest **détester** *v.* I-2
I hate... **Je déteste...** I-2
develop **développer** *v.* II-6
dial (a number) **composer
(un numéro)** *v.* II-3
dictionary **dictionnaire** *m.* I-1
die **mourir** *v.* I-7
died **mort (mourir)** *p.p., adj.* I-7
diet **régime** *m.* II-2
to be on a diet **être au
régime** II-1
difference **différence** *f.* I-1
different **différent(e)** *adj.* I-1
differently **différemment**
adv. I-8, II-P
difficult **difficile** *adj.* I-1

digital camera **appareil photo**
m. **numérique** II-3
dining room **salle à manger**
f. I-8, II-P
dinner **dîner** *m.* II-1
to have dinner **dîner** *v.* I-2
diploma **diplôme** *m.* I-2
directions **indications** *f.* II-4
director (*movie*) **réalisateur/
réalisatrice** *m., f.;* (*play/show*)
metteur en scène *m.* II-7
dirty **sale** *adj.* I-8, II-P
discover **découvrir** *v.* II-3
discovered **découvert
(découvrir)** *p.p.* II-3
discreet **discret/discrète** *adj.* I-3
discuss **discuter** *v.* II-3
dish (*food*) **plat** *m.* II-1
to do the dishes **faire la
vaisselle** *v.* I-8, II-P
dishwasher **lave-vaisselle**
m. I-8, II-P
dismiss **renvoyer** *v.* II-5
distinction **mention** *f.* II-5
divorce **divorce** *m.* I-6
to divorce **divorcer** *v.* I-3
divorced **divorcé(e)** *p.p., adj.* I-3
do (*make*) **faire** *v.* I-5
to do odd jobs **bricoler** *v.* I-5
doctor **médecin** *m.* I-3
documentary **documentaire**
m. II-7
dog **chien** *m.* I-3
done **fait (faire)** *p.p., adj.* I-6
door (*building*) **porte** *f.* I-1;
(*automobile*) **portière** *f.* II-3
dorm **résidence** *f.*
universitaire I-8, II-P
doubt (that)... **douter (que)...**
v. II-7
doubtful **douteux/douteuse**
adj. II-7
It is doubtful that... **Il est
douteux que...** II-7
download **télécharger** *v.* II-3
downtown **centre-ville** *m.* I-4
drag **barbant** *adj.* I-3; **barbe** *f.* I-3
drape **rideau** *m.* I-8, II-P
draw **dessiner** *v.* I-2
drawer **tiroir** *m.* I-8, II-P
dreadful **épouvantable** *adj.* I-5
dream (about) **rêver (de)** *v.* II-3
dress **robe** *f.* I-6
to dress **s'habiller** *v.* II-2
dresser **commode** *f.* I-8, II-P
drink (carbonated)
boisson *f.* **(gazeuse)** I-4
to drink **boire** *v.* I-4
drive **conduire** *v.* I-6
to go for a drive **faire un tour
en voiture** I-5
driven **conduit (conduire)**
p.p. I-6

driver (taxi/truck) **chauffeur (de taxi/de camion)** *m.* II-5
driver's license **permis** *m.* **de conduire** II-3
drums **batterie** *f.* II-7
drunk **bu (boire)** *p.p.* I-6
dryer *(clothes)* **sèche-linge** *m.* I-8, II-P
dry oneself **se sécher** *v.* II-2
due **dû(e) (devoir)** *adj.* II-1
during **pendant** *prep.* I-7
dust **enlever/faire la poussière** *v.* I-8, II-P

E

each **chaque** *adj.* I-6
ear **oreille** *f.* II-2
early **en avance** *adv.* I-2; **tôt** *adv.* I-2
earn **gagner** *v.* II-5
Earth **Terre** *f.* II-6
easily **facilement** *adv.* I-8, II-P
east **est** *m.* II-4
easy **facile** *adj.* I-2
eat **manger** *v.* I-2
   to eat lunch **déjeuner** *v.* I-4
éclair **éclair** *m.* I-4
ecological **écologique** *adj.* II-6
ecology **écologie** *f.* II-6
economics **économie** *f.* I-2
ecotourism **écotourisme** *m.* II-6
education **formation** *f.* II-5
effect: in effect **en effet** II-6
egg **œuf** *m.* II-1
eight **huit** *m.* I-1
eighteen **dix-huit** *m.* I-1
eighth **huitième** *adj.* I-7
eighty **quatre-vingts** *m.* I-3
eighty-one **quatre-vingt-un** *m.* I-3
elder **aîné(e)** *adj.* I-3
electric **électrique** *adj.* I-8, II-P
   electrical appliance **appareil** *m.* **électrique** I-8, II-P
electrician **électricien/électricienne** *m., f.* II-5
elegant **élégant(e)** *adj.* I-1
elevator **ascenseur** *m.* I-7
eleven **onze** *m.* I-1
eleventh **onzième** *adj.* I-7
e-mail **e-mail** *m.* II-3
emergency room **urgences** *f., pl.* II-2
   to go to the emergency room **aller aux urgences** *v.* II-2
employ **employer** *v.* I-5
end **fin** *f.* II-7
endangered **menacé(e)** *adj.* II-6
   endangered species **espèce** *f.* **menacée** II-6
engaged **fiancé(e)** *adj.* I-3
engine **moteur** *m.* II-3

engineer **ingénieur** *m.* I-3
England **Angleterre** *f.* I-7
English **anglais(e)** *adj.* I-1
enormous **énorme** *adj.* I-2
enough (of) **assez (de)** *adv.* I-4
   not enough (of) **pas assez (de)** I-4
enter **entrer** *v.* I-7
envelope **enveloppe** *f.* II-4
environment **environnement** *m.* II-6
equal **égaler** *v.* I-3
erase **effacer** *v.* II-3
errand **course** *f.* II-1
escargot **escargot** *m.* II-1
especially **surtout** *adv.* I-2
essay **dissertation** *f.* II-3
essential **essentiel(le)** *adj.* II-6
   It is essential that... **Il est essentiel/indispensable que...** II-6
even **même** *adv.* I-5
evening **soir** *m.;* **soirée** *f.* I-2
   ... (o'clock) in the evening ... **heures du soir** I-2
every day **tous les jours** *adv.* I-8, II-P
everyone **tout le monde** *m.* II-1
evident **évident(e)** *adj.* II-7
   It is evident that... **Il est évident que...** II-7
evidently **évidemment** *adv.* I-8, II-P
exactly **exactement** *adv.* II-1
exam **examen** *m.* I-1
Excuse me. **Excuse-moi.** *fam.* I-1; **Excusez-moi.** *form.* I-1
executive **cadre/femme cadre** *m., f.* II-5
exercise **exercice** *m.* II-2
   to exercise **faire de l'exercice** *v.* II-2
exhibit **exposition** *f.* II-7
exit **sortie** *f.* I-7
expenditure **dépense** *f.* II-4
expensive **cher/chère** *adj.* I-6
explain **expliquer** *v.* I-2
explore **explorer** *v.* I-4
extinction **extinction** *f.* II-6
eye (eyes) **œil (yeux)** *m.* II-2

F

face **visage** *m.* II-2
facing **en face (de)** *prep.* I-3
fact: in fact **en fait** I-7
factory **usine** *f.* II-6
fail **échouer** *v.* I-2
fall **automne** *m.* I-5
   in the fall **en automne** I-5
   to fall **tomber** *v.* I-7

to fall in love **tomber amoureux/amoureuse** *v.* I-6
to fall asleep **s'endormir** *v.* II-2
family **famille** *f.* I-3
famous **célèbre** *adj.* II-7; **connu (connaître)** *p.p., adj.* I-8, II-P
far (from) **loin (de)** *prep.* I-3
farewell **adieu** *m.* II-6
farmer **agriculteur/agricultrice** *m., f.* II-5
fashion **mode** *f.* I-2
   fashion design **stylisme de mode** *m.* I-2
fast **rapide** *adj.* I-3; **vite** *adv.* I-8, II-P
fat **gros(se)** *adj.* I-3
father **père** *m.* I-3
father-in-law **beau-père** *m.* I-3
favorite **favori/favorite** *adj.* I-3; **préféré(e)** *adj.* I-2
fax machine **fax** *m.* II-3
fear **peur** *f.* I-2
   to fear that **avoir peur que** *v.* II-6
February **février** *m.* I-5
fed up: to be fed up **en avoir marre** *v.* I-3
feel *(to sense)* **sentir** *v.* I-5; *(state of being)* **se sentir** *v.* II-2
   to feel like *(doing something)* **avoir envie (de)** I-2
   to feel nauseated **avoir mal au cœur** II-2
festival (festivals) **festival (festivals)** *m.* II-7
fever **fièvre** *f.* II-2
   to have fever **avoir de la fièvre** *v.* II-2
fiancé **fiancé(e)** *m., f.* I-6
field *(terrain)* **champ** *m.* II-6; *(of study)* **domaine** *m.* II-5
fifteen **quinze** *m.* I-1
fifth **cinquième** *adj.* I-7
fifty **cinquante** *m.* I-1
figure *(physique)* **ligne** *f.* II-2
file **fichier** *m.* II-3
fill: to fill out a form **remplir un formulaire** *v.* II-4
   to fill the tank **faire le plein** *v.* II-3
film **film** *m.* II-7
   adventure/crime film **film** *m.* **d'aventures/policier** II-7
finally **enfin** *adv.* I-7; **finalement** *adv.* I-7; **dernièrement** *adv.* I-8, II-P
find (a job) **trouver (un/du travail)** *v.* II-5
   to find again **retrouver** *v.* I-2
fine **amende** *f.* II-3
fine arts **beaux-arts** *m., pl.* II-7
finger **doigt** *m.* II-2

finish (*doing something*) **finir (de)** *v.* I-4, II-3

fire **incendie** *m.* II-6

firefighter **pompier/femme pompier** *m., f.* II-5

firm (*business*) **entreprise** *f.* II-5;

first **d'abord** *adv.* I-7; **premier/première** *adj.* I-2; **premier** *m.* I-5
It is October first. **C'est le 1ᵉʳ (premier) octobre.** I-5

fish **poisson** *m.* I-3

fishing **pêche** *f.* I-5
to go fishing **aller à la pêche** *v.* I-5

fish shop **poissonnerie** *f.* II-1

five **cinq** *m.* I-1

flat tire **pneu** *m.* **crevé** II-3

flight (*air travel*) **vol** *m.* I-7

floor **étage** *m.* I-7

flower **fleur** *f.* I-8, II-P

flu **grippe** *f.* II-2

fluently **couramment** *adv.* I-8, II-P

follow (*a path/a street/a boulevard*) **suivre (un chemin/une rue/ un boulevard)** *v.* II-4

food item **aliment** *m.* II-1; **nourriture** *f.* II-1

foot **pied** *m.* II-2

football **football américain** *m.* I-5

for **pour** *prep.* I-5; **pendant** *prep.* II-1
For whom? **Pour qui?** I-4

forbid **interdire** *v.* II-6

foreign **étranger/étrangère** *adj.* I-2
foreign languages **langues** *f., pl.* **étrangères** I-2

forest **forêt** *f.* II-6
tropical forest **forêt tropicale** *f.* II-6

forget (*to do something*) **oublier (de)** *v.* I-2

fork **fourchette** *f.* II-1

form **formulaire** *m.* II-4

former (*placed before noun*) **ancien(ne)** *adj.* II-7

fortunately **heureusement** *adv.* I-8, II-P

forty **quarante** *m.* I-1

fountain **fontaine** *f.* II-4

four **quatre** *m.* I-1

fourteen **quatorze** *m.* I-1

fourth **quatrième** *adj.* I-7

France **France** *f.* I-7

frankly **franchement** *adv.* I-8, II-P

free (*at no cost*) **gratuit(e)** *adj.* II-7
free time **temps libre** *m.* I-5

freezer **congélateur** *m.* I-8, II-P

French **français(e)** *adj.* I-1

French fries **frites** *f., pl.* I-4

frequent (*to visit regularly*) **fréquenter** *v.* I-4

fresh **frais/fraîche** *adj.* I-5

Friday **vendredi** *m.* I-2

friend **ami(e)** *m., f.* I-1; **copain/ copine** *m., f.* I-1

friendship **amitié** *f.* I-6

from **de/d'** *prep.* I-1
from time to time **de temps en temps** *adv.* I-8, II-P

front: in front of **devant** *prep.* I-3

fruit **fruit** *m.* II-1

full (*no vacancies*) **complet (complète)** *adj.* I-7

full-time job **emploi** *m.* **à plein temps** II-5

fun **amusant(e)** *adj.* I-1
to have fun (*doing something*) **s'amuser (à)** *v.* II-3

funeral **funérailles** *f., pl.* II-1

funny **drôle** *adj.* I-3

furious **furieux/furieuse** *adj.* II-6
to be furious that… **être furieux/furieuse que…** *v.* II-6

G

gain: gain weight **grossir** *v.* I-4

game (*amusement*) **jeu** *m.* I-5; (*sports*) **match** *m.* I-5

game show **jeu télévisé** *m.* II-7

garage **garage** *m.* I-8, II-P

garbage **ordures** *f., pl.* II-6

garbage collection **ramassage** *m.* **des ordures** II-6

garden **jardin** *m.* I-8, II-P

garlic **ail** *m.* II-1

gas **essence** *f.* II-3

gas tank **réservoir d'essence** *m.* II-3

gas warning light **voyant** *m.* **d'essence** II-3

generally **en général** *adv.* I-8, II-P

generous **généreux/généreuse** *adj.* I-3

genre **genre** *m.* II-7

gentle **doux/douce** *adj.* I-3

geography **géographie** *f.* I-2

German **allemand(e)** *adj.* I-1

Germany **Allemagne** *f.* I-7

get (*to obtain*) **obtenir** *v.* II-5

get along well (with) **s'entendre bien (avec)** *v.* II-2

get off **descendre (de)** *v.* I-6

get up **se lever** *v.* II-2
get up again **se relever** *v.* II-2

gift **cadeau** *m.* I-6
wrapped gift **paquet cadeau** *m.* I-6

gifted **doué(e)** *adj.* II-7

girl **fille** *f.* I-1

girlfriend **petite amie** *f.* I-1

give (*to someone*) **donner (à)** *v.* I-2
to give a shot **faire une piqûre** *v.* II-2

to give a tour **faire visiter** *v.* I-8, II-P

to give back **rendre (à)** *v.* I-6

to give one another **se donner** *v.* II-3

glass (of) **verre (de)** *m.* I-4

glasses **lunettes** *f., pl.* I-6
sunglasses **lunettes de soleil** *f., pl.* I-6

global warming **réchauffement** *m.* **de la Terre** II-6

glove **gant** *m.* I-6

go **aller** *v.* I-4
Let's go! **Allons-y!** I-4; **On y va!** II-2
I'm going. **J'y vais.** I-8, II-P
to go back **repartir** *v.* II-7
to go downstairs **descendre (de)** *v.* I-6
to go out **sortir** *v.* I-7
to go over **dépasser** *v.* II-3
to go up **monter** *v.* I-7
to go with **aller avec** *v.* I-6

golf **golf** *m.* I-5

good **bon(ne)** *adj.* I-3
Good evening. **Bonsoir.** I-1
Good morning. **Bonjour.** I-1
to be good for nothing **ne servir à rien** *v.* II-1
to be in a good mood **être de bonne humeur** *v.* I-8, II-P
to be in good health **être en bonne santé** *v.* II-2
to be in good shape **être en pleine forme** *v.* II-2
to be up to something interesting **faire quelque chose de beau** *v.* II-4

Good-bye. **Au revoir.** I-1

government **gouvernement** *m.* II-6

grade (*academics*) **note** *f.* I-2

grandchildren **petits-enfants** *m., pl.* I-3

granddaughter **petite-fille** *f.* I-3

grandfather **grand-père** *m.* I-3

grandmother **grand-mère** *f.* I-3

grandparents **grands-parents** *m., pl.* I-3

grandson **petit-fils** *m.* I-3

grant **bourse** *f.* I-2

grass **herbe** *f.* II-6

gratin **gratin** *m.* II-1

gray **gris(e)** *adj.* I-6

great **formidable** *adj.* I-7; **génial(e)** *adj.* I-3

green **vert(e)** *adj.* I-3

green beans **haricots verts** *m., pl.* II-1

greenhouse **serre** *f.* II-6
greenhouse effect **effet de serre** *m.* II-6

grocery store **épicerie** *f.* I-4

groom: to groom oneself *(in the morning)* **faire sa toilette** *v.* II-2

ground floor **rez-de-chaussée** *m.* I-7

growing population **population** *f.* **croissante** II-6

guaranteed **garanti(e)** *p.p., adj.* I-5

guest **invité(e)** *m., f.* I-6; **client(e)** *m., f.* I-7

guitar **guitare** *f.* II-7

guy **mec** *m.* II-2

gym **gymnase** *m.* I-4

H

habitat **habitat** *m.* II-6
  habitat preservation **sauvetage des habitats** *m.* II-6
had **eu (avoir)** *p.p.* I-6
  had to **dû (devoir)** *p.p.* II-1
hair **cheveux** *m., pl.* II-1
  to brush one's hair **se brosser les cheveux** *v.* II-1
  to do one's hair **se coiffer** *v.* II-2
hairbrush **brosse** *f.* **à cheveux** II-2
hairdresser **coiffeur/coiffeuse** *m., f.* I-3
half **demie** *f.* I-2
  half past … (o'clock) **… et demie** I-2
half-brother **demi-frère** *m.* I-3
half-sister **demi-sœur** *f.* I-3
half-time job **emploi** *m.* **à mi-temps** II-5
hallway **couloir** *m.* I-8, II-P
ham **jambon** *m.* I-4
hand **main** *f.* I-5
handbag **sac à main** *m.* I-6
handsome **beau** *adj.* I-3
hang up **raccrocher** *v.* II-5
happiness **bonheur** *m.* I-6
happy **heureux/heureuse** *adj.;* **content(e)** II-5
  to be happy that… **être content(e) que…** *v.* II-6; **être heureux/heureuse que…** *v.* II-6
hard drive **disque (dur)** *m.* II-3
hard-working **travailleur/travailleuse** *adj.* I-3
hat **chapeau** *m.* I-6
hate **détester** *v.* I-2
  I hate… **Je déteste…** I-2
have **avoir** *v.* I-2; **aie (avoir)** *imp., v.* I-7; **ayez (avoir)** *imp. v.* I-7; **prendre** *v.* I-4
  to have an ache **avoir mal** *v.* II-2

to have to *(must)* **devoir** *v.* II-1
he **il** *sub. pron.* I-1
head *(body part)* **tête** *f.* II-2; *(of a company)* **chef** *m.* **d'entreprise** II-5
headache: to have a headache **avoir mal à la tête** *v.* II-2
headlights **phares** *m., pl.* II-3
health **santé** *f.* II-2
  to be in good health **être en bonne santé** *v.* II-2
health insurance **assurance** *f.* **maladie** II-5
healthy **sain(e)** *adj.* II-2
hear **entendre** *v.* I-6
heart **cœur** *m.* II-2
heat **chaud** *m.* 2
hello *(on the phone)* **allô** I-1; *(in the evening)* **Bonsoir.** I-1; *(in the morning or afternoon)* **Bonjour.** I-1
help **au secours** II-3
  to help *(to do something)* **aider (à)** *v.* I-5
  to help one another **s'aider** *v.* II-3
her **la/l'** *d.o. pron.* I-7; **lui** *i.o. pron.* I-6; *(attached to an imperative)* **-lui** *i.o. pron.* II-1
her **sa** *poss. adj., f., sing.* I-3; **ses** *poss. adj., m., f., pl.* I-3; **son** *poss. adj., m., sing.* I-3
Here! **Tenez!** *form., imp. v.* II-1; **Tiens!** *fam., imp., v.* II-1
here **ici** *adv.* I-1; *(used with demonstrative adjective* **ce** *and noun or with demonstrative pronoun* **celui***)*; **-ci** I-6; Here is…. **Voici…** I-1
heritage: I am of… heritage. **Je suis d'origine…** I-1
herself *(used with reflexive verb)* **se/s'** *pron.* II-2
hesitate *(to do something)* **hésiter (à)** *v.* II-3
Hey! **Eh!** *interj.* 2
Hi! **Salut!** *fam.* I-1
high **élevé(e)** *adj.* II-5
high school **lycée** *m.* I-1
  high school student **lycéen(ne)** *m., f.* 2
higher education **études supérieures** *f., pl.* 2
highway **autoroute** *f.* II-3
hike **randonnée** *f.* I-5
  to go for a hike **faire une randonnée** *v.* I-5
him **lui** *i.o. pron.* I-6; **le/l'** *d.o. pron.* I-7; *(attached to imperative)* **-lui** *i.o. pron.* II-1
himself *(used with reflexive verb)* **se/s'** *pron.* II-2
hire **embaucher** *v.* II-5

his **sa** *poss. adj., f., sing.* I-3; **ses** *poss. adj., m., f., pl.* I-3; **son** *poss. adj., m., sing.* I-3
history **histoire** *f.* I-2
hit **rentrer (dans)** *v.* II-3
hold **tenir** *v.* II-1
  to be on hold **patienter** *v.* II-5
hole in the ozone layer **trou dans la couche d'ozone** *m.* II-6
holiday **jour férié** *m.* I-6; **férié(e)** *adj.* I-6
home *(house)* **maison** *f.* I-4
  at (someone's) home **chez…** *prep.* 4
home page **page d'accueil** *f.* II-3
homework **devoir** *m.* I-2
honest **honnête** *adj.* II-7
honestly **franchement** *adv.* I-8, II-P
hood **capot** *m.* II-3
hope **espérer** *v.* I-5
hors d'œuvre **hors-d'œuvre** *m.* II-1
horse **cheval** *m.* I-5
  to go horseback riding **faire du cheval** *v.* I-5
hospital **hôpital** *m.* I-4
host **hôte/hôtesse** *m., f.* I-6
hot **chaud** *m.* I-2
  It is hot (weather). **Il fait chaud.** I-5
  to be hot **avoir chaud** *v.* I-2
hot chocolate **chocolat chaud** *m.* I-4
hotel **hôtel** *m.* I-7
  (single) hotel room **chambre** *f.* **(individuelle)** I-7
hotel keeper **hôtelier/hôtelière** *m., f.* I-7
hour **heure** *f.* I-2
house **maison** *f.* I-4
  at (someone's) house **chez…** *prep.* I-2
  to leave the house **quitter la maison** *v.* I-4
  to stop by someone's house **passer chez quelqu'un** *v.* I-4
household **ménager/ménagère** *adj.* I-8, II-P
household appliance **appareil** *m.* **ménager** I-8, II-P
household chore **tâche ménagère** *f.* I-8, II-P
housewife **femme au foyer** *f.* II-5
housework: to do the housework **faire le ménage** *v.* I-8, II-P
housing **logement** *m.* I-8, II-P
how **comme** *adv.* I-2; **comment?** *interr. adv.* I-4
  How are you? **Comment allez-vous?** *form.* I-1; **Comment vas-tu?** *fam.* I-1
  How many/How much (of)? **Combien (de)?** I-1

How much is... ? **Combien coûte... ?** I-4
huge **énorme** *adj.* I-2
Huh? **Hein?** *interj.* I-3
humanities **lettres** *f., pl.* I-2
hundred: one hundred **cent** *m.* I-5
   five hundred **cinq cents** *m.* I-5
   one hundred one **cent un** *m.* I-5
   one hundred thousand **cent mille** *m.* I-5
hundredth **centième** *adj.* I-7
hunger **faim** *f.* I-4
hungry: to be hungry **avoir faim** *v.* I-4
hunt **chasse** *f.* II-6
   to hunt **chasser** *v.* II-6
hurried **pressé(e)** *adj.* II-1
hurry **se dépêcher** *v.* II-2
hurt **faire mal** *v.* II-2
   to hurt oneself **se blesser** *v.* II-2
husband **mari** *m.;* **époux** *m.* I-3
hyphen *(punctuation mark)* **tiret** *m.* II-3

I

I **je** *sub. pron.* I-1; **moi** *disj. pron., sing.* I-3
ice cream **glace** *f.* I-6
ice cube **glaçon** *m.* I-6
idea **idée** *f.* I-3
if **si** *conj.* II-5
ill: to become ill **tomber malade** *v.* II-2
illness **maladie** *f.* II-5
immediately **tout de suite** *adv.* I-4
impatient **impatient(e)** *adj.* I-1
important **important(e)** *adj.* I-1
   It is important that... **Il est important que...** II-6
impossible **impossible** *adj.* II-7
   It is impossible that... **Il est impossible que...** II-7
improve **améliorer** *v.* II-5
in **dans** *prep.* I-3; **en** *prep.* I-3; **à** *prep.* I-4
included **compris (comprendre)** *p.p., adj.* I-6
incredible **incroyable** *adj.* II-3
independent **indépendant(e)** *adj.* I-1
independently **indépendamment** *adv.* I-8, II-P
indicate **indiquer** *v.* 5
indispensable **indispensable** *adj.* II-6
inexpensive **bon marché** *adj.* I-6
injection **piqûre** *f.* II-2

to give an injection **faire une piqûre** *v.* II-2
injury **blessure** *f.* II-2
instrument **instrument** *m.* I-1
insurance (health/life) **assurance** *f.* **(maladie/vie)** II-5
intellectual **intellectuel(le)** *adj.* I-3
intelligent **intelligent(e)** *adj.* I-1
interested: to be interested (in) **s'intéresser (à)** *v.* II-2
interesting **intéressant(e)** *adj.* I-1
intermission **entracte** *m.* II-7
internship **stage** *m.* II-5
intersection **carrefour** *m.* II-4
interview: to have an interview **passer un entretien** II-5
introduce **présenter** *v.* I-1
   I would like to introduce (*name*) to you. **Je te présente...** , *fam.* I-1
   I would like to introduce (*name*) to you. **Je vous présente...** , *form.* I-1
invite **inviter** *v.* I-4
Ireland **Irlande** *f.* I-7
Irish **irlandais(e)** *adj.* I-7
iron **fer à repasser** *m.* I-8, II-P
   to iron (the laundry) **repasser (le linge)** *v.* I-8, II-P
isn't it? *(tag question)* **n'est-ce pas?** I-2
island **île** *f.* II-6
Italian **italien(ne)** *adj.* I-1
Italy **Italie** *f.* I-7
it: It depends. **Ça dépend.** I-4
   It is... **C'est...** I-1
itself *(used with reflexive verb)* **se/s'** *pron.* II-2

J

jacket **blouson** *m.* I-6
jam **confiture** *f.* II-1
January **janvier** *m.* I-5
Japan **Japon** *m.* I-7
Japanese **japonais(e)** *adj.* I-1
jealous **jaloux/jalouse** *adj.* I-3
jeans **jean** *m. sing.* I-6
jewelry store **bijouterie** *f.* II-4
jogging **jogging** *m.* I-5
   to go jogging **faire du jogging** *v.* I-5
joke **blague** *f.* I-2
journalist **journaliste** *m., f.* I-3
juice (orange/apple) **jus** *m.* **(d'orange/de pomme)** I-4
July **juillet** *m.* I-5
June **juin** *m.* I-5
jungle **jungle** *f.* II-6
just *(barely)* **juste** *adv.* I-3

K

keep **retenir** *v.* II-1
key **clé** *f.* I-7
keyboard **clavier** *m.* II-3
kilo(gram) **kilo(gramme)** *m.* II-1
kind **bon(ne)** *adj.* I-3
kiosk **kiosque** *m.* I-4
kiss one another **s'embrasser** *v.* II-3
kitchen **cuisine** *f.* I-8, II-P
knee **genou** *m.* II-2
knife **couteau** *m.* II-1
know *(as a fact)* **savoir** *v.* I-8, II-P; *(to be familiar with)* **connaître** I-8, II-P
   to know one another **se connaître** *v.* II-3
   I don't know anything about it. **Je n'en sais rien.** II-6
   to know that... **savoir que...** II-7
known *(as a fact)* **su (savoir)** *p.p.* I-8, II-P; *(famous)* **connu (connaître)** *p.p., adj.* I-8, II-P

L

laborer **ouvrier/ouvrière** *m., f.* II-5
lake **lac** *m.* II-6
lamp **lampe** *f.* I-8, II-P
landlord **propriétaire** *m., f.* I-3
landslide **glissement de terrain** *m.* II-6
language **langue** *f.* I-2
   foreign languages **langues** *f., pl.* **étrangères** I-2
last **dernier/dernière** *adj.* I-2
lastly **dernièrement** *adv.* I-8, II-P
late *(when something happens late)* **en retard** *adv.* I-2; *(in the evening, etc.)* **tard** *adv.* I-2
laugh **rire** *v.* I-6
laughed **ri (rire)** *p.p.* I-6
laundromat **laverie** *f.* II-4
laundry: to do the laundry **faire la lessive** *v.* I-8, II-P
law *(academic discipline)* **droit** *m.* I-2; *(ordinance or rule)* **loi** *f.* II-6
lawyer **avocat(e)** *m., f.* I-3
lay off *(let go)* **renvoyer** *v.* II-5
lazy **paresseux/paresseuse** *adj.* I-3
learned **appris (apprendre)** *p.p.* I-6
least **moins** II-1
   the least... *(used with adjective)* **le/la moins...** *super. adv.* II-1
   the least... , *(used with noun to express quantity)* **le moins de...** II-6

the least... *(used with verb or adverb)* **le moins...** *super. adv.* II-1

leather **cuir** *m.* I-6

leave **partir** *v.* I-5; **quitter** *v.* I-4
  to leave alone **laisser tranquille** *v.* II-2
  to leave one another **se quitter** *v.* II-3
  I'm leaving. **Je m'en vais.** I-8, II-P

left: to the left (of) **à gauche (de)** *prep.* I-3

leg **jambe** *f.* II-2

leisure activity **loisir** *m.* I-5

lemon soda **limonade** *f.* I-4

lend *(to someone)* **prêter (à)** *v.* I-6

less **moins** *adv.* I-4
  less of... *(used with noun to express quantity)* **moins de...** I-4
  less ... than *(used with noun to compare quantities)* **moins de... que** II-6
  less... than *(used with adjective to compare qualities)* **moins... que** II-1

let **laisser** *v.* II-3
  to let go *(to fire or lay off)* **renvoyer** *v.* II-5
  Let's go! **Allons-y!** I-4; **On y va!** II-2

letter **lettre** *f.* II-4
  letter of application **lettre** *f.* **de motivation** II-5
  letter of recommendation/reference **lettre** *f.* **de recommandation** II-5

lettuce **laitue** *f.* II-1

level **niveau** *m.* II-5

library **bibliothèque** *f.* I-1

license: driver's license **permis** *m.* **de conduire** II-3

life **vie** *f.* I-6

life insurance **assurance** *f.* **vie** II-5

light: warning light *(automobile)* **voyant** *m.* II-3
  oil/gas warning light **voyant** *m.* **d'huile/d'essence** II-3
  to light up **s'allumer** *v.* II-3

like *(as)* **comme** *adv.* I-6; to like **aimer** *v.* I-2
  I don't like ... very much. **Je n'aime pas tellement...** I-2
  I really like... **J'aime bien...** I-2
  to like one another **s'aimer bien** *v.* II-3
  to like that... **aimer que...** *v.* II-6

line **queue** *f.* II-4
  to wait in line **faire la queue** *v.* II-4

listen (to) **écouter** *v.* I-2

literary **littéraire** *adj.* II-7

literature **littérature** *f.* I-1

little *(not much)* (of) **peu (de)** *adv.* I-4

live (in) **habiter (à)** *v.* I-2

living room *(informal room)* **salle de séjour** *f.* I-8, II-P; *(formal room)* **salon** *m.* I-8, II-P

located: to be located **se trouver** *v.* II-2

long **long(ue)** *adj.* I-3
  a long time **longtemps** *adv.* I-5

look *(at one another)* **se regarder** *v.* II-3; *(at oneself)* **se regarder** *v.* II-2

look for **chercher** *v.* I-2
  to look for work **chercher du/un travail** II-4

loose *(clothing)* **large** *adj.* I-6

lose: to lose (time) **perdre (son temps)** *v.* I-6
  to lose weight **maigrir** *v.* I-4

lost: to be lost **être perdu(e)** *v.* II-4

lot: a lot of **beaucoup de** *adv.* I-4

love **amour** *m.* I-6
  to love **adorer** *v.* I-2
  I love... **J'adore...** I-2
  to love one another **s'aimer** *v.* II-3
  to be in love **être amoureux/amoureuse** *v.* I-6

luck **chance** *f.* I-2
  to be lucky **avoir de la chance** *v.* I-2

lunch **déjeuner** *m.* II-1
  to eat lunch **déjeuner** *v.* I-4

M

ma'am **Madame.** *f.* I-1

machine: answering machine **répondeur** *m.* II-3

mad: to get mad **s'énerver** *v.* II-2

made **fait (faire)** *p.p., adj.* I-6

magazine **magazine** *m.* II-7

mail **courrier** *m.* II-4

mailbox **boîte** *f.* **aux lettres** II-4

mailman **facteur** *m.* II-4

main character **personnage principal** *m.* II-7

main dish **plat (principal)** *m.* II-1

maintain **maintenir** *v.* II-1

make **faire** *v.* I-5

makeup **maquillage** *m.* II-2
  to put on makeup **se maquiller** *v.* II-2

make up **se réconcilier** *v.* II-7

malfunction **panne** *f.* II-3

man **homme** *m.* I-1

manage *(in business)* **diriger** *v.* II-5; *(to do something)* **arriver à** *v.* I-2

manager **gérant(e)** *m., f.* II-5

many (of) **beaucoup (de)** *adv.* I-4
  How many (of)? **Combien (de)?** I-1

map *(of a city)* **plan** *m.* I-7; *(of the world)* **carte** *f.* I-1

March **mars** *m.* I-5

marital status **état civil** *m.* I-6

market **marché** *m.* I-4

marriage **mariage** *m.* I-6

married **marié(e)** *adj.* I-3
  married couple **mariés** *m., pl.* I-6

marry **épouser** *v.* I-3

Martinique: from Martinique **martiniquais(e)** *adj.* I-1

masterpiece **chef-d'œuvre** *m.* II-7

mathematics **mathématiques (maths)** *f., pl.* I-2

May **mai** *m.* I-5

maybe **peut-être** *adv.* I-2

mayonnaise **mayonnaise** *f.* II-1

mayor's office **mairie** *f.* II-4

me **moi** *disj. pron., sing.* I-3; *(attached to imperative)* **-moi** *pron.* II-1; **me/m'** *i.o. pron.* I-6; **me/m'** *d.o. pron.* I-7
  Me too. **Moi aussi.** I-1
  Me neither. **Moi non plus.** I-2

meal **repas** *m.* II-1

mean **méchant(e)** *adj.* I-3
  to mean *(with* **dire***)* **vouloir** *v.* II-1

means: that means **ça veut dire** *v.* II-1

meat **viande** *f.* II-1

mechanic **mécanicien/mécanicienne** *m., f.* II-3

medication (against/for) **médicament (contre/pour)** *m., f.* II-2

meet *(to encounter, to run into)* **rencontrer** *v.* I-2; *(to make the acquaintance of)* **faire la connaissance de** *v.* I-5, **se rencontrer** *v.* II-3; *(planned encounter)* **se retrouver** *v.* II-3

meeting **réunion** *f.* II-5; **rendez-vous** *m.* I-6

member **membre** *m.* II-7

menu **menu** *m.* II-1; **carte** *f.* II-1

message **message** *m.* II-5
  to leave a message **laisser un message** *v.* II-5

Mexican **mexicain(e)** *adj.* I-1

Mexico **Mexique** *m.* I-7

microwave oven **four à micro-ondes** *m.* I-8, II-P

midnight **minuit** *m.* I-2

milk **lait** *m.* I-4

mineral water **eau** *f.* **minérale** I-4

mirror **miroir** *m.* I-8, II-P

Miss **Mademoiselle** *f.* I-1

mistaken: to be mistaken (*about something*) **se tromper (de)** *v.* II-2

modest **modeste** *adj.* II-5

moment **moment** *m.* I-1

Monday **lundi** *m.* I-2

money **argent** *m.* II-4; *(currency)* **monnaie** *f.* II-4

to deposit money **déposer de l'argent** *v.* II-4

monitor **moniteur** *m.* II-3

month **mois** *m.* I-2

this month **ce mois-ci** I-2

moon **Lune** *f.* II-6

more **plus** *adv.* I-4

more of **plus de** I-4

more … than *(used with noun to compare quantities)* **plus de… que** II-6

more … than *(used with adjective to compare qualities)* **plus… que** II-1

morning **matin** *m.* I-2; **matinée** *f.* I-2

this morning **ce matin** I-2

Moroccan **marocain(e)** *adj.* I-1

most **plus** II-1

the most… *(used with adjective)* **le/la plus…** *super. adv.* II-1

the most… *(used with noun to express quantity)* **le plus de…** II-6

the most… *(used with verb or adverb)* **le plus…** *super. adv.* II-1

mother **mère** *f.* I-3

mother-in-law **belle-mère** *f.* I-3

mountain **montagne** *f.* I-4

mouse **souris** *f.* II-3

mouth **bouche** *f.* II-2

move *(to get around)* **se déplacer** *v.* II-4

to move in **emménager** *v.* I-8, II-P

to move out **déménager** *v.* I-8, II-P

movie **film** *m.* II-7

adventure/horror/science-fiction/crime movie **film** *m.* **d'aventures/d'horreur/de science-fiction/policier** II-7

movie theater **cinéma (ciné)** *m.* I-4

much (as much … as) *(used with noun to express quantity)* **autant de … que** *adv.* II-6

How much *(of something)*? **Combien (de)?** I-1

How much is… ? **Combien coûte… ?** I-4

museum **musée** *m.* I-4

to go to museums **faire les musées** *v.* II-7

mushroom **champignon** *m.* II-1

music: to play music **faire de la musique** II-7

musical **comédie** *f.* **musicale** II-7; **musical(e)** *adj.* II-7

musician **musicien(ne)** *m., f.* I-3

must *(to have to)* **devoir** *v.* II-1

One must **Il faut…** I-5

mustard **moutarde** *f.* II-1

my **ma** *poss. adj., f., sing.* I-3; **mes** *poss. adj., m., f., pl.* I-3; **mon** *poss. adj., m., sing.* I-3

myself **me/m'** *pron., sing.* II-2; *(attached to an imperative)* **-moi** *pron.* II-1

N

naïve **naïf (naïve)** *adj.* I-3

name: My name is… **Je m'appelle…** I-1

named: to be named **s'appeler** *v.* II-2

napkin **serviette** *f.* II-1

nationality **nationalité** *f.*

I am of … nationality. **Je suis de nationalité…** I-1

natural **naturel(le)** *adj.* II-6

natural resource **ressource naturelle** *f.* II-6

nature **nature** *f.* II-6

nauseated: to feel nauseated **avoir mal au cœur** *v.* II-2

near (to) **près (de)** *prep.* I-3

very near (to) **tout près (de)** II-4

necessary **nécessaire** *adj.* II-6

It was necessary… *(followed by infinitive or subjunctive)* **Il a fallu…** I-6

It is necessary…. *(followed by infinitive or subjunctive)* **Il faut que…** I-5

It is necessary that… *(followed by subjunctive)* **Il est nécessaire que/qu'…** II-6

neck **cou** *m.* II-2

need **besoin** *m.* I-2

to need **avoir besoin (de)** *v.* I-2

neighbor **voisin(e)** *m., f.* I-3

neighborhood **quartier** *m.* I-8, II-P

neither… nor **ne… ni… ni…** *conj.* II-4

nephew **neveu** *m.* I-3

nervous **nerveux/nerveuse** *adj.* I-3

nervously **nerveusement** *adv.* I-8, II-P

never **jamais** *adv.* I-5; **ne… jamais** *adv.* II-4

new **nouveau/nouvelle** *adj.* I-3

newlyweds **jeunes mariés** *m., pl.* I-6

news **informations (infos)** *f., pl.* II-7; **nouvelles** *f., pl.* II-7

newspaper **journal** *m.* I-7

newsstand **marchand de journaux** *m.* II-4

next **ensuite** *adv.* I-7; **prochain(e)** *adj.* I-2

next to **à côté de** *prep.* I-3

nice **gentil/gentille** *adj.* I-3; **sympa(thique)** *adj.* I-1

nicely **gentiment** *adv.* I-8, II-P

niece **nièce** *f.* I-3

night **nuit** *f.* I-2

nightclub **boîte (de nuit)** *f.* I-4

nine **neuf** *m.* I-1

nine hundred **neuf cents** *m.* I-5

nineteen **dix-neuf** *m.* I-1

ninety **quatre-vingt-dix** *m.* I-3

ninth **neuvième** *adj.* I-7

no *(at beginning of statement to indicate disagreement)* **(mais) non** I-2; **aucun(e)** *adj.* II-2

no more **ne… plus** II-4

no problem **pas de problème** II-4

no reason **pour rien** I-4

no, none **pas (de)** II-4

nobody **ne… personne** II-4

none (not any) **ne… aucun(e)** II-4

noon **midi** *m.* I-2

no one **personne** *pron.* II-4

north **nord** *m.* II-4

nose **nez** *m.* II-2

not **ne… pas** I-2

not at all **pas du tout** *adv.* I-2

Not badly. **Pas mal.** I-1

to not believe that **ne pas croire que** *v.* II-7

to not think that **ne pas penser que** *v.* II-7

not yet **pas encore** *adv.* I-8, II-P

notebook **cahier** *m.* I-1

notes **billets** *m., pl.* II-3

nothing **rien** *indef. pron.* II-4

It's nothing. **Il n'y a pas de quoi.** I-1

notice **s'apercevoir** *v.* II-4

novel **roman** *m.* II-7

November **novembre** *m.* I-5

now **maintenant** *adv.* I-5

nuclear **nucléaire** *adj.* II-6

nuclear energy **énergie nucléaire** *f.* II-6

nuclear plant **centrale nucléaire** *f.* II-6

nurse **infirmier/infirmière** *m., f.* II-2

O

object **objet** *m.* I-1
obtain **obtenir** *v.* II-5
obvious **évident(e)** *adj.* II-7
  It is obvious that... **Il est évident que...** II-7
obviously **évidemment** *adv.* I-8, II-P
o'clock: It's... (o'clock). **Il est... heure(s).** I-2
  at ... (o'clock) **à ... heure(s)** I-4
October **octobre** *m.* I-5
of **de/d'** *prep.* I-3
  of medium height **de taille moyenne** *adj.* I-3
  of the **des (de + les)** I-3
  of the **du (de + le)** I-3
  of which, of whom **dont** *rel. pron.* II-3
of course **bien sûr** *adv.*; **évidemment** *adv.* I-2
  of course not *(at beginning of statement to indicate disagreement)* **(mais) non** I-2
offer **offrir** *v.* II-3
offered **offert (offrir)** *p.p.* II-3
office **bureau** *m.* I-4
  at the doctor's office **chez le médecin** *prep.* I-2
often **souvent** *adv.* I-5
oil **huile** *f.* II-1
  automobile oil **huile** *f.* II-3
  oil warning light **voyant** *m.* **d'huile** II-3
  olive oil **huile** *f.* **d'olive** II-1
  to check the oil **vérifier l'huile** *v.* II-3
okay **d'accord** I-2
old **vieux/vieille** *adj.*; *(placed after noun)* **ancien(ne)** *adj.* I-3
old age **vieillesse** *f.* I-6
olive **olive** *f.* II-1
olive oil **huile** *f.* **d'olive** II-1
omelette **omelette** *f.* I-5
on **sur** *prep.* I-3
  On behalf of whom? **C'est de la part de qui?** II-5
  on the condition that... **à condition que** II-7
  on television **à la télé(vision)** II-7
  on the contrary **au contraire** II-7
  on the radio **à la radio** II-7
  on the subject of **au sujet de** II-6
  on vacation **en vacances** I-7
once **une fois** *adv.* I-8, II-P
one **un** *m.* I-1
  one **on** *sub. pron., sing.* I-1
  one another **l'un(e) à l'autre** II-3

one another **l'un(e) l'autre** II-3
one had to... **il fallait...** I-8, II-P
One must... **Il faut que/qu'...** II-6
One must... **Il faut...** *(followed by infinitive or subjunctive)* I-5
one million **un million** *m.* I-5
  one million *(things)* **un million de...** I-5
onion **oignon** *m.* II-1
online **en ligne** II-3
  to be online **être en ligne** *v.* II-3
  to be online (with someone) **être connecté(e) (avec quelqu'un)** *v.* I-7, II-3
only **ne... que** II-4; **seulement** *adv.* I-8, II-P
open **ouvrir** *v.* II-3; **ouvert(e)** *adj.* II-3
opened **ouvert (ouvrir)** *p.p.* II-3
opera **opéra** *m.* II-7
optimistic **optimiste** *adj.* I-1
or **ou** I-3
orange **orange** *f.* II-1; **orange** *inv.adj.* I-6
orchestra **orchestre** *m.* II-7
order **commander** *v.* II-1
organize (a party) **organiser (une fête)** *v.* I-6
orient oneself **s'orienter** *v.* II-4
others **d'autres** I-4
our **nos** *poss. adj., m., f., pl.* I-3; **notre** *poss. adj., m., f., sing.* I-3
outdoor *(open-air)* **plein air** II-6
over **fini** *adj., p.p.* I-7
overpopulation **surpopulation** *f.* II-6
overseas **à l'étranger** *adv.* I-7
over there **là-bas** *adv.* I-1
owed **dû (devoir)** *p.p., adj.* II-1
own **posséder** *v.* I-5
owner **propriétaire** *m., f.* I-3
ozone **ozone** *m.* II-6
  hole in the ozone layer **trou dans la couche d'ozone** *m.* II-6

P

pack: to pack one's bags **faire les valises** I-7
package **colis** *m.* II-4
paid **payé (payer)** *p.p., adj.* II-5
  to be well/badly paid **être bien/mal payé(e)** II-5
pain **douleur** *f.* II-2
paint **faire de la peinture** *v.* II-7
painter **peintre/femme peintre** *m., f.* II-7
painting **peinture** *f.* II-7; **tableau** *m.* II-7
Palm Pilot **palm** *m.* I-1

pants **pantalon** *m., sing.* I-6
paper **papier** *m.* I-1
Pardon (me). **Pardon.** I-1
parents **parents** *m., pl.* I-3
park **parc** *m.* I-4
  to park **se garer** *v.* II-3
parka **anorak** *m.* I-6
parking lot **parking** *m.* II-3
part-time job **emploi** *m.* **à mi-temps/à temps partiel** *m.* II-5
party **fête** *f.* I-6
  to party **faire la fête** *v.* I-6
pass **dépasser** *v.* II-3; **passer** *v.* I-7
  to pass an exam **être reçu(e) à un examen** *v.* I-2
passenger **passager/passagère** *m., f.* I-7
passport **passeport** *m.* I-7
password **mot de passe** *m.* II-3
past: in the past **autrefois** *adv.* I-8, II-P
pasta **pâtes** *f., pl.* II-1
pastime **passe-temps** *m.* I-5
pastry **pâtisserie** *f.* II-1
pastry shop **pâtisserie** *f.* II-1
pâté **pâté (de campagne)** *m.* II-1
path **sentier** *m.* II-6; **chemin** *m.* II-4
patient **patient(e)** *adj.* I-1
patiently **patiemment** *adv.* I-8, II-P
pay **payer** *v.* I-5
  to pay by check **payer par chèque** *v.* II-4
  to pay in cash **payer en liquide** *v.* II-4
  to pay with a credit card **payer avec une carte de crédit** *v.* II-4
  to pay attention (to) **faire attention (à)** *v.* I-5
peach **pêche** *f.* II-1
pear **poire** *f.* II-1
peas **petits pois** *m., pl.* II-1
pen **stylo** *m.* I-1
pencil **crayon** *m.* I-1
people **gens** *m., pl.* I-7
pepper *(spice)* **poivre** *m.* II-1; *(vegetable)* **poivron** *m.* II-1
per day/week/month/year **par jour/semaine/mois/an** I-5
perfect **parfait(e)** *adj.* I-2
perhaps **peut-être** *adv.* I-2
period *(punctuation mark)* **point** *m.* II-3
permit **permis** *m.* II-3
permitted **permis (permettre)** *p.p., adj.* I-6
person **personne** *f.* I-1

personal CD player **baladeur CD** *m.* II-3

pessimistic **pessimiste** *adj.* I-1

pharmacist **pharmacien(ne)** *m., f.* II-2

pharmacy **pharmacie** *f.* II-2

philosophy **philosophie** *f.* I-2

phone booth **cabine téléphonique** *f.* II-4

phone card **télécarte** *f.* II-5

phone one another **se téléphoner** *v.* II-3

photo(graph) **photo(graphie)** *f.* I-3

physical education **éducation physique** *f.* I-2

physics **physique** *f.* I-2

piano **piano** *m.* II-7

pick up **décrocher** *v.* II-5

picnic **pique-nique** *m.* II-6

picture **tableau** *m.* I-1

pie **tarte** *f.* II-1

piece (of) **morceau (de)** *m.* I-4
  piece of furniture **meuble** *m.* I-8, II-P

pill **pilule** *f.* II-2

pillow **oreiller** *m.* I-8, II-P

pink **rose** *adj.* I-6

pitcher (of water) **carafe (d'eau)** *f.* II-1

place **endroit** *m.* I-4; **lieu** *m.* I-4

planet **planète** *f.* II-6

plans: to make plans **faire des projets** *v.* II-5

plant **plante** *f.* II-6

plastic **plastique** *m.* II-6

plastic wrapping **emballage en plastique** *m.* II-6

plate **assiette** *f.* II-1

play **pièce de théâtre** *f.* II-7

play **s'amuser** *v.* II-2; (*a sport/a musical instrument*) **jouer (à/de)** *v.* I-5
  to play regularly **pratiquer** *v.* I-5
  to play sports **faire du sport** *v.* I-5
  to play a role **jouer un rôle** *v.* II-7

player **joueur/joueuse** *m., f.* I-5

playwright **dramaturge** *m.* II-7

pleasant **agréable** *adj.* I-1

please: to please someone **faire plaisir à quelqu'un** *v.* II-5
  Please. **S'il te plaît.** *fam.* I-1
  Please. **S'il vous plaît.** *form.* I-1
  Please. **Je vous en prie.** *form.* I-1
  Please hold. **Ne quittez pas.** II-5

plumber **plombier** *m.* II-5

poem **poème** *m.* II-7

poet **poète/poétesse** *m., f.* II-7

police **police** *f.* II-3; **policier** *adj.* II-7

police officer **agent de police** *m.* II-3; **policier** *m.* II-3; **policière** *f.* II-3

police station **commissariat de police** *m.* II-4

polite **poli(e)** *adj.* I-1

politely **poliment** *adv.* I-8, II-P

political science **sciences politiques (sciences po)** *f., pl.* I-2

politician **homme/femme politique** *m., f.* II-5

pollute **polluer** *v.* II-6

pollution **pollution** *f.* II-6
  pollution cloud **nuage de pollution** *m.* II-6

pool **piscine** *f.* I-4

poor **pauvre** *adj.* I-3

popular music **variétés** *f., pl.* II-7

population **population** *f.* II-6
  growing population **population** *f.* **croissante** II-6

pork **porc** *m.* II-1

portrait **portrait** *m.* I-5

position (*job*) **poste** *m.* II-5

possess (*to own*) **posséder** *v.* I-5

possible **possible** *adj.* II-7
  It is possible that… **Il est possible que…** II-6

post **afficher** *v.* II-5

post office **bureau de poste** *m.* II-4

postal service **poste** *f.* II-4

postcard **carte postale** *f.* II-4

poster **affiche** *f.* I-8, II-P

potato **pomme de terre** *f.* II-1

practice **pratiquer** *v.* I-5

prefer **aimer mieux** *v.* I-2; **préférer (que)** *v.* I-5

pregnant **enceinte** *adj.* II-2

prepare (for) **préparer** *v.* I-2
  to prepare (*to do something*) **se préparer (à)** *v.* II-2

prescription **ordonnance** *f.* II-2

present **présenter** *v.* II-7

preservation: habitat preservation **sauvetage des habitats** *m.* II-6

preserve **préserver** *v.* II-6

pressure **pression** *f.* II-3
  to check the tire pressure **vérifier la pression des pneus** *v.* II-3

pretty **joli(e)** *adj.* I-3; (*before an adjective or adverb*) **assez** *adv.* I-8, II-P

prevent: to prevent a fire **prévenir l'incendie** *v.* II-6

price **prix** *m.* I-4

principal **principal(e)** *adj.* II-4

print **imprimer** *v.* II-3

printer **imprimante** *f.* II-3

problem **problème** *m.* I-1

produce **produire** *v.* I-6

produced **produit (produire)** *p.p., adj.* I-6

product **produit** *m.* II-6

profession **métier** *m.* II-5; **profession** *f.* II-5
  demanding profession **profession** *f.* **exigeante** II-5

professional **professionnel(le)** *adj.* II-5
  professional experience **expérience professionnelle** *f.* II-5

program **programme** *m.* II-7; (*software*) **logiciel** *m.* II-3; (*television*) **émission** *f.* **de télévision** II-7

prohibit **interdire** *v.* II-6

project **projet** *m.* II-5

promise **promettre** *v.* I-6

promised **promis (promettre)** *p.p., adj.* I-6

promotion **promotion** *f.* II-5

propose that… **proposer que…** *v.* II-6
  to propose a solution **proposer une solution** *v.* II-6

protect **protéger** *v.* I-5

protection **préservation** *f.* II-6; **protection** *f.* II-6

proud **fier/fière** *adj.* I-3

psychological **psychologique** *adj.* II-7

psychological drama **drame psychologique** *m.* II-7

psychology **psychologie** *f.* I-2

psychologist **psychologue** *m., f.* II-5

publish **publier** *v.* II-7

pure **pur(e)** *adj.* II-6

purple **violet(te)** *adj.* I-6

purse **sac à main** *m.* I-6

put **mettre** *v.* I-6
  to put (on) (yourself) **se mettre** *v.* II-2
  to put away **ranger** *v.* I-8, II-P
  to put on makeup **se maquiller** *v.* II-2

put **mis (mettre)** *p.p.* I-6

Q

quarter **quart** *m.* I-2
  a quarter after … (o'clock) **… et quart** I-2

Quebec: from Quebec **québécois(e)** *adj.* I-1

question **question** *f.* I-6
  to ask (*someone*) a question **poser une question (à)** *v.* I-6

quick **vite** *adv.* I-4

quickly **vite** *adv.* I-1

quite (*before an adjective or adverb*) **assez** *adv.* I-8, II-P

R

rabbit **lapin** *m.* II-6
rain **pleuvoir** *v.* I-5
  acid rain **pluie** *f.* **acide** II-6
  It is raining. **Il pleut.** I-5
  It was raining. **Il pleuvait.**
  I-8, II-P
rain forest **forêt tropicale** *f.* II-6
rain jacket **imperméable** *m.* I-5
rained **plu (pleuvoir)** *p.p.* I-6
raise (in salary) **augmentation
  (de salaire)** *f.* II-5
rapidly **rapidement** *adv.* I-8, II-P
rarely **rarement** *adv.* I-5
rather **plutôt** *adv.* I-1
ravishing **ravissant(e)** *adj.* II-5
razor **rasoir** *m.* II-2
read **lire** *v.* I-7
read **lu (lire)** *p.p., adj.* I-7
ready **prêt(e)** *adj.* I-3
real (*true*) **vrai(e)** *adj.;* **véritable**
  adj. I-3
real estate agent **agent immobilier**
  m., f. II-5
realize **se rendre compte** *v.* II-2
really **vraiment** *adv.* I-5; (*before
  adjective or adverb*) **tout(e)**
  adv. I-3; (*before adjective or
  adverb*) **très** *adv.* I-8, II-P
  really close by **tout près** I-3
rear-view mirror **rétroviseur**
  m. II-3
reason **raison** *f.* I-2
receive **recevoir** *v.* II-4
received **reçu (recevoir)** *p.p.,
  adj.* II-4
receiver **combiné** *m.* II-5
recent **récent(e)** *adj.* II-7
reception desk **réception** *f.* I-7
recognize **reconnaître** *v.* I-8, II-P
recognized **reconnu (reconnaître)**
  p.p., adj. I-8, II-P
recommend that... **recommander
  que...** *v.* II-6
recommendation
  recommandation *f.* II-5
record **enregistrer** *v.* II-3
  (*CD, DVD*) **graver** *v.* II-3
recycle **recycler** *v.* II-6
recycling **recyclage** *m.* II-6
red **rouge** *adj.* I-6
redial **recomposer (un numéro)**
  v. II-3
reduce **réduire** *v.* I-6
reduced **réduit (réduire)** *p.p.,
  adj.* I-6
reference **référence** *f.* II-5
reflect (on) **réfléchir (à)** *v.* I-4
refrigerator **frigo** *m.* I-8, II-P
refuse (*to do something*)
  refuser (de) *v.* II-3
region **région** *f.* II-6

regret that... **regretter que...** II-6
relax **se détendre** *v.* II-2
remember **se souvenir (de)**
  v. II-2
remote control **télécommande**
  f. II-3
rent **loyer** *m.* I-8, II-P
  to rent **louer** *v.* I-8, II-P
repair **réparer** *v.* II-3
repeat **répéter** *v.* I-5
research **rechercher** *v.* II-5
researcher **chercheur/
  chercheuse** *m., f.* II-5
reservation **réservation** *f.* I-7
  to cancel a reservation **annuler
  une réservation** I-7
reserve **réserver** *v.* I-7
reserved **réservé(e)** *adj.* I-1
resign **démissionner** *v.* II-5
resort (ski) **station** *f.* **(de ski)** I-7
respond **répondre (à)** *v.* I-6
rest **se reposer** *v.* II-2
restart **redémarrer** *v.* II-3
restaurant **restaurant** *m.* I-4
restroom(s) **toilettes** *f., pl.*
  I-8, II-P; **W.-C.** *m., pl.*
result **résultat** *m.* I-2
résumé **curriculum vitæ
  (C.V.)** *m.* II-5
retake **repasser** *v.* II-7
retire **prendre sa retraite** *v.* I-6
retired person **retraité(e)** *m.,
  f.* II-5
retirement **retraite** *f.* I-6
return **retourner** *v.* I-7
  to return (home) **rentrer (à la
  maison)** *v.* I-2
review (*criticism*) **critique** *f.* II-7
rice **riz** *m.* II-1
ride: to go horseback riding
  faire du cheval *v.* I-5
  to ride in a car **rouler en
  voiture** *v.* I-7
right **juste** *adv.* I-3
  to the right (of) **à droite
  (de)** *prep.* I-3
  to be right **avoir raison** I-2
  right away **tout de suite** I-7
  right next door **juste à
  côté** I-3
ring **sonner** *v.* II-3
river **fleuve** *m.* II-6; **rivière** *f.* II-6
riverboat **bateau-mouche** *m.* I-7
role **rôle** *m.* II-6
room **pièce** *f.* I-8, II-P; **salle** *f.*
  I-8, II-P
  bedroom **chambre** *f.* I-7
  classroom **salle** *f.* **de classe** I-1
  dining room **salle** *f.* **à manger**
  I-8, II-P
  single hotel room **chambre**
  f. **individuelle** I-7

roommate **camarade de
  chambre** *m., f.* I-1
  (*in an apartment*) **colocataire**
  m., f. I-1
round-trip **aller-retour** *adj.* I-7
  round-trip ticket **billet** *m.*
  aller-retour I-7
rug **tapis** *m.* I-8, II-P
run **courir** *v.* I-5; **couru (courir)**
  p.p., adj. I-6
  to run into someone **tomber
  sur quelqu'un** *v.* I-7

S

sad **triste** *adj.* I-3
  to be sad that... **être triste
  que...** *v.* II-6
safety **sécurité** *f.* II-3
said **dit (dire)** *p.p., adj.* I-7
salad **salade** *f.* II-1
salary (a high, low) **salaire
  (élevé, modeste)** *m.* II-5
sales **soldes** *f., pl.* I-6
salon: beauty salon **salon** *m.*
  de beauté II-4
salt **sel** *m.* II-1
sandwich **sandwich** *m.* I-4
sat (down) **assis (s'asseoir)**
  p.p. II-2
Saturday **samedi** *m.* I-2
sausage **saucisse** *f.* II-1
save **sauvegarder** *v.* II-3
  save the planet **sauver la
  planète** *v.* II-6
savings **épargne** *f.* II-4
savings account **compte
  d'épargne** *m.* II-4
say **dire** *v.* I-7
scarf **écharpe** *f.* I-6
scholarship **bourse** *f.* I-2
school **école** *f.* I-2
science **sciences** *f., pl.* I-2
  political science
  **sciences politiques
  (sciences po)** *f., pl.* I-2
screen **écran** *m.* II-3
screening **séance** *f.* II-7
sculpture **sculpture** *f.* II-7
sculptor **sculpteur/femme
  sculpteur** *m., f.* II-7
sea **mer** *f.* I-7
seafood **fruits de mer** *m., pl.* II-1
search for **chercher** *v.* I-2
  to search for work **chercher
  du travail** *v.* II-4
season **saison** *f.* I-5
seat **place** *f.* II-7
seatbelt **ceinture de sécurité**
  f. II-3
  to buckle one's seatbelt
  **attacher sa ceinture de
  sécurité** *v.* II-3

seated **assis(e)** *p.p., adj.* II-2
second **deuxième** *adj.* I-7
security **sécurité** *f.* II-3
see **voir** *v.* II-7; (*catch sight of*) **apercevoir** *v.* II-4
  to see again **revoir** *v.* II-7
  See you later. **À plus tard.** I-1
  See you later. **À tout à l'heure.** I-1
  See you soon. **À bientôt.** I-1
  See you tomorrow. **À demain.** I-1
seen **aperçu (apercevoir)** *p.p.* II-4; **vu (voir)** *p.p.* II-7
  seen again **revu (revoir)** *p.p.* II-7
self/-selves **même(s)** *pron.* I-6
selfish **égoïste** *adj.* I-1
sell **vendre** *v.* I-6
seller **vendeur/vendeuse** *m., f.* I-6
send **envoyer** *v.* I-5
  to send (*to someone*) **envoyer (à)** *v.* I-6
  to send a letter **poster une lettre** II-4
Senegalese **sénégalais(e)** *adj.* I-1
sense **sentir** *v.* I-5
separated **séparé(e)** *adj.* I-3
September **septembre** *m.* I-5
serious **grave** *adj.* II-2; **sérieux/sérieuse** *adj.* I-3
serve **servir** *v.* I-5
server **serveur/serveuse** *m., f.* I-4
service station **station-service** *f.* II-3
set the table **mettre la table** *v.* I-8, II-P
seven **sept** *m.* I-1
seven hundred **sept cents** *m.* I-5
seventeen **dix-sept** *m.* I-1
seventh **septième** *adj.* I-7
seventy **soixante-dix** *m.* I-3
several **plusieurs** *adj.* I-4
shame **honte** *f.* I-2
  It's a shame that... **Il est dommage que...** II-6
shampoo **shampooing** *m.* II-2
shape (*state of health*) **forme** *f.* II-2
share **partager** *v.* I-2
shave (oneself) **se raser** *v.* II-2
shaving cream **crème à raser** *f.* II-2
she **elle** *pron.* I-1
sheet of paper **feuille de papier** *f.* I-1
sheets **draps** *m., pl.* I-8, II-P
shelf **étagère** *f.* I-8, II-P
shh **chut** II-7
shirt (short-/long-sleeved) **chemise (à manches courtes/longues)** *f.* I-6

shoe **chaussure** *f.* I-6
shopkeeper **commerçant(e)** *m., f.* II-1
shopping **shopping** *m.* I-7
  to go shopping **faire du shopping** *v.* I-7
  to go (grocery) shopping **faire les courses** *v.* II-1
shopping center **centre commercial** *m.* I-4
short **court(e)** *adj.* I-3; (*stature*) **petit(e)** I-3
shorts **short** *m.* I-6
shot (*injection*) **piqûre** *f.* II-2
  to give a shot **faire une piqûre** *v.* II-2
show **spectacle** *m.* I-5; (*movie or theater*) **séance** *f.* II-7
  to show (*to someone*) **montrer (à)** *v.* I-6
shower **douche** *f.* I-8, II-P
shut off **fermer** *v.* II-3
shy **timide** *adj.* I-1
sick: to get/be sick **tomber/être malade** *v.* II-2
sign **signer** *v.* II-4
silk **soie** *f.* I-6
since **depuis** *adv.* II-1
sincere **sincère** *adj.* I-1
sing **chanter** *v.* I-5
singer **chanteur/chanteuse** *m., f.* I-1
single (*marital status*) **célibataire** *adj.* I-3
  single hotel room **chambre** *f.* **individuelle** I-7
sink **évier** *m.* I-8, II-P; (*bathroom*) **lavabo** *m.* I-8, II-P
sir **Monsieur** *m.* I-1
sister **sœur** *f.* I-3
sister-in-law **belle-sœur** *f.* I-3
sit down **s'asseoir** *v.* II-2
sitting **assis(e)** *adj.* II-2
six **six** *m.* I-1
six hundred **six cents** *m.* I-5
sixteen **seize** *m.* I-1
sixth **sixième** *adj.* I-7
sixty **soixante** *m.* I-1
size **taille** *f.* I-6
skate **patiner** *v.* I-4
ski **skier** *v.* I-5; **faire du ski** I-5
skiing **ski** *m.* I-5
ski jacket **anorak** *m.* I-6
ski resort **station** *f.* **de ski** I-7
skin **peau** *f.* II-2
skirt **jupe** *f.* I-6
sky **ciel** *m.* II-6
sleep **sommeil** *m.* I-2
  to sleep **dormir** *v.* I-5
  to be sleepy **avoir sommeil** *v.* I-2
sleeve **manche** *f.* I-6

slice **tranche** *f.* II-1
slipper **pantoufle** *f.* II-2
slow **lent(e)** *adj.* I-3
small **petit(e)** *adj.* I-3
smell **sentir** *v.* I-5
smile **sourire** *m.* I-6
  to smile **sourire** *v.* I-6
smoke **fumer** *v.* II-2
snack (afternoon) **goûter** *m.* II-1
snake **serpent** *m.* II-6
sneeze **éternuer** *v.* II-2
snow **neiger** *v.* I-5
  It is snowing. **Il neige.** I-5
  It was snowing... **Il neigeait...** I-8, II-P
so **si** I-3; **alors** *adv.* I-1
  so that **pour que** II-7
soap **savon** *m.* II-2
soap opera **feuilleton** *m.* II-7
soccer **foot(ball)** *m.* I-5
sociable **sociable** *adj.* I-1
sociology **sociologie** *f.* I-1
sock **chaussette** *f.* I-6
software **logiciel** *m.* II-3
soil (*to make dirty*) **salir** *v.* I-8, II-P
solar **solaire** *adj.* II-6
solar energy **énergie solaire** *f.* II-6
solution **solution** *f.* II-6
some **de l'** *part. art., m., f., sing.* I-4
  some **de la** *part. art., f., sing.* I-4
  some **des** *part. art., m., f., pl.* I-4
  some **du** *part. art., m., sing.* I-4
  some **quelques** *adj.* I-4
  some (of it/them) **en** *pron.* II-2
someone **quelqu'un** *pron.* II-4
something **quelque chose** *m.* I-4
  Something's not right. **Quelque chose ne va pas.** I-5
sometimes **parfois** *adv.* I-5; **quelquefois** *adv.* I-8, II-P
son **fils** *m.* I-3
song **chanson** *f.* II-7
sorry **désolé(e)** II-3
  to be sorry that... **être désolé(e) que...** *v.* II-6
sort **sorte** *f.* II-7
So-so. **Comme ci, comme ça.** I-1
soup **soupe** *f.* I-4
soupspoon **cuillère à soupe** *f.* II-1
south **sud** *m.* II-4
space **espace** *m.* II-6
Spain **Espagne** *f.* I-7
Spanish **espagnol(e)** *adj.* I-1
speak (on the phone) **parler (au téléphone)** *v.* I-2
  to speak (to) **parler (à)** *v.* I-6
  to speak to one another **se parler** *v.* II-3
specialist **spécialiste** *m., f.* II-5
species **espèce** *f.* II-6

endangered species **espèce** *f.*
menacée II-6
spectator **spectateur/**
spectatrice *m., f.* II-7
speed **vitesse** *f.* II-3
speed limit **limitation de vitesse**
f. II-3
spend **dépenser** *v.* I-4
to spend money **dépenser de**
l'argent I-4
to spend time **passer** *v.* I-7
to spend time (*somewhere*)
faire un séjour I-7
spoon **cuillère** *f.* II-1
sport(s) **sport** *m.* I-5
to play sports **faire du sport**
v. I-5
sporty **sportif/sportive** *adj.* I-3
sprain one's ankle **se fouler la**
cheville II-2
spring **printemps** *m.* I-5
in the spring **au printemps** I-5
square (*place*) **place** *f.* I-4
squirrel **écureuil** *m.* II-6
stadium **stade** *m.* I-5
stage (*phase*) **étape** *f.* I-6
stage fright **trac** II-5
staircase **escalier** *m.* I-8, II-P
stamp **timbre** *m.* II-4
star **étoile** *f.* II-6
starter **entrée** *f.* II-1
start up **démarrer** *v.* II-3
station **station** *f.* I-7
subway station **station** *f.* **de**
métro I-7
train station **gare** *f.* I-7
stationery store **papeterie** *f.* II-4
statue **statue** *f.* II-4
stay **séjour** *m.* I-7; **rester** *v.* I-7
to stay slim **garder la ligne**
v. II-2
steak **steak** *m.* II-1
steering wheel **volant** *m.* II-3
stepbrother **demi-frère** *m.* I-3
stepfather **beau-père** *m.* I-3
stepmother **belle-mère** *f.* I-3
stepsister **demi-sœur** *f.* I-3
stereo system **chaîne stéréo**
f. II-3
still **encore** *adv.* I-3
stomach **ventre** *m.* II-2
to have a stomach ache **avoir**
mal au ventre *v.* II-2
stone **pierre** *f.* II-6
stop (doing something) **arrêter**
(de faire quelque chose) *v.;*
(*to stop oneself*) **s'arrêter** *v.* II-2
to stop by someone's house
passer chez quelqu'un *v.* I-4
bus stop **arrêt d'autobus (de**
bus) *m.* I-7
store **magasin** *m.;* **boutique** *f.* II-4

grocery store **épicerie** *f.* I-4
stormy **orageux/orageuse**
adj. I-5
It is stormy. **Le temps est**
orageux. I-5
story **histoire** *f.* I-2
stove **cuisinière** *f.* I-8, II-P
straight **raide** *adj.* I-3
straight ahead **tout droit**
adv. II-4
strangle **étrangler** *v.* II-5
strawberry **fraise** *f.* II-1
street **rue** *f.* II-3
to follow a street **suivre une**
rue *v.* II-4
strong **fort(e)** *adj.* I-3
student **étudiant(e)** *m., f.* 1;
élève *m., f.* I-1
high school student **lycéen(ne)**
m., f. I-2
studies **études** *f.* I-2
studio (*apartment*) **studio**
m. I-8, II-P
study **étudier** *v.* I-2
suburbs **banlieue** *f.* I-4
subway **métro** *m.* I-7
subway station **station** *f.* **de**
métro I-7
succeed (*in doing something*)
réussir (à) *v.* I-4
success **réussite** *f.* II-5
suddenly **soudain** *adv.* I-8, II-P;
tout à coup *adv.* I-7.; *tout*
d'un coup adv. I-8, II-P
suffer **souffrir** *v.* II-3
suffered **souffert (souffrir)**
p.p. II-3
sugar **sucre** *m.* I-4
suggest (that) **suggérer (que)**
v. II-6
suit (*man's*) **costume** *m.* I-6;
(*woman's*) **tailleur** *m.* I-6
suitcase **valise** *f.* I-7
summer **été** *m.* I-5
in the summer **en été** I-5
sun **soleil** *m.* I-5
It is sunny. **Il fait (du)**
soleil. I-5
Sunday **dimanche** *m.* I-2
sunglasses **lunettes de soleil**
f., pl. I-6
supermarket **supermarché** *m.* II-1
sure **sûr(e)** II-1
It is sure that... **Il est sûr**
que... II-7
It is unsure that... **Il n'est**
pas sûr que... II-7
surf on the Internet **surfer sur**
Internet II-3
surprise (*someone*) **faire une**
surprise (à quelqu'un) *v.* I-6
surprised **surpris (surprendre)**
p.p., adj. I-6

to be surprised that... **être**
surpris(e) que... *v.* II-6
sweater **pull** *m.* I-6
sweep **balayer** *v.* I-8, II-P
swell **enfler** *v.* II-2
swim **nager** *v.* I-4
swimsuit **maillot de bain** *m.* I-6
Swiss **suisse** *adj.* I-1
Switzerland **Suisse** *f.* I-7
symptom **symptôme** *m.* II-2

T

table **table** *f.* I-1
to clear the table **débarrasser**
la table *v.* I-8, II-P
tablecloth **nappe** *f.* II-1
take **prendre** *v.* I-4
to take a shower **prendre une**
douche II-2
to take a train (plane, taxi, bus,
boat) **prendre un train (un**
avion, un taxi, un autobus,
un bateau) *v.* I-7
to take a walk **se promener**
v. II-2
to take advantage of **profiter**
de *v.* II-7
to take an exam **passer un**
examen *v.* I-2
to take care (of something)
s'occuper (de) *v.* II-2
to take out the trash **sortir la/**
les poubelle(s) *v.* I-8, II-P
to take time off **prendre un**
congé *v.* II-5
to take (*someone*) **emmener**
v. I-5
taken **pris (prendre)** *p.p., adj.* I-6
tale **conte** *m.* II-7
talented
(*gifted*) **doué(e)** *adj.* II-7
tan **bronzer** *v.* I-6
tape recorder **magnétophone**
m. II-3
tart **tarte** *f.* II-1
taste **goûter** *v.* II-1
taxi **taxi** *m.* I-7
tea **thé** *m.* I-4
teach **enseigner** *v.* I-2
to teach (*to do something*)
apprendre (à) *v.* I-4
teacher **professeur** *m.* I-1
team **équipe** *f.* I-5
teaspoon **cuillére à café** *f.* II-1
tee shirt **tee-shirt** *m.* I-6
teeth **dents** *f., pl.* II-1
to brush one's teeth **se brosser**
les dents *v.* II-1
telephone (*receiver*) **appareil**
m. II-5
to telephone (*someone*)
téléphoner (à) *v.* I-2

It's Mr./Mrs./Miss … (on the phone.) **C'est M./Mme/ Mlle … (à l'appareil.)** II-5

television **télévision** *f.* I-1
 television channel **chaîne** *f.* **de télévision** II-3
 television program **émission** *f.* **de télévision** II-7
 television set **poste de télévision** *m.* II-3

tell one another **se dire** *v.* II-3
temperature **température** *f.* I-5
ten **dix** *m.* I-1
tennis **tennis** *m.* I-5
tennis shoes **baskets** *f., pl.* I-6
tenth **dixième** *adj.* I-7
terminal (bus) **gare** *f.* **routière** I-7
terrace (café) **terrasse** *f.* **de café** I-4
test **examen** *m.* I-1
than **que/qu'** *conj.* II-1, II-6
thank: Thank you (very much). **Merci (beaucoup).** I-1
that **ce/c', ça** I-1; **que** *rel. pron.* II-3
 Is that… ? **Est-ce… ?** I-2
 That's enough. **Ça suffit.** I-5
 That has nothing to do with us. That is none of our business. **Ça ne nous regarde pas.** II-6
 that is… **c'est…** I-1
 that is to say **ça veut dire** II-2

theater **théâtre** *m.* II-7
their **leur(s)** *poss. adj., m., f.* I-3
them **les** *d.o. pron.* I-7, **leur** *i.o. pron., m., f., pl.* I-6
then **ensuite** *adv.* I-7, **puis** *adv.* I-7, **puis** I-4; **alors** *adv.* I-7
there **là** I-1; **y** *pron.* II-2
 Is there… ? **Y a-t-il… ?** I-2
 over there **là-bas** *adv.* I-1
 (over) there *(used with demonstrative adjective* **ce** *and noun or with demonstrative pronoun* **celui**) **-là** I-6
 There is/There are… **Il y a…** I-1
 There is/There are…. **Voilà…** I-1
 There was… **Il y a eu…** I-6; **Il y avait…** I-8, II-P
therefore **donc** *conj.* I-7
these/those **ces** *dem. adj., m., f., pl.* I-6
 these/those **celles** *pron., f., pl.* II-6
 these/those **ceux** *pron., m., pl.* II-6
they **ils** *sub. pron., m.* I-1; **elles** *sub. and disj. pron., f.* I-1; **eux** *disj. pron., pl.* I-3
thing **chose** *f.* I-1, **truc** *m.* I-7
think (about) **réfléchir (à)** *v.* I-4
 to think (that) **penser (que)** *v.* I-2

third **troisième** *adj.* I-7
thirst **soif** *f.* I-4
 to be thirsty **avoir soif** *v.* I-4
thirteen **treize** *m.* I-1
thirty **trente** *m.* I-1
thirty-first **trente et unième** *adj.* I-7
this/that **ce** *dem. adj., m., sing.* I-6; **cet** *dem. adj., m., sing.* I-6; **cette** *dem. adj., f., sing.* I-6
 this afternoon **cet après-midi** I-2
 this evening **ce soir** I-2
 this one/that one **celle** *pron., f., sing.* II-6; **celui** *pron., m., sing.* II-6
 this week **cette semaine** I-2
 this weekend **ce week-end** I-2
 this year **cette année** I-2
those are… **ce sont…** I-1
thousand: one thousand **mille** *m.* I-5
 one hundred thousand **cent mille** *m.* I-5
threat **danger** *m.* II-6
three **trois** *m.* I-1
three hundred **trois cents** *m.* I-5
throat **gorge** *f.* II-2
throw away **jeter** *v.* II-6
Thursday **jeudi** *m.* I-2
ticket **billet** *m.* I-7
 round-trip ticket **billet** *m.* **aller-retour** I-7 bus/subway ticket **ticket de bus/de métro** *m.* I-7
tie **cravate** *f.* I-6
tight **serré(e)** *adj.* I-6
time *(occurence)* **fois** *f.; (general sense)* **temps** *m., sing.* I-5
 a long time **longtemps** *adv.* I-5
 free time **temps libre** *m.* I-5
 from time to time **de temps en temps** *adv.* I-8, II-P
 to lose time **perdre son temps** *v.* I-6
tinker **bricoler** *v.* I-5
tip **pourboire** *m.* I-4
 to leave a tip **laisser un pourboire** *v.* I-4
tire **pneu** *m.* II-3
 flat tire **pneu** *m.* **crevé** II-3
 (emergency) tire **roue (de secours)** *f.* II-3
 to check the tire pressure **vérifier la pression des pneus** *v.* II-3
tired **fatigué(e)** *adj.* I-3
tiresome **pénible** *adj.* I-3
to **à** *prep.* I-4; **au (à + le)** I-4; **aux (à + les)** I-4
toaster **grille-pain** *m.* I-8, II-P
today **aujourd'hui** *adv.* I-2

toe **orteil** *m.* II-2; **doigt de pied** *m.* II-2
together **ensemble** *adv.* I-6
tomato **tomate** *f.* II-1
tomorrow (morning, afternoon, evening) **demain (matin, après-midi, soir)** *adv.* I-2
 day after tomorrow **après-demain** *adv.* I-2
too **aussi** *adv.* I-1
 too many/much (of) **trop (de)** I-4
tooth **dent** *f.* II-1
 to brush one's teeth **se brosser les dents** *v.* II-1
toothbrush **brosse** *f.* **à dents** II-2
toothpaste **dentifrice** *m.* II-2
tour **tour** *m.* I-5
tourism **tourisme** *m.* II-4
tourist office **office du tourisme** *m.* II-4
towel (bath) **serviette (de bain)** *f.* II-2
town **ville** *f.* I-4
town hall **mairie** *f.* II-4
toxic **toxique** *adj.* II-6
toxic waste **déchets toxiques** *m., pl.* II-6
traffic **circulation** *f.* II-3
traffic light **feu de signalisation** *m.* II-4
tragedy **tragédie** *f.* II-7
train **train** *m.* I-7
train station **gare** *f.* I-7; **station** *f.* **de train** I-7
training **formation** *f.* II-5
translate **traduire** *v.* I-6
translated **traduit (traduire)** *p.p., adj.* I-6
trash **ordures** *f., pl.* II-6
travel **voyager** *v.* I-2
travel agency **agence de voyages** *f.* I-7
travel agent **agent de voyages** *m.* I-7
tree **arbre** *m.* II-6
trip **voyage** *m.* I-7
troop *(company)* **troupe** *f.* II-7
tropical **tropical(e)** *adj.* II-6
 tropical forest **forêt tropicale** *f.* II-6
true **vrai(e)** *adj.* I-3; **véritable** *adj.* I-6
 It is true that… **Il est vrai que…** II-7
 It is untrue that… **Il n'est pas vrai que…** II-7
trunk **coffre** *m.* II-3
try **essayer** *v.* I-5
Tuesday **mardi** *m.* I-2
tuna **thon** *m.* II-1
turn **tourner** *v.* II-4
 to turn off **éteindre** *v.* II-3

to turn on **allumer** *v.* II-3
to turn (oneself) around **se tourner** *v.* II-2
twelve **douze** *m.* I-1
twentieth **vingtième** *adj.* I-7
twenty **vingt** *m.* I-1
twenty-first **vingt et unième** *adj.* I-7
twenty-second **vingt-deuxième** *adj.* I-7
twice **deux fois** *adv.* I-8, II-P
twist one's ankle **se fouler la cheville** *v.* II-2
two **deux** *m.* I-1
two hundred **deux cents** *m.* I-5
two million **deux millions** *m.* I-5
type **genre** *m.* II-7

U

ugly **laid(e)** *adj.* I-3
umbrella **parapluie** *m.* I-5
uncle **oncle** *m.* I-3
under **sous** *prep.* I-3
understand **comprendre** *v.* I-4
understood **compris (comprendre)** *p.p., adj.* I-6
underwear **sous-vêtement** *m.* I-6
undress **se déshabiller** *v.* II-2
unemployed person **chômeur/ chômeuse** *m., f.* II-5
to be unemployed **être au chômage** *v.* II-5
unemployment **chômage** *m.* II-5
unfortunately **malheureusement** *adv.* I-2
unhappy **malheureux/ malheureuse** *adj.* I-3
union **syndicat** *m.* II-5
United States **États-Unis** *m., pl.* I-7
university **faculté** *f.* I-1; **université** *f.* I-1
university cafeteria **restaurant universitaire (resto U)** *m.* I-2
unless **à moins que** *conj.* II-7
unpleasant **antipathique** *adj.* I-3; **désagréable** *adj.* I-1
until **jusqu'à** *prep.* II-4; **jusqu'à ce que** *conj.* II-7
upset: to become upset **s'énerver** *v.* II-2
us **nous** *i.o. pron.* I-6; **nous** *d.o. pron.* I-7
use **employer** *v.* I-5
to use a map **utiliser un plan** *v.* I-7
useful **utile** *adj.* I-2
useless **inutile** *adj.* I-2; **nul(le)** *adj.* I-2
usually **d'habitude** *adv.* I-8, II-P

V

vacation **vacances** *f., pl.* I-7
vacation day **jour de congé** *m.* I-7
vacuum **aspirateur** *m.* I-8, II-P
to vacuum **passer l'aspirateur** *v.* I-8, II-P
valley **vallée** *f.* II-6
vegetable **légume** *m.* II-1
velvet **velours** *m.* I-6
very (*before adjective*) **tout(e)** *adv.* I-3; (*before adverb*) **très** *adv.* I-8, II-P
Very well. **Très bien.** I-1
veterinarian **vétérinaire** *m., f.* II-5
videocassette recorder (VCR) **magnétoscope** *m.* II-3
video game(s) **jeu vidéo (des jeux vidéo)** *m.* II-3
videotape **cassette vidéo** *f.* II-3
Vietnamese **vietnamien(ne)** *adj.* I-1
violet **violet(te)** *adj.* I-6
violin **violon** *m.* II-7
visit **visite** *f.* I-6
to visit (*a place*) **visiter** *v.* I-2; (*a person or people*) **rendre visite (à)** *v.* I-6; (*to visit regularly*) **fréquenter** *v.* I-4
voicemail **messagerie** *f.* II-5
volcano **volcan** *m.* II-6
volleyball **volley(-ball)** *m.* I-5

W

waist **taille** *f.* I-6
wait **attendre** *v.* I-6
to wait (*on the phone*) **patienter** *v.* II-5
to wait in line **faire la queue** *v.* II-4
wake up **se réveiller** *v.* II-2
walk **promenade** *f.* I-5; **marcher** *v.* I-5
to go for a walk **faire une promenade** I-5; **faire un tour** I-5
wall **mur** *m.* I-8, II-P
want **désirer** *v.* I-5; **vouloir** *v.* II-1
wardrobe **armoire** *f.* I-8, II-P
warming: global warming **réchauffement de la Terre** *m.* II-6
warning light (gas/oil) **voyant** *m.* **(d'essence/d'huile)** II-3
wash **laver** *v.* I-8, II-P
to wash oneself (one's hands) **se laver (les mains)** *v.* II-2
to wash up (in the morning) **faire sa toilette** *v.* II-2
washing machine **lave-linge** *m.* I-8, II-P

waste **gaspillage** *m.* II-6; **gaspiller** *v.* II-6
wastebasket **corbeille (à papier)** *f.* I-1
waste time **perdre son temps** *v.* I-6
watch **montre** *f.* I-1; **regarder** *v.* I-2
water **eau** *f.* I-4
mineral water **eau** *f.* **minérale** I-4
way (*by the way*) **au fait** I-3; (*path*) **chemin** *m.* II-4
we **nous** *pron.* I-1
weak **faible** *adj.* I-3
wear **porter** *v.* I-6
weather **temps** *m., sing.* I-5; **météo** *f.* II-7
The weather is bad. **Il fait mauvais.** I-5
The weather is dreadful. **Il fait un temps épouvantable.** I-5
The weather is good/warm. **Il fait bon.** I-5
The weather is nice. **Il fait beau.** I-5
web site **site Internet/web** *m.* II-3
wedding **mariage** *m.* I-6
Wednesday **mercredi** *m.* I-2
weekend **week-end** *m.* I-2
this weekend **ce week-end** *m.* I-2
welcome **bienvenu(e)** *adj.* I-1
You're welcome. **Il n'y a pas de quoi.** I-1
well **bien** *adv.* I-7
I am doing well/badly. **Je vais bien/mal.** I-1
west **ouest** *m.* II-4
What? **Comment?** *adv.* I-4; **Pardon?** I-4; **Quoi?** I-1 *interr. pron.* I-4
What day is it? **Quel jour sommes-nous?** I-2
What is it? **Qu'est-ce que c'est?** *prep.* I-1
What is the date? **Quelle est la date?** I-5
What is the temperature? **Quelle température fait-il?** I-5
What is the weather like? **Quel temps fait-il?** I-5
What is your name? **Comment t'appelles-tu?** *fam.* I-1
What is your name? **Comment vous appelez-vous?** *form.* I-1
What is your nationality? **Quelle est ta nationalité?** *sing., fam.* I-1
What is your nationality? **Quelle est votre nationalité?** *sing., pl., fam., form.* I-1

What time do you have?
Quelle heure avez-vous?
form. I-2
What time is it? **Quelle heure est-il?** I-2
What time? **À quelle heure?** I-2
What do you think about that? **Qu'en penses-tu?** II-6
What's up? **Ça va?** I-1
whatever it may be **quoi que ce soit** II-5
What's wrong? **Qu'est-ce qu'il y a?** I-1
when **quand** *adv.* I-4
When is …'s birthday? **C'est quand l'anniversaire de …?** I-5
When is your birthday? **C'est quand ton/votre anniversaire?** I-5
where **où** *adv., rel. pron.* I-4
which? **quel(le)(s)?** *adj.* I-4
which one **à laquelle** *pron., f., sing.* II-5
which one **auquel (à + lequel)** *pron., m., sing.* II-5
which one **de laquelle** *pron., f., sing.* II-5
which one **duquel (de + lequel)** *pron., m., sing.* II-5
which one **laquelle** *pron., f., sing.* II-5
which one **lequel** *pron., m., sing.* II-5
which ones **auxquelles (à + lesquelles)** *pron., f., pl.* II-5
which ones **auxquels (à + lesquels)** *pron., m., pl.* II-5
which ones **desquelles (de + lesquelles)** *pron., f., pl.* II-5
which ones **desquels (de + lesquels)** *pron., m., pl.* II-5
which ones **lesquelles** *pron., f., pl.* II-5
which ones **lesquels** *pron., m., pl.* II-5
while **pendant que** *prep.* I-7
white **blanc(he)** *adj.* I-6
who? **qui?** *interr. pron.* I-4; **qui** *rel. pron.* II-3
Who is it? **Qui est-ce?** I-1
Who's calling, please? **Qui est à l'appareil?** II-5
whom? **qui?** *interr.* I-4
For whom? **Pour qui?** I-4
To whom? **À qui?** I-4
why? **pourquoi?** *adv.* I-2, I-4
widowed **veuf/veuve** *adj.* I-3
wife **femme** *f.* I-1; **épouse** *f.* I-3
willingly **volontiers** *adv.* II-2
win **gagner** *v.* I-5

wind **vent** *m.* I-5
It is windy. **Il fait du vent.** I-5
window **fenêtre** *f.* I-1
windshield **pare-brise** *m.* II-3
windshield wiper(s) **essuie-glace (essuie-glaces** *pl.***)** *m.* II-3
windsurfing **planche à voile** *v.* I-5
to go windsurfing **faire de la planche à voile** *v.* I-5
wine **vin** *m.* I-6
winter **hiver** *m.* I-5
in the winter **en hiver** I-5
wipe (the dishes/the table) **essuyer (la vaisselle/la table)** *v.* I-8, II-P
wish that… **souhaiter que…** *v.* II-6
with **avec** *prep.* I-1
with whom? **avec qui?** I-4
withdraw money **retirer de l'argent** *v.* II-4
without **sans** *prep.* I-8, II-P; **sans que** *conj.* I-5
woman **femme** *f.* I-1
wood **bois** *m.* II-6
wool **laine** *f.* I-6
work **travail** *m.* II-4
to work **travailler** *v.* I-2; **marcher** *v.* II-3; **fonctionner** *v.* II-3
work out **faire de la gym** *v.* I-5
worker **ouvrier/ouvrière** *m., f.* II-5
world **monde** *m.* I-7
worried **inquiet/inquiète** *adj.* I-3
worry **s'inquiéter** *v.* II-2
worse **pire** *comp. adj.* II-1; **plus mal** *comp. adv.* II-1; **plus mauvais(e)** *comp. adj.* II-1
worst: the worst **le plus mal** *super. adv.* II-1; **le/la pire** *super. adj.* II-1; **le/la plus mauvais(e)** *super. adj.* II-1
wound **blessure** *f.* II-2
wounded: to get wounded **se blesser** *v.* II-2
write **écrire** *v.* I-7
to write one another **s'écrire** *v.* II-3
writer **écrivain/femme écrivain** *m., f.* II-7
written **écrit (écrire)** *p.p., adj.* I-7
wrong **tort** *m.* I-2
to be wrong **avoir tort** *v.* I-2

Y

yeah **ouais** I-2
year **an** *m.* I-2; **année** *f.* I-2
yellow **jaune** *adj.* I-6

yes **oui** I-2; *(when making a contradiction)* **si** I-2
yesterday (morning/afternoon evening) **hier (matin/ après-midi/soir)** *adv.* I-7
day before yesterday **avant-hier** *adv.* I-7
yogurt **yaourt** *m.* II-1
you **toi** *disj. pron., sing., fam.* I-3; **tu** *sub. pron., sing., fam.* I-1; **vous** *pron., sing., pl., fam., form.* I-1
you neither **toi non plus** I-2
You're welcome. **De rien.** I-1
young **jeune** *adj.* I-3
younger **cadet(te)** *adj.* I-3
your **ta** *poss. adj., f., sing.* I-3; **tes** *poss. adj., m., f., pl.* I-3; **ton** *poss. adj., m., sing.* I-3; **vos** *poss. adj., m., f., pl.* I-3; **votre** *poss. adj., m., f., sing.* I-3;
yourself **te/t'** *refl. pron., sing., fam.* II-2; **toi** *refl. pron., sing., fam.* II-2; **vous** *refl. pron., form.* II-2
youth **jeunesse** *f.* I-6
youth hostel **auberge de jeunesse** *f.* I-7
Yum! **Miam!** *interj.* I-5

Z

zero **zéro** *m.* I-1

Vocabulaire supplémentaire

Dans la maison

allumer la lumière *to turn on the light*
du bois *wood*
le chauffage central *central heating*
la cheminé *chimney; fireplace*
la climatisation *air-conditioning*
la décoration intérieure *interior design*
en bas *downstairs*
en haut *upstairs*
éteindre la lumière *to turn off the light*
le fioul *heating oil*
le gaz *natural gas*
le grenier *attic*
la lumière *light*
une penderie *walk-in closet*
un plafond *ceiling*
le sol *floor*
le toit *roof*

Des tâches ménagères

aérer une pièce *to air a room*
arroser les plantes *to water the plants*
étendre le linge *to hang out/ hang up washing*
laver les vitres *to clean the windows*
une vitre *windowpane*

Des meubles et des objets de la maison

une ampoule *light bulb*
une bougie *candle*
un buffet *sideboard*
une corde à linge *clothesline*
une couette *comforter*
le linge de maison *linen*
une persienne *shutter*
une pince à linge *clothes pin*
un portemanteau *coat rack*
un radiateur *radiator*
un robot ménager *food processor*
un store *blind*
un volet *shutter*

Des fruits

un abricot *apricot*
un ananas *pineapple*
une cerise *cherry*
un citron *lemon*
une citrouille *pumpkin*
une fraise *strawberry*
une framboise *raspberry*
une mandarine *tangerine*
une mangue *mango*
un melon *cantaloupe*
un pamplemousse *grapefruit*
une pastèque *watermelon*
une papaye *papaya*
un potiron *pumpkin*
du raisin *grapes*

Des légumes

un artichaut *artichoke*
une asperge *asparagus*
une aubergine *eggplant*
un avocat *avocado*
une betterave *beet*
un brocoli *broccoli*
du céleri *celery*
un chou *cabbage*
un concombre *cucumber*
des épinards *spinach*
un radis *radish*

Des poissons et des fruits de mer

du cabillaud *cod*
un calmar *squid*
une coquille Saint-Jacques *scallop*
un crabe *crab*
une crevette *prawn; shrimp*
une palourde *clam*
une sole *sole; flounder*
une moule *mussel*
une huître *oyster*
une sardine *sardine*
du saumon *salmon*
une truite *trout*

De la viande

de l'agneau (m.) *lamb*
un canard *duck*
une caille *quail*
un filet (de) *fillet*
du foie *liver*
du lard fumé *smoked bacon*
un rôti *roast*
du veau *veal*

Quelques magasins

une crémerie *cheese and dairy product store*
un fleuriste *flower shop*
un hypermarché *large supermarket*
une supérette *mini-market*

La routine quotidienne

un après-shampooing *conditioner*
un chausson *slipper*
un gant de toilette *washcloth*
un peignoir *bathrobe*
une pendulette *small clock*
une pince à épiler *tweezers*
une savonnette *bar soap*
se démaquiller *to remove make-up*

Des parties du corps

la barbe *beard*
le cerveau *brain*
un cil *eyelash*
une côte *rib*
un coude *elbow*
le crâne *skull*
une cuisse *thigh*
une épaule *shoulder*
les fesses (f.) *buttocks*
le front *forehead*
une hanche *hip*
la langue *tongue*
les lèvres (f.) *lips*
une mâchoire *jaw*
le menton *chin*
un mollet *calf*
la moustache *mustache*
le nombril *navel; bellybutton*
un ongle *fingernail*
une paupière *eyelid*
un poignet *wrist*
le pouce *thumb*
un poumon *lung*
le sang *blood*
un sourcil *eyebrow*
un talon *heel*
le torse *torso; trunk*

Quelques professions de la santé

un docteur/une doctoresse *doctor*
un(e) kinésithérapeute *physical therapist*
un(e) oculiste *oculist*

La santé

un(e) auxiliaire médical *paramedic*
des béquilles (f.) *crutches*
une brûlure *burn*
le cancer *cancer*
un comprimé *tablet*
une crise cardiaque *heart attack*
une éruption *rash*
un fauteuil roulant *wheelchair*
des insomnies (f.) *insomnia*
une maladie *disease; sickness*
un pansement *bandage*
les premiers soins (m.) *first aid*
une pneumonie *pneumonia*
une salle d'opération *operating room*
un sirop *(cough) syrup*
un thermomètre *thermometer*
une transfusion *transfusion*
une vaccination *vaccination*
un virus *virus*

Quelques expressions liées à la santé

aller mieux *to get better*
avoir la jambe dans le plâtre *to have one's leg in a cast*
se brûler *to burn (oneself)*
se couper *to cut (oneself)*
entrer à l'hôpital (m.) *to check into the hospital*
s'évanouir *to faint*
faire un pansement à quelqu'un *to put a dressing on someone's wound*
garder la chambre/le lit *to stay in bed*
opérer *to operate*
porter des lunettes *to wear glasses*
prendre la tension de quelqu'un *to take someone's blood pressure*
prendre le pouls de quelqu'un *to take someone's pulse*
respirer (profondément) *to breathe (deeply)*
saigner *to bleed*

D'autres mots pour la technologie

une base de données *database*
la biotechnologie *biotechnology*
un bouton *button; knob*
un câble *cable*
le courant *current*
l'électricité (f.) *electricity*
une fusée *rocket*
un laboratoire spatial *space laboratory*
un moteur de recherche *search engine*
programmer *to program*
un satellite *satellite*
un téléphone sans fil *cordless phone*
une touche *key*

D'autres mots pour la voiture

l'accélérateur *accelerator*
baisser la vitre *to roll down the window*
la batterie *battery*
la boîte de vitesses (automatique/manuelle) *(automatic/manual) transmission*
le carburateur *carburetor*
la carrosserie *bodywork*
les codes (m.) *low beams*
un concessionnaire *car dealer*
la consommation (d'essence) *mileage*
descendre la vitre *to roll down the window*
pleins phares (m.) *high beams*
remonter la vitre *to roll up the window*
la suspension *suspension*
les vitres (f.) *windows*

Quelques édifices

un aquarium *aquarium*
la caserne des pompiers *fire station*
un gratte-ciel *skyscraper*
un hôtel particulier *mansion*
l'hôtel de ville *town hall*
le palais de justice *law courts*
un pâté de maisons *block*

L'infrastructure

une ambulance *ambulance*
un camion de pompiers *fire engine*
la chaussée *street*
un panneau *street sign*
un réverbère *street light*
une route à trois voies *three-lane road*
un trottoir *sidewalk*
un tunnel *tunnel*

Quelques magasins

une boutique de mode *fashion store*
un cordonnier *shoe repair shop*
une galerie marchande *shopping mall*
un magasin de chaussures *shoe store*
un magasin de sport *sports store*
une parfumerie *perfumery shop*
un salon de coiffure *hairdressing salon*

D'autres occupations

un(e) acheteur/euse *buyer*
un agent d'assurances
   insurance agent
un artisan *craftsman*
un barman/une barmaid
   bartender
un(e) bibliothécaire *librarian*
un(e) chirurgien/ne *surgeon*
un(e) diététicien/ne *dietician*
un(e) diplomate *diplomat*
un éboueur/une
   éboueuse *garbage collector*
un garagiste *car mechanic*
une hôtesse de l'air/un
   steward *flight attendant*
un(e) interprète *interpreter*
un(e) juge *judge*
un marin *sailor*
un rédacteur/une rédactrice
   editor

Quelques expressions

choisir une branche *to choose*
   a field
être en congé de maladie
   to be on sick leave
être en congé de maternité
   to be on maternity leave
être en/à la retraite *to*
   be retired
partir en retraite *to retire*
le secteur privé *private sector*
le secteur public *public sector*

L'environnement et la nature

l'atmosphère (f.) *atmosphere*
une colline *hill*
un écosystème *ecosystem*
le sable *sand*
le système solaire *solar system*

Des problèmes écologiques et des solutions

un dépôt d'ordures *garbage dump*
déboiser *to deforest*
le dioxyde de carbone *carbon*
   dioxide
une éolienne *windmill*
une inondation *flood*
une marée noire *oil spill*
des panneaux solaires (m.)
   solar panels
un pesticide *pesticide*
le reboisement *reforestation*
reboiser *to reforest*
la sécheresse *drought*

D'autres animaux

une abeille *bee*
un âne *donkey*
un alligator *alligator*
une araignée *spider*
une baleine *whale*
un canard *duck*
un chameau *camel*
un cerf/un daim *deer*
un coq *rooster*
un coyote *coyote*
un éléphant *elephant*
une fourmi *ant*
une girafe *giraffe*
un gorille *gorilla*
une grenouille *frog*
un hippopotame *hippopotamus*
un insecte *insect*
un lézard *lizard*
un lion *lion*
un loup *wolf*
une mouche *fly*
un moustique *mosquito*
un mouton *sheep*
un orignal *moose*
un papillon *butterfly*
un perroquet *parrot*
un phoque *seal*
une poule *chicken; hen*
un ours *bear*
un renard *fox*
un renne *reindeer*
un requin *shark*
un rhinocéros *rhinoceros*
une sauterelle *grasshopper*
un singe *monkey*
un tigre *tiger*
un zèbre *zebra*

Les arts du spectacle

un(e) acteur/actrice
   comique/un(e)
   comique *comedian*
un autographe *autograph*
un bis *encore*
bisser *to ask for an encore;*
   to do an encore
une cantatrice *opera singer*
une chorale *choir*
un(e) comédien(ne)
   actor, actress
les coulisses (f.) *backstage*
émouvant *moving*
un fauteuil (d'orchestre)
   (orchestra) seat
la générale *dress rehearsal*
huer *to boo*
la première *première*
une matinée *matinée*
le méchant *villain*
une opérette *operetta*
un(e) ouvreur/euse
   usher/usherette
pleurer *to cry*
un(e) soliste *soloist*

Les beaux-arts

un atelier *studio*
un cadre *frame*
un chevalet *easel*
encadrer *to frame*
une fresque *fresco*
une galerie d'art *art gallery*
une palette *palette*
une peinture murale *mural*
un vernissage *private view*
   (exhibition)

L'artisanat

l'argent (m.) *silver*
une brodeuse *embroiderer*
la céramique *ceramics*
un charpentier *carpenter*
une couturière *dressmaker*
le cuivre *copper*
une dentellière *lace maker*
un facteur de pianos
   piano maker
l'or (m.) *gold*
un orfèvre *goldsmith*
un potier *potter*
un souffleur de verre
   glassblower

Text Credits

137 © Reprinted by permission of BlackBerry® **156–157** © Reprinted by permission of Renée Lévy; www.reneelevy.com **209** © Reprinted by permission of BNP Paribas **223** © Reprinted by permission of Groupe Vedior France **266-267** © Excerpt from LE PETIT PRINCE by Antoine de Saint-Exupéry, copyright 1943 by Harcourt, Inc. and renewed 1971 by Consuelo de Saint-Exupéry, reprinted by permission of the publisher **304-305** © Reprinted by permission of Mariama Mbengue Ndoye.

Photography Credits

All images ©Vista Higher Learning unless otherwise noted.

Special thanks to: Martin Bernetti, Tom Delano, Rachel Distler, Janet Dracksdorf, Daniel Finkbeiner, Beth Kramer, Rossy Llano, Anne Loubet and Pascal Pernix.

Front Matter: Cover (tr) ©Lori Barbely/Getty Images; Cover (cr) © Corbis; Cover (bl) © Steve Casimiro/The Image Bank/Getty; Cover (br) © Mauhaux Photography/Getty Images; © HIRB "© photolibrary. All rights reserved."; **TAE-23** (b) Shutterstock © Monkey Business Images; **v** (right panel: t) © Tahiti Tourisme; **v** (right panel: mr) © iStockphoto.com/mddphoto; **vii** (right panel: tr) © Christophe Boisvieux/Corbis; **vii** (right panel: mr) © iStockphoto.com/Dianne Maire; **vii** (tr) © iStockphoto.com/Philip Lange; **ix** (br) © iStockphoto.com/Andreas Karelias; **ix** (tl) © Chromacome/Stockbyte/Getty Images; **xvi** (bl) © North Wind Picture Archives / Alamy; **xvi** (br) © North Wind Picture Archives / Alamy; **xvii** (bl) © Royalty Free **xviii** (r) © The Gallery Collection/ Corbis; **xix** (t) © Fotolia/moodboard; **xix** © Shutterstock/Sean Prior; **xix** (b) © Shutterstock/moshimochi; **xx** (b) © JTB Photo Communications, Inc. / Alamy; **xxi** (l) © Dave & Les Jacobs/Blend Images/Corbis; **xxi** (r) © Fotolia/Yuri Arcurs; **xxii** (l) © Sébastien Dolidon/Corbis; **xxiii** (t) © Shutterstock/Monkey Business Images; **xxiv** © Dreamstime/Monkey Business Images; **xxiv** © Creasource; **xxv** © H. Schmid/Corbis.

Reprise: 7 (tr) © Ronnie Kaufman/CORBIS; **8** (tl) © Cindy Miller Hopkins/ Danita Delimont; (bl) © Nik Wheeler / Danita Delimont; **8** (tr) © Andre Nantel / istock; **9** (t) © Alt-6 / Alamy; **9** (b) © Alt-6 / Alamy; **13** (cr #3) © Corbis.

Unité préliminaire: 18 (tl) Terraimages Royalty-Free/Inmagine; **24** (tr) © Michele Molinari/Alamy; **32** © Directphoto.org/Alamy; **34** (bl) © Th inkstock/Corbis; **39** (t) © Ace Stock Limited/Alamy; **39** (m) © Robert Holmes/Corbis; **42** (right panel: ml)/#1 © Corbis; **43** (l) © Agefotostock/Sigrid Olsson; **46** (left panel: t) © Bettmann/Corbis; **46** (left panel: b) © Stephane Cardinale/ Corbis; **46** (right panel: t) © iStockphoto.com/Katarzyna Mazurowska; **46** (right panel: ml) © iStockphoto.com/Bogdan Lazar; **46** (right panel: mr) © iStockphoto.com/Katarzyna Mazurowska; **46** (right panel: b) © iStockphoto.com/Andreas Kaspar; **47** (tl) © Chromacome/Stockbyte/Getty Images; **47** (tr) © Gianni Dagli Orti/Corbis; **47** (bl) © Th ierry Tronnel/Corbis; **47** (br) © Annie Griffi ths Belt/Corbis; **48–49** (t) © Adam Woolfi tt/Corbis; **48** (b) © Jan Butchofsky-Houser/CORBIS; **49** (m) © Adam Woolfi tt/ Corbis; **51** (m) © iStockphoto.com/Terry J Alcorn.

Unit One: 63 (l) © Jupiterimages/Thinkstock/Jupiterimages; **70** (l) © Fast Food Images/iStockphoto; **75** (t) © Sergio Pitamitz/ Corbis; **75** (m) © FoodCollection/photolibrary. All rights reserved.; **75** (b) © Ablestock/Getty Images/2009 Jupiterimages Corporation; **77** (t) © photolibrary. All rights reserved.; **77** (ml)/#1 © FogStock LLC/photolibrary. All rights reserved.; **77** (bl)/#2 © Design Pics Inc./Alamy; **79** (left panel: tr) © Bold Stock/Unlisted Images, Inc.; **79** (left panel: bl) © photolibrary. All rights reserved.; **79** (right panel: t) © Comstock/2009 Jupiterimages Corporation; **82** (left panel: t) © Bettmann/Corbis; **82** (left panel: m) © Bettmann/Corbis; **82** (left panel: b) © Sygma/Corbis; **82** (right panel: t) © Robert Paul Van Beets/Fotolia; **82** (right panel: ml) © Adam Woolfitt/ Corbis; **82** (right panel: mr) © Hansok/Dreamstime.com; **83** (br) © The Gallery Collection/Corbis; ;

Unit Two: 96 (tr) © Max Alexander/Getty Images; **97** (b) © iStockphoto.com/Viorika Prikhodko; ; **104** (t) © www.imagesource. com; **110** (l) ; **110** (r) © Gilles Fonlupt/Corbis; **111** (b) © Jupiterimages/Photos.com/Jupiterimages; **113** (right panel: l) © Diane Diederich/iStockphoto.com; **113** (right panel: r) © Kalle Singer/beyond/Corbis; **118** (left panel: t) © Bettmann/Corbis; **118** (left panel: b) © Pierre Vauthey/Corbis Sygma; **118** (right panel: t) © iStockphoto.com/Tatiana Egorova; **118** (right panel: ml) © Createsima/Dreamstime; **118** (right panel: mr) © iStockphoto.com/Denis Jr. Tangney; **119** (tr) © The Art Archive/Corbis; **119** (bl) © Goodshoot Royalty Free Photograph/Fotosearch; **119** (br) © David Hughes/Fotolia; **120** (t) © Pete Saloutos/Corbis; **121** (b) © moodboard/Corbis; **122** (t) © Ebby May/Getty Images; **123** (m) © Commercial Eye/Getty Images.

Unit Three: 132 (l) © Goodshot/Jupiterimages Corporation; **133** (t) © Alain Nogues/Corbis Sygma; **133** (b) © Philippe Eranian/Corbis; **135** (r) © Thomas Mueller/Photographers Direct; **147** (t) © Bettmann/Corbis; **147** (b) © iStockphot.com/Mark Evans; **154** (left panel: t) © Corbis KIPA; **154** (left panel: bl) © Robert Galbraith/Corbis; **154** (left panel: br) © Stephane Cardinale/Corbis; **154** (right panel: t) © Paul Springett B/Alamy; **154** (right panel: ml) © Paul Springett 09/Alamy; **154** (right panel: mr) © Melba Photo Agency/Alamy; **154** (right panel: b) © A. J. Cassaigne/Photononstop; **155** (tl) © iStockphoto.com/Franky DeMeyer; **155** (tr) © Danita Delimont/Alamy; **155** (bl) © Dave Bartruff/Corbis; **155** (br) © Christie's Images/Corbis; **158** (t) © MBI / Alamy.

Video Credits

Production Company: Klic Video Productions, Inc.
Lead Photographer: Pascal Pernix
Photographer, Assistant Director: Barbara Ryan Malcolm
Photography Assistant: Pierre Halart

Film Credits

67 *Le far breton* © Office du Tourisme de Rennes
175 *Rennes* © Office du Tourisme de Rennes
211 *Mi-temps* © Premium Films
285 *La tartine* © Superlux

Le zapping Credits

103 © Diadermine
139 KellyMobile © NRJ
249 © BMCE Bank